HERNÁN CORTÉS
Inventor de México

JUAN MIRALLES OSTOS
HERNÁN CORTÉS
Inventor de México

14
TIEMPO
DE MEMORIA
TUSQUETS
EDITORES

Edición al cuidado de Tusquets Editores México

1.ª edición: junio 2001
2.ª edición: octubre 2001
3.ª edición: febrero 2002
4.ª edición: mayo 2002

Esta obra ha sido publicada con la ayuda de la Dirección General del Libro, Archivos y Bibliotecas del Ministerio de Educación, Cultura y Deporte, en el año europeo de las lenguas

Diseño de la colección: Lluís Clotet y Ramón Úbeda
Reservados todos los derechos de esta edición para
Tusquets Editores, S.A. - Cesare Cantù, 8 - 08023 Barcelona
www.tusquets-editores.es
ISBN: 84-8310-758-9
Depósito legal: B. 23.689-2002
Impreso sobre papel Offset-F Crudo de Papelera del Leizarán, S.A.
Liberdúplex, S.L.- Constitución, 19 - 08014 Barcelona
Impreso en España

Índice

A Manuel González Cosío,
por el interés tan grande
con que siguió el progreso
del libro desde su nacimiento.

Al maestro emérito
don Ernesto de la Torre Villar,
quien bondadosamente
se dignó a revisar el manuscrito
y formular valiosas sugerencias.

El autor desea expresar
su reconocimiento,
por demás obligado,
al distinguido académico
don José Luis Martínez,
cuya compilación *Documentos*,
facilitó en inmensa medida
la elaboración de este trabajo.

A mi esposa Eliana

A mis hijos Gonzalo y Sebastián

Prólogo

Cortés escribió mucho, pero prácticamente nada sobre sí mismo. En el inmenso cúmulo de documentos que dejó, asoman apenas unos datos mínimos; por ello, para trazar su biografía, descansamos en lo que otros escribieron acerca de él. Pero el problema no tarda en presentarse, pues mientras unos dicen una cosa, otros afirman lo contrario. Se habían desatado las pasiones y era mucho lo que estaba en juego, de allí que cada cual escribiese según el bando al que se había alineado; y para complicar aún más las cosas, ocurrió que junto al testimonio de los cronistas originales se mezcló el de otros de segunda generación, que aunque próximos a los hechos, hablaron de oídas, recogiendo de manera indiscriminada versiones muchas veces disparatadas.

La intención de este libro es la de separar el trigo de la paja, y efectuar una depuración para quedarnos únicamente con los cronistas originales; aún así, se encontrará, con más frecuencia de la que sería deseable, que sus testimonios no sólo no coinciden, sino que serán contradictorios a un grado tal que uno llega a preguntarse si no se estará hablando de personas distintas. Y por otra parte, como biografía de Cortés y conquista de México son hechos inseparables, la Conquista vendrá a ser el telón que sirva de fondo al relato. El enfoque de este libro será un poco a la manera de «*Rashomón*», en que una misma circunstancia será narrada de maneras diversas desde distintas perspectivas. La preocupación principal será, después de escuchar a los testigos, establecer cuáles son los que merecen mayor crédito, para esclarecer cómo ocurrieron realmente los hechos, y cómo fue que la historia se embrolló de tal manera. Visto que Cortés no conquistó México a solas, se ofrecerán pinceladas tanto de algunos de sus colaboradores como de personalidades indígenas, en un intento por ponerles rostro humano y destacar cuál fue su actuación y el grado en que influyeron en el curso que tomaron los acontecimientos. Y por último –y no menos importante–, se incluyen unos apuntes biográficos sobre aquellos de cuyos labios escucharemos el relato. Será apenas una semblanza, sólo lo suficiente para que el lector tenga una idea de quién es el que habla en cada caso, y establezca el crédito que le merece. A pesar de que este libro, primordialmente, va dirigido a una audiencia integrada por un público amplio, ello no excluye que, incluso los especialistas, puedan encontrar en él datos que les resulten novedosos.

El trampolín antillano

Colón volvió a España hablando maravillas de lo que había encontrado. Era la tierra de Jauja. Fue tan grande el entusiasmo que despertó, que pocos meses después partía de nuevo, para el que sería su segundo viaje, al frente de una flota de diecisiete navíos, llevando consigo a un número cercano a los mil quinientos hombres, que habrían de establecerse en La Española (isla compartida hoy día por Haití y República Dominicana). Pero pronto se apagaría el entusiasmo, pues antes de transcurrir tres años la mayoría sucumbió al hambre y a las enfermedades. La colonización española en América, o las Indias, como entonces se les llamaba, comenzó con el pie equivocado. Ni Colón tenía madera de colonizador, ni los hombres que trajo eran los indicados. Hidalgos y gente de palacio. Se dio el caso de que Bernardo Buil, un benedictino que Fernando el Católico había colocado a manera de comisario político, desertó regresándose a España por diferencias que tuvo con él, y porque consideró que aquello era inviable. Ante un fiasco de esa magnitud, se revisaron las coordenadas del proyecto. Ciertamente, no era lo que se esperaba. No existían riquezas. Pero como Isabel y Fernando habían asignado a España la tarea de evangelizar el orbe, se resolvió seguir adelante.[1]*

La cristianización pasó a ser el objetivo prioritario. El problema con que se topó entonces fue que las Indias habían perdido rápidamente el atractivo. Nadie quería ir. Y como escaseaban los voluntarios, se llegó a acudir al recurso de poblar con convictos a quienes les era conmutada la pena por el destierro a La Española. Así, el Nuevo Mundo pasó de la tierra de Jauja a una colonia penal. El capítulo de los convictos es poco conocido; sin embargo, el padre fray Bartolomé de Las Casas ha dejado el testimonio siguiente: «déstos cognocí yo en la isla a algunos, y aun alguno, desorejado, y siempre le congnoscí harto

* Las notas correspondientes a los números voladitos, se encuentran en el apartado de notas, situado en los Apéndices, págs. 507-534 *(N. del E.).*

hombre de bien».[2] Se desconoce el número de «desorejados» desterrados a la Española; lo que sí se sabe, es que se trató de una práctica que pronto se abandonaría. Colón, que demostró una notoria incapacidad para gobernar, terminó mal y es bastante conocido el capítulo de su retorno a España, cargado de cadenas, junto a sus hermanos Bartolomé y Diego. Francisco de Bobadilla, el juez que lo remitió, tuvo un encargo muy breve, y fue sucedido por Nicolás de Ovando. Con éste llegó un regular número de labradores y artesanos. Es entonces cuando comienza a cimentarse la infraestructura de la colonización; de su época datan las construcciones más antiguas conservadas hoy día en Santo Domingo. Comenzaba a asentarse su gobierno, cuando en 1509 llegó a sustituirlo Diego Colón, el primogénito del descubridor, quien venía investido del nombramiento de virrey-gobernador. La designación, más que a un acto derivado de la Capitulación de Santa Fe, que según interpretaba la familia Colón, les daba derecho al gobierno de las Indias a perpetuidad, respondía a la circunstancia de que Diego se casó con doña María de Toledo, sobrina del duque de Alba, y fue éste quien obtuvo para él el cargo, mismo que el monarca tuvo cuidado en señalar que sería sólo por «el tiempo que mi merced e voluntad fuere».[3] Antes de su partida, Fernando el Católico, quien conocía a Diego desde su infancia, pues lo tuvo como paje, le impartió instrucciones muy precisas, delimitando los términos de sus atribuciones; pero llegado a Santo Domingo lo primero que hizo fue apartarse de lo ordenado. Fue amonestado, en carta cuyo portador fue su tío Bartolomé; pero como persistiera, y llovieran las quejas en contra suya, se le llamó de regreso, abandonando la isla a fines de 1514 o comienzos de 1515; confiaba en volver pronto, por lo que dejó atrás a la esposa y dos hijas. Pero antes de su partida, había tomado una decisión que tendría resultados trascendentales: ordenó a su lugarteniente Diego Velázquez, que procediese a la ocupación de Cuba.

Mal podría hablarse aquí de una conquista, pues aquello, más que una campaña, se redujo a una toma de posesión llevada a cabo con muy escasa resistencia. Prácticamente, el único en oponerse fue Hatuey. Éste era un cacique haitiano, que huyendo de los españoles, se había asentado en el extremo oriental de la isla con un grupo de sus seguidores. Muy pronto fue capturado, y sentenciado por Velázquez a morir en la hoguera. Al ser atado al palo, se le acercó un religioso franciscano, exhortándolo a que muriese como cristiano. Hatuey preguntó si los españoles iban al Cielo, y al respondérsele afirmativamente, en el caso de que fueran buenos, expresó que entonces él no quería ir.[4] Muerto Hatuey, Pánfilo de Narváez, quien tenía detrás la experiencia de la conquista de Jamaica, continuó la campaña. El padre Las Casas, que lo acompañó en su andadura cubana durante cerca de dos años, como capellán castrense, lo describe como: «alto de cuerpo, algo rubio, que tiraba a ser rojo, honrado, cuerdo, pero no muy prudente, de buena conversación y de buenas costumbres, y también para pelear con indios esforzado».[5] Y sobre lo que fue su campaña cuenta lo siguiente: montado en una yegua y al frente de treinta españoles flecheros, recorría la región de Bayamo. Como era tan confiado, una noche, encontrándose en despoblado, él y los suyos se echaron a dormir descuidando poner centinelas. Se encontraban en lo más profundo del sueño, cuando fueron rodeados por centenares de indios; pero éstos, en lugar de atacarlos, perdieron el tiempo saqueando la impedimenta. Despertaron los españoles al sentir a los intrusos y, a toda prisa, como pudieron, ensillaron la yegua. Narváez montó vistiendo sólo una camisa, y con un pie descalzo, puso un pretal de cascabeles en el arzón y comenzó a galopar entre los indios sin arremeter a ninguno. Fue tanta la confusión y el temor que les infundió, que al momento se dispersaron por los montes. Con esa cabalgata en solitario terminó de consumar la conquista de la isla.[6]

Diego Velázquez quedó firmemente asentado como gobernador de Cuba. Provenía del grupo de hidalgos llegados con Colón en su segundo viaje (1493); pertenecía, por tanto, al pie veterano. Era uno de los sobrevivientes de las hambres de la Isabela, la primera ciudad española fundada en América, misma que terminó en desastre total. Pronto fue abandonada y la maleza no tardó en apoderarse de ella, convirtiéndose en un lugar espectral, cuya memoria quedó maldecida. Las Casas refiere una conseja que, aunque no sea más que eso, sirve para ilustrar el temor y respeto que, con el paso del tiempo, continuó infundiendo el lugar. La historia cuenta que, unos años más tarde, cuando la población de puercos introducidos en la isla se había multiplicado considerablemente, un vecino que andaba dándoles caza se introdujo entre las breñas que crecían en las ruinas, topándose con un grupo de recién llegados. Se trataba de hidalgos y gente de palacio, como lo denotaban las capas negras y demás indumentaria. Le extrañó verlos, pues no tenía noticia de que por esos días hubiese llegado algún barco de España. Éstos se mantenían a prudente distancia sin decir palabra, ocultando el rostro bajo las alas del sombrero y el embozo de la capa. El hombre se acercó a ellos y los saludó, a lo que éstos respondieron descubriéndose. Y con los sombreros se quitaron igualmente las cabezas.[7] Una fábula, sí, pero que a las claras manifiesta el recuerdo triste que dejó la primera ciudad española fundada en el Nuevo

Mundo. Un lugar que era morada de espectros. Habrían de transcurrir algunos años para que los sobrevivientes, una vez aclimatados, se dieran a la tarea de colonizar las islas. Velázquez fue uno de ellos. La leyenda tiende a ridiculizarlo, al poner un excesivo acento en su incipiente gordura, haciéndolo pasar por un apoltronado conquistador a control remoto. Las Casas, quien lo trató ampliamente, nos ha legado de él el siguiente retrato: hombre simpático y de trato afable, pero que cuando montaba en cólera era terrible; sin embargo, los arrebatos se le pasaban pronto. Sabía hacerse respetar, emanando un aire de autoridad, y en presencia suya nadie se atrevía a sentarse, «aunque fuese muy caballero».[8] Por la fecha en que nos ocupa, debería andar por los últimos cuarentas, si no es que era ya un cincuentón. Había enviudado unos cinco años atrás. Acerca de ese matrimonio, el propio Las Casas agrega un hecho singular: se casó un sábado y para el siguiente ya era viudo. La difunta que se llamó doña María de Cuéllar, fue hija de un hombre de Corte y se desconocen las causas de su fallecimiento; aquí el cronista se limita a decir que, siendo una doncella tan virtuosa, Dios se la llevó para evitarle los sinsabores de este mundo.[9]

Velázquez probó ser promotor eficiente; en cosa de cinco años, había fundado siete villas; a todo lo largo de la isla había poblados, y las tierras se encontraban repartidas. No existen cifras acerca de los españoles establecidos en esos momentos, pero por algunos datos disponibles, podría asumirse que su número superaría con mucho los tres mil. El despegue económico era ya una realidad. Y con el jefe al otro lado del océano, Diego Velázquez, que en realidad sólo era teniente de gobernador, se movía con toda autonomía, y ya se veía como gobernador. El centro del poder político para el gobierno de las Antillas residía en Santo Domingo; pero Velázquez gozaba de una autonomía inmensa. Para ello contaba con el favor del obispo Juan Rodríguez de Fonseca, y con tal respaldo hacía y deshacía como le venía en gana.

No es posible hablar de los primeros pasos de la penetración española en América, sin traer a cuento el nombre del obispo Juan Rodríguez de Fonseca, quien como presidente del Consejo de Indias, era el hombre que tenía en el puño las nuevas tierras, manejándolas como feudo propio. Provenía de una de las familias más prominentes de Castilla que, durante la guerra de sucesión, desde un primer momento abrazó el partido de la reina Isabel, frente a las pretensiones de Juana la Beltraneja. Existe una anécdota que, de manera muy gráfica, nos muestra quién era este personaje. En uno de sus arrebatos, Juana la Loca resolvió viajar a Flandes para reunirse con su esposo. Pero no estando preparada una flota, quiso hacerlo por tierra, atravesando Francia.

El riesgo de que fuese retenida como rehén era grande, por lo que, al persistir en su propósito, Fonseca la encerró en el castillo de la Mota de Medina del Campo, al tiempo que mandaba recado urgente a sus padres. La desventurada princesa se pasó todo un día gimoteando, asida a los barrotes de la reja. La responsabilidad asumida por el obispo fue muy grande, pues Juana, además de archiduquesa de Borgoña, era la heredera al trono de Castilla. La reina Isabel llegó rápidamente y hubo de soportar todas las injurias que le dirigió la hija en su acceso de locura. Los reyes aprobaron la actuación de Fonseca, a quien le quedaron reconocidos. Así, el eclesiástico consolidó enormemente el ascendiente que ya tenía. A la vuelta del viaje descubridor, le fue encomendada por los monarcas la organización de la flota que habría de conducir Colón en el que sería su segundo viaje. Un reto. Por vez primera, se enviaba a tanta gente, a una distancia tan grande. A pesar de ello, no se perdió un solo hombre ni una sola acémila. Todo funcionó a la perfección, lo cual habla de las dotes organizativas del eclesiástico. Vistos los buenos resultados, a partir de ese momento, los monarcas descansarán en él para atender los asuntos del Nuevo Mundo. En la época del Descubrimiento, Fonseca era arcediano de la catedral de Sevilla, de donde dio el salto a obispo de Badajoz y Palencia, y de ahí pasó a obispo de Burgos al propio tiempo que era nombrado presidente del recién creado Consejo de Indias (los consejos fueron los órganos antecesores de los ministerios). En fin, la autoridad que le confirieron fue tan grande, que a Indias pasaba quien él quería, y se hacía lo que él mandaba. Estaba allí como un cancerbero, que cumplió a cabalidad la misión de evitar que los señores feudales andaluces enviaran sus carabelas al mundo recién descubierto. Con él chocarían un sinnúmero de navegantes y conquistadores; fue él quien se encargó de frenar a Colón en sus aspiraciones desmedidas sobre el gobierno de Indias, a las que casi consideraba como de su propiedad, por haberlas descubierto.

Al morir la reina (1504), Fernando ejerció la regencia; pero decepcionado por las intrigas que movían a su alrededor los partidarios del archiduque Felipe el Hermoso (el futuro Felipe I de Castilla), se fue a Nápoles, que formaba parte del reino de Aragón, manteniéndose alejado de los asuntos castellanos. Por aquellos días, en que no rendía cuentas a nadie, Fonseca aumentó todavía más su autoridad sobre las Indias; la lista de aquellos que sintieron en carne propia los dictados de su autoritarismo es larga, e incluye al propio fray Bartolomé de Las Casas. Pero se daba el caso de que Diego Velázquez figuraba entre el reducido grupo de aquellos que gozaban de su favor. Y, para consolidar todavía más su posición, estaba a punto de unirse a él por lazos familiares, casándose con una sobrina suya. El compromiso matrimonial ya estaba concertado.[10] Velázquez se encontraba a punto de dar un gran salto al recibir el nombramiento de gobernador que lo liberaría de la subordinación formal a Diego Colón. Aspiraba, además, a la adelantaduría, lo cual colocaría bajo su jurisdicción todos los territorios que descubriese. Estaba a punto de convertirse en un hombre muy poderoso.

En vísperas del descubrimiento de Yucatán, España tenía firmemente asentado el pie en dos áreas: por una parte en las cuatro islas mayores del Caribe –la Española, Jamaica, Puerto Rico y Cuba–. Fuera de éstas, no había ocupado ninguna otra. Y en la tierra firme, estaba la región del Darién en Panamá, que pasó a ser llamada Castilla del Oro. El nombre ya parece indicarlo todo: eran muy grandes las expectativas cifradas en la zona. Se esperaba encontrar el estrecho que permitiría el paso a la Especiería. Ése fue uno de los puntos donde a partir de 1508 los primeros conquistadores intentaron penetrar en el continente. No pudieron con la naturaleza y la «hierba» (las flechas envenenadas de los indios), amén de las disensiones entre ellos mismos; de esa fallida intentona nos quedan los nombres de Diego Nicuesa, Alonso de Hojeda, Lope de Olano, Martín Fernández de Enciso... La población española del Darién quedó reducida a un núcleo de alrededor de quinientos supervivientes, a cuyo mando se colocó Vasco Núñez de Balboa, un evadido de Santo Domingo (donde se hallaba arraigado por deudas), quien consiguió llegar allí entrando subrepticiamente en el navío de Enciso, donde se escondió envuelto en una vela.

Por informes recibidos de los indios, Balboa tuvo noticia de la existencia de un ancho mar, y con una partida de sesenta y siete compañeros, se lanzó a cruzar selva y montañas para ir en su búsqueda, y el martes 25 de septiembre de 1513, a eso de las diez de la mañana, desde lo alto de un monte, Balboa, quien iba a la cabeza, fue el primero en divisar el océano. El Mar del Sur, como lo llamaron. Luego de ese primer avistamiento, todavía les tomó cuatro días descender de la montaña y ganar la orilla. El acto de toma de posesión, que tuvo lugar el 29, «día de Sanct Miguel», es sin lugar a dudas el más solemne de que se tenga memoria, el cual conocemos en todos sus detalles, gracias al puntual pormenor que dejó el notario real Andrés de Valderrábano. Cuando Balboa y los veinticinco compañeros que eligió para acompañarlo llegaron a la orilla, el mar había retrocedido y el lecho se encontraba cubierto de lama, por lo que decidieron aguardar a la pleamar, lo que ocurrió en horas del atardecer. El acto dio comienzo con todos lo hombres metiendo la mano en el agua y llevándosela a la boca, para comprobar que era salada, y dar fe de que, efectivamente, se trataba de otro mar. Luego, sosteniendo la bandera en una mano y la espada en la otra, Balboa se adentró en el Pacífico, hasta que el agua le llegó a las rodillas, y allí lanzó su pregón: «Vivan los muy altos e muy poderosos reyes don Fernando e doña Joana, Reyes de Castilla e de León e de Aragón, en cuyo real nombre, e por la corona real de Castilla, tomo e aprehendo la posesión real a corporal, e actualmente, destas mares e tierras e costas e puertos e islas australes con todos sus anejos e reinos e provincias que les pertenescen o pertenescer pueden, en cualquier manera e por cualquier razón o título que sea o ser pueda, antiguo o moderno, e del tiempo pasado e presente o por venir, sin contradicción alguna...». El tiempo que marcaría la validez del acto, lo fijó «en tanto el mundo durare hasta el universal final juicio de los mortales». Hasta el fin de los tiempos. Uno de los que presenciaban la escena se llamaba Francisco Pizarro.[11]

Pero Balboa carecía de valedores en la Corte, por lo que no es de extrañar que tuviese mala prensa. El bachiller Enciso y otros enemigos suyos, lo acusaban ante el rey de una serie de desafueros, entre los que figuraba el de ser responsable directo de la muerte de Diego Nicuesa, por haberlo embarcado en una carabela en mal estado, que se perdió en el mar. Además, ponían en entredicho su lealtad hacia la Corona. Las intrigas prosperaron, y en este contexto se decidió enviar una expedición, al frente de la cual partiría Pedrarias Dávila, candidato propuesto por el obispo Fonseca, el cual se haría cargo del gobierno de la recién rebautizada Castilla del Oro, nombre que se haría extensivo a toda la región de Panamá. La decisión del envío se adoptaba antes de conocerse la nueva del descubrimiento del Mar de Sur. Pedrarias era un viejo de setenta años, duro como pocos, a quien se le conocía por el sobrenombre de *el Justador,* por su afición a los torneos y la destreza con que manejaba la lanza. En el caso de esta expedición, al igual que en los viajes del ciclo colombino y el de Ovando, la Corona asumiría las gastos (más tarde, ante la insuficiencia de medios, se volvería a la práctica de capitular con particulares, a cuyo cargo correrían). Con Pedrarias embarcaron en veintidós navíos algo más de dos mil expedicionarios, incluido un contingente femenino, integrado por esposas, hijas, hermanas y mancebas. Se trataba, en su mayoría, de hidalgos y gente de corte, quienes al darse a conocer que habría una nueva expedición del Gran Capitán para dirigirse a Nápoles, vendieron todo lo que poseían para adquirir atuendos costosos, ya que para ésa no regirían las pragmáticas que limitaban el uso de sedas y brocados. En su pasión por el lujo, esas gentes eran capaces de todo. Pero el proyecto fue cancelado, quedándose todos vestidos y alborotados, y sobre todo, empeñados hasta la médula. Surge entonces el viaje de Pedrarias, y como ya tenían el atuendo, sobraron voluntarios (no pasaría mucho tiempo para que muchos de ellos murieran de hambre, aunque eso sí, vestidos de sedas). En el pliego de instrucciones no se menciona que entre los propósitos de la expedición figure la búsqueda del otro océano; Oviedo se limita a señalar: «...acordó el Rey de enviar a Pedrarias Dávila con una hermosa armada a conocer de las culpas de Vasco Núñez de Balboa, e a gobernar a Castilla del Oro, en la Tierra Firme».[12] La Corona había centrado sus esfuerzos en Panamá, pero, ¿por qué ahí y no en otro sitio? Y resultó ser el lugar indicado; ¿olfato muy fino, que permitió desde España oler las marismas de la otra costa?; ¿disponían ya de algún indicio? La pregunta resulta interesante. Está ese tan traído y llevado lugar común de que Colón murió en la creencia de que había llegado a la India. Pero a pesar de lo divulgado que se encuentra, quizás estemos frente a algo que no puede afirmarse tan rotundamente. Si se analiza el que sería su cuarto y último viaje (1502-1504), veremos que se empeñó a fondo en explorar con detenimiento esa costa; ¿esperaba encontrar allí algo? A los treinta días del retorno a Sevilla, el contador de la armada preparó un informe para efectuar el pago de sueldos a la marinería, y una de las cosas que escribió, fue que andaban en busca del estrecho que permitiría el paso a la Especiería. En igual sentido se expresaron varios de los marineros al ser interrogados años más tarde.[13]

La expedición de Pedrarias zarpó de San Lúcar el 11 de abril de 1514. En altamar se cruzarían con una carabela. Allí iba la noticia del descubrimiento del Mar del Sur. La primera tierra americana avistada fue la isla de Doménica, adonde bajaron para hacer aguada. Pedrarias resolvió mudarle el nombre al sitio en que desembarcaron, que era conocido como Aguada, para que pasara a llamarse Bahía de Fonseca, en homenaje a quien debía el cargo. Oviedo, el veedor de la armada y futuro cronista de Indias, no deja de reprochárselo. Tomaron el agua, y a la hora de reembarcar faltaban varios hombres, que se habían internado tierra adentro, por lo que tuvieron que demorarse, mientras una partida iba en su búsqueda, llamándolos y tocando trompetas. Cuando los reunieron, hubo uno, un tal San Martín, criado de Pedrarias, quien por lo duro de las condiciones a bordo de los navíos, se negó a reembarcar, pidiendo quedarse. Notificado Pedrarias, ordenó que sin más trámite fuese ahorcado. Cuando levaban anclas dejándolo colgado, se acercó a Pedrarias un clérigo para pedir de parte del obispo que venía a bordo, que diese licencia para poder enterrarlo, puesto que era cristiano. Lo sepultaron al pie del árbol que le sirvió de horca. Quedaron advertidos de quién era Pedrarias Dávila.[14]

Pedrarias desembarcó en Panamá con el pie equivocado. El saludo de bienvenida lo constituiría la noticia de que el Mar del Sur ya estaba descubierto. Resulta obvio el disgusto que ello le ocasionó. El descubrimiento le valdría a Balboa que mejorara su imagen en la Corte, otorgándosele el nombramiento de adelantado del Mar del Sur (aunque subordinado a Pedrarias), lo cual produjo una tregua entre ambos...; al menos en apariencia. Emparentaron. Balboa se casó con una hija de Pedrarias (que se encontraba en España), pero éste se la tenía jurada y de nada valió que fuese su yerno. En la primera coyuntura que encontró lo acusó de alta traición. Luego de un proceso amañado, en el que no se le dio la oportunidad de defenderse, fue sentenciado a muerte. En lugar de ser remitido a España, como correspondía, le fue cortada la cabeza, lo mismo que a cuatro de sus compañeros.

A la muerte de Balboa, como encontraran que en Castilla del Oro no tenían futuro, un grupo de soldados que sentían que allí estaban de más, solicitaron licencia a Pedrarias y se dirigieron a Cuba (Oviedo se cuenta entre los que salieron, sólo que él se dirigió a España, «por dar noticia a mi Rey, e por vivir en tierra más segura para mi conciencia e vida».[15] La situación en las islas era muy distinta, pues éstas habían logrado la autonomía alimentaria, con lo cual dejaron de ser una carga para la Corona. Por así decirlo, habían alcanzado la mayoría de edad. Disponían de medios propios. La agricultura y la ganadería se desarrollaban rápidamente, y en La Española, Jamaica y Puerto Rico, comenzaba a extenderse la cría de ganado caballar y vacuno. Ya no era preciso traerlo desde España; en cuanto a Cuba, por ser la última en pasar a dominio español, todavía dependía en parte de las otras islas para proveerse de caballos y vacas. En lo referente a puercos, en eso no había problema, pues se habían multiplicado inmensamente en las cuatro islas. Ésa era la situación. Las islas estaban listas para servir como trampolín para lanzarse sobre la tierra firme. La conquista de México será una empresa antillana, o quizás sea más propio decir cubana, la cual se llevaría a cabo sin participación de la metrópoli.

El desarrollo de las Antillas topaba con una limitante muy seria. Faltaban brazos. La llegada del hombre europeo resultó calamitosa para la población local. Ya de por sí, las islas se encontraban escasamente pobladas y, con los malos tratos y el trabajo que les fue impuesto a sus habitantes, su número comenzó a declinar. Se trataba de grupos humanos en un estado de desarrollo muy primitivo, al grado de que en algunas de las islas iban completamente desnudos, arropados sólo por la benignidad del clima. Eran básicamente recolectores, con una agricultura incipiente, y complementaban su alimentación con la caza y la pesca. Practicaban una especie de comunismo primitivo, en que todo lo compartían, resultándoles extraños los conceptos de «tuyo» y «mío»; además, por ser tan escasos sus bienes, difícilmente comprendían los problemas originados por la propiedad privada. Como se conformaban con lo estrictamente necesario, carecían de motivaciones para seguir trabajando en cuanto satisfacían sus necesidades. Y ése fue el problema. Los españoles los pusieron a trabajar. Los trabajos forzados, y las hambres padecidas por los que huían a los montes para evitarlos, cobraron una elevada cuota de vidas. Pero lo que realmente vino a barrerlos fueron las epidemias. De un solo golpe les cayeron encima todos los gérmenes del Viejo Mundo. Algo semejante a la peste negra, que procedente de Asia, azotó a Europa en el siglo catorce. La tierra se despobló rápidamente y, para resolver el problema de la mano de obra, se organizaban auténticas cacerías en las islas vecinas, con el fin de capturar indios a los que destinaban al trabajo en minas a cielo abierto o en la agricultura. Y conforme se fue agotando la población de éstas, las capturas se fueron efectuando en lugares cada vez más distantes. Ésa era, en vísperas del descubrimiento de Yucatán (1517), la situación política social y económica del Nuevo Mundo controlado por España. En cuanto a conocimientos geográficos, hacía tres años que se había descubierto la Florida; y muy arriba, por el norte, Labrador y Terranova eran conocidos desde comienzos del siglo. Por el sur, a partir del Golfo de Honduras, hasta más abajo de la desembocadura del Amazonas, era tierra conocida. Faltaban por explorar parte del litoral de Estados Unidos, y un pequeño segmento muy significativo: justo el que se encontraba frente a Cuba. ¿Casualidad? Dos datos ameritan atención: el primero, la distancia tan corta entre ambos puntos, y el segundo, la deriva de las corrientes. Una embarcación que zarpando del sur de la isla, quede al pairo, la corriente la llevará a Yucatán, como es frecuente hoy día, en el caso de los balseros cubanos, que aportan a Cozumel o Isla Mujeres. Ello lleva al planteamiento de la pregunta siguiente: ¿se tenía o no se tenía conocimiento de la existencia de Yucatán y del territorio que hoy es México? No puede responderse en forma categórica, pero indicios, de haberlos, los hay. A partir del cuarto viaje colombino, se tuvo el primer barrunto del mundo maya; vemos que la marinería, a su llegada a Sevilla, ya habla de una tierra de «Maya», situada al norte del Golfo de Honduras. Otro antecedente se encuentra en los viajes de Vicente Yáñez Pinzón, el antiguo capitán de *La Niña*, quien en 1500, recorrió el litoral del Brasil hasta alcanzar el Amazonas, en el cual se internó. En 1508, realizó un segundo viaje en compañía de Juan Díaz de Solís, en el que llegaron al Golfo de Honduras, recalaron en la isla de la Guanaja y prosiguieron costeando hacia el norte y, al parecer, se habrían internado en el Golfo de México, hasta alcanzar un punto a la altura de Tampico. Al no haberse encontrado el informe de ese viaje, los únicos datos disponibles provienen de las declaraciones del piloto Ledesma (mismo que acompañó a Colón en el último viaje, y vino luego con Pedrarias).[16] Por tanto, saber si llegaron hasta esa altura, depende de que las estimaciones del piloto hayan sido correctas. Lo que sí se conoce con certeza, es que en ese viaje Vicente Yáñez Pinzón encontró en esa área una tierra, a la que impuso el nombre de «Punta de las Veras». El nombre pronto saldrá a relucir en un par de ocasiones. Oviedo, quien conversó ampliamente con Vicente Yáñez Pinzón, y dice de él que era el marino más bien hablado que le tocó tratar, asevera que el descubrimiento del Golfo de Higüeras (Golfo de Honduras) fue anterior al del río Marañón (Amazonas).[17]

Una pregunta flota en el aire: ¿sabía Cortés adónde iba?, ¿tenía algún conocimiento anticipado de lo que hallaría en esas tierras? No hay pruebas, pero un dato interesante, que pronto veremos, consiste en que cuando desde la carabela tenga a la vista los templos de Yucatán no se interesará en ellos, sino que seguirá de largo, directamente hasta el arenal de Chalchicuecan. Como si de antemano tuviera fijado su punto de destino.

Ése era el estado de las cosas cuando aparece en escena Bernal Díaz del Castillo. Según él mismo lo cuenta, formaba parte de un grupo de ciento diez soldados ociosos, quienes al no haber recibido de Diego Velázquez las encomiendas e indios que esperaban, y no tener cosa en qué emplearse, decidieron participar en una expedición que se organizaba para ir a capturar indios en la vecina isla de la Guanaja. Así da comienzo la historia. La expedición la comandaba un hombre acaudalado, llamado Francisco Hernández de Córdoba, quien la había organizado en colaboración con Lope Ochoa de Caicedo y Cristóbal Morante, dos amigos suyos. Al momento de iniciar la aventura, Bernal era un joven de veintidós a veinticuatro años, de quien se poseen escasos datos, pues sólo se sabe lo que él mismo dice, ya que ninguno de sus compañeros habla de él. Refiere que pasó a Castilla del Oro con Pedrarias y, al ver que allí no tenía futuro, fue uno de los que le solicitaron licencia para probar suerte en Cuba. Por los años que tenía, se nota que no sería uno de los veteranos de Italia, pues aparte de no tener edad para ello, tampoco él lo menciona. Aunque comenzó muy joven la andadura indiana (tendría veinte años cuando pasó con Pedrarias), no daría comienzo a su libro sino muchos años después, de allí los numerosos errores y fallos de memoria que se observan. A su libro le impuso el título de *Historia verdadera de la conquista de la Nueva España,* el cual será uno de los hilos conductores de esta narración. Su relato contrastará con el de Cortés, pues mientras éste, como comandante supremo, expone el panorama desde la cúspide, Bernal, desde abajo, es un subordinado que refleja la situación tal cual la veían los que se limitaban a cumplir órdenes. El uno expone las líneas maestras del proyecto, y el otro, las habladurías de la tropa. Por supuesto, como antes se advirtió, intervendrán otros más; pero para armar la estructura de este libro, los hilos conductores principales serán estos dos.

Una vez obtenida la licencia del gobernador, los expedicionarios fletaron dos navíos y un bergantín. Como piloto mayor, encargado de dirigir la navegación, iría Antón de Alaminos, aquel que cuatro años antes había conducido a Juan Ponce de León en el viaje en busca de la Fuente de la Juventud Eterna, que si bien no dieron con ella, en cambio, tuvo como resultado el descubrimiento de la Florida. Los otros pilotos fueron Camacho de Triana y Juan Álvarez *el Manquillo;* a bordo llevaban como capellán al padre Alonso González y, como veedor, a un tal Bernardino Íñiguez.[18] Este último tenía como función llevar cuenta de todo el oro y joyas que se obtuviesen, teniendo especial cuidado de asegurar el quinto real [el quinto real era un impuesto medieval que debía cubrirse al monarca del producto del botín obtenido en correrías en tierras de moros]. Resulta extraño que esperasen hallar tesoros, puesto que hasta ese momento en Indias, fuera de perlas, no se había encontrado ninguno; es más, ni siquiera se habían topado con una sola casa de cal y canto. Y aquí surge la pregunta: ¿se trataba de un expedición para capturar indios?, o, ¿tenían ya una idea de lo que buscaban? En el primero de los casos, el veedor sobraba. Las Casas refiere que Alaminos habría dicho a Hernández de Córdoba que esperaba encontrar tierra nueva, «porque cuando andaba con el Almirante viejo [Colón], siendo él muchacho, vía que el Almirante se inclinaba mucho a navegar hacia aquella parte, con esperanza grande que tenía que había de hallar tierra muy poblada y muy más rica que hasta allí, e que así lo afirmaba, y porque le faltaron los navíos no prosiguió aquel camino».[19] En términos semejantes se expresa el cronista Francisco Cervantes de Salazar, quien pone en labios de Alaminos el discurso siguiente: «siendo yo pajecillo de la nao en que el almirante Colón andaba en busca desta tierra, yo hube un librito que traía, en que decía que, hallando por este rumbo fondo [...] hallaríamos grandes tierras muy pobladas y muy ricas, con sumptuosos edificios de piedra...».[20] Según eso, no irían tan a ciegas, casi podría asegurarse que iban a tiro hecho; Las Casas puntualiza, incluso, que lo que en su origen se concibió como una expedición para esclavizar indios, sobre la marcha cambió de objetivos en cuanto el piloto Alaminos confió el secreto a Hernández de Córdoba, quien habría solicitado a Velázquez la autorización correspondiente, para que si encontraban una nueva tierra fuese con licencia suya, otorgada como teniente de gobernador. Concedida ésta, partieron.[21] Por otro lado se advierte que Oviedo, quien a diferencia de Las Casas y Cervantes de Salazar sí habló con él («del mesmo piloto Alaminos yo me informé»), no menciona nada de esto.[22] Y finalmente, se dispone del testimonio del propio piloto, quien en una probanza efectuada en 1522, en respuesta a una pregunta concreta, se limitó a decir que Hernández de Córdoba le pidió: «que pues era piloto y había ido a descubrir otras veces, que viniese con la dicha armada en busca de tierra nueva, e ansí lo hizo e aportaron en la parte que se dice Yucatán».[23] Aquí hay que dejar sentado que, aunque Alaminos no dejó memorias, en ninguna de las respuestas a las preguntas que entonces se le formularon afirmó haber navegado con Colón.

La flota zarpó de La Habana el 8 de febrero de 1517; doce días después dejaban atrás Punta San Antonio, el extremo más occidental de Cuba y, para el primero de marzo, tenían a la vista una tierra en la que se distinguían grandes edificios de piedra, razón por la que llamaron al lugar el Gran Cairo. Construcciones de cal y canto por primera vez en Indias. Por su planta evocaban mezquitas, de ahí el nombre. Parecería que se encontraban en las inmediaciones de Cabo Catoche, adonde desembarcarían al día siguiente. La acogida fue amistosa. Escucharon a los naturales decir algo que, a sus oídos sonó como «cones cotoche», y que, según interpretaron, querría decir «vengan a nuestras casas». De ahí el nombre que le impusieron.[24] A pesar de lo amistoso de ese primer encuentro, en cuanto hicieron intento de internarse tierra adentro, fueron acometidos. Ante lo inesperado del ataque, se retiraron enseguida, resultando algunos heridos. Atrás dejaron quince indios muertos. Al retirarse se llevaron a dos jóvenes, a quienes impondrían los nombres de Julianillo y Melchorejo, los cuales en lo sucesivo servirían como intérpretes. Mientras se libraba la refriega, el padre Alonso González no perdió el tiempo; entró a un adoratorio, apropiándose de algunas figurillas de terracota y piezas de oro. Prosiguieron la navegación por el litoral norte costeando la península, para largar el ancla en una tierra cuyo nombre les resultó impronunciable, y sonó a sus oídos como Campeche, a la cual llamaron indistintamente con ese

29

nombre, o el de tierra de Lázaro, por haber llegado en el día fijado por la Iglesia para la lectura del evangelio sobre ese santo. Pronto encontraron un buen pozo y comenzaron a henchir pipas y vasijas, y se encontraban en ello, cuando llegaron unos indios que al par que decían «castilan, castilan», gesticulaban señalando hacia donde sale el sol, preguntándoles si era de allí de donde venían. Fueron llevados al pueblo, donde vieron adoratorios en los que se encontraban ídolos y figuras de serpientes, detectando costras de sangre, como indicio de algún sacrificio reciente. Algo que también les llamó poderosamente la atención, fue el ver cruces esculpidas en las paredes. Se encontraban en eso cuando aparecieron unos sacerdotes, cuyas túnicas les llegaban hasta los pies, y traían la cabellera en desorden, endurecida por la sangre seca, los cuales les dirigieron una mirada de pocos amigos. Encendieron unos sahumerios y hogueras, que interpretaron como advertencia de que les daban como plazo para irse, el tiempo que aquello tardara en consumirse. Ante esa actitud francamente hostil, que no dejaba lugar a dudas, subieron a bordo toneles y vasijas con el agua recogida y reembarcaron. Prosiguieron la exploración de esa costa, donde los sorprendió un norte, que sopló cuatro días seguidos; a poco, volvieron a encontrarse sin agua, y efectuaron una recalada para aprovisionarse en Champotón. Ése sería para ellos el lugar del desastre; fueron atacados, resultando muchos muertos, y los sobrevivientes cubiertos de heridas, a excepción de uno que salió ileso. En vista de ello, reembarcaron apresuradamente, sin haber hecho provisión de agua, poniendo rumbo a la Florida, que era tierra conocida para Alaminos, quien esperaba encontrar vientos favorables que facilitasen el retorno a Cuba. Fueron tantos los muertos y heridos, que al faltar brazos para gobernar las naves, tuvieron que abandonar la más pequeña, a la que prendieron fuego. Por el camino, fueron arrojando por la borda a los que morían a consecuencia de las heridas. Bernal cuenta que él recibió tres flechazos; «uno de ellos peligroso, en el costado izquierdo, que me pasó a lo hueco». Al lugar el autor lo llama unas veces Champotón, y otras, Potonchán. Ha prevalecido el primer nombre, aunque durante mucho tiempo se le conoció como «Costa de la mala pelea».

Y en cuanto pusieron pie a tierra en la Florida, fueron atacados. Más heridas, y con grandes trabajos consiguieron coger un poco de agua. A Berrio, el único que venía ileso y que se alejó para sacar un palmito, los indios se lo llevaron vivo. Cuando partieron rumbo a Cuba faltaban cincuenta y siete hombres. Nadie se ocupó de anotar la fecha del retorno, pero si se asume que la andanza por tierras mexicanas no excedería los treinta días, a los que se agrega la breve recalada en la Florida, más el tiempo de travesía de la costa cubana a Yucatán, y viaje de retorno, la correría no habría llegado a tres meses.

Grijalva, un capitán que no hiciera mal fraile

Al llegar a Cuba, los expedicionarios se dispersaron por la isla, tomando cada cual por su lado y, según recuerda Bernal, el capitán Hernández de Córdoba, quien traería encima cosa de treinta heridas, se dirigió a la hacienda que poseía en Sancti Spíritus, adonde moriría a los diez días.[25] Pasó un tiempo y, luego de numerosas vicisitudes, Bernal consiguió llegar a Santiago. Allí se encontró con la novedad de que Velázquez ya preparaba una segunda expedición. Se encontraba éste con ánimo exultante, ante los objetos de oro que tenía a la vista, traídos por el padre González y, al momento, lo invitó a participar en ella. Bernal dice haberse sorprendido al enterarse de que la nueva tierra ya tuviera nombre: Yucatán. Supuestamente, ello se originaría de un mal entendido, pues cuando los españoles hablaban, los indios les respondían, «tectetán, tectetán», ello es, «no te entiendo, no te entiendo», a lo que los españoles interpretaron que sería el nombre de la tierra. Y la llamaron tal como les sonó a sus oídos: Yucatán.[26]

Para el mando, Velázquez había elegido a Juan de Grijalva, un sobrino suyo, quien llevaría como capitanes a Francisco de Montejo, Pedro de Alvarado y Alonso de Ávila. Gente nueva. La designación de estos últimos parece haberse debido a razones fortuitas: se encontraban en Santiago y el gobernador echó mano de ellos. Se trataba de hombres prominentes en la isla, de entre los cuales, el de mayor fortuna personal era Montejo. Los tres aventajaban en edad a Grijalva, quien por aquel entonces andaría por los veintiocho años y, como el tiempo lo demostraría, eran individuos que se sentían llamados a empresas mayores.[27] Velázquez cometió una equivocación mayúscula al designarlo: en medio de ellos, el sobrino aparecía de talla minúscula. Nada extraño que se le fueran de control. En cuanto a la marinería, volverían los pilotos Alaminos, Camacho de Triana y el Manquillo, a los que se agregaría otro, llamado Sopuerta. Se reunieron así hasta unos doscientos cuarenta hombres, que embarcarían en cuatro navíos, dos de los que antes habían ido con Hernández de Córdoba y los otros dos aportados por Velázquez. Como capellán iría el padre Juan Díaz, quien se convertiría en el relator del itinerario de la armada . Aquí procede una observación: Bernal sostiene que Hernández de Córdoba habría muerto, pero se dispone de dos testimonios autorizados asegurando que éste, a pesar de encontrarse con vida, fue apartado por Velázquez, para despojarlo de su descubrimiento. El primero de éstos proviene de Alaminos, quien expresa que Hernández de Córdoba quería viajar a España para quejarse, pero que no lo hacía porque «había miedo que el dicho Diego Velázquez le destruiría por ello».[28] Las Casas, quien en aquellos momentos se encontraba en Zaragoza, recibió carta de su «harto amigo» Hernández de Córdoba relatándole lo ocurrido y, sintiéndose desposeído, le rogaba que intercediese a su favor ante la Corona, en tanto que él estaba en condiciones de viajar a España.[29] Frente a estos dos testigos calificados, y por sus aseveraciones, se nota que a Bernal le ha fallado la memoria. Acerca de fray Bartolomé de Las Casas cabe señalar que, aunque se trata de una figura ampliamente conocida en su papel de defensor del indio, en cambio, fuera del gremio de los historiadores, sus otras actuaciones ya no resultan tan familiares. En general se desconoce que, sin duda alguna, se trata del máximo historiador del descubrimiento de América y, a la vez, tuvo un protagonismo importante en los comienzos de la colonización española. El espacio que dedicó a la conquista de México fue breve, pero, a pesar de ello, es de suma importancia. Mientras Bernal habla como testigo de primera fila, Las Casas en muchas ocasiones lo hace desde las antesalas de los personajes más prominentes, allí donde se resolvían los asuntos de Indias (incluidos Adriano de Utrecht, el futuro Papa, y el propio Carlos V); llegó a influir a tal grado, que algunas decisiones fundamentales fueron adoptadas a instancias suya. Como llegó a Santo Domingo en época temprana (primer sacerdote ordenado en Indias), y anduvo en la conquista de Cuba, conoció a muchos de los personajes que posteriormente tendrían una participación destacada. Sus observaciones son valiosas en extremo para familiarizarnos con algunas facetas de la personalidad de Hernán Cortés, a quien llegó a conocer muy bien; lo trató primero en Cuba, y luego, en un lapso de varios años, conversaría con él en España. La inmensa actividad que desplegó, y lo frecuente de sus desplazamientos, hacen que nos refiera la acción lo mismo desde Cuba, Santo Domingo, España o México. Su descomunal *Historia de Indias* viene a constituir un testimonio de primera mano proveniente de distintos estratos, desde el más modesto, hasta la cúspide. Al igual que Bernal, presenta el inconveniente de haber escrito en edad avanzada. En ocasiones los fallos de memoria son patentes, al grado de que olvidándose de lo escrito con anterioridad, luego se contradiga; incluso en varias ocasiones manifiesta no recordar bien lo acontecido debido al tiempo transcurrido. Se estima que terminó de revisar su manuscrito unos quince años antes de que Bernal le pusiese punto final al suyo. Por lo mismo, está algo más cercano a los sucesos que narra.

Aunque el nombramiento de Grijalva aparece fechado el 20 de enero de 1518, los preparativos se prolongaron algo más de dos meses, zarpando a finales de abril. Para el 3 de mayo, día de la Santa Cruz, ya estaban frente a Cozumel. Por la fecha, llamaron a la isla Santa Cruz de Puerta Latina, denominación que muy pronto quedó de lado. Ésta se encontraba desierta, pues sus pobladores habían corrido a ocultarse en cuanto divisaron los navíos. Encontraron únicamente a dos viejos, a quienes, a través de Julianillo y Melchorejo les pidieron que fuesen a llamar a los caciques. Éstos partieron y, mientras los aguardaban, se acercó una mujer joven, de buen parecer, en opinión de Bernal. Era una india de Jamaica. Y según contó, haría cosa de dos años embarcó en una canoa que salió a pescar en compañía de su marido y otros diez hombres. La deriva de las corrientes los empujó a la isla, donde los isleños sacrificaron a los hombres. A ella la conservaban como esclava. Como ya se encontraba familiarizada con los españoles, y entre éstos había algunos que comprendían la lengua de Jamaica, les resultó posible entenderse. Dado que hablaba la lengua maya, fue enviada a llamar a los caciques, pero a los dos días volvió diciendo que, por más que insistió, ninguno aceptó venir. Al ver que allí ya no tenía nada que hacer, Grijalva resolvió continuar el viaje, recogiendo a la mujer, que pidió que no la dejasen allí; es curioso que ya no vuelva a oírse hablar de ella, quien, por el conocimiento que tenía del idioma, pudo haberse convertido en una precursora de Malintzin.[30]

En Cozumel, Grijalva hizo redactar al notario Diego de Godoy una escritura en la que dejaba asentado que la toma de posesión se hacía en nombre de Diego Velázquez. Allí quedó formalmente desconocida la autoridad de Diego Colón. Navegaron alrededor del litoral de la isla y, para el día once, ya surgió una controversia: Alaminos pidió a Grijalva que lo dejase hacer su oficio en lo referente a la navegación. Éste accedió, pero las diferencias volvieron a surgir; Alaminos quiso dimitir, pidiéndole que nombrase a otro piloto mayor. Las cosas iban mal. Las razones no están claras, pero está visto que ya desde un primer momento, Grijalva comenzó a tener dificultades. Estos datos los aporta Gonzalo Fernández de Oviedo, quien es persona informada, pues fue a él a quien Velázquez entregó toda la documentación relativa al viaje de Grijalva, «e yo llevé este testimonio a España a su ruego para dar noticia de ese descubrimiento suyo a la Cesárea Majestad».[31] Y como nos encontramos frente al autor de esa crónica monumental que es la *Historia general y natural de las Indias*, y éste viene a ser otro de los hilos conductores de este relato, antes de pasar adelante justo será decir unas palabras sobre su persona, a manera de introducción, para que sepa el lector quién es el que habla, a reserva de ofrecer más adelante una semblanza más amplia. Oviedo es un hombre que viene de abajo; sus acomodos en la Corte fueron, invariablemente, en cargos de tercera o cuarta fila. Lo modesto del plano en que se desenvolvía le aseguraba tener siempre un empleo, desempeñándose las más de las veces como simple comparsa. Y desde su modesta atalaya observaba todo lo que se movía a su alrededor. Es como el fotógrafo de una época, y la galería de personajes que conoció es impresionante. Oviedo aparece en escena por vez primera cuando, siendo un mozalbete, sostenía la brida del caballo de su amo, el joven duque de Villahermosa, formando parte del acompañamiento de los reyes, mientras aguardaban frente a las murallas de Granada la llegada de Boabdil, quien haría entrega de las llaves de la ciudad. Un año más tarde, sirviendo en la Corte, le correspondió presenciar en Barcelona el momento en que Colón llegó ante los reyes para informarles del Descubrimiento. Después de numerosas andanzas por tierras de España e Italia, pasó a Panamá y, como el ambiente con Pedrarias Dávila no le era muy propicio, retornó a Santo Domingo y de allí pasó a España; viajó a Flandes esperando recibir alguna prebenda de Carlos V. No lo logró en esa ocasión, pero con el paso del tiempo el monarca le otorgaría el nombramiento de Cronista de Indias. El cargo lo desempeñaría simultáneamente con el empleo de alcaide de la fortaleza de Santo Domingo, donde se encerró para concluir su descomunal *Historia general y natural de las Indias*. A corta distancia de su fortaleza, en el convento de Puerto Plata, fray Bartolomé de Las Casas escribía su magna obra; pero nunca llegaron a hablar ni mucho menos a comparar notas.

El mundo maya

Los expedicionarios de Grijalva cruzaron el brazo de mar que separa la isla de Cozumel de la tierra firme, y prosiguieron la navegación muy pegados a la costa. Es en ese momento cuando divisaron los templos de Tulum, que por encontrarse en alto y junto al mar debieron haber constituido una sorpresa inusitada. Llama la atención el escaso énfasis puesto por Bernal, y otros cronistas, al hablar de ese encuentro inesperado. Luego de tantos años de no ver otra cosa que casas con techo de palma, aquello necesariamente debió impresionarlos. Situados en lo alto de un acantilado, para cualquiera que los observa por primera vez desde el mar, la visión puede producir el mismo efecto que observar el Partenón en lo alto de la Acrópolis. El estado de abandono en que se encontraban debía darles un aspecto fantasmal. Todavía hoy día asombran al visitante, por lo cual no se acierta a comprender que los cronistas no hayan descrito con detalle ese encuentro. Por alguna razón, bien fuese a causa de los vientos, o de las mareas que no eran favorables, el caso es que pasaron de largo. Prosiguieron la navegación, siempre hacia el sur. El jueves trece de mayo ya estaban frente a la entrada de una gran bahía. Como era día de la Ascensión, le impusieron ese nombre, mismo que a la fecha conserva (tanto Oviedo como Las Casas subrayan que, en aquel año, el día de la Ascensión cayó en esa fecha).[32] Allí permanecieron dos días intentando entrar, pero desistieron ante el arrecife que impide el acceso. No sería sino hasta mediados del siglo XIX cuando en las cartas marinas aparecería señalado el paso que permite la entrada. Aquí, al describir este tramo del trayecto aparece un aparente olvido de Bernal, que omite la vista de bahía de la Ascensión, sosteniendo, en cambio, que de Cozumel navegaron por la costa de Yucatán dirigiéndose al norte. El error es notorio; Bernardino Vázquez de Tapia, quien también tomó parte en ese viaje, escribe que de Cozumel se dirigieron a «la costa de Yucatán, por la parte del Sur, hasta bahía de Ascensión». Oviedo, Las Casas, al igual que la restante documentación disponible, coinciden en afirmar que la navegación fue en dirección sur.[33] Abandonado el intento de penetrar en bahía de la Ascensión, se dieron la media vuelta, y prosiguieron el viaje costeando la península de Yucatán en dirección norte. En el trayecto encontraron en el mar las nasas de unos pescadores, a las que retiraron el pescado.

El veintidós de mayo, que era sábado y víspera de la Pascua del Espíritu Santo, llegaron a unas playas arenosas, y allí Alaminos cayó en la cuenta de que habían pasado de largo por la tierra de Lázaro (Campeche), en cuya busca iban para proveerse de agua; según estimó, estaban precisamente junto a Champotón, allí donde Hernández de Córdoba sufriera el descalabro. Volvieron atrás, pero no encontraron otra cosa que ciénegas, por lo que el lunes, Alaminos, Grijalva, y Diego de Godoy se pasaron a la *Santa María de los Remedios*, que por ser la de menor porte, requería de menos calado. Era tanta la necesidad que tenían, que llevaban tres días en que no bebían otra cosa que vino. Oviedo, quien tenía a la vista el diario de navegación, describe la acción de esta manera: «Miércoles, veinte e seis días de mayo de mill e quinientos e diez e ocho, cuasi dos horas antes de que fuese de día, al cuarto del alba, el general Joan de Grijalva se embarcó en el batel de la nao capitana con toda la gente que pudo caber en él; e mandó que los otros capitanes particulares de los otros navíos hiciesen lo mismo en sus barcas con toda la gente que en ellas cupiese, e salieron en tierra lo más secreto y sin ruido que les fue posible, e sacaron tres piezas de artillería, e muy concertadamente, sin ser sentidos, salieron junto a una casa que estaba en la costa».[34] Pero su desembarco no pasó inadvertido para unos indios, quienes fueron a dar la voz de alarma, mientras las barcas regresaban para bajar al resto de los hombres. Conforme amanecía, sentían llegar más gente, cada vez en números mayores, y cuando aclaró del todo, pudieron ver la inmensa multitud que tenían enfrente, armados de arcos y flechas. Por medio de Julián, Grijalva les hizo saber que sólo venían por agua, y que en cuanto llenaran sus toneles se irían. En esas condiciones se acercaron al pozo, cuando sucedió una situación confusa, pues mientras unos los intimidaban para que se fuesen cuanto antes, otros se acercaban trayéndoles tortillas, un guajolote u otra cosa de comer, partiendo rápidamente con la fruslería que les dieran a cambio. Se dijo la misa, y así estuvieron el resto del día, mientras por medio del intérprete se les daba a entender quién era ese rey de España, a quien estaban obligados a dar la obediencia. Llenaban las vasijas con lentitud, pues del pozo manaba poca agua. Llegó la noche, y no cesaron de oír caracolas y batir de tambores. Amaneció, y un indio que parecía persona principal, se acercó a ellos poniendo en tierra un sahumerio. Julián advirtió que cuando éste terminara de arder, atacarían. Mientras, unos gritaban y otros seguían trayendo guajolotes para cambiar por cuentas o lo que les dieran. Se extinguió la lumbre y los indios comenzaron a atacar; Grijalva ordenó que se estuviesen todos quietos, pidiendo al escribano que le diese una constancia de que se veía obligado a pelear para defenderse. Acto seguido hizo disparar las tres piezas de artillería que había bajado a tierra. Repuestos del susto, los indios respondieron con una lluvia de flechas, peleándose denodadamente. Bernal recuerda que, para complicar aún más las cosas, en esos momentos cayó en el campo una manga de langosta dificultando la visión; cuando creían que era una flecha, se cubrían con la rodela y resultaba una langosta, y cuando de veras era la flecha, los sorprendía con la guardia baja. Siete muertos, entre los cuales figuraba Juan de Guetaria, hombre destacado, y unos sesenta heridos. Ése fue el balance para los españoles. En cuanto a los indios, no pudieron calcular las bajas, pues la mayor parte cayó dentro de la espesura. Grijalva recibió un flechazo en la boca que le tumbó dos dientes.[35]

Embarcaron a los heridos, y Grijalva permaneció en la playa mientras completaban la provisión de agua. Cada vez que los indios comenzaban a acercarse, se disparaba un cañonazo para dispersarlos. Así estuvieron, acercándose ocasionalmente algunos para asegurar que su cacique quería hacer las paces y ser amigo del capitán. Ofreció venir, pero nunca lo hizo. En señal de paz envió una máscara de madera dorada. Grijalva reembarcó largando velas. Partieron del lugar llevándose a cuatro jóvenes que en lo sucesivo habrían de servirles de intérpretes; fueron bautizados, y al que parecía más despierto, se le impuso el nombre de su padrino, y así pasó a llamarse Pedro Barba.

La recalada siguiente fue en un punto situado en la boca de la laguna de Términos, al cual llamaron Puerto Deseado (Puerto Real, en Isla del Carmen). Ante la anchura de la bahía, cuya ribera opuesta no alcanzaba a distinguirse en el horizonte, Alaminos supuso que se encontraban ante el brazo de mar que comunicaba con bahía de la Ascensión, y seguro de que Yucatán sería una isla, sentenció: «aquí parte términos la tierra».[36] La escasa profundidad les hizo desistir de internarse en ella; otro argumento que reforzaba la opinión del piloto era que en Yucatán no habían visto un solo río. Y sin más, reembarcaron. Luego de una breve navegación estaban frente a un río caudaloso, que tenía obstruida la desembocadura por una barra, de cuya existencia advertía la espuma de los rompientes. Bajaron los bateles internándose en él y, a continuación, por tratarse de tierra nueva, a la que no había llegado Hernández de Córdoba, procedió Grijalva al acto de toma de posesión. Encontró allí buena acogida por parte de los moradores; se acercó a verlo un cacique, efectuándose un trueque de objetos. Los españoles demandaban oro, a lo que los indios replicaban que no lo tenían, y señalando en dirección norte, decían «Colhúa, Colhúa», expresando que allí lo encontrarían. A oídos de los expedicionarios la voz sonó como «Ulúa» y, comprendiendo que de allí provenía, partieron en su busca. El río perpetuaría el nombre de su capitán.

Pasaron de largo frente a la desembocadura del caudaloso Coatzacoalcos, sin realizar el intento de entrar en él por lo crecido que venía; siguieron costeando. Alvarado, que se había separado de la flota tomando la delantera, sin molestarse en obtener la autorización de Grijalva, se internó a explorar el Papaloapan. Venía a bordo del bergantín *San Sebastián*, el navío de menor porte de los cuatro que traían. Subió hasta Tlacotalpan, donde le ofrecieron algún pescado, y de allí volvió para reunirse con el resto de la flota que lo aguardaba en la bocana.

Grijalva, indignado, le reprochó haber emprendido tal acción sin su consentimiento, y de allí en adelante se agrió la relación entre ambos.

Siempre pegados a la costa, prosiguieron su rumbo. Un soldado llamado San Martín fue el primero en descubrir un pico nevado que sobresalía por encima de las nubes. En un principio se rehusaron a creer que eso fuera posible, ya que navegaban en medio de los calores del trópico; pero no tardaron en convencerse de que aquello era una realidad. En memoria de quien lo avistó primero, le impusieron su nombre.[37] El Citlaltépetl o Pico de Orizaba fue conocido durante algún tiempo como Sierra de San Martín. Frente al río Jamapa distinguieron a unos hombres que los llamaban agitando mantas y estandartes para atraer su atención. Por tal motivo llamaron al lugar Río de las Banderas, y como el tiempo era bueno, Grijalva envió a tierra a Francisco de Montejo con un grupo de soldados para que averiguase qué querían. Fueron bien acogidos, contándose entre los indios tres caciques –uno de los cuales era el designado por Motecuhzoma para gobernar la tierra–, por lo que bajaron también Grijalva y el resto de los hombres. Todo fue agasajo, y a los obsequios correspondió éste con cuentas de vidrio; pero pese a la cordialidad reinante, no prosperaron en el diálogo, pues Julián no comprendía la lengua que allí se hablaba. Los españoles se retiraron en términos muy amistosos, ignorando que aquellos caciques se encontraban allí por mandado de Motecuhzoma, quien al tener conocimiento del encuentro librado por Hernández de Córdoba contra los de Champotón, tenía ordenado que se mantuviesen vigilantes, y que si aparecían navíos por esa costa, averiguasen de qué gente se trataba.

Reanudaron la navegación, y a muy corta distancia divisaron una isla verde y, a continuación, otra blanca. Frente a ellas, otra algo mayor, en la que se advertían unas construcciones de piedra. Esta última se hallaba situada más próxima a la costa y, como ofrecía un lado abrigado, se dirigieron a ella. Encontraron una pequeña torre, en la que, para su sorpresa, descubrieron los cuerpos de dos jóvenes con el pecho abierto, recién sacrificados, a quienes habían arrancado el corazón. Ésa fue la primera advertencia de lo que encontrarían en el interior del país. Según entendieron, aquello se hacía por mandato de los de Colhúa. Junto a la piedra de los sacrificios se encontraba la figura de «un león con la cerviz agujereada, en la cual vierten la sangre de los infelices».[38] La descripción recuerda al instante al jaguar con un hueco al dorso, que figura como una de las piezas estelares en la sala mexica del Museo de Antropología e Historia de la ciudad de México. Informe tan puntual procede de la pluma de Pedro Mártir de Anglería, quien habló extensamente con Alaminos, Montejo y Puerto Carrero, quienes llegaron con noticias frescas de primera mano. Mártir de Anglería era un clérigo italiano que se movía en los primeros niveles de la Corte, y aparte de *bon vivant*, era hombre talentoso, como lo muestra el que los Reyes Católicos lo hubiesen enviado como embajador ante el sultán de Egipto, con la delicadísima misión de convencerlo para que no tomase represalias contra los cristianos residentes en su reino luego de la toma de Granada. En términos actuales, diríamos que este activísimo clérigo fue un precursor del periodismo moderno, algo así como el corresponsal del Vaticano en España. Debido a su elevada posición, no había noticia del Nuevo Mundo que se le escapara, misma que se apresuraba a comunicar. Cultivó el género epistolar, consistente en mensajes breves dirigidos a papas, cardenales y otras personalidades, a la manera de despachos de prensa. Un ejemplo de nota, de gran exclusiva, lo da la carta en que comunica la nueva del descubrimiento de América, por cierto, sin concederle excesiva importancia: «Un italiano llamado Cristóbal Colón propuso a los Reyes Católicos don Fernando y doña Isabel y los persuadió a que partiendo de nuestro continente habría de hallar unas islas confinantes con las Indias...».[39] Se advierte aquí que, si desde un principio nos hubiésemos tomado el trabajo de leer cuidadosamente sus epístolas, nunca se hubiera suscitado la duda en torno a la patria de Colón. En varias de ellas menciona claramente que se trataba de un genovés, y eso era algo que sabía bien, puesto que los hijos de éste eran alumnos suyos en las clases de retórica que impartía en la escuela para jóvenes de la nobleza, a la cual tuvieron acceso. Los avances noticiosos de Pedro Mártir son de gran frescura y permiten conocer la forma en que la metrópoli iba enterándose de los sucesos que ocurrían en ese mundo novedoso, así como la interpretación que a éstos se daba. Este cronista es el primero en destacar que habían encontrado un país donde existían «antiguas torres y vestigios de otras derruidas que daban a entender su gran antigüedad».[40] Se advierte que, desde un primer momento, se cayó en cuenta de que aquellas soberbias construcciones de la zona maya pertenecían a una civilización colapsada. Al momento surge la pregunta: ¿cómo lo averiguaron? En Tulum no desembarcaron, ni tampoco buscaron internarse en punto alguno de la península de Yucatán. Julianillo y Melchorejo eran dos rústicos incapaces de comunicar una información de tal índole, y además, no llegaron a aprender el español. Ningún cronista menciona cuál sería el informante que les dio ese dato, pero la evidencia está a la vista. Una pregunta que parece destinada a no recibir respuesta.

Grijalva y los suyos, sin que al parecer les hubiera impresionado mayormente lo que acababan de presenciar, procedieron a instalarse en el arenal que tenían enfrente. El nombre indígena del lugar era Chalchicuecan, y según dice Bernal, como el capitán se llamaba Juan, «y era por San Juan de junio, pusimos a aquella isleta San Juan de Ulúa»; Oviedo, en cambio, escribe que sería el sábado diecinueve de junio, y no el veinticuatro, cuando «saltó en tierra el capitán general Joan de Grijalva, con parte de la gente, e tomó la posesión de aquella Tierra Firme, e hizo sus autos de posesión en forma».[41] El sitio sería más tarde el elegido por Cortés para fundar la Villa Rica de la Vera Cruz. Permanecieron en el arenal siete días dedicados a la tarea de intercambiar cuentas de vidrio por objetos de oro, artículos de plumería y otras cosas; durante ese periodo aparece con claridad la tirantez existente entre Grijalva y sus capitanes. No se entendían; la mayor parte de los expedicionarios venía con la idea de que el propósito era tomar posesión de la tierra y poblar, mientras que Grijalva sostenía que ello iba en contra de sus instrucciones. En vista de lo tenso de la situación decidió deshacerse de Alvarado, que era quien más problemas le daba, enviándolo de regreso a Cuba para que informase al gobernador. Con él regresarían los enfermos y heridos; además, llevaría todo lo habido por vía de trueque. Nos encontramos aquí frente a un pasaje en el que los testigos están en desacuerdo: Bernal asegura que Grijalva se vio impedido de poblar porque sus capitanes se opusieron, pero los emisarios de Cortés y del cabildo de la Villa Rica, dirían a Pedro Mártir lo contrario. Las Casas sostiene, en forma reiterada, que Grijalva partió con unas instrucciones muy rígidas de su tío, que le prohibían terminantemente poblar; debería tomar posesión de la tierra, efectuar rescates (así llamaban al trueque de oro por baratijas) y regresarse. Al respecto, asevera: «Todo esto me lo refirió a mí el mismo Grijalva en la ciudad de Santo Domingo».[42] Eso ocurría en 1523, a cinco años de distancia del suceso. De esa situación confusa, lo que queda claro es que Grijalva no tenía la talla requerida para una empresa de tal magnitud; de igual manera, Alaminos, quien leyó las instrucciones, asevera que éstas eran en el sentido de no poblar.[43] Nuevamente, Bernal vuelve a incurrir en un error.

A la partida de Alvarado, Grijalva continuó la exploración dirigiéndose al norte. Arribaron al río Pánuco (tomó el nombre del cacique del lugar) y, cuando llegaron a un promontorio, Alaminos aconsejó darse la vuelta, en vista de las dificultades que se presentaban para la navegación. Volvieron sobre sus pasos, cruzando de nuevo frente al Coatzacoalcos, que continuaba crecido, para más adelante adentrarse en el Tonalá. Permanecieron allí unos días dando carena a un navío que hacía agua; la estadía fue amistosa, y de varias leguas a la redonda acudían los lugareños a intercambiar objetos por cuentas de colores. En especial, unas hachas que los españoles asumieron que serían de oro bajo. Allí, en ese paraje, tuvo lugar la anécdota narrada por Bernal, de que sembró las semillas que conservaba de una naranja, las cuales darían origen a todos los naranjales de la región.

Diego Velázquez se consumía de impaciencia. La ausencia de Grijalva ya excedía con mucho a la duración del viaje de Hernández de Córdoba, y el estar sin noticias lo tenía sobre ascuas. Tras él había enviado una carabela al mando de Cristóbal de Olid, con un refuerzo de ochenta o noventa hombres; pero llegado éste al punto en que debían reunirse ya no lo encontró, y fue en su seguimiento. Costeó el litoral norte de la península de Yucatán, internándose a continuación en el golfo. Pero al ser sorprendido por un temporal que le desarboló la nave, perdió las anclas y, en vista de que tenía dificultades para la navegación, resolvió retornar a Cuba.[44] Justo en esos momentos llegó Alvarado, y por él, Velázquez supo que no habían recibido el refuerzo de Olid, y que, en vista de ello, el sobrino ya preparaba el retorno. A la vista de los objetos de oro y de los informes que Alvarado le proporcionaba acerca de la riqueza de la tierra, la alegría al escucharlo se trocaba en indignación, al saber que Grijalva, en lugar de poblar y permanecer a la espera de refuerzos, se disponía ya a darse la media vuelta. Alvarado se encargaba de magnificar los hechos, destacando que volvía desoyendo la opinión de los capitanes, quienes abiertamente favorecían la idea de quedarse. Sin aguardar su regreso, Velázquez puso manos a la obra para enviar una nueva expedición. Su prisa estaba justificada, pues razones no le faltaban. Se trataba de una carrera contra reloj, antes de que otros fueran a adelantársele. Precisamente, por esas fechas, Francisco de Garay, el gobernador de Jamaica, obtendría la autorización de la Corona para fundar una colonia en una mal delimitada región, en el área del Pánuco.

Las Casas, quien en esos momentos se hallaba en la Corte, escribe que en cuanto llegó la noticia del descubrimiento de Yucatán, el almirante de Flandes, uno de los tantos flamencos y borgoñones que llegaron acompañando a Carlos V, se apresuró a pedir a éste que le cediese Cuba y Yucatán como feudos. Accedió el monarca, quien por encontrarse recién llegado no tenía idea de lo que pudieran ser las Indias. La intención del almirante era colonizar Yucatán con flamencos. Las Casas, que entonces privaba mucho en la Corte, se movió activamente para echar abajo el proyecto, y para ello habló al Gran Canciller y al cardenal Adriano de Utrecht (futuro papa Adriano VI). Diego Colón también se mostró activo, al saber que se le desposeía de Cuba; el resultado fue que se dio marcha atrás, dejándose sin efecto la cesión. El proyecto debió de encontrarse bastante avanzado, pues el propio Las Casas nos da cuenta de cómo llegaron de Flandes varios barcos con labradores, a quienes luego se les vería deambular por San Lúcar de Barrameda, muertos de hambre y abandonados a su suerte.[45]

El candidato lógico para el mando de la nueva expedición hubiera sido Pánfilo de Narváez, quien tenía atrás la experiencia en cabalgadas contra indios en La Española y las conquistas de Jamaica y Cuba. Pero ocurría que en aquellos momentos se encontraba en España. Por tanto, en ausencia de su lugarteniente, Velázquez se dio a la tarea de barajar otros nombres, mismos que no tardaba en descartar; Gómara asegura que al primero a quien llamó fue a Baltasar Bermúdez, retirándole la oferta en cuanto éste le pidió tres mil ducados para gastos. Bernal menciona que, en un momento dado pensó en Vasco Porcallo, un pariente del duque de Feria, pero que luego recapacitó, pues temió que por tratarse de un hombre muy osado pudiera rebelársele. Lo que sí se advierte es que Alvarado no fue tomado en consideración, a pesar de ser buen candidato. Uno con vocación de conquistador.

Mientras tanto, Cortés se mantenía al margen. Una versión habla de que el contador Amador de Lares y Andrés de Duero, el otro secretario de Velázquez, en secreta connivencia con él, habrían sugerido su candidatura. El cronista Gómara se limita a decir que Velázquez le propuso que armasen a medias, afirmación que al punto Las Casas rechaza indignado, aduciendo que por aquellos días Cortés era un don nadie que no se atrevía a alzar la voz en presencia del gobernador, y que éste, para montar la expedición no tenía necesidad de su dinero.[46] El comentario de fray Bartolomé no parece muy acertado, ya que a continuación se contradice cuando habla de que Cortés maniobró a través de sus amigos y socios para obtener el mando y, según apunta: «era muy astuto y sabía bien disimular». Al contador Amador de Lares lo pinta como un maestro de la intriga, que había pasado veintidós años en Italia, donde llegó a ser maestresala del Gran Capitán, y eso sin saber leer ni escribir. Acerca de éste, solía decir a Velázquez: «Señor, guardaos de veintidós años de Italia».[47] Un testimonio que difiere de los anteriores es el de Francisco Dávila, quien asegura que encontrándose en la hacienda de Cortés, llegó un mensajero. Éste era portador de una carta de Amador de Lares urgiéndolo para que se presentase sin dilación ante el gobernador, para tratar un asunto del mayor interés. Éste mostró la carta a Dávila, preguntándole qué pensaba de ella, a lo que él repuso que no tenía ni idea. Partió Cortés, y «dende a doce o quince días, el dicho don Hernando Cortés escrebió a este testigo una carta por la cual le facía saber cómo Diego Velázquez le inviaba por capitán con ciertos navíos para Yucatán, de donde había venido el dicho Joan de Grijalva».[48] Cortés refiere lo sucedido de la forma siguiente: a su llegada a Santiago, Velázquez lo habría puesto al tanto de la situación, diciéndole que Alvarado había llegado en busca de refuerzos, pues Grijalva quedaba en mala situación. Pensaba enviar una expedición en su ayuda, y fue en ese momento cuando le propuso el mando, por ser él quien disponía de mayores medios, y que, «aunque no hobiese licencia, por virtud de la pasada, diciendo que iba a buscar socorrer al dicho Joan de Grijalva, podría ir, que le sería de mucho interés».[49] Esto aparece consignado en el cuestionario elaborado por Cortés, años más tarde, para el interrogatorio de los testigos que rendirían declaración durante el juicio de residencia. El ofrecimiento le habría llegado sin buscarlo, como llovido del cielo. El hombre que aparece en escena es un individuo acaudalado, con medios suficientes para financiar una expedición, y era en función de su fortuna que recibía esa propuesta; pero, ¿quién era en realidad Hernán Cortés?

El hidalgo de Medellín

Fernando Cortés Monroy Pizarro Altamirano vino al mundo en Medellín, una villa extremeña, siendo sus padres Martín Cortés Monroy y Catalina Pizarro Altamirano, ambos reconocidos como hijodalgos, lo cual, para el entorno social de la época, era algo muy importante. El cronista Gómara, quien pasa por ser el biógrafo autorizado, asegura que nació en 1485, sin precisar día ni mes. Pero se trata de un dato que queda en entredicho, pues otros indicios apuntan que pudo haber nacido uno, o incluso, dos años antes. Todo dependerá del mayor o menor crédito que merezcan las distintas fuentes. Medellín deriva su nombre de la antigua *Castra Metellina,* un campamento fundado por el general romano Quinto Cecilio Metelo, allá por el año 80 a.C., durante la guerra contra Sertorio y su ejército hispánico. Se trata de una zona donde la historia comienza en época temprana. La villa se encuentra en las márgenes del Guadiana, a la sombra del castillo de los condes de Medellín, situado en lo alto de un collado. El Medellín actual es una población dedicada a las agroindustrias, cuyo crecimiento ha sido tan moderado, que si su antiguo hijo volviese a la vida, podría recorrer sus calles sin equivocar el camino a su casa. Pero la villa no es el lugar adecuado para encontrar huellas de él; lo único que se conserva es un solar baldío frente a la plaza, con el césped cuidadosamente recortado, donde se lee en una placa que allí se alzó la casa donde nació Hernán Cortés. Enfrente, una estatua en la que se le representa vestido de hierro, con la visera alzada y sosteniendo una bandera. Allí se interrumpe todo contacto del conquistador con su terruño natal. Existen tres iglesias: Santiago, San Martín y Santa Cecilia, siendo lo más probable es que haya sido bautizado en alguna de las dos primeras, ya que la tercera se terminó de construir en fecha posterior. La búsqueda en los archivos parroquiales resulta infructuosa, pues el registro de nacimientos se comenzó a llevar observando un mandato del Concilio de Trento, el cual es de data posterior. Como en Medellín no encontramos ningún dato sobre él y su familia, la búsqueda debe hacerse en otra parte.

La vida de Cortés la conocemos a trancos; existen épocas en las que se sabe día a día lo que hizo, mientras que, en otras, se dan larguísimos periodos en que se pierde de vista por completo. Infancia, adolescencia y entorno familiar corresponden a la época oscura. Se conoce más de esa etapa de las vidas de Alejandro o Julio César, que vivieron siglos atrás, que de la suya propia. Para el conocimiento de ese período, se descansa por entero en el testimonio de un autor único: Francisco López de Gómara, o simplemente Gómara, que es como mejor se le conoce. Éste irrumpe en escena en 1552, cuando habían transcurrido cinco años de la muerte de Cortés. En ese año, en Zaragoza, salió de prensa su *Historia general de las Indias*. Se trataba del libro más importante que se publicaba sobre las conquistas españolas en América, pues hasta ese momento únicamente había aparecido la primera parte de la obra de Oviedo, la cual, en lo que a México atañe, cubre únicamente hasta la expedición de Narváez. La *Historia general de las Indias*, es una obra en dos tomos, siendo el segundo el que trata sobre la conquista de México, y está dedicado a don Martín Cortés; «A nadie debo dedicar, muy ilustre señor, la conquista de Méjico, sino a vuestra señoría, que es hijo del que lo conquistó».[1] Aparece el libro y al momento, ocurren dos hechos que confieren a la obra un aire de sensacionalismo. El primero fue la prohibición. No había transcurrido un año de su aparición, cuando ya era obra prohibida; «porque no conviene que se lea», reza la cédula de prohibición, y quien la firma es el príncipe Felipe (el futuro Felipe II), quien en aquellos momentos se encontraba a cargo del reino por ausencia de su padre.[2] No sólo se prohibió la reimpresión, sino que se ordenó la recogida de los ejemplares que se encontraban en poder de los libreros, y de aquellos que ya habían sido vendidos. Se desconocen las razones que llevaron la persecución hasta tales extremos, que no logró otra cosa que darle notoriedad a la obra, la cual quedó clavada como telón de fondo en la historia de la Conquista. Referencia obligada, porque en mayor o menor grado, influirá en prácticamente todos los autores que aparecerán posteriormente, comenzando por el propio Bernal, quien impuso a su libro el título de *Historia verdadera*, precisamente para implicar que la de Gómara no lo era. El siguiente hecho que contribuyó a darle realce, fue que ésta no tardó en caer en manos de fray Bartolomé de Las Casas, quien encontró reproducido un pasaje del libro de Oviedo que lo deja muy mal parado.[3] Fray Bartolomé estalló indignado, y «colérico», como se califica a si mismo, arremetió contra Gómara.[4] Le lanzó toda suerte de epítetos altisonantes, llamándolo entre otras cosas criado de Cortés y que no había hecho otra cosa, que poner por escrito lo que éste le dictó: «el mismo Hernando Cortés le dijo y dio por escrito siendo su capellán y criado después de marqués, cuando volvió a España la postrera vez».[5] Y por obra de esos exabruptos, Gómara aparece convertido en el historiador oficial, sin importar que muchas de las cosas que escribe no tengan sentido. Lo dice Gómara, y basta. Habría recibido la información directamente de Cortés. Resulta evidente que Las Casas no leyó el libro con cuidado, pues de haberlo hecho, habría advertido que contiene una serie de afirmaciones que jamás hubieran salido de boca de Cortés por lo desfavorables que le resultan. Si se comenzara a destacar los errores más notorios de ese texto, sería cuestión de nunca acabar, corriéndose el riesgo de abrumar al lector. Por eso, lo más sencillo es irlos mencionando conforme van apareciendo, y dejar que los hechos hablen por sí solos. De momento, existe un dato que no hay que perder de vista: Gómara, en ninguno de sus escritos, afirma haber conocido a Cortés. Es cierto que, hacia el final de su libro, aparece una frase que indujo a muchos a error, pero en cuanto se llegue a ella, ya se verá cómo se desvanece por sí sola. Debe quedar bien claro que no se trata de un impostor, sino que todo el enredo ha sido obra de Las Casas. Gómara, quizás sin proponérselo, compró pleito ajeno. Los datos que aporta acerca de la familia y primera parte de la vida de Cortés son mínimos, pero son los únicos disponibles. Sobre Martín –su padre–, se limita a decir que en los desórdenes de la Castilla feudal, participó como teniente de una compañía de jinetes, a favor de un pariente suyo llamado Alfonso de Hermosa, quien militaba en el bando de Alonso de Monroy, el clavero de Alcántara, que aspiraba a convertirse en maestre de la Orden (el clavero era el depositario de las llaves del convento de la Orden, de allí la importancia del cargo). Aquello iba contra los deseos de la reina, por cuya causa, lo enfrentó don Alonso de Cárdenas, maestre de Santiago. Lo único que se saca en claro es que Martín Cortés, en sus años mozos, habría sido un hombre de armas que militó en el bando perdedor. Y en cuanto a los primeros años del niño Fernando, el cronista sólo refiere que fue muy enfermizo, y que en una ocasión, encontrándose en trance de muerte, su nodriza tiró a suertes los nombres de los apóstoles y salió San Pedro. Se dijeron misas y oraciones y sanó. A partir de ese momento lo tuvo por su intercesor, celebrándole una misa en su día. A los catorce años habría pasado a Salamanca, donde estudió gramática en casa de Francisco Núñez de Varela, quien se encontraba casado con Inés de Paz, hermana de su padre. Pero un par de años más tarde regresó a Medellín, bien fuera por falta de dinero o por no tener interés en los estudios, lo cual causaría la natural pesadumbre a sus padres, quienes deseaban que estudiase leyes. Ocasionó muchos disgustos a sus padres, por su temperamento altivo y bullicioso, por lo que siguiendo su natural inclinación, se decidió a abrazar la carrera de las armas. Se le ofrecían dos alternativas: ir a Nápoles para militar bajo las banderas del Gran Capitán, Gonzalo Fernández de Córdoba, o pasar a Indias en la flota de Nicolás de Ovando, próxima a zarpar. Se decidió por lo segundo, dado que era conocido de éste, por lo que pensaba que lo favorecería. Pero mientras aguardaba la partida, sucedió que una noche escaló la tapia del corral de la casa de una recién casada, para hablar con ella. Cedió la pared y al venirse abajo, con el estruendo de las piedras, de las armas y el broquel que portaba, salió el marido, quien al verlo en el suelo, sospechando algo, estuvo a punto de matarlo, y lo hubiera hecho de no habérselo impedido la suegra. Agrega Gómara que «quedó enfermo de la caída, y le reaparecieron las cuartanas [fiebre palúdica] que le duraron mucho tiempo; y así no pudo ir con el gobernador Ovando. Cuando curó, determinóse a pasar a Italia, según primero había ya pensado, y para ir allí se encaminó a Valencia; mas no pasó a Italia, sino que se anduvo a la flor del berro, aunque no sin trabajos y necesidades, cerca de un año. Volvióse a Medellín con determinación de pasar a las Indias, y sus padres le dieron la bendición para ir.– Tenía Hernán Cortés diecinueve años, cuando el año 1504 de nacer Cristo, pasó a las Indias».[6] Y eso es todo. En esas breves líneas, el cronista ha despachado un periodo que abarca diecinueve años. En lo del año de la llegada a Santo Domingo, la afirmación de Gómara concuerda con la de Cortés, pero en lo de la edad discrepa con otras evidencias disponibles. Por principio de cuentas, este autor se equivoca al señalar que en 1547, fecha de su muerte, tenía sesenta y tres años, pues de haber nacido en 1485, como antes dijo, tendría sólo sesenta y dos al morir. A este respecto, Bernal puntualiza: «en el año que pasamos con Cortés desde Cuba a la Nueva España fue el de quinientos diez y nueve, y entonces [Cortés] solía decir, estando en conversación de todos nosotros los compañeros que con él pasamos, que había treinta y cuatro, y veintiocho que habían pasado hasta que murió, que son sesenta y dos».[7] Pero por otra parte nos enteramos de que Cortés, en la última carta dirigida al Emperador dice «porque he sesenta años»; como eso lo escribe el 3 de febrero de 1544, ello conduce a fijar el nacimiento en 1484 y por ende, la muerte a los sesenta y tres.[8] Para evitar estar haciendo aclaraciones, tomaremos como bueno el dato proporcionado por él. Año más, año menos, en poco o nada afecta a la historia.

Las Casas, quien llegó a conocer a Martín Cortés, se expresa de él de manera despectiva, llamándolo «un pobre escudero», calificativo que, desde luego, no concuerda con la otra información disponible, pues fue un hombre que gozó de un relativo desahogo económico y se encontraba bien relacionado con personalidades de las altas esferas.[9] La documentación existente muestra que, durante largo tiempo, fungió como regidor y procurador de la villa, lo cual lo exhibe como individuo que gozaba de consideración. Diego Alfón Altamirano, el abuelo materno de Cortés, además de notario, fue mayordomo del castillo de Medellín, correspondiéndole estar al servicio de la condesa viuda, doña Beatriz Pacheco. Ser notario ya indicaba un cierto nivel, y en cuanto a mayordomo de los condes, el cargo era de importancia. Toda la administración pasaba por sus manos, incluyendo el cobro de impuestos y alcabalas. La infancia transcurrió en Medellín, según el testimonio de un paisano suyo, quien dijo ser de la misma edad, y que asistieron juntos a la escuela de primeras letras de la villa. Puede asumirse que además de la educación básica, daría comienzo el adiestramiento en la equitación y en el manejo de las armas. Cortés era un caballista de primer orden e individuo diestro en el manejo de la espada, actividades que requieren mucha práctica, y que, por lo demás, hacían parte de la formación de un joven de su estrato social. Existe un testimonio proveniente de Juan Suárez de Peralta, cronista un tanto tardío que en más de una ocasión muestra estar muy mal informado (se trata del hijo de Juan Suárez, hermano de la primera esposa de Cortés), quien acerca de él cuenta lo siguiente: «Vióse en tierna edad de mozo muy pobre, y como sus padres lo fueran tanto que no lo podían sustentar, dio en servir de paje, y no hallando a quien, acordó de servir en una iglesia en la villa de Medellín, que llaman Santa Cecilia».[10] Esta afirmación es altamente dudosa, puesto que los testimonios existentes señalan que se trataba de una familia que disfrutaba de una cómoda situación económica. Gómara, al omitir cualquier referencia a que Cortés tuviese hermanos, de hecho lo presenta como hijo único; pero por allí se encuentran indicios que apuntan a la existencia de varias hermanas, hasta tres, quizá. Oviedo señala a una, cuando dice: «avisado Hernando Cortés, envió a un caballero, cuñado suyo, llamado Francisco de Las Casas». Por otro lado, encontramos alusiones a dos más.[11]

Consumada la Conquista, a Cortés le cayó encima una cauda de sobrinos, que venían en busca de acomodo al amparo del tío. Un caso muy concreto es el de uno que lo acompañó en el viaje a las Hibueras, «quebrándose una pierna por tres o cuatro partes». En carta al Emperador, al referir el hecho, Cortés escribe de su puño y letra que era sobrino suyo.[12] Es posible que tuviera medias hermanas, hijas naturales de Martín Cortés, o habidas en un matrimonio anterior de éste. La presencia de esas hermanas (si efectivamente existieron), y de las cuales parece encontrarse muy distante, resulta un dato de escaso relieve; pero, en cambio, destaca el desconocimiento que Gómara muestra tener acerca de la familia.

El punto más controvertido de sus días estudiantiles, reside en saber si Cortés fue o no bachiller en leyes. Gómara no menciona que asistiese a la universidad, limitando sus estudios en Salamanca a los cursados en la escuela de gramática; Bernal, quien siempre se expresa con admiración sobre su cultura, asevera que dominaba el latín (aunque mal podría opinar quien desconocía esa lengua), y dice que escuchó decir que era bachiller en leyes, y que respondía en latín a aquellos que le hablaban en ese idioma. En cuanto a Las Casas, cuya erudición y conocimiento del latín no se ponen en tela de juicio, pues es autor de varios escritos en esta lengua, afirma que, además de latino, era bachiller en leyes. Pedro Mártir, refiriéndose a la forma en que instruía a los indios, puntualiza: «Cortés, con estas palabras, transformándose de jurisconsulto en teólogo, les mostró para que la adorasen, la Cruz y la estampa de la Virgen que consigo traía». La frase corrobora que era jurista (o que era tenido como tal); además, en otra carta, agrega que fue juez en Cuba.[13] Así queda la cuestión: de acuerdo con éstos últimos era jurista, o al menos, eso es lo que se pensaba en la Corte, según la información disponible en aquellos momentos, pero Cortés nunca manifestó haber pisado las aulas de la universidad (de hecho, nunca habla de sus días estudiantiles). Suárez de Peralta afirma que en Valladolid, durante un año, trabajó con un notario y que sería con él con quien aprendió el oficio.[14] Total, la duda subsiste; pudo ser el caso que durante una temporada hubiese cursado estudios de derecho, que luego interrumpiera, o que la cultura jurídica que asoma en sus escritos fuera producto de lecturas, sin haber pisado nunca la universidad. Autodidacta o bachiller que nunca sacó a relucir su título. Pero sus conocimientos jurídicos son algo que salta a la vista; poseía, además, una regular cultura histórica. Dentro de su formación, se detectan un par de cosas que no van de acuerdo con su nivel cultural: una es el manejo de la pluma. Una redacción pobre e inexpresiva, que hace que en ocasiones sus escritos, aparte de pesados, resulten poco claros. Y algo que se advierte, es la indiferencia hacia el arte. Eso se hace patente cuando vemos que, a su regreso de España, no trajo consigo arquitectos para trabajar en las numerosas obras que se iniciaban, echándose de menos la presencia de un pintor que hubiese dejado una galería de retratos. Bernal, en cambio, que no cursó altos estudios, redacta incomparablemente mejor, con una prosa más clara, fresca y emotiva. Ésa es una de las limitaciones de Cortés, que unida a la falta de expresividad, contribuyen a que el personaje se nos escape. Contraste notorio con el extrovertido Bernal. En la ocasión única en que Cortés se refiere a sí mismo, lo hace diciendo «un escudero como yo». Eso lo escribió en 1526 en la *Quinta Relación* dirigida al Emperador. Además, Las Casas, en otro pasaje, también se refiere a él como «un pobrecillo escudero».[15] ¿Cómo queda la cuestión?; ¿jurista o escudero?

Es importante aclarar qué era realmente un escudero en esos días. La precisión no está por demás, pues se trata de una connotación que puede inducir a error, ya que, por asociación de ideas, podríamos pensar en Sancho. Escudero, en los días de Cortés, era otra cosa. Se trataba de un grupo de hombres de un cierto relieve social, cuyo anhelo era ser armados caballeros. El grupo lo constituían, mayoritariamente, hidalgos que aspiraban a subir en la escala social. Escuderos fueron los Alvarado, Sandoval, Olid, Ordaz y un regular número de los que militaron a sus órdenes (Bernal, en cambio, que procedía de las filas de tropa, era de una posición más modesta); y, como se trata del orden social de la época, no está por demás que antes de seguir adelante dejemos bien sentado de qué estamos hablando. Una cosa fue la caballería andante, aquella que Don Quijote quiso revivir, y otra, muy distinta, las órdenes militares de caballería. Ambas coexistieron durante largo tiempo, pues hubo una época en que por los caminos de Europa discurrían caballeros andantes (éstos sí, llevando atrás al escudero que cargaba a cuestas el escudo); pero en los días de Cortés eso era cosa del pasado. Se había extinguido sola, de muerte natural, pero su desaparición era reciente y se conservaba fresca su memoria.

Las órdenes militares

En su día, las órdenes militares de caballería llegaron a ser poderosísimas; tan importantes eran, que en la estructura del gobierno existía un Consejo de Órdenes. Para interiorizarnos en lo que fueron y del papel que desempeñaron en la Reconquista, es preciso hacer un poco de historia. Su nacimiento remonta al siglo doce, en momentos en que los reyes, o bien carecían de ejércitos permanentes o disponían de fuerzas escasas, por lo que éstas vinieron a asumir sobre sus espaldas la defensa de castillos y villas en zonas fronterizas con tierra de moros, los cuales quedaron a cargo de maestres y priores. Las órdenes militares llegaron a constituir centros de un poder paralelo al de los monarcas, variando su influencia según la época. En España, las más importantes fueron la de Santiago de la Espada (ése es el nombre completo), Alcántara, Calatrava y Montesa. Por otro lado, como órdenes llegadas de fuera estaban el Temple y la del Hospital de los caballeros de San Juan, las cuales venían a ser las grandes trasnacionales de la época. En la actualidad, de todas ellas, sin duda alguna, la del Temple es la que tiene el reflector encima; últimamente ha proliferado un género de literatura acerca de supuestos rituales secretos de los templarios, misterios cabalísticos, tesoros ocultos y otros tópicos, que atrapan la imaginación del lector. El ciclo aparece centrado en los sucesos que marcarán el fin de la orden, cuando Felipe el Hermoso de Francia, en connivencia con el papa Clemente V, decidió acabar con ellos para apoderarse de sus bienes. Los templarios habían llegado a ser tan poderosos que venían a ser un estado dentro de otro estado. Constituían una amenaza para el poder real. Novelísticamente el tema da para mucho, en especial la escena de Jacques de Molay, el último maestre, quien antes de morir en la hoguera, emplazó a Felipe y al Papa, los artífices de la destrucción de la orden, para comparecer ante el juicio de Dios en el plazo de un año. Murieron los dos con pocos meses de diferencia, al igual que Guillermo de Nogaret, personaje que desempeñó un papel en el proceso para terminar con la Orden. Con esas muertes la leyenda quedó servida. Pero de tanto fijar la atención a lo acontecido en Francia, se tiende a pasar por alto la importancia que la orden tuvo en España. Para tener una idea de su influencia, cabe recordar que Alfonso el Batallador legó sus estados a templarios y hospitalarios; por lo que de haberse respetado el testamento, Aragón hubiera sido un estado manejado enteramente por órdenes militares. Años más tarde, Jaime I, el futuro conquistador de Valencia y Mallorca, fue educado por los templarios, quienes se encargaron de su formación en el castillo de Monzón. De hecho, el Temple parecería encontrarse en el origen de las órdenes de caballería españolas. En España, al igual que en otras partes, el Temple corrió la misma suerte que en Francia, al ser acordada su supresión. Y así terminó esa trasnacional que tanto incidió en la vida española del medievo. En su día, Fernando el Católico consolidaría su poder al asumir personalmente el maestrazgo de las órdenes. Sólo el rey podía armar caballeros.

Ésa era la situación en tiempos de Cortés. La aspiración de un hombre de armas era ser ennoblecido con un escudo de armas y el ingreso a una orden militar. Las afirmaciones de Las Casas, que en una parte lo llama escudero y en otra bachiller en leyes, no son contradictorias, pues una cosa no excluía a la otra. Entre los conquistadores veremos que son legión los escribanos metidos a hombres de armas. Está ahora la concepción de la hidalguía, un ordenamiento de la sociedad tan antiguo, que hunde sus raíces en el alto medievo: «Santa Gadea de Burgos / do juran los fijosdalgo». Así dice el romance; pero una cosa era ser hidalgo en la época del Cid, y otra, en la de Cortés. En esta última, el hidalgo constituía el peldaño más bajo de la nobleza, o si se quiere, una clase intermedia entre la alta nobleza, propietaria de grandes extensiones de tierras, y el pueblo llano. Y además, en últimas fechas se habían multiplicado enormemente, sobre todo en el norte.

Como la hidalguía también es un concepto que puede inducir a equívocos, no estará por demás que nos asomemos a su mundo. Una de las características del hidalgo era el orgullo de casta: un orgullo feroz, que les vedaba trabajar con las manos. Con esa mentalidad tenían pocas salidas, sobre todo aquellos que no disfrutaban de rentas. Podían aspirar a cargos públicos, seguir la carrera de las armas, ingresar en religión o practicar alguna de las contadas profesiones consideradas honrosas, tal cual era el caso de la de leyes. A las filas de la hidalguía se accedía por varios caminos: los más frecuentes eran los de solar conocido y los de bragueta. En el primero de los casos figuraban los que poseían casa solariega o la habían poseído; y los segundos, eran aquellos que recibían el privilegio por haber engendrado siete hijos varones en el matrimonio. Eran tiempos en que se precisaban hombres para empuñar la lanza, y los hidalgos constituían el brazo armado que acudía en defensa del reino en momentos de peligro. Un hidalgo sin dinero era un segundón, un don nadie; pero eso sí, contaban con algunos privilegios, como la exención del pago de impuestos. Además, en el caso de ser sentenciados a muerte, les asistía la prerrogativa de ser decapitados, en lugar de morir ahorcados (así murieron Balboa y Olid. Se les guardó la hidalguía).

Cortés tenía arraigadísimos los prejuicios de casta, y es así como encontraremos que, en el *interrogatorio general*, al presentar los descargos en el juicio de residencia, impugnó a varios testigos por las razones siguientes: a Antonio de Carvajal, porque es «hijo de una pescadera e de un clérigo, y tiene ansí mesmo un hermano que vende pescado guisado, públicamente, en la cibdad de Sevilla».[16] Rechaza a Juan Coronel por haber desempeñado oficios bajos, como es el de calcetero;[17] y a Francisco de Orduña, porque cuando se emborracha vomita, y además, por incontinencia, se ensucia en las calzas.[18]

Cuando Cortés solicitó el ingreso a la orden de Santiago, el monarca, como administrador perpetuo de la misma, trasladó el pedido al encargado de interrogar a los testigos para comprobar si reunía los requisitos exigidos, «porque la persona que se ha de recibir a la dicha Orden e darle el hábito della ha de ser hijodalgo al modo e fuero de España».[19] Venían a continuación las pruebas de limpieza de sangre, ello es, demostrar no tener algún antepasado judío o moro. Las pruebas se hacían extensivas a los cuatro abuelos e iban tres generaciones atrás; sólo así podía comprobarse que se era cristiano viejo. También estaba de por medio el lustre; el aspirante debía demostrar que nunca desempeñó algún trabajo manual o considerado como bajo.

Limpieza de sangre

La tan llevada y traída limpieza de sangre fue un prejuicio tan arraigado en la sociedad española, con unas repercusiones tan hondas, que no está por demás volver la mirada atrás para indagar de qué se trató, y el cómo se originó. El sentimiento antijudío es anterior al nacimiento de España como nación. En la época romana estaban prohibidos los matrimonios entre hispanorromanos y judíos (cosa también prohibida por la ley judía), y la prohibición no quedó ahí, decretándose diversas limitaciones para éstos últimos: no podían desempeñar cargos públicos; se les autorizaba a reparar las sinagogas, pero no a construir nuevas. Ésa era la situación en los momentos en que el imperio se desplomó. Llegaron los visigodos y, desde el primer momento, Alarico II publicó en el 506 un código de leyes (el *Breviarium Alaricianum*) que endureció las restricciones: judío que convirtiese al judaísmo a un cristiano, fuese libre o esclavo, sería reo de muerte.[20] La legislación claramente se orientaba a evitar el proselitismo. En el año 589, durante el III Concilio Toledano, Recaredo da un paso importantísimo: abjura del arrianismo y se convierte al catolicismo (en realidad, la conversión habría ocurrido unos dos años antes, bautizándose en secreto). Nace así el estado católico visigodo, y a partir de ese momento, sobre todo en el 613, por las disposiciones de Sisebuto, los judíos son excluidos del conjunto de la sociedad, convirtiéndose en perseguidos. Y si algunos de sus sucesores mostraron alguna tolerancia, no tardarían en venir otros que apretaron cada vez más: Recesvinto y Chintila fueron más lejos, intentando eliminar el judaísmo de raíz. Bajo este último, en el 654, se arrancó una profesión de fe a los judíos toledanos, a quienes se impuso bautismo forzoso, comprometiéndolos así a que ni ellos ni sus mujeres e hijos tendrían trato con judíos no bautizados. No practicarían la circuncisión, no celebrarían el sábado, la Pascua ni otras fiestas del rito judío; y aunque no les gustase, deberían comer carne de cerdo. En caso de faltar al compromiso, la pena sería muerte en la hoguera (bajo Recesvinto era por lapidación).[21] Una verdadera limpieza ideológico-religiosa. Pero llegaron los musulmanes, y bajo el Islam, los judíos pudieron tener un respiro; vivieron tranquilos bajo el califato, pero a comienzos del siglo XI, éste se desintegra para fraccionarse en pequeños reinos de taifas. A mediados de la centuria siguiente, bajo el dominio de los almohades, se endureció la intolerancia hacia las comunidades mozárabe y judía residentes en Al-Andalus (la España musulmana). A consecuencia de ello, numerosos judíos fingieron su conversión al islamismo, o se trasladaron a reinos cristianos, dirigiéndose sobre todo a Toledo. Éste fue un periodo de tolerancia, que no duraría demasiado, pues no tardará en aflorar el sentimiento antijudío, que por momentos alcanza altas cotas (Enrique II, con quien da inicio la casa de Trastámara, para justificarse por haber apuñalado a su medio hermano Pedro I, entre los múltiples cargos que le formuló, figura el de que mantenía una actitud amistosa hacia los judíos); de manera que, cuando los Reyes Católicos firmaron el decreto de expulsión, la medida no fue otra cosa que la culminación de un proceso que ya venía gestándose de siglos atrás. Y no serían los únicos en ser expulsados, pues en 1609 ya les llegaría el turno a los moriscos, contra quienes, además del factor religioso, pesaron razones de índole político, pues se temía que de producirse un desembarco de los turcos y sus aliados, los corsarios berberiscos, en la costa de Levante (riesgo siempre latente en aquellos días), hicieran causa común con ellos. Pero algo que no deja de asombrar es el caso de los gitanos, a quienes los Reyes Católicos, por la pragmática de 1499, ordenaron abandonar el reino en caso de no enmendarse: «Mandamos a los egipcianos [gitanos] que andan vagando por nuestros Reynos y señoríos con sus mujeres e hijos, que el día que esta ley fuere notificada y pregonada en nuestra Corte, y en las villas, lugares y ciudades que son cabeza de partidos hasta sesenta días siguientes, cada uno dellos vivan por oficios conocidos, que mejor supieren aprovecharse, estando de estada en los lugares donde acordaren asentar, o tomar vivienda de señores a quien sirvan, y los den lo que hubieren menester; y no anden más juntos vagando por nuestros Reynos, como lo hacen, o dentro de otros sesenta días primeros siguientes salgan de nuestros Reynos, y no vuelvan a ellos en manera alguna; so pena que si en ellos fueren hallados, sin oficios o sin señores juntos, pasados los dichos días, que den a cada uno cien azotes por la primera vez, y los destierren perpetuamente destos Reynos: y por la segunda vez, que les corten las orejas, y estén sesenta días en la cadena, y los tornen a desterrar, como dicho es; y por la tercera vez, que sean captivos de los que los tomaren por toda su vida; y si hecho el dicho pregón, fueren o pasaren contra lo susodicho, mandamos a los nuestros alcaldes de la Corte e Chancillería, y a todos los corregidores, asistente, justicias y alguaciles, de cualesquiera ciudades, villas y lugares de nuestros Reynos y señoríos, que ejecuten las dichas penas en las personas y bienes de cualesquiera susodichos, que vinieren e pasaren contra lo suso dicho».

En tiempos de Felipe II no lo pasaron mejor, ya que todos los varones fueron etiquetados como delincuentes y condenados a remar en galeras; en 1619, vino el decreto de expulsión final, cuando en las cortes celebradas en Madrid en ese año, se acordó: «...ordenamos y mandamos que todos los gitanos, que al presente se hallaren en nuestros Reynos, salgan de ellos dentro de seis meses, que se han de contar desde el día de publicación de esta ley, y que no vuelvan a ellos so pena de muerte: y que los que quisieren quedar, sea avecindándose en ciudades, villas y lugares de estos nuestros Reynos de mil vecinos arriba; y que no puedan usar del trage, nombre y lengua de gitanos y gitanas, si no que, pues no lo son de nación, queda perpetuamente este nombre y uso confundido y olvidado: y otro sí, mandamos que por ningún caso puedan tratar en compras ni ventas de ganados mayores ni menores, lo cual guarden y cumplan so la misma pena».[22] Asombrosa la capacidad de supervivencia de la etnia gitana. Se procuraba a toda costa la unidad del reino, de ahí la importancia que se prestaba a la limpieza de sangre. Es comprensible que, en una época en que la seguridad del Reino descansaba en las órdenes militares, no pudieran permitirse que se infiltrara en ellas gente sospechosa. A don Martín Cortés se le admitió como comendador en la orden de Santiago, sin importar que su madre fuese india, lo cual vendría a demostrar que la exclusión no era precisamente racista, sino que respondía a factores de índole político-religioso. Podrían citarse innumerables ejemplos en ese sentido. Entre los casos de conversos más conocidos, figuran el de fray Hernando de Talavera, confesor de la reina Isabel, el del máximo inquisidor fray Tomás de Torquemada, el tesorero Luis de Santángel, Andrés Cabrera, alcaide de Segovia, y su esposa Doña Beatriz de Bobadilla, marquesa de Moya, camarera mayor de la soberana, y persona que gozaba de gran ascendiente sobre ella. Un caso que amerita destacarse es el de Juan Sánchez de Toledo, quien luego de llevar durante varios años el sambenito de penitenciado, al serle retirado, una vez cumplida la pena, se cambió de nombre e hizo fortuna. Una de sus nietas (sin que, por lo visto, fuera impedimento que proviniera de estirpe de conversos) subió a los altares y es doctora de la Iglesia. Nos referimos a Santa Teresa.

Ese recorrido por la sociedad española de la época ya nos permite adelantar que, inevitablemente, Cortés y sus hombres serían hijos de su tiempo. El pensamiento medieval aflorará a cada paso; oráculos, hechizos, apariciones, espejos mágicos, y un largo etcétera. La Edad Media seguía viva; y no se quiera atribuir esto a que en España el reloj marcara las horas con atraso. Nada de eso; si se mira con cuidado, se advertirá que entre todos los capitanes y soldados de Cortés, que desempeñaron algún papel relevante, no figura uno solo que fuese analfabeto, o al menos no existen registros en ese sentido. Eso, para la media de su tiempo, era un porcentaje elevadísimo; se diría que allí venía lo mejor de Europa. Generalmente se parte de una idea equivocada, de un criterio simplista que lleva a pensar que es posible trazar una raya marcando el paso de Edad Media a Renacimiento; algo así como si por todas las ciudades y villas hubieran ido pregoneros anunciando a toque de trompeta: «Constantinopla cayó en poder de los turcos...; ha terminado el medievo. Comienza la edad moderna». Como esas advertencias en los periódicos, que recuerdan que no hay que olvidar mover las manecillas del reloj, porque principia el cambio de horario. Ese es el error. En realidad, el término «Edad Media» es algo convencional; no comienza en un momento preciso y varía de un lugar a otro. Por ejemplo, Boccaccio escribió el *Decamerón*, libro francamente renacentista, adelantándose en un siglo a la caída de Constantinopla, y en el Pirineo catalán, hay obras del románico que se adelantaron todavía más; se diría que alboreaba el Renacimento. Por el contrario, a todo lo largo del dieciséis, siglo que, conforme a esa línea divisoria, debería ser claramente renacentista, existen usos que corresponden al medievo. La Inquisición estuvo muy activa, y lo mismo quemaba en Valladolid que en Roma; a su vez, lo propio hacían calvinistas en Ginebra, anglicanos en Londres y luteranos en Alemania. París vivió una Noche de San Bartolomé que todavía se recuerda. Muy avanzado el siglo, veremos que Elizabeth I de Inglaterra, tenía en nómina al astrólogo oficial del reino, y que a Felipe II le habían confeccionado un horóscopo, mismo que consultó para elegir la fecha de la colocación de la primera piedra del Escorial, y para el traslado de la capital a Madrid. La realidad es que resulta prácticamente imposible establecer cuándo termina la Edad Media, ya que los tiempos son distintos para cada país, y además, éstos varían según los criterios que apliquen distintos historiadores. No debe extrañar, por tanto, la mentalidad de los soldados de Cortés que, como esparcimiento, tenían la lectura de novelas de caballería. La caballería andante había terminado, pero quedaba una cierta nostalgia por ella, que se traducía en que se mantuviesen muy en boga las novelas de amadises y palmerines, de hecho el gusto por ellas se mantuvo muy vivo hasta mediados del siglo dieciséis, en que su lectura en Indias fue prohibida.[23]

Cortés pasó a Santo Domingo en 1504, cosa que él mismo señala en carta dirigida al Emperador: «que desde el año de cuatro que pasó a las partes de las Indias».[24] Andaría entonces por los veinte años, y si no los había cumplido, poco le faltaría. Recién llegado vivió en extrema pobreza, a un grado tal que compartía casa con tres amigos, y como sólo disponían de una capa, tomaban turnos para salir a la plaza. Una imagen reminiscente del escudero del *Lazarillo,* con el palillo entre los dientes aparentando haber comido. Hasta esos extremos podía llegar el orgullo de los hidalgos. Esto último lo cuenta Francisco Cervantes de Salazar, y como será éste otro de los hilos conductores de este relato, convendrá adelantar un breve apunte sobre su persona, a reserva de que, al final del libro, se ofrezca una semblanza ampliada, al igual que con los demás cronistas. Hoy día, se le recuerda como el primer cronista de la ciudad de México, y fuera del círculo de los estudiosos de la historia, pocos están enterados de que es autor de una obra voluminosa, que tituló *Crónica de la Nueva España.*[25] Cervantes de Salazar, además de haber tenido oportunidad de conocer y tratar en España a un Cortés ya viejo, cuando éste asomaba por el Consejo de Indias, también alcanzó a mantener trato directo con un regular número de antiguos conquistadores, algunos de los cuales le facilitaron las relaciones que habían escrito, y que al haberse perdido, se conocen a través de los fragmentos que asoman en su *Crónica.* Se trata de un individuo dotado de una sólida cultura humanística, que se vio involucrado en diversos proyectos, entre los que figuró la fundación de la universidad.

Cortés, en el memorial de servicios prestados dirigido al Emperador, evoca lo que vendría a ser su primera actuación en Indias, consistente en haber participado en una cabalgada contra los caciques haitianos, en las regiones de «Higuey, Bauruco, Dayguao, Iutagna, Xuaragua, Amguayagua, que hasta ese momento no estaban conquistadas».[26] Se emplea el término cabalgada, porque aquello no puede equipararse a una campaña, dado que la resistencia fue mínima. Como recompensa, recibió de Ovando algunas tierras y la escribanía de la villa de Azúa. A esto sigue un oscurísimo período en el que no vuelve a oírse de él. Gómara dice que pasó así de cinco a seis años, mientras Cervantes de Salazar precisa que fueron seis. Un hombre tan inquieto como él, ¿residiría ahí en forma ininterrumpida durante los años que se le asignan? No se sabe. Era el notario del lugar; pero el caso es que no se conserva una sola de las escrituras de su notaría. Los indicios apuntan a que sus ocupaciones le dejarían mucho tiempo libre, encauzando sus energías a la ganadería («granjerías») como señala Cervantes de Salazar.[27] Se ignora si en aquellos años de juventud convivió con alguna mujer. Y así se cierra la página de Azúa. Seis años sobre los cuales prácticamente no se sabe nada. Se limitó a sobrevivir. Y allí se encontraba cuando da comienzo la ocupación de Cuba, siendo entonces designado tesorero por Miguel de Pasamonte, el agente que se encargaba de controlar a Diego Colón. Eso, según una versión; de acuerdo con otra, habría sido el propio Velázquez quien lo invitara a unírsele. El nombramiento debió producirse hacia finales de 1511.

Catalina Suárez Marcaida

Un hecho capital en la vida de Hernán Cortés fue su matrimonio con Catalina Suárez Marcaida, una mujer que rechazaba, y con la cual tuvo que casarse. Se trató de una aventura que le salió mal. El cazador cazado. La historia da comienzo con la llegada a Cuba de doña María de Cuéllar, la esposa efímera de Diego Velázquez, a cuyo servicio venía Catalina. Muerta aquélla, ésta quedó en casa de su hermano Juan, con quien, al parecer, Cortés compartía una pequeña encomienda. Juan Suárez era un granadino llegado con Ovando, que más tarde hizo venir de España a su madre viuda y a tres o cuatro hermanas. Se trataba de personas de condición muy humilde, aunque según el decir de algunos, con pretensiones de hidalguía. Gómara afirma que Catalina era bonita, pormenor omitido por aquellos que la conocieron. El caso es que apenas llegada, Cortés comenzó a cortejarla, convirtiéndola en su amante. Pronto se cansó, pero cuando quiso dejarla, ella le exigió el cumplimiento de la palabra de matrimonio. La cosa no hubiera pasado a mayores, de no haber sido porque Diego Velázquez, a su vez, se había enredado con otra de las hermanas; ésta le pidió que interviniese, y él, que no tenía intención de casarse con ella –metido a moralista en casa ajena–, para complacer a su amante, exigió a Cortés que le guardase la palabra a Catalina.[28] Allí comenzaron para él los problemas.

En fin, ésa es una versión. Pero al propio tiempo concurrían otras circunstancias que se entrecruzan. Al momento en que Diego Colón encomendó a Velázquez la conquista de Cuba, le colocó como capitán a un Francisco de Morales, hombre de su confianza, para que le hiciera funciones de contrapeso. En ausencia del jefe, Velázquez se deshizo de él, haciéndole proceso y remitiéndolo preso a Santo Domingo. Eran días en que Cortés, junto con Andrés de Duero, fungía como uno de los dos secretarios que tenía Velázquez y, según apreciación de Las Casas, quien conoció a ambos, Cortés aventajaba en mucho a Duero por su condición de hombre culto, dotado de facilidad de palabra y gran sentido del humor, «hablador y decía gracias, y más dado a comunicar con otros que Duero».[29] Un simpático, a quien el cargo le venía chico. Demasiado independiente. Las quejas contra el gobierno de Velázquez fueron en aumento, y en un momento dado, los agraviados decidieron hacer llegar a la Audiencia una serie de memoriales denunciando sus manejos; y como portador se habría ofrecido Cortés, quien planeaba llegar a La Española en una canoa. Supo el gobernador lo que se tramaba y lo puso preso. El caso es que duró poco tiempo en prisión; consiguió evadirse buscando refugio en la iglesia. Con el paso de los días fue confiándose, y en una ocasión en que se paseaba frente a ella, fue apresado por el alguacil Juan de Escudero ayudado por otros. Esta vez lo encerraron en la bodega de un navío, pero escapó de nueva cuenta. Intercedieron varios amigos en favor suyo, hasta que, finalmente, cuando se le pasó el enojo, el gobernador le concedió el perdón. Pero ya no lo quiso más como secretario. Gómara cuenta que Cortés se casó con Catalina para vivir en paz y que un día se encaminó armado en compañía de su cuñado al encuentro de Diego Velázquez, a quien tomó descuidado en su casa mientras revisaba el libro de despensa. Una vez frente a frente, le preguntó por las quejas que tenía en su contra, manifestándole que sólo deseaba ser su amigo. Se reconciliaron, tumbándose a dormir en una cama, adonde al día siguiente los encontraría un sirviente. A partir de ese momento se reanudó la amistad.[30]

Las Casas, al leer ese pasaje, estalló colérico: «¡que diga Gómara que no le quiso hablar por muchos días y que había ido armado a preguntar que qué quejas tenía dél y que iba a ser su amigo y se tocaron las manos y que durmieron aquella noche en una cama! Yo vide a Cortés en aquellos días, o muy poco después, tan bajo y humilde, que del más bajo criado que Diego Velázquez tenía quisiera tener favor».[31] A grandes rasgos, y conciliando algunas pequeñas discrepancias entre los cronistas, ésa es la historia.

En el relato de Las Casas, el motivo de la prisión aparece más centrado en la conjura y no en el rechazo a Catalina; pero la evidencia disponible muestra lo contrario: Cortés estuvo preso por negarse al casamiento. El cronista Cervantes de Salazar escribe: «Acabadas las pasiones, Diego Velázquez procuró que Cortés se casase con Catalina Suárez».[32] Bernal, por tratarse de un hecho anterior a su llegada a Cuba, y como además es discreto y pudibundo, se limita a decir que «se casó con ella por amores, y esto de este casamiento muy largo lo decían otras personas que lo vieron, y por esta causa no tocaré más en esta tecla».[33] Pero, pese a ello, páginas más adelante, vuelve sobre el tema diciendo que los parientes de Velázquez andaban muy resentidos, por no habérseles confiado a ellos el mando; «que estaban afrentados cómo no se fiaba el pariente ni hacía cuenta de ellos y dio aquel cargo de capitán a Cortés, sabiendo que había sido su gran enemigo, pocos días había, sobre el casamiento de Cortés ya por mí declarado».[34] Hasta aquí lo que dicen los cronistas. Existe una segunda parte.

En México, en el Archivo General de la Nación, adonde fue trasladado el archivo particular de Cortés, que existía en el Hospital de Jesús, duerme un expediente en el que consta que éste, una vez efectuado el matrimonio, evitó convivir con ella durante un largo periodo. Ello sale a la luz en el proceso que María de Marcaida, su antigua suegra, inició contra él en 1529 por los gananciales del matrimonio de su hija. Le reclamaba, ni más ni menos, la mitad de su fortuna. El proceso nunca se resolvió, pero lo que aquí interesa son las declaraciones de diez de los testigos, de los cuales nueve se encontraron presentes en la boda. Existen varios puntos a destacarse en esas declaraciones: el primero es la pobreza de la contrayente, al grado que la única ropa que poseía fueron los vestidos de la difunta doña María, que su hermano adquirió para ella. A continuación, está lo referente a que era persona muy delicada y enfermiza, que pasaba largo tiempo en cama. Y hay un dato que resulta revelador, y eso es, el tiempo que Cortés dejó transcurrir entre el matrimonio y el momento en que comenzaron a vivir juntos: Juan de Madroñas: «...le parece que fueron dos años o más»; Bernardino de Quesada: «pasó mucho tiempo»; Juan Pérez Zamorano: «dos años y medio»'; Diego Ruiz: «dos años poco más o menos.»; Antonio Velázquez: «no pasaron tres años antes de que se velasen»; y Pedro de Jerez: «dos años y medio».[35] Este último testigo agrega, además, que la había conocido en Santo Domingo, donde servía en casa del secretario Aguilar. Casado con una antigua sirvienta. Aquello era algo imposible de tragar para un individuo con prejuicios de clase tan arraigados. Una poderosa razón para el rechazo. No comenzarían a vivir bajo el mismo techo sino hasta el momento en que Cortés puso casa en Santiago. Para entonces ya era un hombre rico. Según declaración suya en ese proceso, iniciaron la vida marital a los tres años de celebrado el matrimonio. En 1515, el padre Las Casas conversó con él en Santiago de Cuba, en época en que ya convivía con Catalina y, según apunta, le dijo «que estaba tan contento con ella como si fuera hija de una duquesa».[36] *Excusatio non petita accusatio manifesta*; pero pasando eso por alto, queda establecido que esa conversación habría tenido lugar en la primera mitad del año, pues para el mes de julio, Las Casas ya se encontraba en Santo Domingo, de paso para España. Esos datos nos permiten establecer con bastante aproximación la fecha del matrimonio: si la conversación ocurrió en el primer semestre de 1515 y estuvieron sin hacer vida matrimonial durante un periodo que va de dos y medio a tres años, eso nos lleva a 1512, de donde se desprende que Cortés se casó cuando andaría por los veintiocho años.

La expedición de los ángeles

El Hernán Cortés que en Santiago de Cuba va a lanzarse a la aventura, a los treinta y cinco años de edad, aparece como un triunfador. Hombre acaudalado que se movía en el círculo del dinero, pero que parecía no tener resuelto el problema de puertas adentro. Según las apariencias, la mujer que tenía por esposa no era la indicada, tanto por extracción social, como por no haber tenido hijos con ella, asunto que, como se verá, para él era definitivo. Ése era el Cortés de aquellos momentos, en quien no se advierte que albergara propósitos de meterse a conquistador. Se conoce sólo una ocasión en que se interesó en participar en una expedición, y ello habría sido ocho años atrás, cuando Diego Nicuesa partía para establecer una colonia en la costa panameña del Darién. En vísperas de embarcar, le sobrevino una infección en una corva, lo cual le impidió tomar parte en ella, y quizás eso lo haya salvado de compartir la suerte trágica de aquél.[1] En realidad, sus únicos hechos de armas conocidos eran riñas por mujeres, de resultas de las cuales, conservaba como recuerdo una cicatriz bajo el labio, misma que buscaba disimular con la barba. Bernal, quien es el único en aportar el dato, omite decir dónde recibió la cuchillada. Se produce el sorpresivo ofrecimiento de Velázquez, y sin pensarlo un minuto lo acepta. Sin tener ninguna experiencia militar, partirá al frente de la mayor expedición que jamás se haya organizado en las Antillas; aunque era, según apunta Bernal: «buen jinete y diestro de todas las armas, así de a pie como a caballo, y sabía muy bien menearlas». Se trataba de habilidades corrientes en un individuo de su condición social. Por ello, casi podríamos asegurar que los afanes de meterse a conquistador responderían a una vocación tardía. Su currículo era tan pobre hasta ese momento, que de haber muerto por aquellos días, el mundo nunca se habría enterado de que una vez existió un hombre llamado Hernán Cortés.

Su personalidad resulta compleja y contradictoria. Por un lado, el individuo que ama la violencia y gusta de emociones fuertes, pero que, como contrapartida, habla en voz baja y da órdenes en tono reposado, siendo verdaderamente excepcional que, en algún momento, llegue a perder la compostura. A diferencia de cualquier rudo soldado, nunca blasfema ni profiere palabras altisonantes. Un bienhablado. Tenía vena de poeta y versificaba con facilidad.[2] Poseía un fino sentido del humor y resultaba un conversador ameno, pero esa exquisita sensibilidad no era óbice para que, llegado el caso, con la mayor frialdad cometiera crueldades espeluznantes. Aunque no tuviera un título universitario que exhibir, se echa de ver que era hombre de gran cultura, y que había pasado muchas horas ejercitándose en el manejo de las armas. Sus batallas las libró lo mismo con la espada que con la pluma. Y como cualquier banquero del Renacimiento, muy emprendedor en materia de negocios y realización de obras públicas. De esa vertiente de constructor daría posteriormente sobradas pruebas durante sus actuaciones en México. Sabía seleccionar lugares, como lo demostró al elegir Cuernavaca para edificar su casa palaciega. En ello fue un precursor, señalando el camino a los futuros promotores turísticos.

Cortés tenía aires de príncipe, solía vestir con elegancia sobria: jubón negro y, como atavío, dos medallas, una con la Virgen y el Niño en brazos, y otra con la efigie de San Juan Bautista, complementando el atavío con unas lazadas de oro. En cuanto fue investido con el cargo, se adornó el sombrero con plumas y pronto se hizo dar el tratamiento de señoría. Y ya en La Habana comenzó a rodearse de todos los atributos de un gran señor, sentándose bajo dosel y nombrando maestresala, mayordomo y secretario particular. Ni más ni menos como cualquier grande de España.[3] Esas actitudes, que en otro hubieran parecido ridículas, en él aparecían perfectamente naturales; al decir de Las Casas, daba la impresión de haber nacido entre brocados.[4] Era un elegante natural, que como un príncipe sin estados, partía en busca de tierras donde reinar. No es de excluirse que, aunque muy brevemente, hubiese tenido oportunidad de asomarse a la Corte, lo cual explicaría el conocimiento que mostraba tener de modales cortesanos.

¿Cómo era físicamente? De entre aquellos que lo trataron personalmente, Bernal es el único que se ocupó de consignar sus rasgos, describiéndolo como «de buena estatura y cuerpo, y bien proporcionado y membrudo, y la color de la cara tiraba algo a cenicienta, e no muy alegre; y si tuviera el rostro más largo, mejor le pareciera; y los ojos en el mirar amorosos, y por otra parte graves; las barbas tenía algo prietas y pocas y ralas, y el cabello que en aquel tiempo se usaba era de la misma manera que las barbas, y tenía el pecho ancho y la espalda de buena manera, y era cenceño, y de poca barriga y algo estevado de las piernas y muslos bien sacados...».[5] Aparte de este testimonio, se dispone de una galería de retratos que pretenden recoger su imagen; en México los más conocidos son tres, todos de autor anónimo, de los cuales dos se encuentran en el Museo Nacional de Historia, y el otro en el Hospital de Jesús, y aunque se conjeture que pudo haber posado para alguno de ellos, el problema reside en que en los tres aparece representado con rostro alargado y barba abundante, exactamente lo opuesto a lo dicho por Bernal; en cambio, sí concuerdan con la descripción de éste los rasgos recogidos por el escultor y pintor alemán Christoph Weiditz, quien se encontraba en España cuando Cortés regresó por primera vez y consiguió que posara para él. Weiditz realizó una acuarela y cinceló una medalla. El dibujo lo muestra de cuerpo entero y corresponde a un hombre vigoroso, de pecho ancho y piernas no demasiado largas, la cabeza claramente redonda y escasa la barba (el apego es completo). Al reverso de la medalla aparece una inscripción señalando que tenía cuarenta y cuatro años. El inconveniente de este retrato es el de que por ser de un trazo demasiado esquemático no alcanza a recoger sus rasgos fisonómicos. Existió otro retrato para el que se sabe que posó, que fue aquel que el propio Cortés remitió a Paulo Jovio, obispo de Nocera, atendiendo a un pedido, el cual iba destinado a la colección de éste de retratos de varones ilustres; pero aquí el problema radica en las dudas que surgen acerca de su fidelidad, pues el original se perdió y subsiste sólo una copia de un grabado en madera. El hombre que allí aparece representado es ya un viejo cargado de espaldas y barba abundante.[6] Existe otro cuadro de autor desconocido, en cuya orla aparece la leyenda «*Ferdinandus Cortesius dux, invictisimus, aetatis 63*», o sea hecho en el último año de su vida, el cual pasa por ser copia fiel de un original enviado a Alemania a Carlos V, para el que supuestamente habría posado. La atribución se presta a dudas, pues el hombre allí representado tiene un rostro notoriamente alargado, barba más poblada que rala, y sobre todo, una prominente nariz aguileña que en nada se parece a la dibujada por Weiditz.

En Madrid, en el Cuartel General del Ejército se conserva un poco conocido retrato de Cortés, obra de autor desconocido, del cual se afirma que posó para él, sin que exista la menor prueba documental para comprobarlo, salvo «una antiquísima tradición» que va en ese sentido. El cuadro resulta interesante por varios conceptos: es el trabajo de un buen artista y corresponde a la época, por lo que su antigüedad no se presta a dudas. Cortés aparece representado en los días de su primera vuelta a España, y aquí la cabeza sí coincide con la trazada por

Weiditz, la barba es escasa, y además se observa un detalle curioso consistente en un trazo bajo el labio inferior, que podría corresponder a la cicatriz de la cuchillada. No existen más datos, pero si se tratara de elaborar un retrato hablado con base en los testimonios de Bernal y el artista alemán, ése sería el rostro de Cortés.

Es de notar que siendo Cortés un hombre tan inquieto, sea tan poco lo que se conoce de lo que vendría a constituir su prehistoria: esos oscurísimos años pasados en Azúa, donde sepultó la mayor parte de su juventud. La información disponible es tan escasa, que viene a ser la punta del iceberg: juego, lectura y aventuras galantes. Se sabe que al menos en dos ocasiones echó mano a la espada en riñas por mujeres: de una conservó como recuerdo la cicatriz bajo el labio, y en la otra fue él quien hirió a su rival, como se verá más adelante. La prontitud que aceptó el ofrecimiento para pasar a Cuba llevan a pensar que en Azúa no había nada que lo retuviera. Ya en Cuba, encontrándose casado, tuvo una hija con una india cubana (de la cual Velázquez sería padrino).[7] En cuanto a su entrega al juego, éste vino a ser para él una auténtica pasión. Sobresalía como gran jugador, tanto de naipes como de dados, y existen referencias abundantes a las interminables partidas en su casa de Coyoacán, que se encontraba convertida en un auténtico garito. Allí no se hacía otra cosa que jugar. En cambio, en lo concerniente a la bebida, las referencias son de que era sumamente parco, al grado de que, según apunta Bernal, diluía el vino en agua.[8] Podría hablarse de una extraordinaria capacidad para sufrir el dolor, el hambre, la sed, el cansancio y la falta de sueño. Por las noches, a semejanza de como más tarde actuaría Napoleón, rondaba por el campamento para comprobar que ningún centinela se hubiese dormido. En ninguno de los escritos, así sean de sus más acérrimos enemigos, se hace la menor alusión a que en algún momento le hubiese flaqueado el valor. Estamos frente a una faceta que podría servirnos para explicar algunas cosas; evidentemente, en mayor o menor medida, su ejército estaba compuesto por hombres valerosos, pero lo que ocurre con él, es que su estatura se agiganta frente al peligro. Parecería que una manera de controlar a esa masa de indisciplinados, sería el irlos metiendo en situaciones cada vez más comprometidas, de manera que apareciese como factor indispensable: el único que podría sacarlos del apuro. En reiteradas ocasiones será él quien mediante una acción individual, decida la batalla. En los momentos que preceden al combate, lo planea todo cuidadosamente, y cuando el dispositivo está a punto, deja el puesto de mando, para incorporarse como un soldado más de primera fila. No dejaba pasar la oportunidad de participar en la lucha. A todo lo largo de la Conquista, veremos que no se da una sola ocasión en que se haya conformado con presenciar la pelea desde su puesto de mando; por una u otra razón, en un momento dado, entraba en acción, haciéndolo siempre en el punto donde se combatía con mayor intensidad. Parecería que se sintiera atraído por el peligro, como si éste fuese una especie de droga, un estimulante fuerte que le era necesario. En el lenguaje moderno de la psiquiatría se habla de la «ordalía», eso es, de las tendencias suicidas ancladas en lo más profundo del subconsciente de algunos individuos, que los llevan a buscar siempre situaciones de peligro. El peligro será una constante que habrá de acompañarlo como su sombra, de manera que, inclusive, por momentos tendrá que cuidarse más de sus hombres que del enemigo que tiene enfrente.

Bernal asegura que, al plantearse el envío de una nueva expedición, se alzaron voces en favor de que ésta fuera al mando de Grijalva: «y todos los más soldados que allí nos hallabamos decíamos que volviese Juan de Grijalva, pues era buen capitán y no había falta en su persona y en saber mandar».[9] Mal pudo haber sido así, puesto que éste todavía no regresaba; pero el caso es que Velázquez ya había dado con el candidato que juzgó idóneo: el antiguo notario de Azúa, uno de los hombres más acaudalados de la isla, de manera tal, que podría montar la expedición con muy poco gasto. El paso siguiente fue redactar la escritura correspondiente, cosa que hicieron ambos el 23 de octubre de 1518 ante el notario de su majestad, Vicente López.

El pliego de instrucciones constituye la base jurídica en que descansa la aventura de Cortés; éste fue un documento que ni Las Casas ni Gómara parecen haber llegado a conocer; en cambio, Oviedo sí da muestras de haberlo leído, puesto que sintetiza lo más importante. Y otro que lo tuvo en sus manos y lo leyó con todo detenimiento, fue Francisco Cervantes de Salazar, quien además de reproducirlo, subraya: «y porque Gómara, que siguiendo a Motolinia, dice, por no haber sido bien informado ni vio, como yo, las capitulaciones que entre Diego Velázquez y Cortés se hicieron»(aquí se observa que Gómara, de capellán de Cortés según Las Casas, pasa ahora a ser tildado de plagiario).[10] Una de las constantes de Cervantes de Salazar será tratar de desacreditar a Gómara, y así cada vez que descubre que ha copiado a Motolinia, al momento procede a pregonarlo por todo lo alto. Y eso lo afirma de manera categórica, pues según asevera, tenía en las manos el escrito de éste último (el problema consiste en que se desconoce el manuscrito de referencia).

Para una mejor comprensión del pliego de instrucciones, procede ante todo conocer hasta dónde llegaban las atribuciones de Velázquez. Por principio de cuentas, éste, lisa y llanamente, se estaba extralimitando en sus funciones. Como teniente de gobernador carecía de facultades para enviar expediciones de conquista fuera de su área, sin la correspondiente autorización de la Corona. En el caso de Grijalva, para darle un aire de legalidad a su actuación, solicitó la autorización a los frailes jerónimos, y éstos se la dieron ya que la planteó como un viaje de exploración. Una licencia dudosa. Y ahora, para despachar a Cortés, consideró que no sería necesario solicitar una nueva, ya que ésta sería una extensión de la anterior. El centro del poder político en las Antillas radicaba en Santo Domingo, pero, ¿quién gobernaba en esos momentos?; ello es, ¿quién tenía la autoridad para dar ese tipo autorización? La pregunta no es ociosa. A la partida de Diego Colón, el gobierno quedó en manos de la Audiencia, pero ocurrió que, a instancias de Las Casas, quien en la Corte no cesaba de denunciar los atropellos que se cometían contra el indio, el cardenal Cisneros, de común acuerdo con Adriano de Utrecht (ejercían la regencia conjuntamente), resolvió enviar una comisión integrada por fray Luis de Figueroa, fray Alonso de Santo Domingo y fray Bernardino de Manzanedo, todos de la orden de San Jerónimo. Esos fueron conocidos como los frailes gobernadores. Pero viene ahora el establecer el alcance de su cometido; en todas las fuentes disponibles se les da el tratamiento de gobernadores, a excepción de Las Casas, quien es enfático en señalar que su mandato se limitaba a tratar de frenar los excesos contra la población nativa, pero que, una vez llegados, comenzaron a entrometerse en toda suerte de asuntos, excediéndose en sus funciones; asegura, asimismo, que el pliego de instrucciones que llevaron fue redactado por él, con algunas adiciones del propio Cisneros y de los miembros del Consejo de Indias. La instrucción que llevaban estaría encabezada de la manera siguiente: «Memorial o instrucción que han de llevar los padres que por mandado de su reverendísima señoría y del señor embajador [tratamiento que da a Adriano] han de ir a reformar las Indias».[11] Se trata de un documento muy extenso, por lo que aquí no se reproduce, pero del que hay que destacar que, aunque se ocupa mayormente de la forma en que deberá organizarse la vida de los indios, también en algunos de sus puntos toca aspectos de gobierno. El caso es que aunque la decisión de enviarlos se adoptara a partir de una iniciativa de Las Casas, ocurre que muy pronto los frailes se distanciaron de él, pues al momento mismo de embarcar en España, ya no lo esperaron, por lo que él hubo de transportarse en otro navío.

Como se advierte, no es fácil establecer el alcance de los poderes de los frailes jerónimos; lo que sí está claro, es que no se encontraban facultados para expedir licencias para nuevas conquistas. Y la Audiencia tampoco lo estaba. El caso es que los frailes, que al parecer no encontraban muy de su agrado una misión que los desbordaba, pronto fueron llamados de regreso a España. Aunque su retorno no esté bien documentado, para febrero de 1520 ya se detecta la presencia de los tres en España.[12] Al decir de Las Casas, fueron ganados por los encomenderos, y a la postre nada resolvieron en favor del indio. Lo que sí se advierte es que se trató de un periodo en que no queda del todo claro quién era la autoridad suprema, si ellos o la Audiencia. El caso es que si Velázquez envió a España a su capellán, Benito Martín, para solicitar la autorización para incursionar por Yucatán, ello ya nos está señalando que estaba consciente de que, tanto frailes como Audiencia, carecían de facultades suficientes para otorgar licencias para una empresa de esa magnitud.

El pliego de instrucciones es un documento que consta de treinta apartados, y dado lo extenso que resulta, se analizarán sólo los más importantes; el objetivo primario será partir en busca de la flota de Grijalva y de la carabela de Olid para, en caso de necesidad, impartirles la ayuda necesaria; otro de los encargos, consistirá en rescatar a seis españoles, quienes, al decir de Melchor, se encontrarían en el interior de Yucatán en poder de caciques. Se presumía que uno de ellos podría ser el propio Nicuesa. Y a continuación se incluyen una serie de apartados normales en un documento de la época: el viaje es para exaltar la mayor gloria de Dios y aumento de la fe, por lo que no deberán consentirse actos carnales «con ninguna mujer, fuera de nuestra ley». Se reitera que deberá poner especial cuidado en no permitir los juegos de naipes y dados, y no subir a bordo a ninguno de quien «se tenga noticia que es bullicioso e amigo de novedades» (se diría que la participación quedaba reservada para los ángeles). Llevaba también el encargo de averiguar si ya se habría predicado el evangelio en esas tierras, pues mucho intrigaban las cruces encontradas en las paredes de los templos. Hoy día se puede admirar en el Museo de Antropología e Historia la llamada Cruz de Palenque, que es una pieza única; pero, a juzgar por el tenor del pliego de instrucciones, éstas abundaban en su día. Debería dar a conocer a los caciques quién era el emperador Carlos V, señalándoles, al mismo tiempo, la obligación en que estaban de enviarle un tributo. También llevaba el encargo de averiguar si existían hombres con cabeza de perro, «e porque diz que hay gentes de orejas grandes y anchas y otras que tienen las caras como perros».[13] El país de los hombres con cabeza de perro fue una leyenda recurrente, que se mantuvo muy viva a todo lo largo del Medievo. Colón, en la carta al tesorero Santángel, en que comunica la nueva del Descubrimiento, creyó necesario aclarar que no encontró hombres con hocico de perro. No se terminaba de salir de la Edad Media.

En la comunicación que su capellán Benito Martín llevó a España para solicitar para él la adelantaduría, Velázquez se atribuyó el descubrimiento de Yucatán; sin embargo, por un descuido, se deslizó en el pliego un párrafo ordenando a Cortés presentar una disculpa a los naturales por estropicios causados por Hernández de Córdoba, que «a mí me pesó mucho». Aquí, tácitamente está la admisión de que existió una incursión anterior a la de Grijalva. Aparte de esos enunciados, se advierte una cierta indefinición en los propósitos, pues por otra parte se establece que deberá guardar en arca de tres llaves todo el oro, joyas y artículos de valor que pudiese «rescatar». Hasta aquí se trata de una empresa mercantil, pero deberá efectuar, con toda solemnidad y guardando las formalidades del caso, la toma de posesión de las nuevas tierras en nombre de la Corona. Además, hay algo que no se aclara, y ello es, cómo se podrá exigir que los caciques presten juramento de vasallaje a Carlos V, para que «se sometan debajo de su yugo e servidumbre e amparo Real» y paguen el tributo correspondiente, sin el empleo de la fuerza. Se deja en el aire lo relativo a si se trata de establecer una ocupación permanente. Pero ocurre que Cortés, en presencia de Andrés de Duero, que era el alcalde de la villa, pidió al escribano que le extendiera un traslado de la escritura para conservarlo en su poder. En el párrafo consignando la petición, el notario hace constar que Cortés «iba por el dicho señor Adelantado en nombre de Sus Altezas a poblar las dichas islas e tierras, e a descubrir otras».[14] Aquí queda al descubierto el verdadera propósito de la expedición. Por tanto, se pone de manifiesto que una cosa era lo que se puso por escrito, y otra muy distinta cuáles eran las verdaderas intenciones que había detrás. La autoridad de Velázquez era limitada, y por escrito no podía comprometerse a más; parecería que la prisa en no esperar el retorno de Benito Martín con la autorización correspondiente, obedeciera a que se sabía que Garay no tardaría en incursionar por la zona y, por lo mismo, se trataba de dejar establecida una cabeza de playa, para confrontarlo con el hecho consumado. Sería, por lo que se ve, una carrera contra el tiempo. Esos planes se hacían en momentos en que se desconocía la existencia del imperio de Motecuhzoma.

Cortés se volcó en cuerpo y alma a organizar la expedición, pero, desde un primer momento, apartándose de lo convenido, comenzó a gastar en forma desmedida. Cambia el proyecto: de una expedición de refuerzo, se comienza a dar forma a una fuerza de conquista. Para ello ha reclutado un contingente de desocupados, entre los cuales figuraban veteranos de las campañas de Italia. Aquello pone en guardia a Velázquez, pero se trata ya de algo que le resulta imparable. Cortés, además de haber gastado su fortuna, contrata empréstitos cuantiosos. Éste es un punto que amerita verse con detenimiento: ¿cómo es que obtiene esos empréstitos con tanta facilidad? Sencillamente, era un mercader de altos vuelos (empresario, se diría hoy día), que se movía en el círculo del dinero. Su hacienda era una de las mejores de la isla; en las márgenes del río Cubanacán que la cruzaba, los indios le sacaban oro, había introducido la cría del ganado vacuno y caballar (si no fue precisamente el primero en hacerlo, sí sería en ello uno de los pioneros), y lo mismo puede decirse de algunos cultivos. Además estaba dedicado al comercio ultramarino en gran escala, dándose el caso de que en ese momento, de los cinco barcos que había al ancla en el puerto, tres eran de él, «tres navíos suyos propios», y en los otros dos iba a medias: en uno con Andrés de Duero, y en el otro con Pedro de Santa Clara. Uno de los navíos tenía en sus bodegas un cargamento de vinos, indicio de que recién llegaba de España.[15] Ése era el nivel de los negocios que movía. Minero, ganadero, agricultor, mercader y naviero. El perfil del hombre elegido respondía ampliamente a las necesidades del caso, sin que pareciera importar que su experiencia militar fuera mínima, prácticamente inexistente; pero eso, por lo visto, no parecía contar demasiado, puesto que reunía los otros requisitos que se consideraban más importantes, porque, ¿a quién mejor encomendar la expedición, que a un individuo que había dado sobradas pruebas de talento empresarial? Además, era respetado y sabía mandar, por lo que se confiaba en que, dada su reputación, no faltarían voluntarios que aceptaran alistarse bajo su mando. Si los mercaderes que tenían en sus manos el comercio ultramarino, depositaron en él su confianza, sería porque se trataba de uno de los suyos. Velázquez se dio cuenta de que eso no era lo pactado. Y su desconfianza fue todavía en aumento al enterarse de que, encima de gastar lo suyo, se había endeudado con Andrés de Duero, Pedro de Jerez, Antonio de Santa Clara, Jaime y Jerónimo Tría y demás mercaderes, por un monto de cuatro mil castellanos de oro. Suma cuantiosa. Cortés era buen sujeto de crédito, pues tenía con qué responder. Su hacienda garantizaba sobradamente el pago. En un documento público la estimó en quinientos mil pesos de oro, una suma exageradísima (es evidente que se le iría la mano al tasarla); y refiriéndose a ella, manifestó que no existía otra mejor en la isla. Si los capitalistas lo financiaron, sería sin duda, porque esperaban ver multiplicada su inversión. A los dueños del dinero los tendría sin cuidado ensanchar los dominios de la Corona. Ésta es la poco estudiada faceta de Cortés: la de mercader y hombre de empresa. Es cierto que podría argumentarse que, en los registros de la Casa de Contratación, en Sevilla no aparece ningún embarque realizado por él o por sus socios, pero eso no es definitivo. Los registros de esos años se encuentran incompletos. Ni siquiera quedó constancia de su paso a Santo Domingo. La primera tarea que tuvo entre manos, en cuanto abandonó el puerto de Santiago, fue manejar a aquella masa desordenada de aventureros, para conformar un ejército. Y, al parecer, desde el principio lo hizo bien, pues no aparece consignado un solo caso de antiguos soldados que desobedeciesen sus órdenes por no tomarlo en serio. Enseguida supo darse su lugar, para dejar bien claro quién era el que mandaba, adoptando posturas de gran señor, lo cual iba a tono con la época, pues de otra manera no lo hubieran respetado. Poseía dotes de mando y emanaba autoridad. Ése es el Cortés en quien se despierta una vocación tardía por meterse a conquistador. La hacienda la había empeñado; atrás dejaría un barco al que se le daba carena y una esposa. ¿Alguna relación entre el lanzarse a la aventura y el deseo de verse lejos? El matrimonio se lo había impuesto ella.

Los parientes se encargaron de calentarle la cabeza al gobernador, señalándole que los preparativos que hacía mostraban a las claras que Cortés no tenía intención de volver. Un astrólogo vaticinó que se rebelaría y los parientes llegaron al extremo de enviar a un bufón para que en plan de chanza, a la salida de misa, cuando Velázquez iba en compañía de Cortés y otros notables de la villa, le dijese entre risas que pronto tendrían que ir a «montearlo»; Andrés de Duero le dio de pescozones, diciéndole: «Calla borracho loco, no seas más bellaco, que bien entendido tenemos que esas malicias, so color de gracias no salen de ti, y por más golpes que le daba no cesaba de hablar.»[16] Cervantes *el Chocarrero*, así era conocido ese gracioso y medio atronado borrachín.

Llegó el momento en que Velázquez quedó totalmente desbordado por Cortés; mientras él contaba con un puñado de alguaciles, éste, en cambio, se movía siempre en medio de una multitud de aventureros que se habían enganchado, respondiendo a los pregones, y a que comían y bebían a expensas suyas, amén de recibir anticipos en metálico. Se le había escapado de control, y como tratar de reducirlo equivaldría a un rompimiento abierto, en el que llevaba todas las de perder, no le quedó otro camino que el disimulo. Se inicia entonces por ambas partes un juego de astucias; Cortés, sin descuidarse, con la guardia alta, fingiendo lealtad, y Velázquez tratando bajo cuerda de obstaculizarlo en todo lo posible. Como primera providencia, ordenó que no se le suministrasen víveres. Luego, a través de intermediarios, procuró hacerlo desistir, ofreciendo que lo indemnizaría por todos los gastos en que había incurrido. Las versiones de los distintos cronistas presentan leves variantes, pero coinciden en lo fundamental. Velázquez intenta detenerlo, pero Cortés sigue adelante. En una de esas comilonas, en que corrió vino en exceso, se suscitó una riña y hubo un muerto. Un tal Juan de Pila. Aquello precipitó las cosas; Cortés, seguido de un pequeño grupo, se dirigió a la iglesia, y allí, fray Bartolomé de Olmedo bendijo la bandera. Andrés de Tapia dice de ella que era de unos fuegos blancos y azules, con una cruz colorada en medio, y la leyenda era: *Amici, sequamor crucem, et si nos fidem habemus, vere in hoc signo vincemus* (Amigos, sigamos la Cruz, que si tenemos fe, con esta señal venceremos); una paráfrasis del *in hoc signo vinces* de Constantino. Una bandera de cruzado. Y como ya nada lo retenía, dio la orden de embarcar al momento, antes de que la situación fuera a complicarse a causa del muerto.

Bernal describe la salida de Santiago diciendo que después de muchos ofrecimientos y abrazos entre Cortés y Velázquez, se dispuso la partida, y al día siguiente, luego de escuchada la misa, «nos fuimos a los navíos, y el mismo Diego Velázquez fue allí con nosotros; y se tornaron [a] abrazar y con muchos cumplimientos de uno al otro; y nos hicimos a la vela, y con próspero tiempo llegamos al puerto de la Trinidad».[17] La misma escena y circunstancias previas a la partida, Gómara las reseña de manera distinta: «Fray Luis de Figueroa, fray Alonso de Santo Domingo y fray Bernaldino Manzanedo, que eran los gobernadores, dieron la licencia para Hernán Cortés, como capitán y armador, con Diego Velázquez, mandando que fuese con él un tesorero y un veedor para procurar y tener el quinto del rey»; prosigue señalando que Velázquez hubiera querido impedirle la partida, pero se vio imposibilitado de hacerlo, pues de haberlo intentado habría habido una revuelta en la ciudad, con el saldo inevitable de muertes, por lo que optó por disimular, y «todavía mandó que no le diesen vituallas, según muchos dicen. Cortés procuró salir enseguida de allí. Publicó que iba por su cuenta, puesto que había vuelto Grijalva, diciendo a los soldados que no habían de tener qué hacer con Diego Velázquez. Les dijo que se embarcasen con la comida que pudiesen. Cogió a Fernando Alfonso los puercos y carneros que tenía para pesar al día siguiente en la carnicería, dándole una cadena de oro, en forma de abrojos, en pago y para la pena de no dar carne a la ciudad. Y salió de Santiago de Barucoa». Parte casi subrepticiamente y, sobre todo, ya iría rebelado. La afirmación de que los frailes jerónimos le habrían dado la licencia resulta errónea, pues si hubiera contado con esa autorización sencillamente ya no sería un rebelde. Asimismo, se equivoca cuando afirma que Grijalva ya había regresado, «llegó en esto a Santiago Juan de Grijalva, y no le quiso ver Diego Velázquez, porque se vino de aquella rica tierra, y sentía que Cortés fuese allí tan pujante; mas no le pudo estorbar la marcha, porque todos le seguían, tanto los que allí estaban, como los que venían con Grijalva».[18] La versión de Cervantes de Salazar sostiene que Cortés habría ordenado a sus hombres que embarcasen, y cuando sólo faltaban por subir él y cinco o seis soldados, llegó Velázquez montado en una mula y en compañía de cuatro mozos de espuelas, demandándole a qué obedecía esa mudanza, y por qué se embarcaba sin contar con víveres suficientes: «Deteneos por vida vuestra [...] llegó el batel de la capitana, y entrando en él con los soldados, quitando el sombrero a Diego Velázquez le dijo: Señor, Dios quede con vuestra merced, que yo voy a servir a Dios y a mi Rey, y a buscar con estos mis compañeros mi ventura». A Diego Velázquez, aunque congestionado por la ira, no le quedó otro recurso que disimular. Iba rebelado. Las Casas lo refrenda.[19]

Cortés, en ocasión del juicio de residencia, redactó en México un documento que contiene una serie de preguntas que deberían formularse a los testigos, tanto de cargo como de descargo. Éste se titula *interrogatorio general*, y según todos los indicios, debió prepararlo hacia 1534. Se trata, por tanto, de una escritura pública que debería ceñirse a la verdad, pues en caso contrario, sus enemigos lo harían pedazos, destacando las falsedades que encontrasen en él. En este cuestionario se pregunta a los testigos, entre otras tantas cosas, si estaban enterados de que en el puerto de Santiago tenía mucha gente y cinco navíos suyos, cuando Diego Velázquez cambió de parecer e hizo intento de impedirle la salida, cosa que no pudo hacer por la mucha gente que él tenía. Además, para crearle dificultades, tenía ordenado que no se le vendiesen provisiones, ante lo cual decidió precipitar la partida; de tal forma, esa noche sus amigos subieron subrepticiamente a los navíos todo el pan de cazabe que pudieron reunir, y mandó a sus criados a los corrales de la carnicería para que requisaran todos los puercos y carneros transportándolos a los navíos. Al poco rato se presentó el propietario de la carnicería a rogarle que le devolviera sus animales o algunos de ellos, para que no le impusiesen una multa por dejar sin carne a la ciudad. Cortés se despojó de una cadena de oro y se la dio diciéndole: «tomad para que paguéis la pena, e para que os paguéis de la carne que os he tomado».[20] Este diálogo con el carnicero, narrado por el propio Cortés, conlleva un peso inmenso, puesto que viene a ser la primera de las pruebas de que partía subrepticiamente. Bernal o no recuerda o no se enteró de lo que estaba ocurriendo; pero el caso es que esta circunstancia es ampliamente subrayada por Gómara, Cervantes de Salazar y Las Casas. Al respecto, este último enfatiza que, en una conversación que en 1542 sostuvo con Cortés en Monzón, a raíz de celebrarse Cortes en esa villa, éste le confirmó el incidente del pago efectuado a Fernando Alonso con un collar de oro: «y ésto el mismo Cortés a mí me lo dijo».[21] Al amanecer del día siguiente, que según puntualiza Cortés, fue sábado, Amador de Lares, en su papel de contador real, fue a efectuar la revista a los navíos. Y conforme pasaban el registro, iban abandonado el puerto. Cuando estaba por partir el último, llegó Diego Velázquez. Cortés mandó a tierra en una barca al contador, y en otra se aproximó a la costa, despidiéndose de él a prudente distancia. Nada que ver con el relato pródigo en abrazos ofrecido por Bernal. A la salida del puerto ordenó al navío de Pedro González Gallinato (en otra parte se le llama Pedro González de Trujillo), que con el cargamento de barricas de vino que llevaba en sus bodegas se dirigiese a Jamaica para cargar pan de cazabe y tocinos. El hecho de que en lugar de dinero contante llevara para el pago un cargamento de vino, ya está hablando de que quien realiza la operación es un mercader a gran escala, que desvía un embarque recién llegado de España, para venderlo en Jamaica donde alcanzaría mejor precio.[22] La situación muestra claramente que, *in pectore* ya iba rebelado, aunque en lo formal se guardasen las apariencias. Al parecer, ninguno de los dos quería precipitarse en hacer público que el rompimiento era definitivo. El testimonio de Cortés se encuentra respaldado por actuaciones y escrituras diversas, que se verán páginas adelante.

Algo que intrigó a fray Bartolomé de Las Casas fue saber si desde un primer momento Cortés contó con la complicidad de los capitanes para rebelarse, preguntándose al respecto: «¿cómo se embarcaron de noche sin despedirse de Diego Velázquez?». Pero a pesar de que en Santo Domingo habló con Juan de Grijalva, y de todas las indagaciones que hizo, todo resultó en vano: «no pude averiguarlo».[23] No obstante todo lo embrollado del caso, hoy día se dispone de unos testimonios que él no tuvo a la vista, por lo que quizá se pueda hacer un poco de luz sobre el particular.

Andrés de Tapia es otro de los soldados cronistas, autor de una historia sumamente importante, pero que presenta el inconveniente de quedar interrumpida en el momento en que se produce la victoria sobre Narváez. Y además, concurre la coyuntura de ser el único a quien Gómara identifica como informante suyo. Sobre las circunstancias en torno a la partida, este soldado y futuro capitán, cuenta que, en el momento en que él se presentó ante Diego Velázquez para saludarlo y pedirle la venia para tomar parte en la expedición, éste le habría dicho: «No se que intención lleva Cortés conmigo, y creo que mala, porque él ha gastado cuanto tiene y ha recibido oficiales como si fuera un señor de España».[24] Velázquez entonces le habría propuesto que se le uniese, ya que no le resultaría difícil alcanzarlo, puesto que sólo hacía quince días que había partido. Recibió de él un vale por cuarenta ducados para abastecerse de lo necesario en su tienda, y en compañía de otros, partió al alcance de Cortés. Esto comienza a darnos un poco de luz sobre el asunto: cuando Cortés partió llevaba únicamente cuatro barcos, y no había asignado los mandos, por la sencilla razón de que será más adelante cuando se le incorporen aquellos que pasarán a ser sus más destacados capitanes; que se sepa, de la gente del entorno de Velázquez en Santiago, entre los principales subieron Diego Ordaz, Francisco de Morla, Escobar el Paje, Juan Escudero, y probablemente Alonso de Grado. En esos momentos, Grijalva todavía no aparecía por Santiago; además, en el caso de que hubiera llegado, las naves no podían zarpar de nuevo al momento, pues después de una navegación tan prolongada, deberían someterse a carena y practicárseles algunas reparaciones. Será al retorno de esas naves, cuando Velázquez permitirá que se le unan hombres de su confianza, (se dice que «permitirá», porque no debe olvidarse que aquella era una empresa comercial, en la que Montejo, Alvarado y Ávila habían invertido su hacienda en la compra de las naves y, por lo mismo, tenían derecho a opinar). Y como sería una necedad estar enviando refuerzos a un rebelde, lo que aquí puede asumirse, a la luz de lo que sostiene Tapia, sería que, en vista de que la rebelión no se había producido de manera abierta, la intención de Velázquez sería la de ir rodeando a Cortés con gente suya, para poder someterlo. Proceder de otra manera habría sido una torpeza, y Velázquez estaba muy lejos de ser un tonto; lo que ocurre es que Cortés le ganó la mano. Al momento de producirse la salida de Santiago, en torno a Cortés apenas se consigue identificar a unos contados amigos suyos, como es el caso de Villarroel, quien venía como alférez, de Juan de Escalante, Pedro González de Trujillo, y también el padre Olmedo. Los incondicionales de Velázquez nada pudieron hacer por sujetarlo, ya que se vieron desbordados por ese contingente de veteranos de Italia, cuya lealtad estaba con Cortés, que era quien les pagaba.

Según el diario de navegación transcrito por Oviedo, para el ocho de octubre Grijalva ya se hallaría de regreso en el puerto de Matanzas, adonde encontró a Olid y recibió una carta de Velázquez ordenándole conducir sin demora los navíos al puerto de Santiago.[25] Pero la cronología no encaja, pues de ser eso exacto, se habría recibido la noticia de su retorno antes de que Velázquez capitulara con Cortés, lo cual, desde luego, carece de sentido. El diario pudo haber sido manipulado o tampoco debe descartarse que Oviedo transcribiese mal (aunque lo primero es lo más probable); el caso es que cuando Grijalva apareció por Santiago, Velázquez lo trató mal por no haber poblado habiendo encontrado una tierra tan rica. No quiso saber más de él, y lo despachó con cajas destempladas. Alaminos, que presenció la escena, es quien lo cuenta.[26] En el fondo, el tío reprochaba al sobrino el haberse apegado como un autómata a las instrucciones: explorar, recoger todo el oro posible y regresarse. Grijalva, que era un simple, no alcanzó a captar que el escrito constituía una mera formalidad, destinada a guardar apariencias. Velázquez le habría dado las instrucciones en ese sentido, por la sencilla razón de que no podía poner por escrito algo que le estaba vedado. La licencia de los frailes jerónimos (cuyo texto desconocemos), al parecer, no sería lo suficientemente amplia como para lanzarse a una empresa de esas dimensiones. Lo probable es que despachó la expedición en el entendido de que, llegado el caso, Grijalva sabría como actuar y de esa manera, presentar a la Corona un hecho consumado. Por tal razón, decía que había confiado el mando a un bobo, mientras que, en su descargo, el sobrino aducía que el tío le había impartido instrucciones muy rígidas, prohibiéndole terminantemente poblar. Y así se lo aseguró a Las Casas cuando tocaron el tema: «todo esto me refirió a mí el mismo Grijalva en la ciudad de Sancto Domingo» [1523]; y, de igual manera se expresa Alaminos, quien, asevera que leyó varias veces el pliego de instrucciones.[27] Caído en desgracia, Grijalva marcharía a Santo Domingo, donde sostuvo esa conversación con Las Casas, y de allí partió para Nicaragua, donde guerreando en el valle de Ulanche, en una acción oscura lo mataron los indios junto con otros españoles; de su paso por México sólo conserva su memoria el río que lleva su nombre.[28] Las Casas nos ha dejado de él el apunte siguiente: «era de tal naturaleza, en cuanto a obediencia, que no hubiera sido un mal fraile.[29]

Macaca fue la primera recalada. Se trata de un sitio cuya identidad no se ha establecido satisfactoriamente, pero que bien podría corresponder al actual Puerto Pilón, junto a Cabo Cruz, en la costa sur de la isla. La estadía ahí tuvo una duración cercana a los dos meses, mismos que Cortés aprovechó para completar el aprovisionamiento, lo cual corrobora lo precipitada que fue la salida de Santiago. Partieron casi sin provisiones, como si se tratara de una fuga, lo cual opone un desmentido rotundo a lo afirmado por Bernal. En el *interrogatorio*, Cortés expresa que llegó con tres navíos. «e allí fizo más de mil cargas de pan que compró a un Tamayo, e de otros que allí tenían haciendas».[30] Tapia también se refiere a esa escala que, curiosamente, Bernal olvida mencionar.[31] Cortés dice que encontrándose en Macaca, «supo como el dicho Joan de Grijalva era llegado a cierto puerto de la dicha isla, con los navíos e gente». Señala que por temor a que Velázquez no le hiciese algunos requerimientos, argumentando que Grijalva se encontraba ya de regreso, y el propósito de la expedición era, precisamente, el de ir en su ayuda, «despachó dos de sus tres navíos que tenía, que se fueron a la punta de la isla con todo el bastimento que allí había podido haber; y el dicho don Hernando Cortés se fue con el otro al puerto de Trinidad , donde así mesmo compró mucho pan, e fizo mucha carne, e compró otro navío de un Alonso Guillén, vecino de la dicha villa de la Trinidad'.[32] Aquí, en un documento público, afirma que al partir de Macaca contaba sólo con tres navíos, por lo que se desprende que todavía no se le incorporaban las naves de Grijalva. Hasta ese momento, Alaminos no era hombre de Cortés, como tampoco lo serían la marinería y aquellos que volvían del viaje; si toda esa gente fue a su encuentro, se puede conjeturar que unos irían voluntariamente, mientras que otros lo harían un tanto coaccionados por alguien que tenía la autoridad para ello. Y en cuanto a las naves que Grijalva trajo de regreso, no cabe pensar que la marinería las llevase sin mediar el consentimiento de Velázquez.

Partieron de Macaca, y el siguiente punto de escala sería la Trinidad. Una villa importante en aquellos días. Como alcalde se encontraba Francisco Verdugo, casado con una hermana de Velázquez. Allí Cortés lanzó pregones de enganche, e hizo poner frente a su morada el estandarte real y el suyo propio, al tiempo que despachó cartas al interior invitando a unírsele. Aquí se le incorporará buen número de aquellos que serán figuras destacadas en la Conquista; según Bernal, entre ésos se contarían Pedro de Alvarado en compañía de sus cuatro hermanos, Alonso de Ávila, Juan de Escalante, Cristóbal de Olid, Gonzalo Mejía, Pedro Sánchez Farfán; de la vecina Sancti Spiritus llegaron Gonzalo de Sandoval, Alonso Hernández Puerto Carrero y Juan Velázquez de León.[33] También se provee de artillería y recoge a dos herreros que tan útiles le serían en lo futuro. Continúa el acopio de víveres y consigue los dieciséis caballos, ya que hasta ese momento no llevaba a bordo ninguno. El costo de los animales es tan elevado, que hay soldados que van a medias en uno, para montarlo en días alternos. Alonso Hernández Puerto Carrero, primo del conde de Medellín, carecía de recursos, por lo que Cortés, que se encontraba muy interesado en que participase en la expedición, le compró una yegua. Y como ya no disponía de dinero contante, pagó por ella con una cadena de oro que llevaba sobre los hombros. Bernal ofrece una descripción de los caballos: Cortés traía inicialmente uno de pelaje zaino, que luego se le moriría en el arenal de San Juan de Ulúa; Pedro de Alvarado y Hernán López de Ávila iban a medias, con una yegua que resultó muy buena, de la cual Alvarado le compró su mitad a Ávila, o bien se la tomó por la fuerza (no recuerda bien); Alonso Hernández Puerto Carrero, la yegua rucia comprada por Cortés; Juan Velázquez de León, otra yegua rucia que resultó muy buena, ésa fue «la Rabona»; Cristóbal de Olid, un castaño oscuro, muy bueno; Francisco de Montejo, a medias con Alonso de Ávila, un alazán tostado que no resultó bueno; Francisco de Morla, un castaño oscuro, revuelto y gran corredor; Juan de Escalante, un castaño claro, tresalbo, que no resultó bueno; Diego Ordaz, una yegua rucia, machorra, pasadera, que corría poco; Gonzalo Domínguez, jinete extraordinario, un castaño oscuro, muy bueno; Pedro González de Trujillo, un buen castaño, que corría muy bien; Morón, un overo, labrado de las manos y bien revuelto; Baena, otro overo, algo sobre morcillo, que no salió bueno; Lares, a quien se conoce como «el Buen Jinete», un castaño claro muy bueno; Ortíz, el Músico, en sociedad con Bartolomé García, el famoso «Arriero», uno de los buenos caballos.[34] A éstos se agregaría la yegua de Juan Núñez Sedeño.

Bernal confunde enteramente las circunstancias en que este último se sumó a la expedición; según él, en la Trinidad se habría presentado a saludar a Cortés, y sería entonces cuando fue invitado a participar, cosa que habría hecho de buen grado. Andrés de Tapia lo cuenta de forma distinta: ocurriría que, en cuanto Cortés tuvo conocimiento de que en las inmediaciones navegaba un navío cargado de víveres, despachó al momento a Diego Ordaz con órdenes de apresarlo. Era el de Núñez Sedeño, quien traía a bordo un cargamento de pan de casabe, tocinos y maíz que llevaba a vender a unas minas. Cortés requisó la embarcación y el cargamento pagándolos con unas lazadas de oro, según él mismo lo afirma.[35] Las Casas corrobora esta segunda versión, y al efecto añade que en 1542, en la conversación aquella que sostuvieron en la villa de Monzón, cuando tocaron ese punto, Cortés, entre risas, le habría dicho: «A la mi fe, anduve por allí como un gentil corsario».[36] El incidente de la captura en alta mar de la nave de Núñez Sedeño, tuvo como consecuencia el enconado pleito que éste sostendría en su contra. Por otro lado, las incidencias de ese apresamiento vienen a ser un hecho que Cortés, jactanciosamente, menciona en repetidas ocasiones. Además del cargamento de pan de cazabe, Sedeño traía a bordo un esclavo negro y una yegua, que quedaron igualmente incorporados. Bernal agrega que fue el soldado más rico que pasó, y concluida la conquista fue un prominente hombre de negocios que vio muchas veces multiplicada su inversión. Cortés nunca logró ganárselo. Se contará entre sus enemigos.

Llegaron cartas de Velázquez dirigidas a su cuñado y a otros personajes del ejército, en las que ordenaba el arresto de Cortés. El mando debería recaer en Vasco Porcallo. Éste viene a ser el momento del rompimiento abierto. Bernal manifiesta que, en cuanto Cortés lo supo, habló a Ordaz, a Verdugo, y a otros que no le eran tan afectos, tratando de ganárselos. Ordaz habría dicho que no se hablase más del asunto y que se disimulase, puesto que hasta ese momento no habían visto nada sospechoso en Cortés, quien por otro lado se mostraba como muy servidor de Velázquez.[37] Bernal aquí nos sorprende; o bien no se enteraba de lo que sucedía a su alrededor, o ya tendría muy confundidos los recuerdos cuando escribió eso. Ocurría todo lo contrario. Ordaz, en aquellos momentos, lo que intentaba era sujetar a Cortés por todos los medios, pues no existía la menor duda de que, desde el momento de la partida, iba rebelado. La realidad de lo ocurrido fue que Francisco Verdugo carecía de medios para acatar la orden, y así se lo haría saber a su pariente. Optó por el disimulo, pues Cortés estaba muy fuerte y existía el riesgo de que sus hombres saqueasen la villa. Se dio, inclusive, el caso de que Pedro Laso de la Vega, uno de los mensajeros que trajeron las cartas, también se unió a la expedición. Allí mismo, en la Trinidad, Cortés compró un navío nuevo a Alonso Guillén, vecino de la villa.[38]

La Trinidad quedó atrás, y en el trayecto a La Habana, la nave en que viajaba Cortés perdió contacto con la armada, sin que se supiera de él durante días. En ausencia del jefe, al punto se suscitaron disputas acerca de quién asumiría el mando. Bernal cuenta que Ordaz, como cabeza de la facción velazquista, intentó alzarse con la flota, pero la oportuna aparición de Cortés frustró el intento. Andrés de Tapia, quien escribe en fecha más cercana a los acontecimientos, apunta que el tiempo en que anduvo desaparecido fue de entre quince y veinte días.[39] Todo fue debido a que la nao capitana derivó hacia unos bajos, en las proximidades de la isla de Pinos, donde embarrancó. Para ponerla a flote fue preciso aligerarla de peso, y volverla a cargar en cuanto alcanzó agua más profunda. Y todavía antes de apartarse de la costa cubana, en acatamiento a las órdenes de Velázquez se produjo una última intentona por capturar a Cortés. Gómara refiere que Ordaz lo invitó a un convite en su carabela, mas aquél, sospechando de lo que se trataba, lo rechazó pretextando encontrarse mal del estómago. Bernal lo niega tajantemente, pero Las Casas, quien como ya estamos en antecedentes, habló con Cortés en varias ocasiones, expresa que sí existió esa intentona: «Quisiérale convidar Diego Ordaz a Cortés al navío de que venía por capitán, para allí apanallo». Cervantes de Salazar es otro que también confirma la conjura: «determinóse muy en secreto que en el navío de Diego de Ordás hiciesen un banquete, para el cual convidando a Cortés, después de haber comido, le pudiese prender». Cortés habría aceptado la invitación, pero al entrar en una barca para trasladarse al navío, alguien lo previno de lo que se tramaba, y fingiendo un vómito, se excusó de asistir.[40]

Y si Francisco Verdugo no pudo detener a Cortés, menos podría hacerlo Pedro Barba, el alcalde de La Habana, ya que ésta era una villa de menor población. Para evitar posibles confusiones, procede aclarar aquí que la primitiva villa de La Habana se encontraba en el litoral sur, en un lugar que no se conoce con precisión, posiblemente en las inmediaciones de donde hoy tiene asiento el puerto de pescadores de Batabanó (en cuanto a La Habana actual, en aquella época no pasaba de ser un fondeadero conocido como Puerto Carenas). En ese último punto, el ejército se vio aumentado por varios hombres; es el propio Cortés quien afirma que: «en el dicho puerto de La Habana, llegó Francisco de Montejo e Alonso Dávila e Cristóbal De Olid e otros caballeros que venían en un navío de los de Diego Velázquez, que el dicho Grijalva había traído, que se llamaba *San Sebastián*».[41] Como se advierte, tres que pasarán a ser piezas fundamentales del ejército se habrían incorporado en el último momento. A punto estuvieron de perderse el viaje. Esta puntualización del propio Cortés ayuda a esclarecer aquel punto oscuro, que en su día tanto intrigó a fray Bartolomé. No hubo complicidad de parte de los capitanes en el momento de la partida porque, sencillamente, aún no se incorporaban. Lo que queda sin aclararse es saber si en esa nave vendría Alaminos, ya que ningún documento consigna el momento en que se unió a Cortés.

Dado que Bernal es uno de los principales hilos conductores de la historia, no está por demás detenerse un momento para repasar la serie de errores en que ha incurrido al narrar los pormenores del viaje. La memoria lo ha traicionado en varios aspectos que resultan cruciales en la historia de la Conquista; vemos así que en la controversia surgida en el arenal, él es el único en afirmar que Grijalva quería quedarse a poblar (ya conocemos lo dicho por Alaminos y Las Casas). Las circunstancias en torno a la partida de Santiago están descritas al revés: no hubo tales abrazos de despedida, omite el paso por Macaca, equivoca las circunstancias en que Núñez Sedeño se unió a la expedición, ignora el intento de apresamiento de Cortés por parte de Ordaz, así como la forma en que algunos de los personajes de mayor relieve se unieron a la expedición. Otro fallo consiste en señalar que Alvarado y hermanos, Alonso de Ávila y Cristóbal de Olid se unieron en La Trinidad, cuando Cortés, sostiene que fue en La Habana. Gómara cita erróneamente al afirmar que Diego Ordaz y Alonso Hernández Puerto Carrero participaron en el viaje de Grijalva. El fallo es notorio, por tratarse de dos personajes de primera fila; que Ordaz no tomó parte, es cosa bien sabida, y en cuanto a Puerto Carrero, su no participación en él no admite dudas, pues en abril de 1520 sería interrogado en La Coruña por Juan de Sámano, el secretario de Carlos V, y en respuesta a una pregunta expresa, declaró: «que en el armada de que fue capitán general Joan de Grijalva este testigo no fue».[42]

Por otra parte, se dispone de un documento público, redactado antes de cumplirse los dos años de la partida de Cuba, que desvela numerosos aspectos poco conocidos sobre los preparativos de intendencia realizados por Cortés, a partir del momento en que sale de Santiago, hasta que abandona la isla. Se trata de un escrito muy extenso, en el cual se lee: «porque en la dicha villa de la Trinidad no halló el dicho señor capitán general Hernando Cortés a comprar tantos bastimentos como para su viaje eran necesarios, se fue a un puerto de la villa de San Cristóbal de La Habana, adonde y fasta salir de la dicha villa, tardó desde el día que salió del puerto de Santiago, que fue a 23 de octubre, fasta 23 de febrero, que fueron cuatro meses; e que siempre cuatrocientos hombres de tierra, sin los marineros, estuvieron a su costa, e todos comían en su posada; e los que no querían venir a comer, les daban su ración de pan y carne».[43] Salta a la vista el desembolso tan grande, que significaba dar de comer y beber a cuatrocientos hombres durante meses (en el detalle de lo gastado se hace ascender s unos seiscientos el número de puercos, de los cuales ciento cincuenta provenían de la finca de Francisco de Montejo, los cuales adquirió a un peso y dos reales cada uno, «los cuales se comieron en la dicha armada»). A continuación figuran las cargas de pan, de las cuales Pedro Barba suministró quinientas, y el propio Montejo fue otro de los proveedores. Está además la compra de la carabela, de la cual Pedro González era propietario y maestre, por la que pagaba un alquiler de dieciocho pesos de oro mensuales, y que tuvo en arrendamiento durante unos diez u once meses, comprándosela más tarde, «e se la pagó, e se perdió en dicho viaje». Sin duda, uno de los navíos que barrenó. Se consigna ahí que Alonso Dávila compró un navío a un Hernando Martínez, «que es uno que vino en la armada», el cual pagó Cortés. Con éste, son ya tres los navíos comprados durante el trayecto. Se consignan los sueldos pagados a la marinería, que ascendieron a seiscientos pesos de oro, más doscientos a Alaminos y «al maestre de la nao capitana ciento»; además de los aprovisionamientos, está el renglón de lo gastado en caballos, artillería, fraguas y herraje comprado a los dos herreros que se sumaron a la expedición y, finalmente, figura el gasto de los «ciento y tantos» hombres que lo aguardaban en Guaniguanico, en el extremo occidental de la isla, a los cuales recogió en último momento, y quienes vivieron a sus expensas todo ese tiempo. Independientemente de que contrajera cuantiosas deudas, queda claro que se requería ser inmensamente rico para dar de comer y beber a centenares de hombres durante esos meses, equiparse y comprar más navíos de los que ya poseía.

[En el documento que acaba de verse se da a Cortés como partido de Santiago el 23 de octubre de 1518, o sea, en el mismo día en que capituló con Velázquez, lo cual desde luego no hace sentido, pues de haber sido así no habrían tenido lugar las tensiones que se produjeron en fechas subsiguientes. Una posible explicación sería que Cortés comenzara a llevar el cómputo a partir de la fecha en que el gasto comenzó a correr por cuenta suya, que sería la misma en que firmó la capitulación. Ni él ni Bernal consignan la fecha de la partida de Santiago; Gómara y Cervantes de Salazar lo dan como salido el 18 de noviembre.][44]

La composición de la flota al momento de dejar atrás Cuba, la podemos establecer con relativa aproximación de la manera siguiente: sale de Santiago con cuatro navíos, tres de los cuales eran propios y el cuarto alquilado, mismo que más tarde compraría a Pedro González.

Van cuatro. Y vienen a continuación los comprados a Alonso Guillén y Hernando Martínez. Seis. Figuran luego los dos en que iba a medias; en uno con Andrés de Duero y otro con Pedro de Santa Clara. Suman ocho. Está el navío que le confiscó a Juan Núñez Sedeño. Nueve. Finalmente, el bergantín *San Sebastián* y la *Santa María de los Remedios*. Once: ésa es la cifra que da Cortés.[45] Tendríamos, por tanto, que de las naves de Grijalva sólo participarían las dos últimas. Montejo y Puerto Carrero, los procuradores que serán enviados a España, en la declaración rendida en La Coruña los días 29 y 30 de abril de 1520, señalaron que los navíos fueron diez: siete aportados por Cortés y sus amigos, y tres por Velázquez. No incluían al que había quedado recibiendo carena, y que más tarde Saucedo llevará a la Villa Rica.

4
Cozumel

«Y en diez días del mes de febrero año de mil quinientos diez y nueve años, después de haber oído mísa, hicímonos a la vela».[1] Así describe Bernal el momento en que salieron de Cuba. La travesía fue accidentada; durante la noche, un temporal dispersó la flota, y un golpe de mar arrancó el timón al navío de Francisco de Morla. Al amanecer abonanzó, y los barcos dispersos comenzaron a reunirse. En cuanto el mar estuvo en calma, justo al lado del barco de Morla apareció flotando el timón perdido, éste se ató una cuerda a la cintura y se tiró al mar para recobrarlo. Aquello se tuvo por un hecho prodigioso.[2] Otro suceso que se prestaba al optimismo, fue que la yegua de Núñez Sedeño parió un potrillo. Ello dio lugar a pensar que la expedición comenzaba con buen pie.[3]

Cozumel vendría a constituir la primera prueba de fuerza. Apenas desembarcado, Cortés se encontró con la novedad de que Alvarado, contraviniendo las instrucciones recibidas, se había adelantado, apartándose de la flota. Llevaba allí dos días. Bernal, quien venía en su compañía en el bergantín *San Sebastián*, relata lo ocurrido de la siguiente manera: a su llegada, los indios huyeron a ocultarse en el interior de la isla. Ante ello, Alvarado ordenó una requisa de gallinas («gallipavos», o sea, guajolotes), al propio tiempo que se apoderaba de los objetos de oro que se hallaban en los adoratorios.[4] Cortés mandó echar grillos al piloto Camacho de Triana, y luego, para dejar bien sentada su autoridad, lo hizo azotar. Alvarado recibió el mensaje. A través de Melchor, se mandó recado con dos indios y una india para que volviesen los que habían huido. Cuando éstos estuvieron de retorno, Cortés ordenó que les fuese restituido lo que les habían tomado; pero como ya se habían comido las aves, fueron obligados a pagarlas con cuentas de colores y cascabeles. Aquello condujo a que se tuviera una pacífica convivencia durante los días que duró la estadía en la isla.

Cortés refiere el arribo a la isla de manera distinta: a causa del temporal, que dispersó la flota, al amanecer encontró que le faltaban cinco navíos; pero guiándose por la opinión de Alaminos, de que habrían ido a parar a Cozumel, fueron en su busca, encontrando dos «en la punta que llaman de las Mujeres, ques en la tierra de Yucatán, e recogidos, fueron a la dicha isla de Cozumel e hallaron los otros dos, y el otro no supieron de él por entonces».[5] Ya vemos las discrepancias: Alvarado no se habría adelantado, sino que fue el temporal lo que lo condujo a esa costa; y además, llegó acompañado de otro navío. El comentario aquí es que Cortés consigna los hechos en documento notoriamente más cercano a la fecha en que éstos ocurrieron.

Playa de San Juan se encuentra localizada en la parte que mira hacia la tierra firme; el agua allí es tan transparente que, por las mañanas, cuando el mar está en calma, la claridad es tal que al observarse el fondo arenoso se ve a los peces nadando bajo los cascos de los navíos. Se tiene entonces la impresión de que éstos, más que flotar en el agua, estuviesen suspendidos en el aire. En ese sitio se encuentra un monumento desvelado en 1962 por Jacqueline Kennedy, señalando que allí fue el desembarco. A pesar de que no existe testimonio histórico en ese sentido, la lógica de los hechos indica que no pudo ser de otra manera, por tratarse de la parte más abrigada de la isla. Por el lado que mira al Caribe, adonde se encuentran las ruinas de un pequeño templo, en relativo buen estado de conservación, el mar bate con extrema fiereza. Sería por tanto allí, en esas playas donde Cortés haría el alarde, o sea, la revista de su ejército. Bernal dice que se contaron quinientos ocho soldados, sin incluir a pilotos y marinería, y dieciséis caballos; Andrés de Tapia apunta que eran quinientos sesenta hombres, marinería incluida. En la carta que, cuatro meses más tarde, el cabildo de la Villa Rica dirigirá al Emperador, se habla de «cuatrocientos hombres de guerra, entre los cuales vinieron muchos caballeros e hidalgos y dieciséis de caballo».[6] En el momento en que Cortés inicie la marcha hacia el interior del país, se comprobará que esta última cifra es la más próxima a la realidad. En cuanto a armamento, venían treinta y dos ballesteros y trece escopeteros; el número de piezas de artillería aparece en blanco en el manuscrito de Bernal, pero, desde luego, no deberían ser muchas, ya que los artilleros eran solamente tres. Como capitán responsable de la artillería nombró a Francisco de Orozco, veterano de las campañas de Italia. Será en Cozumel donde, por primera vez, Cortés asigne los mandos del ejército.

Bernal refiere que Cortés lo mandó llamar, junto con otro soldado, para pedirles su opinión acerca de ese «castilan, castilan», que habrían oído decir a los indios de Campeche cuando vinieron con Hernández de Córdoba.[7] De acuerdo con ello, Cortés habría intuido que en la región estarían algunos españoles prisioneros de los caciques. Estamos aquí frente a uno de los múltiples actos jactanciosos del viejo soldado, quien en un afán de magnificar su actuación, en ocasiones le da por fantasear. Las cosas no siempre le salen bien, como es en este caso concreto, en el cual resulta muy sencillo comprobar que el episodio no pasa de ser invención suya. Cortés, como ya se ha visto por el pliego de instrucciones, estaba al corriente de la existencia de náufragos españoles en la zona. Y como Tapia incurre en el mismo error, al sostener que fue en Cozumel donde tuvieron conocimiento de ello, eso no hace más que poner de manifiesto que ninguno de ambos llegó a enterarse de lo que decía el pliego. La distancia que Cortés guardaba con sus hombres era tan grande, que la mayoría desconocía sus planes. Fueron contadísimos aquellos en quienes confiaba; fray Bartolomé de Olmedo, Escalante y Puerto Carrero, fueron unos de los pocos en esa primera etapa. Y no son sólo Bernal y Tapia quienes se equivocan en ese punto, pues también Gómara y Las Casas incurren en el mismo error; en cambio, la carta que escribirá el cabildo de la Villa Rica es muy clara al respecto y, al referirse a los náufragos españoles, señala que Cortés ya tenía aviso de ello cuando partió de Cuba. Eso habla de que muy pocos serían los que conocieron el contenido de la carta.[8]

En Cozumel, toda la atención de Cortés aparece centrada en conocer el lugar donde se encontrarían los náufragos. No le tomó mucho tiempo averiguarlo y, en cuanto lo hizo, les escribió una carta dándoles a conocer su llegada y pidiéndoles que vinieran a su encuentro. Para facilitar la liberación de manos de los caciques que los tenían en su poder, dio una gran cantidad de cuentas de colores a los portadores, para que las entregasen como rescate. Despachó a los mensajeros indígenas, quienes partieron en una canoa y, tres días más tarde, repitió la operación. Esta vez los acompañaban cuarenta españoles, al mando de Diego Ordaz, distribuidos en dos de los navíos de menor porte. Las instrucciones fueron en el sentido de esperar seis días. Y como transcurrió ese término sin que ninguno apareciese, Ordaz se volvió a Cozumel. La versión de Bernal sostiene que Cortés, muy contrariado por haber fracasado en el intento de conseguir un intérprete, resolvió ya no perder más tiempo y dio la orden de embarcar. Partieron con muy buen tiempo y, a eso de las diez, hicieron señas de que se anegaba el navío de Juan de Escalante. La flota entera regresó a Cozumel, donde se puso en seco el navío para carenarlo y, uno o varios días después, aparecería una canoa en la que venía el náufrago Jerónimo de Aguilar, a quien en un primer momento tomaron por indio. Andrés de Tapia habría sido el primero con quien habló. Ahora, la misma historia narrada por el propio Tapia ya presenta una variante: Cortés, al retorno de Ordaz con las manos vacías, ordena la partida. Embarcaron todos, pero «de improviso el viento se tornó tan contrario, que fue necesario tomar el puerto, sin poder hacer otra cosa, que tornarse a desembarcar».[9] Cortés, en cambio, dice que el barco que se anegaba era el *San Sebastián* de Alvarado.[10] Finalmente, en la famosa carta del cabildo (que se verá más adelante) se cuentan las cosas al Emperador de manera distinta: en vista de haber fracasado en esos intentos, Cortés habría resuelto desembarcar en el área con todo el ejército e ir en fuerza al rescate de los cautivos. Estaba dispuesto a no apartarse de esa costa sin recoger un intérprete. Se impartieron las órdenes, subió a bordo la gente y, cuando sólo faltaban por subir él y una veintena de soldados, el tiempo que hasta ese momento había sido bonancible, cambió de improviso. Sopló un viento contrario y se desataron aguaceros torrenciales, ante lo cual los pilotos aconsejaron suspender la partida en espera de que mejorase la situación meteorológica. Se dio la orden de que todo el mundo bajase a tierra. Al día siguiente apareció Aguilar: «Y túvose entre nosotros aquella contrariedad de tiempo, que sucedió de improviso, como es verdad, por un gran misterio y milagro de Dios».[11] La carta del cabildo, que es un documento colectivo, escrito a dos meses de distancia de este suceso, da a conocer que, a la llegada del náufrago, Cortés suspendió una operación de gran envergadura que ya tenía decidida. Tapia refiere el encuentro con Aguilar en los términos siguientes: al ver que se aproximaba una canoa procedente de tierra firme, él y otros «gentileshombres» fueron a esperarla. Ya en la playa, bajaron de ella tres individuos desnudos «tapadas sus vergüenzas, atados los cabellos atrás como mujeres, e sus arcos e flechas en las manos, e les hicimos señas de que no oviesen miedo, y el uno de ellos se adelantó, e los dos mostraban haber miedo y querer huir a su bajel, e el uno les habló en lengua que no entendimos, e se vino hacia nosotros, diciendo en nuestro castellano: señores, ¿sois cristianos e cuyos vasallos?». Bernal, en cambio, escribe que sus primeras palabras habrían sido «Dios y Santa María y Sevilla», pronunciadas en un pésimo español. Gómara agrega que, inmediatamente, demandó si era miércoles, pues conservaba un libro de horas en el que rezaba todos los días.[12] Ante Cortés, dijo su nombre y contó su historia. Era oriundo de Écija y llevaba allí cerca de ocho años. Los hechos se remontaban a la época en que estallaron en el Darién las pasiones entre Diego Nicuesa y Vasco Núñez de Balboa. Para informar a Diego Colón de lo que allí estaba ocurriendo, partió a un tal Valdivia, cuya carabela dio en unos bajos en las proximidades de Jamaica, naufragando. Los que iban a bordo, veinte entre hombres y mujeres, subieron al batel y, sin agua ni provisiones, anduvieron a la deriva durante trece o catorce días. Murieron a la postre siete u ocho, hasta que la corriente los arrojó a esa costa. Valdivia y otros cuatro terminaron en la piedra de los sacrificios, para ser comidos luego. Eso es lo que dice Gómara, pero Las Casas hace notar que él nunca tuvo conocimiento de que entre los mayas se practicase la antropofagia.[13] Aguilar y otros cinco consiguieron escapar, aunque, según su decir, en aquellos momentos sólo sobrevivían él y un marinero oriundo de Palos, llamado Gonzalo Guerrero. Al recibo de la carta de Cortés, Aguilar solicitó licencia a su amo para ir al encuentro de los suyos, quien se la otorgó, ganado por el copioso presente de cuentas de colores. Luego partió en busca de Gonzalo Guerrero, pero éste, que ya tenía la vida resuelta, casado y con tres hijos, optó por quedarse. Jerónimo de Aguilar no parece haber sido hombre llamado a altas empresas; encontrándose ordenado de menores, no realizó una sola conversión en todos sus años de cautiverio. Se limitó a sobrevivir. Los caciques lo tuvieron empleado en el acarreo de agua y leña. Un desperdicio inmenso. Aquí, los mayas de la zona, se perdieron la oportunidad de haberse enterado de lo que era el mundo exterior, lo cual habla de la decadencia de su cultura. No hubo nadie que captase el valor de la información que hubieran podido obtener de ellos. Cayeron en manos de caciques cuya visión no iba más allá de sus narices. Y, por supuesto, la noticia de esos náufragos nunca llegó a oídos de Motecuhzoma, evidencia que la zona no caía dentro de sus dominios, ni tenía conocimiento de lo que ocurría en ella.

Oviedo ha sido el primero en asignar el nombre de Gonzalo al náufrago que eligió quedarse. Tapia no proporciona el nombre; Gómara ya le pone apellido y pasa a llamarse Gonzalo Guerrero; Cortés, en cambio, se refiere a él como «un tal Morales».[14] No debe pasarse por alto que habló larguísimamente con Aguilar, quien en una primera época, permanecía constantemente a su lado.

Cortés tenía el intérprete que tanto deseaba y, como ya nada lo retenía, decidió partir enseguida. En la carta del cabildo se dice que, según informó Aguilar, los españoles que quedaron en Yucatán se hallaban muy dispersos por la tierra, por lo que hubiera tomado mucho tiempo recogerlos. Algo que merece destacarse es que, durante los diez o doce días que duró la estadía en Cozumel, Cortés no dio muestras de interesarse por la tierra de Yucatán que tenía enfrente; pudo haber enviado algunos hombres a explorar mientras aguardaba, máxime que, a poca distancia, hacia el sur se recorta la imponente silueta de Tulum, situada sobre un acantilado. No debe descartarse que ése sea el Gran Cairo del que habla Bernal, equivocándose sólo en que habría sido avistado en el viaje de Grijalva y no en el de Hernández de Córdoba. Esta era la primera construcción de piedra de proporciones descomunales con que topaban en Indias, y la dejaron de lado sin tratar siquiera de averiguar su secreto. Resulta extraño que no intentaran un desembarco en la playa de Tulum. Es cierto que frente a la costa corre paralelo un arrecife, pero ello no significaba un obstáculo infranqueable para los bateles. La indiferencia de Cortés hacia las cosas de Yucatán guarda relación con la descripción que los procuradores darían a Pedro Mártir de Anglería, en el sentido de que se trataba de una cultura colapsada; pero, ¿cómo es posible que, con los contactos periféricos de las dos expediciones anteriores, se llegase a la conclusión de que estaban frente a una cultura extinta? El caso da que pensar.

Tapia ofrece un dato curioso que Gómara repite: en Cozumel habrían encontrado en un templo un ídolo de barro cocido, hueco y de la altura de un hombre, que se encontraba adosado a la pared. Por detrás tenía una entrada oculta por donde se introducía un sacerdote, simulando que éste hablaba.[15] Resulta extraño, pues en el resto de México, no se ha descubierto nada semejante. En Cozumel Cortés inició la predica evangélica, instando a sacerdotes y caciques a que se apartasen de su religión y destruyeran los ídolos. Al no atreverse éstos, a una orden suya, los soldados se encargaron de acabar con ellos. A continuación, mandó encalar la plataforma de un templo y allí plantó la cruz de madera que había hecho construir. El padre Juan Díaz ofició una misa (posiblemente la primera en tierras de México), y antes de partir, dejó la Cruz muy encomendada a los isleños, recomendándoles que la adornasen con flores y le tuviesen mucho acato, para que les diese buena suerte. El cuatro de marzo iniciaron la singladura con destino a la desembocadura del Grijalva, haciendo sólo breves paradas que podrían considerarse como escalas técnicas para hacer aguada, sin ningún intento por adentrarse en tierras yucatecas, lo cual una vez más demuestra que Cortés ya tendría resuelto cuál sería su punto de destino. Directo al arenal de Chalchicuecan, el punto más próximo al centro del poder político. No se quedó corto, ni tampoco se pasó de largo para dirigirse a la zona del Pánuco, donde ya Francisco de Garay hacía intentos a distancia para fundar una colonia. Al momento en que Cortés partía de Cuba, Garay, a través de sus capitanes, ya tenía explorada un área que se extendía desde la Florida hasta la desembocadura de ese río, y, posiblemente, todavía mucho más al sur. Bernal y Tapia sazonan con algunas anécdotas esa navegación; según el primero, salieron con buen tiempo, mas al anochecer comenzó a soplar un viento contrario que dispersó los navíos. Cuando amaneció faltaba el de Juan Velázquez de León. Alaminos ordenó un alto para volver atrás, a una pequeña ensenada adonde suponía que habrían buscado refugio. Y en efecto, allí lo encontraron; el piloto, Juan Álvarez el Manquillo, quien ya conocía el paraje por los viajes precedentes, encaminó allí la nave para ponerla a salvo, encontrándose luego con que un viento contrario le impedía la salida. Había allí unas salinas, por lo que hicieron acopio de sal, permaneciendo allí un día. Francisco de Lugo, que exploró el lugar con algunos hombres, encontró en los adoratorios numerosas figuras vestidas con túnica, por lo que las tomó por mujeres. Llamaron al lugar Punta de Mujeres, sin reparar, al parecer, que era una isla. Se trata precisamente de la isla que da abrigo al actual centro turístico de Cancún. Tapia refiere una anécdota curiosa, ocurrida durante este tramo de la navegación, consistente en que atraparon con anzuelo un tiburón, y al abrirlo, le encontraron dentro «más de treinta tocinos de puerco, e un queso, e dos o tres zapatos, e un plato de estaño, que parecía después haberse caído el plato y el queso de un navío que era del adelantado Alvarado». Se trataba de la carne que habían puesto en remojo para desalar.[16]

La lebrela

En la primera expedición quedó olvidada una perra. El incidente no pasaría de un dato anecdótico, si no fuera por el valor que tiene para fijar el alcance de la navegación de Hernández de Córdoba. Acerca de este episodio, Tapia cuenta que el temporal que los sorprendió, cuando dejaron atrás Cuba, dispersó los navíos, los cuales volverían a reunirse en Cozumel. Todos, excepto uno. Partieron de Cozumel y, en un punto de la costa, encontraron el faltante. La jarciería del navío se encontraba cubierta de pieles de conejos, liebres y venados puestas a secar al sol. Según refirieron los marineros, cuando llegaron al lugar, se acercó a ellos una perra que les hacía muchas fiestas ladrando y moviendo la cola. La lebrela resultó una gran cazadora que, durante días, los estuvo abasteciendo de carne. Gómara refiere el episodio en términos semejantes, señalando que no sabían si el animal fue olvidado durante el viaje de Hernández de Córdoba o en el de Grijalva. Bernal narra que Cortés se encontraba preocupado por el navío faltante en el que venía por capitán Escobar, pero que Alaminos lo tranquilizaba, diciendo que el viento lo habría metido en una ensenada donde no lo dejaba salir. En efecto, así fue; cuando llegaron a puerto de Términos allí lo encontraron. A la lebrela, según Bernal, la habrían dejado atrás cuando vinieron con Grijalva. Cortés sitúa este episodio en «una bahía grande, que agora se llama puerto de Términos; y en una isleta questaba dentro de la dicha bahía [...] e se mantenían de conejos e venados que mataban en la dicha isleta, con una perra que en la dicha isleta hallaron, que se había quedado, de los navíos del dicho Francisco Hernández de Córdoba».[17] Bien. Antes Bernal afirmó que en esa expedición, luego del desastroso resultado del encuentro de Champotón, abordaron los navíos dirigiéndose directamente a la Florida. La entrada a la bahía de Términos (como hoy día se le conoce) se encuentra en esa costa, a unos noventa kilómetros más adelante de Champotón. Por lo mismo, de acuerdo con el dato proporcionado por Cortés, la navegación de Hernández de Córdoba habría llegado considerablemente más arriba de lo que Bernal recuerda.

Centla

El llano de Centla, preservado como reserva natural de la biósfera para refugio de las aves que allí anidan, se encuentra situado en la margen izquierda de la desembocadura del Grijalva, y es zona de lagunas y pantanos. Ése vendría a ser el primer punto en que Cortés tuvo contacto con la tierra firme, pues habían costeado el litoral yucateco sin abandonar los navíos. En cuanto a la elección de ese sitio para el desembarco, en la carta al Emperador se lee que se «propuso no pasar más adelante hasta saber el secreto de aquel río y pueblos que en la ribera de él están, por la gran fama que de riqueza se dice tenían»; desde luego estaba de por medio una razón acuciante: agua. Bernal da cuenta de que, cuando pasaban a lo largo de Champotón, Cortés quiso bajar a tierra para cobrarse las muertes de los hombres de Hernández de Córdoba, pero hubo de desistir ante las razones de Alaminos, quien le hizo ver que si se arrimaban a esa costa, el viento no los dejaría salir en ocho días. Es el único en mencionarlo.[18]

Se dispusieron a desembarcar. Esta vez no fue la acogida amistosa dispensada a Grijalva. En la playa se encontraban miles de indios que, a gritos y señas, les prohibían el desembarco, indicándoles que volviesen a los navíos. Penetraron en el río a bordo de los bateles y al llegar a la vista de un pueblo, Cortés intentó tranquilizarlos por boca de Aguilar, diciéndoles que no venía a hacerles daño y que era portador de un mensaje del rey de España. Los indios le indicaron que hablase desde la barca sin hacer el intento de saltar a tierra. Siguió una lluvia de flechas. No había forma de convencerlos y, como ya declinaba la tarde, se retiraron a unos arenales que estaban frente al pueblo para pasar la noche. Bernal atribuye el cambio de actitud a que los de Champotón los habían tachado de cobardes, por dar obsequios a Grijalva, mientras que ellos, en cambio, habían expulsado a los extraños de su territorio, causándoles muchas muertes. En efecto, los muertos fueron cincuenta y seis. Hasta la *Noche Triste,* Champotón sería la acción en que más bajas tuvieron los españoles.

Apenas amanecido, luego de escuchada la misa, Cortés envió a Francisco de Lugo con instrucciones de internarse por un sendero al frente de cien hombres, mientras él desembarcaba por otro punto. Saltaron de los bateles, pero tuvieron que detenerse con el agua a la cintura para mantenerse fuera del alcance de las flechas que les enviaban. Alineados en la playa estaban centenares de guerreros batiendo tambores y dando una gritería inmensa, dispuestos a impedir el desembarco. Los españoles permanecieron sin avanzar un paso, mientras Aguilar les traducía el requerimiento, ese alegato jurídico redactado por el doctor Palacios Rubios, para justificar conquistas y tranquilizar la conciencia de Fernando el Católico: «Uno de los pontífices... como señor del mundo hizo donación de estas islas y tierra firme del Mar Océano a los dichos rey y reina y a sus sucesores en estos reinos, con todo lo que en ella hay, según se contiene en ciertas escrituras que sobre ellas pasaron... y que podréis ver si quisiéreis». Ofrecían a los indios mostrarles el título de propiedad de los reyes de España sobre esas tierras; esto es, la bula *Inter coetera* de 4 de mayo de 1493 (las bulas derivan su nombre de las primeras palabras con que comienzan), expedida por Alejandro VI, el papa Borgia, por la cual el mundo por descubrir quedó dividido entre España y Portugal. Continuaba leyendo el escribano, mientras silbaban las flechas a su alrededor y Aguilar traducía: «Por ende, como mejor podemos os rogamos y requerimos que entendáis bien eso que os hemos dicho... y reconozcáis a la Iglesia por señora y superiora del universo mundo y al sumo pontífice, llamado Papa en su nombre, y al Emperador y reina doña Juana nuestros señores en su lugar como señores y reyes de estas islas y tierra firme, por virtud de dicha donación y consintáis y deis lugar a que estos padres religiosos os declaren y prediquen lo susodicho». Ya han sido requeridos; corresponderá a ellos elegir... «Si así lo hiciereis, sus altezas, y nos en su nombre, os recibiremos con todo amor y caridad y os dejaremos vuestras mujeres e hijos e haciendas libres y sin servidumbre... y no se os compelerá a que os hagáis cristianos, salvo si vosotros, informados de la verdad os quisieseis convertir a nuestra fe católica...». Pero en caso de negarse...«con la ayuda de Dios nosotros entraremos poderosamente contra vosotros y os haremos guerra por todas partes y maneras que pudiéremos y os sujetaremos al yugo y obediencia de la Iglesia y de sus Majestades, y tomaremos vuestras personas y las de vuestras mujeres e hijos y les haremos esclavos y como tales los venderemos ... y os tomaremos vuestros bienes y os haremos todos los males y daños que pudiéremos...». De resistirse, suya será la culpa; por tanto: «... protestamos que las muertes y daños que de ello se recrecieren, sean a vuestra culpa y no de sus majestades ni nuestra, ni de estos caballeros que con nosotros vienen y de como lo decimos y requerimos pedimos al presente escribano que nos lo de por testimonio signado, y a los presentes rogamos que de ello sean testigos».[19] Poco importaría si Aguilar era escuchado o no en medio de esa algarabía; aquello se hacía para ser oído en España, por si acaso el día de mañana hubiera que deslindar responsabilidades. De manera que, cuando el notario Diego de Godoy hubo asentado por escrito que desoían el llamado de paz, ya todo estuvo en orden, dándose la orden de avanzar. Existía escaso fondo y el piso era cenagoso, por lo que progresaban con dificultad. Cortés llegó a la orilla espada en mano y con un pie descalzo, pues había perdido una alpargata en el cieno (pronto sería encontrada y ya pudo combatir calzado); y, bajo una lluvia de flechas, continuó el avance. En lo más reñido de la refriega, atacando él por un lado con su contingente, y Lugo por otro, al punto los pusieron en fuga. En cuanto llegaron a los patios de un templo se ordenó suspender la persecución. Bastaba de combate por el día. El balance fue el de una acción indecisa; pocos indios muertos y algunos españoles heridos, entre los que se contó Bernal, quien recibió un flechazo en un muslo, mas «de poca herida» (un alivio para los conquistadores fue que las flechas no tuvieran «hierba»; esto es, que no estuviesen envenenadas como era el caso en Panamá. Sería hasta años más tarde, al llegar a Sinaloa, cuando enfrentaron a los primeros indios que empleaban veneno en sus flechas). En el sitio se alzaba una ceiba frondosa y, con la solemnidad del caso, frente a todo el ejército, Cortés procedió a realizar el acto oficial de toma de posesión de la tierra en nombre de los reyes de España. Dio al árbol tres cortes con la espada, pronunció las palabras rituales y el escribano hizo constar en el acta que levantó, que nadie le disputó la toma de posesión. Tabasco quedaba como posesión de la Corona española. Por la noche hubo murmullos soterrados en el campo, pues en el acto se omitió mencionar el nombre de Velázquez.[20] Procede consignar aquí lo que nos cuenta Oviedo, quien dice que cuando partía para participar en una entrada, allá en Panamá, Pedrarias le puso en las manos el requerimiento, mismo que él como escribano sería el encargado de darlo a conocer, «como si yo entendiera a los indios». Se produjo el encuentro con éstos, y al no tener intérprete, comenzó a leérselos en castellano; pero percatándose de la futilidad de lo que hacía, optó por enrollar el pliego y guardárselo. Más tarde, en presencia de varios testigos, lo entregó al teniente Juan de Ayora, diciéndole: 'Señor, parésceme que estos indios no quieren escuchar la teología de este requerimiento». Como el caso le intrigaba, «yo pregunté después el año de mil e quinientos e diez y seis, al doctor Palacios Rubios, por qué él había ordenado aquel Requerimiento, si quedaba satisfecha la conciencia de los cristianos con aquel Requerimiento; e díjome que sí, si se hiciese como el Requerimiento lo dice. Mas parésceme que se reía muchas veces, cuando yo le contaba lo desta jornada y otras que algunos capitanes después habían hecho. Y mucho más pudiera yo reir dél y de sus letras (que estaba reputado por gran varón, y por tal tenía lugar en el Consejo Real de Castilla), si pensaba que lo que dice aquel Requerimiento lo habían de entender los indios...». [21]

Al día siguiente, a hora de vísperas, llegaron dos indios trayendo algunas joyas de oro de escaso valor, que entregaron de parte de los caciques, solicitando al propio tiempo que se retirasen de la tierra. Cortés les hizo saber que la presencia española era ya algo irreversible; habían pasado a tener por señores a los más altos príncipes del mundo, a quienes estaban en la obligación de servir en su nueva condición de vasallos; pero, como contrapartida, éstos los ampararían frente a sus enemigos. Y como primera obligación de la recién contraída amistad, les pidió que trajesen de comer, a lo que respondieron que así lo harían. Pero como pasara un día y luego otro, y no cumplieran lo ofrecido, Cortés sospechó que serían atacados, por lo que ordenó que se desembarcasen los caballos. Éstos, al bajar a tierra, se mostraron muy torpes de movimientos, pero al día siguiente, en cuanto se hubieron repuesto, ordenó a Pedro de Alvarado que al frente de una capitanía de cien hombres, se adentrase en la tierra hasta dos leguas, llevando como intérprete a Melchor. Pero, al ir en su busca, ya no lo encontraron; más tarde verían abandonados sus vestidos españoles, que dejó colgados de las ramas de un árbol. Un contratiempo, por los informes que podría dar. Al mismo tiempo, Francisco de Lugo, al frente de otros cien hombres, se internaría dos leguas en otra dirección. A poco andar, ambas capitanías fueron atacadas y, al tener conocimiento de ello, Cortés ordenó que intervinieran los caballos. Centla será la batalla en que la caballería jugará un papel decisivo. Bernal describe en forma pormenorizada la forma en que se organizó el escuadrón. A quienes no eran jinetes sobresalientes se les apeó de su caballo, para entregarlo a otro más diestro. A Diego Ordaz, que era incomparablemente más valioso como combatiente de a pie, Cortés le retiró su yegua, pero a cambio, hubo de nombrarlo capitán de una compañía.

La batalla fue de grandes proporciones; por todas partes aparecían escuadrones de indios que cargaban, poniendo a los españoles en situación cada vez más difícil. Fue entonces cuando apareció Cortés al frente de un pelotón de diez jinetes y cambió el curso de la contienda. Ante la vista de esos monstruos, pues los indios tomaban como un solo ser a caballo y jinete, el pánico cundió en sus filas y huyeron en desorden. Esa misma tarde llegaron dos emisarios de parte de los caciques, pidiendo que ya no se les hiciese daño. Posteriormente, vinieron éstos, y quedaron concertadas las paces. Aceptaron ser vasallos de ese lejano rey de quien nunca antes habían oído hablar. El número de participantes en la batalla fue tan elevado que, en la carta al Emperador, dijeron que, al ser interrogados los caciques, éstos aseguraron que habían tomado parte cuarenta mil hombres.[22] En el llano de Centla no había espacio suficiente para que maniobrase esa masa de gente; evidentemente, estamos aquí frente a la aritmética de lo superlativo; y ésta será una constante en las cifras que, a lo largo del relato, usarán tanto Cortés como Bernal y los demás cronistas. Por ello, para disponer de una visión más verosímil, lo más indicado será deflacionar números, suprimiendo un cero a las cifras proporcionadas, así estaremos más próximos a la realidad.

En su libro, Bernal dice que en el primer día murieron dos soldados de la capitanía de Francisco de Lugo, y otro, que resultó herido en un oído, moriría poco después; en cambio, en la carta al Emperador, que vendría a hacer las veces del parte oficial, se habla de doscientos veinte indios muertos (ochocientos en el cómputo de Bernal) y que, por parte española hubo veinte heridos que luego se recuperarían, sin que hubiese un solo muerto. Ése fue el balance de Centla. Una victoria de una resonancia tal, que sus ecos no tardaron en llegar a oídos de Motecuhzoma. Con el paso del tiempo su impacto se magnificaría, al grado de que, *a posteriori* se fabricaría la leyenda de que allí habría ocurrido un hecho milagroso. Ante una masa tan grande de indios, la victoria sólo se explicaría por una intervención de la Providencia. El Apóstol Santiago, patrón de España, montado en un caballo blanco, habría tomado parte en la batalla, sembrando el pánico en el campo contrario.

Llegaron ante Cortés treinta caciques portadores de regalos, que venían a dar la obediencia; ésa será una de las contadas ocasiones en que se le verá actuar como un bromista, burlándose de los indios. Antes de que éstos llegaran preparó el escenario. Hizo traer el caballo de Ortíz *el Músico*, que era muy fogoso, y lo amarraron a un poste; luego, a la llegada de los caciques, situó a éstos frente al animal, diciéndoles que éste se encontraba muy enojado con ellos porque viniendo él en paz y en busca de su amistad, lo habían recibido como enemigo. En ese momento, tal como estaba planeado, trajeron la yegua de Núñez Sedeño; sintió el garañón el calor de la yegua y, al momento, quiso abalanzarse sobre ella. Sujeto por las ataduras, se revolvía relinchando y, con los belfos levantados, agitaba las manos en el aire frente a los rostros de los caciques, que contemplaban aquello aterrorizados. Retiraron la yegua, y poco a poco se serenó el caballo. Cortés explicó a los caciques que había dicho a éste que ya no volverían a tomar las armas en su contra y que, por lo tanto, el animal los había perdonado. Se escuchó entonces el estampido del disparo de una lombarda preparada al efecto, y al sobresaltarse los caciques, de igual manera les aseguró que ya había dicho a ésta que, en lo sucesivo, serían amigos.[23]

Como era Domingo de Ramos, Cortés resolvió que la festividad se celebrase con toda solemnidad; para ello, fray Bartolomé de Olmedo y el padre Juan Díaz se revistieron con sus ornamentos y, a la vista de los indios que en silencio contemplaban la escena, el ejército entero participó en la procesión, llevando cada uno un ramo entre las manos. Al término de la ceremonia, fray Bartolomé de Olmedo dio una plática sobre cristianismo a veinte mujeres que los caciques les habían obsequiado para que les hiciesen de comer, siendo éstas bautizadas. Se levantó una cruz de madera que les dejó encomendada, con el encargo de que la reverenciasen y le pusieran siempre flores. Al pueblo se le impuso el nombre de Santa María de la Victoria. Pasaron allí cuatro o cinco días, y como ya nada los retenía en el lugar, abordaron nuevamente los navíos para reanudar el viaje. Al igual que en Cozumel, Cortés tampoco dejó allí a nadie. Los indicios apuntan a que iba de paso.

5
El retorno de Quetzalcóatl

A últimas horas de la tarde del jueves santo, que en aquel año de 1519 cayó en veintiuno de abril, la armada llegó frente a San Juan de Ulúa. Visto que quedaban pocas horas de luz, nadie bajó a tierra. La navegación desde Tabasco les había tomado cinco días. Pasaron de largo frente a la desembocadura del Coatzacoalcos y lo mismo hicieron frente al Papaloapan. Nada de eso interesó a Cortés, quien venía directo al arenal de Chalchicuecan, allí donde Grijalva sostuvo un prolongado intercambio con los indios, justo enfrente de la isla que ya se denominaba de *Sacrificios* por ser el primer sitio donde encontraron cuerpos de sacrificados. Eran esperados. A partir del momento en que Grijalva apareció por allí, Motecuhzoma tenía vigías apostados por todo el litoral, con el encargo de informar si esos hombres blancos y barbados volvían a aparecer. Se estaba en espera del señor Quetzalcóatl. Al día siguiente, viernes santo, todo mundo desembarcó. El calor apretaba, por lo que el personal de servicio, esclavos negros e indios cubanos, pusieron manos a la obra para improvisar cobertizos techados de palma. No tardaron en hacerse presentes dos representantes de Motecuhzoma acompañados de séquito numeroso. Bernal, corrompiendo la fonética, los llama Tendile y Quintalbor, aunque lo probable es que sus nombres fuesen Teuhtlilli y Cuitlalpitoc. Se aproximaron, pero allí surgió un tropiezo. Aguilar no entendía el idioma. Y así transcurrió ese día, en intentos de comunicarse por señas, hasta que, de pronto, alguien observó que una de las esclavas, que les habían obsequiado en Tabasco, conversaba animadamente con las mujeres del lugar. Es el momento en que Malintzin entra en escena. En lo sucesivo, Cortés se dirigirá a Aguilar, quien traducirá al maya y ella, como bilingüe que era, lo vertirá al náhuatl. Una piedra Rosetta, la llave que abriría las puertas de los secretos de México. Se le conoce como Malintzin, Marina, doña Marina, o La Malinche.

Por lo general, los relatos de la conquista proceden de fuente española, dado que las crónicas indígenas suelen ser fragmentarias y carentes de ilación, razón por la que se confunden tiempos y lugares; sin embargo, cuando se trata de conocer cuál fue la reacción de Motecuhzoma al tener conocimiento de que naves extrañas navegaban por esas costas, no queda otra alternativa que acudir a ellas. No se dispone de otra fuente de información. Según éstas, el soberano ya se encontraría resignado para lo peor; aparecían signos ominosos dando noticia de que su reinado tendría un final desastroso. Mediante conjuros trataba de evitar lo inevitable. Además, la profecía tenía anunciado el retorno de Quetzalcóatl. Mal año para el autócrata de Tenochtitlan.

Bernal cuenta, que, durante la expeduición de Grijalva tomaron en esa costa a un indio al que llamaron Francisco y que llegó en el viaje siguiente con Cortés. Agrega que, consumada la conquista, lo encontró ya casado.[1] Una crónica indígena afirma: «De que los españoles partieron de la ribera de la mar para entrar la tierra adentro, tomaron un indio principal que llamaban Tlacochcalcatl para que les mostrase el camino, el cual indio el capitán D. Fernando Cortés trajo consigo, y sabía ya de la lengua española algo».[2] Sorprendente; pero, ¿y éste Tlacochcalcatl?; ¿quién era? Francisco y Tlacochcalcatl, ¿serían la misma persona? Es dudoso. De este Francisco es muy poco lo que se conoce, pero por los escasos datos disponibles, no parece haber sido un personaje de alto rango. Su única actuación conocida la veremos cuando ejerza como intérprete de Alvarado, en el interrogatorio de algunos principales sometidos a tormento. La crónica señala que, al tener conocimiento de que habían llegado los navíos a las playas de Chalchicuecan, Motecuhzoma pensó que sería Quetzalcóatl quien volvía, enviando a cinco dignatarios para darle la bienvenida, cuyos nombres serían: Yoallichan, Tepuztecatl, Tizaoa, Vevetecatl y Veicazmecatlheca. El mensaje que recibieron fue: «Id con prisa y no os detengáis; id y adorad en mi nombre al dios que viene, y decidle, acá nos envía vuestro siervo Motecuhzoma, estas cosas que aquí traemos os envía, pues habéis venido a vuestra casa que es México». Podría tratarse de un diálogo imaginario, que es lo más probable, pero tampoco puede excluirse que sea verdadero, en cuyo caso, ya se echa de ver que estaba derrotado de antemano. Los emisarios llegaron al arenal trayendo consigo un inmenso número de servidores, por lo que pronto el lugar bullía con una actividad continua. Se levantaron chozas más confortables y se les dio de comer lo mejor que se pudo. Un tratamiento a cuerpo de rey; para muchos de aquellos aventureros, que llevaban años dando tumbos por Panamá y las islas, aquello era haber llegado a una tierra de promisión. Por vez primera, en muchos años, podían disfrutar de una comida suculenta, que luego de las dietas pobres e insípidas de

Cuba, venía a ser una bendición. En materia culinaria, el grado de desarrollo de los indios antillanos era notablemente inferior, frente a todo lo que ahora tenían a la vista. La palabra maíz es voz taina; los españoles lo habían conocido en Haití, pero hasta ese momento sólo lo habían visto comer en forma de mazorcas cocidas o asadas. No sabían preparar con él nada semejante a las tortillas, tamales, atole, pozole y toda esa extensa gama de platillos que ofrecía la cocina de los pueblos del México prehispánico. Y mientras reconfortaban el estómago, grupos de artistas plasmaban en lienzos los rostros de Cortés, Malintzin, y de los principales personajes del ejército; de igual manera dibujaban caballos, perros, barcos, cañones y todo aquello que constituyese novedad. Se estableció un servicio de mensajería con Tenochtitlan, y los correos partían constantemente, relevándose en el trayecto con el objeto de mantener puntualmente informado a Motecuhzoma. Los enviados de éste se ausentaron durante unos días, para volver más tarde cargados de presentes. Entre lo que traían destacaba una rodela revestida de oro, del diámetro de una rueda de carreta, totalmente labrada, y otra de plata de tamaño semejante, a las que se conoció como la «rueda del sol» y la «rueda de la luna», respectivamente. La crónica indígena mencionada ofrece una relación de las piezas que componían el tesoro; pero, extrañamente, omite esas dos obras, que eran las más valiosas.[3] Según parece, se trataría de un presente que ya tenían preparado, y que estaba destinado a Grijalva, a quien, por su inesperada partida, ya no pudieron entregar. Ésa sería la oportunidad en que el nombre de Motecuhzoma saldría a relucir por vez primera. Haciéndose pasar por embajador del monarca español, Cortés comunicó a los enviados que abrigaba el propósito de viajar a Tenochtitlan para entrevistarse con su soberano. Tenía cosas muy importantes que comunicarle, unas relativas al vasallaje que debería prestar, y otras concernientes a la salvación del alma. Los dioses a quienes reverenciaban eran falsos y deberían abandonarlos. Se puede imaginar la cara que pondrían Teuhtlille y Cuitlalpitoc ante la idea de tener que comunicar ese mensaje. Y como obsequio para Motecuhzoma les hizo entrega de una silla de brazos, con incrustaciones de piedras de colores, para que se sentara en ella, así como de una gorra carmesí, con una medalla con la imagen de San Jorge y el dragón. Llamó la atención a Teuhtlille el casco de un soldado, y dijo que era muy parecido a uno que les habían legado sus antepasados, el cual conservaban ofrecido a Huitzilopochtli; pidió entonces que se lo facilitaran para mostrarlo a Motecuhzoma y compararlo con el que tenían. Cortés lo entregó para ese efecto, a condición de que se lo devolviesen lleno de granos de oro. Bernal agrega aquí que en cuanto el casco llegó a poder de Motecuhzoma, y éste lo comparó con el que tenían, «tuvo por cierto que eramos de los que le habían dicho sus antepasados que vendrían a señorear aquella tierra».[4] ¿Indicios de algún contacto anterior?

La Villa Rica de la Vera Cruz

Los días pasaban y no se recibía la aprobación para que pudieran desplazarse al interior. Ante la insistencia de Cortés, los enviados replicaron que se presentaban numerosos inconvenientes; por principio de cuentas, era necesario atravesar por tierras sujetas a otros señores, enemigos de Motecuhzoma y, además, los aguardarían fatigas sin cuento por lo penoso del trayecto. La réplica de Cortés fue en el sentido de que, a quien ha viajado por mar dos mil leguas, poco le importaba recorrer por tierra setenta más. Mientras tanto, en el campamento bullía la inquietud. Había opiniones encontradas. Aquello, propiamente hablando, no era un ejército constituido por hombres sujetos a una disciplina militar. Todos opinaban. Cortés era el jefe, dado que era quien había realizado la aportación económica mayor; pero de allí a que su autoridad se aceptara sin protestas, había un gran trecho. Estaba la facción velazquista, formada por aquellos que medían las consecuencias de romper con el orden establecido. No podrían volver a Cuba y, posiblemente, tampoco a España sin exponerse a ser castigados como rebeldes. La cuantía del tesoro enviado mostraba la riqueza de Motecuhzoma, pero al propio tiempo exhibía su poderío. Sería en extremo arriesgado, para un grupo tan reducido, internarse en el país. Ante esa oleada de rumores, la primera medida adoptada por Cortés fue alejar a Montejo, quien era figura prominente en el ejército y se inclinaba hacia el bando velazquista. Para conseguirlo, le confió una misión importante. Los navíos peligraban por encontrarse en lugar desprotegido, expuestos a que el primer norte que soplase acabara con ellos; por tanto, le encomendó que, en compañía de Alaminos, partiese a explorar el litoral en busca de un fondeadero que ofreciese resguardo.

Por otro lado, los incondicionales de Cortés no se encontraban cruzados de brazos e iban de choza en choza, buscando ganar adeptos para su bando. Bernal cuenta que hasta él se acercaron Alonso Hernández Puerto Carrero, Juan de Escalante y Francisco de Lugo para sentir su parecer, comentando que sería improcedente darse la media vuelta, pues cuando en Cuba se lanzaron pregones anunciando la expedición, se dijo que partían para poblar.[5] Y así fueron, de soldado en soldado, y cuando estimaron que contaban con el número suficiente de adeptos, hicieron aparecer que la opinión opuesta al retorno procedía de la base. Al partir se les habría dicho que iban a tomar posesión de una tierra muy rica, por lo que no veían la razón de cambiar los objetivos, aunque en el pliego de instrucciones se dijese lo contrario (puede darse como cierto que Cortés habría lanzado pregones diciendo que iban a una conquista); además, no tenía sentido que, una vez rebelado, pensase en retornar con Velázquez. Ante el desconcierto que prevalecía en el campo, dada la magnitud del desafío que se ofrecía a sus ojos, Cortés encontró una salida: fundar una ciudad. Allí mismo, en el arenal, con toda la solemnidad del caso, se leyó el acta fundacional, por la que cobraba vida la Villa Rica de la Vera Cruz. Una argucia jurídica. Una ciudad trazada a cordel, en la que unos cobertizos techados de palma constituían las casas, y los soldados eran los vecinos. Luego se pasó a designar autoridades y, como era de esperarse, los nombramientos importantes recayeron en incondicionales suyos. Una vez que estuvo constituido el cabildo, Cortés procedió a renunciar ante él los cargos de capitán y justicia mayor, encerrándose en su choza. Como se encontraban sin jefe, los miembros del cabildo deliberaron, acordando nombrarlo para los cargos que antes ostentaba. Pero existía una diferencia: ahora su nombramiento no provenía de un teniente de gobernador, sino que era libremente elegido por las autoridades de una ciudad, conforme a la costumbre y usos de España. La batalla jurídica estaba ganada. Los movimientos fueron tan bien calculados, que tomaron por sorpresa a la facción velazquista, que no supo reaccionar a tiempo. Cuando quisieron protestar se encontraron frente al hecho consumado. Se ha prestado a confusión saber si el acto fundacional tuvo lugar en el arenal, o si sería en el siguiente lugar en que se asentaron, que es lo que hoy se conoce como la Villa Rica. Cortés no lo aclara; si nos atenemos a Bernal, por la secuencia del relato, se desprende que la fundación habría tenido lugar en el arenal. Y cualquier duda que hubiese quedado la disipa Montejo, quien al retorno de su viaje exploratorio en unión de Alaminos, en busca de un fondeadero que ofreciera mayor protección, se encontró con que la villa española ya estaba fundada y elegidas las autoridades, según él mismo lo cuenta en la declaración rendida en La Coruña, donde manifestó: «que llegaron a la bahía de Sant Juan que es en Coluacan y que este testigo estuvo absente algunos días y cuando volvió halló que la gente había fecho pueblo y elegido alcaldes y regidores, elegido el dicho Cortés por capitán general en nombre de Su

Majestad hasta que Su Alteza proveyese lo que fuese servido, y que es verdad quel dicho capitán dijo que él había acabado de hacer su rescate y se quería volver y que la gente le requirió que poblase porque ellos con tal pensamiento vinieron y quel dicho Cortés lo hizo así».[6]

Teuhtlille volvió con la respuesta de Motecuhzoma. No habría visita. Y como una cortesía, a manera de despedida, era portador de un tesoro constituido por piezas de oro y piedras de jadeíta, los famosos chalchihuites, tenidos en gran estima por los indios. Con ese obsequio los despedía su soberano, deseándoles buen viaje. Y para demostrar que estaba dicha la última palabra, se retiró llevándose consigo a todo el ejército de servidores. Unas pocas semanas habían sido suficientes para sacarlos de su error. No se trataba del señor Quetzalcóatl. Quedaron solos. No había indígena que se acercara y pronto comenzaron a resentir la falta de alimentos. Con la escasez de comida renació el malestar, y la facción velazquista volvió a levantar cabeza. Aducían que los nombramientos de capitán y justicia mayor se habían llevado a cabo sin tomar en cuenta su parecer. Cortés salió al paso de esa situación con dos tipos de medidas: a unos, aparte de hacerles muchas promesas, les untó las manos con oro y, a otros, que se mostraban reacios, como fueron los casos de Juan Velázquez de León, Diego Ordaz, Escobar el Paje, y Escudero, los envió unos días a las bodegas de los navíos, cargados de cadenas. Allí tendrían tiempo para reflexionar.[7]

Pronto el hambre apretó, y aunque algunos marineros pescaban con redes, la captura resultaba insuficiente, por lo que Cortés ordenó a Alvarado que, al frente de cien hombres, se internase algunas leguas a la redonda para reconocer el terreno y buscar comida. El grupo que partió estaba integrado en su mayoría por parciales de Diego Velázquez, y según asevera Bernal, fueron escogidos precisamente por esa razón, para mantenerlos alejados y evitar que revolvieran el campamento. Los pueblos que recorrieron eran muy chicos y habían sido abandonados precipitadamente, al sentir sus moradores su presencia. Encontraron varios templos en los que había cuerpos de muchachos recién sacrificados, a algunos de los cuales ya habían cortado brazos o piernas. Comida la hallaron en abundancia y volvieron todos cargados de maíz y guajolotes.

Una vez que se retiraron los mexica, al dejar éstos el campo libre, comenzaron a acercarse al campamento otros indios de aspecto muy distinto. El labio inferior les colgaba a causa de una piedra circular que traían incrustada, lo cual, a ojos de los españoles, les daba un aspecto horroroso. Eran totonacas. Bernal los llama los «lope luzio», porque así sonó a sus oídos la forma en que se dirigieron a Cortés al saludarlo, «lope luzio, lope luzio» (señor y gran señor).[8] Entre ellos se contaban algunos que hablaban algo de náhuatl y, de esa forma, resultó posible iniciar una conversación. Lo primero que dijeron fue que su cacique los invitaba a que fuesen a visitarlo a su pueblo. Llevaban varios días merodeando por ahí sin atreverse a acercarse, debido a la presencia de los mexica, pero al irse éstos, desapareció el obstáculo. Fue justo en ese momento cuando volvieron Alaminos y Montejo, con la noticia de haber encontrado un buen fondeadero. Se hallaba situado al norte, a pocas jornadas de distancia, y como el pueblo de los totonacas quedaba en el mismo sentido, Cortés dispuso la marcha. Los navíos levaron anclas, mientras el ejército marchaba por tierra. Atrás quedó la recién fundada Villa Rica de la Vera Cruz, que sólo existía en escrituras.

Los totonacas hicieron de guías, conduciéndolos a Cempoala, una población de varios millares de habitantes, y que era cabecera de su nación. En las afueras los esperaba Quauhtlaebana, un individuo notable por su gordura, por lo que entra en la historia con el remoquete de el *Cacique Gordo*.[9] Tuvieron buena acogida. Este cacique los tomó por unos justicieros que venían a poner coto a los abusos de los mexica y, explayándose ante Cortés, le expuso las desgracias de su pueblo. Veinte años atrás los totonacas eran libres, pero sus penas comenzaron cuando los mexica les enviaron sus dioses; en un principio se trató de que les rindieran culto, pero luego sus exigencias fueron en aumento. Pago de tributos y, finalmente, la obligación de entregar jóvenes de su nación para ser sacrificados en Tenochtitlan. En muy breve tiempo, Quauhtlaebana puso a Cortés al tanto de cuál era la situación en el interior del país. Motecuhzoma era un déspota que tenía subyugados a muchos pueblos. Para Cortés fue una gran revelación enterarse de que la tierra se encontraba dividida en bandos. Ello facilitaría su tarea.

El fondeadero elegido se encontraba un poco más adelante. Se trata de una rada en forma de media luna, rematada al norte por una pequeña elevación frente a la cual, mar adentro, a cosa de un centenar de metros, se alza una roca aislada, de regulares proporciones, que le da abrigo. Allí el oleaje rompe fuerte; en cambio, en la playa, las olas mueren mansas. Un lugar protegido. Cortés debió vivir horas angustiosas cuando llegó y lo encontró desierto. La flota podía haber desertado volviéndose a Cuba. Pero ese mismo día cesarían sus preocupaciones al aparecer las velas en el horizonte. No faltaba un solo navío.

La Segunda Villa Rica

Cortés había llegado para quedarse, por lo que inmediatamente dio comienzo a la edificación de la ciudad. Las casas serían de piedra para subrayar el carácter de un establecimiento permanente. No se trataba de una nueva fundación, sino que, sencillamente, la Villa Rica se había mudado de asiento. Se realizó el trazado de calles asignándose solares a los vecinos y, además, se echaron los cimientos para alzar una fortaleza. Para evitar que los hidalgos se negaran a empuñar picos y palas, por tratarse de un trabajo que iba en menoscabo de su condición. Cortés les salió al paso, despojándose del jubón y poniéndose a cavar él mismo, actitud que imitaron sus más adictos.[10] Ante ese ejemplo, a los reticentes no les quedó otra salida que ponerse manos a la obra. La ciudad pronto comenzó a tomar forma. Hoy día, para acceder al sitio, cuando se viene del sur, el punto de referencia es la central nuclear de Laguna Verde; se la deja atrás, y se sigue por la carretera costera (única existente), y a poco, aparece un letrero en el que se lee: Villa Rica. Se abandona entonces la carretera para entrar a una vereda de terracería y, a unos centenares de metros, ya se está en el fondeadero. Una playa recoleta, concurrida sólo por gente de la localidad y, allí, junto a los restos de una construcción de ladrillo y concreto, se encuentra un letrero colocado por algún avispado, en el que se lee que ésa fue la casa de Hernán Cortés. Nada que ver con la realidad, pues aparte del disparate ese, de apuntar a unas ruinas fabricadas con cemento, hay que dejar bien sentado que ése fue el fondeadero, mientras que la Villa Rica de la Vera Cruz es cosa muy distinta; ésta se alzó en la ladera de una colina que se halla en las proximidades, vecina a Quiahuiztlan, un poblado totonaca hoy desaparecido. Al lugar se accede con dificultad a causa de la maleza y arbustos espinosos. Allí están los vestigios nunca excavados del primer asentamiento español en México.

Para aquellos que en un principio pensaron que se trataría de una incursión de breve duración, quedó claro cuáles eran las intenciones de Cortés. Entonces decidieron actuar, presentándose ante él en grupo para recordarle que, cuando se encontraban en el arenal de Chalchicuecan, les había ofrecido que aquellos que no estuviesen conformes podrían regresarse a Cuba cuando las circunstancias lo permitieran. Como en ese momento no tenían enemigo al frente, demandaron el cumplimiento de lo ofrecido. Cortés accedió y puso a su disposición un navío. Dieron comienzo los preparativos y los que partían pusieron en orden sus asuntos, desprendiéndose de aquello que no necesitarían. Bernal cuenta el caso de Juan Ruano, que siendo hombre rico, pudo más en él el gusto por la aventura y, habiendo decidido quedarse, compró el caballo a un tal Morón, que partía. La operación de compra-venta se pasó ante notario, y en pago, Ruano cedió la hacienda que poseía en Cuba. Cuando los preparativos para la partida estaban a punto, los que se quedaban fueron en masa ante Cortés para pedirle que cancelase el permiso, pues su ida equivalía a una deserción frente al enemigo. Aquello parece haber estado amañado de antemano, de manera que éste, inclinándose al bando de los que así lo solicitaban, revocó la autorización. Morón pidió su caballo de regreso, mas Ruano se negó a devolvérselo, pues la compra la había hecho en toda forma.[11] Por aquellos días a Cortés se le murió el caballo castaño y para reemplazarlo obtuvo que Bartolomé García y Ortíz el Músico le cedieran el que traían a medias, el renombrado *Arriero*.[12] Más tarde, la campaña la haría montando al *Romo*, que no figura entre los iniciales mencionados por Bernal. Se impidió el retorno a Cuba de los descontentos, pero éstos ya se habían puesto en evidencia, y así Cortés pudo conocer quiénes eran y a cuántos ascendía su número. Y visto que con la fundación de la Villa Rica había quedado roto todo vínculo con Velázquez, el paso siguiente, para legalizar esa situación, sería dirigirse directamente al monarca. Para ello se acordó el envío de procuradores.

Como los emisarios no podían partir con las manos vacías, los personajes de mayor monta entre los más cercanos a Cortés se dedicaron a hacer una labor de persuasión entre los soldados para obtener su consentimiento, a fin de que no se dividiese el tesoro. Sobre todo, tratándose de piezas excepcionales, como era el caso de las dos ruedas, que de fraccionarse perderían su valor; en cambio, facilitaría el trabajo de éstos si se presentaban en la Corte con un tesoro de esa naturaleza. El monarca constataría que eran buenos vasallos, con fervientes deseos de servir a la Corona. Al par que sus seguidores se dedicaban a realizar esa labor, Cortés se recluyó en su alojamiento para escribir, y lo propio hizo el cabildo de la ciudad. Nacieron así tres documentos: la primera *Carta de Relación* de Cortés, la carta del cabildo (10 de julio de 1519), y el pliego de instrucciones a los procuradores. La *Primera Relación* de Cortés se encuentra desaparecida, conociéndose por ese nombre a la que en realidad es la carta del cabildo. Se le ha dado esa denominación, asumiéndose que la carta perdida no debería ser muy distinta a ésa (presunción tomada un tanto a la ligera, como se verá después). La existencia de esa primera carta de Cortés queda fuera de toda duda, pues cuando en 1520 escriba nuevamente, iniciará su escrito diciendo: «envié a vuestra Alteza muy larga y particular relación», refiriéndose a ella, la cual desconocía si habría llegado a su destino. Por Cervantes de Salazar se sabe, inclusive, que para escribirla pasó ocho noches seguidas recluido en su morada. El dato se lo proporcionó Diego de Coria, su antiguo maestresala.[13]

La carta del cabildo y el pliego de instrucciones son dos documentos escritos en paralelo, hacia las mismas fechas (principios de julio), y que, en cierta medida, resultan redundantes. El primero pasa por ser una carta colectiva, mientras que el segundo, como su nombre lo indica, contiene las instrucciones impartidas por el cabildo de la villa, aunque en él se adivina la mano de Cortés, quien a no dudarlo, debió de haber intervenido en gran medida en su redacción, a juzgar por los términos tan favorables que se expresan de su persona. Básicamente, constituye un alegato en su defensa, justificando su actuación y solicitando que se le ratifique en el cargo de capitán y justicia mayor que le han sido otorgados por el cabildo de la ciudad. Contiene además una reseña de los sucesos, dejando claro que fue Hernández de Córdoba el descubridor de Yucatán, ya que Velázquez pretendió atribuírselo; por tal razón, se pide que por ningún motivo se le vaya a dar la adelantaduría o cualquier otro nombramiento en las nuevas tierras, sino que por lo contrario, solicitan que se le celebre residencia y sea removido del puesto, pues según aducen, en el juicio saldrían a relucir numerosas irregularidades. Al propio tiempo, en muy pocas páginas, se formula una reseña sucinta y muy precisa, dando cuenta de todo lo ocurrido desde que pusieron pie en Cozumel, hasta el momento presente, en que se encuentran en vísperas de internarse en el territorio. Según dicen, ya han realizado incursiones adentrándose hasta cinco leguas en el interior y diez o doce a lo largo de la costa, lo cual no ofrece dudas, pues algunas de las descripciones que ofrecen, sobre todo de templos, van más allá de lo que podrían haber visto en una ciudad tan pequeña como Cempoala. En la carta se observa una omisión notoria: no se habla de Tenochtitlan ni se menciona el nombre de Motecuhzoma. Al final figura un inventario detallado de todas las piezas que forman parte del tesoro que se remite, pero sin mencionar de quién lo recibieron. La carta va sin firmas, aunque al final de la lista de inventario aparecen las de Alonso Hernández Puerto Carrero y Francisco de Montejo, dando fe de haber recibido las piezas allí detalladas, y las de Alonso de Ávila y Alonso de Grado, quienes en su capacidad de tesorero y veedor, respectivamente, hicieron entrega de las mismas; en cuanto al pliego de instrucciones a los procuradores, éste aparece suscrito por las autoridades de la ciudad, que en esos momento eran: Alonso de Ávila, alcalde; Alonso de Grado, alcalde; Cristóbal de Olid, Bernardino Vázquez de Tapia, Gonzalo de Sandoval, regidores; «y, por mandado de los dichos señores justicia e regidores. Diego de Godoy, escribano público e del concejo. En la Villa Rica de la Vera Cruz».[14] Una vista a las firmas permite advertir la correlación de fuerzas en ese momento; la facción velazquista se encontraba representada por Alonso de Ávila y Alonso de Grado (se desconoce de qué lado se encontraría alineado Vázquez de Tapia en aquellos momentos). Como se echa de ver, no figura la firma de Cortés. Una peculiaridad a destacarse, consiste en que la carta del cabildo va dirigida a los «Muy altos y muy poderosos, excelentísimos príncipes, muy católicos y muy grandes reyes y señores». Ante este encabezamiento hay que detenernos un instante, pues al punto se advierte que ha mojado la pluma alguien que está al tanto de que, por una disposición adoptada por las cortes castellanas reunidas en Valladolid (1518), Carlos no podría llamarse rey mientras su madre viviese, ya que estaba dada la posibilidad de que ésta recobrase la razón, en cuyo caso accedería al trono, por ser la heredera legítima. Por tanto, todas las cédulas se encabezarían con el nombre de ambos. Aunque Juana nunca firmó un solo papel como reina, se gobernará en nombre suyo. En realidad, Carlos V sólo utilizó el título de rey de España durante un periodo muy breve, a partir de la muerte de su madre (12 de abril de 1555), a quien apenas sobrevivió algo más de tres años. Eso nos aclara el curioso encabezamiento de «Don Carlos, por la divina gracia emperador semper augusto, y doña Juana, su madre, etc.», que aparece en la generalidad de las cédulas y demás documentos.

El pliego de instrucciones a los procuradores es un documento en el que se señalan los puntos que deberán solicitar al monarca, que en orden de importancia serían no conceder a Diego Velázquez la adelantaduría, y si por alguna circunstancia se le hubiera otorgado algún cargo, que éste le fuera revocado. Se pide ratificar a Cortés en sus nuevos nombramientos, destacando para ello que ha sido él quien corrió con la mayor parte del gasto para montar la expedición, y que por tratarse de un individuo bienquisto, será quien mejor pueda gobernarlos. Se solicitan, asimismo, una serie de mercedes de tipo económico (exención de impuestos); autorización para traer esclavos y esclavas de España o de las islas, así como obtener que «Sus Altezas nos fagan merced de ganar del Sumo Pontífice bula para que sean absueltos a culpa y a pena todas las personas que murieren en estas partes, en las conquistas dellas ensalzando la fe o yendo a descubrir tierras nuevas o las poblar nuevamente, pareciendo [sic] en ellas señales de cristianos, como los que mueren en África».[15] La Conquista vendría a ser una prolongación de la Cruzada.

El envío de los procuradores constituye el acto formal de ruptura con Velázquez. Golpe de astucia de Cortés, en el que una fracción involucra a la mayoría, hablando en su nombre sin haberla consultado. Y ese grupo minoritario es el que se hará pasar como vocero de todo el ejército. Ya se ha visto, y continuará saliendo a la luz, que tanto Bernal como Andrés de Tapia desconocían lo escrito por aquellos que hablaban a nombre del común. La gente menuda no era consultada (Tapia, en aquellos momentos, todavía no era figura de primera línea); Bernal dice: «Cortés escribió por sí, según él nos dijo, con recta relación, mas no vimos su carta».[16] En la comunicación del cabildo encontramos varios datos, a cual más importante; uno que no tiene desperdicio, es el siguiente: «...y llegados allá anduvieron por la costa de ella del sur hacia el poniente, hasta llegar a una bahía a la cual el dicho capitán Grijalva y el piloto mayor Alaminos pusieron por nombre Bahía de la Asunción, que según opinión de los pilotos, es muy cerca de la punta de las Veras, que es la tierra que Vicente Yáñez Pinzón descubrió y apuntó».[17] Aquí estamos frente a dos puntos a destacarse: el primero corrobora lo que antes vimos en el diario de navegación de Grijalva; ello es, que al abandonar Cozumel, se dirigió al sur (y no al norte, como afirma Bernal), hasta llegar a la entrada de la Bahía de la Asunción, adonde no consiguió adentrarse por las dificultades para la navegación planteadas por el arrecife que bloquea la entrada. Y a continuación, merece leerse con todo detenimiento eso de que los pilotos creían encontrarse en las inmediaciones de unas tierras que ya aparecían en un mapa, supuestamente levantado por el antiguo capitán de la *Niña,* el cual desconocemos. En todo caso, hablan de que se encontraban en las inmediaciones de una tierra cuya existencia era conocida de años atrás. El problema, radica en que no se sabe dónde se encontraba ese punto que Vicente Yáñez Pinzón bautizó como Punta de las Veras. Por otro lado, en esa carta, el ejército corrobora lo antes afirmado por Cortés, en el sentido de que además de propietario de tres navíos iba a medias en otros dos, señalándose que además de acaudalado, era hombre bienquisto, razón por la que vino con él más gente de la que lo habría hecho de ser otro el jefe. Para justificar la autoridad detentada por Cortés en esos momentos, se hace saber que fue electo para el cargo por las legítimas autoridades de una ciudad, conforme a la costumbre y uso de España. Concluyen diciendo: «...y así está y estará hasta que vuestras majestades provean lo que más a sus servicio convenga».[18] Cortés aprovechó para escribir a su padre y remitirle dos mil pesos de oro.

En aquellos momentos en que se ultimaban los preparativos para la partida, se descubrió la intentona de un grupo de la facción de Velázquez que planeaba apoderarse de un navío, para advertir a éste de lo que se tramaba. Con el envío de los procuradores lo estarían haciendo de lado, para tratar directamente con el monarca. Se trataba de prevenirlo, para que evitase que los emisarios, junto con el tesoro, llegasen a España. Eso se descubrió porque uno de los involucrados, habiéndose arrepentido a último momento, denunció a sus compañeros. El grupo era numeroso, y figuraban en él personajes de fuste; ante ello, Cortés disimuló e hizo proceso sólo a unos pocos: Juan Escudero (Bernal lo llama Pedro) y Diego Cermeño fueron condenados a muerte; Gonzalo de Umbría a serle amputados los dedos de un pie; y a unos marineros llamados los Peñates, quienes ya en Cozumel habían sido azotados por el robo de unos tocinos, les correspondió nueva ración de látigo. Al padre Juan Díaz, que también andaba involucrado en el asunto, lo salvó sólo su condición de hombre de iglesia. A partir de ese momento, su figura se apagará notoriamente. El director espiritual del ejército pasará a ser fray Bartolomé de Olmedo. En las actuaciones de Cortés se topa en ocasiones, con actos a los que no se les encuentra una explicación lógica. Ese es el caso de Gonzalo de Umbría a quien, una vez mutilado, lo conservó en el ejército, como si pensara que éste pudiera algún día olvidarse del castigo que le fue infligido.

Bernal es sumamente parco al narrar el hecho, y lo hace sin concederle la importancia que realmente tuvo. Empieza equivocando los tiempos: «Después de cuatro días que partieron nuestros procuradores»; el error es patente, pues en la carta que éstos portaban ya se habla del complot, y se adelanta que los culpables serían castigados conforme a justicia.[19] Para ahondar sobre ese complot acudimos al testimonio de fray Francisco de Aguilar, quien proporciona mayores informes. Éste forma parte de la media docena de antiguos conquistadores que se metieron a frailes. Ingresó en la orden de Santo Domingo y tuvo una larga vida, de la cual pasó cuarenta y dos años en el convento, para morir a los noventa y dos. En la vida monástica se sintió atraído por la historia, como él mismo lo manifiesta, y más que escribir su libro lo dictó a sus hermanos de hábito, pues a causa de la enfermedad –supuestamente artritis– se hallaba impedido para empuñar la pluma. Su libro fue titulado *Relación breve de la conquista de Nueva España*. Se trata, efectivamente, de un relato muy compendiado, pero que tiene el mérito de estar bien balanceado; y es en éste donde se lee que Diego Ordaz participó la conjura, salvándose de morir merced a que los capitanes intercedieron en favor suyo.[20] Se trataba de un personaje de mucha monta para proceder contra él. Pagó gente de segunda. Como existe el antecedente de que Escudero fue el alguacil que apresó a Cortés en los días en que rehusaba casarse, cabe preguntarse si éste, al sentenciarlo, no se estaría cobrando una deuda. Aguilar menciona que Escudero reclamó su hidalguía, demandando ser decapitado, pero Cortés se negó a reconocérsela y fue ahorcado.[21] En el caso de Cermeño, como no pasaba de ser un simple piloto, es posible que su sentencia se explique como una advertencia a la marinería. De éste apenas se sabe un par de cosas; que era muy ágil, pudiendo saltar la altura de una lanza, y que a varias millas de distancia olía la costa. Según Bernal, al firmar las sentencias, Cortés habría dicho: «¡Oh, quien no supiera escribir para no firmar sentencias de muertes de hombres!» Para evitar que a última hora intercediesen por ellos, se alejó del lugar, siendo Sandoval el ejecutor de las sentencias.

Hundimiento de las naves

El paso siguiente de Cortés para evitar futuras deserciones, fue cortar la retirada, hundiendo las naves. Un hecho tan osado que, autores posteriores, se encargaron de adornar diciendo que las había quemado. La frase hizo fortuna, incorporándose al idioma universal. Quemar naves, sinónimo de una decisión de no volverse atrás. Pero la realidad es que no hubo quema. El primero en hablar de fuego fue Cervantes de Salazar, quien lo hizo en una elogiosa epístola, al dedicar a Cortés en 1546 uno de sus trabajos: «vuestra señoría desembarcó para la entrada, quemando luego los navíos en testimonio de su mucho valor». Pero hay que decir que se trató de un escrito que tuvo escasa difusión, y que más tarde rectificó, pues en su *Crónica* señala correctamente que la destrucción de los navíos se llevó a cabo dándolos de través.[22] Por tanto, la difusión de la especie del fuego corresponde a Juan Suárez de Peralta, quien en su libro, que se supone terminado en 1589, escribió con todo lujo de detalles: «Pareciéndole [a Cortés] que se pusiese en ejecución lo pensado, determinó de tratarlo con dos o tres amigos suyos, sin que nadie lo entendiese, y que se pusiese fuego a los navíos y que se quemasen; y como lo trató con los amigos, acordaron que se hiciese y dieron su traza. Si Hernando Cortés tuviera mando, que no le tenía porque no venía por más de caudillo, él los mandara quemar luego como llegó, mas no osó hasta dar parte a quien le ayudase, como la dio; y fue que estando que estuviesen todos muy descuidados, fuesen y pegasen fuego a los navíos, y sólo dejasen en qué enviar aviso a Santiago de Cuba [sic]. Así lo hicieron, y cuando no se cataron, vieron arder los navíos y procuraron socorrerlos, y no pudieron porque algunos se holgaron de ello, y el tiempo no les daba lugar, porque soplaba un airecito que los ayudó a quemar muy presto».[23] Así nació la leyenda. Lo que no deja de extrañar es que, después de tantos años, ésta cundiera, máxime cuando en su día el hecho fue descrito claramente por Cortés, y lo propio hicieron Gómara, Bernal, e igualmente figura así en toda la documentación cercana al suceso. Pero está visto que se trataba de una idea que atrapaba la imaginación, y se dejó volar la fantasía. La realidad resulta menos aparatosa, pues se trató de un gradualismo cuidadosamente calculado. Un día, en momentos en que Cortés se encontraba departiendo en medio de un grupo, se acercaron unos maestres que le eran adictos, y de acuerdo con el plan convenido de antemano, le hicieron saber en público, de manera que todos lo oyesen, que unos navíos, a causa del tiempo que llevaban sin navegar, se encontraban comidos por la broma, e incapacitados para navegar (Montejo señaló en su declaración que uno ya se había hundido por sí solo). Aparentando que no había otra salida, Cortés ordenó que se sacase de ellos todo lo aprovechable y que los echasen sobre la playa. Los marinos confabulados, fueron abriendo vías de agua en otros buques para, a continuación, declararlos inservibles. La circunstancia de que los hundimientos ocurriesen uno a uno, lleva a suponer que se trataba de ir midiendo la posible reacción del ejército. No debía excluirse la posibilidad de que los descontentos se amotinasen, e intentaran matarlo a él y a sus incondicionales.

Bernal escribe que se había señalado a los procuradores que por ningún motivo tocasen Cuba (cosa que no se lee en el texto de instrucciones), pero que desoyendo esa indicación, en altamar, Montejo logró convencer a Alaminos para que se dirigiese a ella, para hacer acopio de provisiones en la hacienda que poseía en el Marién, en el extremo occidental de la isla, «y la noche que allí llegaron desde la nao echaron un marinero en tierra con cartas y avisos para Diego Velázquez, y supimos que Montejo le mandó que fuese con las cartas; y en posta fue el marinero por la isla de Cuba, de pueblo en pueblo, publicando todo lo por mí dicho, hasta que Diego Velázquez lo supo». Según esto, se trataría de un doble juego de Montejo, quien de esa manera buscaría congraciarse con él para evitar que le confiscase la propiedad. Velázquez, al saber la noticia, habría enviado dos navíos a interceptar la carabela en el canal de las Bahamas, pero ya no le dieron alcance.[24] Pese a todo lo enfático que es Bernal, más adelante aparecerá un testimonio que desmiente en todos sus puntos lo aquí afirmado. Los procuradores navegaron sin contratiempo, y llegados a Sevilla, el tesoro y todo lo que portaban les sería confiscado por funcionarios de la Casa de Contratación, por lo que optaron por dirigirse a Medellín, para informar a Martín Cortés.

Apareció un navío frente al fondeadero de la Villa Rica. Se trataba de aquel que Cortés dejó en el puerto de Santiago recibiendo carena, al mando del cual venía Francisco de Saucedo, de quien dice Bernal que le apodaban el Pulido, porque se preciaba de galán y cuidaba mucho su presentación. Se decía que había sido maestresala del almirante de Castilla. Hombre de Corte. Precisa Cortés que «trajo setenta e tantos hombres, e siete o nueve caballos e yeguas»(es posible que entre ellos figurasen el *Romo* y *Motilla*, que pasarían a ser las monturas de Cortés y Sandoval, respectivamente).[25] Una posible explicación para que Velázquez le hubiera permitido zarpar, sería la de que éste todavía no tenía conocimiento de que Cortés había roto ya abiertamente con él, enviando procuradores para pasar por encima de su autoridad, pues de otra forma, sería un despropósito que actuara en esa forma. Entre los recién llegados figuró Luis Marín, quien traía una yegua. Se trataba de un andaluz de San Lúcar, simpático, de palabra fácil, valeroso y diestro con la espada. Se distinguió en numerosas acciones, lo que le valió llegar a capitán. Bernal refiere cómo embobaba con su conversación a Sandoval, a la vez que manifiesta que fue gran amigo suyo. En el borrador del manuscrito escribió que no sabía leer ni escribir, pero luego tachó eso, bien sea por no ser verdadero, o porque pensó que con ello no favorecía a su amigo.[26]

El lado amable de la llegada de Saucedo lo constituía el refuerzo que trajo; en cambio, era portador de una nueva inquietante: Benito Martín, el capellán de Velázquez, había retornado de España, trayendo para éste el nombramiento de gobernador y adelantado, con lo que saltaba sobre Diego Colón. La pugna de Cortés ya no era contra un teniente de gobernador que en ausencia de su superior se extralimitaba en sus funciones. La rebelión era ahora contra un gobernador en funciones, designado por la Corona. El punto fue tema de conversación obligado entre los soldados. Estaban siguiendo en su aventura a un rebelde, sin duda, un momento aciago para Cortés; allí pudo haberse derrumbado todo, y ser remitido cargado de cadenas en la bodega de un navío, para que Velázquez hiciese justicia con él. En la carta del cabildo no se hace alusión a la llegada de Saucedo, lo cual puede tomarse como indicio de que su arribo ocurriría en fecha posterior a la partida de los procuradores. En la declaración que éstos rindieron en La Coruña, señalaron que al momento de su partida todavía permanecían a flote tres navíos, a los cuales se sumaría el de Saucedo, siendo más tarde hundidos los cuatro. En total, fueron diez los destruidos.

6
Prendimiento de los *calpixques*

En Quiahuiztlan aparecieron los recolectores de impuestos de Motecuhzoma. Eran cinco y, ensoberbecidos, pasaron ante los españoles sin dignarse volver la cara para mirarlos. Cada uno sostenía entre las manos una flor que venía oliendo; y, así, en actitud prepotente, se dirigieron a los notables recriminándoles el haber dado acogida a esos extranjeros sin licencia de Motecuhzoma. Los notables temblaban, mientras los *calpixques* (así se denominaban esos funcionarios) exigieron como reparación la entrega de veinte jóvenes destinados al sacrificio. Cortés, que presenciaba la escena, una vez que se enteró de qué se trataba, instó a Quauhtlaebana a sacudirse de una vez por todas el yugo de Motecuhzoma. Éste vaciló un momento, pero al fin, sopesando el ofrecimiento de ayuda que se le hacía, dio la orden y al momento sus hombres se abalanzaron sobre los *calpixques*, atándolos de pies y manos. A uno que se resistió lo molieron a palos. En el poblado totonaca hubo euforia al constatar lo fácil que había resultado sacudirse el yugo mexica. Los prisioneros fueron entregados a Cortés, quien solicitó tenerlos bajo su custodia y, apenas llegada la noche, ordenó que dos de ellos fuesen llevados a su presencia; en cuanto los tuvo delante, les preguntó qué les había ocurrido. Los asombrados *calpixques* no daban crédito a que se les hiciese esa pregunta, replicándole que se hallaban reducidos a ese estado por instigación suya, pues de otra forma los totonacas no se hubieran atrevido a alzar un dedo en su contra. Con toda naturalidad y cinismo, Cortés les aseguró ser ajeno a lo ocurrido, ordenando que se les diese de comer y beber. Y cuando se hubieron repuesto lo suficiente, a través de los intérpretes les trasmitió un mensaje para Motecuhzoma, en el que le reiteraba su amistad y el deseo de ir a visitarlo. Para evitar que pudiesen caer nuevamente en manos totonacas, fueron embarcados en un navío de poco porte, que partió para depositarlos en una playa fuera de la jurisdicción de Cempoala. A la mañana siguiente, al tener conocimiento de lo ocurrido, el *Cacique Gordo* tuvo un sobresalto. Pidió explicaciones y Cortés negó su participación en el hecho y, fingiéndose enojado, para evitar la fuga de los restantes, hizo subirlos a un navío cargados de cadenas. Esa misma noche repitió con ellos la acción, poniéndolos en libertad. La angustia de los caciques aumentó a tal grado, que no encontraban la forma de volver a granjearse la gracia de Motecuhzoma. Cortés los atajó con firmeza: no habría marcha atrás; el paso dado era irreversible. Además, allí estaba él para brindarles protección.

Antes de que transcurriese mucho tiempo, los totonacas pusieron a prueba los ofrecimientos de su protector, diciéndole que los de un pueblo vecino, por instigación de los mexica, se disponían a atacarlos. Cortés, quien, al parecer, intuyó que allí había una trampa y lo querían involucrar, para ser ellos quienes saqueasen el pueblo vecino, discurrió entonces una salida que no deja de tener un toque humorístico. Les respondió que enviaría un soldado y que con eso sería suficiente. El designado fue un vasco apellidado Heredia, veterano curtido de las guerras de Italia, quien tenía una catadura impresionante: barba espesa, tuerto, con una cicatriz que le cruzaba la mejilla y, por añadidura, cojeaba. Bernal cuenta cómo entre risas les dijo que siendo un hombre tan feo, lo tomarían por un ídolo. Heredia, muy ufano por la misión que se le encomendaba, escuchó las instrucciones y con la escopeta al hombro partió rengueando, seguido por un nutrido grupo de totonacas que no acertaban a comprender de qué se trataba. Llegado a un arroyo se detuvo a lavarse las manos y, luego, dirigiéndose hacia unos árboles, tras los cuales sabía que se encontraban infinidad de ojos observándolo (incluidos algunos mexica), se encaró la escopeta al hombro y disparó en dirección al bosque. Luego, dándose la vuelta, retornó al campamento.[1] Imposible saber cómo interpretarían la acción totonacas y mexica, pero el caso es que la jugarreta surtió efecto. Con un solo disparo, Cortés había ganado una batalla.

Se presentó en la Villa Rica una embajada de Motecuhzoma. La encabezaban dos jóvenes, aparentemente sobrinos suyos (podría tratarse de hijos de Cuitláhuac). Traían un doble encargo: por una parte, agradecer la libertad de los calpixques, y, por otra, reclamarle que anduviese fomentando la sedición. Cortés, revirtiéndoles la demanda, los acusó de una grave falta de cortesía, por haberlo dejado solo en el arenal, privado de alimentos; en cambio, los totonacas sí habían demostrado ser sus amigos. De nueva cuenta insistió en la visita a Motecuhzoma. Aquello era inexcusable, pues, según dijo, se lo había ordenado su soberano. Como gran final, para impresionarlos, el pelotón de jinetes, con Alvarado a la cabeza, escaramuceó e hizo todo tipo de evoluciones. Eso formaba parte del mensaje. Sin más, los emisarios se retiraron. No hubo acuerdo.

Antes de marchar hacia el interior, Cortés quería asegurarse de que tenía las espaldas cubiertas; para ello buscó concertar una alianza con Cempoala. Malintzin tuvo a su cargo traducir fielmente los alcances del juramento de vasallaje a los reyes de España, que Diego de Godoy dejó consignado en una escritura pública, para los efectos de darle solemnidad al acto. A su vez, los caciques ofrecieron ocho doncellas, hijas de notables, para que los españoles tuviesen descendencia con ellas, de manera que ambas naciones quedaran unidas por lazos de sangre. Cortés expuso que, para aceptarlas, primero tendrían que bautizarse, y a su vez, Cempoala debería abandonar el culto a sus dioses. En un principio los caciques rehusaron, aduciendo que sus dioses eran quienes les daban las buenas cosechas. Pero Cortés se mostró irreductible. No podía existir alianza entre cristianos e idólatras. Se trataba de hacer que rompieran lazos con el pasado. El dilema fue, o aceptaban la protección en los términos en que les era ofrecida, o quedarían a merced de Motecuhzoma. Ante trance tan doloroso, los caciques repusieron que ellos no tocarían a sus dioses, pero... tampoco interferirían si otros lo hacían. Aquello fue suficiente; a una señal de Cortés, cincuenta hombres escalaron la pirámide, y al momento comenzaron a rodar ídolos gradas abajo; mientras, los totonacas contemplaban la escena paralizados por el terror. A golpe de martillo se continuó la destrucción, arrojándose los pedazos a una hoguera para que quedasen calcinados. Se trataba de borrar la memoria de los dioses de Cempoala. Concluida la destrucción, de manera meticulosa se procedió a limpiar las costras de sangre de la pirámide para blanquearla con cal a continuación. Terminado eso, se le coronó con la Cruz y se colocó una imagen de la Virgen.

Fue bautizada la sobrina del *Cacique Gordo*, que le correspondió a Cortés (ésta, según apunta Bernal, era muy fea), recibiendo el nombre de Catalina, mismo de su madre y de la esposa que dejó atrás, y que más tarde impondría a tres de sus hijas, ¿algún oscuro recoveco freudiano? Una vez concertada la alianza prohibió los sacrificios humanos y la antropofagia, exhortándolos a que abandonasen la sodomía. El travestismo era cosa corriente en Cempoala; según refiere Bernal, numerosos jovencitos vestidos de mujer se ganaban la vida ejerciendo el oficio.[2] El desenfado con que se movían llamó poderosamente la atención a los españoles. La repugnancia con que era vista la homosexualidad en el siglo dieciséis no era exclusiva de España, puesto que en varios países europeos se hallaba penada con la hoguera.

El pensamiento del ejército

En vísperas de la marcha hacia el interior, aparece patente que la mayoría de aquellos hombres no tenía una idea clara de lo que venían a buscar. Constituían una masa heterogénea en la que los pareceres variaban; un grupo lo constituían desocupados y antiguos soldados de los tercios del Gran Capitán, gente que se ganaba el pan con la espada, quienes habían venido con el propósito exclusivo de obtener un botín; aventureros que embarcaron porque no tenían mejor cosa que hacer. Por otra parte, se contaban aquellos quienes ya comenzaban a tener una situación estable en Cuba, y que, movidos por la ambición o porque se aburrían, se embarcaron en la aventura. Algunos de éstos ya habían llenado su cuota de emociones fuertes y ansiaban regresar, conscientes de la magnitud del peligro que tenían enfrente. Estaba la facción velazquista, muchos de los cuales favorecían la idea de permanecer sin apartarse de la costa, en espera de que les llegasen refuerzos, conscientes además del riesgo que entrañaba seguir a un rebelde. Velázquez era el gobernante legítimo, y desconocerlo equivalía a oponerse a la voluntad real. Como cabezas visibles, además de Diego Ordaz, se identifica a Juan Velázquez de León, Francisco de Morla, Escobar El Paje, Alonso de Ávila y Alonso de Grado, entre los más notorios. Se trataba de una facción numerosa, y en la que se contaban personajes de monta, pero Cortés les ganó la mano. Las ejecuciones sirvieron para afianzar su autoridad. Se impone la voluntad de internarse en el país, pero en ese momento se plantea la pregunta: ¿cuál era el plan? Las ideas de Cortés las conocemos, pues éstas se manifestaron claras desde el comienzo, pero, ¿las compartía el ejército? Por la carta del cabildo, se diría que quienes estuvieron detrás de ella sí suscribían el proyecto, pero al parecer, estaban lejos de constituir mayoría. Eso parece desprenderse de los términos de la escritura redactada por el notario Diego de Godoy el 5 de agosto de 1519, o sea, diez días antes de que iniciaran la marcha hacia el interior del país. En ésta se recoge un acuerdo celebrado entre Cortés y el cabildo de la Villa Rica de la Vera Cruz de Archidona (este es el nombre completo), estipulando la igualdad de condiciones para aquellos que permanecerían en la costa con respecto a los que partían hacia el interior. El propósito fundamental era garantizar a estos últimos, que habrían de recibir partes iguales a las de aquellos que Cortés llevaba a las provincias de *Coluacan*. Se trataba de no quedar en desventaja a la hora del reparto. Hay varios puntos que se consideran en este documento: el primero, que si los totonacas eran atacados y derrotados, podrían quedarse aislados en el interior del país; por ello, era imperativo dejar una guarnición que les cubriese las espaldas y, para eso, quedaban los de la Villa Rica. Por tanto, deberían corresponderles partes iguales «de todo el oro, joyas e piedras e otras cualesquier cosas de valor que en la dicha entrada se obieren, hasta volver a la dicha Villa».[3] Eso habla de una incursión de ida y vuelta. Se obtenía un botín y se regresaba a la costa. Ninguna mención a lo que seguiría después. Una incursión a la manera de las que se realizaban durante la Reconquista, cuando llegado el verano las tropas musulmanas organizaban la *aceifa* para adentrarse en reinos cristianos, asolándolo todo a su paso y traer de regreso esclavos, ganado y todo lo que hubieran encontrado en el camino. A su vez, los cristianos respondían con las entradas o cabalgadas, que venían a ser lo mismo. Pues esos fueron los alcances fijados para la incursión. El acuerdo está redactado en unos términos vagos, en los que, aparentemente, se contempla el retorno a la Villa Rica pero sin precisar lo que harían a continuación; ello es, si permanecerían allí en espera de refuerzos o si se volverían a Cuba a disfrutar de sus riquezas. Y, por demás está decirlo, en ninguna parte aparece la menor alusión a ganar adeptos para la fe de Cristo y agregar nuevos territorios a la Corona de España. En materia de tiempo, son muy pocos los días que separan esta carta de aquella que llevaron los procuradores, pero en contenido son algo diametralmente distinto. La primera, en la que se trasluce la mano de Cortés, contiene una visión de estadista; en ella se dan a conocer los informes que ya se tienen sobre el interior del país –tierras aptas para apacentar ganado–, así como de las muchas almas que se ganarán para la fe una vez erradicada la práctica de los sacrificios humanos; en fin, la creación de un nuevo país a imagen y semejanza de España. Una de las características de la segunda escritura es que lleva nada menos que veinte firmas, señal evidente de que fue un documento ampliamente discutido y en el que hubo muchos que metieron mano. La comparación de esta escritura con la carta llevada por los procuradores pone al descubierto que, en vísperas de iniciarse la marcha hacia el interior, no terminaban de ponerse de acuerdo acerca de los objetivos perseguidos; obtendrían un botín, ¿y después, qué? La escritura contiene otro punto que reviste importancia: se otorga a Cortés el quinto de todo lo que «se obiere en las dichas entradas», después de sacado el quinto correspondiente a la Corona, en virtud de los cuantiosos gastos hechos por él para socorrer a todos los que vinieron en su compañía.[4] Éste es el segundo documento, en que sus propios hombres reconocen que ha sido él, quien de su peculio personal, ha cargado con la mayor parte del gasto para el financiamiento de la expedición.

La marcha al interior

En Cempoala, Cortés convocó a los caciques para notificarles que era llegado el momento en que debería iniciar la marcha al interior. El propósito era entrevistarse con Motecuhzoma. Los totonacas aportaron un número suficiente de esclavos para transportar el fardaje y, lo que es más importante, un contingente militar cuyo número, en una parte se cifra en trescientos, y en otra, en seiscientos hombres. La participación de estos primeros aliados de los españoles, que sería de gran importancia en los combates que sostendrían con los tlaxcaltecas, tiende a soslayarse; imposible saber cómo se hubiera escrito la historia de no haber contado con su ayuda. Está claro que, en un primer momento, este contingente contribuyó en buena medida a inclinar la balanza a favor de Cortés. Los nombres de los jefes militares totonacas recogidos por Cervantes de Salazar serían Teuch, Mamexi y Tamalli (Torquemada, versado en lenguas indígenas, los escribe de la misma manera).[5] Los tres demostraron ser esforzados. En su *Segunda Relación*, Cortés apunta que tomó rehenes; «Y para más seguridad de los que en la villa quedaban, traje conmigo algunas personas principales de ellos con alguna gente, que no poco provechosos me fueron en mi camino».[6] Ningún autor menciona los nombres de esos rehenes; pudiera ser que los propios jefes militares fuesen esas personas principales a que alude.

Cortés se disponía a iniciar la marcha hacia el interior, cuando fue informado de la presencia de un navío que, ignorando todas las señales que le hicieron para que fondease en la Villa Rica, se siguió de largo. Como navegaba tan próximo a la costa, Escalante galopó a lo largo de la playa, llevando sobre los hombros una capa grana que ondeaba al viento. Estaba seguro de que lo habían visto. Cortés, sin pérdida de tiempo, se dirigió a la Villa Rica y allí, éste le informó que el navío había largado el ancla en un paraje distante tres leguas. Y hacia allá se encaminó acompañado de cuatro jinetes y seguido a distancia por cincuenta de a pie, seleccionados entre los más ágiles. Bernal dice que él fue uno de ellos. Llegaron hasta donde se encontraba el navío, y allí, ocultos entre los arbustos, permanecieron largas horas al acecho. Bajaron a tierra cuatro hombres y al momento les pusieron la mano encima. Se trataba de gente de Francisco Álvarez Pineda, un capitán de Garay, que había poblado en la desembocadura del río Pánuco y que ahora los enviaba a tomar posesión de la tierra. Se enteraron entonces que desde el año anterior, Garay había obtenido de la Corona la autorización para poblar del río de San Pedro y San Pablo hacia el sur (no está claro de cuál se trate); esta sería otra evidencia de que en el momento en que Cortés puso pie en tierra mexicana ya era conocido todo el litoral del Golfo. Mientras las expediciones partidas de Cuba iban costeando de sur a norte, las originadas en Jamaica lo hacían en sentido inverso a partir de la Florida. A la muerte de Garay, ocurrida en la ciudad de México, se perdieron todos sus papeles, de manera que no hay forma de saber cuándo inició los viajes de exploración, cuántos fueron, y hasta dónde llegaron. Cortés concedió suma importancia a la presencia de ese navío, como lo pone de manifiesto el hecho de que alterase sus planes de marcha y que, teniendo capitanes disponibles, acudiera en persona a ocuparse del asunto. Todavía no se internaba en el país y ya tenía que cuidar que no se le fuera a meter otro en sus terrenos para disputarle la Conquista.

Hicieron señas al navío, pero éste no respondió. Visto eso, Cortés dispuso que cuatro de sus hombres vistiesen las ropas de los capturados, mientras él y el resto de su gente hicieron además de alejarse de la playa. Los cuatro disfrazados hicieron su aparición y comenzaron a llamar a los del navío. Para que no se advirtiese el engaño, lo hacían bajo unos arbustos que les daban sombra. Llegó el batel a recogerlos y, en ese momento, hicieron aparición Cortés y los suyos. Los del batel emprendieron la huida, pero dejaron en tierra a seis que no consiguieron reembarcar, siendo apresados. El navío levó anclas y Cortés se encontró con que su ejército había aumentado en diez hombres. Entre los capturados figuró Alonso García Bravo, el *Jumétrico*. Éste sería el hombre que más tarde habría de auxiliarlo en el trazo de la ciudad de México.

De regreso en Cempoala, el 16 de agosto de 1519, Cortés dispuso la partida. Habían transcurrido cuatro meses menos cinco días, desde aquel jueves santo en que llegó al arenal de Chalchicuecan. En ese periodo había instigado una rebelión, sustrayendo a la obediencia de Motecuhzoma una parte de la región totonaca. Atrás, para cuidarle la retaguardia, quedaría Juan de Escalante, quizás su mejor amigo y, quien figuraba como uno de sus colaboradores más destacados. Éste permanecería al mando en la Villa Rica, con el encargo de concluir la construcción de la fortaleza; con él quedaría un contingente de ciento cincuenta hombres, entre los que se contaban los enfermos y buena parte de la marinería. También le dejaba dos caballos y unos tirillos de campo. Según explicó a los caciques, Escalante quedaba allí para protegerlos, y ellos, a su vez, deberían velar por que no le faltasen víveres y acudir cuando los llamase. Gómara se equivoca al decir que quien quedó al mando fue Pedro de Ircio (error que Bernal advierte al momento); se trata, desde luego, de un yerro importante, ya que en aquellos momentos en que dividió el ejército, el mando de Escalante era el más importante después del suyo.[7] En Cempoala quedó como ermitaño a un soldado cojo para cuidar el adoratorio colocado en la pirámide, y también dejó encomendado con el *Cacique Gordo* a Juan Ortega, un chico de doce años.[8] Se trata del único niño español participante en la Conquista. Éste venía con su padre, un soldado veterano de las guerras de Italia.

Pedro de Alvarado, sobre los lomos de su yegua, marchaba en punta al frente de un centenar de hombres; Cortés lo seguía, con el grueso del ejército, con un día de diferencia. Iban separados para no resultar una carga excesiva para los poblados por donde pasarían. La forma despreocupada como la vanguardia se internaba en territorio desconocido, pone de manifiesto que no esperaban sorpresas, como en efecto sucedió. Avanzaban por terreno dependiente del área totonaca, siendo bien acogidos por dondequiera que pasaban. La subida al altiplano transcurrió sin incidentes. De pronto el paisaje cambió y, en lugar de la vegetación tropical, comenzaron a discurrir por bosques de pinos de gran altura, cubiertos de brumas. Se sentía frío. Bernal informa que, en una jornada, llegaron a Jalapa, mas fray Juan de Torquemada al momento le enmienda la plana, señalando que serían de tres a cuatro, máxime encontrándose en medio de la temporada de lluvias.[9] Fray Juan de Torquemada fue un inquieto franciscano que pudo seguir muy de cerca las pisadas de los conquistadores, pues vino a muy corta distancia de ellos. En Guatemala alcanzó a conversar con Bernal Díaz del Castillo cuando éste se encontraba «ya en su última vejez, y era hombre de todo crédito».[10] Los testimonios de fray Juan, recogidos en su *Monarquía indiana,* son valiosos en extremo, pues se trata de un autor muy ponderado que pasó por el tamiz de la crítica muchos de los relatos iniciales; además, se trata de la obra de alguien que llegó a dominar varias lenguas vernáculas. Por lo mismo, pudo aquilatar debidamente los relatos de algunos de sus informantes indios, quienes fueron testigos presenciales de los hechos que le relataron. Existen pasajes verdaderamente interesantes de la obra de este franciscano, que aportan luz sobre algunas situaciones confusas. Torquemada vendrá a ser el cronista más tardío cuyo testimonio se recoja en estas páginas. Su libro fue publicado en 1616.

En Jalapa, la antigua Xalapan, que en aquellos días no pasaba de ser un caserío insignificante, unieron fuerzas Cortés y Alvarado, para marchar juntos en lo sucesivo. Fue allí donde se les perdió el potro de la yegua de Juan Núñez Sedeño, al cual encontrarían año y medio más tarde conviviendo con una manada de venados. Resultó un buen caballo. A la vista estaba el cono nevado del Pico de Orizaba, que en aquellos momentos, para ellos continuaba siendo la Sierra de San Martín. Hasta allí habían llegado sin contratiempos, prueba de que los aliados totonacas resolvieron adecuadamente todos los problemas de logística. Pronto el paisaje varió abruptamente, entrando en terreno inhóspito donde sólo crecían cactáceas. El agua faltaba por completo y lo único que podían llevarse a la boca eran tunas. Esa fruta desconocida les ocasionaría un gran sobresalto, pues algunos, al ver que la orina se les tornaba roja, pensaron que expulsaban sangre. Fueron tres los días de pesadilla que pasaron deambulando por ese páramo. Hambre y sed, y por la noche se helaban si el viento venía de la Sierra de San Martín. Una granizada de grandes pedruzcos, que los sorprendió a campo abierto, les hizo mucho daño, muriendo varios indios cubanos, según menciona Cortés en su Relación. Llegaron a un paso donde se encontraba apilada mucha leña. Ése sería llamado el Puerto de la Leña; de allí en adelante el paisaje comenzó a tornarse más amable. Volvieron a adentrarse por senderos que discurrían por bosques de coníferas. Finalmente, llegaron a Zocotlan (la actual Zautla), dentro ya de los límites de la Sierra de Puebla. Unos soldados portugueses dijeron que, por lo blanco de las casas, se parecía a la villa de Castilblanco en Portugal (Castelo Branco, evidentemente), y así llamaron al lugar. De tan maltrechos que venían, apenas podían sostenerse de pie. En el trayecto pudieron haberlos matado a todos con facilidad, pero está visto que los caciques de la Sierra de Puebla tuvieron razones para abstenerse de hacerlo. Acerca de las penalidades que padecieron, atribuibles a la ruta seguida, no estará por demás que escuchemos lo que Cervantes de Salazar dice al respecto: «muchos conquistadores de quien yo me informé, que se hallaron en la jornada, dicen que dos Capitanes de Motezuma que gobernaban lo subjeto al imperio de Culhúa, le acompañaron desde Cempoala hasta Tlaxcala y más adelante, y que con malicia llevaron a Cortés por la rinconada, por tierras ásperas y fragosas, de diversos temples, unas muy calientes, para que con las asperezas de los caminos y destemplanza de las tierras enfermasen y muriesen los nuestros y así excusase su ida a México».[11]

Zautla era entonces una población importante, con casas labradas de piedra y muchas huertas. Allí les dieron de comer y les volvió el alma al cuerpo. El cacique se llamaba Olintetl y era un individuo tan obeso que, para moverse, tenía que apoyarse en dos mancebos. Un rictus nervioso ocasionaba que sus carnes se estremecieran a cada momento, de allí que los españoles le impusieran el mote de *el Temblador*.

Este temblador se encontraba verdaderamente angustiado, sólo de pensar cuál sería la reacción de Motecuhzoma cuando se enterase de que había dado acogida a esos forasteros sin licencia suya. Cortés lo acorraló a preguntas y, cuando le demandó si era vasallo suyo, apesadumbrado, respondió con otra pregunta: «¿pero es que hay alguien que no sea vasallo de Motecuhzoma?».[12] Eso marcaba el horizonte visual del cacique: Motecuhzoma señor del universo. Cortés lo atajó de inmediato, haciéndole saber que él venía en representación de un señor todavía más alto, a quien todos deben rendir vasallaje, incluido el propio Motecuhzoma. El mundo de *el Temblador* se cimbró hasta los cimientos. Eso era más de lo que podía comprender. Dejándose llevar por un impulso, Cortés quiso destruirles los ídolos y poner en su lugar una Cruz, como había venido haciéndolo, pero fue refrenado por fray Bartolomé de Olmedo, quien le hizo ver que ello sería prematuro, pues no los veía bien dispuestos y podrían cometer algún desacato con ella. Cortés se limitó a decir a Malintzin que repitiese el mensaje que iba dejando por todos los sitios donde pasaba: deberían apartarse de los ídolos que los traían muy engañados, dejar la sodomía, abandonar los sacrificios humanos y la antropofagia. En Zautla los españoles vieron lo que era un verdadero *tzompantli*, con centenares de cráneos sostenidos por varas que los atravesaban por las sienes. Se escuchó que muchos murmuraban por lo bajo, y aconsejaban darse la media vuelta, para regresarse por donde habían venido. La respuesta de Cortés fue en tono grandilocuente; «buscaba engrandecerse en grandeza y no en pobreza». Entre más le ponderaban el poderío de Motecuhzoma, mayor era el deseo que sentía de ir a su encuentro.

Por la región se esparció la fama de esos extranjeros, siendo los totonacas los principales propaladores, puesto que con grandes exageraciones decían todo aquello de lo que eran capaces: «traíamos buenos echacuervos», apunta Bernal.[13] Cuando, intrigados por el mastín de Francisco de Lugo, que ladraba mucho de noche, preguntaban si acaso era león o tigre, éstos les respondían que lo traían para matar a todo aquel que se les opusiera. Y también esparcían la historia de cómo se habían sacudido a los recaudadores de impuestos de Motecuhzoma. Cuando Cortés preguntó por la mejor ruta para ir a ver a éste, Olintetl manifestó que era por Cholula, a lo que los totonacas replicaron que por allí resultaría peligroso a causa de las guarniciones mexica, señalando que lo mejor sería ir por Tlaxcala. Tanto lo afirmado por Bernal, como la lectura de la carta al Emperador, producen la impresión de que sería hasta ese momento, un tanto tardío, cuando Cortés vendría a tener noticia de las rivalidades entre mexica y tlaxaltecas. Decidió, por tanto, ir por tierra de éstos últimos y, para anticiparles su visita, envió a cuatro totonacas como emisarios. Dio a éstos una carta que, aunque no la podrían leer, les haría comprender que se trataba de cosa de mensajería. Como presente acompañó una ballesta y un sombrero de Flandes. Pasó allí cuatro o cinco días descansando y, a continuación, resolvió moverse a Ixtacamaxtitlan, un pueblo vecino, cuyo cacique, Tenamaxcuicuitl, esto es, «Piedra pintada», lo invitaba a visitarlo.[14] Llegado el momento de la partida, Cortés pidió a *el Temblador* que le diese oro, a lo que éste replicó que, aunque lo tenía, no podía entregarlo sin la autorización de Motecuhzoma; en cambio, aceptó facilitar a veinte notables para que los acompañasen, quienes supuestamente irían para indicar el camino, aunque su verdadera condición sería la de rehenes. Y como ya nada lo retenía en Zautla, se encaminó a Ixtacamaxtitlan. Junto con «Piedra pintada» y el acompañamiento de dignatarios, lo seguían agentes de Motecuhzoma, atentos a cada paso que daba. En ese pueblo reposaron tres días y, al seguir sin noticias de los emisarios enviados desde Zautla, resolvió no aguardar más, por lo que demandó a Tenamaxcuicuitl un contingente militar y, en cuanto lo tuvo, emprendió la marcha. En su compañía iban el cacique y algunos notables que decidieron acompañarlo un trecho. Durante el trayecto, el cacique y los agentes de Motecuhzoma intentaban persuadirlo para que mudase de parecer tomando el camino de Cholula, mientras los totonacas le aseguraban que podría confiar en la amistad de los de Tlaxcala. Y así, avanzaban por valles muy verdes, cuando, de improviso, toparon con una muralla de piedra. Se trataba de una impresionante obra defensiva que se encontraba abandonada. Ése era el límite con Tlaxcala.

Aquella construcción llamó poderosamente la atención, al grado de que todos los autores hablan de ella. Cortés, en su *Segunda Relación*, dice al Emperador que iba de una montaña a otra, cerrando por completo el valle, y que sería tan alta como estado y medio, o sea, en medidas actuales, unos tres metros; tenía veinte pies de ancho y una entrada estrecha, curvada en forma de ese, lo que la hubiera hecho difícil de franquear en el caso de haber estado defendida. Lo que más intrigó a los españoles, y sigue siendo hoy día una incógnita, es que aquella formidable obra aparentemente carecería de sentido, pues bastaba dar un breve rodeo para franquearla. A una pregunta de Cortés, el cacique de Ixtacamaxtitlan repuso que se encontraba allí a causa de las guerras que ellos, como vasallos de Motecuhzoma, sostenían periódicamente con Tlaxcala; sin embargo, no supo decir quién la había construido. Por lo visto, se trataba de una obra tan antigua, que ya se había perdido la memoria del constructor. En cuanto a su finalidad, ésa no llega a comprenderse, salvo que se tratase de un proyecto inconcluso, de algún déspota que pretendió levantar una especie de Gran Muralla china. Hoy día no queda de ella la menor traza.[15] Permanecieron largo rato contemplándola admirados y luego, tranquilamente, la traspusieron por la puerta. La acción tendría lugar el veintinueve o el treinta de agosto de mil quinientos veinte. Hasta ese punto llegó Tenamaxcuicuitl, quien facilitó un contingente de trescientos hombres de guerra, conforme le había sido demandado. Este contingente indígena, que igualaba en número a la fuerza española, resultará invaluable para Cortés en los encuentros con los tlaxcaltecas, ya que se convertirán en los segundos «colaboracionistas». Se desconocen los nombres de sus jefes, ya que ninguna crónica se ocupó de recogerlos.

A poco de andar, cuando cruzaban en medio de un espeso bosque de pinos, encontraron que el sendero se encontraba atravesado por multitud de hilos, de los que pendían papeles. Aquello, según fueron informados, era un maleficio, obra de los hechiceros de Motecuhzoma, con el que confiaban detenerlos. En el caso de que siguieran adelante, el maleficio surtiría efectos, haciendo que perdiesen las fuerzas. Los españoles rieron al enterarse de lo que era aquello, cortaron los hilos y prosiguieron la marcha.[16] Caminaron durante horas sin ver a nadie, y ya al atardecer, al subir una loma, encontraron un grupo armado. Serían una treintena de hombres. Los de a caballo, que iban en descubierta, picaron espuelas para alcanzarlos, instándolos a que no huyesen. De pronto, los fugitivos se dieron la media vuelta, plantaron cara y de unos golpes certeros de macana, mataron dos caballos. La acción resultó sorpresiva para los españoles, que no esperaban esa respuesta. El resto de los jinetes los alanceó, matándolos a todos. Uno de los caballos muertos fue el de Cristóbal de Olid –según refiere Francisco de Aguilar–, al que de un tajo le hicieron un corte profundo en el cuello.[17] Era el primer día en tierras de Tlaxcala, y ya se había venido abajo el mito del caballo. No tardaron en hacer aparición escuadrones de guerreros, obligándolos a replegarse. Parecía que Tlaxcala entera estaba en armas. Se sabía que Cortés iba en camino para visitar a Motecuhzoma y, como además, venían en su compañía los de Ixtacamaxtitlan, de allí que lo tomaran como enemigo. Se combatió hasta el oscurecer, hora en que los tlaxcaltecas se retiraron sin haber conseguido capturar o matar a algún español. No tenían por costumbre combatir de noche. Los españoles y sus auxiliares indígenas acamparon en un caserío próximo a un arroyo. Se presentaron entonces dos de los totonacas enviados como emisarios, a quienes acompañaba una delegación de tlaxcaltecas. Estos se excusaron diciendo que quienes habían dado muerte a los caballos fueron otomíes, una fuerza de bárbaros al servicio de Tlaxcala; pero que, de todas formas, ellos asumirían la responsabilidad pagando su importe. Cortés declinó el ofrecimiento diciéndoles que lo único que buscaba era ser su amigo. No obstante lo manifestado por esa delegación, permanecieron con la guardia alta, recelando ser atacados en cualquier momento. A poco de estar allí comenzaron a aparecer esos perritos mudos que los indios criaban para comer; en la huida los habían llevado consigo, pero, en cuanto los soltaron, comenzaron a volverse a sus casas. Ésa fue la cena de esa noche. Según Bernal, las heridas las cauterizaron con el unto sacado del cadáver de un indio gordo.[18]

A la mañana siguiente, los otros dos enviados totonacas estaban de regreso, diciendo que habían huido para escapar a una muerte cierta. En ese momento aparecieron escuadrones de guerreros portando la enseña de Xicoténcatl, uno de los paladines de Tlaxcala. Los españoles comenzaron a batir el terreno con escopetas y cañones pedreros. El efecto psicológico causado fue grande, pues los tlaxcaltecas veían caer a sus hombres sin atinar a comprender qué era lo que los mataba. Los trece jinetes restantes, a media rienda, recorrían el campo apuntando a la cara con las lanzas. Los tlaxcaltecas centraron su empeño en tratar de capturar vivo algún español, cosa que estuvieron en un tris de lograr. Bernal refiere que ese día Pedro Morón, quien era consumado caballista, entró en combate montando la yegua de Núñez Sedeño, la cual cayó muerta de un golpe de macana. Intentaron echar mano a Morón que se encontraba malherido, pero éste sería rescatado por sus compañeros, muriendo dos días después.[19] Se combatió hasta el crepúsculo, hora en que los tlaxcaltecas abandonaron el campo. La yegua sería cortada en cuartos para ser exhibida por todos los rincones de la señoría, y las herraduras ofrendadas a Camaxtle, deidad máxima de Tlaxcala.

Entre los tlaxcaltecas tomados prisioneros, figuraban algunos que denotaban ser personas importantes. Cortés tuvo para con ellos un trato deferente, y luego de asegurarles, a través de los intérpretes, que sólo buscaba su amistad, los puso en libertad. Pero el gesto no tuvo eco. En el día que siguió casi no se combatió; pero uno más tarde, apenas amanecido, ya estaba en el campo un ejército que doblaba en número a los combatientes de los encuentros anteriores. El estandarte era la grulla blanca, emblema de Tlaxcala. Esta vez habían unido fuerzas Xicoténcatl y Chichimecatecutli. Tantos eran, que Teuch sintió que había llegado su última hora. En ese trance, Malintzin lo alentó para levantarle el ánimo. Ese gesto de ella es relatado por Cervantes de Salazar; Bernal, por su parte, alaba su temple: «jamás vimos flaqueza en ella, sino muy mayor esfuerzo que de mujer».[20]

Los tlaxcaltecas no atacaban de manera coordinada; por antiguas rencillas entre sí, los capitanes no se consultaban. Cada cual lo hacía de forma independiente, de manera tal, que en determinados momentos, la masa en lugar de favorecerlos iba en su contra, pues los contingentes se entorpecían mutuamente. Se combatió todo el día sin que los españoles tuvieran una sola baja. No debe perderse de vista que buena parte de la acción recayó sobre los hombros de los de Cempoala e Ixtacamaxtitlan. Y así transcurrió durante los días sucesivos. Cervantes de Salazar recoge una acción ocurrida entonces. Sucedió que en una de las batallas, en un momento dado, uno de los otomíes al servicio de Tlaxcala, se adelantó de entre sus filas para dirigirse al campo español. Venía armado de macana y escudo, y cuando estuvo lo suficientemente cerca, desafió a los indios auxiliares, para que el más valiente se enfrentase contra él. Uno de los guerreros de Cempoala aceptó el desafío y luego de recibir la autorización de Cortés, salió al campo a enfrentarlo. Los dos ejércitos suspendieron el combate, y a la vista de todos se inició aquel duelo individual. Ambos rivales se acometieron vigorosamente, pero muy pronto el cempoalteca logró asestar a su adversario un golpe en el cuello, derribándolo. Una vez caído lo remató, cortándole la cabeza, y sosteniéndola por los cabellos la mostró ante los tlaxcaltecas como trofeo. Estos, cabizbajos, se retiraron. Fue la acción individual más notable de un aliado indio.[21] Los llanos al pie del monte Matlalcueye serían escenario de una serie de encuentros que se librarían a lo largo de dos semanas. Xicoténcatl, desconcertado al ver que no conseguían matar o capturar a un solo español, para poner en claro contra quiénes combatía, si eran hombres o dioses, discurrió enviarles a cuatro viejas con el mensaje siguiente: «tomad esas cuatro mujeres para que las sacrifiquéis y podáis comer de sus carnes y corazones; y por que no sabemos de la manera que lo hacéis, por eso no las hemos sacrificado ahora delante de vosotros, y si sois hombres, comed de esas gallinas y pan y fruta, y si sois teules mansos, ahí os traemos copal».[22] En vez de seguirle la corriente para mantenerlo en el engaño, Cortés replicó diciendo que eran hombres enviados por un poderoso monarca, y que, si salían con bien de las batallas, ello era porque contaban con la protección del único Dios verdadero. La reacción del adalid tlaxcalteca fue enviarles trescientos guajolotes y doscientas canastas de tamales, «para que no les faltasen las fuerzas».[23] Tapia cuenta que, concluido el combate del día, los tlaxcaltecas se apersonaban en el campamento español con objeto de saber si habría muerto algún soldado, atribuyendo el ataque a los otomíes, y que, a manera de reparación, entregaban tortillas, guajolotes y fruta, para luego inquirir: «¿Qué daño han hecho estos bellacos en vosotros?». Unos espías que traían de comer.[24] Y así continuó esa singularísima guerra; los tlaxcaltecas enviaban comida y Diego de Godoy, el notario real, expedía a Cortés la constancia de que, pese a haber sido requeridos para que viniesen de paz, porfiaban en continuar la guerra. Los hechiceros vaticinaron que los españoles perderían la fuerza en la oscuridad, aconsejando atacar de noche. Para la preparación del ataque nocturno introdujeron algunos espías entre los portadores de la comida, que iban por el campamento mirándolo todo. A Teuch, el totonaca, le sorprendió el tipo de preguntas que hacían a los de Ixtacamaxtitlan. Comunicó sus sospechas a Cortés, y éste hizo detener a uno, quien al ser interrogado, confesó el propósito de su misión. Detuvieron a otros, que también manifestaron lo mismo, y así hasta llegar a cincuenta. Cortés en esa ocasión se mostró tajante y despiadado, ordenando cortarles las manos a todos. Bernal habla de que sólo serían diecisiete a quienes se aplicó el castigo y que a unos únicamente les fueron cortados los pulgares; empero, Cortés, en su carta al Emperador, dice claramente que fueron cincuenta.[25]

En previsión del ataque nocturno, se pusieron pretales de cascabeles a los caballos, y cuando éste se produjo, los jinetes salieron a batir el campo. Era noche de luna, y se movían sin obstáculos, creando una confusión inmensa en las filas contrarias. El ejército tlaxcalteca se puso en fuga. Otra noche, mientras realizaba una de sus habituales rondas, Cortés al pasar junto a una choza escuchó lo que adentro se hablaba: «si el capitán quiere ser loco e ir donde le maten, que se vaya solo. No le sigamos».[26] Por el campamento, se decía en los corrillos, que les había de acontecer lo mismo que a Pedro Carbonero, aquel renombrado personaje que, por adentrarse imprudentemente en tierras de moros, con fuerzas insuficientes, resultó muerto con todos sus acompañantes. La situación llegó a ser tan tensa, que siete de los principales personajes del ejército, cuyos nombres, «por su honor», Bernal silencia (pero que es de suponerse quienes serían, pues resultan conocidos los que hacían cabeza del bando velazquista), realizaron una representación ante Cortés, pidiéndole que aprovechasen ese momento en que los tlaxcaltecas habían aflojado en sus ataques, para darse la media vuelta y ganar la costa. La respuesta fue que Dios estaba de su lado, ya que de otra manera, no se explicarían las victorias a partir del día en que perdieron la yegua.[27]

Transcurrieron tres días de calma, al término de los cuales Cortés resolvió tomar la iniciativa. Salió al campo con cien españoles, trescientos de Ixtacamaxtitlan y cuatrocientos de Cempoala.[28] La acción de esa noche sería la primera en la que el peso de la contienda recaería sobre los auxiliares indígenas. Quemó algunos caseríos, regresando sin resentir pérdida alguna. Lo ocurrido se presta a la conjetura de que, quizás, quiso demostrar a todos aquellos a quienes flaqueaba el ánimo, que él solo, con un puñado de españoles que le eran adictos y los indios aliados, sería capaz de llevar adelante la Conquista. Y algo muy importante a destacar es que, a pesar de que los indios auxiliares poseían lenguas distintas (mientras los de Cempoala eran de habla totonaca, los de Ixtacamaxtitlan tenían el náhuatl como idioma), la diversidad lingüística no parece haber representado un impedimento para coordinar la acción. Sin embargo, la hazaña de esa noche no impresionó mayormente al ejército, y continuó prevaleciendo el derrotismo. Seguía fuerte la idea del regreso a Cuba. Ante tal situación, a la noche siguiente, salió a batir el campo al frente del pelotón de jinetes y sus auxiliares indígenas. Hacía frío y, a poco andar, uno de los caballos rodó por tierra. Mandó que el jinete volviese con él al campamento, y a poco caía un segundo. Repitió la orden y prosiguió la marcha. Vino por tierra un tercero, luego un cuarto y, a continuación, el quinto, y la orden era siempre la misma: que se volviesen. Mientras, él seguía adelante. Finalmente cayó su propio caballo. Llegados a ese punto, sus acompañantes espantados le pidieron que no fuera loco y volviera al campamento.[29] Los agüeros eran funestos. Y aquello de los agüeros era algo a tomarse muy serio, pues, como se verá más adelante, en el ejército figuraba un astrólogo, quien ejercía un ascendiente inmenso y llegó a ser quien estuviera detrás de una acción decisiva que más abajo se verá. Cortés los exhortó a no creer en agüeros, logró que su montura se incorporara y siguió adelante. Vio unos fuegos y hacia allá se dirigió. Aquello era Tzompantzinco, un poblado grande, donde cayó por sorpresa. Los moradores huyeron apresuradamente, presa del pánico, mientras Cortés ordenaba que no se les persiguiese ni se les hiciese daño. Y una vez dueño del campo, subió a una torre y, desde allí, pudo contemplar una gran ciudad: Tlaxcala. A la vista de ella, dijo a Alonso de Grado, alcalde mayor y uno de los personajes de monta en el ejército, que no hubiera tenido caso matar a los pocos que huían habiendo allí tanta gente. El de Grado, que aparte de hombre sensato, no andaba muy excedido de valor, repuso que lo pertinente sería retirarse a la costa y escribir a Diego Velázquez en demanda de refuerzos. La respuesta de Cortés fue que si en ese momento emprendían la retirada, hasta las piedras se volverían contra ellos.[30] En este punto, Bernal afirma que el malestar provenía de que iban muertos ya cincuenta y cinco soldados desde la partida de Cuba. Su cómputo aparece fuera de lugar; cincuenta y cinco muertes habrían significado un agujero inmenso en el ejército.[31] Cortés, en cambio, al dirigirse a Carlos V, expresa que Dios estaba de su lado, pues de otra forma no se explicaría que hubiesen muerto tantos enemigos «y de los nuestros ninguno».[32] Es importante subrayar esas incursiones nocturnas, pues por primera vez Cortés aparece como adalid de indios, conduciendo una guerra entre indios. Se tiene muy presente el odio que se profesaban mexica y tlaxcaltecas, pero suele pasarse por alto que los grupos de la sierra de Puebla y los tlaxcaltecas se tenían un odio semejante. Eso explica la ferocidad con que combatieron los de Ixtacamaxtitlan. No deja de sorprender que Bernal, luego de saltarse el paso por ese lugar, omita igualmente la participación de esos guerreros. Sería de suponerse que la lectura del libro de Gómara le hubiera servido para refrescar sus recuerdos. Pero no fue así; Cortés, en cambio, da el crédito debido a los guerreros de Ixtacamaxtitlan. Una vez más, téngase presente que, mientras Bernal escribía a más de treinta años de distancia, en este caso concreto, Cortés lo haría a los trece meses de ocurrida la acción (*Segunda Relación*, 30 de octubre de 1520).

Llegó el día en que los tlaxcaltecas dejaron de combatir, limitándose a proveer de víveres el campo español. Frente a su campamento, levantaron unos cobertizos, en los cuales quedaron instaladas unas mujeres encargadas de prepararles la comida, a la vez que hasta allí llegaban numerosos porteadores, trayendo los víveres. Aquello era un ir y venir de emisarios; mientras, la tropa española empleaba su tiempo en reponerse de las fatigas y hacer saetas. Se vivía una tregua, presagiándose ya que la paz era inminente. Aprovechando esa calma, se presentaron ante Cortés embajadores de Motecuhzoma. Éstos, que habían seguido paso a paso, como observadores militares, las incidencias de los combates, venían ahora con un mensaje de su soberano: estaba dispuesto a rendir vasallaje a Carlos V, y a pagar el tributo que se le fijase.[33] Aquello significó un triunfo enorme para Cortés; sin haberse visto las caras, ya Motecuhzoma se reconocía como vasallo. Además, había demostrado a los vacilantes que le eran suficientes unos pocos, dispuestos a seguirlo, para conquistar todo el país. Al conocer las rivalidades entre los pueblos indígenas, escribió citando el evangelio de San Marcos: *Omne regnum in se ipsum divisum desolavitur* (todo reino dividido contra sí mismo será destruido).[34]

Los caciques enviaban mensajes de paz, pero la paz no llegaba. El obstáculo lo constituía Xicoténcatl. Por fin, una mañana, a eso de las diez, éste se presentó en el campo español rodeado de un nutrido acompañamiento de notables. En cuanto llegaron ante Cortés, realizaron el saludo, poniendo la mano en el suelo y llevándosela a los labios a continuación. Antes de que comenzaran a hablar, Cortés los atajó, y fingiéndose el agraviado, se dirigió a ellos en términos especialmente duros. Había venido de muy lejos para buscar su amistad y enviado emisarios para anunciar su visita, y ellos, no obstante sus buenas intenciones, lo habían combatido. Xicoténcatl esgrimió la disculpa de que los había engañado aquello de que en su compañía venían los de Ixtacamaxtitlan, que como tributarios de Motecuhzoma, eran enemigos suyos. Se hicieron las paces, y se ofició una solemne misa de acción de gracias. Pero Cortés todavía se mantuvo cauteloso, permaneciendo «seis o siete días» en el adoratorio donde tenía el puesto de mando, antes de decidirse a entrar en Tlaxcala.[35]

Antes de proseguir con el paso siguiente, conviene detenernos un instante, para efectuar un *post mortem* de lo realmente ocurrido durante la campaña de Tlaxcala, pues ésta nos ha sido presentada como el más esperpéntico de los relatos. Un bando envía la comida al otro, y éste, luego de comer, les hace un requerimiento para que vengan de paz. No hay respuesta y se entabla la batalla. Resulta demasiado, inclusive para una novela del absurdo. Pero así fue, y ambos modos de actuar resultan perfectamente coherentes. Para desenredar la madeja comenzaremos por tratar de fijar fechas; Cortés no menciona qué día entraron en términos de Tlaxcala, pero ateniéndonos a las jornadas, que va marcando a partir de la salida de Cempoala («un día,» al día siguiente», «cinco días que me detuve en ese lugar») ello lleva a finales de agosto, entre el veintinueve y el treinta. Por su lado, Bernal, aunque tampoco precisa la fecha, en cambio, apunta dos cosas: una, que los combates se extendieron a lo largo de quince días, y otra, que ocurrieron tres grandes batallas en las que tomó parte. La primera de éstas la ubica el dos de septiembre, la segunda el cinco, y para la tercera, que vendría a ser el combate nocturno, no fija fecha, pero podría asumirse que sería inmediatamente a continuación. Cervantes de Salazar señala que la noche del primero de septiembre, luego de las escaramuzas de los dos días anteriores, durmieron con grandes precauciones, pues al atardecer habían observado a multitud de indios que comenzaban a asomar por los cerros cercanos. El día dos, apenas amanecido, Cortés habría enviado mensajeros invitándolos a ser sus amigos, a lo que éstos respondieron montando un ataque mayor (coincide con Bernal); a continuación agrega que otro día, «que fue seis de septiembre» ocurre el episodio de los espías descubiertos y amputados.[36] A muy corta distancia, seguirá el combate nocturno, y después ya no atacarán. Será entonces cuando Cortés les arrebate la iniciativa, y sea él quien realice las incursiones de que tenemos noticia; siguen los enfrentamientos con Xicoténcatl, hasta que finalmente éste se presenta en el campamento, y se ajusta la paz, ¿qué día?; eso lo sabremos si a la fecha en que entrará en Tlaxcala, que será el veintitrés, le restamos esos seis o siete días de inactividad, de que antes ha hablado, lo cual nos lleva a que el cese definitivo de hostilidades habría ocurrido entre el quince y el dieciséis. Una campaña de muy corta duración. Pero, ¿qué ocurrió en el intervalo que va de la última batalla a la entrada en la ciudad? Comencemos por el lado tlaxcalteca. Lo primero que se detecta, es que desde un primer momento, existió una facción que estuvo por buscar un entendimiento, como parecería desprenderse del ofrecimiento de pagar los dos caballos muertos. Sobreviene la primera batalla, en la que participan todos los caciques, o al menos la mayoría. Son derrotados, y comienzan las deserciones; los que están por la paz, para demostrar su buena voluntad comienzan a enviar provisiones al campo español. Se produce el segundo encuentro con resultados desastrosos, mientras los totonacas hacen una labor de zapa, dándoles seguridades de que las cosas no son como aparentan ser; que a pesar de que los de Ixtacamaxtitlan vengan en su compañía, y que Cortés se encamine a verse con Motecuhzoma, ello no significa que busque la amistad de éste, sino todo lo contrario, pues a Cempoala la libró del pago del tributo; deliberaron los caciques y acordaron enviar a cuatro principales para que se acercasen al campo español llevando comida, al par que ordenaban a Xicoténcatl que cesase la guerra, pero éste no quiso obedecer; «y desde que vieron la desobediencia de su capitán, luego enviaron los cuatro principales que otra vez les habían mandado, que viniesen a nuestro real y trajesen bastimento y para tratar paces...»; pero Xicoténcatl, que era soberbio y muy porfiado, así ahora como en las otras veces, no quiso obedecer.[37] Se queda solo, y continúa la lucha al frente de su facción. Pasan los días, y no logra capturar o matar a un solo español. Mientras tanto, por su lado, el acercamiento de los caciques es cada vez más abierto; ahora hacen levantar cobertizos, en los que instalan mujeres encargadas de preparar la comida para los soldados españoles. Dos Tlaxcalas; una busca la paz, y la otra quiere proseguir la guerra. Finalmente, llega el día en que Xicoténcatl ya no puede sostenerse solo y, muy a su pesar, se presenta en el campo español para buscar el cese de hostilidades. Pasamos al bando español. El proceder de Diego de Godoy, levantando testimonios por escrito, no debe verse como algo descabellado; como explica Bernal, era para que «no nos demandasen las muertes y daños que se recreciesen, pues los requeríamos con la paz». De entre todos los conquistadores españoles en América, Cortés se cuenta entre los más escrupulosos en aquello de guardar las formas. No combatía si antes no les leía el *reque-*

rimiento. Sabía que tenía que cuidarse de todos los desafectos que se contaban en sus filas, y que el día de mañana podrían acusarlo (como en efecto, lo hicieron). Algo a tenerse muy presente es que, una vez obtenida la victoria en la batalla nocturna, y perdida la iniciativa por los tlaxcatecas, la facción velazquista levantó cabeza, iniciando una especie de huelga de brazos cruzados. Se niegan a participar en las correrías, limitando su actuación a la de meros espectadores. Con esa actitud presionan para volverse a la costa.

Bernal recuerda que participó «en tres batallas que hubimos con los de Tlaxcala», de lo cual se desprende que durante los quince días la mayor parte de los enfrentamientos se limitaría a escaramuzas.[38] Batallas campales, propiamente dichas, habrían sido únicamente las tres mencionadas. El balance lo conocemos: un español muerto, algunos heridos y la perdida de tres caballos: los dos muertos por los otomíes en el primer momento, y la yegua de Núñez Sedeño. Evidentemente, debió de haber ocurrido un regular número de bajas en las filas de indios aliados, pero éstas no fueron contabilizadas, como tampoco disponemos de cifras sobre las sufridas por los tlaxcaltecas, que evidentemente serían numerosas. La aparición del caballo y de las armas de fuego fueron una novedad que, a no dudarlo, tendrían un peso considerable en inclinar la victoria hacia el bando español. Pero no fueron el argumento decisivo. Una vez muerto el primer caballo, el mito de esos seres monstruosos se habría desvanecido. Eran mortales. Y lo propio podría decirse de las armas de fuego; en un principio sería el estampido del trueno y un hombre que caía, por lo que quedarían desconcertados, sin atinar a darse cuenta de la causa de la muerte. Pero los escopeteros eran muy pocos, y además, entre disparo y disparo mediaba un largo intervalo. Una carga decidida hubiera cambiado el curso de la guerra. La explicación de la derrota podemos encontrarla en la manera de guerrear del mundo indígena; los números contaban poco, pues no acostumbraban atacar en forma coordinada. Los que se encontraban en primera fila se trababan en encuentros individuales con el adversario que tenían enfrente. No maniobraban de conjunto apoyándose unos a otros; si los de una fila fracasaban, eran reemplazados por los de la siguiente, y así sucesivamente. Además, lo que importaba era capturar vivo al adversario, para poder conducirlo a la piedra de los sacrificios. Eso puede explicar el resultado de la contienda; por un lado, los jinetes españoles dispersando a la masa, para propiciar que chocasen unos con otros, y por otro, los tlaxcaltecas centrando todos sus esfuerzos en capturar vivos a los españoles.

7

Alianza con Tlaxcala

La entrada en la ciudad (23 septiembre 1519) la hicieron ante la mirada de una ingente multitud de hombres, mujeres y niños, algunos llegados de lugares distantes para no perderse el espectáculo de ver a esos seres provenientes de un mundo extraño.[1] Todo era novedad. A Cortés, inicialmente, lo llamaron el capitán *Chalchihuitl*, por ser ésa la gema que más preciaban; posteriormente se referirían a él como Malinche (así lo escribe Bernal atropellando la fonética); ello obedecía a que al no existir en la lengua náhuatl la letra erre, los caciques no pudiendo pronunciar su nombre, daban un rodeo, diciendo el capitán que viene con la señora Malintzin. A Alvarado, por lo rubicundo, lo llamaron *Tonatiuh* (el sol). Los caballos, como monstruos nunca vistos, imponían respeto; además, se pensaba que el freno era para impedir que se comiesen a la gente. Los esclavos negros atrajeron mucho la atención y los llamaron *teocacatzacti;* esto es, dioses sucios.[2] Para darles la bienvenida se hallaban presentes los caciques de las cuatro cabeceras en que se encontraba dividida la señoría de Tlaxcala: Maxixcatzin por la de Ocotelulco; Xicoténcatl por Tizatlán; Tlehuexolotzin por Tecticpac, y Citlalpopoca por Quiahuiztlán. Y uno a uno, los fue recibiendo Cortés; el primero con quien habló fue Xicoténcatl el Viejo, quien por haber perdido la vista, alargaba las manos para examinar la cara y barba de Cortés. Bernal dice que había enceguecido de viejo, aunque lo probable es que fuera debido a alguna enfermedad.[3] Resulta interesante constatar que en el mundo indígena un ciego podía desempeñar funciones de gobierno; éste era el padre del capitán que infructuosamente les había hecho la guerra, y fue él quien se ocupó de frenar los ímpetus del hijo. A través del diálogo con los caciques, Cortés redondeó el conocimiento sobre Motecuhzoma y su circunstancia. Se enteró así de que la enemistad entre tlaxcaltecas y mexica databa de tiempo antiguo, al menos de tres generaciones y, que, de habérselo propuesto, el señor de Tenochtitlan hubiera podido acabar fácilmente con Tlaxcala, dada la gran desproporción de fuerzas; pero estaba interesado en mantener ese estado de cosas. Así, a la juventud mexica se le ofrecía la oportunidad de probar su valor y ganar experiencia en la guerra, sin necesidad de desplazarse a regiones apartadas. Además, la vecindad resultaba cómoda para hacer los prisioneros necesarios para el sacrificio durante las grandes solemnidades. Éste es un punto que Andrés de Tapia corrobora: «yo que esto escribo pregunté a Muteczuma y a otros sus capitanes, que era la causa porque tiniendo aquellos enemigos en medio no los acababan en un día, e me respondieron: bien lo pudieramos hacer; pero luego no quedara donde los mancebos ejercitaran sus personas, sino lejos de aquí; y también queríamos que siempre oviese gente para sacrificar a nuestros dioses».[4] Se trataba del *xochiyaoyotl*, o «guerra florida», concebida únicamente para hacer prisioneros destinados al sacrificio. Otra penalidad que resentían de los mexica, era que se encontraban obligados a comer sin sal, ya que no la había en su territorio, y Motecuhzoma impedía que tuvieran acceso a ella. Estaba también la imposibilidad de vestir prendas de algodón, pues éste no se producía en sus tierras, pero preferían vivir sin ellas antes que doblegar la cabeza. Los españoles fueron considerados como aliados valiosísimos. Ya los habían visto actuar en el campo de batalla. Para tener descendencia de ellos, los caciques propusieron cruzar las sangres. Como una cuestión de principios, Cortés adujo que su religión le prohibía tener trato con paganas, pero el impedimento, era más bien pro forma, y pronto quedó superado. Fue suficiente un sermón de fray Bartolomé de Olmedo sobre los rudimentos de la fe seguido del bautismo. Maxixcatzin ofreció una hija suya muy hermosa, que Cortés adjudicó a Juan Velázquez de León. Ésta recibió el nombre de doña Elvira. Y así procedió con las restantes. A Pedro de Alvarado le correspondió una hija de Xicoténcatl, de manera tal, que por la mano izquierda, el capitán *Tonatiuh* pasó a ser cuñado del adalid tlaxcalteca que les fuera más contrario. Esa joven recibió el nombre de doña Luisa. Con ella tuvo dos hijos: don Diego y doña Leonor. Esta última se casaría con un primo del duque de Alburquerque.

El paso siguiente de Cortés fue exhortar a los caciques para que, abandonando la idolatría, abrazaran el cristianismo. Éstos pidieron tiempo para reflexionar. En Tlaxcala la conversión, aunque rápida, no revestiría la precipitación que tuvo en Cempoala. Se fueron retirando los ídolos, se rasparon las costras de sangre de la pirámide y se plantó la Cruz. El cambio religioso no requirió de demasiados esfuerzos, pues los totonacas se encargaban de propalar, que nada malo había sucedido cuando les destruyeron sus dioses. Más que consideraciones éticas o teológicas, la victoria militar aparecía como argumento contundente. Camaxtle había sido derrotado en el campo de batalla. El dios de los cristianos era más poderoso.

Como preámbulo a la conversión de Tlaxcala, se llevó a cabo el bautizo de los caciques; aquí los crónicas difieren, pues mientras unos lo sitúan como ocurrido inmediatamente a continuación, otros lo ubican más tarde. Esto último es lo más probable. En el convento de San Francisco en Tlaxcala, se encuentra un cuadro de pobre factura, obra de pintor anónimo, que recoge la ceremonia del bautizo. El mérito de esa obra es el de que, según tradición oral, el artista que lo pintó lo hizo siguiendo la descripción que le hiciera un testigo. En el cuadro, Malintzin aparece junto a Cortés, vistiendo un huipil bordado, sin que se advierta la presencia de Aguilar; esa pintura es la única referencia disponible sobre el posible aspecto físico de esa mujer. Los padrinos, además de Cortés, fueron Pedro de Alvarado, Andrés de Tapia, Gonzalo de Sandoval y Cristóbal de Olid. De esa manera, Xicoténcatl pasó a llamarse don Vicente; Maxixcatzin, don Lorenzo; Citlalpopoca, Bartolomé, y Tlehuexolotzin, Gonzalo.[5] Bautizados los caciques, la conversión en masa de la población debió esperar a la llegada de los misioneros franciscanos. Los bautizos serían en forma multitudinaria, y el orden que se seguía era el siguiente: un día a todos se les imponía el nombre de Juan, al siguiente podría ser el de Antonio, Pedro o Pablo –siempre el mismo para todos– ; y con las mujeres se procedía de manera semejante: Anas, Marías, etc., y para que no lo olvidasen, se les daba escrito en un papel.[6] Así fue la conversión de Tlaxcala.

Aquellos días fueron aprovechados para conocer las antigüedades de la tierra. Hubo una época en que Tlaxcala estuvo habitada por gigantes; pero en esos momentos su estirpe se encontraba extinta, pues los antepasados de los tlaxcaltecas fueron hombres tan esforzados, que acabaron con ellos, y para demostrar que no mentían, exhibieron huesos fósiles, entre los que sobresalía uno que semejaba un fémur, cosa que impresionó sobremanera. Bernal señala: «me medí con él y tenía tan gran altor como yo que soy de razonable cuerpo».[7] A Cortés le llamó tanto la atención, que lo menciona en su carta al Emperador, enviándolo a España.[8] Y, de esa forma, fue interiorizándose en las diferentes historias sobre las rivalidades de los diversos pueblos; así, cuando llegaron emisarios de Huejotzingo, ciudad que mantenía una disputa con Tlaxcala por cuestión de tierras, fungió como árbitro reconciliando a ambos pueblos. Su fama comenzó a esparcirse por todos los ámbitos; mientras, aquello era un constante ir y venir de los agentes de Motecuhzoma. Éste, que ya había aceptado el vasallaje, rehusaba en cambio concederle licencia para que fuese a visitarlo. Cortés, que ya había comprendido cómo funcionaba la estructura política, se dio cuenta de que el pueblo no contaba. Había que ir directamente a la cabeza. Y, para salir al paso a tantas evasivas, resolvió enviar sus propios embajadores, eligiendo para la misión a Pedro de Alvarado y Bernardino Vázquez de Tapia.[9] Éstos partieron a pie, en previsión de que si algo les ocurría, no tuviera que lamentarse además la pérdida de dos caballos.

Mientras tanto, los agentes de Motecuhzoma realizaban una intensa labor, tendiente a embrollar la situación. Para evitar a toda costa que los españoles siguiesen adelante, ordenaban a todos los pueblos que tenían sometidos que no les permitiesen el paso. Pasaban los días, y los de Cholula no enviaban emisarios; en vista de ello y, aconsejado por los de Tlaxcala, Cortés los mandó llamar. Éstos se hallaban muy confiados en la protección de su dios Quetzalcóatl, que creían prevalecería sobre el de los barbudos. Finalmente, los cholultecas enviaron emisarios, pero, como los de Tlaxcala lo hicieron notar, se trataba de individuos de baja condición. Como aquello no era serio y daba la apariencia de un doble juego, se les hizo un requerimiento en toda forma. El notario real redactó una escritura en la que se les conminaba a acudir sin dilación, ya que, de no hacerlo, serían considerados como rebeldes, haciéndose acreedores a las penas reservadas para todos aquellos que se niegan a acatar la soberanía de los reyes de España y, por tanto, «serían castigados conforme a justicia».[10] La escritura fue explicada a los mensajeros para que supieran trasmitirla fielmente. El envío del escrito no constituía un absurdo, pues ya los españoles habían advertido que los indios se sentían muy intrigados por los papeles que hablaban. Creían que eso era cosa de magia, pues no contenían ningún género de pinturas o dibujos. A poco de enviado ese requerimiento, los cholultecas reaccionaron enviando embajadores de rango apropiado. A éstos, Cortés les expresó enfáticamente que pasaría por su ciudad, en camino a la entrevista con Motecuhzoma. Por su lado, los caciques tlaxcaltecas le desaconsejaron ese derrotero, haciéndole ver los peligros y sugiriéndole rutas alternas. Pero Cortés ya tenía tomada su decisión. En eso volvió Pedro de Alvarado, que sólo había llegado hasta Iztapalapa y de allí hubo de volverse, pues no le consintieron seguir adelante. Efectuó el viaje solo, pues a poco de la salida, Vázquez de Tapia cayó enfermo. El mensaje que traía era el de que Motecuhzoma no podría recibirlos por «encontrarse malo de un gran dolor de cabeza».[11] Cortés decidió ya no aguardar más; había permanecido veinte días en

Tlaxcala, periodo que demostró ser suficiente para consolidar una alianza que probaría ser firme y duradera.

Como nota final, Cortés narra una ejecución que le tocó presenciar en Tlaxcala. Ocurrió que un indio robó oro a un español, por lo que él presentó la queja a Maxixcatzin. Se hizo la pesquisa y el autor del hurto, que había huido a Cholula, fue localizado y traído a la ciudad. Maxixcatzin lo entregó a Cortés para que lo castigase, pero él se rehusó, diciendo que deberían ser ellos quienes lo juzgaran conforme a sus propias leyes. El hombre fue hallado culpable y llevado por las calles, mientras el pregonero anunciaba su delito y, una vez llegados al mercado, lo subieron a un estrado que se encontraba en el medio; allí, a la vista de la multitud, se proclamó en voz alta la sentencia. Acto continuo, de un mazazo le deshicieron la cabeza.[12]

Matanza de Cholula

La entrada de Cortés en Cholula fue la de un triunfador; tras él marchaban miles de hombres. Los dignatarios de la ciudad lo sahumaron con copal, disculpándose por no haber acudido cuando fueron llamados. En cuanto advirtieron lo numeroso del contingente tlaxcalteca, se opusieron a recibirlos por temor de que saqueasen la ciudad. Cortés accedió a medias a sus deseos, dejando fuera el grueso de la fuerza, pero reservándose un contingente de cinco mil hombres. En las cercanías se encontraba una guarnición mexica y los tlaxcaltecas temían una celada. El primer día les dieron de comer «muy bien y abastadamente», recuerda Bernal; pero al segundo, comenzaron a disminuir la provisión y, al tercero, la suspendieron por completo. Agua era lo único que les proporcionaban. Advirtieron que algunas calles se encontraban tapiadas y que tenían armadas unas trampas, consistentes en grandes hoyos, en los cuales enterraron varas muy afiladas para que se mancasen los caballos. Las trampas se encontraban cubiertas con ramas. Las sospechas fueron en aumento cuando observaron que las mujeres y los niños abandonaban la ciudad. Una vieja previno a Malintzin, advirtiéndole de lo que se tramaba.[13] Por su lado, los tlaxcaltecas dieron cuenta de que esa mañana habían sacrificado a unos niños, lo cual era parte del ritual para obtener la victoria. Cortés reunió a los notables de la ciudad. Faltaba uno, que era precisamente el de mayor jerarquía; lo buscaron y, cuando lo encontraron y los tuvo reunidos a todos, los fue interrogando uno a uno, por separado. Asombrados, decían: «éste es como nuestros dioses que todo lo saben; no hay por qué negarle cosa».[14] Confesaron que todo lo habían preparado los agentes mexica. Pasó a la sala continua, adonde éstos se encontraban confinados, diciéndoles lo que acababan de confesarle los de Cholula, sin embargo, agregó que él no les había dado crédito. No creía posible que un gran señor como Motecuhzoma fuese capaz de consentir una traición tan vil. En consecuencia, iba a castigar a los cholultecas, pero a ellos, los embajadores, no les haría daño.

Sonó un disparo. Era la señal. Todos a una, españoles y aliados indígenas, se lanzaron sobre los cholultecas tomándolos por sorpresa. Fue una masacre. Como carecían de jefes que dirigieran la defensa, casi no opusieron resistencia. Los de Tlaxcala extremaron la crueldad, movidos por resentimientos antiguos. Cuando cesó la matanza, pasarían tres días sacando de la ciudad los cadáveres que ya hedían. En su *relación*, Cortés dirá a Carlos V que el número de muertos fue de tres mil y, al referirlo, lo dice a manera de un parte de guerra. No considera necesario justificarse.[15] Para él todo está claro; se le preparaba una celada y no hizo otra cosa que ganarles la mano. Esa matanza es una de las máculas que pesan sobre Cortés; ¿se trató de una acción de guerra, o fue una atrocidad innecesaria? En el juicio de residencia será acusado por lo segundo; sin embargo, después de muerto, cuando las aguas se serenaron, comenzaron a asomar otros pareceres, como es el de uno que se contó entre sus más implacables enemigos: Bernardino Vázquez de Tapia. Éste, que en sus primeras declaraciones arremetió contra él de manera indiscriminada, más tarde, en segundos pensamientos, revisaría algunas de las cosas que dijo y, así, al referirse nuevamente a esa acción, destacará que había motivos para sospechar que se trataba de una celada, por lo que Cortés se habría adelantado. Más adelante se verá su testimonio.

Por conducto de uno de los notables, Cortés ordenó que volviesen a la ciudad sus moradores, y como había muerto el cacique principal, se procedió a la designación de otro, misma que él aprobó. Ya en funciones los nuevos dirigentes, expuso a éstos el plan de gobierno, que se resumía en vasallaje y destrucción de los ídolos. En el templo de Quetzalcóatl se plantó la Cruz. La matanza fue como una gran caja de resonancia, no tardando en presentarse emisarios de Huejotzingo (a quienes ya antes había reconciliado con los tlaxcaltecas), que ahora lo invitaban a que fuese a su territorio. Los de Tepeaca hicieron lo propio y, además de un obsequio en oro, le trajeron veinte esclavas. Antes de llegar a Tenochtitlan ya comenzaba a desmoronarse el imperio de Motecuhzoma. En su *relación,* Cortés expresa admiración por la grandeza de Cholula; dice haber subido a un templo (lo llama mezquita) contemplando desde lo alto «cuatrocientas treinta y tantas torres en la dicha ciudad, y todas son mezquitas».[16] La cuenta está exagerada, pero servirá para explicar más tarde el alto número de iglesias de Cholula, ya que se edificó una sobre cada pirámide y adoratorio, lo que daría pie a la leyenda de que había una para cada día del año. Nunca hubo tantas. En la actualidad, quedan en pie cincuenta y dos cúpulas. A la ciudad la califica como el lugar más apropiado para que se establezcan españoles, tanto por la abundancia de aguas para el regadío como por los pastizales para el ganado. Y, frente a esas condiciones privilegiadas, menciona un dato contradictorio: era la primera ciudad en la que advertía la existencia de mendigos, que iban pidiendo por las casas de los ricos, «como hacen los pobres en España y en otras partes que hay gente de razón».[17] A Cholula la compara con Granada, diciendo que tenía tan buenos edificios como ésta y que la superaba en habitantes. Cuenta que en el mercado había a diario más de veinte mil gentes comprando y vendiendo. La exageración es evidente Y otro dato que proporciona es sobre la administración de justicia, y al respecto dice que vio que tenían en prisiones a numerosos individuos que habían cometido robos y diversos delitos.[18]

Ascensión al Popocatépetl

En Cholula se presentó la ocasión para hacer un poco de alpinismo. Tenían enfrente el cono nevado del Popocatépetl, y Ordaz obtuvo de Cortés la autorización para intentar la escalada. Partió con diez españoles y algunos indios. Por aquellos días el volcán daba signos de actividad; rugía a intervalos y lanzaba fumarolas. A medio camino, los indios no se atrevieron a seguir adelante por temor a irritar al dios de la montaña. Siguieron sólo los españoles, y algunos fueron deteniéndose por el camino. A la postre, únicamente Ordaz y dos más, consiguieron asomarse al cráter, cuyo interior –según dijo– hervía como horno de vidrio. Desde la cima pudieron contemplar Tenochtitlan en medio de las lagunas, con las calzadas que la comunicaban con la tierra firme. Desde ese punto de observación fue posible corroborar los informes recogidos acerca de la disposición de la ciudad; es posible que el verdadero móvil que estuvo detrás de esa acción de Ordaz fuese el de levantar su prestigio, pues siendo hasta ese momento uno de los más destacados miembros de la facción velazquista, resulta muy difícil aceptar que no se hubiera contado en ese grupo de siete, cuyos nombres Bernal omite «por su honor»; a no dudarlo, la posterior proeza de Cortés de correr el campo enemigo con sólo cien españoles y los indios aliados habría hecho mella en un hombre como Ordaz. La ascensión al volcán causó honda impresión a los indios, pues, al parecer, para ellos la montaña era tabú. Ordaz, quien por aquellos días debería andar por los cuarenta, y veía pasar la vida sin salir de su condición de escudero pobre, sintió el desafío de la montaña. A través de lo poco que se sabe de él, su ideario estaría centrado en la caballería y la realización de hechos hazañosos. Podría decirse que, a partir de ese momento, se registrará en él un giro de ciento ochenta grados, inclinándose hacia el bando de Cortés hasta llegar a convertirse en uno de los hombres de su confianza, al extremo que éste lo enviará a España como representante suyo.

En los días que permaneció en la ciudad, Cortés fungió como árbitro entre tlaxcaltecas y cholultecas, haciendo que se reconciliaran olvidando viejas rencillas. Después de todo, ahora ambos eran vasallos de un mismo rey. Luego de destruidos Camaxtle y Quetzalcóatl, tenía las espaldas cubiertas para ir al encuentro de Motecuhzoma. Para el español de aquellos días, la religión se encontraba en el centro de la vida, y lo propio ocurría con los pueblos indígenas. Cortés, desde un primer momento, tuvo muy claro que para no dejar enemigo en la retaguardia, debía realizar la conquista espiritual de todos los lugares por donde iba pasando, aunque esa conquista fuese mediante la espada y no con la prédica evangélica. Por lo pronto, al destruirles sus creencias, les quebraba la espina dorsal. Atrás vendrían frailes que se encargarían de catequizarlos.

Cuando se dispuso a proseguir la marcha, los emisarios de Motecuhzoma le propusieron una ruta; pero él eligió otra, la que pasaba por Huejotzingo, cuyos habitantes se habían mostrado muy bien dispuestos. Llegó a ésa sin contratiempo y, de nueva cuenta, llegaron a alcanzarlo otros embajadores. El propósito era hacerlo desistir de continuar adelante. Le trajeron un nuevo presente de oro, y la reiteración de que su soberano estaba dispuesto a pagar la cantidad que se le fijase como vasallo de los reyes de España. Al propio tiempo, le subrayaron los peligros que afrontaría de seguir adelante; el camino era accidentado y se fatigarían. La ciudad se encontraba en el medio de una laguna, por lo que existía el riesgo de que alguno pudiera caer al agua y ahogarse. Se le dijo también que Motecuhzoma tenía muchos lagartos, tigres y leones que podrían comérselos.[19] Podemos imaginar la hilaridad que les produciría escuchar eso. Entre mayores eran los inconvenientes, más aumentaba el deseo de Cortés de verse en la ciudad sin dilación; por lo que escuchaba, aquello era un castillo de naipes que se vendría abajo de un soplo.

A la salida de Huejotzingo, tomaron un camino que pasa en medio de los volcanes. Acamparon en lo alto, precisamente en el sitio hoy conocido como Paso de Cortés, allí donde se encuentra una estela con un altorrelieve en bronce que recuerda el hecho. Como venían del trópico, todos se encontraban mal abrigados. Encendieron fogatas y pasaron la noche tiritando. Por obra del tiempo, los recuerdos de Bernal acerca de los padecimientos sufridos parecen haberse desvanecido, limitándose a decir: «y subiendo a lo más alto, comenzó a nevar y se cuajó de nieve la tierra, caminamos la sierra abajo»; por su parte, Cortés pasa de largo por semejante proeza, diciendo: «otro día siguiente subí el puerto por entre las dos sierras que he dicho».[20] Así de escueto. Y téngase presente que gran número de la gente que allí venía provenía del trópico; además, a esas alturas, cercanas a los cuatro mil metros, se movían por senderos tortuosos y arena suelta, que dificultarían la marcha de hombres y caballos. Y no debe olvidarse que transportaban la artillería. Cualquier excursionista que recorra la zona puede hacerse una idea de lo que sería eso. Y por lo visto, realizaron el ascenso en una jornada y en otra descendieron. Ello habla de la excepcional condición física tanto de la fuerza española, como de los aliados indígenas y mujeres de servicio.

Cuando iniciaron el descenso pudieron disfrutar de la vista de las lagunas, de Tenochtitlan y demás poblaciones ribereñas. Amecameca fue la primera ciudad adonde llegaron. Permanecieron en ella dos días, y fueron agasajados por el cacique local, quien expuso muchas quejas en contra de Motecuhzoma.[21] Lo mismo expresarían los representantes de Chalco, Tlalmanalco y Chimalhuacán, que llegaron hasta allí para llevar presentes y buscar su amistad. Cortés escuchó sus lamentos y les ofreció protección, la cual aceptaron al momento. Siguieron adelante y, poco antes de entrar en Iztapalapa, salió a su encuentro un joven de alrededor de veinticinco años, que era transportado en andas. Se trataba de Cacama, señor de Texcoco y sobrino de Motecuhzoma. En cuanto puso pie a tierra, sus servidores iban por delante barriendo el suelo. Ése sería el último y desesperado esfuerzo por detener a Cortés. Cacama reiteró lo ya ofrecido: su tío juraría vasallaje y pagaría tributo, pero a condición de que se diesen la media vuelta. Tanto porfió el príncipe texcocano, que, en la carta al Emperador, Cortés dice que sólo le faltó decir que se opondría por la fuerza.[22]

8
Tenochtitlan

La mañana del 8 de noviembre de 1519, a hora temprana, llegaron a la calzada que desde Iztapalapa daba acceso a la ciudad por el sur. Como avanzada partió un mensajero indígena, que corriendo a lo largo del trayecto, iba advirtiendo que todo mundo debería despejar el camino. Al que estorbase el paso se le daría muerte.[1] En cuanto la calzada estuvo libre, comenzó la procesión. Cortés abría la marcha con su pelotón de jinetes –trece en total–, llevando a su lado a Malintzin. A continuación venían los de a pie, cuyo número se sigue calculando en trescientos, lo cual viene a corroborar aquello de que sólo uno habría muerto en los encuentros librados. Seguía el contingente de guerreros de los pueblos aliados, que podrían sumar más de cinco mil, y cerraba la marcha una larga procesión de mujeres, las *naborías*, encargadas de preparar la comida. Mientras avanzaban, a su lado discurrían centenares de canoas, cuyos ocupantes no querían perderse ese espectáculo insólito. En la retaguardia, jalados por *tamemes* y esclavos africanos, venían los tiros de campo montados sobre ruedas. Ése sería el momento en que, ante los ojos atónitos de la multitud, apareció la utilidad de la rueda, la gran ausente de las culturas del hemisferio.

Poco antes de la entrada a la ciudad, se encontraba un pequeño baluarte construido en la isleta de Xoloc: ése fue el lugar del encuentro. Torquemada precisa que, en el sitio exacto, se levantó la ermita de San Antón (hoy día junto a la estación San Antonio Abad del metro).[2] Motecuhzoma venía en andas, siendo descendido en cuanto llegó a corta distancia de los españoles. Lucía un penacho vistoso, cubriéndose con una manta muy rica. Llamó mucho la atención que viniese calzado con unas sandalias, cuya parte superior era de oro, en contraste con Cacama y Cuitláhuac, que caminaban descalzos a su lado, lo mismo que los cerca de doscientos dignatarios que componían el séquito. Mientras avanzaba, unos servidores con la cabeza muy baja, para evitar mirarle a la cara, barrían el terreno colocando a continuación mantas para evitar que pisase el suelo. Una vez que se encontraron frente a frente, Cortés descabalgó, mientras que Motecuhzoma, Cacama y Cuitláhuac ponían la mano derecha en la tierra y luego se la llevaban a los labios en señal de saludo. Cortés intentó abrazarlo, pero los parientes lo impidieron; no obstante, consiguió echarle al cuello un collar de cuentas de colores. Realizados esos saludos, se acercaron los cerca de doscientos dignatarios, quienes, uno a uno, repetían la misma salutación. Cuando hubieron desfilado todos, Motecuhzoma se dio la media vuelta y, del brazo de Cacama, comenzó a caminar mientras Cuitláhuac ofrecía el suyo a Cortés. De esa manera, la procesión entró en la ciudad y, mientras andaban, trajeron a Motecuhzoma dos collares que a su vez echó al cuello a Cortés para corresponder a su obsequio. Éste los describe como hechos de huesos de caracol colorado, «que ellos tienen en mucho», y que de cada collar colgaban ocho camarones de oro de tamaño de un jeme.[3] Fueron conducidos directamente al palacio de Axayácatl, padre de Motecuhzoma, el cual había sido acondicionado para albergarlo a él y al ejército completo. Al trasponer el umbral, Motecuhzoma tomó a Cortés de la mano conduciéndolo a una sala donde lo hizo sentar en un estrado que se le tenía preparado y, diciéndole que lo esperase, se retiró.

Bernal señala que cuando Motecuhzoma calculó que ya habrían comido y reposado, volvió trayendo gran cantidad de joyas de oro y plata, y de plumajes y mantas muy ricas que le entregó como presente. A continuación, sentándose a su lado, inició un largo parlamento diciendo que, por sus escrituras, tenían conocimiento de no ser originarios de la tierra que habitaban, sino extranjeros, y que a sus antepasados los había traído un señor que volvió a su lugar de origen, de hacia donde sale el sol; y como ellos decían que venían de esa dirección, se daba cuenta de que eran súbditos de ese señor. Por tanto, manifestó su disposición a obedecer los mandatos de éste. Acto seguido, le pidió no dar crédito a todo lo que los de Cempoala y Tlaxcala le habrían dicho acerca de él, pues ni las paredes de su casa eran de oro, ni él era un dios y, para enfatizarlo, se alzó la manta diciendo: «véisme aquí que soy de carne y hueso». Evidentemente, padecía una gran confusión acerca de los recién llegados y de ese lejano monarca de quien hablaban. Cortés no se esforzó en sacarlo del error; «me pareció que convenía, en especial en hacerle creer que vuestra majestad era a quien ellos esperaban; y con ésto se despidió; e ido, fuimos muy bien proveídos de muchas gallinas y pan y frutas y otras cosas necesarias, especialmente para el servicio de aposento, y de esta manera estuve seis días, muy bien proveído de todo lo necesario, y visitado de muchos de aquellos señores».[4] A continuación, Motecuhzoma se excusó de que si antes no los había invitado a entrar en la ciudad, ello era para evitar el temor de sus súbditos, a quienes les habían dicho que echaban rayos y relámpagos y que, con los caballos, mataban a muchos hombres, pero que él estaba convencido de que eran hombres mortales muy esforzados, y que les daría de todo lo que tenía. Cortés, en este punto, le expresaría su reconocimiento. Éste es, a grandes líneas, el relato de ambos que coincide en lo fundamental; la variante principal consiste en que Bernal divide en dos la conversación: una parte habría tenido lugar la tarde de la llegada, y la otra, durante la primera visita que efectuaron a Motecuhzoma en su palacio. Agrega, también, algo que resulta interesante: el diálogo habría sido muy cordial, y ambos interlocutores hablaron entre risas, lo cual en Cortés no es de extrañar pues es conocido que, además de poseer un fino sentido del humor era un bromista; pero, en cuanto a Motecuhzoma, cuyo nombre significaba «señor sañudo» y además mantenía una distancia abismal con sus súbditos, el dato no deja de llamar la atención. Festejaba bromas y reía.[5] Posiblemente fuera ésa la primera oportunidad que se le ofrecía para hacer gala de su sentido del humor; al fin se hallaba frente a alguien que no agachaba la cabeza en su presencia, y con quien podía hablar de igual a igual. Ésta es la primera referencia acerca de que Motecuhzoma sabía reír. Además, algo que se advierte en su parlamento, es que no dio muestras de estar enterado de la presencia española en Panamá, lo cual pone de manifiesto que los *pochtecas* (mercaderes), no llegaban tan al sur en sus correrías.

Tenochtitlan. A los ojos de los conquistadores, otra Venecia. Cortés comienza a describirla diciendo que se alza en medio de una laguna de agua salada, que tiene mareas de la misma manera que el mar, y que, en el momento de la creciente, sus aguas corren hacia la laguna de agua dulce, con la que se comunica, con la misma fuerza que lo haría un río caudaloso. Y a la inversa, al momento del reflujo, son las aguas dulces las que invaden la salada; continúa diciendo que se accedía a la ciudad lacustre por cuatro calzadas que la comunicaban con la tierra firme; aunque en realidad eran tres, no está del todo errado en afirmar que eran cuatro, pues en la de Iztapalapa existía una derivación que iba a Coyoacán. La anchura de éstas la fija en «dos lanzas jinetas». A continuación habla del acueducto que traía el agua desde Chapultepec. Un doble caño, de los cuales uno se mantenía en servicio mientras el otro era limpiado; desde luego, un crédito a la ingeniería de los constructores mexica, quienes supieron darle la pendiente justa para que fluyese el agua sin interrupción. En cuanto a las dimensiones de la urbe sólo dice que era «tan grande como Sevilla y Córdoba» (ninguna de las cuales llegaría entonces a los cincuenta mil habitantes); aunque no ofrece un estimado de la población, en cierta manera se contradice, pues cuando habla del mercado de Tlatelolco, manifiesta que en las horas de actividad se movían en él alrededor de sesenta mil almas.[6] Una exageración inmensa. Basta un vistazo al área que éste ocupó, para apreciar que allí difícilmente hubiera cabido una quinta parte de la cifra mencionada. La cuestión del número de habitantes que pudieron haber tenido las ciudades gemelas de Tenochtitlan-Tlatelolco es tema muy debatido. Las cifras fluctúan enormemente, y van desde los setenta mil que le asigna el *Conquistador anónimo* hasta los trescientos mil citados por Torquemada.[7] Existen otros datos que pueden arrojar mayor luz sobre el particular; el primero es el área que ocupaba. La ciudad tenía una forma más o menos rectangular, con el eje norte sur notablemente más alargado que el que iba de oriente a poniente. Para hacerse una idea muy gráfica, si se superpone el plano antiguo sobre el actual, se verá que el eje mayor iría de la calle de José María Izazaga al mercado de la Lagunilla. Allí se interrumpía por la existencia de una pequeña laguna (por eso el nombre del mercado), y a continuación se encontraba Tlatelolco, que abarcaba lo que hoy día comprende ese barrio. Eso en cuanto a lo largo, y en lo que toca a lo ancho, el eje iría en forma un tanto irregular desde las calles de Corregidora y Correo Mayor, a la desembocadura de la calle Tacuba, justo frente al palacio de Correos. Como se advierte, el área no era muy grande, y de allí habría que deducir el espacio ocupado por huertas, jardines, y los numerosos canales. No da para acomodar a mucha gente, sobre todo teniendo en cuenta que la mayoría de las casas era de una sola planta. El otro dato es el del agua. Para su abastecimiento la ciudad dependía por entero del acueducto, ya que la lluvia no era captada en aljibes. Cortés y el *Conquistador anónimo* dicen que el caudal de éste era como «del gordor de un cuerpo de hombre».[8] A ello debe tenerse presente que la mayor parte se desperdiciaría, habida cuenta de una distribución ineficiente por parte de quienes la recogían en tinajas para llevarla en canoas a vender; por tanto, el abastecimiento de agua vendría a ser la limitante para aceptar que el número de habitantes fuera tan alto como algunos pretenden. Una cosa sí está clara, y ello es que Tenochtitlan nunca tuvo las dimensiones de una Teotihuacán, con una avenida equiparable a la de los Muertos, de dos kilómetros de longitud, y con una población que pudo haber alcanzado los doscientos cincuenta mil habitantes. Faltaba espacio. Texcoco estaba más poblado. [Cortés y Bernal llaman indistintamente «lagunas» a los lagos de Texcoco, Chalco y Zumpango; para ir en consonancia con ellos, en este escrito se les denominará de igual manera.]

No quedó memoria del palacio de Axayácatl; lo único que cabe conjeturar es lo obvio, que sería de muy grandes dimensiones, puesto que tuvo capacidad suficiente para albergar a semejante multitud, aunque, eso sí, fue necesario utilizar como anexo unas casas situadas enfrente, donde se habilitaron grandes letrinas. Torquemada las llama *maxixato*, donde un gran número de servidores «tenían gran cuenta, para que siempre estuviesen limpias y ajenas de mal olor».[9] Se alzaba en terrenos donde hoy día se encuentra el Nacional Monte de Piedad. Frente a él se encontraba el *coatepantli*, la barda que rodeaba el centro ceremonial, a la cual le venía el nombre por encontrarse rematada por cabezas de serpiente, esculpidas en la piedra. A un costado, un poco hacia la izquierda, la mole del Templo Mayor, al que Bernal llama el *Gran Cú*; y, como sus gradas miraban hacia poniente, al alba del día siguiente a su llegada debieron presenciar el momento en que subirían a los que fueron sacrificados en la jornada. Y, a un costado del templo, se alzaba el *tzompantli*, el osario gigantesco, donde se encontraban expuestos los cráneos de los sacrificados. Las proporciones de esa construcción daban una idea del número de sacrificados. Estaban, cara a cara, frente a la cultura de la muerte.

Cortés no dedicó mucho espacio a la descripción del recinto ceremonial, limitándose a decir que abarcaba una superficie lo suficientemente grande como para establecer una villa de quinientos vecinos. El *Conquistador anónimo* repite el dato, mientras que Tapia reduce el número a cuatrocientos.[10] Es este último quien ofrece la descripción más pormenorizada del *tzompantli*; al respecto, dice que sobre una gran plataforma de piedra (él la llama teatro) se encontraban unas torres que tenían la peculiaridad de estar construidas con calaveras unidas con argamasa, con los dientes hacia afuera; y estas torres, separadas una de otra por la distancia de una vara de medir, sostenían unas varas, en cada una de las cuales se encontraban cinco cráneos atravesados por las sienes. Este testigo, en compañía de Gonzalo de Umbría, se dedicó a contar el número de varas y, multiplicándolas luego por cinco, encontraron que habría ciento treinta y seis mil cráneos, sin contar los de las torres. Sin duda, un número altísimo. Se le pasó la mano. Gómara reproduce textualmente el dato cuando escribe: «Andrés de Tapia, que me lo dijo, y Gonzalo de Umbría, las contaron un día, y hallaron ciento treinta y seis mil calaveras en las vigas y gradas. Las de las torres no las pudieron contar».[11] Ésta es la única ocasión en que este autor identifica a uno de sus informantes. En realidad, eran dos los *tzompantli* que se alzaban en el recinto del Templo Mayor; uno pequeño y otro de grandes proporciones, el *huei tzompantli*. En total, había seis en la ciudad.

Las descripciones de Cortés resultan desconcertantes, pues mientras habla con todo detalle del mercado, ofreciendo incluso el dato de que no empleaban medidas de peso, sino únicamente las de capacidad, en cambio pasa muy por encima al hablar de la traza de la ciudad. Sobre ésta dice que la mitad de sus calles eran de tierra muy bien apisonada y las otras eran canales; el dato más explícito que da acerca de la arquitectura civil es el siguiente: «Hay en esta ciudad muchas casas y muy buenas y muy grandes, y la causa de haber tantas casas principales es que todos los señores de la tierra, vasallos del dicho Mutezuma, tienen sus casas en la dicha ciudad y residen en ella cierto tiempo del año, y demás de esto hay en ella muchos ciudadanos ricos que tienen asimismo muy buenas casas. Todos ellos, además de tener muy grandes y buenos aposentamientos, tienen muy gentiles vergeles de flores de diversas maneras, así en los aposentamientos altos como bajos».[12] De aquí se desprende que al área de por sí reducida de la ciudad, para espacio habitacional habría que restar el terreno destinado a jardines. Bernal tampoco describe las casas de los ricos; Francisco de Aguilar apunta que cuando Diego Ordaz y otros capitanes subieron a las azoteas, apreciaron que era una ciudad fortísima, «porque cada casa era una fortaleza, todas de puentes levadizas, llena aquella gran laguna de canoas y gentes que ponía espanto...». No es mucho lo que dice.[13] Lo único que hace es confirmar que existían casas sólidamente construidas. Cortés, quien no se ocupó en describir el palacio de Axayácatl, donde estuvo alojado, tampoco lo hace con el de Motecuhzoma, que se encontraba casi enfrente del primero, en los terrenos ocupados hoy por Palacio Nacional. Acerca de la casa de este último sólo nos dice que allí la actividad daba comienzo al amanecer, y que tenía tres patios y seiscientas personas de servicio. El dato ayuda a formarnos una idea de sus dimensiones, pero, en ambos casos olvida aclarar si eran de una o dos plantas; en cambio, habla con mayor detalle de la casa de las aves y la casa de las fieras. Se comprende que a todos los testigos originales les haya sorprendido este refinamiento de Motecuhzoma, pues en aquellos días ningún monarca europeo mantenía un zoológico. Al igual que Cortés, lo mismo ocurrió con Bernal y Tapia, quienes omitieron la descripción de los palacios de Axayácatl y Motecuhzoma en favor de esta novedad. Bernal las describe como situadas en edificios separados, mientras que Cortés las ubica en los jardines de una casa de recreo que, aunque algo menos suntuosa que el palacio de Motecuhzoma, era igualmente de grandes proporciones. De ésta le llamaron la atención los pisos de mármoles de colores intercalados a manera de tablero de ajedrez, así como los diez estanques en los que se alojaban todo género de aves acuáticas; unos llenos de agua dulce y en otros salada, según el hábitat de las mísmas. A las que comían insectos, insectos les daban; maíz y semillas a las que tenían esa dieta, y a las que se alimentaban de pescado daban cada día diez arrobas de pescado sacado de la laguna. Prosigue diciendo que había trescientos hombres encargados del cuidado de los animales. Sobre cada uno de los estanques había unos miradores para que Motecuhzoma pudiera recrearse contemplándolos cada vez que la visitaba. En otra parte había jaulas para aves de presa, tan grandes, que los animales podían ponerse a cubierto de noche y cuando llovía, y durante el día tomaban el sol en un área que se encontraba cubierta por una red. En los bajos estaban jaulas que albergaban jaguares, pumas, ocelotes, lobos, zorros y coyotes. El edificio se encontraría en el borde de la ciudad, donde más tarde estuvo el hoy desaparecido convento de San Francisco, del cual sólo queda la iglesia que mira a la calle de Madero. Bernal nos habla de otra sección dedicada a la reproducción de las serpientes más venenosas, las cuales tenían en tinajas y eran alimentadas con las vísceras de los sacrificados. Existían grandes edificios como el Calmecac y algunas residencias de potentados, de cuya existencia tenemos conocimiento por algunas alusiones; pero como no las describieron nos quedamos sin saber cómo eran las casas de los poderosos. El único dato que poseemos es que tenían azoteas. Motecuhzoma poseía otra casa donde se alojaban albinos, enanos, jorobados y contrahechos con todo tipo de deformidades.

Prisión de Motecuhzoma

La prisión de Motecuhzoma resulta un hecho único en los anales de la historia, pero, ¿se trató de un plan preconcebido, o respondió a una decisión desesperada, dictada por el sesgo desfavorable que tomaban los acontecimientos? Aquí las versiones de los participantes discrepan diametralmente, y visto que no resulta posible refundirlas en una sola, se examinarán por separado. Bernal refiere que al día siguiente de la entrada en la ciudad, Cortés habría informado a Motecuhzoma que tenía el propósito de ir a visitarlo. Para la entrevista se hizo acompañar de cuatro capitanes, que serían Pedro de Alvarado, Juan Velázquez de

León, Diego Ordaz y Gonzalo de Sandoval, junto con cinco soldados, entre los cuales se contaría él. Con ellos, naturalmente, irían Malintzin y Jerónimo de Aguilar, encargados de la traducción.

Se presentaron en palacio. Entraron como Pedro por su casa. No había guardia, ni ningún otro tipo de controles. El propio Motecuhzoma salió a recibirlos. En el interior se encontraba un gran número de dignatarios y personal de servicio; pero como el soberano se encontraba tan alto, todos mantenían la cabeza baja, sin atreverse a mirarlo a la cara. Ésa era la protección de Motecuhzoma: la distancia abismal que guardaba con sus súbditos. El dato no pasaría desapercibido a los españoles (ya habían advertido que en la ciudad nadie circulaba portando armas). La conversación –siempre según este autor– habría dado comienzo con una presentación hecha por Cortés diciendo quiénes eran y a qué habían venido: cristianos y enviados por un poderoso monarca que, dolido de lo engañados que los traían los ídolos, los mandaba para sacarlos de ese error y hablarles del Dios verdadero. Les pedía, por tanto, que ya no practicaran sacrificios humanos ni sodomías. Ése era el mensaje. Mientras Malintizn terminaba de traducir, Cortés se volvió hacia los suyos diciendo: «Con esto cumplimos por ser el primer toque».[14] A su vez, Motecuhzoma expresó que sus enviados ya lo habían enterado del recado que le envió desde el arenal acerca de los tres dioses, la Cruz, y de todo lo que venía anunciando por los pueblos donde pasaba. En cuanto a sus dioses, manifestó que los tenían como buenos, y volvió a decir que tenía la certeza de que los españoles eran aquellos de quienes les habían hablado sus antepasados, hombres que vendrían de la dirección de donde sale el sol. Hasta ese momento Motecuhzoma parecía encontrarse aplastado por el peso de la profecía. Al término de la visita hubo obsequios para todos; Bernal recuerda que recibió dos collares de oro, que valoró en diez pesos cada uno, y dos cargas de mantas.

Lo que viene a continuación resulta una página confusa. Bernal habla de que estuvieron acuartelados cuatro días sin que nadie abandonara los aposentos, salvo para ir a las casas de enfrente (donde estaban las letrinas) y a unas huertas que, al parecer, formarían parte del recinto del palacio de Axayácatl. Un extraño inmovilismo que sólo él menciona. El acuartelamiento habría sido de lo más estricto, lo cual resulta explicable, pues si la gente se dispersaba por la ciudad se encontraría expuesta a graves riesgos. Ese encierro de cuatro días sin hacer nada; ¿a qué se debió? El testigo no se ocupa de explicarlo; pero es indudable que algo no marcharía conforme al plan de Cortés.[15] No se viene de tan lejos para encerrarse y quedar en una posición vulnerable, expuesto a que los mexica le interrumpieran los suministros en cualquier momento. Es posible que esperase una reacción de Motecuhzoma que no llegó a producirse; salieron de ese punto muerto (siempre según Bernal), cuando Cortés decidió efectuar una visita al templo de Tlatelolco, en la ciudad gemela. Llama la atención que, en lugar de comenzar por el Templo Mayor que tenían justo enfrente, lo hiciese por el más alejado. Queda abierta la posibilidad de que esa determinación fuera tomada para, así, tener oportunidad de realizar un recorrido a lo largo del eje mayor de la ciudad, o que, simplemente, se trate de una confusión de Bernal atribuible a un fallo de memoria.

Para la visita, envió aviso a Motecuhzoma solicitándole licencia. Los encargados de llevar el mensaje fueron Malintzin y Jerónimo de Aguilar, a quienes acompañó Orteguilla. Ésa es la primera ocasión en que se detecta en Tenochtitlan la presencia de ese niño, a quien Cortés había dejado encomendado al cacique de Cempoala para que aprendiese el idioma. Está visto que pronto cambió de planes con respecto a él, pues ya lo traía consigo cuando entró en la ciudad. Jugará un papel importante. Motecuhzoma aprobó la visita y, para evitar que pudiera producirse algún incidente, quiso hallarse presente. Para el traslado al templo fue llevado en andas sólo hasta mitad del camino, continuando después a pie, ya que, de otra manera, se consideraría un desacato a sus dioses. Caminó rodeado de grandes señores y, cuando llegó al pie del templo, subió acompañado de los sacerdotes principales. Por su lado, Cortés llegó a Tlateloco montado a caballo junto con su pelotón de jinetes y un grupo escogido de soldados, además de los intérpretes, que en aquellos momentos eran como su sombra, ya que no daba un paso sin que lo acompañasen. A su lado iba un grupo de personajes mandados por Motecuzhoma para guiarlo en su recorrido. Algo que los impresionó en gran medida fue el mercado. Después de los años pasados en las Antillas habían olvidado lo que era ver un gentío de tal magnitud comprando y vendiendo. A Bernal le hizo evocar la feria de su natal Medina del Campo, que era la más famosa entre las celebradas en Castilla (duraba cien días a lo largo del año, divididos en dos periodos), y algo que le llamó la atención fue la venta de esclavos y esclavas; «digo que traían tantos de ellos a vender a aquella plaza como traen los portugueses los negros de Guinea, y traíanlos atados en unas varas con colleras a los pesquezos, porque no se les huyesen».[16]

El templo de Tlatelolco se encontraba circundado por una cerca que es probable que no difiriese de la que rodeaba al de Tenochtitlan. Se trata, desde luego, de un supuesto, pero como no se dispone de otra descripción más precisa, no queda otro remedio que atenerse a lo que él dice; según esto, el área ocupada por los patios era mayor «que la plaza que hay en Salamanca, y con dos cercas de calicanto».[17] Llegó Cortés y puso pie a tierra. En ese momento dos sacerdotes y algunos principales se acercaron dispuestos a ayudarlo a subir, como antes lo habían hecho con Motecuhzoma. Y pese a que eran ciento catorce peldaños (uno más que el templo de Tenochtitlan), éste rechazó el ofrecimiento. Una vez en la plataforma superior, pudieron ver la piedra de los sacrificios. En ese momento Motecuhzoma salió del adoratorio para darles la bienvenida, y al preguntar los sacerdotes a Cortés si le había resultado penoso el ascenso, éste replicó que ni él, ni sus acompañantes, se fatigaban con cosa alguna. Motecuzhoma le dio la mano, invitándolo a pasear la mirada alrededor para que disfrutase de la vista que se ofrecía ante sus ojos. Algunos que conocían Roma y habían estado en Constantinopla, aseguraron no haber visto otra ciudad de esas proporciones.[18] Vieron las tres calzadas que comunicaban con la tierra firme y el acueducto que la abastecía de agua desde Chapultepec; de la misma manera pudieron percatarse del número de canales y acequias que cruzaban la ciudad. Ahí advirtieron lo vulnerable que era su situación; bastaría cortar unos pocos puentes para que quedasen aislados por completo en el palacio de Axayácatl.

Luego de haber examinado el panorama, Cortés dijo a fray Bartolomé de Olmedo que podría probarse de hacer «un tiento» a Motecuhzoma, para ver si éste autorizaba que se pusiese la Cruz en ese sitio, junto con una imagen de la Virgen. Al fraile de la Merced no le entusiasmó la idea, pues juzgaba que era precipitar las cosas; de todas formas Cortés que no había quedado muy convencido, preguntó a Motecuhzoma si podrían pasar a la cámara donde se encontraban los ídolos. Éste lo consultó con los sacerdotes –a quienes Bernal llama papas– y, al no encontrarlo inconveniente, les franquearon la entrada.[19] Allí, según Bernal, verían por primera vez a Huitzilopochtli y a Tezcatlipoca; aunque hay que advertir que incurre en un error, pues éstos no se encontraban juntos. El primero estaba en el Templo Mayor y, el segundo, en Tlatelolco.

Cortés tenía prisa en acabar con la religión indígena, por lo que, desoyendo todo consejo de prudencia, pidió a Motecuhzoma autorización para plantar allí la Cruz y erigir un adoratorio a la Virgen. Al escuchar el pedido, éste se sobresaltó diciendo que de haber sospechado que se haría tal desacato a sus dioses, nunca habría consentido en mostrárselos. Tan alterado estaba, que Cortés ya no insistió más y se despidió. Motecuhzoma permaneció en el lugar para efectuar un acto de desagravio.

Según recuerda Bernal, llegó el quinto día de su permanencia en la ciudad y, hasta ese momento, Cortés se habría entrevistado sólo en tres ocasiones con Motecuhzoma. Vendrían a continuación cuatro días en los que, inexplicablemente, no habría habido comunicación. El diálogo se reanudará con ese encuentro sostenido en la plataforma superior del templo de Tlatelolco, mismo que concluye ríspidamente. No vuelve a producirse ningún contacto entre ambos. El siguiente movimiento lo hará Cortés. Habida cuenta del antecedente de que Motecuhzoma rechazó la idea de que se pusiese la Cruz en lo alto del templo, y como desde el día de la llegada la misa se venía oficiando en un altar improvisado, montado con unas tablas, se pidió a los mayordomos de palacio que proporcionaran algunos albañiles para construir uno en toda forma. Éstos repusieron que sin la autorización del soberano no podrían acceder. Por tanto, Cortés envió como emisarios a Malintzin, Jerónimo de Aguilar y Orteguilla para solicitar la licencia, misma que fue otorgada. A los dos días estaba habilitado un adoratorio dentro del palacio de Axayácatl, donde los soldados hacían oración a la vista de los indios, para darles el ejemplo. Lo que resulta extraño en este relato es que hubiesen pasado esos días mano sobre mano, sin hacer nada, pues aquello habría tenido un efecto desmoralizador en la tropa. Cortés habría pasado como un jefe irreflexivo que los metió en la boca del lobo.

Durante ese paréntesis, ocurrió que a un carpintero, llamado Alonso Yáñez, le llamó la atención una puerta clausurada que, por lo fresco de la cal, daba la impresión de que estuviera recién tapiada. Comunicó su descubrimiento a los capitanes Juan Velázquez de León y Francisco de Lugo, quienes a su vez procedieron a informar a Cortés. En este punto, Bernal aprovecha la coyuntura para dejar sentado que ambos capitanes eran deudos suyos; esto es, que tenía con ellos algún grado de parentesco, aunque lejano.[20] Antes dijo lo mismo de Diego Velázquez. Ante ese descubrimiento, Cortés ordenó que se abriese la puerta tapiada. La sorpresa fue mayúscula. Ante su mirada apareció un tesoro inmenso, compuesto por joyería, tejuelos de oro, piedras de jadeíta –los chalchiuites, la preciada gema del mundo indígena–, y muchísimas mantas ricamente adornadas y obras de plumería. Los españoles quedaron absortos ante la vista del tesoro. Satisfecha la curiosidad del primer momento, Cortés ordenó que, sin tocarse nada, se volviese a tapiar la puerta dejando todo como lo encontraron. No era aquella situación propicia para ocuparse del tesoro. Las preocupaciones eran otras. Un detalle al que no se ha prestado atención es el siguiente, ¿por qué los indios tapiaron la habitación? Lo más sencillo hubiese sido remover ese tesoro trasladándolo a otra parte antes de que llegasen los españoles, pero, al parecer, por alguna razón debería permanecer en ese sitio. Eso induce a pensar en una especie de cámara faraónica. El tesoro de Axayácatl no debería moverse de allí. Cortés, en una de las visitas a Motecuhzoma, refirió a éste cómo sus hombres («porque los españoles son traviesos») habían dado con el tesoro. Éste, que ya se encontraba al corriente, respondió que podrían quedarse con el oro, pero que no tocasen los artículos de plumería, pues eso «pertenecía a los dioses de la ciudad». Fray Diego Durán, refiriéndose a este episodio, escribe que por boca de un conquistador religioso, compañero suyo en el convento (alusión clara a Francisco de Aguilar), pudo saber que ese tesoro no era adquirido por Motecuhzoma, ni podía servirse de él, «y así, en muriendo el rey, ese mismo día que moría, todo el tesoro que dejaba en oro, piedras, plumas y armas, finalmente toda su recámara, se metía en aquella pieza y se guardaba con mucho cuidado, como cosa sagrada y de dioses, procurando el rey que entraba a reinar adquirir para sí y de que no se dijese de él que se ayudaba de lo que otro había adquirido, y así se estaba allí aquello como tesoro de la ciudad y grandeza de ella».[21]

En boca de Bernal, la idea de apresar a Motecuhzoma habría cobrado cuerpo cuando encontrándose Cortés en el adoratorio, se acercaron a él cuatro capitanes y doce soldados –«y yo era uno de ellos»–, quienes le plantearon la situación tan peligrosa en que se encontraban. En cualquier momento les podrían hacer la guerra; bastaría con interrumpirles el suministro de agua y víveres. Con cortar los pasos de algunos puentes quedarían aislados, y sin esperanza de recibir refuerzos. Según eso, Cortés habría respondido: «No creáis, caballeros que duermo ni estoy sin el mismo cuidado, que bien me lo habréis sentido; mas, ¿qué poder tenemos nosotros para hacer tan grande atrevimiento, prender a tan gran señor en sus mismos palacios, teniendo sus gentes de guarda y guerra?».[22] Los capitanes, que serían Juan Velázquez de León, Diego Ordaz, Gonzalo de Sandoval y Pedro de Alvarado, lo apremiaron para que, con buenas palabras, sacasen a Motecuhzoma de su palacio llevándolo adonde se encontraban aposentados, y que, de oponer resistencia, allí mismo se le diese muerte. En el caso de que Cortés no lo quisiese hacer personalmente, le pedían licencia para hacerlo ellos. Agrega además, que en ese momento se acercaron unos soldados para informar que los mayordomos de Motecuhzoma encargados de los suministros ya no estaban cumpliendo como durante los primeros días.

Y también dijeron que algunos tlaxcaltecas habían advertido a Jerónimo de Aguilar que era notorio el cambio que se advertía en la actitud de los mexica. Durante una hora o más se discutió sobre el tema, habiéndose llegado al acuerdo de apresar a Motecuhzoma a la mañana siguiente. Esa noche la habrían pasado en oración. La situación aparece planteada como si se tratara de un proyecto concebido de improviso y que partió de las bases.

Por la mañana, llegaron dos tlaxcaltecas trayendo una carta de la Villa Rica, en la que se informaba que Juan de Escalante había muerto, junto con seis soldados, a manos de los mexica, quienes también mataron un caballo. En la acción, los mexica capturaron vivo a un soldado llamado Argüello, al que traían para mostrarlo a Motecuhzoma; pero venía tan malherido, que se les murió por el camino. Le cortaron la cabeza y, como era hombre de barba hirsuta, Motecuhzoma quedó muy impresionado al verla, ordenando que la apartaran de su presencia, y que por ningún motivo la ofrendaran en Tenochtitlan, sino en cualquier otro lugar.[23] La versión que ofrece Bernal sobre el suceso es la siguiente: Cuauhpopoca, el comandante de la guarnición mexica, exigió a los totonacas el pago del tributo, por lo que éstos buscaron la protección española. Salió en su defensa Escalante, con una fuerza de cuarenta y cinco españoles y alrededor de dos mil totonacas. Se trabó la pelea y, aunque los totonacas huyeron, la fuerza española batió a la guarnición mexica y quemó Nautla. Pero el precio a pagar fue que Escalante resultó malherido, muriendo de ahí a poco, lo mismo que otros seis españoles. Cortés, en cambio, en su informe al Emperador expresa que Escalante fue víctima de un engaño; Cuauhpopoca le habría mandado un mensaje expresándole que quería prestar la obediencia, pero que no podía acercarse, por tener que atravesar territorio hostil. Por tal motivo, pedía que le enviase algunos soldados para que sirviesen de escolta; Escalante mandó a cuatro españoles, pero en cuanto los tuvo a su alcance, de manera solapada, Cuauhpopoca mandó atacarlos. Murieron dos, y los otros dos sobrevivientes, aunque heridos, consiguieron regresar para informar. Escalante resolvió no dejar sin castigo esa acción y salió al campo. Resultó vencedor, pero al precio ya señalado.[24] Ésas son las dos versiones de la historia que, aunque discrepantes, coinciden en lo esencial. Juan de Escalante, el segundo personaje del ejército, había muerto. Cortés encontró en esas muertes la justificación para el paso que tenía planeado dar. Y así, a la mañana siguiente, seleccionó a aquellos que habrían de acompañarlo en la aprehensión; éstos serían los capitanes Pedro de Alvarado, Gonzalo de Sandoval, Juan Velázquez de León, Francisco de Lugo, Alonso de Ávila, los intérpretes

Malintzin y Aguilar, *y a mí* –agrega Bernal–, mencionándose como el único de entre los elementos de tropa que participaría (el grupo, como se expone más adelante, era notoriamente más numeroso).[25] Se dio aviso a Motecuhzoma de que irían a verle, para que su llegada no lo tomara por sorpresa, y así, de tal manera, provistos de sus armas, los hombres entraron en palacio. No despertaron sospechas, ya que los indios se habían habituado a verlos armados día y noche. Conforme a lo que recuerda Bernal, Cortés no se anduvo con rodeos, y yendo directo al punto, lo cuestionó sobre el ataque sufrido por los hombres que dejó en la costa. De igual manera, le reclamó que en Cholula sus capitanes hubieran preparado una celada para darles muerte a todos, de la cual escaparon por haberse adelantado. Le reprochó, asimismo, que al momento presente, a las calladas, se iniciaran preparativos para aislarlos en su alojamiento y darles muerte. Por tales razones, para evitar que estallase la guerra y salvar a la ciudad de la destrucción, era necesario que, sin provocar alboroto alguno, los acompañase al palacio de Axayácatl donde sería servido como si estuviese en su propia casa. En caso de resistirse o llamar en demanda de ayuda, sería muerto por los capitanes, «que no los traigo para otro efecto», anonadado, Motecuhzoma repuso que era ajeno a esas muertes y, para esclarecer el caso, al momento ordenó que fuesen en busca de los responsables. Se despojó de un brazalete con su sello, que traía sujeto a un brazo, entregándolo a los que partirían para traerlos. Se sabría la verdad, y serían castigados. En cuanto a salir de su palacio contra su voluntad, se negó rotundamente. Siguió una larga discusión; Cortés exponía sus argumentos y Motecuhzoma replicaba con los suyos. En un momento dado ofreció entregar como rehenes a un hijo y dos hijas legítimas; «¿qué dirán mis principales si me viesen llevar preso? El tiempo apremiaba y los capitanes comenzaban a impacientarse; Juan Velázquez de León, quien era hombre corpulento, con la voz alta y «espantosa», que así era su forma natural de hablar, comenzó a demandar que ya no esperasen más y que allí mismo lo matasen a estocadas. Motecuhzoma, alarmado, preguntó a Malintzin qué era lo que decía aquel hombre con su vozarrón, y ella le aconsejó que, tranquilamente y sin demora, los acompañase, pues de otra forma lo matarían.[26] Accedió finalmente, ordenando que trajesen sus andas. Había consternación en palacio, pero nadie se movió. Motecuhzoma se encargó de refrenar toda violencia, diciendo que iba por su propia voluntad. Salió en andas seguido por un gran cortejo, para quedar instalado en una sala espaciosa donde le harían compañía dignatarios y sirvientes. La nueva se esparció al momento por la ciudad, dejando a todo el mundo paralizado. No hubo reacción de ninguna especie.

Ahora la versión de Andrés de Tapia, otro que se halló presente en la captura. La reseña que ofrece es muy imprecisa; según expone, Cortés, el mismo día de la llegada, luego de reposar un rato, se anduvo paseando por su aposento y sería él quien descubriera la pared tapiada que ocultaba el tesoro. Se abrió ésta para ver lo que ocultaba «e tornose a salir sin llegar a cosa alguna dello. E luego por la mañana hizo apercibir su gente»; de acuerdo con esta descripción que resulta poco clara, sería al segundo día cuando se apoderaron de Motecuhzoma. Sostiene que, antes de entrar en Tenochtitlan, Cortés ya estaba informado de la muerte de Juan de Escalante, pero que la razón que lo movió a actuar fue el tener conocimiento de que «quitando una o dos puentes de las por donde habiemos entrado no pudiesemos escapar las vidas». La acción respondería a una decisión personal de él, adoptada para conjurar el peligro de quedar aislados. Para llevar a cabo la captura habría ordenado que su gente de dos en dos, o de cuatro en cuatro, se fueran aproximando a la puerta, mientras que él entraba con treinta hombres. Una vez dentro, reprocharía a Motecuhzoma las muertes ocurridas en Nautla, exigiéndole que lo acompañase, mientras se averiguaba la verdad de lo ocurrido. Le ofreció que cuidaría de él como un hermano; «e que esto hago porque si lo disimulase, los que conmigo vienen se enojarían de mí»; por tanto, actuaba así para no ser desbordado por los suyos, que exigían que las muertes no quedasen sin castigo. Motecuhzoma se habría negado: «No es persona la mía para estar presa, y ya que yo lo quisiese, los míos no lo sufrirían».[27] Pasaron cuatro horas discutiendo antes de que éste cediera.

Francisco de Aguilar, quien vivió muy de cerca la prisión de Motecuhzoma, «porque tuve cargo de velarle muchos días», ofrece otra versión de los hechos.[28] Según este antiguo soldado metido a fraile, serían los capitanes quienes, al ver lo precario de la situación en que se encontraban, comenzaron a requerir a Cortés para que lo aprehendiese. Pasamos a Cervantes de Salazar, y vemos que éste, pese a moverse en el círculo de antiguos conquistadores, tuvo dificultades cuando trató de reconstruir los sucesos previos a la captura. Aparte de la información verbal, contó además con documentos de primera mano, hoy desaparecidos, como son el manuscrito del franciscano que participó en la conquista, y los memoriales que le fueron facilitados por Alonso de Ojeda, quien hizo un sumario de los sucesos de aquellos días. Pero ni así logró esclarecer satisfactoriamente lo ocurrido; y es así que afirma que los que escribieron memoriales, «difieren entre sí, y lo que es más, muchos de los conquistadores de quien yo con cuidado me informé para la verdad de esta historia».[29] Lo único que este cronista logró poner más o menos en claro, podría resumirse así: al sexto día de estar en México, Cortés habría recibido la carta (sin poder precisar si el remitente fue Francisco Álvarez Chico o Pedro de Ircio); en ella se detallaban las muertes, y es a la luz de ese informe que decide actuar, aunque ya en Cholula hubiera tenido la primera noticia del suceso. Vio que la única salida sería apoderarse de Motecuhzoma. El paso siguiente fue llamar a sus capitanes, para comunicarles su propósito. En la versión de este autor, aparece que el plan habría sido ampliamente debatido, por lo que se trataría de una iniciativa colectiva, adoptada luego de sopesarse los pro y los contra. Es probable que *a posteriori*, los antiguos conquistadores, deseosos de compartir honores, hayan dicho que fueron ellos quienes animaron a Cortés a llevar a cabo el plan. El factor sorpresa resultó decisivo. No hubo capacidad de reacción. Motecuhzoma lo era todo. Las previsiones de Cortés resultaron acertadas; con el soberano en su poder era dueño del país.

Finalmente, el testimonio de Cortés, escrito a sólo once meses de distancia de los sucesos. En primer lugar, éste es muy claro al señalar que la captura se habría producido al sexto día. Ésta se efectuaría para estar a salvo de cualquier mudanza que pudiera producirse en el ánimo del soberano. Al estar cavilando sobre los argumentos que utilizaría para justificar la captura, recordó que, encontrándose en Cholula, tuvo noticia de las muertes ocurridas en Almería (Nautla), decidiendo utilizar ese incidente como pretexto. Se desconoce, puesto que él no lo aclara, si la noticia le llegaría antes o después de cometida la matanza de Cholula. Si fue este último el caso, eso ayudaría a comprender los extremos de crueldad con que ésta se llevó a cabo. Pudo tratarse de un mensaje a Motecuhzoma. Cuando hacía escarmientos, Cortés era implacable, pero no puede decirse que gustara de verter sangre innecesariamente. Prosigue diciendo que al sexto día «me fui a las casas del dicho Mutezuma como otras veces había ido a le ver»; se observa aquí que emplea el plural al referirse al número de visitas efectuadas a Motecuhzoma (lo probable es que fuesen a diario), con lo cual opone un desmentido a esos cuatro días de inactividad que antes señaló Bernal.[30] En cuanto salió del palacio de Axayácatl, sus hombres fueron discretamente apostándose en las encrucijadas de las calles para tomar posiciones, mientras él, rodeado de un grupo selecto, entró a ver a Motecuhzoma, quien estaba por completo ajeno a lo que se tramaba, pues ya se había habituado a esas visitas. La conversación daría comienzo en forma distendida; Motecuhzoma obsequió unas joyas de oro y, a continuación le ofreció a una de sus hijas, así como a hijas de señores para los capitanes que lo acompañaban. Estaban en esa plática amable, cuando Cortés bruscamente le dijo que ya estaba enterado de lo acontecido en Nautla, así como de la circunstancia de que Cuauhpopoca aducía haber actuado de esa manera por órdenes suyas, ya que no podía ser de otra manera, puesto que era su vasallo. Por tanto, le solicitó que enviase a traerlo para que pudiera aclararse el caso. Motecuhzoma manifestó ser ajeno a esas muertes y, despojándose de un sello de piedra que tenía atado a un brazo, ordenó a unos capitanes que fuesen en su busca. A éstos los acompañarían Andrés de Tapia, un Valdelamar, «y yo», puntualiza Francisco de Aguilar.[31] En cuanto partieron los comisionados, Cortés le indicó que, mientras traían al responsable y se aclaraba la verdad, él debería acompañarlo a su alojamiento y permanecer junto a ellos. No estaría preso, pues desde allí seguiría gobernando y, además, tendría consigo a todos los mayordomos y personal de servicio para su atención. Motecuhzoma se negó, pero, pasado un tiempo y después de mucho porfiar, finalmente accedió. No se trató sólo de la captura del monarca, sino que un grupo de colaboradores lo acompañó en el nuevo alojamiento. No se dispone de la nómina de dignatarios que lo acompañaron, pero, por documentos que aparecerán más adelante, se desprende que constantemente estarían turnándose a su lado personajes de primera fila, de manera tal que continuaría ejerciendo las funciones de gobierno igual que antes. La circunstancia de ver a su soberano hecho prisionero frente a sus narices, debió constituir un trago muy amargo para las castas dominantes de guerreros y sacerdotes. Cortés concluye diciendo: «y aún me acuerdo que me ofrecí [...] a vuestra alteza que lo habría, preso o muerto, o súbdito de la corona real de vuestra majestad». Durante la *Noche Triste*, Cortés, quien era muy cuidadoso con sus archivos, perdió todas sus escrituras; de allí que por citar de memoria deslice ese: «...y aún me acuerdo que me ofrecí....».[32] Por su lado, Oviedo escribe: «En la primera relación que hizo Hernando Cortés a Su Majestad Cesárea, después que hobo dicho las cibdades e pueblos que tenía conquistados, dio asimesmo noticia de lo que los naturales le habían dicho en aquella tierra, de la persona e grand estado de Montezuma [...] E aún se ofresció por su letra, de haber a Montezuma muerto o preso, o subjetarlo a la corona de Su Majestad Cesárea, e irle a buscar do quiera que estuviese. E con este propósito se partió de la cibdad de Cempual».[33] No aclara si tuvo oportunidad de leer la Relación desaparecida, o si parafrasea la *Segunda*; en todo caso, lo que sale a la luz es que antes de internarse en el país, Cortés ya tendría concebida la idea de apresar a Motecuhzoma, y, además, se comprometió a ello por escrito. Eso nos obliga a releer la carta enviada por el cabildo de la Villa Rica el 10 de julio de 1519;

175

en ella, ni éste ni su imperio aparecen mencionados, lo cual da la impresión de que quienes la redactaron, al momento de hacerlo, desconocieran su existencia, circunstancia que induciría a pensar que ése sería un secreto que Cortés se reservaba, o si acaso, lo compartiría sólo con sus más íntimos. Pero el asunto no queda nada claro, pues por una parte, se supondría que todos, o al menos la mayoría, ya conocerían la procedencia del tesoro que remitían a España, pero, por otra, si ya sabían acerca de la existencia de Motecuhzoma, ¿por qué lo callaron? Esa es una pregunta destinada a quedar sin respuesta.

9

Ejecución de Cuauhpopoca

Motecuhozma quedó instalado en el palacio de Axayácatl junto con sus más allegados, mujeres, y servidores, procurándose que el cambio le resultase lo menos traumático posible, pues el propósito era que el gobierno continuara funcionando. Y para que no sufriese menoscabo su autoridad, Cortés ordenó a sus soldados que tuviesen con él las consideraciones correspondientes a su alto rango; aunque, eso sí, sus movimientos estarían estrictamente controlados. Una guardia de treinta españoles no lo perdía de vista ni de día ni de noche. Permanentemente había un guardián situado a tres pasos de distancia. El primer capitán a quien se asignó su guarda fue Pedro de Alvarado, luego otros se alternarían en la tarea. En el primer día de cautiverio, Tenochtitlan durmió tranquila. No se tiene referencia de que ocurriesen disturbios o de que alguna multitud se congregara a gritar frente al palacio de Axayácatl. Cervantes de Salazar menciona unos pálidos esfuerzos por rescatarlo, consistentes en arrojar teas sobre el edificio, con el propósito de desatar un incendio. Hubo también intentos de perforar boquetes en paredes, por lo que Cortés dispuso que Rodrigo Álvarez Chico vigilase el frente del edificio con sesenta hombres, que se turnaban en grupos de veinte, mientras el cuidado de la parte trasera quedó a cargo de Andrés de Monjarraz con otros sesenta.[1] Con ello cesaron esos intentos. Se afirma que, en un momento dado, intentó lanzarse desde la terraza para caer en brazos de los suyos, pero no se dice cómo se amortiguaría la caída. La anécdota parece dudosa, pero, si fuera cierta, el caso es que se trataría de unos esfuerzos a medias, que pronto cesaron. Motecuhzoma pasó a comportarse como un preso ejemplar.

La vida en Tenochtitlan siguió su curso normal; al menos, ninguna crónica española o indígena señala lo contrario. Es notable el silencio que se observa sobre la forma en que los habitantes de la ciudad acogieron la noticia, y las implicaciones que ésta tendría en las poblaciones sometidas al dominio mexica. El país siguió funcionando, como si nada hubiera ocurrido. A los quince o veinte días, según el cómputo de Cortés, ya estaban de regreso los que fueron en busca de Cuauhpopoca. A éste, por ser persona de consideración, lo traían en andas; junto a él conducían a su hijo y a otros quince principales que habían tenido parte en la muerte de los españoles. Al llegar fueron entregados a Cortés, quien procedió a interrogarlos. En un principio, Cuauhpopoca se condujo con arrogancia, y en actitud desafiante, manifestó haber actuado por iniciativa propia. Cortés lo sentenció a morir en la hoguera lo mismo que a su hijo y a los demás. Al conocer el suplicio que les aguardaba, todos cambiaron sus declaraciones, diciendo que habían actuado por instrucciones de Motecuhzoma. Cortés fue a donde éste se encontraba y luego de decirle que los acusados lo culpaban de ser quien dio la orden, le echó grilletes. Al verse encadenado quedó anonadado; en cuanto salió Cortés, los señores que le hacían compañía procuraban introducir tejidos muy suaves por dentro de los hierros para evitar que le lastimasen la piel. Para llevar a cabo las ejecuciones, se clavaron en el suelo diecisiete postes, colocando a su alrededor grandes cantidades de flechas, arcos y macanas que los españoles habían encontrado en el *tlacochcalco*, una bodega que venía a hacer las veces de armero –«quinientas carretadas»–, puntualiza Tapia.[2] Con esa leña los quemarían. Al ser sujetos al poste, todos proclamaron a gritos que actuaron cumpliendo órdenes de Motecuhzoma. A respetuosa distancia, la multitud presenciaba en silencio la escena. No se tiene registro de que se hubiese producido alguna reacción. Bernal habla de que fueron cuatro los ejecutados; Tapia únicamente menciona a Cuauhpopoca, mientras que Cortés precisa que fueron diecisiete.[3] Concluido el suplicio, se dirigió adonde se encontraba Motecuhzoma para retirarle los grilletes. Éste se encontraba destrozado, abatido por completo. Había perdido el gusto por la vida. Pero no tardaría mucho en recobrarlo, y muy pronto, por cierto. A partir de ese momento, daría comienzo una nueva etapa en la vida de Motecuhzoma, como Jefe de Estado de la Tenochtitlan ocupada.

El cautivo de palacio

Motecuhzoma era el solitario de palacio. Llevaba dieciocho años en el trono y, cada vez, estaba más aislado. La etimología de su nombre, «señor grave y sañudo», parecía venirle como anillo al dedo.[4] A la muerte de Ahuizotl, hubo varios aspirantes a la sucesión, pero fue elegido él por ser quien inspiraba mayor respeto. Provenía de la casta sacerdotal, pero antes había tenido experiencia en el campo de batalla; o sea, en él confluían los intereses de las dos castas dominantes. En la nación mexica, el sacerdocio no necesariamente se ejercía de por vida. Apenas subió al trono, modificó muchas de las prácticas seguidas por sus predecesores, y aduciendo que los plebeyos no reunían las calificaciones necesarias, dispuso que, en lo sucesivo, todos los servidores de palacio deberían provenir de las familias principales; de tal forma, toda la casta nobiliar quedó concentrada en palacio para servirlo. Se refugió detrás de un nuevo protocolo, por el que se establecía que nadie podía entrar en palacio sin antes descalzarse y, así se tratase de personajes de alcurnia, todos debían cubrir sus vestidos ricos con humildes capas de henequén. Al entrar en la sala de audiencia debían humillarse; antes de hablar hacer tres reverencias, y luego, en voz muy baja y sin alzar la vista, deberían decir a la primera vez, «señor»; a la segunda, «mi señor», y a la tercera, «gran señor». Nadie se encontraba exento de ese ritual.[5] En los dieciocho años que llevaba de gobierno, había acumulado tanto poder, que sólo faltaba que se le rindiese culto como a un dios. Pero no las tenía todas consigo, pues desde algún tiempo a esa parte, los augurios se mostraban funestos, vaticinando un final desastroso para su reinado. Diez años atrás había aparecido un gran cometa, que parecía como una gran llama en el cielo; otro agüero fue el incendio inexplicable en el templo de Huitizilopochtli, en el que ocurrió que, entre más agua arrojaban para sofocarlo, con mayor fuerza ardía. En un día de calma, sin que soplara una brizna de viento, el agua de la laguna se agitó con gran oleaje, derribando casas que se encontraban en las riberas. Por aquellos días, se escuchaban por los aires los lamentos de una mujer que decía: «¡Oh hijos míos! Ya estamos a punto de perdernos». Otras veces exclamaba: «¡Oh hijos míos!»,«¿adónde os llevaré?» Y ocurrió que, unos cazadores o pescadores, capturaron en sus redes un ave del tamaño, color y aspecto de un águila, que tenía un espejo en medio de la cabeza. La llevaron ante Motecuhzoma y, en el espejo, pudo ver gente a caballo y un tropel de hombres armados. Llamó a los adivinos y astrólogos a quienes mostró el prodigio; estaban contemplándolo cuando el ave desapareció, quedando todos muy espantados.[6] Como sacerdote que era, Motecuhzoma sabía que eso no presagiaba nada bueno.

¿Cómo era Motecuhzoma? Cortés no se ocupó de ofrecernos su retrato; se dispone únicamente de dos descripciones válidas de aquellos que tuvieron trato frecuente con él. La primera proviene de Bernal, quien dice que era de unos cuarenta años. Por tanto, si entonces llevaba dieciocho en el poder, debió acceder muy joven al trono, cuando apenas andaría por los veintidós. Continúa diciendo que era «de buena estatura y bien proporcionado, y cenceño, y pocas carnes, y el color ni muy moreno, sino propio color y matiz de indio, y traía los cabellos no muy largos, sino cuanto le cubrían las orejas, y pocas barbas, prietas y bien puestas y ralas, y rostro algo largo y alegre, y mostraba en el mirar, por un cabo amor y cuando era menester gravedad».[7] El antiguo conquistador, fray Francisco de Aguilar, a quien tantas noches le correspondió vigilarlo, complementa el retrato diciendo: «de mediana estatura, delicado en el cuerpo, la cabeza grande y las narices algo retornadas, crespo, asaz astuto, sagaz y prudente, sabio, experto, áspero, en el hablar muy determinado».[8] Chato y cabezón. Y eso es todo; los demás datos que circulan proceden de personas que hablan de oídas. El padre Durán cuenta en su crónica que, en una ocasión, pidió a un indio que le describiese cómo era Motecuhzoma, a lo que éste repuso que no podría decírselo, porque nunca osó mirarle a la cara, pues si se atreviera, «también muriera».[9]

Una de las primeras provisiones de Cortés fue la abolición de los sacrificios humanos; «y en todo el tiempo que yo estuve en la dicha ciudad, nunca se vio matar ni sacrificar criatura alguna», escribió al Emperador.[10] Evidentemente, eso no es del todo exacto, pues como se verá más adelante, todavía se continuaría sacrificando, aunque a ocultas y en escala restringida. Esa práctica iría despareciendo de manera gradual, aunque no deja de llamar la atención cómo la casta sacerdotal pudo soportar una prohibición que vino a significar el comienzo de la abolición de cultos, dado que los sacrificios ocupaban el lugar central de la religión mexica. Lo que siguió fue un periodo que duraría algo más de seis meses, en el que la estrecha convivencia inevitablemente propiciaría que, en la clase dirigente, comenzase a permear la nueva civilización. La transculturación de algunos miembros de la élite. Los inevitables «colaboracionistas». Hombres que captaron que la era de Huitzilopochtli tocaba a su fin y que estaban frente a un tiempo nuevo. Esta circunstancia, que suele pasarse de largo, se hará patente cuando vengan los sucesos de la *Noche Triste*. En el orden práctico, hubo unos avances que, enseguida, fueron asimilados por el pueblo llano, como sería el caso de la rueda. Bernal y Gómara nos ofrecen el dato curioso de que los indios se sintieron muy cohibidos al ver que, disponiendo de cera y algodón, nunca se les hubiera ocurrido cómo hacer velas.[11] El uso de ellas traería cambios en la vida diaria, pues se podrían prolongar los momentos de actividad social en horas de oscuridad. Las teas empleadas con anterioridad eran de una duración efímera. Además, algo novedoso fue advertir que, en lugar de frotar durante mucho tiempo dos maderos para producir el fuego, los recién llegados lo obtenían de un solo golpe, dando al pedernal con un hierro. Un avance inmenso. Pero claro, aquello estaba fuera de sus alcances, porque no manejaban el hierro.

La temprana muerte de Juan de Escalante debió constituir una pérdida sensible para Cortés, pues todos los indicios apuntan a que, aparte de la amistad existente entre ambos, era una de las figuras más destacadas del ejército. El hecho de que le haya confiado el mando de la Villa Rica, parece indicar que en esos momentos era para él su más confiable lugarteniente. Para ocupar su puesto designó a Alonso de Grado, uno de los individuos connotados del ejército, pero cuyas dotes no sobresalían precisamente en el campo de batalla. Bernal lo pinta como hombre de buen nivel cultural, hábil para negocios, de buena presencia, simpático y de amena conversación, quien, además de escribano, era músico. Es probable que Cortés lo haya designado para el puesto sólo por quitárselo de encima, por tratarse de una de las cabezas visibles de la facción velazquista; y si no era el principal, sí uno de los que más revolvían el campo. En los días aciagos de combates contra los tlaxcaltecas, fue él quien agitó al ejército, proponiendo la retirada a la costa. Su nombramiento fue sólo en calidad de teniente, por lo que solicitó a Cortés que, asimismo, le diese la vara de alguacil mayor, tal como tenía Escalante; pero éste rehusó, diciéndole que ya la había otorgado a Gonzalo de Sandoval. Bernal refiere que, al momento de comunicarle el nombramiento, en tono irónico, le expuso que allí veía cumplidos sus deseos de regresar a la Villa Rica, recomendándole que no corriese riesgos innecesarios aventurándose en alguna entrada que pudiese costarle la vida, como le ocurrió a Escalante. Eso lo decía con aire burlón, guiñando un ojo a los soldados, pues era sabido que no lo haría ni aunque se lo mandasen.[12] Llevó el encargo de cuidar que no se deteriorase el trato con los aliados totonacas y de concluir la construcción de la fortaleza. La designación de Alonso de Grado para ese puesto, muy pronto demostró ser una equivocación, pues llegado a su destino, sólo se ocupó del juego, de buen comer y de tratar de sacar oro a los indios, desentendiéndose de la construcción de la fortaleza. Y en lo que anduvo muy activo fue en preparar un clima favorable para pasarse a Velázquez, en el caso de que apareciese por allí alguna nave enviada por éste. Cortés no tardó mucho en enterarse de esas andanzas, y mandó traerlo preso a México. En su lugar envió a Gonzalo de Sandoval, nombramiento que probaría ser de lo más acertado, pues, de no haberse hallado éste al mando al momento de la llegada de Narváez, muy distinto pudo haber sido el desenlace. Alonso de Grado estuvo preso en el cepo durante dos días (Bernal agrega el dato anecdótico de que la madera de éste olía a ajos y cebollas), al cabo de los cuales, como era hombre de muchos recursos, logró que Cortés le levantase el castigo. Poco más adelante, recibiría la contaduría que tenía a su cargo Alonso de Ávila, cuando quedó vacante al marchar éste como procurador a Santo Domingo.

Orteguilla, el Paje

A partir del momento en que Motecuhzoma fue detenido, se le asignó a Juan Ortega como paje, de ahí el apelativo con el que este niño entra en la historia: Orteguilla el Paje. Pronto aprendió el idioma y Motecuhzoma, quien siempre quería tenerlo a su lado, se valía de él para informarse de todo. En un santiamén se convirtió en sus ojos y oídos para enterarse de todo lo que ocurría entre los soldados españoles. Venía a ser un poco la contraparte de Aguilar y Malintzin. Funcionaba en los dos sentidos, pues también daba cuenta a Cortés de los asuntos que los caciques habían tratado en el día. Bernal refiere que llegó a hacerse indispensable para Motecuhzoma. Aparte del afecto que llegó a profesarle, le consultaba algunas cosas. Debió de haber sido un chico muy despierto.

La rutina diaria consistía en que, después del rezo matinal (hubo momentos en que no pudo oficiarse la misa por haberse agotado el vino), Cortés y sus capitanes pasaban a saludar a Motecuhzoma –«a tenerle palacio»–, como escribe Bernal. Comienza entonces un proceso de confraternización entre cautivo y captores. El «síndrome de Estocolmo», se diría hoy día. Había una serie de cortesías y se guardaban las formas, preguntándosele al rehén qué era lo que mandaba. Uno de sus esparcimientos era un juego al que Bernal denomina el *totoloque*, que se jugaba arrojando unos tejos. A Motecuhzoma le llevaba la cuenta un sobrino, y Pedro de Alvarado a Cortés, quien procuraba marcar más tantos a su jefe. A Motecuhzoma le divertía ver las trampas y reía mucho. Decía que hacía mucho *ixoxol*.[13] Y todo terminaba entre bromas y risas; si Cortés era el ganador, daba las joyas a sobrinos y privados de Motecuzhoma; y si había sido éste, como gran señor, distribuía sus ganancias entre los soldados de la guardia.

Había un soldado al que pronto Motecuzhoma cobró un afecto muy especial. Se apellidaba Peña y era un individuo muy simpático. Cervantes de Salazar recoge algunas anécdotas. Dice que, en broma, Motecuhzoma gustaba de tomarlo por sorpresa quitándole el capacete que arrojaba desde la azotea. Le divertía mucho ver los andares de Peña cuando iba escaleras abajo a buscarlo. Se cuenta que en una ocasión, unos soldados, entre los que éste se encontraba, al advertir que unos indios de servicio entraban a un almacén a robar panes de liquidámbar, se unieron al saqueo. Ese bálsamo, de propiedades medicinales, era usado como ungüento para mitigar dolores, y en el mercado se vendía a buen precio. En cuanto Cortés lo supo, mandó detenerlos. Llevaban dos días presos y Motecuhzoma, al extrañar su ausencia y enterarse de lo sucedido, pidió a Cortés que lo soltase. Quedaron todos libres y, en lo sucesivo, Peña ya no se apartaría de su lado. Sería su gran amigo, el único de que se tenga noticia. Cervantes de Salazar apunta: «amó muy de veras a éste».[14] Al dar comienzo las alteraciones que condujeron a la *Noche Triste*, Peña se contará entre los primeros españoles que mueran a manos de los indios.

Bernal cuenta que, valiéndose de Orteguilla como traductor, fray Bartolomé de Olmedo procuraba indoctrinar a Motecuhzoma, quien habría abandonado su cerrazón inicial, «pues parecía que le entraban algunas razones en el corazón, pues las escuchaba con atención mejor que al principio».[15] Pero el progreso era lento y Cortés tenía prisa; para él la cuestión religiosa resultaba fundamental. Asunto de vida o muerte. En este aspecto era un producto de su tiempo; por aquellos días (aunque él lo ignoraba) Lutero iniciaba la prédica que vendría a encender la hoguera que incendiaría media Europa. En Cempoala, Tlaxcala y Cholula la acción directa había funcionado; pero en Tenochtitlan se perdía el tiempo aguardando a la conversión del soberano, con la idea de que sería seguida por la del pueblo en masa. En eso se anticipaba a los príncipes alemanes, quienes solventarían la cuestión religiosa de manera tajante, con la fórmula: *cuius regio, eius religio*. Los súbditos deberían seguir la religión del gobernante. Ésa era la receta aplicada por Cortés; su conquista nada tendría en común con la seguida años más tarde por los ingleses en la India, que se limitaron a imponer una administración, pero sin tocar las raíces de la nación. Cuando se fueron, la India ancestral seguía en pie. Cortés no sólo quería gobernantes dóciles, buscaba un cambio radical en mentalidad y conciencias. Entendía que la vida de los pueblos indígenas giraba en torno a la religión, por ello su intransigencia. Deberían convertirse y, para la conversión, sus métodos no diferían mucho de los seguidos por Cisneros en Granada, arrojando a la hoguera a cuanto Corán echó mano. Por tanto, no resulta extraño que su paso siguiente fuese contra los ídolos. Optó por la acción directa, echándolos a rodar gradas abajo.

Existe discrepancia en la forma en que se narra la secuencia de los hechos, por lo que se hace necesario ir a los testigos presenciales. Este suceso tan importante, Bernal lo trata en su libro de forma ambigua; en cambio, hace referencia a una ocasión (seguramente a comienzos de su cautiverio) en que Motecuhzoma fue autorizado a ir al Templo Mayor a hacer sus devociones. Se le condujo bajo fuerte escolta, y cuando llegó frente a Huitzilopochtli, ya le tenían a cuatro sacrificados desde la noche anterior. «Y después que hubo hecho sus sacrificios, porque no tardó mucho en hacerlos, nos volvimos con él a nuestros aposentos, y estaba muy alegre, y a los soldados que con él fuimos luego nos hizo merced de joyas de oro».[16] Más adelante, refiere el paso siguiente de manera distinta a como lo hacen los otros cronistas; según ello, Cortés, resuelto a abreviar el proceso, se habría presentado ante Motecuhzoma acompañado de sus capitanes, solicitándole licencia para retirar los ídolos. La demanda obedecía sólo al deseo de evitar derramamiento de sangre, pues si los sacerdotes que los tenían a su cuidado se oponían, sería inevitable que hubiese algunas muertes. Lo del retiro era ya decisión tomada. Motecuhzoma se opuso, y como manera de buscar una salida, Cortés le habría sugerido que, para aplacar a sus capitanes y no llevar a cabo el derribo, convendría que convenciese a los sacerdotes para que vaciaran una de las casetas en lo alto del «Gran Cú», con objeto de colocar en ella la Cruz y una imagen de la Virgen. A la postre, Motecuhzoma accedió. Una fórmula de compromiso. Se habría instalado un altar y fray Bartolomé de Olmedo celebró allí una misa cantada, asistido por el padre Juan Díaz y varios soldados. Según esto, en lo alto del Templo Mayor, en un momento dado, coexistirían ambos cultos. Un centro biconfesional.[17] La versión se presta a muy serias dudas; resulta difícil aceptar que un hombre como Cortés, con mentalidad de cruzado, pudiese admitir un trato así: colocar un cuadro de la Virgen pared de por medio con Huitzilopochtli y Tláloc. Tapia, otro de los tres testigos presenciales que dejaron constancia escrita, dirá algo muy distinto; en su relato señala que, caminaba un día por el patio del *coatepantli*, cuando Cortés le ordenó: «Subid a esa torre, e mirad que hay en ella». Llegó arriba («ciento trece gradas», apunta), y encontró frente a la entrada una manta de cáñamo, de muchos dobleces, en la cual había numerosos cascabeles y campanitas, que sonaron en cuanto entró; llamó a Cortés, quien subió acompañado de un grupo de ocho o diez españoles, y como el lugar se encontraba en la penumbra, arrancaron la manta con las espadas. Al aclararse el recinto, pudieron distinguir a los ídolos con claridad. Éstos tenían mucha sangre en la boca y en el cuerpo «de gordor de tres dedos», y mucha pedrería. Ésa es la descripción de uno que estuvo cara a cara con Huitzilopochtli. Cortés envió a decir con un español que trajesen a Motecuhzoma fuertemente custodiado, y mientras aguardaba, llegó un momento en que, impacientándose, no se pudo contener, y volviéndose a los sacerdotes exclamó: «Mucho me holgaré yo de pelear por mi Dios contra vuestros dioses». Tomó una barra de hierro y comenzó a arremeter contra Huitzilopochtli. Se encontraba tan poseído, que este testigo asevera que se alzaba por los aires; «yo prometo mi fe de gentilhombre, e juro por Dios que es verdad que me parece agora que el marqués saltaba sobrenatural, e se abalanzaba tomando la barra por en medio a dar en lo más alto del ídolo, e así le quitó las máscaras de oro con la barra». (Uno de los tantos hechos portentosos que se narran y que Motolinia repetirá). Trajeron a Motecuhzoma. Discutieron. Y como éste viera que la suya era una causa perdida, se limitó a rogar que se les entregasen los ídolos, los cuales fueron bajados con sumo cuidado. Se procedió a lavar y encalar las paredes y, acto seguido, como a Cortés le pareciera que faltaba espacio, se demolió una pared, encontrándose un recinto donde aparte de unos objetos de culto «hubo algún oro en una sepultura que encima de la torre estaba». Quedaron, por tanto, dos capillas; en una se colocó «la imagen de Nuestra Señora en un retablico de tabla, e en otro la de Sant Cristóbal, porque no habie entonces otras imágenes; e dende en adelante se dicie [decía] allí misa».[18] El Templo Mayor convertido en iglesia cristiana, de la misma manera en que una vez lo estuvo el Partenón, durante la ocupación catalana. Cortés, quien lo primero que vería cada mañana al levantarse sería la mole del Templo Mayor, que tenía casi enfrente, al referirse a las casetas que se hallaban en la plataforma superior dice: «Hay tres salas dentro de esta gran mezquita». Ello va en contra de las representaciones actuales, en las que sólo figuran dos; una dedicada a Huitzilopochtli y la otra a Tláloc. Cierto que los autores que vinieron luego dijeron que eran dos, pero ellos escribieron algunos años más tarde, mientras Cortés lo hacía a tres meses de distancia. Y otra de las cosas que apunta, es que «estas torres son enterramiento de señores». (Esto es algo que la arqueología moderna no termina de suscribir, aunque sin explicar las causas del rechazo.) Señala a continuación: «los más principales de estos ídolos, y en quien ellos más fe y creencia tenían, derroqué de sus sillas y los hice echar por las escaleras abajo e hice limpiar aquellas capillas donde los tenían, porque todas estaban llenas de sangre que sacrifican, y puse en ellas imágenes de Nuestra Señora y otros santos». Motecuhzoma y algunos principales habrían asistido a la escena «con alegre semblante».[19] Esto sí va en consonancia con la forma de actuar de Cortés, aunque resulte difícil aceptar que no se produjeran sobresaltos por ello. La Virgen y la Cruz quedaron entronizadas en lo alto de la pirámide, sin compartir el sitio como lugar de culto (aunque resulte difícil de admitir eso de «con alegre semblante).

Las descripciones que tanto Bernal como Tapia hacen de Huitzilopochtli y Tezcatlipoca son pobres, pero ocurre que son las únicas disponibles de testigos autorizados, por haberlos visto cara a cara. Las que se manejan corrientemente son versiones un tanto idealizadas, provenientes de autores que hablan de oídas, y que escribieron unos veinte o treinta años más tarde, por lo que está por verse qué tanto apego puedan tener con la realidad; es por ello que nos asomamos a la descripción que hace Bernal, que aunque burda, intenta trasmitir lo que vio: «...y en cada altar estaban dos bultos, como de gigantes, de muy altos cuerpos y muy gordos, y el primero que estaba a mano derecha, decían que era el Uichilobos, su dios de la guerra, y tenía la cara y rostro muy ancho y los ojos disformes y espantables; en todo el cuerpo tanta de la pedrería y oro y perlas y aljófar pegado con engrudo, que hacen en esta tierra de unas como raíces, que todo el cuerpo y cabeza estaba lleno de ello, y ceñido el cuerpo unas a manera de grandes culebras hechas de oro y pedrería, y en una mano tenía un arco y en otra unas flechas». Pasa luego a ocuparse de Tezcatlipoca, al que describe como «del altor de Uichilobos, y tenía un rostro como de oso, y unos ojos que le relumbraban, hechos de sus espejos, que se dice tezcal, y el cuerpo con ricas piedras pegadas según y de la manera del otro su Uichilobos, porque, según decían, entrambos eran hermanos, y este Tezcatepuca era el dios de los infiernos, y tenía a cargo de las ánimas de los mexicanos, y tenía ceñido el cuerpo con unas figuras como diablillos chicos y las colas de ellos como sierpes, y tenía en las paredes tantas costras de sangre y el suelo todo bañado de ello, como en los mataderos de Castilla no había tanto hedor».[20] Aparece claro que Bernal, aquí, por obra del tiempo, se confunde y sitúa a Huitzilopochtli y Tezcatlipoca en un mismo templo. Antes de cerrar este capítulo, conviene destacar que este autor es otro en afirmar que los templos del recinto ceremonial eran tumbas, «pasemos adelante del patio, y vamos a otro *cú* donde era enterramiento de grandes señores mexicanos, que también tenía muchos ídolos».[21] Es conveniente recordar que nunca se encontraron las tumbas de los reyes de México. Y otra cosa; de acuerdo con la versión de los conquistadores, el templo más alto que encontraron fue el de Quetzalcóatl en Cholula, sin que precisaran cuántas gradas tenía; a continuación, seguía el de Tlatelolco con ciento catorce, mientras que el de Tenochtitlan tenía ciento trece, como apunta Tapia, quien las subió una a una.

La supresión de cultos

La *praxis* religiosa del pueblo mexica descansaba en los sacrificios humanos. Una peculiar visión los hacía sentir la necesidad de alimentar al cosmos. El sol perdería su fuerza si al romper el alba no recibía la sangre de los primeros sacrificados del día, ya que ésta era la fuerza vital que movía el universo. Esa concepción se difundiría más tarde por todos los ámbitos adonde llegó su influencia. La vida en Tenochtitlan daba comienzo al alba con los sacrificios diarios, tanto en el Templo Mayor, como en el de Tlatelolco. No se dispone de cifras, pero por algunos datos aislados, puede asumirse, con un relativo grado de certeza, que en días normales serían unos pocos los sacrificados en cada templo; en cambio, en las grandes solemnidades, el número aumentaba considerablemente. Eso, en cuanto a los que morían en lo alto de las pirámides, ya que, en forma paralela, también a diario se mataba en otros lugares. Los destinados al sacrificio eran esclavos y cautivos apresados en las guerras. De estos últimos, salvo alguna rarísima excepción, todos acababan en el tajo de la piedra de sacrificios. En cuanto a los primeros, no necesariamente estaban destinados al sacrificio; ésto dependería de su conducta. En Tenochtitlan los esclavos se movían libremente, sujetos por cadenas invisibles; el que intentaba huir era apaleado, y los irreductibles corrían el riesgo de ser vendidos en un mercado donde se proveían los comerciantes y artesanos, quienes por no poder hacer cautivos en las guerras, cada vez que querían organizar un festín, acudían allí a comprarlos. Un esclavo que supiese bailar bien se cotizaba en cuarenta mantas.[22] Resulta un enigma el por qué esa especie de plusvalía, que recaía sobre un hombre que, en la mayor parte de los casos, era comprado para ser sacrificado y comido a continuación. Acerca de ese comercio, se lee: «Había una feria ordinaria donde se vendían y compraban esclavos, hombres y mujeres en un pueblo que se llama Azcapotzalco que es dos leguas de México. Allí los iban a escoger entre muchos, y los que compraban miraban muy bien que el esclavo o esclava no tuviese alguna enfermedad o fealdad en el cuerpo. A estos esclavos, hombres y mujeres, después que los compraban criábanlos con mucho regalo y vestiánlos muy bien; dábanlos a comer y beber abundantemente y bañábanlos en agua caliente, de manera que los engordaban porque los habían de comer y ofrecer a su dios.».[23] Sobre el sacrificado, en Alvarado Tezozomoc se lee que, una vez muerto, dejaban caer el cuerpo gradas abajo, «de donde le alzaban los que lo habían ofrecido, que eran los mercaderes cuya fiesta era, y llevábanlo a la casa del más principal y allí lo hacían guisar en diferentes manjares para celebrar en amaneciendo el banquete».[24] Los informantes de fray Bernardino de Sahagún describen así el acto ritual del sacrificio: «Cuando llevaban los señores de los cautivos a sus esclavos al templo, donde los habían de matar, llevábanlos por los cabellos; y cuando los subían por las gradas del cú, algunos de los cautivos desmayaban, y sus dueños los subían arrastrando por los cabellos hasta el tajón donde habían de morir. Llegándolos al tajón que era una piedra de tres palmos en alto o poco más, y dos de ancho, o casi, echábanlos sobre ella de espaldas y tomábanlos cinco: dos por las piernas y dos por los brazos y uno por la cabeza, y venía luego el sacerdote que le había de matar y dábale con ambas manos, con una piedra de pedernal, hecha a manera de hierro de lanzón, por los pechos, y por el agujero que hacía metía la mano y arrancábale el corazón, y luego le ofrecía al sol; echábanle en una jícara. Después de haberles sacado el corazón, y después de haber echado la sangre en una jícara, la cual recibía el señor del mismo muerto, echaban el cuerpo a rodar por las gradas abajo del cú, e iba a parar a una placeta, abajo; de allí le tomaban unos viejos que llamaban *quaquacuíltin* y le llevaban a su calpul donde le despedazaban y le repartían para comer. Antes de que hiciesen pedazos a los cautivos los desollaban, y otros vestían sus pellejos y escaramuzaban con ellos con otros mancebos».[25] La antropofagia es un capítulo que muchos autores prefieren pasar por alto; pero no se puede andar a vueltas con la Historia. El testimonio es unánime, tanto de fuentes españolas como indígenas. No se trataba de una antropofagia ritual, sino de un canibalismo que podría etiquetarse de gastronómico, y que se encuentra perfectamente documentado. Motolinia escribe «aparejaban aquella carne humana con otras comidas, y otro día hacían fiesta y le comían».[26] El padre Durán, quien al decir «nosotros» se refería a los indios, razón por la que durante algún tiempo se pensó que también él lo era, ofrece numerosas pruebas de ello: «después de muertos, y echados abajo, los alcanzaban los dueños, por cuya mano habían sido presos y se los llevaban y repartían entre sí y se los comían celebrando la solemnidad con ellos».[27] Este mismo escribe que cuando el sacrificado era un prisionero de guerra, y eran varios los que habían intervenido en su captura, la carne se distribuía «según el número de los que habían sido en prenderle, que no habían de pasar de cuatro, y así, si eran tres los prendedores entre tres se lo repartían, y si eran cuatro, entre cuatro se repartía».[28]

El padre Las Casas, quien como ferviente defensor del indio se encuentra por encima de toda sospecha, cuenta: «Los cuerpos después de los sacrificados echábanlos de las gradas abajo, y de allí los ministros los llevaban a las cocinas, donde los hacían pedazos, y a la mañana y a la hora de comer enviábanse a los señores y personas principales buenos presentes, y a los demás que según su reputación los merecían».[29] Sahagún refiere que, aquel que había apresado al cautivo, no comía de su carne; «empero comía de la carne de otros cautivos».[30] Es en su libro, donde se encuentran las dos únicas descripciones de cómo se preparaban platillos a base de carne humana; «y después de muertos, luego los hacían pedazos y los cocían en esta misma casa; echaban en las ollas flores de calabaza; después de cocidos comíanlos los señores; la gente popular no comía de ellos»;[31] otra cita más explícita consigna: «llevaban los cuerpos al calpulco, adonde el dueño del cautivo había hecho su voto o prometimiento; allí le dividían y enviaban a Moteccuzoma [sic] un muslo para que comiese, y lo demás lo repartían por los otros principales o parientes; íbanlo a comer a la casa del que cautivó al muerto. Cocían aquella carne con maíz y daban a cada uno un pedazo de aquella carne en una escudilla o cajete, con su caldo y su maíz cocido, y llamaban aquella comida *tlacatlaolli*».[32] Por la descripción parecería tratarse de un platillo antecesor del pozole.

Y dado que buena parte de las descripciones más crudas que se han visto, así como otras igualmente estrujantes que se encontrarán más abajo, están sacadas del libro de Sahagún, será bueno detenerse a examinar qué tanto crédito debemos dar a éste. Por principio de cuentas, hay que señalar que, sin lugar a dudas, su obra es una de las más relevantes del Renacimiento en todo el mundo. Un libro fundamental para la antropología de todos los tiempos. El franciscano fray Bernardino de Sahagún escribió su *Historia general de las cosas de la Nueva España* por mandato de sus superiores, quienes estimaron que no debería perderse la memoria del pasado indígena. Para dar cumplimiento a lo ordenado, fray Bernardino hizo que sus ayudantes y discípulos interrogaran a cuatro hombres «sabios», a quienes en sus mocedades les tocó vivir en Tenochtitlan, para que dijesen todo lo que recordaban de la época prehispánica. Esto ocurría unos veinte o veinticinco años después de la caída de la ciudad. Eso se sabe debido a que al final del Libro Sexto, figura una anotación que dice: «Fue traducido en lengua española [...] después de treinta años que se escribió en lengua mexicana, en el año de 1577».[33] Eso conduce a 1547. Se trata, por tanto, de una obra indígena, escrita en náhuatl clásico, que constituye una verdadera enciclopedia. El libro incursiona en todos los aspectos de la vida diaria y en todas las artes y ciencias; lo mismo trata de medicina, ciencias naturales, literatura, costumbres, religión, festividades, etc.; en fin, ahí está compendiada una cultura. Es cierto que también otros misioneros dejaron apuntes muy valiosos, pero ninguno profundizó en la medida que lo hizo fray Bernardino, al grado que puede decirse que su obra es la que rescata el pasado indígena de la manera más completa.

En el presente libro se escribe *Motecuhzoma*, en lugar de la forma moderna de *Moctezuma*; ¿la razón? Porque en la *Historia* de fray Bernardino así aparece escrito. Y eso lo escribieron, precisamente, amanuenses que manejaban el náhuatl clásico. De la misma forma, nunca se emplea la voz *azteca*, utilizándose en su lugar el vocablo *mexica*, que es como se llamaron a sí mismos los antiguos mexicanos. Cuauhtémoc, Motecuhzoma y su pueblo entero, murieron ignorando que un día serían conocidos como *aztecas*. El término aparece empleado, por primera vez, por Alvarado Tezozomoc, a finales del siglo dieciséis, pero al parecer no hizo fortuna en ese momento; de la misma manera, fray Antonio Tello, a mediados del siglo diecisiete, lo utilizó en su *Crónica miscelánea*, pero tampoco trascendió, por tratarse de una obra de escasa difusión; todavía a finales del dieciocho, el insigne Francisco Javier Clavijero lo emplea sólo en contadísimas ocasiones, prefiriendo el de *mexicanos*; por tanto, es al historiador norteamericano William H. Prescott a quien corresponde el crédito de haber propalado por el mundo el vocablo *azteca*, el cual fue de aceptación generalizada pues estaba bien elegido (hombres procedentes de un lugar llamado Aztlán).

Las mujeres no estaban exentas del sacrificio, al igual que los niños, a los cuales se daba muerte durante el mes *atlcahualo*, en el cual tenían lugar las solemnidades de los dioses del agua o de la lluvia, llamados Tlaloque. Llevaban a matar a los niños en los lugares conocidos como Tepetzinco, Tepepulco, Pantitlan, Quauhtépetl e Ioaltécatl; «gran cantidad de niños mataban en estos lugares; [y] después de muertos los cocían y comían».[34] En Alvarado Tezozómoc, al hablar del tzompantli, se lee: «Eran estas cabezas de los que sacrificaban, porque después

192

de muertos y comida la carne, traían la calavera y entregábanla a los ministros del templo, y ellos la ensartaban allí».[35]

Un habitante de Tenochtitlan, al desplazarse por la ciudad, topaba a cada paso con la muerte. Hacia donde volviese la mirada la encontraba; si se situaba frente a los *tzomplantli*, eran hileras de calaveras que lo observaban con sus órbitas vacías, y prácticamente, por donde quiera que se moviera, encontraría algún tipo de sacrificio. Si bien las muertes en lo alto de la plataforma del templo sólo eran presenciadas por aquellos que intervenían en ellas, en cambio, había otras que servían como diversión. Estaba en primer término el sacrificio gladiatorio (algo a semejanza del Coliseo romano), en el que al cautivo, que siempre era un guerrero, se le sujetaba con una cuerda a un tobillo sobre la piedra ceremonial. Como armas se le entregaban un escudo y un palo delgado que en lugar de tener insertadas piedras afiladas como las macanas, se encontraba adornado con plumas. Contra él acudían a medirse cuatro jóvenes, éstos sí, provistos de macanas que cortaban muy bien. El desenlace era de suponerse; sin embargo, se daban casos de algunos cautivos que conseguían esquivar muchos golpes y daban espectáculo. Otros, sabiéndose sin salvación, se dejaban golpear sin oponer resistencia. Los desollados siempre eran motivo de jolgorio, pues unos jóvenes llamados *tototecti*, vestían los pellejos e iban danzando por las calles y el mercado.[36] En otra parte, los señores de los esclavos recién muertos, junto con los sacerdotes, iniciaban una danza acompañada de cánticos, mientras sujetaban por los cabellos las cabezas de los muertos. El festejo se llamaba *motzontecomaitotía*.[37] Durante las festividades en honra de Xiuhtecutli, el dios del fuego, tenían una forma especial de matar, de acuerdo con la ocasión. Preparaban en círculo un lecho de brasas, y al desventurado que iban a sacrificar lo traían atado de brazos y pies. Luego, entre dos, lo arrojaban al fuego: «adonde caía se hacía un grande hoyo en el fuego, porque todo era brasa y rescoldo, y allí en el fuego comenzaba a dar vuelcos y a hacer bascas el triste del cautivo; comenzaba a rechinar el cuerpo como cuando asan algún animal..». En los estertores de la agonía lo sacaban con unas pértigas para extraerle el corazón antes de que muriese.[38] Con un criterio simplista, Cortés atribuyó la antropofagia a falta de ganado y, como remedio, propuso la introducción del puerco, lo cual se hizo enseguida, con el resultado de que a los pocos años eran tantos los que andaban sueltos por las calles de México, que en las actas de las reuniones del cabildo invariablemente se trata el tema y se anuncian multas para quienes no mantengan encerrados a sus animales. [Por demás señalar que la antropofagia no ha sido una práctica exclusiva de las sociedades mesoamericanas; numerosos pueblos pasaron por esa fase, desde Atapuerca hasta nuestros días. Un nieto de Rockefeller, con toda probabilidad, terminó comido por caníbales en Nueva Guinea. Y todavía está fresca la memoria del avión siniestrado en los Andes, en el cual sus ocupantes sobrevivieron comiéndose a los compañeros muertos.]

10
La casa real texcocana

El año 6 *tecpatl* (seis navajas, correspondiente a 1472), a los setenta y dos años de edad, y cuarenta y dos de sentarse en el trono, murió Nezahualcóyotl. Concluía así el que quizá haya sido el reinado más esplendoroso del mundo indígena. Se trató de un monarca que, además de guerrero valeroso, destacó como legislador, filósofo, poeta y gran constructor. Fue dado a las mujeres, y engendró ciento diecisiete hijos. Lo sucedió en el trono Nezahualpilli, quien sobrepasó a su padre: reinó cuarenta y cuatro años, y engendró ciento cuarenta y cinco hijos. Murió sin designar sucesor, y allí es cuando da comienzo la inestabilidad política en el reino texcocano.[1]

Texcoco, junto con Tenochtitlan y Tacuba, hacía parte de la triple alianza que señoreaba sobre los pueblos de Anáhuac, de allí que la sucesión texcocana era algo que interesaba a los gobernantes de las otras dos partes, en especial a Motecuhzoma, que con mucho, era el más poderoso y, a la vez, tío de los príncipes en disputa. Optó éste por Cacama, que era el primogénito entre los hijos legítimos, con cuya designación se inconformó Ixtlilxóchitl, quien consideró que éste sería un dócil instrumento en manos del tío, «como cera blanda», dijo. Secundado por algunos de sus hermanos, este príncipe texcocano se alzó en armas. Ello ocurría allá por 1517, el mismo año en que Hernández de Córdoba asomó por costas yucatecas.

Al no poder apoderarse de Texcoco, Ixtlilxóchitl se retiró con sus seguidores a Otumba, la cual tomó. A continuación se apoderó de Huehuetoca y continuó incursionando por los confines del reino, sustrayendo poblaciones al dominio de Cacama. Mediaron algunos nobles que tenían ascendiente sobre los hermanos, y de esa manera se llegó a una tregua. Cacama sería reconocido como rey de las poblaciones de la llanura, mientras que Ixtlilxóchitl lo sería de las tierras altas, situadas en el confín norte del señorío, y sin mantener ninguna liga con Tenochtitlan. La unidad del reino de Acolhuacan se encontraba rota. Ésa era la situación a la llegada de los españoles.

Los días pasaban y, en apariencia, la tierra estaba tranquila. Pero la reacción no tardaría en levantar cabeza. Cacama, el señor de Texcoco, al ver que su tío no daba muestras de querer sacudirse a esos huéspedes molestos, optó por regresarse a sus dominios y allí comenzó a conspirar. Aspiraba a ser el nuevo gobernante de Tenochtitlan; para ello, convocó a los señores de Coyoacán, de Matlatzinco, a Totoquihuatzin, señor de Tacuba, y Cuitláhuac, señor de Iztapalapa y hermano de Motecuhzoma. En la reunión expuso que su tío no era digno de seguir en el trono por la sumisión que mostraba a los extranjeros. Comenzó a alardear de que él, en pocos días, los mataría a todos. Ofreció cacicazgos y recompensas a los allí presentes si lo seguían en su aventura. Pero no se llegó a ningún acuerdo; unos se excusaron, diciendo que no querían ser traidores y, otros, porque ya la ambición los había alcanzado y aspiraban ellos mismos a sentarse en el trono de Tenochtitlan. La conjura no tardó en llegar a oídos de Cortés, quien se presentó ante Motecuhzoma para plantearle la situación. Era peligroso que un príncipe desconociese su autoridad. Todo el tinglado corría el riesgo de venirse abajo. Cortés propuso marchar en fuerza contra Texcoco, pero Motecuhzoma desaprobó la idea. Envió entonces Cortés un mensaje a Cacama, al que éste respondió en tono desafiante, de franca rebeldía. Ante ello, pidió a Motecuhzoma que procurase resolver esa situación, y éste replicó diciendo que mandaría llamar a Cacama, aunque dudaba que acatara el mandato. En efecto, así sucedió. Motecuhzoma, que conocía de sobra cuál era la situación interna del reino de Acolhuacan, llamó a seis de sus capitanes dándoles la orden de que le trajesen a Cacama, indicándoles para ello a quienes deberían contactar en Texcoco. Al despacharlos les entregó su sello, así como una adecuada cantidad de joyas para ganar algunas voluntades.

En Texcoco, los emisarios contaron con la colaboración de los enemigos de Cacama, pues éste, por su talante soberbio, se hallaba malquisto con muchos. Para su captura, se urdió una trampa consistente en hacerlo ir con engaños a una casona situada en la ribera de la laguna. Ésta se encontraba construida mitad sobre tierra firme y mitad sobre estacas, de manera que en canoa se podía llegar bajo su piso. En un momento dado, Cacama y su hermano Coanacoch, junto con tres más, fueron tomados por sorpresa, y antes de que sus partidarios, que aguardaban afuera, se enterasen de lo que ocurría, se les hizo descender por la escalera para abordar una canoa que los esperaba, la cual partió a toda prisa. Ahí se frustraron las ambiciones de ambos príncipes texcocanos.

Llevados ante Motecuhzoma, éste interrogó primero a los otros detenidos, quienes no tardaron en confesar; a continuación compareció

Cacama y, en su presencia, se insolentó. El tío montó en cólera al conocer los detalles de la conjura y de saber que hubiera alguien que hubiese pensado en destronarlo. Puso en libertad a los que no encontró culpables y entregó a Cortés sus sobrinos. Cacama y Coanacoch fueron los primeros en quedar sujetos a la gruesa cadena de un navío, recién traída de la Villa Rica. Los caciques de Coyoacán, Matlacinco, y el propio Cuitláhuac, como andaban con conciencia culpable por haber tenido algún grado de participación en la conjura, se hallaban temerosos y dejaron de «tener palacio» a Motecuhzoma, como antes solían.[2] Éste, siguiendo los dictados de Cortés, los mandó llamar, siendo apresados conforme fueron llegando. Totoquihuatzin, señor de Tacuba, Cuitláhuác de Iztapalapa y el cacique de Coyoacán pasaron a hacer compañía a Cacama y Coanacoch. Los cinco quedaron sujetos a la misma cadena. Y como el trono de Texcoco quedó vacante, Motecuhzoma aconsejó a Cortés que se nombrase para ocuparlo a Cuicuitzcatzin, hermano menor del depuesto (Cortés lo llama Cucuzcacin). Este príncipe se encontraba en Tenochtitlan, adonde se había refugiado buscando el amparo del tío frente a sus hermanos.[3] Para allanar el camino, Motecuzhoma envió embajadores a Texcoco para notificar la designación, y poco después partió el nuevo monarca con un acompañamiento de dignatarios mexica y asesores españoles. Cortés agradeció a Motecuzhoma su intervención y, supuestamente, sería en esa ocasión cuando le dijo que, en el momento que lo desease, podría retornar a su palacio. No estaba preso. Motecuhzoma lo agradeció, y sea porque tenía razones para suponer que si retornaba a su palacio se vería sujeto a presiones inmensas de parte de los guerreros y de los sacerdotes, o bien, porque recelase que le decía eso solo para probarlo, declinó el ofrecimiento. Al escribir esto, Bernal apunta que, inclusive, consultó a Orteguilla «y también Orteguilla, su paje, se lo había dicho a Montezuma, que nuestros capitanes eran los que le aconsejaron que le prendiesen, y que no creyese a Cortés, y que sin ellos no lo soltaría».[4] Un tanto dudoso lo que dice aquí, pero tampoco debe rechazarse por completo. Para Motecuhzoma habría llegado el punto de no retorno.

A esto sigue un periodo de calma. Los indicios apuntan en el sentido de que la convivencia era pacífica; al menos ningún testimonio indica lo contrario. Motecuhzoma, adaptado a su nuevo estado, lleva con gran naturalidad su cautiverio; inclusive, exagerando un poco, podría decirse que hasta lo disfrutaba. Al menos, el «señor sañudo» se divierte, juega, ríe, y ha ganado un amigo. A no dudarse, con el paso de los días, tanto él, como todas las cabezas pensantes del reino, se irían haciendo una idea de lo que era el mundo de donde procedían esos extranjeros. Por el trato diario, la cultura europea comenzaría a permear en algunos miembros de la clase dirigente (aparecerán nombres cuando ocurran los sucesos de la *Noche Triste*). Otro dato: no hay el menor asomo de un intento de fuga. Si hubiese querido escapar no habría resultado demasiado difícil rescatarlo, pero está visto que era él quien contenía a su gente. Sus razones tendría. Para comer, los españoles dependían por entero de los suministros proporcionados por los indios; de manera que de haber existido el propósito, habría resultado sumamente sencillo darles hipnóticos o cualquier tipo de veneno, ya fuese de resultados inmediatos o de acción retardada. Contaban con el toloache (*datura stramonium*) y los hongos alucinógenos (*nanacátl*), entre otras opciones. La herbolaria indígena era rica en recursos. Faltó la orden de actuar. No se conoce un solo caso en que se haya empleado el veneno contra los españoles.[5] Todo apunta en el sentido de que Motecuhzoma era el principal interesado en perpetuar ese orden de cosas. Era un hombre sujeto a todo tipo de presiones: por un lado, Cortés instándolo a la conversión, y por otro, la casta sacerdotal y los guerreros, quienes pedían manos libres para actuar. Él fungía como elemento moderador; es posible que buscase evitar a Tenochtitlan la suerte corrida por Cholula. Se desconoce qué tanto pesaría la influencia de los «colaboracionistas», de aquellos que captaron que comenzaba algo nuevo y que no habría retorno al pasado. Porque ese grupo existía. Había gobierno. El orden se mantenía, y no eran precisamente los españoles los encargados de preservarlo; no mantenían rondines que patrullaran la ciudad, ni eran ellos los que se encargaran de juzgar a delincuentes comunes. En aquellos meses Tenochtitlan era una ciudad viva, con todos los servicios funcionando. Por su situación lacustre y el escaso espacio disponible, la urbe dependía por entero de los suministros llegados de fuera. Éstos continuaron afluyendo normalmente, y lo mismo parece haber ocurrido con los tributos. Cortés había delegado todas las funciones de gobierno, a condición de ceñirse –claro está– a las grandes directrices marcadas por él, puesto que no podía ocuparse de cuestiones de detalle. Prácticamente no sabemos nada acerca de la vida diaria de la ciudad durante esos meses, pero la ausencia de noticias parece indicar que no ocurrieron desórdenes, y que tampoco se experimentaron carencias, a pesar de lo crecido del número de huéspedes forzosos que había que alimentar.

Como medida precautoria, para afrontar cualquier riesgo de quedar cortados dentro de la ciudad, Cortés ordenó a Martín López la construcción de unos bergantines. Éste, que era carpintero de ribera, esto es, constructor naval, conforme a las instrucciones impartidas se puso manos a la obra, y pronto tuvo a punto cuatro. Se trataba de embarcaciones sin cubierta y de fondo plano, dada la escasa profundidad de la laguna, que navegaban tanto a remo como a vela, y eran tan rápidos que no había canoa que se les escapase. Fueron cuatro los que construyó y no dos como escribe Bernal.[6]

La vista de los bergantines surcando la laguna impulsados por el viento, causó gran impresión entre los habitantes de la ciudad, que nunca habían visto cosa semejante. Motecuhzoma tuvo conocimiento de ello y, al momento, sintió deseos de subir a ellos. Habló con Cortés manifestándole que quería realizar una excursión de caza, en el coto privado que tenía en una de las islas de la laguna. Cortés le dio el permiso y la excursión se organizó en gran estilo. Bernal la describe con detalle. Motecuzhoma abordó el más velero y, con él, muchos de los señores que le hacían compañía. En otro, se acomodó uno de sus hijos, acompañado de un grupo de notables que participaban como invitados especiales. La custodia de Motecuhzoma quedó encomendada a los capitanes Juan Velázquez de León, Pedro de Alvarado, Cristóbal de Olid, y Alonso de Ávila, con un fuerte contingente de soldados. Cortés, por su parte, permaneció vigilante en la ciudad, por aquello de que algo pudiera ofrecerse. En el bergantín principal se acondicionó un toldo y se izaron la bandera con las armas reales y la propia de Cortés. Era la Corte que salía de paseo. Cada navío llevaba dos piezas de artillería. Zarparon, y como tenían buen viento de popa, hincharon velas y fueron dejando atrás a los centenares de canoas en que se transportaban los monteros y personal de servicio. A Motecuhzoma le divertía mucho ver cómo los remeros, por más que se esforzaban, no conseguían darles alcance, «y decía que era gran maestría lo de las velas y remos todo junto».[7]

Para complacerlo, los marineros realizaron algunas maniobras y aumentaron la velocidad. Llegaron a la isleta, y allí cazó con cerbatana todas las aves y conejos que quiso (en ninguna pintura mural figuran escenas de caza con cerbatana, como tampoco existe alguna de estas piezas en el Museo de Antropología e Historia; sin embargo, su uso por parte de Motecuhzoma está bien acreditado. Cortés menciona en su carta que éste le obsequió una docena de ellas, artísticamente labradas y emboquilladas en oro. Por lo visto, se trataba de un tipo de caza practicada a una escala considerablemente mayor de lo que cabría suponer). Al retorno, como el viento soplaba con fuerza, los bergantines redoblaron la velocidad y, para dar mayor efecto, dispararon salvas de artillería. Así de aparatosa habría sido esa primera salida.

Vasallaje a Carlos V

Llegó el día en que Cortés se sentía ya tan dueño de la situación, que dijo a Motecuhzoma que tanto él, como los demás caciques que gobernaban en sus dominios, deberían prestar juramento solemne de vasallaje a Carlos V. Las crónicas no recogen la forma en que el soberano acogió la propuesta, pero dada su situación, poco tendría que decir. Partieron los mensajeros, y de allí a diez días comenzaron a llegar caciques procedentes de los cuatro puntos cardinales. Una vez reunidos, Motecuhzoma habló a todos a solas; lo que allí se trató se sabría más tarde a través del paje Orteguilla, quien fue el único español que estuvo presente. Según contó, Motecuhzoma se habría referido a la profecía que afirmaba que, un día, habrían de llegar de Oriente unos hombres que iban a señorear sus tierras. Ya los sacerdotes habían hecho la consulta a Huitzilopochtli, pero éste rehusaba contestarles. Les dijo entonces que él tenía la certeza de que ésos eran los hombres que esperaban, por lo que instó a todos a que diesen el juramento de vasallaje exigido. Les recordó, asimismo, que durante los dieciocho años que ya duraba su reinado, había sido para ellos un buen gobernante que a todos había enriquecido. Una vez que se pusieron de acuerdo, se envió un mensaje a Cortés participándole que estaban dispuestos a prestar el juramento. La ceremonia se fijó para el día siguiente. Llegado el momento, comenzando por Motecuhzoma todos fueron desfilando ante el escribano Pedro Hernández, secretario de Cortés, quien les explicaba el alcance de la escritura que se levantaba en cada caso. Se dice que Motecuhzoma estaba muy triste y que hubo un momento en que le corrieron unas lágrimas. De todo ello se llevó registro escrito, pero como las escrituras se perdieron, se desconoce la forma como se desarrolló el acto. Se dio el caso único del cacique de Tula, quien por no encontrarse dispuesto a dar la obediencia exigida, se ausentó para no hallarse presente. Motecuhzoma envió a algunos de sus capitanes para que lo fuesen a buscar, pero éste, puesto sobre aviso, se ocultó en su provincia y no pudieron encontrarlo. Se dice que por su linaje aspiraba a sucederlo en el trono. Bernal dejó un espacio en su manuscrito para rellenarlo con la fecha en que prestaron el juramento, pero, por lo visto, ya no consiguió establecerla y lo dejó en blanco. Sin otro disparo que el efectuado por Heredia, Cortés se había adueñado del Imperio. En la confrontación directa contra los mexica, la única sangre española vertida hasta ese momento, sería la de Escalante, Argüello y cuatro más, muertos por Cuauhpopoca.

El paso siguiente fue comenzar a enterarse de los recursos del país; para ello, Cortés pidió a Motecuhzoma que le informase sobre la ubicación de las minas de donde sacaban el oro; al mismo tiempo, le pedía un informe sobre la costa del Golfo, pues quería averiguar si existía un buen puerto en que pudieran entrar navíos de gran porte. Ésta es una parte en la que los relatos de Bernal y Cortés son muy semejantes; el primero ofrece más detalles y da nombres de los soldados participantes, mientras que el segundo es muy conciso. Refundiendo ambas narraciones se obtiene una relación muy coherente. Motecuhzoma le habría señalado que el oro provenía de cuatro regiones y, en consecuencia, Cortés habría despachado cuatro grupos de españoles que partieron con el consiguiente acompañamiento de indios. Unos fueron a la región de Zacatula (Bernal escribe el nombre correctamente, mientras Cortés pone Cuzula); otros, partieron a las zonas de Malinaltepec, Tuxtepec, y Chinantla. Los primeros en retornar fueron Gonzalo de Umbría y sus acompañantes, quienes habían ido a la zona de Zacatula, en la costa del Pacífico, y volvían con buenas muestras de oro. Con ellos vinieron dos emisarios que traían el encargo de dar la obediencia a Cortés; es aquí donde Bernal apunta que «Umbría y sus compañeros volvieron ricos, con mucho oro y bien aprovechados, que a este efecto le envió Cortés para hacer buen amigo de él».[8] Resulta una ingenuidad pensar que con un poco de oro pudiera ganarse a un hombre al que hizo amputar los dedos de un pie. Esta es una actuación de Cortés que escapa a toda explicación: si ordenó mutilar a Umbría, ¿cómo no lo mantuvo alejado? Cerca era un peligro constante. Como era de esperarse, más tarde se alineará en el bando de sus más acérrimos enemigos, presentando contra él numerosas acusaciones en la Corte. Una cosa que podría explicar este proceder de Cortés, es que aquí haya actuado movido por sus fuertes prejuicios de clase, que lo hacían mirar hacia abajo a todos aquellos que no consideraba de su condición. Es posible que estimara que un puñado de oro pagaba el pie de un hombre del pueblo.

El enviado a Tuxtepec, un joven capitán del linaje de los Pizarro, volvió con la noticia de que, aparte de las minas, había encontrado muy buenas tierras. Al cacique local Cortés lo llama Coatelicamat, y éste se habría ofrecido como vasallo del rey de España, enviando a dos emisarios, portadores de un presente, quienes traían el encargo de trasmitir los saludos de su señor y hacer el acto de acatamiento. Procedían de la región de Chinantla y se trataba de gente muy aguerrida, que no permitió que ingresara a su territorio ninguno de los guías mexica; en cambio, los españoles fueron acogidos muy amistosamente. Faltaban Hernando de Barrientos, Heredia el Viejo, Escalona el Mozo y Cervantes el Chocarrero, y al preguntar Cortés por ellos, Pizarro repuso, con toda naturalidad, que los había dejado para que iniciaran una plantación de cacao y continuasen visitando minas. A Cortés no le pareció bien la iniciativa desplegada por ese joven capitán, del tronco de los conquistadores del Perú, que además era pariente suyo por parte materna, al igual que los demás Pizarro.[9]

De la región de Malinaltepec llegaron buenos informes, y como además de tener oro parecía ser muy buena tierra, Cortés pidió a Motecuhzoma que se hiciese allí una estancia para el rey de España. Según datos proporcionados en su carta, ésta se construyó en un tiempo récord, y ya habría allí grandes sembradíos de maíz, frijol y cacao, «que se trata por moneda en toda la tierra». Además, en lugar de una, se construyeron cuatro, una de las cuales tenía un estanque en el que se habían colocado quinientos patos. Pedro Mártir llama al cacao «el árbol de la moneda».

Muy pronto Motecuhzoma le hizo entrega de un plano pintado en tela de henequén, en el que aparecía dibujada toda la costa y las desembocaduras de los ríos. Había uno, en particular, que le llamó la atención: el Coatzacoalcos. Entre las versiones de Bernal y Cortés se observan algunas variantes; en la primera, Diego Ordaz habría partido en compañía de algunos dignatarios mexica, recibiendo en el trayecto numerosas quejas por los abusos de los capitanes de Motecuhzoma. Ordaz amenazó a éstos con castigarlos si no enmendaban su conducta, recordándoles la suerte corrida por Cuauhpopoca. El cacique superior se llamaría Tochel, y éste y otros caciques subalternos, en cuanto conocieron el propósito de su viaje, le proporcionaron canoas para sondear la desembocadura del río. Ellos en persona participaron en la tarea. Durante el recorrido le fue mostrado a Ordaz el sitio donde se libró una batalla en que los mexica fueron derrotados. Bernal le da el nombre imposible de Cuylonemiquis, que supuestamente querría decir el lugar «donde mataron a los putos mexicanos». Ordaz repartió las cuentas de colores que traía entre los caciques y, a su vez, recibió de éstos valiosos obsequios consistentes en oro, joyas y una india muy hermosa. Volvía complacido; tenía la receta dada por el Arcipreste para una vida confortable: «haber mantenencia y ayuntamiento con fembra placentera».

En la *Relación* de Cortés no se habla de una expedición en solitario, sino que habrían sido diez los hombres enviados, entre los que se contaban pilotos y gente entendida en cosas de la mar. Anduvieron sondeando ríos hasta llegar a la región del Coatzacoalcos, a cuyo cacique da el nombre de Tuchintecla (¿Tochintecuhtli?). Éste se habría mostrado sumamente amistoso, proporcionándoles canoas y todo lo que les fue necesario. Reitera lo ya dicho por Bernal, en el sentido de que eran enemigos de los mexica, por lo que no se permitió que ingresaran a su territorio a aquellos que los acompañaban. A través de los de Tabasco, Tuchintecla ya estaba sobre aviso acerca de los españoles, y conocía el desenlace de la batalla de Centla. Envió a Cortés grandes presentes consistentes en joyas de oro, plumajes, piedras preciosas, mantas y pieles de jaguar.[10] Al propio tiempo, se ofreció como vasallo del rey de España, invitando a los españoles a que se establecieran en su territorio. La única condición impuesta fue que los de Colhua no entrasen en su tierra. El ofrecimiento era tan inesperado que, con los emisarios de ese señor, Cortés envió más hombres para que ampliaran datos y obtuvieran información adicional para resolver lo conducente. La colonización de la cuenca del Coatzacoalcos le resultaba muy tentadora; además, con ella, alejaría el peligro de que Francisco de Garay fuera a fundar allí una colonia.

Motecuhzoma, el colaboracionista

Motecuhzoma despachaba los asuntos de estado al igual que lo hacía antes, con la salvedad de que ahora gobernaba en nombre del rey de España. Un soberano vasallo. Esa situación produjo algún desconcierto, dándose el caso de que, algunos caciques y notables decidieron saltarlo, y acudieron directamente ante Cortés para pedir instrucciones, sabiendo que era la verdadera fuente del poder; pero él, en lugar de atenderlos, los refería a Motecuhzoma. Una manera de respaldar su autoridad. Es así como lo informa al Emperador «siempre publiqué y dije a todos los naturales de la tierra, así señores como los que a mí venían, que vuestra majestad era servido que el dicho Mutezuma se estuviese en su señorío, reconociendo el que vuestra alteza sobre él tenía, y que servirían mucho a vuestra alteza en le obedecer y tener por señor, como antes que yo a la tierra viniese le tenían».[11] Apuntalaba a Motecuhzoma, para que su autoridad no se viniese abajo. Las medidas que dictó, para que se le siguiese dando tratamiento de rey, fueron estrictas. Los soldados españoles deberían tratarlo con todas las deferencias del caso, descubriéndose siempre al saludarlo (cortesía novedosa, desconocida para los indios, que no usaban sombrero). Motecuhzoma era muy sensible a las deferencias que se le tenían y a los soldados que se descubrían y le hacían reverencia, «daba presentes y joyas y comida». La rutina de aquellos días la recogen los soldados encargados de su custodia, quienes refieren algunos hábitos de la vida diaria de palacio. Una de las cosas que más les impresionó fue la forma en que hacía sus comidas. Aguilar, Bernal y Tapia, tres de sus antiguos custodios, hablan de ello con autoridad, pues fueron testigos presenciales. Los tres relatos se complementan entre sí, aunque el de Bernal viene a ser, con mucho, el más extenso. Motecuhzoma se sentaba a la mesa como único comensal, manteniéndose todo el mundo a distancia, excepto los guardianes españoles, alguno de los cuales siempre se hallaba a pocos pasos de distancia. En este aspecto, durante todo el tiempo que duró su cautiverio, no tendría un momento de intimidad. Antes de sentarse pasaba a ver la comida, consistente en treinta guisados distintos, colocados cada uno sobre un anafre con brasas para que no se enfriasen. Allí los mayordomos respondían a sus preguntas, indicándole de qué aves u otro tipo de carne estaba confeccionado cada platillo, y cuáles eran los que recomendaban como más apetitosos. Apunta Bernal: «cotidianamente le guisaban gallinas, gallos de papada, faisanes, perdices de la tierra, codornices, patos mansos y bravos, venado, puerco de la tierra, pajaritos de caña, y palomas y liebres y conejos, y muchas maneras de aves y cosas que se crían en esta tierra, que son tantas que no las acabaré de nombrar tan presto». Tapia hace subir a cuatrocientos el número de platos que traían; por supuesto, después de él, comía de ellos todo el personal de palacio. Y, en cuanto a los preparativos para la mesa (es nuevamente Bernal quien tiene la palabra), «si hacía frío, teníanle hecha mucha lumbre de ascuas de una leña de cortezas de árboles que no hacía humo [...] y él, sentado en un asentadero bajo, rico y blando, y la mesa también baja, hecha de la misma manera de los sentadores; y allí le ponían sus manteles de mantas blancas y unos pañizuelos algo largos de lo mismo, y cuatro mujeres muy hermosas y limpias le daban agua a manos en unos como a manera de aguamaniles hondos, que llaman *xicales*; le ponían debajo, para recoger el agua, otros a manera de platos, y le daban sus toallas, y otras dos mujeres le traían el pan de tortillas. Y ya que encomenzaba a comer echábanle delante una como puerta de madera muy pintada de oro, porque no le viesen comer, y estaban apartadas las cuatro mujeres aparte; y allí se le ponían a sus lados cuatro grandes señores viejos y de edad, con quien Montezuma de cuando en cuando platicaba y preguntaba cosas; y por mucho favor daba a cada uno de estos viejos un plato de lo que él más le sabía, y decían que aquellos viejos eran sus deudos muy cercanos y consejeros y jueces de pleitos, y el plato y manjar que les daba Montezuma comían en pie y con mucho acato, y todo sin mirarle a la cara». Mientras comía no se escuchaba ruido alguno, todos debían hablar en voz muy baja. Le traían todo tipo de frutas, pero apenas las probaba. Para finalizar, le servían unas copas de chocolate muy espumoso. Esta bebida llamó mucho la atención de los españoles, que se hacían lenguas ponderando su sabor exquisito y supuestas virtudes afrodisiacas, «decían que era para tener acceso con mujeres».[12] Cuando retiraban los platos, le traían una pipa alargada, sorbía el humo y se quedaba adormecido. Así transcurrían los días durante su prisión.

Se ha hablado mucho del baño de Motecuhzoma. Bernal menciona que lo hacía una vez al día, por la tarde, dato que corrobora Francisco de Aguilar. Este último es el único de los testigos presenciales que se ocupó en describir cómo se llevaba a cabo. El ritual era curiosísimo: «Su ropa nadie la tomaba en las manos, sino con otras mantas la envolvían en otras, y eran llevadas con mucha reverencia y veneración. Al tiempo de lavar venía un señor con cántaros de agua, que le echaba encima, y luego tomaba agua con la boca y metía los dedos, y se los fregaba; y luego estaba otro con unas tohallas grandes, muy delgadas, que le echaba encima de sus brazos y muslos, y se limpiaba con mucha autoridad y las tomaba sin ninguno de aquellos mirarle a la cara.»[13] A propósito de la prohibición de verle la cara a Motecuhzoma, refiere Cortés que los indios principales reprendían a los soldados españoles por atreverse a mirarlo a él directamente a la cara, considerando que ello constituía un desacato grave.[14] Entre los sucesos ocurridos por aquellos días, figura el caso de un marinero de apellido Trujillo, quien molesto por haberle tocado servicio nocturno para cubrir el cuarto de la vela en la vigilancia de Motecuhzoma, expresó su disgusto haciendo y diciendo cosas que Bernal, por acato a los señores leyentes, no publica. Motecuhzoma entendió de lo que se trataba, y preguntó a Orteguilla quién era y por qué se comportaba de esa manera. El paje le explicó que era un rudo marinero, quien por haber pasado su vida en el mar, desconocía los buenos modales. Motecuhzoma lo mandó llamar para reprocharle su comportamiento y le dio una joya de oro. Días más tarde, Trujillo repitió su acción, creyendo que con ello obtendría otra joya, pero esta vez Motecuhzoma se quejó ante Juan Velázquez de León, quien era el nuevo capitán de la guardia. Éste amonestó a Trujillo y lo apartó de ese servicio. Ocurrió que otro soldado, llamado Pedro López, renegando por las horas de sueño que perdía, tildó de «perro» a Motecuhzoma, y éste, que ya comenzaba a tener alguna idea de lo que se hablaba, pidió a Orteguilla que le explicase el significado. Al día siguiente se quejó ante Cortés, quien hizo azotar públicamente al soldado.[15]

Bernal cuenta que Motecuhzoma ya conocía por nombre a todos los soldados de la guardia y estaba enterado de los pormenores de cada uno. Y es así que, cada vez que se encontraba de servicio, al pasar frente a él se descubría quitándose el casco. Refiere, asimismo, que habló a Orteguilla para que trasmitiese a Motecuhzoma una petición para que le concediera una india hermosa. Éste, quien ya lo conocía bien, lo hizo llamar para comunicarle que le daría una buena moza, encargándole que la tratase bien por tratarse de la hija de un señor principal. Bernal le respondió con mucho acato, diciendo que le besaba las manos por la merced recibida. La joven pasaría a llamarse doña Francisca.[16]

Comenzó a llegar el oro que, de todas las regiones, enviaban los caciques para pagar a Carlos V el tributo de vasallaje exigido por Cortés. En este punto, Bernal, que nunca quedó conforme con la parte que recibió, es quien se ocupa con mayor detenimiento del tema. Según dice, era tanta la cantidad del oro ornamental que hubo que desprender de los trabajos de plumería, que se llamó a tres indios orfebres de Atzcapotzalco para que se encargasen de la tarea. Y en cuanto al oro en polvo, conforme iba llegando se fundía en unos pequeños lingotes que él llama tejuelos. Pronto se reunió una cantidad que estima en seiscientos mil pesos. Allí, a la vista del tesoro, fue cuando comenzaron los problemas. En un principio, Cortés posponía el reparto, pues por una parte quería mandar un gran obsequio al Emperador y, por otra, necesitaba fondos para sus proyectos de compra de barcos, y traída de caballos de Jamaica y Santo Domingo. Se improvisaron unas pesas de hierro para tratar de estimar su monto y se confeccionó un sello para marcar los lingotes. Mientras llegaba el momento de repartir, el montón comenzó a disminuir a ojos vistas. Cortés y otros capitanes entregaban a los indios orfebres platos y jarras de latón para que sirviesen a éstos de modelo para fabricarles vajillas de oro. Un tal Pedro Valenciano se las agenció para confeccionar unos naipes con el parche de un tambor y allí, en el juego de «a la primera», comenzaron a apostarse fortunas. Eran muchos los que habían metido mano. Alonso de Ávila era el tesorero encargado de la recepción del quinto real, mientras que Gonzalo Mejía tenía a su cuidado la parte correspondiente a la tropa, y en el desempeño de esa función, trataba de recuperar el oro que andaba rodando. Juan Velázquez de León se había mandado hacer una cadena de oro de gruesos eslabones, la famosa *Fanfarrona*. Mejía le demandó que devolviese el oro, a lo que éste se negó, y como según Bernal, ambos eran de «sangre en el ojo», desenvainaron las espadas. Y allí se hubieran matado si no los separan, aunque cada uno sacó un par de heridas. Cortés castigó a ambos cargándolos de cadenas. Por las noches, Velázquez de León metía mucho ruido al pasearse arrastrando la cadena, el cual llegó a oídos de Motecuhzoma, que preguntó de qué se trataba, y al enterarse de quién era el castigado, como Velázquez de León fue uno de los capitanes que comandó la guardia encargada de su custodia, en la primera conversación que tuvo con Cortés intercedió por él, pidiéndole que lo soltase (otra vez, el síndrome de Estocolmo). Es interesante observar la relación que Motecuhzoma desarrolló con sus custodios.[17]

El oro causó muchos problemas, pues ahora pesaba a muchos el que, una vez sacado el quinto real, todavía se sacase otro destinado a Cortés, tal como le habían ofrecido en la Villa Rica al momento de elegirlo capitán y justicia mayor; estaba luego el pago de otros gastos que éste había hecho: los barcos, el caballo que se le murió, la yegua de Juan Núñez Sedeño y otros conceptos varios. Hechas esas deducciones, la cantidad a repartir se había reducido de tal manera, que apenas tocaría una suma irrisoria por cabeza. Visto el malestar generalizado que aquello provocó, Cortés renunció a recibir el quinto acordado, y a los que se mostraban más críticos, procuraba ganárselos dándoles algún oro.

11
Narváez

Aparece en escena Narváez, episodio importantísimo que marca un parteaguas histórico, pues echará a rodar por la borda todo lo conseguido por Cortés hasta ese momento. Las circunstancias en torno a su llegada aparecen dadas en dos versiones no sólo distintas, sino que resultan radicalmente opuestas. Bernal escribe que todo se originó en un oráculo. Motecuzhoma, en un inesperado giro de ciento ochenta grados, habría pedido a Cortés que se fuese con su gente, pues de otra manera no podría evitar que los matasen. Lo ocurrido, según le dijo, obedecía a que los dioses habían hablado para manifestar su disgusto por la Cruz y el retablo de la Virgen colocados en lo alto del Templo Mayor. Amenazaban con irse del país si no se daba muerte a los españoles. Eso sería lo que dijeron a los sacerdotes, y éstos se apresuraron a comunicarlo a Motecuzhoma.[1] Orteguilla, quien habría escuchado parte de las conversaciones, refirió lo que alcanzó a oír. La situación era tan grave, que la requisitoria de Motecuhzoma equivalía a un ultimátum: o se iban o morirían. Al captar que aquello no admitía réplica, Cortés trató de ganar tiempo aduciendo que no disponía de barcos, pues aquellos en que llegó los había hundido; por tanto, pidió ayuda para que le proporcionasen leñadores para cortar la madera y carpinteros que ayudasen en la construcción, a lo que éste accedió al momento.

Por su lado, al narrar esta parte, Gómara dice que las instrucciones que Cortés dio a Martín López y Andrés Núñez fueron de aparentar que se trabajaba, pero «que pongáis la mayor dilación posible, pareciendo que hacéis algo, no sospechen ésos mal».[2] Bernal lo objeta, sosteniendo que él habló con Martín López y éste le confirmó que se daba toda la prisa del mundo en terminar cuanto antes los navíos; «mas muy secretamente me dijo Martín López que de hecho y aprisa los labraba, y así dejó en astillero tres navíos».[3] Al mismo tiempo, expresa que se vivieron días de extremada angustia por el inmenso peligro que corrían, ya que los indios aliados a cada momento les informaban de la hostilidad creciente, y que, en la ciudad, no se hablaba de otra cosa que de matarlos. Orteguilla no cesaba de llorar, y los hombres no se desnudaban ni de noche ni de día, siempre con las armas al alcance de la mano y los caballos ensillados y enfrenados permanentemente. Sería la llegada de Narváez lo que pusiera término a esa situación; y es así como, un día a la hora en que Cortés fue a visitar a Motecuhzoma, éste le comunicó que ya no tenía que apurarse en la construcción, pues en el arenal se encontraban anclados dieciocho navíos.

El panorama presentado por Cortés, señala exactamente lo contrario: «estando en toda quietud y sosiego en esta dicha ciudad, teniendo repartidos muchos de los españoles por muchas y diversas partes, pacificando y poblando esta tierra...».[4] Tapia se refiere a esa época diciendo: «e Muteczuma siempre daba a los españoles algunas sortijas de oro, e a otros guarniciones de espadas de oro, e mujeres hermosas, e largamente de comer».[5] Francisco de Aguilar lo corrobora: «Estando las cosas en ese estado, con mucho sosiego, quitados de contienda y rebato, sucedió que Narváez, persona noble, llegó al puerto con bien ochocientos hombres, poco más o menos».[6] Las historias son excluyentes: es lo uno o lo otro; ¿a quién dar crédito? Los hechos hablan por sí solos: la llegada de Narváez fue tan inesperada, que habría tomado a Cortés por sorpresa, pues éste, como era dueño de la situación y tenía tropas de sobra, comenzó a dispersar el ejército, dedicándose a explorar y ocupar otras regiones. Justo en el momento en que le llegó la noticia, acababa de despachar un fuerte contingente, al mando de Juan Velázquez de León, a colonizar la zona de Coatzacoalcos. Tan reciente era su partida, que todavía se encontraba en camino, «al capitán que con los ciento y cincuenta hombres enviaba a hacer el pueblo de la provincia y puerto de Quacucalco [Coatzacoalcos]».[7] Por otro lado, había despachado a Oaxaca a Rodrigo Rangel al frente de un contingente menor. Eso parece aclararlo todo. El ejército de Cortés en Tenochtitlan originalmente era de trescientos hombres; si la situación hubiera revestido la gravedad señalada por Bernal, resultaría inconcebible que prescindiera de más de la mitad, enviándolos a otras áreas. Si lo hizo así, sería porque tenía la situación bajo control, y no le resultaban indispensables. Además, existe abundante documentación que da la razón a Cortés, misma que se verá a continuación.

Andrés de Tapia, quien vivió muy de cerca ese episodio, por la participación que en él le cupo, lo narra diciendo que Motecuhzoma habría informado a Cortés de la llegada de una flota, presentándole una manta de henequén donde aparecían dibujados dieciocho navíos. Se encontraban fondeados frente al arenal de Chalchicuecan. Para Cortés era urgente averiguar de qué gente se trataba, pues como él mismo lo dice en su carta, se encontraba en espera de noticias de sus procuradores. En especial, ansiaba conocer cómo habría sido acogida su *Relación* en la Corte; pero, ¿quiénes vendrían en esos barcos? Si al frente de la flota llegaba Velázquez, ya podía dar por descontado que una buena parte de sus hombres rehusaría enfrentarlo. Hacerlo equivaldría a desobedecer al Emperador, a convertirse en rebelde. Si era así, las cosas podrían terminar muy mal para él. Por ello, para salir cuanto antes de dudas, mandó llamar a Tapia, quien recién ese día retornaba de Cholula, adonde se había trasladado para servir como árbitro en una disputa sobre tierras entre señores choultecas y tlaxcaltecas. Sin permitirle un minuto de reposo, le ordenó que se trasladase al punto a la costa para informarse acerca de esa armada. Viajó sin detenerse, y según refiere en su historia, de día marchaba a pie y de noche era llevado en una parihuela hecha con una hamaca.[8] El viaje duró tres días y medio. Medio menos que el tiempo promedio, que era de cuatro. Se menciona el caso de Antón del Río, quien conseguía hacerlo en tres días.

Mientras tanto, como iban transcurridos cerca de diez meses de la partida de Montejo y Puerto Carrero, la tropa que se hallaba en Tenochtitlan se encontraba ansiosa en espera de noticias suyas de un momento a otro; por tanto, al oír hablar de que andaba un barco por la costa, lo primero que pensaron fue que podrían ser ellos. Así lo supuso el español que Cortés había apostado como vigía en la costa, quien le comunicó que: «había asomado un navío, frontero del dicho puerto de San Juan, solo, y que había mirado por toda la costa de la mar cuanto su vista podía comprender, y que no había visto otro, y que creía que era la nao que yo había enviado a vuestra sacra majestad, porque ya era tiempo que viniese».[9] Pero algo importante, y que Cortés ignoraba en esos momentos, era la escala realizada en Cuba por Montejo y Puerto Carrero, que puso a Velázquez sobre aviso. Éste, al tener conocimiento de lo que estaba ocurriendo y de que lo hacían de lado enviando directamente un tesoro al Emperador, montó en cólera y, al momento, se dio a la tarea de organizar una expedición para castigar al rebelde. En carta de 17 de noviembre de 1519 informó de lo sucedido al licenciado Rodrigo Figueroa, juez de residencia de la Audiencia de Santo Domingo, para que ésta, como suprema autoridad de las islas, lo comunicase a la Corona (de ello se desprende que, para esas fechas, los frailes jerónimos ya no se encontrarían en Santo Domingo). Acerca de la forma en que se enteró de la defección de Cortés, escribe que el 23 de agosto anterior había llegado una carabela en la que venían Montejo y Puerto Carrero a un «Puerto Escondido de la dicha Habana [...] y que llegados al dicho puerto habían tomado un español que estaba en una estanza [sic] del dicho Montejo, cerca del dicho pueblo, y lo juramentaron que no los descubriese; y que tomaron de la dicha estanza todo el pan, cazabe y puercos, y todos los otros mantenimientos que pudieron y cuarenta botas de agua, y hurtaron ciertos indios de los desta; y metiendo todo en el dicho navío, mostraron al español mucha parte del oro y riquezas que en la dicha carabela llevaban; y con juramento que dél se ha tomado dice, que vio tanto, que cree que iba lastrada dello, además de piezas señaladas de trescientos mil castellanos arriba». (Opone un mentís a lo afirmado por Bernal, acerca de que Montejo hubiera realizado un doble juego, previniendo secretamente al gobernador.) Concluía Velázquez diciendo que para castigar a Cortés, había decidido enviar a Pánfilo de Narváez «con todos los navíos que se han podido haber, e con los más mantenimientos que en ellos se han podido meter, y con mi información de todo lo que se ha de facer; e para que con más diligencia todo se ponga en efecto, me parto hoy día de la fecha desta, del puerto desta ciudad a la villa de La Habana e Guaniguanico, desde donde con toda brevedad pienso despacharle».[10] Como era de esperarse, la Audiencia se alarmó ante la perspectiva de una lucha fratricida entre españoles en tierra extraña, procediendo a toda prisa a despachar al oidor Lucas Vázquez de Ayllón, con el propósito de impedirla. El oidor embarcó y llegó a la localidad de Yagua, donde habló con Narváez, quien no lo escuchó. Juntos viajaron al puerto de Guaniguanico, y durante días estuvo tratando de persuadir a Velázquez. Le hizo ver que constituía una imprudencia grave dejar indefensa la isla, lo cual podría propiciar un levantamiento de los indios, pero no consiguió hacerlo desistir. Logró, en cambio, algo que fue definitivo: que Velázquez aceptara no abandonar Cuba, delegando el mando en Narváez, «A causa de lo cual el dicho adelantado hubo por bien de se quedar en la dicha isla Fernandina», escribiría más tarde en su informe.[11] Quizás sin proponérselo, ganaba allí una batalla para Cortés. Por su lado, Velázquez no podía ignorar del todo al oidor, quien llegaba investido con plenos poderes de la Audiencia; por lo mismo, pese al respaldo del obispo Fonseca, corría el riesgo de ser destituido. Vázquez de Ayllón llegó a un compromiso con Velázquez, consistente en que Narváez requeriría pacíficamente a Cortés, mostrándole los poderes que lo investían como gobernador y capitán general: si aquél lo acataba, poblaría allí; en caso contrario, en lugar de internarse en la tierra, enviaría sus naves a explorar. Una contemporización por parte del oidor, pero debe tenerse presente que carecía de medios para imponer su autoridad. Con el propósito de evitar que Cortés y Narváez llegaran a un enfrentamiento armado, el oidor resolvió unirse a la expedición. Viajaba en barco propio.

Vázquez de Ayllón puntualiza en su informe que, incumpliendo lo ofrecido, Narváez subió a bordo un crecido número de indios, a pesar de que en esos momentos la epidemia de viruela arrasaba Cuba. A la llegada a Cozumel, ofrece un dato significativo: se hallaba prácticamente despoblada, pues la mayoría de sus habitantes había sucumbido a causa del mal. Por tanto, la epidemia la habrían introducido los que pasaron antes, Grijalva o Cortés, y no el esclavo negro llegado con Narváez.[12] El oidor largó velas, siendo su navío el primero en arribar frente al arenal de Chalchicuecan. Esa misma noche se acercó a él una canoa en la que venía un español, y a través de éste se enteró de todo lo ocurrido. Supo así, cómo Cortés mandaba ya en un territorio inmenso, recibiendo una información muy aproximada de lo que era Tenochtitlan, a la que supuestamente se le habría impuesto el nombre de Venecia la Rica. Ningún otro cronista corrobora el dato, en cambio, ese nombre se dio a la vecina localidad de Tláhuac, mismo que no prosperó. El informante añadió que Cortés había prevenido a los indios para que no admitiesen más españoles, ya que sólo vendrían a hacerles daño. No está claro si la actuación de ese español obedecía a que, aunque puesto allí por Cortés, sus simpatías estaban del lado de la facción velazquista, pero el caso es que con base en esos informes, en cuanto Narváez llegó, el oidor le prohibió que bajase a tierra, ya que aparecía claro que Cortés no se encontraría dispuesto a acogerlo amistosamente. Para evitar trastornos, y que los indios se rebelasen, lo instó a trasladarse a poblar en otra parte. Narváez lo ignoró, procediendo a nombrar alcaldes ordinarios a Francisco Verdugo y a Juan Yuste. Mediante esa acción, al igual que Cortés, se colocaba fuera de la legalidad por desobedecer una orden de la Audiencia. [Narváez había tenido una travesía accidentada a causa de un temporal, perdiéndose el navío que venía al mando de Cristóbal Morante. Todos se ahogaron. Así terminó uno de los organizadores de la expedición descubridora de Yucatán].[13]

El oidor procedió con sus diligencias judiciales. El lunes veintitrés de abril hizo comparecer a Francisco Serrantes, el español que había encontrado en la costa, y luego de haberle tomado juramento en debida forma, le sometió un cuestionario de ocho preguntas; de éstas, destacan por su interés dos respuestas. Según este testigo, «los cristianos andan por toda esta tierra seguros, e un solo cristiano la atraviesa toda sin temor», y que, de proponérselo Cortés, podría enviar cincuenta mil indios contra Narváez.[14] Hubo algunos que se acercaron a Vázquez de Ayllón con ánimo de intimidarlo, por lo que éste ordenó al alguacil que lo acompañaba que procediera en su contra. La respuesta de Narváez fue arrestarlo en su navío, junto con su secretario y el alguacil.

Mientras tanto, en Tenochtitlan los soldados celebraban con júbilo la llegada de refuerzos; Cortés, en cambio, se mostraba caviloso, pues el desconocer quién vendría al mando lo tenía sumamente preocupado. Por ello, para ganarse voluntades, comenzó a distribuir oro entre sus hombres. Pronto recibió cartas notificándole quién comandaba la expedición. Ello le significó un alivio. Enfrentar a Velázquez hubiera sido algo infinitamente más difícil. No podemos saber si en ese caso el ejército lo hubiera seguido. En aquellos momentos críticos a Cortés se le huyó un soldado (un tal Pinelo), con intenciones de pasarse a Narváez. Envió tras él a unos indios para que le dieran caza, los cuales volvieron con sus ropas, para mostrar que lo habían matado. Su cuerpo nunca apareció.[15]

Una vez que Cortés supo a quién tenía que enfrentar, la primera providencia que adoptó fue escribir a Velázquez de León, indicándole que se detuviese y quedara en espera de instrucciones. Éste ya tenía conocimiento de lo que ocurría, pues Narváez, quien también tuvo informantes que lo pusieron al tanto de la situación, le había hecho llegar una carta invitándolo a pasarse a su bando. Confiaba en que por ser cuñado suyo, además de pariente de Diego Velázquez, y porque en dos ocasiones Cortés lo había disciplinado, cargándolo de cadenas, no vacilaría en unírsele.[16] En aquellos momentos que resultaron ser cruciales, Cortés contó con la lealtad de dos hombres cuyo apoyo resultaría definitivo: Velázquez de León, con los ciento cincuenta hombres a su mando, y Gonzalo de Sandoval, con un número algo inferior, que permanecía como comandante de la Villa Rica. Las fuerzas de este último tenían menor valor militar, debido al alto número de enfermos y viejos.

La segunda decisión adoptada por Cortés, consistió en enviar a fray Bartolomé de Olmedo a entrevistarse con Narváez. Éste es el momento en que el fraile mercedario pasa a ocupar un primerísimo plano. Su actuación resultaría definitiva en los esfuerzos encaminados a contrarrestarlo. Podría decirse que la labor político-diplomática corrió a su cargo. Cortés disponía de un grupo numeroso de capitanes valerosos a la hora del combate, pero no parece que ninguno de ellos le fuese útil a la hora de planear estrategias. Fuera de Escalante, que había muerto, al parecer el único con quien se aconsejaba era el padre Olmedo. De los dos clérigos que figuraron en el ejército a la partida de Cuba, éste estuvo presente desde el primer momento en que bendijo la bandera y, a partir de entonces, ya no se separará de él. El padre Juan Díaz, en cambio, es una figura gris; su perfil se escapa un tanto y no se acierta a conocérsele bien; parecería que no consiguió superar la mácula de ser uno de los que se vieron involucrados en el fallido intento de secuestrar un navío.

Fray Bartolomé de Olmedo viene a ser el director espiritual de la empresa de la Conquista. De este fraile singular se sabe que era teólogo, buen cantor, y que «era muy cuerdo y sagaz», dotado de sentido del humor y de gran perspicacia.[17] Su actuación en esos sucesos va a mostrar que era un habilísimo diplomático; amén de eso, dotado de un gran valor personal. Concluida la Conquista, no obstante el inmenso ascendiente que tenía tanto en Cortés como en la mayor parte de los conquistadores, su figura se desvanecerá. No se advierte que aspirara a cargos o prebendas. Parecería que se encontrara por encima de cualquier vanagloria.

La primera noticia del avistamiento de un navío, Cortés debió recibirla a finales de abril pues para el veintitrés, el oidor Vázquez de Ayllón desahogaba la diligencia de la que ya se habló, por lo que la llegada de la flota de Narváez ocurriría a continuación. Unos tres o cuatro días después Motecuhzoma recibiría la noticia pintada en la manta de henequén; por consiguiente, la partida del padre Olmedo debió de haber sido poco después de la de Tapia, hacia finales del mes, para llegar allá cuatro días más tarde. Evidentemente, sería transportado en andas, viajando de noche, inclusive. Llevaba consigo las cartas que Cortés, junto con los alcaldes y regidores, dirigían a Narváez. Además, iba provisto de sólidos tejos de oro. La razón de que viajase solo podría atribuirse a que, mientras no dispusiese de mayores informes, Cortés prefería evitar contactos entre sus hombres y los recién llegados.

Otros tres hombres se desertaron de las filas de Cortés, entre ellos, el atronado Cervantes el Chocarrero, quienes al llegar junto a Narváez, interiorizaron a éste de todo lo que ocurría; fue así como se enteró por dónde andaba Velázquez de León y pudo hacerle llegar la carta. Esos tres individuos, que ya tenían algunos conocimientos de la lengua, le sirvieron para comunicarse con los indios. Mientras comía y bebía, el Chocarrero que era muy gracioso hacía chistes sobre Cortés y, según aseguró, los soldados estaban tan a disgusto con él, que se le desertarían en masa. Eso era lo que el confiado de Pánfilo de Narváez quería oír, y al escucharlo, se confió todavía más.

Cuando Narváez supo que «Cortesillo» (como despectivamente lo llamaba el veedor Salvatierra) tenía construida una fortaleza en la Villa Rica, envió a unos representantes suyos para que tomasen posesión de ella.[18] Los enviados fueron un clérigo llamado Juan Ruiz de

Guevara, el escribano Alonso de Vergara, y un tal Amaya, persona de significación. Llegaron a la Villa Rica, y lo único que vieron fue indios trabajando en las edificaciones, ya que Sandoval había replegado a los enfermos a los poblados vecinos, y los sanos aguardaban ocultos. Al no ver españoles, se dirigieron a la iglesia, y luego de haber permanecido en ella un momento, fueron a la casa principal. Allí encontraron a Sandoval, quien los aguardaba sentado en una silla. Saludó el clérigo y éste le respondió lacónicamente. Ante esa recepción tan fría, Guevara, quien había sido elegido para ese cometido por ser hombre de palabra fácil, comenzó a disertar sobre la traición cometida por Cortés contra Velázquez y el rey. Sandoval lo atajó al instante, diciendo que allí todos eran mejores servidores del rey que Diego Velázquez, y que si no lo castigaba, era por su condición de hombre de iglesia. Enmudeció el clérigo, y viéndose imposibilitado de utilizar sus dotes de convicción, indicó al escribano que diese lectura al mandamiento que traía. De nueva cuenta, Sandoval cortó tajante y, sin escucharlos, les expuso que Cortés, quien era justicia mayor y capitán general, se encontraba en Tenochtitlan, y era ante él donde deberían exhibir esos documentos. Sin decir más, los puso en manos de indios, quienes los colocaron «en hamaquillas de redes, como ánimas pecadoras», agrega con sorna Bernal; y a volandas, los condujeron a la ciudad.[19] Cuando Cortés tuvo conocimiento por Sandoval de que ya venían en camino, escribió a éstos, ofreciéndoles disculpas por la brusquedad del trato recibido, y les envió caballos para que entrasen montados, como correspondía a personas de su condición. Ésta es la primera acción en que Sandoval desempeña un papel protagónico de primera fila; éste, que en aquellos días andaba en los primeros veintes, forma parte del grupo de soldados de extrema juventud que en el curso de la campaña exhibirían dotes de mando extraordinarias. Se trataba de un escudero, hijo del alcaide de una fortaleza (posiblemente del propio castillo de Medellín); su formación había sido la de un hombre de armas, sumamente sencillo y carente de malicia. Su único ideario parece haber sido la milicia; aunque él y Cortés eran paisanos, no pudieron haberse tratado en Medellín, dada la diferencia de edades. Cuando el primero abandonó la villa, el segundo no llegaría a los ocho años. Oviedo asegura que existía *deudo* entre ambos; esto es, que se encontraban emparentados.[20]

Los recién llegados creían encontrarse bajo los efectos de un encantamiento ante todo lo que se ofrecía a sus ojos. Cortés los agasajó mucho, además de tener para con ellos todo género de atenciones les deslizó en la faltriquera buenos tejos de oro. Cuando volvieron a la costa ya iban ganados por el trato recibido. Es interesante destacar el servicio de transporte tan eficaz que permitía comunicar en un plazo tan breve: cuatro días, o tres y medio, si el viajero cooperaba viajando algunos trechos a pie. Este servicio *express* funcionaba a base de una especie de camilla, hecha de una red, donde el viajero iba acostado. Para mayor comodidad podían utilizarse unas andas; y dado el peso tan grande que sostenían, está claro que los portadores deberían turnarse constantemente, de allí que cada pasajero iría a cargo de todo un equipo. Las crónicas no dejaron testimonio sobre cuántos hombres serían necesarios para ese servicio, pero habida cuenta de que se viajaba sin detenerse –incluso de noche–, necesariamente se trataría de un grupo numeroso. Para mantenerlo funcionando debería contarse con gente estacionada a todo lo largo del trayecto. Una infraestructura sólida. Cortés la tenía. Otra cosa a observarse, es que los españoles podían viajar solos o en grupos pequeños con toda seguridad.

Ruiz de Guevara era portador de cerca de un centenar de cartas, dirigidas por parientes y amigos a los hombres de Cortés, instándolos a cambiar de bando. Una especie de quinta columna. Por este mismo conducto, Cortés se comunicó con Narváez y, con inmenso cinismo, le reclamó que no le hubiese escrito, dada la antigua amistad entre ellos, al tiempo que protestaba por su actitud, de estar incitando a sus hombres a la deserción. Y de manera semejante, le manifestaba extrañeza por la circunstancia de que hubiese nombrado alcaldes y regidores, siendo que ya existían autoridades en la tierra. Terminaba diciéndole que si traía órdenes expresas del monarca, que las exhibiese ante él y el cabildo de la Villa Rica. Sólo en ese caso serían acatadas las provisiones. Aprovechó para escribir al oidor Lucas de Ayllón, en cuya ayuda confiaba. Buscaba ganar tiempo.

Supuestamente, Narváez habría entrado en comunicación con Motecuhzoma, escribiéndole que Cortés era un rebelde que había cometido tropelías sin cuento, y que su soberano lo enviaba para aprehenderlo y llevarlo a su tierra para que recibiese el castigo merecido. En respuesta, Motecuhzoma habría enviado instrucciones a su gobernador en la zona para se diese a Narváez la comida y ayuda que fuera precisa. Esperaba sacar partido del enfrentamiento entre *teules*. Ésa fue una versión que circuló inicialmente, y que más tarde sería desmentida por Cortés (quedaría por verse cómo hubiera podido Narváez comunicarse con alguien que no podía leer ni conocía el idioma).

Fray Bartolomé de Olmedo llegó al arenal de Chalchicuecan y dio comienzo a su labor. Entregó la carta de Cortés, y para que Narváez se confiara, le dio a conocer que en el ejército prevalecía un gran malestar, por lo que muchos estaban ansiosos por pasársele. Fue hablando por separado a los principales personajes, y a cada uno decía algo distinto; pero eso sí, a todos les deslizaba lingotes de oro. En eso se mostraba pródigo. Procuró entrevistarse con el oidor Lucas Vázquez de Ayllón, pero no le fue posible, por encontrarse confinado en la bodega de un navío. Hecha esa primera labor exploratoria, emprendió el regreso sin toparse en el trayecto con Ruiz de Guevara, prueba de que había dos caminos distintos. Cuando este último y sus acompañantes volvieron al campamento, se hacían lenguas acerca de lo que habían visto. Sus descripciones, aumentadas por la fantasía, exaltaron la imaginación de muchos. Narváez se disgustó con ellos, acusándolos de revolverle el campo.

Por las mismas razones que Cortés (navíos expuestos a los vientos y el arenal inhóspito), Narváez se desplazó a Cempoala, y envió los navíos al fondeadero de la Villa Rica. El *Cacique Gordo* lo acogió con reserva; les dio víveres y alojamiento, pero se abstuvo de tomar partido. No quería verse envuelto en esa disputa. Por su parte, Cortés resolvió ir a su encuentro, y para ello escribió a Juan Velázquez de León, ordenándole que se moviera a Tlaxcala con los ciento cincuenta hombres bajo su mando y que allí lo esperase. De igual manera mandó llamar a Rodrigo Rangel, que en esos momentos andaba con una veintena de hombres por la región de Tuxtepec. La llegada de Narváez lo había sorprendido en un momento en que sólo disponía en Tenochtitlan de poco más de un centenar de soldados. Comunicó a Motecuhzoma la intención de ir a saludar a los recién llegados, al par que lo responsabilizaba por la seguridad de los encargados de su custodia. En Tenochtitlan quedaría Pedro de Alvarado al mando de una fuerza que inicialmente sería de setenta españoles, de los cuales cinco eran de a caballo, catorce escopeteros y ocho ballesteros. El resto, peones de espada y rodela. Eso era todo por el momento, aunque su número se vería aumentado posteriormente; en cuanto a los indios aliados no se tienen cifras. Además de Motecuhzoma, atrás quedaban otros personajes con autoridad suficiente, encargados de tener la situación bajo control, quienes ya serían adictos al bando español, o al menos, colaboraban con él. La salida de Tenochtitlan fue hacia el diez de mayo; «entrante el mes de mayo», dice Cortés en su carta.[21] En su compañía llevaba ochenta y cuatro hombres, así como un grupo de principales mexica, que se encargarían de velar para que en el trayecto no le faltasen suministros, al par que servirían de rehenes. En Cholula topó con Juan Velázquez de León, procediendo a remitir a Alvarado algunos soldados que le parecieron dudosos, por el riesgo de que se le pasaran a Narváez. El padre Juan Díaz figuró entre los que dejó atrás. Bernal escribe que pidió a los de Tlaxcala que le proporcionasen cinco mil hombres de guerra, pero que éstos habrían respondido que de tratarse de una guerra entre indios gustosamente lo harían, pero que en un conflicto entre españoles preferían mantenerse al margen.[22] Cortés no menciona que hubiese solicitado esa ayuda. Por el camino se topó con fray Bartolomé de Olmedo, quien lo puso al tanto de la situación en el campo de Narváez. Prosiguieron la marcha y a poco se encontraron con Alonso de Mata, un escribano que venía a hacerle una notificación. Antes de que pudiera hablar, Cortés le exigió que mostrara su título, y como no lo traía encima, no lo dejó proseguir, acusándolo de ejercicio indebido de la profesión. (Mata será el autor de unas memorias que utilizará Cervantes de Salazar.) A poco más de andar les salieron al encuentro un tal Villalobos y cinco soldados más, entre ellos un portugués, que se le habían huido a Narváez. Llegaron a un sitio en las inmediaciones de Cempoala que Bernal llama Panganequita, donde se encontraron con Sandoval, que venía con sesenta hombres, pues a los enfermos los había distribuido por los pueblos amigos. Con grandes risas se celebró la humorada de éste, consistente en introducir en el campo de Narváez a dos españoles disfrazados de indios, los cuales se colaron entre los que llevaban bastimentos. Acuclillados, escuchaban las pláticas, sobre todo a Salvatierra, que era quien más vociferaba contra Cortés. Volvieron en cuanto oscureció y dirigiéndose adonde éste tenía su caballo, lo enfrenaron y ensillaron, llevándoselo. Todavía encontraron un segundo animal, y así, los dos montados, se presentaron en el campo de Sandoval.[23]

Fray Bartolomé de Olmedo fue enviado de nueva cuenta al real de Narváez. Llevaba cartas, y en su compañía iba Bartolomé de Usagre, hermano de quien tenía a su cargo la artillería en el campo contrario. Se intercambiaban ofertas y contraofertas; a Cortés se le ofrecía un barco para que, con aquellos que quisiesen seguirlo, se trasladase a donde deseara; éste, a su vez, proponía a Narváez que se fuese a poblar a la región de Coatzacoalcos, o si lo prefería, a la tierra del cacique Pánuco. Se produjeron múltiples intercambios entre ambos bandos; entre los más significados, figura la visita que recibió Cortés de Andrés de Duero. En la conversación, éste ofreció a su antiguo socio enriquecerlo o traspasarlo con una lanza si lo traicionaba. Lo hizo portador de un mensaje: no entregaría la tierra a menos que recibiese una orden escrita de mano del monarca.[24] Se concertó una entrevista entre ambos jefes. Para ello se intercambiaron ofrecimientos dándose mutuamente todo tipo de salvaguardas. Pero el encuentro no llegó a celebrarse, pues Cortés tuvo conocimiento de que Narváez tenía apalabrados a algunos de sus hombres para que le diesen muerte. En un esfuerzo de último momento, envió a Juan Velázquez de León, ordenándole que llevase puesta *la Fanfarrona*. A su llegada al real de Narváez fue muy bien acogido, ya que era hombre que gozaba de grandes simpatías. *La Fanfarrona*, que era de gruesos eslabones, le daba dos vueltas al pecho. Así era como corría el oro en el bando de Cortés. Por su parte, para impresionarlo, Narváez hizo hacer un alarde formando a su gente en escuadrón y mostrando la artillería; y a continuación lo invitó a comer, ofreciéndole ser segundo en el mando si se pasaba a su lado. Eso lo daba como un hecho, dado el vínculo familiar que los unía, pero para sorpresa suya, rechazó el ofrecimiento. Un sobrino de Diego Velázquez, que llevaba el mismo nombre que el tío, se hizo de palabras con él, desafiándolo. En medio de la comida echaron mano a las espadas, mas fueron frenados por Narváez, quien no autorizó el desafío. Velázquez de León montó en *La Rabona* y abandonó el campo.

Espíritu Santo, Espíritu Santo

Llovía. Era la noche del veintisiete de mayo, Pascua del Espíritu Santo. En vista de que no podían dormir, Cortés ordenó proseguir la marcha. Los hombres querían detenerse para asar unos jabalíes y venados alanceados por los de a caballo, pero no les fue permitido encender fuego, para evitar ser sentidos. Fray Bartolomé de Olmedo y Juan Velázquez de León ya se encontraban de retorno. Fracasado todo intento de conciliación, Cortés resolvió atacar. Reunió a sus hombres y comenzó a hablarles, rememorando todos los peligros vividos juntos. Habían ganado una tierra muy rica y, después de tantas penalidades no irían a entregarla a Diego Velázquez. Defenderían lo ganado sin cederlo a nadie, hasta no tener una respuesta del Emperador a la carta que le habían enviado. No debería preocuparles encontrarse en inferioridad numérica, pues es Dios quien siempre decide el desenlace de las batallas y ya habían visto que, hasta ese momento, siempre los había favorecido. Se ponía, por tanto, en sus manos. Bernal, al escribir el libro, rememora que para que peleasen con mayor decisión, no les comunicó los arreglos a que había llegado con alguna gente del campo de Narváez.[25] La tropa, integrada en su mayoría por soldados muy jóvenes y adictos a él, lo aclamó alzándolo en brazos, hasta que hubo de pedirles que lo bajasen.[26] Comenzaba a dictar las disposiciones para el ataque cuando llegó un desertor. Era un soldado llamado el Galleguillo, quien lo puso al corriente acerca de la disposición del campo contrario. En honor a la fecha, para identificarse durante el combate, se adoptó la contraseña de «Espíritu Santo», «Espíritu Santo». Cortés afirma que llevaba en total doscientos cincuenta hombres, los cuales procedió a dividir en capitanías; a su pariente Pizarro le habría asignado sesenta hombres, a Sandoval ochenta, y por ser éste el alguacil mayor, le dio el encargo de la captura de Narváez, vivo o muerto.[27] A Velázquez de León le confió otros sesenta, dándole la encomienda de apresar a Salvatierra. No menciona si se reservó el mando directo de los restantes. Emprendieron la marcha, y a poco andar sorprendieron a un escucha de Narváez. Se trataba de Gonzalo Carrasco, compadre de Cortés, que al ser capturado dio grandes voces, con lo cual alertó a su compañero Hurtado, quien corrió a dar la alarma. Valido de su compadrazgo, Carrasco se mostraba desafiante y nada inclinado a responder a lo que se le preguntaba. Le echaron una soga al cuello, y aun así continuaba negándose. Hubieron de izarlo. Cuando lo bajaron, informó lo que sabía.

Narváez fue advertido por los indios de la proximidad de Cortés, por lo que salió a enfrentarlo. Caminó cerca de una legua, y al no dar con él, supuso que lo habrían engañado. Volvió al real, y como llovía, estimó que hasta el día siguiente no aparecería, metiéndose en la cama, pero la lluvia cesó. Era noche oscura. Atrás, en una barranca, habían quedado los caballos al cuidado de fray Bartolomé, Malintzin y Aguilar. Sigilosamente los atacantes se aproximaron y cuando ya estuvieron encima, el tambor Canillas comenzó a redoblar, y a la voz de «Espíritu Santo», «Espíritu Santo», se lanzaron al ataque. Sonó la alarma, y los atacados respondían en la oscuridad con la contraseña «Santa María», «Santa María». Narváez fue avisado, procediendo en el acto a ponerse el peto. Algunos de sus hombres salieron precipitadamente a subirse a sus caballos, pero apenas lo hacían, rodaban por tierra. Momentos antes, unos soldados de Cortés se habían introducido en el campo y habían cortado las cinchas de algunas sillas.[28] La noche se llenó con luces de los cocuyos que, en el fragor del combate, los de Narváez las tomaban por mechas de las escopetas. Sandoval y los suyos acometieron la pirámide principal. Un artillero acercó la mecha a los cañones, pero no se produjeron disparos. Tenían el cebadero cubierto con cera. En el curso de la refriega únicamente se dispararía un cañonazo. Andrés de Tapia narra que, en lo alto de la pirámide que le correspondió asaltar al grupo de que formaba parte, se encontraba almacenada la pólvora de los contrarios. Un joven soldado lanzó, contra un barril abierto un haz de pajas en llamas, al par que se arrojaba al suelo. No se produjo la explosión, y cuando entre varios lo examinaron, encontraron que, en lugar de pólvora, contenía alpargatas. Mientras Tapia agujereaba con la espada otro barril, llegó Cortés y lo detuvo, diciéndole: «¡Oh, hermano, no hagáis eso, que moriréis e muchos de los nuestros que por aquí cerca están!». Y con los pies, fue apagando las pavesas que ardían en torno a los barriles.[29]

Narváez y un grupo de sus incondicionales se hicieron fuertes en lo alto de la pirámide. Gonzalo de Sandoval llegó hasta ellos, y en su carácter de alguacil mayor, los conminó a rendirse. Se burló de ello Narváez y comenzaron a defenderse. Martín López arrojó una tea al techo que era de palma y, cuando comenzó a arder, Diego de Rojas, el alférez, apareció con la bandera en una mano y la espada en otra. En la refriega salió malherido, y Cortés, que andaba cerca, evitó que lo remataran para que tuviera oportunidad de confesarse (el oidor Zorita lo llama Juan de Rojas, y dice que quedó muerto en medio del patio a causa de las numerosas heridas recibidas).[30] Narváez, blandiendo un montante, combatía valerosamente, hasta que de un golpe de pica le vaciaron un ojo. Fue apresado, y cuando estuvo frente a Cortés, dijo: «tened en mucho la ventura de que hoy habéis en tener presa a mi persona»; a lo que éste habría replicado: «lo menos que he hecho en esta tierra es haberos prendido».[31]

Con su captura, por todo el real se pregonaba la victoria, «¡Cierra Espíritu Santo!»; sin embargo, había algunos que, parapetados en un edificio, no combatían pero tampoco se entregaban. Cortés les mandó un cañonazo intimidatorio, para que se diesen prisioneros. Algo semejante ocurrió con un grupo de aproximadamente cincuenta jinetes, quienes abandonaron el real sin combatir, situándose en un campo cercano. Se les hicieron repetidas exhortaciones, hasta que, finalmente, todos se entregaron. El encuentro contra Narváez, más que una batalla fue una refriega de corta duración; fueron pocos los hombres de éste que combatieron. La mayor parte permaneció a la expectativa. Muchos venían contra su voluntad, empujados por Velázquez, y si habían aceptado participar era por el temor de que éste tomase represalias contra ellos, quitándoles los indios y tierras que tenían. Cortés tenía asegurada la victoria antes de atacar. En su carta al Emperador informa que sólo hubo dos muertos (ambos del campo de Narváez); Bernal, por el contrario, habla de que fueron cinco por el bando contrario y cuatro por el propio. La crónica de Andrés de Tapia llegó trunca, cubre hasta el momento de la victoria sin alcanzar a dar cifras de los caídos. El maestro Cervantes de Salazar apunta que fueron once los muertos de Narváez por dos de Cortés.[32] El informante de este cronista fue el propio Gonzalo Carrasco, quien además le comentó que, de aquellos que traicionaron a Narváez, muy pocos se salvarían durante la *Noche Triste*. Dos españolas que venían con los de Narváez, Francisca Ordaz y Beatriz Ordaz (posiblemente hermanas), comenzaron a increpar a éstos por su cobardía, diciendo que gustosas se entregarían a los vencedores. Ya frente a Cortés dejaron de gritar y le hicieron acatamiento. El bufón de Narváez, un negro llamado Guidela, que presenció la refriega subido a un árbol, iba por el campo bailando y diciendo gracias, mientras parangonaba a Cortés con Alejandro Magno.[33] Restablecida la calma, Cortés fue hablando con los prisioneros para ganar voluntades; a todos honraba, con excepción de Narváez y Salvatierra, a quienes mantuvo presos. Una vez que le manifestaban su adhesión, ordenaba que les fueran devueltas sus armas y caballos. En este punto Bernal se muestra muy quejoso de la liberalidad de su jefe, pues ya se había apropiado de un caballo, que tenía ensillado y enfrenado, así como de dos espadas, tres puñales y una daga. Tuvo que devolverlo todo.[34]

Bernal cuenta con lujo de detalle cómo, al día siguiente, una vez restablecida la calma, aparecieron los indios de Chinantla, capitaneados por Hernando de Barrientos, quienes llegaron tarde para participar en la batalla. Supuestamente serían dos mil hombres de guerra, armados de picas y lanzas, «que son muy más largas que no las nuestras»; y con sus banderas tendidas, daban vivas al rey y a Cortés. Al verlos, los hombres de Narváez quedarían admirados, comentando entre sí que, de haber llegado esos guerreros la víspera, muchos de ellos no habrían sobrevivido para contarlo. Pasada la revista, Cortés les dirigió unas palabras amables, dándoles cuentas de colores e indicándoles que podían volverse a sus pueblos. Barrientos regresó con ellos. Cervantes de Salazar narra el hecho en términos muy semejantes, aunque aumentando a ocho mil el número de guerreros.[35] Este último relato parecería ser un episodio imaginario, pues según se desprende de una información que se verá más adelante, Barrientos nunca se habría presentado en Cempoala al frente de los de Chinantla; eso es algo que puede afirmarse con toda certeza, pues se trata de un soldado cuyas hazañas impresionaron de tal manera a Cortés, que las recogió en forma pormenorizada. Que Cervantes de Salazar equivoque los tiempos, puede comprenderse: sencillamente, alguien le informaría mal; pero que se confunda uno que se encontró en Cempoala, como es el caso de Bernal, eso es algo que resulta difícil de entender. Cuando Torquemada se ocupe de este asunto, lo referirá situando correctamente tiempo y lugar.

El triunfo de Cortés hubiera sido redondo, de haber podido liberar al oidor Vázquez de Ayllón, pues pasaría por el restaurador de la legalidad; pero ocurría que a éste ya Narváez lo había remitido a Cuba en calidad de detenido, junto con su alguacil y secretario. Pero en el trayecto, el oidor impuso su autoridad y ordenó que pusieran rumbo a Santo Domingo. Ahí puso al tanto a la Audiencia de lo ocurrido y comenzó a redactar su informe al monarca. Éste trae fecha de 30 de agosto de 1520, o sea, se trata del documento más cercano a los hechos (anterior en dos meses al informe que enviará Cortés); y, además, procede de un testigo imparcial. El informe Vázquez de Ayllón, al señalar el derrotero seguido por la flota de Narváez, ofrece un dato de la mayor importancia: «...de allí seguimos el viaje por toda la costa de Yucatán, de la banda del norte, hasta llegar al fin de dicha isla, que es muy junta con la otra tierra que llaman de Ulúa, que á lo que se cree é allá se pudo comprender es tierra firme, y junta con la que Juan Díaz de Solís y Vicente Yáñez Pinzón descubrieron».[36] Otra vez se vuelve a oír hablar de una tierra descubierta años atrás, lo cual corrobora lo que antes decía la carta dirigida por el cabildo al monarca, expresando que se encontraban en un punto situado en la proximidad de la Punta de las Veras. Vázquez de Ayllón era persona informada, y según da a entender, se trataba de una zona que no sería del todo desconocida para navegantes españoles.

Cortés despachó un mensajero para comunicarle a Alvarado la inmensa victoria obtenida, y, a continuación, comenzó a trazar las líneas maestras de su gran proyecto: Juan Velázquez de León iría con doscientos hombres a colonizar la tierra del cacique Pánuco, y Diego Ordaz, con otros doscientos, a las del cacique Tuchintecla en la cuenca del Coatzacoalcos. Y a doscientos más los enviaba a la Villa Rica, adonde permanecerían los navíos traídos por Narváez. Como comandante de la flota nombró a Pedro Caballero, persona de su amistad y entendido en cosas del mar. Era dueño del litoral, y su siguiente paso era taparle la entrada a Garay, para que no estableciese en esa zona su proyectada colonia, a la que a distancia ya tenía bautizada como Victoria Garayana. Pero en sus planes ocurrió un contratiempo, cuando los hombres que habían quedado en la Villa Rica y más tarde participaron en el encuentro con Narváez, reclamaron su parte en el reparto del tesoro. La prodigalidad mostrada por Cortés para ganar voluntades en el campo de los recién llegados, provocó malestar entre el pie veterano. Las cosas amenazaban con pasar a mayores, y Alonso de Ávila, que era hombre que no se achicaba ante nadie, como representante de los intereses de los descontentos tuvo un violento enfrentamiento con

Cortés.[37] Fray Bartolomé de Olmedo también terció en la controversia, aconsejando que no se demorase más la entrega de las partes que correspondían a cada uno. Aquí, como señala Bernal, Cortés se vio acorralado y hubo de acceder a lo que le pedían; por tanto, procedió a designar representantes que se desplazarían a Tlaxcala para recoger el tesoro allí depositado. En ese momento ocurrió algo inesperado: Blas Botello se acercó a Cortés para anunciarle que había tenido una visión: «señor no os detengáis mucho, porque sabed que don Pedro de Alvarado, vuestro capitán que dejásteis en la ciudad de México, está en muy grave peligro, le han dado gran guerra y le han muerto un hombre, y le entran con escalas, por manera que os conviene dar prisa». Francisco de Aguilar, quien se hallaba presente, es quien recoge sus palabras.

Blas Botello de Puerto Plata, un hidalgo montañés, era un personaje misterioso, cuya presencia inquietaba al ejército. Un nigromante, dedicado de lleno a la astrología y ciencias ocultas; el parecer unánime era que tenía «familiar».[38] En el lenguaje de la época eso quería decir tener un demonio familiar, o sea, pacto diabólico. Bernal nos dice que además de hidalgo era latino, lo cual ya lo presenta como hombre culto y de un nivel social más bien alto; lo que cabe preguntarse es qué andaba haciendo un individuo de sus características en una empresa de conquista. Por la forma en que todos lo describen, como brujo o nigromante, no sorprendería que fuese un prófugo de la Inquisición que, para huir de ella, hubiese puesto el océano de por medio. En la Europa de aquellos días, en que daban comienzo las guerras de religión, Botello no habría escapado de la hoguera. Poco después llegaron dos tlaxcaltecas confirmando el vaticinio y, a continuación, una carta de Alvarado ampliando detalles. Se había producido una sublevación. Los indios habían atacado intentando tomar el palacio, aunque por el momento se observaba una tregua, ya que Motecuhzoma había conseguido imponer su autoridad para que cesasen los combates, pero continuaban manteniéndolos cercados sin permitirles salir. Los bergantines habían sido quemados.[39]

Cortés hubo de modificar planes, llamando de regreso a Ordaz y Velázquez de León. Allí quedaron cancelados los proyectos colonizadores. A Narváez y Salvatierra los envió presos a la Villa Rica y emprendió el viaje a Tlaxcala. Lo que sigue es un episodio que resulta difícil de creer, y ello es el inmenso desorden en que se escenificó esa marcha. A lo largo del trayecto iban quedando pequeños grupos de rezagados, que progresaban penosamente por esa región de malpaís carente de agua. Unos setenta kilómetros antes de llegar a Tlaxcala, Cortés y los jinetes que venían en vanguardia toparon con Alonso de Ojeda, quien les salía al encuentro con una columna de *tamemes* portadores de comida y agua. Todo era producto de la iniciativa de dos soldados, Ojeda y Márquez, quienes organizaron un servicio de suministros. Uno se encargaba de obtenerlos, y el otro, los hacía llegar. Cervantes de Salazar es quien trata con detalle esta página, que habla de un descuido inadmisible por parte de Cortés, sobre todo si se tiene presente que ocurrió en una ruta de la que ya conocía lo inhóspita que era.[40] Cabe destacar que la región en que se dispersó la columna se encuentra lejos de Tlaxcala, en territorios anteriormente sujetos a Motecuhzoma, por lo que los españoles se hubieran encontrado en extremo vulnerables de haberse decidido a atacarlos los caciques locales. Parecería que hubieran tomado la actitud de permanecer como observadores en ese conflicto.

En Tlaxcala pusieron a Cortés al tanto de la situación en Tenochtitlan. No se combatía, pero se mantenía el cerco. Aguardó a los rezagados, y en cuanto los hubo reunido reanudó la marcha. Según su propia cuenta, una vez reunidas las divisiones de Ordaz y Velázquez de León, la fuerza española quedó constituida por setenta de a caballo y quinientos peones, «con toda la artillería que pude». Las cifras dadas por Bernal difieren notablemente: «Y luego Cortés mandó hacer alarde de la gente que llevaba, y halló sobre mil trescientos soldados, así de los nuestros como de los de Narváez, y sobre ochenta y seis caballos y ochenta ballesteros, y otros tantos escopeteros [...] y demás de esto, en Tlaxcala nos dieron los caciques dos mil indios de guerra».[41] Esa discrepancia tan grande lleva a pensar que Cortés reduce aquí las cifras para paliar la magnitud del desastre durante la *Noche Triste*, que ocurrirá a continuación. Los números ofrecidos por Bernal, aunque exagerados, parecen más cercanos a la realidad.

Llegaron a Texcoco y allí se encontraron con que la ciudad estaba sin gobierno. Coanacoch, quien había estado al frente, no disponiendo de fuerzas suficientes, al sentir que los españoles se aproximaban buscó refugio en Tenochtitlan. Aquí hay un punto oscuro. Antes se vio que el gobernante impuesto por Cortés era Cuicuitzcatzin, y Coanacoh quedó haciéndole compañía a su hermano Cacama, sujeto a la cadena del navío; ¿qué ocurrió? No se sabe, ya que ningún autor se ocupa de explicarlo; el caso es que Cuicuitzcatzin se encontraba en paradero desconocido y Coanacoch se había hecho con el poder. Una posible explicación sería la de que quizás Bernal no haya sido del todo exacto al decir que éste quedó encadenado junto al hermano. Si no fue así, se desconoce el cómo o quién lo soltaría. Aclarado esto, volvemos al hilo de la narración.

Como Cortés no encontró caras conocidas en Texcoco, tomó a un hombre que juzgó que sería persona importante, ordenándole que le proporcionase una canoa para que un español viajase a la ciudad. Mientras, él quedaría como rehén. Antes de que se iniciara el viaje, apareció otra canoa en la que venía un español enviado por Alvarado y, en su compañía, traía dos emisarios de Motecuhzoma. Éstos eran portadores del encargo de asegurarle que su señor había sido ajeno al levantamiento; le dijeron, además, que ya podía entrar tranquilo en la ciudad, con la certeza de que se había restablecido el orden y todo volvería a ser como antes. Durmieron en Texcoco y, al día siguiente, luego de escuchada la misa, se pusieron en marcha. Al adentrarse en la calzada y cruzar un puente donde había unas tablas separadas, el caballo de Solís Casquete hundió una pata por una hendedura y se la quebró. Se escuchó la voz de Botello señalando que aquello era un mal augurio.[42]

La entrada en Tenochtitlan ocurrió poco después del mediodía. Era el veinticuatro de junio, día de San Juan. La ciudad ofrecía un aire lúgubre y trágico. Las señales de la lucha se advertían por todas partes: casas quemadas, muros caídos y puentes cortados. Las calles permanecían desiertas, y asomados a las puertas, los moradores los veían con mirada hostil. La ciudad lloraba a sus muertos. Llegaron frente al palacio de Axayácatl, cuyas puertas se encontraban reforzadas. Alvarado se asomó al pretil de la azotea y, al verlos, hizo que les abrieran. Eran tantos, que una parte tuvo que alojarse en el recinto del Templo Mayor. Esa tarde no se combatió, como tampoco al día siguiente. Ello indujo a Cortés a sacar conclusiones equivocadas, pues pensó que con su llegada la situación estaba resuelta. Venía tan engreído por su reciente victoria contra Narváez, que el éxito se le había subido a la cabeza, llegando al extremo de hacerle a Motecuhzoma el desaire de no visitarlo, cosa que éste resentiría profundamente. Años más tarde, Cortés recapacitaría sobre los errores cometidos; Cervantes de Salazar narra que cuando la Corte se encontraba en Madrid tuvo oportunidad de escucharle referir los pormenores de su entrada a México, y según contaba, «cuando tuvo menos gente, porque sólo confiaba en Dios, había alcanzado grandes victorias, e cuando se vio con tanta gente, confiando en ella, entonces perdió la más della y la honra y gloria ganada».[43] Así hablaría Cortés cuando estaba en el tramo final de su vida.

Cortés demandó una explicación a Alvarado, y éste dijo que llegó el mes Tóxcatl, en el cual tenía lugar una solemne festividad en honor a Tezcatlipoca, y los mexica le pidieron licencia para celebrarla. La otorgó a condición de que no realizaran sacrificios humanos (el padre Durán señala que la festividad era celebrada el primer día de ese mes, que correspondía al veinte de mayo).[1] Ningún cronista se ocupa de comentar cómo recibiría Cortés las explicaciones ofrecidas por su subordinado para justificar su actuación; en cierta medida, el haber otorgado el permiso equivalía a dar marcha atrás, pues el culto a los antiguos dioses había quedado suprimido desde el día en que hizo remover sus efigies. Pero debió de haber tomado en cuenta que dejó a Alvarado con sólo setenta hombres, a los que se agregaron unos pocos más enviados desde Tlaxcala (Vázquez de Tapia dice que en total eran ciento treinta).[2] La justificación de Alvarado fue que la celebración resultó ser sólo una estratagema, pues calladamente, habían estado introduciendo armas para matarlos, cuando más descuidados estuvieran presenciando el espectáculo. Todo lo que había hecho fue ganarles la mano.

El festejo consistía en una danza en la que participaban guerreros águilas y tigres, lo más granado de las órdenes militares; en lo alto del Templo Mayor sonaba música de flautas, caracoles, tambores y teponaxtles, mientras los danzantes ejecutaban los pasos de baile. A una señal, Alvarado y los suyos, auxiliados por los tlaxcaltecas, arremetieron contra ellos. Como las puertas habían sido tomadas y se hallaban inermes, no tuvieron escapatoria. Allí mismo los acabaron. Unos hablan de trescientos muertos, mientras que otros hacen subir el número a seiscientos; pero, ¿qué fue lo que ocurrió realmente? Cortés no menciona la matanza en su carta al Emperador, limitándose a decir que encontrándose en la Villa de la Vera Cruz, recibió carta de Alvarado anunciándole que los indios los habían atacado y puesto fuego a muchas partes del palacio de Axayácatl, «y todavía los mataran si el dicho

235

Mutezuma no mandara cesar la guerra; y que aún los tenían cercados, puesto que no los combatían, sin dejar salir ninguno de ellos dos pasos fuera de la fortaleza».[3] Vázquez de Tapia, quien tomó parte en la matanza, en el proceso contra Alvarado describió los hechos así: «que estaban bailando obra de trezientos o quatrozientos yndios que todos los más eran señores bailando asidos por las manos e más de otros dos o tres mil asentados por allí mirando».[4] Fue ése el momento en que los atacaron por sorpresa. Es posible que Alvarado actuara movido por el deseo de emular la matanza realizada por Cortés en Cholula. Años más tarde, sus enemigos comenzarían a circular la versión de que lo hizo movido por la codicia, al ver los medallones que lucían los guerreros. Siempre quedará la duda acerca de si ese complot realmente existió, o si fue una fabricación de los tlaxcaltecas o de los otros indios aliados. El odio que sentían hacia los mexica era profundo. En el proceso, Vázquez de Tapia declararía que fueron los tlaxcaltecas quienes denunciaron la conjura. Para conocer detalles, Alvarado torturaba a unos sacerdotes colocándoles brasas en el vientre, y cuando preguntaba al intérprete, que era un indio llamado Francisco, éste, como a todo respondía afirmativamente, hacía autoinculparse a los interrogados (posiblemente se trate del Francisco ya conocido). Resultan de interés algunos de los párrafos escritos por Bernal en el manuscrito, y que más tarde tachó; entre éstos destaca el siguiente: «dicen algunas personas que el Pedro de Alvarado, por codicia de haber mucho oro y joyas de gran valor conque bailaban los indios, les fue a dar la guerra, yo no lo creo, ni nunca tal oí, ni es de creer que tal hiciese, puesto que lo dice el obispo fray Bartolomé de Las Casas, aquello y otras cosas que nunca pasaron, sino que daría en ellos por meterles temor».[5]

Cortés, creyendo que la rebelión ya había sido sofocada, ordenó a Motecuhzoma que se hiciera *tianguez* (mercado) para poder comprar víveres, a lo que éste, que se hallaba ofendido, replicó que por estar preso no sería obedecido. Para que la orden fuese acatada se requería que la trasmitiera un personaje de monta, por lo que se liberó a Cuitláhuac. Ése sería otro error de Cortés. No se abrió el mercado y Cuitláhuac fue entronizado. El hambre comenzó a morder a los sitiados, quienes comenzaron a hacer salidas. Ganaban algunas casas, las incendiaban, pero se veían obligados a retornar a su alojamiento. El agua no resultó problema, pues cavaron un pozo y, portentosamente, ésta manó dulce. Sandoval, Velázquez de León y otros jinetes hicieron una salida y adentrándose por la calzada de Tepeaquilla consiguieron llegar a la tierra firme. Como prueba de haberla alcanzado trajeron unas flores. Se desaprovechó la oportunidad de haber salido en esa fecha. Seguirían cinco días de lucha. Los combates daban comienzo antes de romper el alba, y empezaba entonces a alzarse un griterío ensordecedor. Ésa era la concepción indígena de hacer la guerra: requería de un periodo previo de calentamiento en el que había que enardecer los ánimos y, para ello, lanzaban todo tipo de insultos, acompañándose de silbidos de caracolas y toques de teponaxtle. Cuando se habían insultado lo suficiente, entonces estaban listos para pelear. Francisco de Aguilar dice que «era tanta la piedra tirada con honda de una vuelta y flechas y varas a manera de dardos, que no había quien lo pudiese sufrir».[6] En los combates diarios, el objetivo de los españoles era derribar casas, abrir claros y cegar canales. Se requería de espacios abiertos, donde pudiesen correr los caballos.

Un grupo de señores, con varios cientos de guerreros, ocupó el Templo Mayor. Subieron agua y comida, y allí se hicieron fuertes. Cortés ordenó a Ordaz que los desalojara, pero por más esfuerzos que éste y sus hombres hicieron, no pasaban de las primeras gradas. La lluvia de piedras era incontenible. Cortés decidió ser él mismo quien condujera el ataque. Tenía destrozados dos dedos de la mano izquierda a causa de una herida recibida la víspera, por tanto, como no podía asir la rodela, se la ató al brazo, y empuñando la espada en la diestra, se lanzó al ataque. (Se trataba de lesiones de consideración, ya que ambos dedos le quedarían inutilizados de por vida, desconociéndose cómo recibió las heridas.) De lo alto dejaban caer troncos pero, inexplicablemente, en lugar de caer rodando, éstos venían de punta, dando saltos. Siempre bajo una lluvia de piedras, continuaron subiendo. Algunos de los defensores intentaban abrazarse a los atacantes para caer juntos, pero no tenían suerte. Con Cortés a la cabeza, los españoles llegaron a la plataforma superior, matando hasta el último de los defensores.[7] Una batalla cuesta arriba, ganada con un mínimo de bajas. La Cruz y el cuadro de la Virgen ya no se encontraban en el sitio. A continuación, pusieron fuego a las casetas de la plataforma superior, que al arder profusamente sirven de indicio de que, además de los techos de palma, habría allí muchos objetos de material combustible. Ese día los aliados comieron hasta hartarse, y según cuenta Torquemada, «los indios tlaxcaltecas y cempoales tuvieron buen día porque se comieron a los caballeros mexicanos muertos».[8] Ante el hambre, Cortés hacía de la vista gorda.

Se narraban muchas historias de hechos sobrenaturales acaecidos durante los días en que Alvarado repelía los incesantes ataques de que era objeto: según se contaba, mandó disparar un cañón cargado con perdigones, pero al acercársele la mecha no disparó; empujados por los atacantes, los españoles se replegaban, y en ese preciso instante se produjo espontáneamente el disparo, causando numerosas bajas a los indios, que ya no siguieron adelante. Entre las tachaduras de Bernal figura otra, que cuenta que Pedro de Alvarado interrogó a muchos de los indios, y que éstos le habrían dicho que, cuando peleaban contra él, una gran *tecleciguata* (la Virgen) les arrojaba tierra en los ojos cegándolos. También existen referencias a un caballero montado en un caballo blanco, que les causó un daño inmenso. Esta segunda aparición del Apóstol la recoge igualmente el libro de Cervantes de Salazar.[9] Bernal concluye: «si aquello fue así, grandísimos milagros son, e de continuo hemos de dar gracias a Dios e a la Vírgen Santa María Nuestra Señora».[10]

Luego de la toma del Templo Mayor se produjo un alto momentáneo en la lucha. Habían caído los que desde lo alto dirigían la acción. Cortés juzgó que, después de esa victoria, el momento era apropiado para que Motecuhzoma le hablara al pueblo y lo apaciguara. Unos nobles se acercaron al pretil de la azotea, y luego de pedir silencio, anunciaron que éste hablaría. Comenzó Motecuzhoma reprochándoles que hubiesen elegido un nuevo señor siendo que él se encontraba con vida. Les pidió que no fuesen necios, que depusieran las armas, dado que por cada español que caía, morían docenas de ellos; además, si continuaba la lucha la ciudad entera sería destruida... Pero no le fue posible continuar a causa de una ensordecedora gritería y silbidos que apagaban sus palabras: ¡puto!, ¡mujerzuela!, ¡querida de los extranjeros! La repulsa fue seguida de una lluvia de piedras. Aguilar, quien presenció el hecho, refiere que éste se encontraba situado en medio de Cortés y del comendador Leonel de Cervantes, quienes lo cubrían con sus rodelas y, al parecer, sería a causa de un descuido de éste último que pasaría una piedra golpeando en la sien. Esto ocurrió entre las ocho y nueve de la mañana.[11] Fue retirado del sitio. La herida no parecía de gravedad extrema, pero la piedra había acertado a golpearlo en lo más profundo del espíritu. La humillación sufrida iba más allá de lo que podía soportar. Perdió todo interés por la vida.

Muerte de Motecuhzoma

Los mexica trataron de incendiar el palacio de Axayácatl para obligar a salir a los sitiados. Cortés cuenta que se vieron obligados a derribar algunos muros para matar el fuego. La situación empeoraba. En esa fase de la lucha, las referencias a la participación de los indios aliados son escasas, pero dado su número –al menos unos cuatro mil– se desprende que recaería sobre sus hombros una parte importante en los combates. Una de las anécdotas contadas al respecto, es la siguiente: se encontraban éstos bajo un racionamiento estricto: una tortilla al día. Un tlaxcalteca se disponía a comer su ración diaria en la azotea, cuando un grupo de mexica comenzó a insultarlo, y entre vituperios le decían que pronto moriría de hambre. Éste los miró desdeñosamente y, arrojándoles la tortilla, les dijo que ésa le había sobrado de su comida, que la comiesen ellos.[12]

La situación dentro del palacio era angustiosa, casi no había soldado español que no estuviese herido. El maestro Juan, un cirujano venido con Narváez, era quien se dedicaba a entrapajar heridas, pero había otro tipo de enfermería que funcionaba en forma paralela, los ensalmadores, aquellos que curaban con ensalmos, esto es, musitando oraciones. Cervantes de Salazar, al hablar de las españolas que participaban en la contienda, menciona el caso de Isabel Rodrigo, una piadosa mujer que con sus rezos y una imposición de manos cortaba la sangre.[13] Bernal habla de Juan Catalán, quien tenía las mismas aptitudes, «y nos dejaban listos para combatir al día siguiente».[14] Francisco de Aguilar recuerda: «y aquí milagrosamente nuestro Señor obró, porque dos italianos, con ensalmos y un poco de aceite y lana de Escocia sanaba en tres a cuatro días, y el que esto escribe pasó por ello, porque estando muy herido, con aquellos ensalmos fue en breve curado.[15] Así funcionaban los servicios médicos.

Al tercer día de recibida la pedrada Motecuhzoma expiró, «a hora de vísperas», puntualiza Aguilar.[16] Poco antes había hablado con Cortés, encomendándole mucho a sus hijas. Vázquez de Tapia, quien también se hallaba presente, testimonia que pidió a Cortés que «mirase por su hijo Chimalpopoca, que aquel era el heredero y el que había de ser Señor». Se pidió silencio a los atacantes, comunicándoseles el deceso. Las hostilidades se suspendieron un momento, para permitir que sacasen su cuerpo dos altos dignatarios que se encontraban presos. Vázquez de Tapia dice que se cometió un grave error, «y fue que, habiéndose de encubrir la muerte de Montezuma, le metieron en un costal y le dieron a unos indios, de los que servían a Montezuma, que le llevasen; al cual, como la gente de guerra le vio, creyeron que nosotros le habíamos muerto, y aquella noche todos hicieron grandes llantos y con grandes cerimonias quemaron el cuerpo e hicieron sus obsequias».[17] En la crónica indígena se lee: «lo transportaron a un lugar llamado Copulco, Allí lo colocaron sobre una pira de madera, luego le pusieron fuego, le prendieron fuego. Comenzó a restallar el fuego, crepitaba como chisporroteando. Cual lenguas se alzaban las llamas, era un haz de espigas de fuego, se levantaban las lenguas de fuego. Y el cuerpo de Motecuhzoma olía como carne chamuscada, hedía muy mal al arder».[18] No andaba muy errado Vázquez de Tapia en su apreciación. Poco tiempo después, en las crónicas indígenas, aparecerá la versión de que fueron los españoles quienes le dieran muerte.

Los sitiados se hallaban en posición desventajosa al salir a la calle, a causa de la lluvia de piedras que les arrojaban desde las azoteas. Para remediar eso, se construyeron mantas. Se trataba de unos ingenios a manera de torres de madera portátiles, dentro de las cuales iban treinta hombres impulsándolas. Arrimaban éstas a las azoteas, y de allí saltaban a tomar por asalto las casas defendidas. Refiriéndose a ellas, Bernal expresa: «salimos de nuestros aposentos con nuestras torres, que me parece a mí que en otras partes donde me he hallado en guerras [...] les llaman muros y mantas».[19] Por los datos biográficos que él mismo aporta, sabemos que no era veterano de guerra, pues cuando la de Granada todavía no nacía, y durante las campañas de Italia del Gran Capitán era un niño de apenas diez años. Es posible que aquí se refiera a alguna acción posterior, ocurrida en Guatemala, ya que de otra manera su afirmación resultaría inexplicable. Oviedo da el nombre de tortugas a esos ingenios.

La lucha diaria consistía en salidas de los españoles y sus aliados para incendiar y derribar casas, utilizando los escombros para cegar canales. Al anochecer se retraían a su alojamiento, perdiendo el terreno ganado. En medio de esa brega, se acercaron unos capitanes mexica pidiendo hablar con Cortés. Éste se asomó a la azotea, y allí le propusieron que si se iba lo dejarían partir sin ser molestado. Colocarían los puentes y, además, ofrecían quedar como vasallos del rey de España. Para sellar ese trato, pidieron que se dejase salir a un alto dignatario religioso que se encontraba preso. Salió éste y quedó acordado el cese de hostilidades. En el entendimiento de que la guerra había concluido, Cortés se retiró a su habitación disponiéndose a comer.[20] En ese momento vinieron a avisarle que los indios habían recuperado los tres puentes ganados esa mañana. Los indicios señalan que los mexica se encontraban divididos; unos buscaban la paz, y otros, querían el aniquilamiento de los extranjeros.

¿Pudo haberse evitado la *Noche Triste*? En los planes de Cortés no figuraba el abandono de la ciudad, ya que en su poder tenía a una serie de notables con los que esperaba controlar la situación. Una especie de gobierno paralelo. Habían alzado a Cuitláhuac como rey, pero al parecer éste no tenía todas las riendas en la mano. No terminaba de afianzarse y había otros que también daban órdenes. Una cosa está muy clara: Cortés no contemplaba la salida. Sus razones tendría. Pero sus planes fueron torcidos por un horóscopo. El astrólogo Blas Botello Puerto Plata vino a decirle que deberían salir precisamente esa noche, pues de otra forma ya no tendrían escapatoria. Cortés, que no creía en agüeros, lo hizo a un lado. Pero Botello encontró quien lo escuchara. Francisco de Aguilar narra con detalle lo ocurrido: había ido con su historia a Alonso de Ávila, éste a Alvarado y así la voz fue cundiendo. Era tal el ascendiente que Botello tenía por haber resultado ciertas sus predicciones, que en un momento dado alborotó al ejército. Los capitanes fueron a ver a Cortés, y éste en un principio no les hizo caso; fray Bartolomé de Olmedo apunta que les habría respondido que «antes lo sacarían hecho pedazos que salir de la dicha ciudad».[21] Pero los capitanes, «juntándose todos ellos y habiendo llamado a otros, tuvieron consejo sobre ello, y se determinaron de salir aquella noche».[22] El propio Cortés confirma que la salida fue contra su voluntad, «porque de todos los de mi compañía fui requerido muchas veces que me saliese».[23] Ese «muchas veces» indica que hubieron de insistirle mucho. Acerca de la determinación de Cortés, Andrés de Tapia cuenta que cuando le notificaron que ya no había más plomo para hacer balas, éste les ordenó a él y a un camarero que tomasen el oro y la plata suyos y con ello las fabricasen.[24] No hay registro acerca de si se llegó al extremo de dispararse con balas de oro. Lo probable es que no hubiera tiempo. Parecería que hasta el último momento, Cortés confió en que podría darle vuelta a esa situación mediante una solución política; tenía en su poder a Chimalpopoca y a una serie de notables, con los cuales seguramente confiaría formar un nuevo gobierno. Pero no le dieron tiempo para ello; conforme a la premonición de Botello, la salida debería efectuarse precisamente esa noche, pues de otra manera «no quedaría hombre de ellos a vida».[25]

Lloviznaba. Antes había caído una fuerte granizada.[1] Era el treinta de junio. En cuanto fue noche cerrada comenzó la salida. Abrían la marcha los capitanes Gonzalo de Sandoval y Antonio de Quiñones al frente de veinte de a caballo y doscientos de a pie. Venía a continuación Magariño, con cuarenta hombres escogidos que transportaban el puente. Cortés iba en el medio, en un grupo selecto, del que formaban parte Diego Ordaz, Francisco Saucedo, Francisco de Lugo, Alonso de Ávila, Cristóbal de Olid y cien de a pie. Su misión era acudir como refuerzo adonde fuese necesario. Seguían treinta rodeleros españoles y trescientos tlaxcaltecas, encargados de proteger a Malintzin y a una serie de notables indígenas. En este grupo venía la familia de Motecuhzoma, dos hijas, un hermano y el heredero Chimalpopoca, doña Luisa, la hija de Xicoténcatl, y algunos rehenes, de entre los cuales Cacama era el más significado (Cuicuitzcatzin también figuraba entre ellos). Los miles de guerreros aliados venían a continuación, seguidos por centenares de mujeres de servicio. Cerraba la marcha otro grupo de españoles del que hacían parte Pedro de Alvarado, Juan Jaramillo y Juan Velázquez de León.

En los momentos que precedieron a la salida, Cortés llamó a los oficiales reales y, mostrándoles el tesoro, les dijo que allí se encontraba la parte correspondiente al Emperador. Para transportarlo les facilitó una yegua y un grupo de tamemes. Ellos deberían hacerse cargo y allí daba por terminada su responsabilidad. Y de lo que no pudiera cargarse, puesto que de todas formas se perdería, cada cual podría tomar lo que quisiese. Bernal apunta que algunos de los soldados llegados con Narváez, y otros «de los nuestros», le echaron mano a todo el oro que pudieron, mientras que él sólo tomó unos cuatro *chalchiuis*, esa piedra tan preciada entre los indios, que se echó entre peto y pecho. Las escrituras y toda su documentación se cargaron en otra yegua y, antes de salir, encargó Cortés a Alonso de Ojeda que revisase todos los rincones del palacio para asegurarse de que no dejaban a nadie. Éste encontró a un joven soldado que se hallaba profundamente dormido, y en cuanto lo despertó dio comienzo la salida. Enfilaron para tomar la calzada que llevaba a Tacuba. Una elección obvia, tanto por ser la más corta, como por tener sólo tres cortaduras, mientras que la de Iztapalapa tenía siete.[2] No había nadie en las calles. Marchaban en silencio, tal cual se había ordenado, pero de ninguna manera la salida podría pasar inadvertida. Se trataba de miles de hombres, que aparte de arrastrar la artillería llevaban consigo caballos y perros; además, había salido la luna y en las azoteas ardían numerosos braseros.[3] La actual calle Tacuba, a grandes rasgos, corresponde en su trazo a la antigua, y por allí avanzaron hasta llegar al primer puente cortado, a un costado de donde se encuentra hoy día el Correo Central. Esa cortadura se llamaba *Tecpantzinco.* Colocaron el puente y comenzaron a pasar. Una versión recogida por Sahagún y divulgada más tarde por Torquemada, afirma que fueron advertidos por una mujer que había salido a buscar agua, y a las voces que ésta diera alertaría a la ciudad.[4] Evidentemente, se trata de una conseja que no resiste el menor examen. Los habitantes de Tenochtitlan no tendrían un sueño de piedra que les impidiese advertir a toda esa humanidad que cruzaba la ciudad. Simplemente esperaron a que llegasen al sitio en que serían más vulnerables. Cortés es claro al respecto; en el momento mismo en que procedían a colocar el puente, ya encontraron resistencia de parte de los centinelas que guardaban el sitio, los cuales a grandes voces daban la alarma; «apellidaban tan recio que antes de llegar a la segunda [cortadura] estaba infinita gente de los contrarios sobre nosotros».[5] La vanguardia avanzó hasta alcanzar la siguiente cortadura (la *Toltecaacaloco,* justo enfrente de donde hoy se alza la iglesia de San Hipólito), y allí quedaron detenidos. Con la precipitación con que se resolvió la salida, que debía ser precisamente esa noche, según la premonición de Botello, sólo alcanzaron a hacer un puente. La idea era que una vez que hubiesen cruzado la primera cortadura, lo levantarían para colocarlo en la segunda y así, sucesivamente, en la tercera. Quedaba por otro lado la esperanza de no ser atacados, que al ver que se iban los dejasen partir sin molestarlos. Ya en una ocasión se lo habían propuesto a Cortés. El caso es que como el suelo se encontraba reblandecido a causa de la lluvia, las vigas del puente se enterraron profundamente, y en la confusión ya no pudieron moverlo. En ese momento dio comienzo el ataque. A ambos lados aparecieron centenares de canoas desde donde eran flechados. Lo que siguió fue el caos; gritos de horror, ayes y desesperación. Cruzaban a nado los que sabían hacerlo. La zanja era poco profunda y pronto comenzó a llenarse con fardos, cañones y todo lo que podían arrojar en ella. Luego la ocuparían los muertos. El paso se haría pisando sobre cadáveres. Los que consiguieron cruzar llegaron a la siguiente cortadura, y como era de menor profundidad, los jinetes la vadeaban sin mucha dificultad; en cuanto a los de a pie, lo hacían con el agua al pecho. Además, pronto se fue cegando con bultos de la impedimenta. Allí el desastre fue de menores proporciones. Cortés y su grupo ganaron la tierra firme, pero al advertir que eran tantos los que faltaban, pidió a Juan Jaramillo que se hiciese cargo de reorganizar a los que habían conseguido salir, y él volvió grupas, para auxiliar a los que quedaban atrás. En la calzada topó con María de Estrada, que armada de espada y rodela se abría paso a estocadas.[6] Ya eran pocos los que salían; por el camino, Cortés y sus capitanes auxiliaban a los heridos que venían en la rezaga. Encontraron a Pedro de Alvarado, lanza en mano y cubierto de heridas. Con él venían cuatro españoles y ocho tlaxcaltecas, heridos todos. Eran los que cerraban la marcha. Después de él ya no salió nadie. Le habían matado la yegua, y utilizando la lanza como pértiga habría realizado su asombroso salto.[7] Un grupo de los de la retaguardia ya no consiguió cruzar, regresándose al Templo Mayor, donde se hicieron fuertes. Resistirían durante tres días. Las estimaciones sobre su número fluctúan mucho: entre cincuenta y doscientos. Los que fueron atrapados con vida terminaron en la piedra de los sacrificios.[8]

Por Popotla, ya en la tierra firme, pasaron a todo correr; por tanto, no hubo ocasión para que Cortés se sentara a llorar bajo la fronda de un ahuehuete, como quiere una tradición tardía. Llegaron a Tacuba. Todavía estaba oscuro y comenzaron a arremolinarse en la plaza. La confusión era tan grande que la mayor parte no sabía qué hacer. Cortés, que iba y venía por la calzada auxiliando a los rezagados, llegó allí para hacerse cargo. Puso orden, y en cuanto tuvo reunidos a los que consiguieron salir, los hizo proseguir la marcha. Acerca de esa noche, Alonso de Villanueva recuerda: «era hora en que quería amanecer, e que allí se comenzó a remolinar la gente, porque no sabían el camino por donde habían de ir, e porque algunos creían que habían de parar allí; e que a esta sazón e por esta causa, el dicho don Hernando Cortés se pasó a la vanguardia a guiar la dicha gente con algunos de a caballo».[9] No había tiempo para detenerse. Cervantes de Salazar cuenta que, en aquellos momentos, recordó la predicción de Botello, asegurándole que habría de volver sobre la ciudad y ser señor de ella; preguntó entonces si Martín López se encontraba entre los sobrevivientes, y cuando le respondieron afirmativamente, sintió un gran alivio, pues le sería muy útil para construir los bergantines para volver contra la ciudad.[10] A continuación, demandó si Malintzin y Aguilar habían salido.[11] Se resistía a darse por vencido; en aquellos momentos en que cada cual luchaba por salvar la vida, al parecer, ya vendría pensando en el retorno. Con las primeras luces del amanecer llegaron a un templete y allí se hicieron fuertes permitiéndose un descanso. [En la actualidad, se alza allí la basílica de la Virgen de los Remedios]. Andrés de Tapia recuerda que Cortés venía herido en una mano, y por no poder valerse de ella, traía la rienda atada a la muñeca.[12]

Amaneció el primero de julio de mil quinientos veinte. Cuando el sol se alzó lo suficiente, paseando la mirada a su alrededor, Cortés pudo realizar una primera apreciación de lo ocurrido. Le faltaba muchísima gente, y además, de los que sobrevivieron, no había uno que hubiese salido ileso. En ese momento todos estaban ocupados en vendarse las heridas. El balance definitivo tardaría días en conocerlo; en la carta en que informa del desastre al Emperador, disminuye notoriamente el número de muertos: esa noche habrían caído ciento cincuenta españoles y dos mil indios aliados; a éstos habría que agregar un número indeterminado de notables que llevaba entre rehenes y prisioneros. De la familia de Motecuhzoma murieron todos, así como «todos los otros señores que traíamos presos» (Bernal es muy claro al señalar que Cacama se contó entre los caídos, aunque más tarde se acusaría a Cortés de haber ordenado darle garrote antes de la salida).[13] Entre las mujeres de servicio la mortandad fue altísima. Casi todas sucumbieron. Se desconocen las razones que tuvo para minimizar pérdidas. En los días que vinieron a continuación, aumentó notoriamente el número de bajas españolas, ya que un regular número de aquellos que se encontraban dispersos por el país, fueron muertos. La nómina de los caídos es extensa; entre los más significados faltaban Juan Velázquez de León, Francisco de Lugo, Pedro González de Trujillo; de los soldados, ese excepcional caballista llamado Lares el Buen Jinete, y Orteguilla el Paje, junto con su padre. Un caído notable fue Blas Botello. Fallaron sus predicciones. Ésa no era su noche. Más tarde hallarían su petaca y, entre sus enseres, Bernal refiere que se encontraban unas tiras adivinatorias con el «morirás..., no morirás... ».[14] Aparte de la inmensa pérdida de vidas humanas, estaba la del tesoro y la de cuarenta y cinco animales de silla entre caballos y yeguas. La artillería se perdió íntegra. En las zanjas quedaron sepultados más de seis meses de pacífica convivencia. Una convivencia difícil, pero pacífica a fin de cuentas.

¿Por qué los dejaron escapar? Bernal nos dice que estaban entretenidos en buscar el oro de los muertos. Ésa es una opinión. El oro no era especialmente valorado como instrumento de cambio en el mundo indígena, pero concurren dos circunstancias que pudieron influir para que cesara la persecución: una sería la búsqueda de la gente de palacio, servidores de Motecuhzoma, «y así mataron muchos, en especial de los serviciales o pages de Mocthecuzoma que traían bezotes de cristal que era particular librea o señal de la familia de Moctecuhzoma, y también a los que traían mantas delgadas que llaman *ayatl* que era librea de los pages de Mocthecuzoma: a todos los acusaban y decían que habían entrado a dar comida a su señor y a decir lo que pasaba fuera, y a todos los mataban, y de allí adelante hubo gran vigilancia que nadie entrase, y así todos los de la casa de Mocthecuzoma se huyeron y escondieron porque no los matasen». Éste es un relato de fuente indígena, recogido por Sahagún.[15] Eso se complementa con un pasaje que leemos en Torquemada: «Dícese en un memorial, que dejó escrito el indio que se halló en la conquista, (que después de cristiano aprendió a leer y escribir, el cual tengo en mi poder) que luego que los españoles salieron de la ciudad, hubo diferencias muy grandes entre los mexicanos, condenando los enemigos de los españoles, a los que habían sido amigos, y les habían socorrido en su cerco con bastimentos, y cosas de su regalo; y que llegando a las manos, como eran más los enemigos que los amigos, mataron algunos señores, entre los cuales murieron Cihuacohuatl, Tzihuacpopocatzin, Cipocatli, Tencuecuenotzin, hijos de Motecuhçuma, y de Axayácatl, su padre, que debieron ser algunos de estos, los dos que dexamos dicho, aver muerto en la retirada».[16] El párrafo parece muy explícito. Ese «llegando a las manos» está indicando que hubo lucha, y que a la postre, por ser mayoría, prevalecieron los enemigos de los españoles. La lista no aclara gran cosa, aunque indudablemente, debería de tratarse de personajes de alcurnia; lo que sí se advierte, es que entre ellos figuraba el *cihuacoatl*, aunque sin dar su nombre. Como *cihuacoatl* era el grado máximo de la milicia, se advierte que Cortés contaba con el jefe militar del Reino, de allí su oposición a abandonar la ciudad. Eso muestra hasta qué grado el factor Botello lo trastocó todo. La lucha interna para acabar con ese grupo de «colaboracionistas», unida al esfuerzo por terminar con los que retrocedieron para hacerse fuertes en el Templo Mayor, podría explicar el por qué no continuaron la persecución. Tenían las manos ocupadas en liquidarlos.

Bernardino Vázquez de Tapia, quien llevaba nota de todo, señala: «Había en México, con la gente que el Marqués había traído, más de mil y ciento hombres y más de ochenta caballos», de los cuales habrían sobrevivido «cuatrocientos y veinticinco hombres y veinte y tres caballos, todos heridos».[17] El *post-mortem* de la *Noche Triste* en números de Bernal es de ochocientos sesenta soldados muertos, a los que deberán agregarse setenta y dos caídos en Tuxtepec junto con cinco españolas.[18]

En el curso del día, todavía alcanzaron a llegar algunos rezagados que vagaban extraviados por los maizales. No tenían bocado que llevarse a la boca, pero en cambio, sed no pasaron, pues a los pies del montículo discurría un arroyo. Al menos, los caballos pudieron pastar y reponerse un poco, lo cual sería importante en los días por venir. A medianoche –según refiere Cortés–, lo más calladamente posible, para evitar ser sentidos, abandonaron el lugar, dejando encendidas numerosas hogueras. La artimaña dio resultado, pues los perseguidores tardarían horas en advertir la fuga. La retirada fue en perfecto orden; unos heridos fueron puestos de a dos en cada caballo, y otros llevados a cuestas, sin dejar abandonado a ninguno. La intención era dirigirse a Tlaxcala, pero ocurría que, por haber salido por la calzada que conduce al poniente de la ciudad, se encontraban precisamente en el sitio más alejado. Para llegar deberían bordear todo el lago, pero contaban con un tlaxcalteca que dijo conocer el camino y comenzó a guiarlos. Marchaban en orden cerrado. La consigna era no apartarse de la formación. A un soldado que abandonó las filas para coger unos capulines Alonso de Ávila le dio un golpe de lanza en un brazo. Éste se llamaba Hernando Alonso, y a consecuencia de ello pasaría a ser el Manquillo.[19] Finalmente, cuando llevarían andada media legua, los indios se percataron de la huida y comenzaron a seguirlos, observando su avance ocultos tras los arbustos, pero sin lanzar ningún ataque a fondo. Cuando se aproximaban demasiado eran rechazados. Llegaron a Cuautitlan, y según recuerda Bernal, lo atravesaron en medio de gran gritería y de una lluvia de varas, piedras y flechas que les lanzaban. Siguieron de largo para alcanzar Tepotzotlán, y aquí las versiones difieren en cuanto al trato recibido: Torquemada (que sigue a Sahagún) afirma que fueron bien acogidos y les dieron de comer. Durmieron ahí y al día siguiente entraron en Zitlaltepec, pueblo que encontraron desierto, pues sus moradores habían huido a esconderse por los montes. Siguieron a Xolox, que encontraron en iguales condiciones, y de allí a Aztaquemecan. En el trayecto tuvo lugar un encuentro con un grupo numeroso de indios que se encontraba emboscado en una barranca. Sancho de Barahona, el alférez de Diego Ordaz, tomó la bandera en una mano y la espada en otra, y al grito de «¡Santiago y cierra España!» condujo el ataque, causándoles graves estragos. Esa escaramuza fue la primera acción victoriosa de los españoles luego de la huída de México. Continuaron la marcha a campo traviesa. Por el camino comían asadas las mazorcas de maíz que cogían. Ese día, o al siguiente, les mataron un caballo. Era el de Martín de Gamboa, y lo comieron sin dejar un pellejo. Continuaron la marcha con constantes escaramuzas con los perseguidores, que los seguían pisándoles los talones. Llegaron a un pueblo grande. Allí junto, sobre un cerro, encontraron un grupo de indios, y para descubrir si habría más ocultos, Cortés se adelantó con cinco de a caballo y una docena de a pie. El grupo emboscado era numeroso, y luego de pelear con él, se replegaron al pueblo. Una escaramuza sin importancia, de no ser porque Cortés resultó muy malherido de una pedrada de honda recibida en la cabeza, y que más tarde habría de causarle serios quebrantos.[20] (En esa acción sitúa éste la muerte del caballo de Gamboa.).A partir de ese momento, hizo que desmontaran los heridos que traían en ancas, y que se hicieran muletas para que caminaran por su propio pie. La medida liberó a los caballos para la acción que se libraría al día siguiente, y que resultaría decisiva.

Otumba

Amaneció. Estaban en el llano de Otumba y, frente a ellos, las alturas de Aztaquemecan. Las faldas del monte albeaban con las túnicas de la multitud de indios que descendían. Parecía estar cubierto de nieve. Nunca habían visto a tantos juntos. Eran decenas de miles. En ello están de acuerdo todos los autores. Entre aquella marea vestida de blanco, destacaban puntos de colores muy vivos. Eran los penachos de los capitanes. Frente a esa masa inmensamente abrumadora, para detenerlos estaban alrededor de trescientos españoles con veintidós caballos y una cifra cercana a los dos mil indios aliados. Al mando de los tlaxcaltecas se encontraba Calmecahua, un capitán que se había distinguido como hombre esforzado. Cortés hizo una arenga, invocó la ayuda de Dios y dispuso a la gente para el combate. El mando de la infantería lo dio a Ordaz, mientras que los capitanes, junto a él, combatirían montados. Las órdenes a los de a pie fueron cerrar filas y por ningún motivo romper la formación, mientras que los de a caballo, a rienda suelta, deberían correr el campo apuntando siempre a la cara, pero sin detenerse a alancear. Y dio comienzo la batalla. En un primer momento, ante la avalancha humana que se les vino encima, la caballería retrocedió buscando abrigo entre la infantería. Los de a pie se defendían a estocadas. No se hacía un solo disparo, pues la pólvora la habían mojado en los canales. El caballo de Cortés resultó herido en el hocico, por lo que cambió de montura. El animal lastimado se soltó del mozo de espuelas que lo llevaba por la brida, arremetiendo a coces contra los atacantes. De entre aquella multitud vestida de blanco, destacaba por su colorido un personaje ricamente ataviado, llevado en andas, el cual con un estandarte hacía señales dirigiendo el ataque. Cortés, seguido de Juan de Salamanca, se dirigió a él abriéndose paso entre las filas, y en cuanto lo alcanzó lo derribó de una lanzada. Al caer al suelo, Salamanca lo remató y entregó a Cortés el estandarte. Aguilar, quien presenció de cerca la escena, recuerda: «Diego de Ordaz con la gente de a pie estábamos todos cercados de indios que ya nos echaban mano, y como el capitán Hernando Cortés mató al capitán general de los indios, se comenzaron a retirar».[21] En cuanto Cortés alzó la insignia, se produjo la desbandada. Esa impresionante victoria es atribuible no sólo a ese rasgo de valor personal sino también a la debilidad de la estructura social indígena. Caída la cabeza, la masa ya no sabía cómo reaccionar. Además, los humildes *macehuales*, que quizás nunca antes habrían entrado en combate, fueron conducidos a una guerra que no era la suya. En su mayoría, se trataba de gente de los alrededores de Teotihuacán. Frente al pánico generalizado, los indios de guerra nada pudieron hacer para contenerlos. Otumba vino a significar una batalla de unas repercusiones políticas inmensas. Allí se revirtió la marea. Los españoles, que hasta el momento eran una partida de fugitivos, pasaron a ser los vencedores de la más grande batalla, en número de participantes, jamás librada en suelo mexicano. Y ello se logró sin las armas de fuego y sin experimentar la pérdida de un solo hombre. Acerca de Otumba, prácticamente todos, hasta los más acérrimos enemigos de Cortés, están de acuerdo en afirmar que el golpe de audacia de éste resultó definitivo para el desenlace de la batalla. No deja de llamar la atención la extrema modestia con que Cortés refiere el hecho en su *relación*: «...porque eran tantos, que los unos a los otros se estorbaban que no podían pelear ni huir [...] hasta que quiso Dios que murió una persona tan principal de ellos, que con su muerte cesó toda aquella guerra».[22] Ni una palabra acerca de su actuación personal; fue la mano de la Providencia. Así era Cortés. Andrés de Tapia es el único en señalar que la batalla dio comienzo entre las ocho y las nueve de la mañana, y que «allí pareció tanto número de gente a todas partes, que mirando este testigo se admiraba de ver tanta gente junta, porque la vista no la podía alcanzar [...] acometieron la gente con tan gran alarido y grita que parecía que rompían el suelo, llegaban pie con pie a los españoles peleando con ellos;

y que por una parte donde más priesa daban y más gente parecía pareció una seña o bandera en medio de la gente»; Cortés se habría encaminado hacia el portaestandarte; «y vido este testigo como se metió entre todos peleando y vido que dende a rato el dicho don Fernando vino a la gente y trajo la señal consigo que parecía que este testigo ha dicho, y que con el dicho don Hernando vino un Salamanca, que la traía y otros españoles, los cuales dijeron a este testigo que el dicho don Hernando había muerto al principal que venía con aquella seña».[23] Bernal admite que, efectivamente, fue Cortés quien de un golpe de lanza derribó de las andas al comandante mexica, pero que sería Juan de Salamanca quien lo remató, y que en reconocimiento a ello, el monarca concedió a éste su escudo de armas.[24] De no haberse obtenido esa victoria, ¿Tlaxcala los habría acogido con los brazos abiertos?

Gómara asegura que la huida de México, «esta triste noche» (allí acuñaría el término), fue el 10 de julio, error que Bernal repetirá, y al cual Cortés viene a oponer un desmentido, cuando en su carta, redactada a poco más de tres meses de los sucesos, informe sobre la entrada en términos de Tlaxcala: «y así salimos este día, que fue domingo a 8 de julio, de toda la tierra de Culúa, y llegamos a tierra de la dicha provincia de Tascaltecatl».[25] Queda claro que la salida de México se habría efectuado varios días antes; de acuerdo con la secuencia de los hechos, habida cuenta de que está muy claro que su entrada en la ciudad fue el 24 de junio, si se siguen los combates que se libraron, así como los días de marcha antes de entrar a tierras de tlaxcaltecas, la cuenta regresiva nos lleva al 30 de junio, que es la fecha generalmente aceptada para la salida de México. Hueyotlipan sería el primer pueblo de la señoría de Tlaxcala en que entraban. Fueron bien recibidos, y ese mismo día, por la tarde, llegaban los caciques para darles la bienvenida. Estaban al corriente de lo ocurrido en Otumba. Cortés tomó el *tlahuizmatlaxopilli*, el estandarte ganado a Cihuacatzin (así se llamaba el comandante derrotado), entregándolo a los caciques para que se conservase en Tlaxcala como trofeo.[26] Y al par de la victoria, los caciques conocieron con detalle lo acontecido en la *Noche Triste*, lo cual les tocaba en carne propia, pues en la señoría todos tenían que lamentar la muerte del hijo, del esposo, del hermano o de algún pariente o amigo. Maxixcatzin, que en ese momento se enteró de la muerte de su hija, doña Elvira, recién había sufrido la pérdida de otro hijo, caído combatiendo al lado de un grupo de españoles emboscado por los mexica. Se trataba de la partida conducida por los capitanes Juan Yuste y

Francisco de Morla, quienes al frente de treinta hombres se dirigían a Tenochtitlan, ignorantes de lo ocurrido. Un anticipo de lo que sería la suerte corrida por todos los hombres que andaban dispersos por el país. Reposaron tres días en Hueyotlipan antes de entrar en la ciudad de Tlaxcala. En ella toparon con sentimientos encontrados; había júbilo por la victoria, pero éste era empañado por el duelo por los muertos. Xicoténcatl el Mozo, que no había asimilado su derrota en el campo de batalla, se movía activamente procurando quebrantar la alianza. Para ello, buscaba capitalizar el dolor de todos los que lamentaban la pérdida de un ser querido. Proponía entregar los españoles a los mexica para concertar las paces con éstos.[27]

Cervantes de Salazar cuenta que Cortés habría dejado en Tlaxcala a Juan Páez al frente de setenta españoles, quienes en su mayoría se encontraban enfermos o convalecientes, para que se restablecieran, y que resultó de gran consuelo para él encontrar a ese núcleo con el que ya podía contar. Páez no le habría dado mayores explicaciones, pero más tarde habría de enterarse de que cuando se conoció en Tlaxcala la nueva de que se encontraba en dificultades en Tenochtitlan, los caciques le habrían propuesto ir en socorro de los sitiados. Estaban dispuestos a proporcionar un contingente, si él se ponía al frente. Páez habría declinado el ofrecimiento, diciendo que se le había ordenado permanecer allí, y por lo mismo no se movería. Cuando Cortés tuvo conocimiento de ello habría estallado en cólera, cubriendo de improperios a Páez, diciéndole que merecía ser ahorcado. Este sentir, de que existió una posibilidad de haber recibido unos refuerzos que hubieran permitido romper el cerco, lo recogió Cervantes de Salazar dentro del círculo de antiguos conquistadores en que se movía, mismo que Torquemada repite.[28] Bernal no habla de ello y, lo que es más importante, Cortés se limita a decir que a su paso rumbo a Tenochtitlan, «había dejado ciertos enfermos», con lo que da a entender que se trataría de un núcleo mínimo.[29] Es posible que esa leyenda haya sido fabricada años más tarde por los malquerientes de Páez. Además, las cifras no cuadran; ¿de dónde habrían salido esos setenta hombres?

A consecuencia de la pedrada recibida, Cortés sufrió unos desvanecimientos y durante unos días estuvo como pasmado. Lo atendió el maestro Juan, el único cirujano disponible, y también se menciona que fue asistido por otros médicos, quienes «sacáronle muchos huesos».[30] No debe descartarse que se haya tratado de curanderos indígenas, quienes al parecer, le habrían removido algún fragmento de hueso. En cuanto a la lesión de la mano, de la que antes se habló, una parte del pedernal le quedó dentro y no pudieron extraérselo. A causa de ello perdió el uso de dos dedos de la mano izquierda.[31] Y mientras se restablecía, lo propio ocurría con el resto del ejército. Todos tenían que atenderse de sus heridas. En esos días terminó de redondearse el balance de bajas de la *Noche Triste*. Al número de los muertos en la calzada, deberían sumarse los caídos en días subsecuentes, cuando muchos españoles, ignorantes de lo ocurrido, eran sorprendidos en caminos y poblados creyéndose seguros. Cortés sintió temor por la suerte corrida por los de la Villa Rica, ya que de haberlos matado, se encontrarían aislados a una distancia enorme de la costa. Escribió informando de lo ocurrido, aunque procuró manejar la noticia en tono menor, para evitar alarmarlos y que huyesen a Cuba. Mientras tanto, trataba de minimizar las quejas que le daban los soldados acerca de las burlas de que eran objeto de parte de los simpatizantes de Xicoténcatl el Mozo, quienes les decían que pronto habrían de morir. Las pruebas de amistad de los caciques eran sinceras, pero éste procuraba socavar la alianza. Cuando trascendió que Cortés, lejos de escarmentar, abrigaba intenciones de marchar nuevamente contra Tenochtitlan, la nueva conmocionó al ejército, pues la mayoría esperaba que, en cuanto hubieran recuperado fuerzas, se trasladarían a la Villa Rica. Las opiniones estaban divididas entre los que optaban por permanecer en ella, en espera de refuerzos y, los que lisa y llanamente, no querían otra cosa que el retorno a Cuba. Ya habían cubierto la cuota de emociones fuertes. Los amigos de Cortés le notificaron cuál era el sentir prevaleciente, aconsejándole la retirada, «fui por muchas veces requerido que me fuese a la Villa de Vera Cruz, y que allí nos haríamos fuertes antes de que los naturales de la tierra, que teníamos por amigos, viendo nuestro desbarato y pocas fuerzas se confederasen con los enemigos».[32] Pero él permanecía inconmovible. Los descontentos, en cuanto apreciaron que daba comienzo a los preparativos para el inicio de una nueva campaña, le presentaron un requerimiento hecho en toda forma y protocolizado ante notario, solicitándole el retorno inmediato a la costa.[33] Eran mayoría. Cuando los tuvo delante, Cortés les hizo un largo razonamiento. Trajo a cuento las grandes batallas en que habían resultado vencedores, y dada la notoria inferioridad numérica en que siempre combatieron, estaba visto que se encontraban bajo el amparo de la Providencia, pues de otra manera, no podrían explicarse sus victorias. Les recordó, además, que en España tenían los ojos fijos en ellos, y que en la Corte se encontraban pendientes de sus noticias. Se habían comprometido a colocar esos reinos bajo la corona del Emperador, y en esas circunstancias darse la media vuelta constituiría un deshonor. En cuanto a todas las maquinaciones de Xicoténcatl para congraciarse con los mexica, les aseguró que éstas no irían a ninguna parte. Confiaba en la alianza con Tlaxcala, y para demostrarles que ésta era sólida, les dijo que la sometería a una prueba. Planeaba iniciar una campaña contra Tepeaca. Allí se vería el comportamiento de Tlaxcala; por otro lado, si mostraban flaqueza ante sus aliados, corrían el riesgo de que éstos los abandonasen. Unos se dejaron envolver por su elocuencia, y otros pospusieron su decisión, supeditándola a los resultados de la campaña que se iniciaría.

Llegaron embajadores de Cuitláhuac. Eran portadores de ricos presentes, que consistían en mantas lujosas, objetos de pluma y sobre todo, sal, ese bien tan preciado que tanta falta les hacía; el mensaje que traían para los tlaxcaltecas era que, olvidando las viejas disputas, unieran fuerzas para acabar con los extranjeros. El senado de la señoría se reunió para deliberar. No se confiaba en la palabra de los mexica; demasiado bien los conocían. La única voz discordante fue la de Xicoténcatl *el Mozo*, quien a toda costa quería la muerte de los extranjeros. La discusión se caldeó, al grado de que en un momento dado, Maxixcatzin hubo de quitárselo de enfrente, dándole un empellón que lo hizo rodar gradas abajo. Lo tildó de traidor a Tlaxcala.[34] Libre de la presencia de Xicoténcatl, el senado aprobó por unanimidad rechazar el ofrecimiento de Cuitláhuac. En esos momentos llegó noticia de que los que se encontraban en la Villa Rica se hallaban sin novedad. Ya estaban enterados de lo ocurrido a través de Quauhtlaebana, el *Cacique Gordo*, pues la nueva se había esparcido por toda la tierra. En la carta, el comandante de la Villa Rica anunciaba que ya se disponía a enviar los refuerzos solicitados.

Se aprontaron los preparativos para iniciar la campaña de Tepeaca. Sería de carácter punitivo, pues sus habitantes, luego de haber prestado el juramento de vasallaje, faltaron a la palabra dada. En esos momentos se recibió aviso de que llegaban refuerzos. Salieron a su encuentro. Lo que vieron fue a siete hombres enfermos, que de lo débiles que se encontraban avanzaban rengueando, utilizando las espadas como bordones. Al frente de ellos venía un tal Lencero. Eso era todo lo que enviaba la Villa Rica. No había más. Bernal, con notoria insensibilidad, dice con sorna: «El socorro de Lencero, que venían siete soldados y los cinco llenos de bubas, y los dos hinchados con grandes barrigas».[1] Es indudable que, tanto Lencero como sus seis acompañantes, tendrían un exagerado concepto de sí mismos. Siete insensatos que pensaban que con su actuación podrían cambiar el curso de la guerra. Pero el caso es que sí contribuyeron a hacerlo. [concluida la guerra, Lencero montaría una venta que fue muy renombrada.]

Iban transcurridos veinte días en Tlaxcala y, visto que ya no cabía esperar refuerzos adicionales, Cortés resolvió iniciar operaciones. Todavía muchos no sanaban del todo, pero no quería que el ejército permaneciese ocioso mucho tiempo. Consideró que habían descansado lo suficiente. La elección de marchar contra Tepeaca respondía a un doble propósito: aparte del castigo por haberse separado de la obediencia y matado a diez españoles que transitaban por allí, el lugar tenía una situación estratégica por encontrarse en el camino hacia la costa. Contaba con pocos españoles, pero en cambio, disponía de un fuerte contingente indígena, por lo que el peso de la contienda recaería sobre un ejército formado por fuerzas de Tlaxcala, Cholula y Huejotzingo. Por vez primera estas tres naciones harían causa común. La victoria de Otumba había facilitado las cosas. Conforme a la costumbre, antes de atacar envió un mensaje conminándolos a la rendición; pero como los de Tepeaca confiaban en el apoyo de las guarniciones mexica apostadas en las inmediaciones, rechazaron el llamado. Cortés atacó. Había salido con un número reducido de españoles y un contingente de cuatro mil flecheros de los pueblos confederados. Atrás lo seguía Xicoténcatl al frente del grueso del ejército. Éste, después de haber fracasado en su intento de romper la alianza, para no quedar al margen, resolvió participar en la campaña. En las proximidades de un pueblo llamado Zacatepec fueron atacados. El encuentro se escenificó en unos sembradíos de maíz, y como las sementeras ya se encontraban crecidas, difícilmente podían verse. En esas condiciones comenzó la batalla. Fue suficiente que los jinetes galopasen un poco, seguidos de los tlaxcaltecas, para que se produjese la desbandada. Acatzingo fue la siguiente acción. Un poblado dependiente de Tepeaca. Allí se luchó encarnizadamente. La acción recayó casi por entero en las fuerzas confederadas, que sufrieron algunas bajas, mientras que tecpanecas y mexica resintieron pérdidas enormes. Una batalla librada mayoritariamente entre indígenas. Esa noche, los españoles se alimentaron de esos perrillos mudos, a los que atrapaban cuando se acercaban para comerse los cadáveres.[2]

La entrada en Tepeaca se hizo ya sin resistencia. Aquí Cortés se comportó con extremada dureza; a los prisioneros, por la muerte de los españoles y el quebranto del juramento de vasallaje, los redujo a la esclavitud. A hombres y mujeres se les marcó a hierro en una mejilla con la letra *G*, por guerra.[3] Los así marcados, fueron remitidos a Tlaxcala para ser vendidos. A la señoría le tocaba una parte proporcional del botín. Para consolidar lo ganado, decidió fundar allí una villa española, Segura de la Frontera. Ésta, por su ubicación estratégica, vendría a constituir un nudo en las comunicaciones entre Tlaxcala, Cholula y Huejotzingo.

Bien. Hasta este momento hemos visto, en versiones diametralmente opuestas, uno de los capítulos cruciales de la conquista: una habla de que Motecuhzoma habría exigido que se fueran, y otra, que la llegada de Narváez interrumpió la ocupación pacífica que se realizaba sin tropiezos; ¿con cuál nos quedamos? Dado que ya se asistió a la fundación de Segura de la Frontera, es ahora el momento de abordar el tema, pues fue precisamente en esa villa donde se celebraron unas actuaciones que arrojan luz sobre el particular. Se trata de las probanzas. Ello tiene lugar cuando, movido por Cortés, Juan Ochoa de Lejalde, uno de sus incondicionales, se presentó ante notario público, demandando que se desahogaran una serie de pruebas con objeto de deslindar responsabilidades por los trastornos ocurridos por la venida de Narváez. Se trataba de pasarle la factura por los platos rotos. Conforme a lo solicitado, dieron comienzo las actuaciones notariales, consistentes en tres probanzas realizadas entre el 20 de agosto y el 18 de octubre de 1520. Dado que las escrituras de Cortés se habían perdido, se trataba de reconstruir archivos en un momento en que la memoria se encontraba fresca. El propósito evidente de las probanzas era el de dejar constancia de que encontrándose la tierra en paz, la llegada de Narváez vino a trastornarlo todo. Se trataba de achacarle las culpas por las muertes ocurridas y por la pérdida del tesoro. En especial, del quinto correspondiente a la Real Hacienda. En sus declaraciones, los testigos dejaron asentado que una parte del tesoro se cargó a lomos de una yegua facilitada por Cortés, y que otra fue entregada a un cacique de Huejotzingo, a quien se dio el encargo de transportarla con sus hombres (el que se diese a éste una encomienda tan importante, muestra que desde un primer momento Huejotzingo se sumó al bando español). En la segunda de las probanzas, se culpa directamente a Narváez de haber trastornado el orden al informar a Motecuhzoma que venía a prender a Cortés, con lo cual habría convulsionado la tierra. Firman nueve testigos.[4] Por la tercera de esas actuaciones, se busca dejar bien establecido a cargo de quién corrieron los gastos de la expedición (es de este documento de donde proceden algunos de los datos que ya se han manejado, como ése de que durante cuatro meses, cuatrocientos hombres comieron a expensas de Cortés). Avalan lo dicho dos docenas de firmas, entre las que se alcanzan a identificar las de Alonso de Ávila, Bernardino Vázquez de Tapia y Baltasar Bermúdez, quienes no eran precisamente amigos suyos. Se encuentra también el testimonio neutral de fray Bartolomé de Olmedo.[5] Algo que presta un valor muy especial a esas probanzas, es que allí firmaron tirios y troyanos; o sea, desde los incondicionales de Cortés hasta sus más declarados enemigos. Y además están los tiempos, pues no iban transcurridos cuatro meses de los sucesos que allí se buscaba poner en claro. En lo que todos no tuvieron empacho en dejar asentado, fue que Cortés era un hombre acaudalado, quien de su peculio personal cargó con la mayor parte del gasto. En una de las diligencias, practicada el 4 de septiembre de 1520 contra Velázquez y Narváez, se redactó un cuestionario, en una de cuyas cláusulas se preguntaba a los testigos si sabían que a la llegada de este último se encontraba «toda la tierra pacífica e sojuzgada e puesta debajo del dominio e señorío de Sus Altezas, e sirviendo los indios della muy bien e con mucha voluntad en todo lo que les mandaban, en nombre de Sus Altezas, e estando el dicho señor capitán general en la dicha cibdad de Tenustitán, entendiendo en otras cosas que convenían a servicio a Sus Altezas e a la buena población e pacificación desta tierra, e queriendo ir a descobrir muchas tierras otras de que tenía noticia, muy más ricas, especialmente las minas de la plata que, segund la muestra, se tienen por muy ricas, de que Sus Altezas fueran muy servidos e su corona real aumentada, vino a su noticia que era venido al puerto de San Juan, que se dice Chalchicueca, una armada de trece navíos, con mucha gente de pie e caballo e artillería e munición».[6] Ratifican esa versión con su firmas: Rodrigo Álvarez Chico, Bernardino Vázquez de Tapia, Alonso de Benavides, Diego Ordaz, Jerónimo de Aguilar, Juan Ochoa de Lejalde, Pedro Sánchez Farfán, Cristóbal de Olid, Cristóbal de Guzmán, Pedro de Alvarado, el comendador Leonel de Cervantes, Sancho de Barahona y Gómez de Valderrama. En otro documento se asienta que en aquellos días estaba en construcción un navío para transportar a España el oro del real quinto; firman este último fray Bartolomé de Olmedo, el padre Juan Díaz, Diego Ordaz y Alonso de Benavides. Así está el asunto; ni uno solo de los testigos que prestaron declaración durante las distintas probanzas menciona que en algún momento Motecuhzoma les hubiese demandado la partida.

El origen de esa mayúscula confusión apunta a Oviedo, quien en un principio describió la situación de esta manera: «Y en este ejercicio gastó de tiempo Hernando Cortés, desde los ocho de noviembre de mill e quinientos e diez y nueve años, hasta entrante el mes de mayo del siguiente año de mill e quinientos e veinte, que estando en toda quietud e sosiego en la gran cibdad de Temistitán, e teniendo repartidos muchos de los españoles por muchas e diversas partes, pacificando e poblando aquella tierra, e con mucho deseo que fuesen navíos con la respuesta de la relación que él había hecho de aquella tierra a Su Majestad, para enviar con los navíos que fuesen la que después envió, e las cosas de oro e joyas que había después rescibido para Su Majestad».[7] Clarísimo. El país en calma y todo bajo control. Pero, ocurre que por una de esas actitudes que son peculiares a este cronista, en un afán de mostrarse como hombre abierto a todo lo que le contaban, insertó en su libro datos que le fueron facilitados por «personas fidedignas que se hallaron presentes en la conquista», a quienes, cosa rara en él, no identifica. Y como parece haber estado consciente de que se metía en un berenjenal, en aras de la objetividad cree necesario aclarar: «E no le parezca al que lee que es contradecirse lo uno a lo otro, porque los hombres así como son de diversos juicios e condiciones, así miran y entienden las cosas diferenciadamente».[8] Total, enmarañó aún más las cosas; aunque más adelante buscará componerlas cuando dice: «¿Queréislo ver claro? Si aquel capitán Joan Velázquez de León, no estoviera mal con su pariente Diego Velázquez, e se pasara con los ciento e cincuenta hombres que había llevado a Guazacoalco, a la parte de Pánfilo de Narváez, su cuñado, acabado hobiera Cortés su oficio». En aquellos días en que el ideario caballeresco guiaba la mentalidad de esos hombres, la actuación de Velázquez de León fue objeto de controversia, ya que había opiniones divididas acerca de a quién debía la lealtad. Acerca de esa discusión, señala: «Visto he platicar sobre esto a caballeros e personas militares, sobre si este Joan Velázquez de León hizo lo que debía o no, en acudir al Diego Velázquez, o al Pánfilo en su nombre; e convienen los veteranos milites, e a mi parecer...».[9] Al margen de establecer si, conforme a los idearios de la hidalguía caballeresca, Velázquez de León actuó como debía, lo que sí queda claro es que a la llegada de Narváez éste iba camino de Coatzacoalcos para fundar una colonia. El país estaba en paz. Motecuhzoma no les habría demandado la salida. Aparentemente, Gómara leyó sólo la segunda versión ofrecida por Oviedo, y de allí lo tomarían Bernal, Cervantes de Salazar, Torquemada, y todos los que vinieron a continuación. Se comprende que incurran en ese error aquellos que no fueron testigos oculares, pero, ¿qué decir tratándose de Bernal?; ¿hasta ese grado fue influido por su detestado Gómara? Leyó eso en él y lo reprodujo sin más, lo cual exhibe lo gastados que se encontrarían sus recuerdos, al par que muestra lo equivocado que anda Las Casas cuando afirma que Gómara se limitó a escribir lo que Cortés le dijo. Por supuesto, éste nunca habría sostenido algo tan contrario a sus intereses.

Por esos días, arribó a la Villa Rica un navío de poco porte. Venía al mando de Pedro Barba, el alcalde de La Habana, quien era portador de cartas para Narváez; traía algunos hombres de refuerzo, además de un caballo y una yegua. En cuanto largaron el ancla, Pedro Caballero fue a saludarlos y, al preguntar los recién llegados qué había sido de Cortés, éste repuso que, una vez derrotado, había buscado refugio en las montañas, por donde andaba a salto de mata en compañía de veinte que lo seguían. Se confiaron Barba y los suyos y, una vez en tierra, cuando más descuidados se encontraban, fueron aprehendidos y remitidos a Tepeaca.[10] Y como se trataba de un antiguo conocido, Cortés no tuvo mayor dificultad en ganárselo, lo mismo que a sus acompañantes. No tardaría en presentarse un segundo navío, al mando de Rodrigo Morejón de Lobera, enviado igualmente por Velázquez. A continuación, con pocos días de diferencia, se recibió noticia de que había aportado otro navío, al mando de un tal Camargo. Se trataba de refuerzos para la expedición de Álvarez Pineda, enviada por Garay a poblar Pánuco, cuyos miembros habían sido desbaratados por los indios. Camargo, al ver que allí no tenía nada que hacer, se dirigió a la Villa Rica. Serían unos setenta hombres, y venían tan flacos y amarillentos, que por burla los llamaron los «panciverdetes», según dice Bernal, «porque traían los colores de muertos y la barrigas muy hinchadas.» Y de esa forma, Cortés veía reforzado su ejército por sus apoltronados rivales, metidos a conquistadores a distancia.

Como habían transcurrido ya quince meses de la partida de los procuradores, y se seguía sin noticias suyas, Cortés juzgó oportuno volver a escribir. El ejército lo haría por su lado. Estamos aquí frente a dos cartas que resultan altamente reveladoras sobre la situación que se vivía en el campo español; la última de las cuales es un documento que refleja la opinión de la mayoría, y en esencia, lo que piden es que se confirme a Cortés (como antes lo solicitaron) en los cargos de justicia mayor y capitán general, «porque dél somos tenidos en paz y justicia»; y previenen que si otro viniese investido con esos cargos, como fue el caso de Narváez, «sería causa de que los indios se tornasen a rebelar». El tenor del escrito ya nos indica que Cortés ha retomado las riendas y es dueño de la situación. Y aun a riesgo de ser reiterativos, no está por demás subrayar que en esta carta se asegura que Cortés se encontraba «en la dicha ciudad entendiendo en lo que a su real servicio convenía, e dando orden para ir o enviar a otras muchas tierras, de que tenía noticia por un señor de la dicha ciudad e de las otras a ella sujetas e de otras muchas, que tenía preso por seguridad de la tierra e para saber los secretos de ella». Y así se encontraban las cosas, cuando la aparición de Narváez todo lo trastocó. Ni por asomo se menciona que Motecuhzoma les hubiese demandado la salida del territorio. La carta trae quinientas cuarenta y cuatro firmas, la inmensa mayoría de quienes en ese momento integraban el ejército. Curiosamente no se advierte la de Bernal.[11]

Por su lado, Cortés encabeza su escrito dirigiéndolo al «Muy alto y poderoso y muy católico príncipe invictísimo emperador y señor nuestro», con lo cual ya se echa de ver que se encontraba al corriente de la elección de Carlos V a la corona imperial (28 de junio de 1519), información que debió llegarle a través de los venidos con Narváez. Es en esta carta, en la que refiriéndose a su anterior, escribe: «envié a vuestra Alteza muy larga y particular relación» (de allí el nombre con el que serán conocidas sus comunicaciones); y a continuación, dice a éste que ya se puede intitular emperador de las nuevas tierras con «no menos mérito que el de Alemaña [Alemania]».[12] En esta *Segunda Relación*, fechada en Segura de la Frontera el 30 octubre 1520, da cuenta de todo lo ocurrido y expone planes futuros. Ya procede a enviar cuatro navíos a la Española, «para que luego vengan cargados de caballos y gente para nuestro socorro; y asimismo, envío a comprar otros cuatro para que, desde la dicha isla Española y ciudad de Santo Domingo, traigan caballos y armas y ballestas y pólvora». A continuación, señala que ha ordenado la construcción de doce bergantines para el asedio a Tenochtitlan. Menciona el auxilio prestado a los sobrevivientes de las expediciones de Garay, destacando que éste es un inepto que envía a sus hombres a la muerte (aunque absteniéndose de decir que ésos pasan a engrosar sus filas). Pero no se trata sólo de una campaña militar; Cortés está lanzado a un proyecto de altos vuelos: con todas las naciones dispersas proyecta fundar una nueva entidad, que en lo político quedará bajo la Corona de España. Por este magno proyecto busca agregar a los territorios antes gobernados por Motecuhzoma, la región del Coatzacoalcos, Pánuco, Cholula, Tlaxcala, partes de Oaxaca, y con la ulterior intención de sumar el reino de Michoacán, y demás tierras que con el tiempo se fuesen ocupando. Ya le tiene escogido nombre: pasará a llamarse *Nueva España del mar Océano*. Una nación nueva. En esa carta notifica al Emperador que ya se ha dirigido a los oidores de la Audiencia de Santo Domingo, máximo órgano de gobierno en Indias, « y escribo al licenciado Rodrigo de Figueroa, y a los oficiales de vuestra alteza que residen en la dicha isla».[13] Alonso de Ávila y Francisco Álvarez Chico fueron los designados para viajar a Santo Domingo para informar a la Audiencia y comprar armas y caballos; pero por otros documentos nos enteramos de que su viaje hubo de postergarse, debido a la falta de navíos. Los pertrechos no llegarían a tiempo. La designación de un hombre valioso para la guerra, como lo era Alonso de Ávila, la atribuye Bernal a que Cortés quiso quitárselo de encima, por lo osado que era, y lo difícil que le resultaba controlarlo; además, de esa manera podría ofrecer a Andrés de Tapia la capitanía que éste tenía a su mando.[14] El encargado de llevar la *Relación* a España sería Alonso de Mendoza, quien igualmente, por razones que Cortés atribuye a falta de navíos, no partirá sino hasta cuatro meses después (5 de marzo de 1521), y en su compañía viajará Diego Ordaz, que irá como nuevo procurador ante la Corte. Y como ya nada lo retenía en Segura de la Frontera dejó en ella a Pedro de Ircio, al mando de sesenta hombres, la mayor parte enfermos, y se dirigió a Cholula, donde se requería su presencia.

Llegaron emisarios del señor de Quahuquechollan. Éste formaba parte del grupo de caciques que, en Tenochtitlan, prestaron juramento de vasallaje al monarca español. Ahora pedía ayuda contra las guarniciones mexica que saqueaban su territorio. Aparte de comerles los alimentos, les tomaban las mujeres. Cortés resolvió acudir en su auxilio. Para ello irían Diego Ordaz y Alonso de Ávila con diecisiete de a caballo y doscientos peones. Los auxiliaría un contingente aportado por Tlaxcala, Cholula y Huejotzingo. Pero por el camino surgió un problema. Al aproximarse a Huejotzingo fue tan alto el número de guerreros que se les unieron, que los capitanes españoles recelaron de que pudiera tratarse de una celada para matarlos a todos. Allí se detuvieron, remitiendo a los capitanes indígenas a Cortés para que los interrogase. Éste, que se encontraba pluma en mano, hubo de interrumpir la carta que dirigía al Monarca. A través de Malintzin los interrogó minuciosamente. El malentendido pareció originarse a causa del idioma, y de que siendo tan grande el odio que los de Huejotzingo sentían hacia los mexica, abrazaron la causa con un entusiasmo tal, que desconcertó a los españoles. Para disipar dudas, Cortés decidió tomar el mando personalmente. Llevaba un ejército cercano a los cien mil hombres.[15] Este pasaje relativo a la sospecha de que pudiera tratarse de una traición, Cervantes de Salazar lo tomó de ese manuscrito que asegura provenía de Motolinia. Torquemada no hace sino repetirlo.[16]

Quauhquechollan (la actual Huaquechula) se encontraba en un llano. Una urbe de «cinco a seis mil vecinos», lo cual haría ascender el número de habitantes a más de veinte mil, si se considera a cada vecino como jefe de familia. Eso sin incluir a los esclavos. Se hallaba en las cercanías de unos cerros altos y ásperos, presentando además la peculiaridad de tratarse de una ciudad amurallada. Ésa fue la primera plaza fuerte encontrada por los conquistadores en territorio mexicano; estaba rodeada por un muro de cal y canto de cuatro estados de alto por fuera, y por dentro, casi igualaba el nivel del suelo. Disponía de cuatro entradas, con varias vueltas para facilitar su defensa. Cada entrada tenía el ancho y alto suficiente para permitir el paso de un hombre montado a caballo. La plaza se encontraba tan bien defendida que dentro de ella los mexica se sentían seguros; además, como los alrededores eran llanos, confiaban en que sus centinelas avistarían con anticipación suficiente a cualquier ejército que se aproximase. Pero no previeron que los de Quauhquechollan se darían maña para ir apresando uno a uno a los vigilantes, antes de que pudieran dar la alarma. Cuando Cortés se aproximó salieron a su encuentro unos habitantes de la ciudad para informarle donde se encontraban alojados los mexica, pues por tratarse de una ciudad que no disponía de muchas facilidades, en ella sólo se habían instalado capitanes y personajes de alto rango; en cuanto a los individuos de tropa, ésos se encontraban acampados en un bosque cercano, en chozas improvisadas. Se produjo el ataque, y la sorpresa fue total; cuando quisieron reaccionar ya tenían dentro a los atacantes. El asalto fue tan rápido, que los que se hallaban fuera no alcanzaron a llegar a tiempo a la ciudad. Las macanas de los aliados caían implacables segando vidas, mientras Cortés corría de un lado a otro, pidiendo que no los matasen a todos. Necesitaba algunos prisioneros para interrogarlos. La matanza fue de tales proporciones, que sólo a uno pudieron capturar, con heridas de consideración, «más muerto que vivo», apunta Cortés. Y a través de él, pudo enterarse de la situación dentro de Tenochtitlan; sobre todo, le interesaba conocer a quién habían alzado por rey a la muerte de Motecuhzoma.[17] Se reconstruía parte de lo destruido, y convencido de que los españoles no abandonarían el país, Cuitláhuac emprendía una acción diplomática enviando embajadores por toda la tierra. Ofrecía una exención del pago de tributos, durante un año, a todos los que participasen en la lucha contra los extranjeros. Además, por muchos sitios anduvieron exhibiendo las cabezas de los españoles y de los caballos muertos. Hacían circular la versión de que Cortés había muerto.

Los de Iztucan (Izúcar de Matamoros) solicitaron ayuda a Cortés para que los librase de las guarniciones mexica que incursionaban por sus tierras. Éste, posesionado del papel que se había atribuido de defensor de todos los que solicitasen su protección, partió en su socorro. Alcanzó una victoria fácil. Eran pocos en número, y los que no murieron en combate, perecieron ahogados en un río que corría crecido. El cacique huyó a buscar refugio en Tenochtitlan, por lo que aquellos que habían solicitado su intervención le pidieron que les señalase un nuevo señor. Cortés estudió quién tenía los mejores títulos, de acuerdo con la costumbre indígena, eligiendo a un muchacho de doce años, hijo de un anterior señor de Quauhquechollan y de una parienta de

Motecuhzoma, el cual venía a ser nieto del huido. Para ejercer la regencia designó a cuatro principales, quienes estarían a cargo mientras alcanzaba la mayoría de edad.[18]

A Iztucan llegaron otros caciques a prestar el juramento de vasallaje. Algunos venían desde Oaxaca y, según afirmaron, no lo habían hecho antes, por no poder acercarse a causa de las guarniciones mexica. Los ecos de la victoria de Otumba y de la campaña de Tepeaca, al parecer, llegaban hasta tierras distantes. A continuación, Cortés resolvió castigar a todos aquellos pueblos donde hubieran matado españoles, comenzando con los de Tecamachalco, adonde envió un capitán que no tardó en someterlos. Hacia Tuxtepec se encaminaron Diego Ordaz y Alonso de Ávila, al frente de un contingente que Torquemada cifra en veinte mil hombres, para aplicar un castigo por la muerte de setenta y dos de los llegados con Narváez y de cinco mujeres.[19] Es en este punto donde Cervantes de Salazar y Torquemada sitúan el retorno de Hernando de Barrientos, afirmación que no encaja, pues la carta de éste se halla fechada en abril de 1521; por lo mismo, el suceso tendrá lugar meses más tarde, cuando ya Cortés se encuentre en Texcoco ocupado en los preparativos del ataque a Tenochtitlan. Y cabe destacar que ninguno de estos autores menciona que Barrientos haya llegado al frente de ocho mil hombres, como aseguró Bernal.

La guerra relámpago

La campaña de Tepeaca llegó a su término en un lapso menor a dos meses. En ese periodo tan breve, Cortés le había dado un vuelco a la situación. A partir de Otumba todo habían sido victorias, y obtenidas todas en rápida sucesión. Un precursor de la *blitzkrieg*, la guerra relámpago. Había inflingido pérdidas inmensas a los mexica tanto en hombres como en territorios de donde los había expulsado, «sin que en toda la dicha guerra me matasen ni siquiera un solo español».[20] Se desconoce la fecha exacta de la fundación de Segura de la Frontera, pero como la primera de las actuaciones promovidas por Ochoa de Lejalde aparece fechada el seis de agosto, resulta evidente que, para esa fecha, ya estaba fundada allí la villa española. Ello manifiesta la velocidad que imprimió a esa campaña. La característica principal de ésta fue que se trató de una guerra librada entre distintos pueblos indígenas, asumiendo él el papel directriz. Había demostrado a los suyos que le bastaban muy pocos hombres para ganar la guerra. La exitosa conclusión de esa campaña sirvió para constatar la solidez de las alianzas concertadas. Funcionaban. Y también quedó demostrada la capacidad de coordinar en el campo de batalla la acción de guerreros de distintas naciones.

Las epidemias

Un mal nuevo apareció en la tierra. Se trataba de algo totalmente desconocido, que se extendía con toda rapidez. La gente moría a montones. La viruela. Un azote para el que no se conocía remedio, que no respetaba edades y que atacaba por igual a ricos y pobres. Bernal, Gómara, Cervantes de Salazar y Torquemada hablan del esclavo negro traído por Narváez, quien lo habría introducido en la tierra. Pero según lo afirmado por el oidor Vázquez de Ayllón, es probable que desde el momento en que Grijalva puso pie en Cozumel, el mal comenzara a avanzar desde la costa hacia el interior. Los cronistas hablan del grado de morbilidad que tuvo esta epidemia, pero la generalidad omite decir que no llegó sola; un tanto inadvertida, queda la aparición del sarampión, tifo y otras enfermedades contagiosas. Todos los gérmenes del Viejo Mundo entraron de golpe. Una especie de guerra bacteriológica, introducida inconscientemente por los conquistadores. Era inevitable. Algún día tenían que unificarse todos los gérmenes del mundo. Lo verdaderamente asombroso, es que los españoles se vieran libres de la enfermedad; es cierto que tenían mayores resistencias, pero no la inmunidad total, basta ver el número de muertes ocasionadas en Europa por este flagelo. Casos muy notorios son los del príncipe Diego, uno de los hijos de Felipe II, y de Luis I, rey de España, quienes murieron de este mal. Y como no se registró el caso de un solo soldado español que sucumbiese a la epidemia, los indios no podían imaginar que fueran ellos quienes la habían introducido. En cuanto a los coaligados, no existen alusiones a que la epidemia diezmase sus filas. Para muchos fue un hecho portentoso el que ningún español sucumbiese. Bernardino Vázquez de Tapia, refiriéndose a la campaña de Tepeaca, dice: «En esta sazón vino una pestilencia de sarampión, y vínoles tan recia y cruel, que creo que murió más de la cuarta parte de la gente de indios que había en toda la tierra, la cual mucho nos ayudó para hacer la guerra y fue causa de que mucho más presto se acabase, porque, como he dicho, en esta pestilencia murió gran cantidad de hombres y gente de guerra y muchos Señores y Capitanes y valientes hombres, con los cuales habíamos de pelear y tenerlos por enemigos; y milagrosamente Nuestro Señor los mató y nos los quitó delante».[21] En opinión de este soldado, ello sería uno de los tres hechos milagrosos más señalados que se produjeron durante la Conquista; aquí lo interesante es observar que hace una clara distinción entre sarampión y viruela. Es el primero en hacerlo. Por aquellos días, en España ya se sabía distinguir los síntomas de ambas enfermedades. A la llegada a Cholula, Cortés se encontró con que habían muerto una serie de notables, por lo que hubo de ocuparse en estudiar quiénes tendrían los mejores títulos para sucederlos en los cargos. En cuanto dotó de nuevo gobierno a la ciudad, emprendió viaje a Tlaxcala. Allí se le recibió con grandes festejos, pues la Señoría celebraba como propias las victorias alcanzadas por éste. La nota luctuosa la constituyó el enterarse de que Maxixcatzin se contaba entre las víctimas cobradas por la epidemia. Cortés parece haber sentido mucho esa pérdida; al menos, dio muestras externas, como fue vestirse de luto. El desaparecido había sido el puntal más firme con que contó para sellar la alianza con Tlaxcala, y en respeto a su memoria, nombró para sucederlo a su hijo mayor, un muchacho que andaba por los doce años, a quien en el bautizo se le impuso el nombre de Juan Maxixcatzin. Contra lo acostumbrado, no se dio a éste un apellido español para que así se preservase el nombre del difunto. Por la edad del muchacho, que era el primogénito, podría pensarse que, dado que los indios se casaban jóvenes, Maxixcatzin al morir debería de andar mediados los treintas. Por aquellos días Cuitláhuac también sucumbía en Tenochtitlan, víctima de la epidemia, aunque Cortés tardaría algún tiempo en enterarse.

Bernal sitúa en ese tiempo el bautizo de Xicoténcatl el Viejo, quien pasaría a llamarse don Lorenzo de Vargas, aunque su versión no termina de encajar muy bien con otros testimonios. Se trata de un punto en el que los cronistas no terminan de ponerse de acuerdo. Frente a su dicho está el de Diego Muñoz Camargo, hijo de conquistador y de mujer noble tlaxcalteca, quien en su *Historia de Tlaxcala,* habla de que los cuatro caciques se bautizaron en una misma ceremonia.[22] Fue por esas fechas cuando se produjo un nuevo enfrentamiento dentro del ejército. Los irreductibles de siempre, que se negaban a seguir adelante. En esa ocasión, Cortés no opuso resistencia a que se fueran; sobre todo, tratándose en algunos casos de hombres de alcurnia, que ejercían gran ascendiente en el ejército. Permitiéndoles la partida se quitaba de encima ese foco de constante subversión; además, los acontecimientos recientes habían demostrado que le bastaban pocos hombres para ganar batallas. La Conquista la podría llevar a cabo con los coaligados indios. Bernal menciona hasta una docena de nombres, agregando que partieron ricos, pues Cortés, para ganárselos, les deslizó buenos tejos de oro; a ésos, «los teníamos por sobrehuesos, especialmente poniendo temores que siempre nos ponían, que no seríamos bastantes para resistir el gran poder de los mexicanos».[23] Entre los más señalados que partieron figuraban Andrés de Duero (su antiguo socio), y Agustín Bermúdez, personaje de mucho peso, a quien en un principio se había ofrecido el mando de la expedición. Estaba el compadre Gonzalo Carrasco, quien más tarde retornaría para ser uno de los primeros pobladores de Puebla, y el comendador Leonel de Cervantes, quien se apresuró en ir a España en busca de sus seis hijas, para no desaprovechar lo oportunidad de casarlas con conquistadores, como en efecto lo lograría (un drama para un hidalgo el de no disponer de dinero para la dote de las hijas). Era éste comendador de la orden de Santiago, y es uno de los contados miembros de las órdenes militares que participaron en la primera fase de la Conquista (en Pánuco se detecta la presencia de un prior de los caballeros de San Juan, aunque su actuación no fue relevante. En una fase posterior, aparecerán don Luis de Castilla y don Alonso de Luján, caballeros ambos de la orden de Santiago).[24] No deja de llamar la atención que los maestres de las órdenes no hayan etiquetado la empresa como cruzada contra idólatras, volcándose de lleno en ella.

La estrategia de Cortés para el asedio de Tenochtitlan, consistiría en un bloqueo riguroso, para rendir la plaza por hambre, si es que antes Cuauhtémoc no se avenía a parlamentar. Se cortarían las calzadas de acceso y, para impedir que a través de la laguna, ésta continuase recibiendo víveres, la solución serían bergantines, cuya construcción quedó encomendada a Martín López. Acerca de éste, Bernal apunta: «y me parece que si por desdicha no viniera en nuestra compañía de los primeros, como vino, que hasta enviar por otro maestro a Castilla se pasara mucho tiempo o no viniera ninguno, según el estorbo que en todo nos ponía el obispo de Burgos»(pero a pesar de lo que aquí dice, pronto veremos que no era el único entendido en construcción naval que figuraba en el ejército).[25] Inicialmente, Cortés había pensado en doce bergantines, pero más adelante decidió que fueran trece. Con esas instrucciones, Martín López quedó instalado en Tlaxcala; en las faldas del monte Matlalcueye (la Malinche), había bosques frondosos que aportarían la madera. Allí mismo, integró un equipo con media docena de carpinteros, calafates y herreros españoles, auxiliados por centenares de indígenas. Un proyecto de envergadura que requirió de unos esfuerzos de coordinación inmensos, quedando convertida Tlaxcala de la noche a la mañana, en un centro de construcción naval. Lo probable es que Martín y sus auxiliares españoles construyeran los prototipos, que serían luego copiados por carpinteros tlaxcaltecas que nunca antes habían visto un navío. Los mayores podrían acomodar a más de treinta hombres, llevando a proa una pieza de artillería. La tarea duró cuatro meses, desde el corte de la madera, hasta el día en que fueron puestos a flote en el río Zahuapan, que entonces tenía mayor calado. Una vez probados, fueron desmontados para ser transportados a Texcoco. Cervantes de Salazar refiere, como cuarenta años más tarde, los trece bergantines permanecían atados en las atarazanas, admirándose este autor del acierto con que se eligieron los días para cortar los árboles, pues a pesar de que no hubo tiempo para curar la madera, ésta resistía muy bien el paso de los años.[26]

Sandoval regresó a Tlaxcala. Volvía de una expedición punitiva contra Jalacingo y Cecetami, lugares adonde habían matado españoles. El primero de éstos se localiza al norte de Veracruz; en cuanto al segundo, no se le identifica bien. Podría tratarse de Zautla. Sandoval hizo un escarmiento, perdonando a continuación a los caciques, quienes ofrecieron sumisión, ya que resultaba imposible volver a la vida a los muertos. La política de Cortés consistía en no dejar sin castigo a aquellos que, quebrantando el juramento de vasallaje, hubiesen matado algún español. El veintisiete de diciembre procedió a pasar la revista al ejército, encontrando que disponía de cuarenta de a caballo y quinientos cincuenta de a pie; contaba además con seis tiros de campo. Una fuerza inferior a aquella con la que salió huyendo de México, pero con moral de victoria. Ya se tenía noticia de que a la muerte de Cuitláhuac –quien gobernó cuarenta días–, lo había sucedido Cuauhtémoc, un jovencísimo sacerdote a quien Cortés no llegó a conocer en los días pasados en Tenochtitlan, evidencia de que entre la clase dirigente el escalafón se corrió con extrema rapidez. Se habían producido grandes claros en las filas. Por un lado, la matanza del Templo Mayor; por otro, la eliminación de los «colaboracionistas», y a ello debían sumarse las bajas causadas por la epidemia.

Antes de emprender la marcha, Cortés promulgó una ordenanza militar. Habría un marco jurídico para someter a una disciplina a aquella masa de aventureros, quienes hasta ese momento seguían a un jefe por voluntad propia. Por ese acto, pasarían a constituir un ejército. El primer mandato venía a ser la prohibición de blasfemar contra Dios, la Virgen y los santos (punto obligado en la época); como segundo, figuraba la prohibición de que ningún español riñese con otro, contemplándose graves penas para el que echase mano a la espada. Prohibido, igualmente, jugarse el caballo o las armas, lo mismo que forzar mujeres. Nadie podría castigar a indios que no fuesen sus esclavos; se prohibía el robo y realizar correrías no autorizadas. Quedaba igualmente prohibido tratar mal a los indios coaligados. Las ordenanzas no fueron letra muerta, como muy pronto se vería cuando el propio Cortés hizo ahorcar a dos negros, esclavos suyos, por haber robado un guajolote y mantas a un indio. Las disposiciones también alcanzaron a un español. Un tal Mora robó otro guajolote, y Cortés ordenó ahorcarlo a la vista de todo el ejército. No valieron las intervenciones en su favor. Le retiraron la escalera, y cuando se encontraba pataleando en el aire, Alvarado se acercó y cortó la cuerda con la espada. Cortés no se opuso. Durante varios días Mora no pudo pasar bocado, según recuerda Bernal.[27]

El veintiocho de diciembre, día de los Santos Inocentes, fue la fecha fijada para la partida. Cortés, luego de dejar muy encomendado a los caciques que no descuidasen la ayuda a Martín López en la construcción de los bergantines, salió de Tlaxcala. Iba al frente de un ejército compuesto por quinientos noventa españoles y diez mil tlaxcaltecas. El contingente de estos últimos sería reforzado posteriormente. Según datos de Cervantes de Salazar (quien asegura haberlos tomado de Motolinia), éste, en la fase final del ataque a Tenochtitlan, ascendería a cien mil hombres. Y Alonso de Ojeda en sus *Memorias* todavía hace ascender el número a ciento cincuenta mil.[28] No cabe duda que estamos frente a la aritmética de lo superlativo. Lo que sí está claro, es que Tlaxcala se volcó de lleno al esfuerzo bélico. Se detuvieron a dormir en Texmelucan, población dependiente de la señoría de Huejotzingo, donde fueron muy bien acogidos, pues «tienen con nosotros la misma amistad y alianza que los naturales de Tlaxcala», escribiría Cortés.[29]

Al día siguiente, oída la misa, reanudaron la marcha. Caminaron cuatro leguas, hasta que los sorprendió la noche, ya en un paraje alto, pues se movían por las estribaciones del Iztaccíhuatl. Los cronistas registran que pasaron una noche de frío intenso, aunque tuvieron el alivio de encontrar mucha leña, que ya se encontraba dispuesta. Una mirada al mapa nos indica que el lugar no pudo ser otro que el actual

Río Frío. A la jornada siguiente, encontraron el camino embarazado por gruesos troncos recién cortados. Aquello no pasaba de ser un ligero estorbo para los caballos, pero dado lo espeso del bosque, se movieron con cautela extrema, pues sentían que los mexica podrían emboscarlos en cualquier momento. Finalmente, la montaña quedó atrás y salieron a campo abierto. A la vista tenían los pueblos ribereños de la laguna. Grandes ahumadas se alzaban de lo alto de los templos anunciando su llegada. La alarma se trasmitía de uno a otro, hasta llegar a Tenochtitlan.

Entraron en Coatepec, población dependiente del reino Acolhua que encontraron desierta. Eso los hizo extremar precauciones, ante el temor de ser atacados en cualquier momento. Cortés, con otros diez jinetes, cubrió el cuarto de la prima (para la vigilancia, la noche se dividía en cuatro turnos de guardia: el de la prima, el de la vela, el de la modorra, y el del alba). Nada aconteció aquella noche. Al día siguiente, cuando apenas iniciaban la marcha, aparecieron cuatro principales portando en alto una insignia que era una especie de bandera. Eran parlamentarios que venían de parte de Coanacoch. Cortés reconoció a uno de ellos, y aunque los recibió en son de paz, lo primero que hizo, iniciada la plática, fue reprocharles la suerte corrida por cinco jinetes y cuarenta peones españoles, quienes junto a trescientos tlaxcaltecas fueron capturados en Tultepec, durante los días que siguieron a la *Noche triste*. Éstos fueron llevados a Texcoco, para ser sacrificados. Los emisarios se disculparon, aduciendo que eso se había hecho por instigación de Cuitláhuac, pero que muerto éste, pedían que lo pasado quedase olvidado. Y en cuanto al oro que tomaron a los muertos, dijeron que los de Tenochtitlan se habían apoderado de él. Prometieron obediencia en lo sucesivo, y hechas las paces preguntaron a Cortés si pernoctaría en Coatlichán o en Huexotla, a lo que éste repuso que no se detendría sino hasta llegar a Texcoco.

Fue el último día del año de 1520 cuando tuvo lugar la entrada en Texcoco. Cortés se alojó en el palacio de Nezahualpilli, y dados los signos ominosos que estaban a la vista, ordenó bajo pena de muerte que nadie se apartase del sitio sin autorización. Texcoco era una población bien conocida por los españoles, a quienes extrañó el escaso número de personas que veían por las calles, y en especial, la ausencia de mujeres y niños. El recelo aumentó cuando en uno de los templos descubrieron la ropa de los españoles sacrificados junto con los cueros y herraduras de los caballos. Cortés mandó llamar entonces a los emisarios, mas ya no fue posible localizarlos. A última hora de la tarde, Alvarado y Olid subieron a lo alto del templo para echar una ojeada sobre la laguna. Bernal, quien también subió, refiere cómo vieron centenares de canoas que se alejaban, llevando a un gran número de moradores que portaban consigo sus pertenencias. El envío de los emisarios resultó ser una estratagema de Coanacoch para facilitarles la huida.

15
Comienza el asedio

Texcoco figuraba en aquellos días entre las urbes más populosas del Hemisferio, pero no tuvo un cronista que se ocupara de conservar su memoria. Cortés, que tan bien describió el mercado de Tlatelolco y habla con detenimiento sobre algunos usos y costumbres, en cambio, a Texcoco apenas le dedica unas líneas. Y eso, muy de pasada. La arquitectura indígena no parece haberlo impresionado, y lo mismo acontece con Bernal y otros conquistadores. A fuerza de reunir datos dispersos, y con apoyo en la prueba arqueológica, se ha podido elaborar una maqueta de Tenochtitlan, que permite reconstruir con alguna aproximación lo que fue el centro ceremonial. Pero de Texcoco, nada. Es tan escasa la información, que ni siquiera existe una idea de lo que fue ésta. Se conoce tan solo que el actual Palacio Municipal se encuentra edificado donde estuvo el palacio de Nezahualpilli, y que la catedral ocupa el asiento del que fuera el mayor de los *teocallis*. Cuatro peldaños más alto que el Templo Mayor. Zorita aporta el dato de que el mercado se encontraba enfrente, rodeado de portales. Eso es todo. Cuando fray Diego Durán, el historiador de las antigüedades texcocanas, llegó allí siendo muy niño, traído por su padre (hacia 1542-1544), iban transcurridos veinte años de la Conquista. La urbe prehispánica ya había desaparecido. Es de suponerse que desde el punto de vista arquitectónico guardaría numerosas similitudes con la vecina Tenochtitlan. Existen referencias en el sentido de que el Templo Mayor era de grandes proporciones, y de que existían numerosos adoratorios y casas señoriales. Cortés se alojó con su tropa en el palacio de Nezahualpilli y, según escribió, era éste de unas proporciones tales, que todavía podía albergar a un contingente doblemente mayor. Y en otra parte agrega el dato de que la ciudad se extendía a lo largo de tres leguas. Un área considerablemente mayor a la ocupada por Tenochtitlan, lo cual es explicable, al no existir las limitaciones de espacio de la ciudad isla. Torquemada refrenda el dato, señalando que tenía un número de casas considerablemente mayor que Tenochtitlan.[1]

Texcoco, la cabecera del reino de Acolhuacan, fue abandonada sin oponer resistencia. El hecho de que Coanacoch haya optado por la huida, muestra las grandes divisiones existentes en el reino. Una vez dueño de la ciudad, Cortés permaneció a la expectativa, aguardando alguna señal del campo contrario. Tenía la esperanza de que se avinieran a parlamentar. Pasaron dos días sin que nada ocurriese; al tercero, llegaron ante él los caciques de Coatlichán, Huexotla y Atenco, las tres populosas ciudades aledañas, quienes venían a ofrecer la obediencia. Se disculparon por haber abandonado sus tierras. Cortés, a través de Aguilar y Malintzin, les hizo saber el compromiso que adquirían de obedecer en lo sucesivo todos los mandatos del rey de España. Prestaron los caciques el juramento de obediencia y partieron a cumplir el mandato de ordenar a sus hombres que retornasen a las ciudades.

Al enterarse de lo ocurrido, Cuauhtémoc envió emisarios a los caciques invitándolos a que diesen marcha atrás; la respuesta de éstos fue apresar a los enviados, entregándolos a Cortés atados de pies y manos. Éste, cuando los tuvo delante, ordenó que los desataran, tratándolos con toda clase de miramientos y, acto continuo, comenzó a dialogar con ellos, haciéndoles ver la futilidad de toda resistencia. Luego de un extenso parlamento, los envió de regreso a Tenochtitlan. Sus términos eran que si se entregaban sin resistencia no habría represalias. Cuitláhuac, el principal responsable, había muerto; «que lo pasado fuese pasado», fueron sus palabras.[2] Durante siete u ocho días no se combatió. Estaba en espera de una respuesta de Cuauhtémoc que no llegó. La actitud de Cortés no iba del todo desencaminada, pues dentro de Tenochtitlan no todos estaban por la defensa a ultranza; entre la clase dirigente hubo un grupo de notables del más alto nivel, que favorecía la idea de parlamentar, evitando así los horrores del sitio y la destrucción de la ciudad. Pero éstos fueron suprimidos por la facción más radical, que se mostró intransigente. Ya veremos cómo está esa página tan relegada al olvido, cuando más abajo se trate de la situación interna.

Transcurrido ese plazo, al no recibir ninguna señal, Cortés decidió pasar a la ofensiva. El sitio elegido para iniciar operaciones fue Iztapalapa. Iba al frente de doscientos españoles, de los cuales dieciocho eran de a caballo, treinta ballesteros y diez escopeteros. Lo seguían de tres a cuatro mil indios aliados. Los de la ciudad estaban prevenidos; a poco de andar, surgieron centenares de canoas desde las cuales los combatían desde ambos lados de la calzada. Se luchó ferozmente. Los tlaxcaltecas, por odios antiguos buscaban venganza, matando indiscriminadamente a mujeres, niños y ancianos. Saqueaban y pusieron fuego a la ciudad. En medio de ese desorden Cortés advirtió que, casi imperceptiblemente, el agua comenzaba a subir, inundando la calzada por donde iban. Rápidamente ordenó la retirada. Una estratagema indígena que ha pasado un tanto inadvertida, con el propósito de ahogar al ejército atacante. Los defensores, anticipando que el ataque vendría por allí, destruyeron el dique que separaba las aguas de las lagunas dulce y salada, mientras ellos combatirían desde canoas. Se trataba del famoso dique construido en tiempos de Netzahualcóyotl (hoy, que el lago ha sido desecado, es preciso recordar que Iztapalapa se encontraba en el borde mismo del agua). Era noche cerrada cuando comenzó la retirada. A eso de las nueve, el contingente español consiguió pasar, haciéndolo con el agua al pecho. Los indios aliados, que venían atrás, encontraron el agua más crecida. En la carta al Emperador, Cortés dice que de haberse demorado la retirada tres horas más, no habría sobrevivido ninguno, aunque tal aseveración es dudosa, pues no se sabe que la diferencia de nivel entre ambas lagunas fuese tan acentuada.[3] Esa noche la pasaron al raso, calados hasta los huesos, mientras los tlaxcaltecas perdieron todo el botín obtenido. En la lucha murió un soldado español que fue llevado a Texcoco para ser sepultado en secreto. Ése fue el primer caído en el sitio.

Al día siguiente, llegaron mensajeros de Otumba que venían a buscar la amistad de los españoles. Se disculparon por la batalla pasada, diciendo que habían sido compelidos a ello por los mexica. Cortés, al aceptarlos como aliados, les repitió lo que ya venía diciendo, que en lo sucesivo, cada vez que los visitasen emisarios de éstos deberían entregárselos atados de pies y manos. Ofrecieron que así lo harían, y Otumba quedó como aliada de los españoles. A continuación se presentaron los de Mixquic con idéntico propósito. Bernal cuenta que a este pueblo lo llamaron Venezuela, por tener muchas de sus casas edificadas sobre estacas en el agua.[4] Cortés era dueño de Texcoco y sus alrededores, pero tenía interrumpido el contacto con Tlaxcala. Para mantener abierta la comunicación envió a Sandoval, quien partió al frente de veinte jinetes y doscientos de a pie. La operación perseguía objetivos diversos: uno, el de escoltar a un contingente de tlaxcaltecas, quienes sintiéndose ricos con el botín obtenido, regresaban a sus hogares a disfrutarlo; otro, el de restaurar las comunicaciones con la Villa Rica. Debería, además, buscar a unos principales de Chalco que habían enviado aviso de que querían dar la obediencia. En el trayecto se topó con fuerzas mexica, pero como el terreno era llano, los caballos no encontraron impedimento para correr y los jinetes alancearon a placer. Esa misma noche volvió a Texcoco trayendo a una comitiva de notables, entre quienes figuraban los dos hijos del recién fallecido cacique de Chalco. Ese cacique, cuyo nombre se ignora, aunque buscó la amistad de Cortés no llegó a conocerlo, pues sucumbió víctima de la epidemia. Cuando sobrevinieron los sucesos de la *Noche Triste*, se encontraban dos españoles en sus dominios, con el encargo de supervisar la recolección de una partida de maíz. Para evitar que pudieran matarlos, el cacique los hizo conducir a Huejotzingo, donde quedaron a salvo, ya que esta ciudad se mantuvo firme en respetar el juramento de vasallaje. Los hijos del fallecido eran dos adolescentes, quienes refirieron que, antes de morir, su padre les encargó que fuesen en su busca para ponerse bajo su amparo. Estudió el caso, escuchando el parecer de los notables y procedió a dividir el señorío; al mayor le correspondió Chalco, junto con los pueblos que le eran sujetos, y al otro, dio Ayotzingo, Chimalhuacán y Tlalmanalco. Por ser menores asignó preceptores a ambos, que gobernarían en su nombre, hasta alcanzar la mayoría de edad.[5] Sandoval los escoltó de regreso a Chalco, y a continuación se dirigió a Tlaxcala. Llevaba igualmente el encargo de traer al Príncipe elegido por Cortés para gobernar Texcoco.

Durante la huida de México, Cortés había llevado consigo a tres príncipes texcocanos: Cacama, Cuicuitzcatzin y Tecocolzin; el primero murió en los puentes, mientras los otros dos sobrevivieron. El segundo, Ypacsuchil Cucuscazin, como lo llama Cortés, había sido designado por éste como soberano de Texcoco, pero está visto que algo no funcionó bien. El caso es que, como él mismo dice, «teniéndolo en son de preso se soltó y volvió a la dicha ciudad de Tesuico [Texcoco]. Al llegar a ésta, se encontró con la novedad de que ya habían alzado por rey a su hermano Coanacoch; no está del todo claro si lo que buscaba era recuperar el trono o servir de mediador para alcanzar la paz. El caso es que al actuar como un Rudolph Hess, se hizo sospechoso ante los suyos, quienes no creyeron que actuase por iniciativa propia, y tomándolo por un agente enviado por los españoles para sembrar disensión, Coanacoch le dio muerte aconsejado por Cuauhtémoc.[6] Muerto éste y Texcoco sin gobierno por la huida de Coanacoch, Cortés hizo venir de Tlaxcala a Tecocoltzin. Ése sería el soberano de repuesto. En el bautismo se le había impuesto el nombre de Fernando; a éste lo había venido preparando para reinar y, en cuanto puso los ojos en él, le asignó al bachiller Estrada y a Antonio de Villarreal como preceptores. Fernando Tecocoltzin pasa a ser el primer hispanizado en sentarse en el trono de Texcoco.

Hacia finales de enero Tecocoltzin hizo su entrada en Texcoco; para entonces llevaría ya unos siete meses de estar sujeto a cursos intensivos de hispanización. Fue bien recibido. La nobleza le hizo acatamiento y muy pronto se repobló la ciudad. El reino Alcolhua, cuya cabecera era Texcoco, se pasó abiertamente el bando español. Su entrada en la contienda significó un duro golpe para los de Tenochtitlan, pues se trataba de gente de su propia sangre, con quienes los unían lazos de parentesco.

Llegó un mensajero. Traía nuevas de que los bergantines se encontraban a punto, y que a la Villa Rica había aportado un navío «en que venían sin los marineros treinta o cuarenta españoles y ocho caballos y algunas ballestas y escopetas y pólvora». Aunque Cortés no proporciona más datos, se trata sin duda de la carabela de Juan de Burgos, un intrépido mercader, quien llegó directamente desde España vía Canarias. Como maestre de la nave venía un tal Medel y, una vez vendida su mercancía, Burgos y acompañantes, incluida la marinería, se quedaron para participar en la Conquista. La llegada de éste habla del entusiasmo que comenzaba a despertar en España la aventura de Cortés. Ese refuerzo fue un alivio, pero, lo que realmente causó viva impresión en el campo español, fueron las circunstancias como se supo la noticia. Las comunicaciones con Tlaxcala se encontraban interrumpidas; ello no obstante, no faltó un joven soldado adicto a Cortés, quien sabiendo la alegría que ocasionaría a su jefe, emprendió la aventura por decisión propia. Cruzó territorio enemigo viajando de noche y permaneciendo oculto durante el día. Con el retorno de Sandoval trayendo a Tecocoltzin, las comunicaciones habían vuelto a interrumpirse, y no podía pensarse en el empleo de tlaxcaltecas, pues éstos eran claramente identificables por el tipo de horadaciones de las orejas. Esa acción imposible impresionó de tal manera, que el propio Cortés la refirió al Emperador, destacándola como una de las más grandes proezas individuales ocurridas durante la campaña.[7] Omitió mencionar su nombre. Cervantes de Salazar sólo aporta el dato de que tenía veinticinco años.[8]

Visto que los bergantines ya se encontraban terminados, Cortés dispuso que Sandoval fuese en su busca. En ese momento llegaron emisarios de Chalco. Venían en demanda de ayuda, pues Cuauhtémoc, al enterarse de que se habían pasado al bando español, mandaba contra ellos una fuerza considerable. Cortés les hizo ver que, aunque quisiera, en esos momentos no estaba en condiciones de distraer gente para ayudarlos, en cambio, les propuso que buscasen la ayuda de los de Cholula, Huejotzingo y Texcoco. No terminó de agradarles la propuesta, pero al darse cuenta de que no tenían otra alternativa, le solicitaron que les diese una carta. (Aunque no comprendieran lo que estaba escrito, reverenciaban las cartas como si tuvieran un poder mágico. Con una orden escrita los demás pueblos aliados no podrían rehusarles ayuda.) Justo en ese momento llegaban emisarios de Huaquechula y Huejotzingo. Cortés los reunió y les hizo ver que siendo súbditos de un mismo soberano todos deberían ayudarse. Allí, en Texcoco, terminó de perfeccionarse la gran alianza orquestada por Cortés contra los mexica; en lo sucesivo, los pueblos coaligados rechazarían todos los ataques lanzados por Cuauhtémoc, sin que en esas acciones hubiesen participado un solo español o tlaxcalteca. Toda el área de Chalco había sido sustraída al control mexica sin la participación directa de fuerzas españolas. Cuauhtémoc iba quedándose solo.

Partió Sandoval. Llevaba quince de a caballo y doscientos peones, pero antes de ir a Tlaxcala, por el camino debería desviarse dirigiéndose a Zultepec. Allí habían matado españoles y el propósito de Cortés fue que no quedasen sin castigo. En las inmediaciones, en la pared de una casa encontraron un mensaje escrito con carbón: «aquí estuvo preso el sin ventura de Juan Yuste».[9] Se trataba del *Pueblo morisco* (Calpulalpan). El capitán del grupo era Francisco de Morla (aquel que se tiró al mar para recuperar el timón de su nave). En el *teocalli* encontraron las caras de dos de los sacrificados. Habían sido desollados y conservaban barbas y facciones. Horrorizados ante ello, sentaron la mano sin piedad; mataron a muchos y apresaron a mujeres y niños. La matanza cesó sólo cuando un grupo de notables consiguió aplacar la ira de Sandoval.

Los bergantines

Antes de entrar en Hueyotlipan, los jinetes de Sandoval que avanzaban en descubierta toparon con un contingente tlaxcalteca. Los bergantines venían en camino. Ocurrió que, como éstos estaban terminados y se encontraban sin comunicación con Texcoco, Martín López, Alonso de Ojeda y Márquez, quienes se encontraban a cargo de la operación, no le vieron sentido a continuar cruzados de brazos y resolvieron ponerse en camino. Abría la marcha Chichimecatecutli al frente de diez mil hombres con los bergantines desarmados; a continuación seguían Ayotecatl y Teuctepitl con ocho mil *tamemes*, transportando la jarciería y otra impedimenta. Cerraban la formación dos mil aguadores y avitualladores. El haberse puesto en marcha sin aguardar órdenes muestra a las claras el talante entusiasta con que Tlaxcala participaba en la campaña. Era su propia guerra.

Llegados a los límites del territorio Alcolhua, Sandoval procedió a cambiar el orden de la columna, disponiendo que Ayotecatl y Teuctepil pasasen al frente, mientras que Chichimecatecutli ocuparía la retaguardia. Aquí se sucedió un altercado grave, pues éste se sintió afrentado al considerar que se le retiraba del sitio de mayor peligro. Fue necesario un largo razonamiento para convencerlo de que se trataba exactamente de lo contrario, y para demostrárselo, Sandoval pasó a marchar junto a él. Cuando la columna entró en Texcoco, Cortés presidió la recepción sentado en un escaño. A su lado tenía a Fernando Tecocoltzin y a un grupo de dignatarios. La entrada en la ciudad se hizo con música, vítores y toques de caracoles. Los hombres de guerra ataviados con sus penachos lanzaban sus gritos de combate. Cortés asegura que la columna tardó seis horas en desfilar, mientras que Bernal dice que medio día. Xicoténcatl no participaba.[10]

Mientras se iniciaba la construcción de una inmensa zanja que permitiría poner en el agua los bergantines, Cortés, para no mantener ocioso el ejército, decidió no aflojar la presión. El punto elegido fue Xaltocan, una ciudad situada en medio de la laguna del mismo nombre. Para evitar filtraciones, en vista de que desconfiaba de algunos principales texcocanos, el objetivo se mantuvo secreto hasta el último momento. Se obtuvo la sorpresa y la ciudad fue tomada sin dificultad. Pasaron por Cuautitlan, que encontraron despoblada. Pernoctaron allí y al día siguiente siguieron rumbo a Tenayuca, despoblada igualmente. A ésta la llamaron *El pueblo de las sierpes*, por dos inmensas esculturas de serpientes que encontraron en el *teocalli*. Siguieron adelante y pasaron por Azcapotzalco, sin tampoco encontrar resistencia. Continuaron la marcha y alcanzaron el punto de destino: Tacuba. El plan de Cortés respondía a razones muy claras, puesto que se trataba de la segunda ciudad ribereña en importancia, superada sólo por Texcoco; además, según escribe al Emperador, lo movía un doble propósito: cobrarse las muertes ocasionadas durante la *Noche Triste*, y acercarse a Tenochtitlan para intentar el diálogo con sus dirigentes, convenciéndolos de la inutilidad de toda resistencia. Tacuba fue ocupada y se alojaron en el palacio de Totoquihuatzin, que debió ser un edificio de grandes proporciones, pues en él hubo acomodo para toda la fuerza española. Los tlaxcaltecas se dedicaron a pasar a saco la ciudad, poniéndole fuego; en un momento dado, las llamas comenzaron a devorar una de las alas del palacio que les servía de alojamiento.[11]

Vieron a un grupo de guerreros de quienes sólo los separaba una acequia, y Cortés se acercó para hablarles. Preguntó si entre ellos se encontraba algún señor, a lo que replicaron que todos eran señores. Ante tal respuesta comenzó a hacerles exhortaciones, diciéndoles que no soportarían un sitio y que a la postre morirían de hambre, a lo que éstos respondieron que tendrían comida en abundancia, pues para alimentarse dispondrían de las carnes de los españoles y los tlaxcaltecas. No llegó ningún parlamentario, y como estaba claro que no existía disposición para hablar, optó por retirarse. Durante los seis días que permanecieron en Tacuba, se sucedían a diario combates entre capitanes mexica y tlaxcaltecas; éstos se desafiaban, y «peleaban unos con otros muy hermosamente».[12] Aquí se muestra como un camorrista que disfrutaba de una buena pelea, al igual que el público que asistía al Coliseo para presenciar los combates entre gladiadores.

Ocurrió un incidente que pudo haber sido de graves consecuencias; Cortés lo omite, pero Bernal lo trata con lujo de detalles. Durante una de las diarias escaramuzas en la calzada los defensores se replegaron, y los atacantes, llevados por el entusiasmo, se lanzaron en su persecución para explotar el éxito obtenido. Esperaban una victoria fácil, pero de pronto los papeles se invirtieron; los fugitivos se dieron la vuelta y atacaron a los perseguidores con determinación. Juan Volante, el alférez que portaba la bandera, cayó en una zanja, salvándose a duras penas, pues ya varios enemigos lo tenían sujeto. Con grandes dificultades salió del aprieto y todavía pudo rescatar la bandera. Bernal, quien según se aprecia a lo largo del libro, no quería a Pedro de Ircio, cuenta que éste, por afrentar a Volante le dijo que «había crucificado al hijo y que quería ahogar a la madre», en clara alusión a la imagen de la Virgen que figuraba en la bandera. Una referencia a que Volante era de estirpe de conversos. [Cuando esa anécdota le fue referida a Carlos V, éste alabó la presencia de ánimo de Pedro de Ircio, quien en medio de una situación tan crítica decía gracias.][13] Esa noche llegaron a dormir a Acolman, adonde los aguardaban con sus fuerzas Sandoval y Tecocoltzin.

Una vez más, otro contingente de tlaxcaltecas que ya se encontraban satisfechos con el botín obtenido, solicitó licencia a Cortés para retornar a su tierra para disfrutar de esas riquezas, ofreciendo que volverían en cuanto fueran llamados. Éste la concedió sin oponer reparos, pues los bergantines todavía no estaban listos; además, con la participación de los texcocanos y demás pueblos aliados, tenía hombres de sobra. La partida de ese grupo significaba menos bocas que alimentar. Regresaron a Texcoco, y al cuarto día de estar allí llegaron emisarios de Tuxpan, Mexicaltico y Nautla. Venían a pedir disculpas por las muertes de Escalante y los suyos, achacándolo todo a instigaciones de Cuauhpopoca, quien ya había pagado por ello. Se echaron las culpas al muerto y Cortés los recibió como vasallos del rey de España.[14]

La tropa española pasaba unos días de relativo descanso, mientras se terminaba el ensamble de los bergantines; a su vez los mexica, a través de sus espías, seguían el progreso de la obra. Estaban conscientes del daño que les podrían ocasionar, por lo que mediante un audaz golpe de mano intentaron ponerles fuego. Los bergantines se encontraban bien custodiados y la operación fracasó. Se capturó a quince de los infiltrados, quienes fueron interrogados por Cortés, y a través de ellos supo que Cuauhtémoc no contemplaba la posibilidad de hacer la paz.[15]

Llegaron los de Chalco en demanda de socorro. Una fuerza reunida por Cuauhtémoc se encontraba pronta a marchar contra ellos. Solicitaban ayuda urgente. Cortés designó a Sandoval, quien iría con veinte jinetes y trescientos infantes españoles, y como el grueso de los tlaxcaltecas se había ausentado, el contingente se complementaría con guerreros de Huejotzingo y Huaquechula. El núcleo mayor estaría compuesto por texcocanos. Ésa sería la primera acción en que éstos participarían hombro con hombro con los españoles. Curiosamente, la lucha no se escenificaría en las riberas de la laguna, sino a gran distancia, tierra adentro, en lo que hoy es el estado de Morelos. El objetivo seleccionado fue Oaxtepec, y hacia allá se encaminó la fuerza coaligada. En el trayecto ocurrieron algunas escaramuzas en medio de bosques de pinos. Los atacantes vencieron con facilidad y prosiguieron la marcha, aunque en un momento dado se llevaron un sobresalto. Ello ocurrió cuando desmontaron para que los caballos pudieran pastar; fue entonces cuando inesperadamente se produjo un contraataque que los tomó por sorpresa. Montaron apresuradamente, y con la ayuda de los confederados los rechazaron, persiguiéndolos por más de una legua. Bernal, quien no participó en ese combate por encontrarse recuperando de una herida de lanza recibida en el cuello en Iztapalapa, cuenta que en esa acción murió Gonzalo Domínguez, quien «era uno de los mejores jinetes y esforzado que Cortés había traído en nuestra compañía, y teníamosle en tanto en las guerras, por su esfuerzo, como a Cristóbal de Olid y Gonzalo de Sandoval, por la cual muerte hubo mucho sentimiento entre todos nosotros».[16] Domínguez, junto con Lares el Buen Jinete eran consumados caballistas. Acabó sus días en una escaramuza sin importancia: el caballo perdió pisada, cayendo a una barranca. Murió aplastado por el animal.

Ocuparon Oaxtepec. Allí se detuvieron dos días a descansar. Tuvieron entonces noticia de que, en el vecino pueblo de Yecapixtla, se había hecho fuerte una guarnición mexica y hacia allá se encaminaron.

Los defensores se encontraban en lo alto de un peñón de tan difícil acceso, que Sandoval estuvo tentado a pasar de largo; sin embargo, intervino Luis Marín aduciendo que se envalentonarían si no los enfrentaban. Se ordenó el ataque, mas los indios aliados no se movían por lo difícil del terreno y la lluvia de piedras que no cesaba de golpear. Ante esa situación, Sandoval puso el ejemplo, y seguido de la tropa española comenzó la escalada. Los coaligados no tardaron en seguirlos. Pese a la desventaja de pelear cuesta arriba, pronto se posesionaron de las alturas. Una vez que fueron dueños de la situación, los españoles andaban a la rebatiña con sus aliados, buscando cada cual adueñarse de una buena hembra.[17] En cuanto a los defensores, un gran número de ellos murió despeñado en la huida, al caer en un barranco por cuyo fondo discurría un arroyo. Según Cortés, fue tan grande la mortandad que la tropa padeció sed, pues durante largo tiempo las aguas bajaban teñidas de rojo. Gómara repite lo mismo; y en cuanto a Bernal, éste apostilla que «no duró aquella turbieza más de media Avemaría».[18] Sandoval regresó a Texcoco, con «muy buenas piezas de indias», según Bernal, quien siempre da muestras de estar muy atento a la belleza femenina. Todavía no rendía Sandoval el parte, cuando ya estaban de nueva cuenta ante Cortés emisarios de Chalco, anunciando que se les venía encima un fuerte ataque. Cuauhtémoc no les perdonaba el cambio de bando, y deseaba hacer con ellos un escarmiento, enviando en su contra todas las fuerzas disponibles. Cortés se molestó, interpretando que el ataque que se fraguaba se debía a flojedad de Sandoval, por no haberse esforzado en perseguir a las guarniciones mexica que huían de Oaxtepec. Por tanto, cuando éste compareció ante él, lo trató en forma desabrida, responsabilizándolo por su supuesta tibieza. Sandoval, que era hombre muy elemental y de pocas palabras, quedó muy dolido. Sin tener tiempo para el reposo, a pesar de que venía herido, partió con sus hombres a impartir el socorro solicitado. Llegó tarde a la batalla. Los mexica acababan de ser derrotados en campo abierto. En ese combate, en el que no intervino un solo español, la participación de los de Huejotzingo, que llegaron en auxilio de los de Chalco, resultó decisiva. En Tenochtitlan la derrota causó gran pesar, pues habían sido vencidos por pueblos antes sujetos a ellos. Y como ya nada tenía que hacer allí, Sandoval se regresó a Texcoco llevando a cuarenta prisioneros, capturados por los coaligados, entre los cuales se contaba un jefe militar y personajes de monta. Una vez llegado al campamento, se retiró a su alojamiento sin pasar a informar a Cortés; éste, durante la ausencia de su subalterno se enteró de cómo se había desarrollado la acción durante los combates de Oaxtepec y Yecapixtla, por lo que le envió un recado muy afectuoso, pero aún así, Sandoval se rehusaba a verlo. Finalmente, Cortés volvió a ganarse la voluntad de su subalterno. Cabe destacar que, al parecer, ésa sería la ocasión única en que hubo un malentendido entre ambos.[19]

La buena estrella brillaba para Cortés. En cuanto se restableció la comunicación con la costa, tuvo conocimiento de que habían aportado a la Villa Rica tres naves de gran porte, trayendo buena copia de soldados. Un socorro que le llegaba como llovido del cielo. A los pocos días, entraban en Texcoco los primeros de esos hombres. En el curso de la campaña ya se había visto favorecido por el refuerzo involuntario de las naves de Garay, las de Velázquez y la de Juan de Burgos. Llegaron otras dos naves de Garay. Una venía al mando de un tal Ramírez *el Viejo*; a los que venían con él, los apodaron los de las «albardillas», a causa del vestuario acolchado para protegerse de las flechas. Vinieron a continuación los de Miguel Díaz de Aux. Éste era un aragonés, antiguo compañero de Colón en el segundo viaje. Se trataba, por tanto, de un miembro del pie veterano en las Antillas; era además hombre rico, por lo que su participación a una edad avanzada, prueba que con el paso de los años no había perdido el gusto por la aventura.[20] A sus compañeros los apodaron los de los *lomos recios*, por tratarse de individuos vigorosos. De entre todos los hombres de Garay, este contingente fue el más valioso, tanto por la buena condición física como por su número. Llegó también otro navío procedente de España. En éste vinieron Julián de Alderete, fray Pedro Melgarejo de Urrea, y Jerónimo Ruiz de la Mota, personajes que habrían de desempeñar un papel relevante en la Conquista, en especial los dos primeros. Julián de Alderete traía el nombramiento de tesorero. Aquello para Cortés significaba una noticia buena y otra mala. Después del rompimiento con Velázquez, la intromisión de Narváez y el silencio del monarca, que no daba respuesta a su carta, la llegada de un tesorero nombrado por la Corona venía a ser una especie de reconocimiento tácito. La España oficial tomaba nota de que existía. Ya no era un rebelde fuera de la ley. El lado malo lo representaba el hecho de que ahora tendría una cuña. Y como pronto se vería, una cuña que apretaría mucho. El tesorero procedía de una de las familias prominentes de Castilla. En Tordesillas, en la iglesia de San Antolín, se encuentra una riquísima tumba en la que reposa uno de los miembros de la familia junto a su esposa. Del franciscano fray Pedro Melgarejo de Urrea disponemos del retrato que Bernal hace de él: «Y vino un fraile de San Francisco que se decía fray Pedro Melgarejo de Urrea, natural de Sevilla, que trajo unas bulas del Señor San Pedro, y con ellas nos componían si algo éramos en cargo en las guerras en que andábamos; por manera que en pocos meses el fraile fue rico y compuesto a Castilla».[21] Según esto, se trataría de un pícaro redomado; lo único que aquí se puede adelantar, es que esa apreciación es muy personal, existiendo testimonios que muestran otra cosa. Se da el caso de que este fraile fue una de las contadísimas personas con quienes Cortés se aconsejó. Más adelante le confiaría misiones delicadas. Acerca de los refuerzos traídos por esas naves, sólo se conoce en forma aproximada el número de hombres que trajeron; y en cuanto al orden en que llegaron, eso es algo prácticamente imposible de establecer, ya que ningún cronista puso especial cuidado en registrarlo. Es más, está dada la posibilidad de que tanto Alderete como fray Pedro Melgarejo hayan llegado en el navío de Juan de Burgos.

El miércoles santo, que ese año cayó en 27 de marzo, Cortés hizo traer a su presencia a los notables mexica apresados en Chalco. La exhortación que les hizo fue que aceptaran el cese de hostilidades, pues la suya era una causa sin esperanza. Se habían quedado solos y no tenían de dónde esperar ayuda. Los pueblos que antes tenían sometidos se habían rebelado pasándose al campo español.

Los dignatarios no se atrevían a presentarse ante Cuauhtémoc con tal embajada; finalmente, hubo dos que se prestaron a hacerlo, pidiendo sólo que se les diese una carta. Se redactó una, explicándoseles su contenido. Cinco de a caballo los escoltaron hasta el borde de la laguna para que abordaran una canoa. Un esfuerzo que a nada condujo. Al día siguiente, de nueva cuenta, estaban de retorno los de Chalco. En una manta traían pintado el dispositivo de las tropas que Tenochtitlan tenía preparadas para lanzarlas contra ellos. Ésa era la respuesta de Cuauhtémoc. Cortés se dispuso a la pelea saliendo de Texcoco para ir a su encuentro; llevaba treinta de a caballo y trescientos de a pie. Llegando a Chalco se les unirían cuarenta mil más; mientras, Sandoval quedaría en Texcoco con veinte de a caballo y trescientos de a pie, con el encargo de cuidar el ensamble de los bergantines.

En la espera habían transcurrido varios días, era ya viernes, cinco de abril (tanto Bernal como Cortés coinciden en la fecha). El propósito de éste consistía en bordear la laguna. Las referencias constantes a las acciones de Sandoval podrían dar la impresión de que todo el peso de la campaña descansaba sobre sus hombros, mientras los demás capitanes se encontraban ociosos, pero lo que ocurre es que en la reseña de los sucesos de esos días, es el único al que Cortés identifica por nombre.

Fueron a dormir a Tlalmanalco, y según recuerda Bernal, nunca antes habían marchado en medio de un número tan grande de aliados.

Llegaron a un peñón (cuya identificación no puede establecerse con precisión), e intentaron tomarlo por asalto. Los ataques resultaron infructuosos. La naturaleza del terreno presentaba serias dificultades para escalarlo. Luego de sufrir la muerte de dos soldados y de otros más, que resultaron heridos, Cortés renunció a tomarlo y siguió de largo. Ésa sería la ocasión única en toda la guerra en que se habría dado la vuelta sin ocupar el objetivo. El precio en sangre hubiera resultado muy alto y la posición carecía de valor estratégico. En las cercanías se encontraba otro peñón de más fácil acceso, y hacia allá se dirigió. Ante la embestida, los defensores comenzaron a replegarse. Con ellos había un regular número de mujeres y niños. El calor y la falta de agua tornaban precaria la situación; de pronto, las mujeres comenzaron a agitar mantas pidiendo que cesase la lucha, al par que dirigiéndose a los españoles batían las palmas, señalando que servirían para hacer tortillas, por lo que pedían que no las matasen.[22] Cortés aceptó la rendición dando órdenes a los aliados para que no se cebasen en los vencidos. En este punto viene al caso ocuparse de una disputa ocurrida entre Bernal y Pedro de Ircio. Ocurre que a todo lo largo de su libro, Pedro de Ircio es la cabeza de turco sobre la que descarga sus golpes. Está visto que tiene por él una profunda antipatía, y no pierde ocasión en zaherirlo. Lo considera un inútil para la guerra, y cuando no tiene otro argumento, lo llama paticorto. Pero por las demás referencias se nota que se trata de un capitán ameritado, al menos así lo considera Cortés. Pues bien, en la acción del peñol ocurrió un suceso que quizás explique el origen de esa animadversión. Bernal en esa ocasión iba a las órdenes de Ircio, y cuando ocuparon el sitio cargó a cuatro de sus *naborías* con sacos de maíz que allí encontraron. Ircio se opuso a ello, y hubo de desistir. Pero aquí hay algo más que no debe pasarse de lado: ésta no será la única ocasión en que Bernal hable de los indios a su servicio, lo cual muestra que cada soldado español, durante las batallas, tendría a su lado a varios de ellos como auxiliares personales.

Prosiguieron la marcha rumbo a Oaxtepec, alojándose en el trayecto en la casa del señor local, situada en medio de huertas y jardines. Cortés, que es tan poco dado a describir lugares, en esa ocasión se hace lenguas al hablar; según esto, tendría dos leguas de circunferencia, y en ella había grandes jardines muy frescos, árboles frutales, hierbas aromáticas y flores olorosas, «que cierto es cosa de admiración ver la gentileza y grandeza de toda esta huerta».[23] Bernal, quien repuesto ya del bote de lanza, esa vez sí participó en la acción, habla muy admirado de la huerta, expresando que tanto Cortés, como Alderete y fray

Pedro Melgarejo, dijeron que no habían conocido cosa semejante en Castilla.[24] (En la actualidad, los paseantes de fin de semana pueden disfrutar de ese parque, que sirve de asiento al conocido centro vacacional que allí opera.) Yautepec fue ocupado sin resistencia. Los defensores, al ver aparecer el enorme ejército atacante, se desbandaron al momento. En Jilotepec sus moradores fueron tomados por sorpresa y muchos sucumbieron en el ataque. Cortés permaneció allí dos días en espera de que el cacique viniera a ofrecer la obediencia y, como no apareció, le puso fuego al lugar. Allí mismo se presentaron los caciques de Yautepec que andaban huidos, para prestar el juramento requerido. El punto siguiente de destino fue Cuauhnahuac. (El nombre comenzó a corromperse desde el primer momento; Cortés –quien más tarde fijaría allí su residencia– la llama Coadnabaced; Bernal, que al principio comenzó llamándola Cornavaca, termina por escribir Cuernavaca. No debe descartarse que haya sido él quien le impusiera el nombre.) Se trataba de un lugar de muy difícil acceso, protegido por barrancas profundas. Los defensores habían levantado los puentes y, con la seguridad de encontrarse a salvo, lanzaban flechas e insultos a los asaltantes. Se encontraban en eso, cuando un tlaxcalteca encontró un paso. Fue seguido por cinco españoles, y cuando estuvieron dentro del recinto cayeron por la espalda a los defensores. Éstos, creyendo que era un ejército numeroso el que atacaba, se desbandaron al momento. Unos murieron desbarrancados, y otros huyeron por los cerros. Al declinar el día, el cacique del lugar, acompañado de algunos principales, se acercó a dar la obediencia.[25]

Al día siguiente, concluida victoriosamente esa campaña, Cortés resolvió marchar sobre Xochimilco; es entonces cuando ocurrirá uno de los sucesos más sorprendentes e inexplicables de toda la campaña. Una imprevisión que estuvo a punto de costarle la vida, tanto a él como a todo el ejército. Los hechos ocurrieron así: se internaron por un sendero entre bosques de pinos frescos y aromáticos, el cual, a grandes rasgos, sigue el trazo de las actuales carreteras. Es la ruta obvia que va serpenteando entre montañas y valles. Y como cualquier automovilista lo puede apreciar, en todo el trayecto no se encuentra ni un solo río, arroyo o manantial. El día era caluroso, y a la caída de la tarde la sed comenzó a morder a toda aquella masa humana. Siguieron avanzando, y al día siguiente, como no dieran con un pozo que supuestamente estaría a mitad del camino, Cortés destacó a seis jinetes para que fuesen de avanzada, explorando en busca de agua. Bernal refiere que la sed lo atormentaba de tal manera, que junto con tres tlaxcaltecas servidores suyos se fue tras los de a caballo. Olid, cuando se dio cuenta de que los seguía, le ordenó volverse, pues corría riesgo en caso de que tuviesen un mal encuentro. Arguyó Bernal, y como eran amigos, le permitió que los siguiera, advirtiéndole que en caso de que toparan con los mexica, debería aparejar los puños para pelear, y los pies para ponerse a salvo. Media hora antes de llegar a Xochimilco, encontraron agua dentro de unas casas; Bernal y sus servidores bebieron hasta saciarse, y luego, con un cántaro lleno, se regresaron a buscar al ejército. Se toparon con Cortés quien venía al frente de los jinetes, y allí les ofrecieron el agua que habían traído oculta, «porque a la sed no hay ley».[26]

Desfalleciente por la sed, el ejército llegó a Xochimilco, aunque tuvieron que ganarse el agua, pues los habitantes del lugar pre-sentaron una resistencia firme. Cortés se metió dentro de las filas enemigas, y en un momento dado, *el Romo* se echó al suelo de puro fatigado. El animal llevaría al menos tres días sin beber. Defendiéndose con la lanza, mantenía a raya a los que lo rodeaban intentando capturarlo vivo; fue en esos momentos críticos cuando apareció un tlaxcalteca, quien lo ayudó a salir del trance. Juntos se abrieron paso combatiendo. La batalla se resolvió con victoria para los atacantes, y dueños ya del campo, Cortés preguntó por su salvador. Nunca lo encontró. Años después, cuando comenzaron a forjarse las leyendas, se quiso ver en ese hecho una intervención de la Providencia. Cervantes de Salazar escribe que Cortés quedó convencido de que su misterioso salvador no habría sido otro que el apóstol San Pedro.[27] Por supuesto, él nunca afirmó tal cosa.

La actuación de Cortés en este caso resulta desconcertante; ¿cómo explicar que hubiera emprendido esa marcha de Cuernavaca a Xochimilco sin antes informarse debidamente si encontrarían agua en el trayecto? En ese momento se estima que venía al frente de sesenta mil hombres, y lo acompañaban otros caudillos indígenas, que se supondría conocerían bien el terreno. Y para saciar la sed de una masa humana de esa magnitud no bastaba ese pozo aislado que nunca encontraron; ¿de quién fue la culpa, por haber dado un informe erróneo? Además, se trataba de terreno conocido para los españoles. Cortés, en su carta no señala culpables; lo que sí dice es que «muchos de los indios que iban con nosotros perecieron de sed». Bernal apunta que los muertos fueron un español y un indio.[28] Una imprudencia que pudo haberle costado la vida al ejército entero. Nunca se aclararon las razones que lo decidieron a lanzarse a esa marcha forzada. Un contraste notorio con la llegada ordenada de los tlaxcaltecas a Texcoco, cuya columna venía seguida por una legión de aguadores y avitualladores.

A través de cinco notables hechos prisioneros, se tuvo conocimiento de que se planeaba un contraataque para recuperar Xochimilco. Cortés subió a lo alto del templo, y desde allí pudo contemplar cómo la laguna se hallaba cubierta de canoas que se aproximaban. Estimó que serían unas dos mil, y doce mil los atacantes que venían por tierra. Se trabó la pelea. Los capitanes mexica esgrimían espadas españolas, de las capturadas durante la *Noche Triste,* movidos por algún factor psicológico, pensando quizás que con ello se igualarían a los españoles. El uso de la espada por parte suya constituyó un desacierto, pues prescindieron de la macana con la que eran eficientes, para utilizar un arma cuya esgrima desconocían.[29] Pronto fueron rechazados. En ese combate resultaron heridos numerosos españoles y hubo dos muertos. Bernal apunta que cuatro españoles fueron capturados vivos en sorpresivo golpe de mano y llevados a Tenochtitlan; y allí, luego de interrogados, fueron sacrificados y sus cabezas exhibidas por los pueblos.[30] Ése sería el destino deparado a los españoles.

Cortés permaneció a la espera de que los notables de Xochimilco vinieran a prestar el juramento de vasallaje y, al no aparecer éstos, ordenó quemar el lugar. Y así desapareció el Xochimilco prehispánico; la única referencia que ha quedado de él, es lo que escribió: «...y cierto era mucho para ver, porque tenía muchas casas y torres de sus idolos de cal y canto, y por no me alargar, dejo de particularizar otras cosas bien notables de esta ciudad».[31] Se movieron rumbo a Coyoacán, adonde llegaron a las diez de la mañana. La ciudad se encontraba despoblada. El propósito de Cortés era completar el recorrido de todas las márgenes de la laguna para reconocer el terreno e identificar los puntos por los cuales los sitiados podrían recibir refuerzos, así como los más apropiados para el ataque. Reposaron allí dos días, para proseguir la marcha rumbo a Tacuba. En ésa, hizo una breve parada; sólo lo suficiente para estudiar su situación defensiva. Cuando reanudaron la marcha, los mexica equivocadamente pensaron que huían y atacaron el centro de la columna, donde iba la impedimenta. El terreno era llano, por lo que los jinetes lo recorrían a media rienda, alanceando a todos los que se les ponían por delante. De pronto, en medio de la confusión del combate, pasó inadvertido a Cortés que dos de sus incondicionales mozos de espuelas, quienes siempre corrían combatiendo a su lado, habían desaparecido. Se trataba de Pedro Gallego y de Francisco Martín, a quien apodaban *Vendaval,* por lo alocado que era. Después del tropiezo de la *Noche Triste,* ésta vendría a ser la segunda ocasión en que Cortés se sentiría más afectado; según Bernal, la emoción hizo que se le quebrara la voz. El franciscano fray Pedro Melgarejo de Urrea hacía esfuerzos por consolarlo. El bachiller Alonso Pérez, quien andando el tiempo sería fiscal en la ciudad de México, se acercó para decirle, «Señor capitán, no esté vuestra merced tan triste, que en las guerras estas cosas suelen acaecer». Cortés, al referir este episodio al Emperador, escribió: «Sabe Dios el sentimiento que hube».[32] Y como se vivía en una época en la que todavía se componían romances, al momento surgió un cantar que recogía el trance:

En Tacuba está Cortés
con su escuadrón esforzado
triste estaba y muy penoso
triste y con gran cuidado,
una mano en la mejilla
y la otra en el costado [33]

Siguiendo el borde de la laguna llegaron a Cuautitlan. Entraron sin combatir. Se hallaba despoblada. Venían calados hasta los huesos. No cesaba de llover, de hecho, nadie logró dormir. No conseguían hacer fuego para calentarse, de puro mojada que se encontraba la leña. Eso ocurre a comienzos de la segunda semana de abril, lo cual indica que fue un año en el que la temporada de lluvias se adelantó. De Cuautitlán pasaron a Acolman, donde los aguardaba Sandoval con un grupo de españoles y aliados texcocanos, quienes ya se encontraban preocupados por no saber de ellos. Las noticias eran buenas. Los bergantines se encontraban ya a punto, y habían llegado más españoles.

Hernando Cortés, retrato al acuarela de Matías Weiditz.
Hasta donde se sabe de cierto, ésta es la única imagen para la que haya posado Hernán Cortés; tendría a la sazón 44 años cumplidos y sus rasgos corresponden a la descripción hecha por Bernal Díaz del Castillo.

Retrato anónimo en el Hospital de Jesús. En este lienzo, los rasgos del Conquistador han sido transfigurados, acaso bajo la inspiración del retrato de *Carlos V en la batalla de Mühlberg*, de Tiziano.

Solar en la plaza central de Medellín, donde tuvo asiento la casa de Cortés, destruida por los franceses durante la guerra de Independencia.

Casa de Cortés en Cuernavaca.

Imágenes del Códice Florentino

Ejecución de un delincuente.

«…sentenciavan alguno a muerte, luego lo entregavan a los executores de la iusticia: los quales segun la sentencia, o los ahogavan, o davan garrote, o los apedreavan, o despedaçavan.»

«… y otras mercaderías de indios esclavos y esclavas; digo que traían tantos de ellos a vender [a] aquella gran plaza como traen los portugueses los negros de Guinea, y traíanlos atados en unas varas largas con colleras a los pescuezos, porque no se les huyesen.»

Bernal Díaz del Castillo

Capitulo decimo, de otra manera de banquete, que hazian los mercaderes mas costoso, enel qual matauan esclauos.

Los mercaderes hazian vn banquete, en que dauan acomer carne huemana, esto hazian en la fiesta, que sellama Panquetzaliztli. Para esta fiesta compauan esclauos que sellamavan tlaaltiltin, que quiere dezir lauados, porque los lauauan, y regalauan, porque

«llevaban los cuerpos al calpulco, adonde el dueño del cautivo había hecho su voto o prometimiento; allí le dividían y enviaban a Moteccuzoma [sic] un muslo para que comiese, y lo demás lo repartían por los otros principales o parientes; íbanlo a comer a la casa del que cautivó al muerto. Cocían aquella carne con maíz y daban a cada uno un pedazo de aquella carne en una escudilla o cajete, con su caldo y su maíz cocido, y llamaban aquella comida tlacatlaolli.»

«Las mujeres no estaban exentas del sacrificio, al igual que los niños, a los cuales se daba muerte durante el mes atlcahualo, en el cual tenían lugar las solemnidades de los dioses del agua o de la lluvia, llamados Tlaloque.»

«... unas vigas puestas en lo alto, y en ellas muchas cabezas de nuestros españoles que habían muerto y sacrificado en las batallas pasadas, y tenían los cabellos y barbas muy crecidas, mucho mayor que cuando eran vivos, y no lo habría yo creído si no lo viera; yo conocí a tres soldados, mis compañeros, y desde que las vimos de aquella manera se nos entristecieron los corazones.»

Bernal Díaz del Castillo

«los pellejos de los desollados
se vestían muchos mancebos,
a los cuales llamaban tototecti»

Fray Bernardino de Sahagún

La Noche Triste

«Lloviznaba. Antes había caído una fuerte granizada. Era el treinta de junio… En ese momento dio comienzo el ataque. A ambos lados aparecieron centenares de canoas desde donde eran flechados. Lo que siguió fue el caos; gritos de horror, ayes y desesperación.»

Malintzin,
doña Marina,
La Malinche.

«Una piedra Rosetta, la llave que
abriría las puertas de los secretos
de México. Se le conoce como
Malintzin, Malintzin Tenépatl,
Marina, doña Marina,
o La Malinche.»

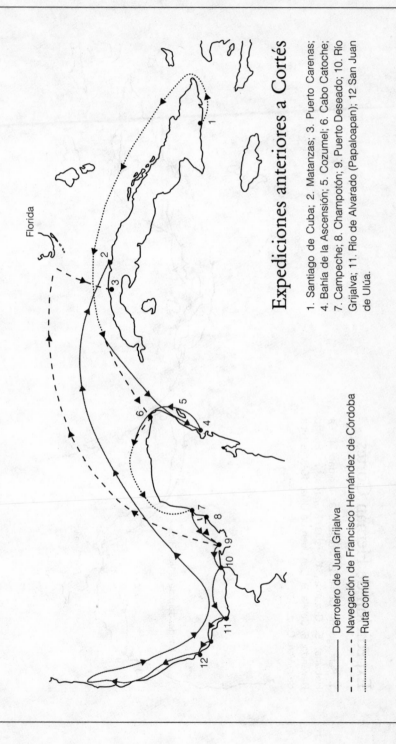

Expediciones anteriores a Cortés

1. Santiago de Cuba; 2. Matanzas; 3. Puerto Carenas; 4. Bahía de la Ascensión; 5. Cozumel; 6. Cabo Catoche; 7. Campeche; 8. Champotón; 9. Puerto Deseado; 10. Río Grijalva; 11. Río de Alvarado (Papaloapan); 12 San Juan de Ulúa.

Florida

——— Derrotero de Juan Grijalva
– – – Navegación de Francisco Hernández de Córdoba
·········· Ruta común

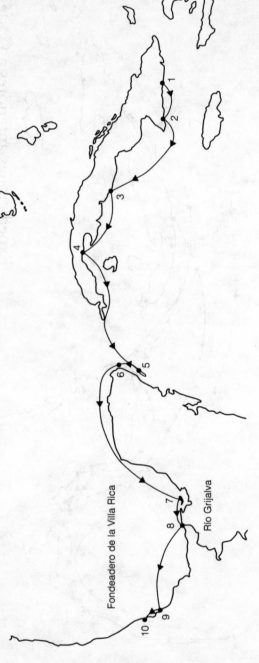

Expedición de Hernán Cortés

1. Santiago de Cuba; 2. Macaca; 3. Trinidad; 4. La Habana; 5. Cozumel; 6. Islas Mujeres; 7. Puerto Deseado; 8. Centla; 9. San Juan de Ulúa; 10. Villa Rica de la Vera Cruz.

Florida

Fondeadero de la Villa Rica

Río Grijalva

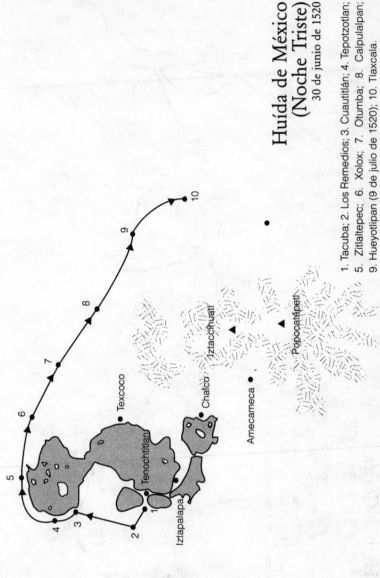

Huída de México (Noche Triste)
30 de junio de 1520

1. Tacuba; 2. Los Remedios; 3. Cuautitlán; 4. Tepotzotlan; 5. Zitlaltepec; 6. Xolox; 7. Otumba; 8. Calpulalpan; 9. Hueyotlipan (9 de julio de 1520); 10. Tlaxcala.

Texcoco

Tenochtitlan

Iztapalapa

Chalco   Iztaccíhuatl

Amecameca   Popocatépetl

Ruta de Hernán Cortés
21 de abril de 1519 – 8 de noviembre de 1519

1. Veracruz 1ª Villa Rica; 2. Cempoala; 3. Fondeadero;
4. Quiahuiztlan 2ª Villa Rica; 5. Jalapa; 6. Xico;
7. Ixhuacan; 8. Zautla; 9. Ixtacamaxtitlan;
10. Tzompantepec; 11. Tlaxcala; 12. Cholula; 13. Paso
de Cortés (Tlamacas); 14. Amecameca; 15. Chalco.

Golfo
de
México

Cofre de
Perote

Pico de
Orizaba

Laguna de
Alchichica

Iztaccíhuatl

Huejotzingo

Popocatépetl

Texcoco

Tenochtitlan

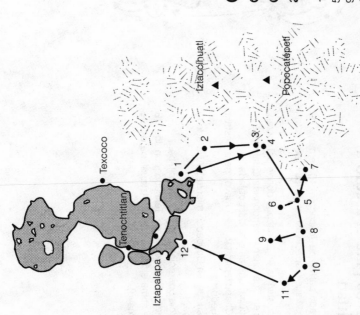

Campaña en territorio del actual estado de Morelos, concluida con anterioridad al 28 de abril de 1521

1. Chalco; 2. Tlalmanalco; 3. Ozumba; 4. Chimalhuacan; 5. Huaxtepec; 6. Tlayacapan; 7. Yecapixtla; 8. Yautepec; 9. Tepoztlan; 10. Jiutepec; 11. Cuauhnahuac (Cuernavaca); Xochimilco.

Preparativos para el asedio a Tenochtitlan

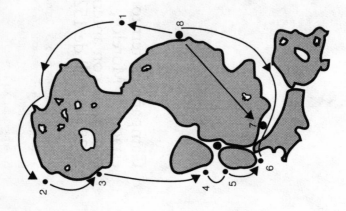

1. Olid y Alvarado parten de Texcoco el 10 de mayo de 1521 al frente de sus respectivas columnas y pernoctan en Acolman.

2. Entran sin resistencia en Zitlaltepec donde pernoctan.

3. Se detienen en Cuautitlán, abandonada igualmente.

4. Llegan a Tacuba, que ha sido despoblada.

5. Marchan a Chapultepec (15 – 20 mayo) para destruir el caño del acueducto.

6. Olid sienta su real en Coyoacán mientras Alvarado lo hace en Tacuba.

7. Sandoval inicia operaciones contra Iztapalapa.

8. Cortés, quien permanecía en Texcoco con los 13 bergantines se suma al ataque contra Iztapalapa desde la laguna (31 mayo).

Al segundo día de haber retornado a Texcoco se descubrió una conspiración. Se planeaba matar a Cortés y a sus más allegados; de ello se tuvo conocimiento a última hora, cuando uno de los involucrados se arrepintió, denunciando a sus compañeros. La cabeza aparente del complot era un zamorano, llamado Antonio de Villafaña. Sin pérdida de tiempo, Cortés reunió a un grupo de soldados de su confianza, dirigiéndose a la morada del conspirador, donde lo aprehendió junto con otros que se hallaban en su compañía. Bernal, quien tomó parte en los arrestos, señala que se trataba de una conjura de ramificaciones muy vastas, de la que formaban parte un buen número de los llegados con Narváez. La conspiración había ido cobrando cuerpo durante los días en que Cortés estuvo ausente. La idea de los conjurados era darle muerte a él, lo mismo que a Sandoval, Alvarado, y Andrés de Tapia, entre otros. Al ser arrestado, se le encontró un papel en el que aparecían los nombres de los conjurados, y como era tan larga la lista, Cortés le celebró un juicio sumarísimo. Por sentencia dictada por él, conjuntamente con los alcaldes ordinarios y el maestre de campo Olid, se le condenó a muerte, concediéndosele apenas el tiempo suficiente para que pudiera confesarse con el padre Juan Díaz. Fue ahorcado en una ventana de su propia morada. Era hidalgo y no se le guardó la hidalguía. Murió sin abrir la boca. Cumplida la sentencia, Cortés hizo correr la voz de que Villafaña se había comido el papel con la lista de los comprometidos, y que éste, como varón esforzado que era, murió sin inculpar a nadie. Según Cervantes de Salazar, el número de involucrados ascendería a trescientos, o sea, alrededor del cuarenta por ciento del ejército. Bernal, quien conoce muy bien este capítulo, señala sólo que los involucrados procedían de las filas de la gente llegada con Narváez, y no da nombres «por su honor».[1] Cortés se limita a señalar que la conjura venía gestándose desde los días en que se encontraban en Tepeaca, y como eran tantos los involucrados, optó por disimular.[2] La versión más completa del suceso la tenemos a través de los relatos de

Cervantes de Salazar y del oidor Zorita, que vienen a complementarse.[3] Según esa reconstrucción de los hechos, el instigador habría sido el tesorero Julián de Alderete; otros que también tuvieron una participación importante, serían Pedro Barba y un tal Taborda. A este último, a pesar de que se le dio tormento, no dijo nada. Cortés lo condenó a destierro.[4] Por su lado, Cervantes de Salazar escribe que García Holguín (futuro captor de Cuauhtémoc) tuvo una participación destacada en ella.[5] Torquemada, al hablar de Holguín, antepone el *don*, lo cual indica que era hijodalgo notorio. En cuanto a Alderete, aparte de la alcurnia de su nacimiento, había estado al servicio del todopoderoso obispo Fonseca, con lo cual todo queda dicho. El plan de los conjurados consistía en matar a Cortés y a sus más allegados y entregar el mando a Francisco Verdugo. Una vez conseguido eso, Narváez sería puesto en libertad. Verdugo, según todas las referencias, era ajeno a la conjura. Una vez desactivada la conspiración, antes de que los descontentos pudieran urdir otra cosa, Cortés, para mantenerlos ocupados, decidió dar comienzo al asedio de Tenochtitlan. A partir de ese momento, se haría rodear de una guardia personal de media docena de hombres al mando de Antonio de Quiñones.

Se consigna ahora una página desconcertante. Procede del libro de Oviedo, y no termina de encajar. Según cuenta, Diego Velázquez, al tener conocimiento de lo ocurrido a Narváez, habría armado una nueva expedición, poniéndose él mismo al frente de ella. Se trataría de una flota compuesta por seis u ocho navíos. Pero un tal licenciado Parada habría logrado convencerlo de lo infructuoso de la operación, y cuando ya se encontraban a la vista de Yucatán se habría dado la media vuelta.[6] Así está escrito, y nadie más lo corrobora. Pero antes de desechar del todo esa versión por disparatada, se debe recordar que este autor habló largamente con Velázquez, y que a petición suya, llevó a España el informe sobre el viaje de Grijalva. ¿algún embuste que Velázquez le deslizara, pensando que con ello su caso saldría favorecido ante la Corte? Hay que decir que en los escritos de Cortés figura la alusión a una frustrada expedición del licenciado Parada, quien efectivamente, habría llegado a Cozumel.[7] Cuando el río suena, agua lleva; parecería que en este confuso asunto, hubiera un fondo de verdad, aunque desde luego, sin la participación directa de Velázquez (se verá más adelante que Cortés envió una carabela a recoger a un grupo de españoles abandonados en la isla por el licenciado Parada). Antes de proseguir, no está por demás dejar aclarado que en el relato de Gómara se confunden los tiempos al describir los sucesos que se acaban de reseñar. Principia por adelantar la fecha de la entronización de Tecocoltzin, y sitúa la conspiración de Villafaña en enero, anteponiéndola a la acción contra Iztapalapa.[8] Bernal es muy preciso al señalar que ocurrió a los dos días del retorno a Texcoco;[9] y Cortés va por el mismo camino, expresando que ocurrió al momento en que se disponía «a poner cerco a Tenochtitlan».[10] Además, en los días señalados por Gómara todavía no aparecía en escena Alderete.

El domingo 28 de abril, en medio de un ambiente festivo, se llevó a cabo la botadura de los bergantines. El acto dio comienzo con un *tedeum* oficiado por fray Bartolomé de Olmedo y, a continuación, se procedió a abrir la compuerta para que éstos se deslizasen dentro de la laguna; para ello, Cortés dice que fue necesario cavar una zanja de media legua de largo y más de dos estados de ancho y otro tanto de profundidad, con los bordes reforzados por troncos a todo lo largo. Trabajaron en ella durante cincuenta días los ocho mil hombres facilitados por Tecocoltzin.[11] Cervantes de Salazar, quien tuvo en sus manos las notas que le facilitó Martín López, agrega que tenía represas, ello es, se trataría de un verdadero dique seco, provisto de esclusas. A primera vista, parecería desproporcionado un trabajo de tal magnitud, pero si se realizó, evidentemente, sería porque las condiciones del terreno así lo requerían. Cincuenta días y ocho mil hombres para concluirlo.

Con los bergantines en el agua, el siguiente paso fue asignarles las tripulaciones. Serían veinticinco hombres en cada uno; el problema surgió a la hora de designar a los doce que en cada uno actuarían como remeros. Un buen número protestó aduciendo razones de hidalguía. Remar era oficio para galeotes y gente de baja condición. Cortés estableció quiénes habían sido marineros y salían a pescar, y a éstos, sin más, les ordenó empuñar el remo. En cuanto a los capitanes, la mayor parte de los designados provenía de las filas de los llegados con Narváez. Procuraba ganárselos ofreciéndoles puestos honrosos. En total fueron trescientos los hombres distribuidos en los trece bergantines, y como capitanes de éstos, nombró a Juan Rodríguez de Villafuerte, Juan Jaramillo, Francisco Verdugo, Francisco Rodríguez Magarino, Cristóbal Flores, García Holguín, Antonio de Carvajal, Pedro Barba, Jerónimo Ruiz de la Mota, Pedro Briones, Rodrigo Morejón de Lobera, Antonio de Sotelo y Juan de Portillo. La información procede de Cervantes de Salazar, quien al efecto señala: «Esta relación, tan debida a los que bien trabajaron, debo yo a Jerónimo Ruiz de la Mota, varón sagaz, muy leído y cuerdo y de gran memoria y verdad en lo que vio».[12] En el curso de la guerra se produjeron varios cambios en los mandos, debido a la necesidad de reemplazar a los que morían, como fueron los casos de Pedro Barba, Juan de Portillo y Cristóbal Flores.

Un punto que no puede pasarse por alto es el silencio que Cortés observa con respecto a Martín López. No lo relaciona nunca con la construcción de los bergantines; en la primera ocasión en que se refiere a ellos, se limitó a decir a Carlos V que quedaba haciendo doce bergantines, y sigue por ese tenor: «Cuando a esta cibdad llegué [Tlaxcala] hallé que los maestros y carpinteros de los bergantines se daban mucha priesa en hacer la ligazón y tablazón para ellos [...] y en quince días que en ella estuve no entendí en otra cosa salvo en dar priesa a los maestros».[13] Y así en las cartas sucesivas. Su nombre siempre relegado al anonimato colectivo. Pero independientemente de que tanto Bernal, Cervantes de Salazar y demás cronistas lo señalen como el constructor, está de por medio el enconado pleito que éste puso a Cortés por una crecida suma que le quedó a deber. Al parecer, había contratado con él un precio que nunca le pagó.

Listos los bergantines, Cortés puso a punto el dispositivo para el ataque a Tenochtitlan. Pasó revista a sus fuerzas: disponía de ochenta y seis de a caballo, ciento dieciocho ballesteros y escopeteros, y «setecientos y tantos» soldados de espada y rodela.[14] Los cuarenta caballos y quinientos cincuenta hombres que contó en la revista pasada en Tlaxcala, se habían visto aumentados por los refuerzos llegados en tres barcos. Procedió luego a despachar emisarios a Tlaxcala, Huejotzingo y Cholula, indicándoles que en el plazo de diez días deberían presentarse con sus respectivos contingentes. Y por los pueblos vecinos, se distribuyó muestra de casquillos de saeta, para que en cada uno se fabricasen ocho mil piezas. En cuanto a la artillería, contaba en ese momento con tres tiros gruesos de hierro, y quince pequeños de bronce. En la Villa Rica se encontraban otros tres tiros gruesos de hierro traídos por los navíos recién llegados. Alonso de Ojeda, al frente de un contingente de tlaxcaltecas, partió en su búsqueda.

17
Todos contra Tenochtitlan

Los aliados acudieron puntuales a la cita. A los diez días justos, los tlaxcaltecas entraban en Texcoco. En cuanto Cortés tuvo conocimiento de que se aproximaban, se adelantó a recibirlos fuera de la ciudad, en compañía de varios capitanes. Venían muy galanes, ataviados con sus mejores prendas, portando estandartes de entre los cuales destacaba la grulla blanca, emblema de Tlaxcala. Cortés señala que, según la cuenta que le dieron los capitanes, pasaban de cincuenta mil.[1] Al frente del contingente venían Xicoténcatl y Chichimecatecutli. Los guerreros de Cholula y Huejotzingo, en lugar de dirigirse a Texcoco, fueron directamente a Chalco, conforme lo indicado. Al día siguiente, en la plaza principal de Texcoco, Cortés pasó revista a la tropa y procedió a asignar los mandos. A Pedro de Alvarado le confió treinta de a caballo, dieciocho ballesteros y escopeteros, ciento cincuenta peones de espada y rodela, y veinticinco mil tlaxcaltecas. Recibió el encargo de fijar su campamento en Tacuba. Cristóbal de Olid recibió el mando de treinta y tres jinetes, dieciocho ballesteros y escopeteros, ciento sesenta rodeleros y veinte mil hombres de guerra «de nuestros amigos», debiendo fijar el real en Coyoacán. Finalmente, a Sandoval le correspondieron veinticuatro de a caballo, cuatro escopeteros, trece ballesteros, y ciento cincuenta infantes, entre los que se contaba el grupo selecto que Cortés llevaba en su compañía; además, le asignó íntegros los contingentes de Chalco, Cholula y Huejotzingo, que sumaban más de treinta mil hombres, con los cuales iniciaría operaciones en el sector de Iztapalapa.[2] Bernal, como una observación suya, expresa que hasta ese momento la actuación de Cholula había sido cautelosa; aunque nominalmente ya hacía parte del bando español, se movía con suma discreción observando el sesgo que tomaban los acontecimientos. Sería hasta el momento en que daría comienzo el asedio de Tenochtitlan cuando abiertamente tome partido en la lucha.

Barrientos

Por aquellos días, Pedro de Ircio, que se encontraba al mando en Segura de la Frontera, reexpidió a Cortés una carta que acababa de recibir. Era de Hernando de Barrientos, el soldado que andaba desaparecido, cuyo nombre resulta familiar, pues ya antes Bernal lo ha mencionado. Éste, como ya se vio, hizo aparecer a Barrientos en Cempoala al frente de dos mil hombres, llegados un día después de la batalla, con cuyo retraso se habría evitado una carnicería. Cervantes de Salazar recoge esa versión pasando por ella muy por encima, para luego adherirse a la de Cortés, la cual amplía. Por principio de cuentas, hay que dejar bien sentado que Barrientos no pudo aparecer por Cempoala, por la sencilla razón de que no se había movido de Chinantla, adonde se encontraba desempeñando la misión que le había sido encomendada. Éste es un caso singularísimo, que debió impresionar mucho a Cortés, pues se trata del único individuo de tropa, cuyas hazañas refirió puntualmente al Emperador, dando su nombre y apellido. Los hechos se habrían originado en cuanto Cortés se enteró de que el cacao circulaba como moneda de curso corriente, y con ese sentido mercantilista que lo caracterizaba, resolvió hacer grandes plantaciones. En cierta forma, se lanzaba a emitir moneda. La llegada de Narváez dejó trunco el proyecto (lo cual posiblemente salvó al mundo indígena del proceso inflacionario que se habría desatado, al inundar de cacao el mercado). Pues bien, a cargo de cuidar una plantación en Chinantla quedaron Barrientos y otro soldado. Y allí se encontraban a la llegada de Narváez y sucesos que vinieron a continuación, en los cuales muchos españoles que se encontraban dispersos fueron muertos. Pero ocurre que Barrientos, en cuanto conoció la magnitud del desastre de la *Noche Triste*, en lugar de desmoralizarse emprendió su propia guerra contra los mexica. Como probó ser valeroso, los de Chinantla lo alzaron por jefe, y en repetidas acciones mantuvo a raya a los atacantes. Transcurrieron así los meses, hasta que tuvo conocimiento de que en Tepeaca había españoles y comenzó a escribir cartas hasta que, finalmente, una llegó a manos de Cortés. Así expone los hechos al monarca: «...estaba en la ciudad de Temixtitan, luego de la primera vez que a ella vine, proveí, como en la otra relación hice saber a vuestra majestad, que en dos o tres provincias aparejadas para ello se hiciesen para vuestra majestad ciertas casas de labranzas y otras cosas[...] Y a una de ellas, que se dice Chinanta, envié para ello dos españoles[...] y de estos españoles que estaban en Chinanta se pasó casi un año que no supe de ellos[...] Y así, se estuvieron estos dos españoles en aquella tierra, y al uno de ellos, que era mancebo y hombre para guerra, hiciéronle su capitán, y en este tiempo salía con ellos a dar guerra a sus enemigos, y las más de las veces él y los de Chinanta eran vencedores...» (Como se aprecia, Cortés es claro al señalar que Barrientos no se habría movido de Chinantla, desde el momento en que le confió la misión de supervisar las labranzas); la carta de este soldado, aparte de su buena redacción, es modelo de modestia. Leámosla: «Nobles señores... Hágoos, señores, saber cómo todos los naturales de esta tierra de Culúa andan levantados y de guerra, y muchas veces nos han acometido; pero siempre, loores a Nuestro Señor, hemos sido vencedores. Y con los de Tuxtepeque y su parcialidad de Culúa cada día tenemos guerra; los que están en servicio de sus altezas y por sus vasallos son siete villas de los Tenez [nombre que los de Chinantla daban a los mexica], y yo y Nicolás siempre estamos en Chinanta, que es su cabecera. Mucho quisiera saber adónde está el capitán para le poder escribir y hacer saber las cosas de acá. Y si por ventura me escribiéredes de dónde él está, y enviáredes veinte o treinta españoles, iríame con dos principales de aquí, que tienen deseo de ver y hablar al capitán; y sería bien que viniesen, porque, como es tiempo ahora de coger el cacao, estorban los de Culúa con las guerras. Nuestro señor guarde las nobles personas de vuestras mercedes, como desean.– De Chinanta, a no sé cuántos del mes de Abril de 1521 años. Al servicio de vuestras mercedes. Hernando de Barrientos». [3] Cortés escribía eso en mayo de 1522, o sea, con los recuerdos muy frescos, mientras que Bernal y Cervantes de Salazar no lo harían sino hasta treinta o treinta y cinco años más tarde: ¿de dónde pudieron éstos tomar tal historia? Oviedo, que sigue a Cortés, sitúa correctamente el episodio. Gómara no lo menciona. Bernal y Cervantes de Salazar escribían por separado, ignorando cada cual lo que el otro hacía; pero lo curioso en este caso, es que unos capítulos más adelante Bernal vuelve sobre el tema, y en esta ocasión cita correctamente el momento en que se recibió la carta de Barrientos, diciendo que éste era uno de los que se encontraban en Chinantla, en el tiempo en que nos echaron de México, pero mantiene la confusión, al insistir en hacerlo presente en Cempoala al frente de los piqueros.[4] En el terreno anecdótico, Cervantes de Salazar se refiere a una astucia de Barrientos, mediante la cual logró imponerse. Ocurrió que, en un momento en que éste recelaba de que los indios pudieran estar tramando algo, regó pólvora sobre el piso de tierra de su choza, convocándolos a continuación. Una vez que estuvieron reunidos, los indios según su costumbre se acuclillaron en derredor suyo, y entonces Barrientos los recriminó, diciéndoles que ya estaba enterado de que algo tramaban en contra suyo, y para demostrarles que conocía sus pensamientos, por poderes especiales que poseía, acercó al suelo la llama que ardía en la punta de la varita que sostenía en la mano. El flamazo que se produjo sobresaltó a los indios, que en lo sucesivo lo siguieron incondicionalmente.[5] En opinión de Cortés, se trató de la hazaña más sobresaliente realizada por un individuo de tropa.

Muerte de Xicoténcatl

La muerte de Xicoténcatl, ocurrida durante la primera fase de las operaciones, es un incidente que aparece diluido entre tanto suceso importante ocurrido en aquellos días; Cortés no parece haberle concedido importancia, ya que ni siquiera la menciona en su informe al monarca. Sobre las causas que condujeron a ella existen dos versiones, y como son radicalmente diferentes, se hace necesario verlas por separado. Según Cervantes de Salazar, un noble tlaxcalteca llamado Piltechtl habría sido descalabrado por dos españoles en circunstancias que no se aclaran debidamente. Para evitar que las cosas pasasen a mayores, y sobre todo, para que Cortés no tuviese conocimiento del hecho y los castigase con extremo rigor, Alonso de Ojeda, para encubrirlos, autorizó el retorno de Piltechtl a Tlaxcala para curarse. Al saberlo Xicoténcatl, calladamente abandonó el campo retirándose igualmente a ésa durante la noche.[6] La deserción de Xicoténcatl es un episodio que Bernal parece conocer bien, pues ambos militaban juntos a las órdenes de Alvarado; según su relato, al iniciarse la marcha hacia Tacuba los tlaxcaltecas iban en vanguardia y, llegada la noche, Xicoténcatl se apartó sigilosamente de la columna, regresándose a Tlaxcala con ánimo de hacerse con el poder mediante un golpe de estado. Como su padre se encontraba ciego, esperaba que podría contar con él; por otro lado, Maxixcatzin ya había muerto, y con Chichimecatecutli ausente, que era su principal opositor, confiaba que todo lo lograría con facilidad. Pero no encontró la acogida que esperaba. Chichimecatecutli, en cuanto se enteró de la deserción coligió de lo que se trataba y fue a quejarse ante Cortés. Éste, luego de saber lo ocurrido, envió a cinco principales de Texcoco y a dos tlaxcaltecas amigos del evadido con el encargo de persuadirlo a regresar. La respuesta que dio fue soberbia: mandó decir que, de haber sido escuchado por su padre y Maxixcatzin, los españoles no habrían señoreado la tierra. Se negó en redondo a volver. En cuanto Cortés lo supo ordenó que un alguacil, acompañado de cuatro jinetes y cinco principales texcocanos, fuesen en su búsqueda y le diesen muerte. Tlaxcala lo entregó voluntariamente; Bernal llega al extremo de afirmar que su propio padre habría dicho a Cortés que «no se confiáse de él y procurase de matarle».[7] Lo ahorcaron en un pueblo vecino a Texcoco.

Sobre este caso, Bernal apunta que Alvarado (que venía a ser su cuñado por tener por amiga a Doña Luisa) habría intercedido en su favor, mas Cortés se mostró irreductible. Está claro que aprovechó la circunstancia para quitarse de encima un peligro siempre latente; además, con su fuga, Xicoténcatl le facilitó las cosas. Se limitó a aplicarle la ordenanza. Deserción frente al enemigo. Cervantes de Salazar aporta el dato de que fue ahorcado en lo más alto de un árbol, para que todos pudiesen verlo desde lejos, agregando que los indios procuraban apropiarse de algún fragmento de su manta, para conservarlo como reliquia. Este mismo autor reproduce una anécdota que a las claras se ve que está sacada de las memorias de Alonso de Ojeda. Según ello, este soldado, quien tuvo el encargo de apresar y colgar a Xicoténcatl, habría referido a Cortés que éste le habría ofrecido el equivalente a dos mil ducados a cambio de que no lo matase, a lo que él se habría negado a pesar de lo crecido de la suma. Cortés le reprocharía no haber aceptado el oro, ya que de nada le serviría a alguien que va a morir.[8] La muerte de Xicoténcatl debió de ocurrir en la primera quincena de mayo –posiblemente entre el nueve y el diez–, puesto que para esa última fecha, Alvarado y Olid se pusieron en marcha, para sentar sus reales en Tacuba y Coyoacán, respectivamente. Bernal dejó de él el siguiente retrato: «era este Xicotenga alto de cuerpo y de grande espalda y bien hecho, y la cara tenía larga y como hoyosa y robusta».[9]

Desafío en Acolman

A la llegada a Acolman, Alvarado se encontró con la novedad de que las mejores casas de la localidad, donde esperaba alojarse con su gente, ya estaban tomadas. Olid había enviado como avanzada a unos hombres que se encargaron de señalarlas con unas ramas, para indicar que estaban reservadas. Aquello dio lugar a que estallara la rivalidad entre ambos, ya que ninguno aceptaba estar por debajo del otro. Los soldados secundaron a sus jefes, y éstos se desafiaron. En cuanto Cortés fue informado de lo que ocurría, a toda prisa envió a fray Pedro Melgarejo de Urrea y al capitán Luis Marín para que detuvieran ese duelo. Llegaron a tiempo, consiguiendo apaciguar los ánimos.[10] La escena que protagonizaron permite conocer las interioridades de los temperamentos de Alvarado y Olid; altaneros y orgullosos, de cara al enemigo, discutían por un asunto de pundonor. Es evidente que ambos aspiraban a la jefatura del ejército. Esa situación fue superada, pero ya nunca volvieron a ser buenas las relaciones entre ambos. Un aspecto que no debe pasarse por alto, es que en esa situación tan delicada, Cortés haya elegido a fray Pedro como amistoso componedor. Ya se ha visto que en las situaciones difíciles suscitadas anteriormente, se había valido de fray Bartolomé de Olmedo. La figura de éste se desvanece notoriamente a partir del momento en que bendijo los bergantines. Pasará algún tiempo antes de que se le vea reaparecer. Lo ocurrido hace ver que no existía un segundo en el mando; de haber caído Cortés en alguna de las acciones, no se sabe qué es lo que habría ocurrido. Posiblemente hubieran tenido que replegarse a la costa.

Una vez apaciguados, Alvarado y Olid marcharon a Chapultepec para destruir el acueducto que abastecía la ciudad. Encontraron resistencia, pues se trataba de un movimiento anticipado por los defensores; no obstante, la operación se realizó sin demasiadas dificultades. Ese acto marca el inicio del asedio a la ciudad. Cumplido eso, Olid se retiró con su gente a Coyoacán. Bernal le censura ese movimiento, pues dice que dejó a Alvarado y a los suyos en situación comprometida.[11] Según escribe Cortés, el asedio a la ciudad habría durado setenta y cinco días, lo cual remite al 31 de mayo como fecha en que daría inicio; Bernal, en su cuenta, le asigna una duración de noventa y tres. Obviamente, prevalece el dato del primero. El siguiente paso le correspondió a Sandoval, quien atacó Iztapalapa. El asalto era esperado por allí, y desde un peñón situado en el centro de la laguna (¿Cerro de la Estrella?), comenzaron a hacer señales de humo. A ese llamado acudieron en sus canoas los habitantes de las poblaciones ribereñas, Coyoacán, Churubusco, Mexicaltzingo y Xochimilco. Serían unas quinientas, las cuales pudieron haber puesto a Sandoval en un aprieto, de no ser por la oportuna aparición de Cortés con los bergantines. En cuanto las tuvieron a la vista, ordenó que dejasen de remar, simulando que su número les inspiraba temor. Los remeros indios fueron acercándose con cautela, y cuando acortaron la distancia, Cortés dio la orden de arremeter. Un viento de popa vino a favorecer a los españoles. Se produjo la desbandada, y centenares de canoas volcaron en el alcance, ahogándose un número considerable de sus tripulantes. La persecución se prolongó durante un largo trecho. Cortés consideró a esa primera acción como una gran victoria, puesto que había logrado el propósito de que los bergantines inspirasen gran respeto, «porque la llave de toda la guerra estaba en ellos».[12] Mientras tanto,

Sandoval se dedicaba a quemar Iztapalapa. Así terminó el día. Cortés sintió que la Providencia estaba de su lado al haberle enviado ese viento favorable. En esa acción apareció por primera vez la canoa blindada; se trataba de una embarcación reforzada con gruesas tablas de madera, capaces de resistir los tiros de los arcabuces. No probaron ser efectivas.[13]

Los combates en Iztapalapa se prolongaron durante varios días. En una de esas acciones Sandoval resultó herido por una vara que le atravesó un pie. Cortés, mientras tanto, se dirigió a Coyoacán. Alvarado, quien se encontraba en Tacuba, hizo saber a éste que por una pequeña calzada que entroncaba con la principal, los defensores entraban y salían libremente. Para cerrar ese paso envió a Sandoval, quien a pesar de encontrarse herido, partió al frente de una fuerza de veintitrés caballos y ciento once infantes. Llegó al entronque de las calzadas y allí junto instaló el campamento. A partir de ese momento los sitiados perdieron todo contacto por tierra con el exterior.

Otro día, Cortés se puso en marcha, internándose por la calzada de Iztapalapa. Venía con el contingente de Olid, y lo acompañaban ochenta mil aliados. A ambos lados navegaban los bergantines cubriendo los flancos. Se abrieron paso combatiendo hasta llegar a un muro defensivo. Lo franquearon, y superado ese obstáculo llegaron al *coatepantli*, la barda de serpientes que rodeaba el recinto sagrado. Penetraron en él los de a caballo y un grupo de soldados se lanzó gradas arriba del Templo Mayor, en cuya plataforma superior se habían hecho fuertes un reducido grupo de principales. Los mataron a todos.

A la caída de la tarde, Cortés ordenó el repliegue, no sin antes cegar los pasos con los adobes del parapeto derribado. Se retiraron combatiendo, pues los mexica al verlos retroceder pensaron que huían. Los jinetes revolvían sus caballos y arremetían contra ellos, alanceándolos. En cuatro o cinco ocasiones repitieron la arremetida. Se retiraron por la calzada, no sin antes haber puesto fuego a algunas casas, desde las cuales habían sido hostilizados. Cortés no precisa el día en que ocurrió esa acción, pero a juzgar por otros hechos que vienen a continuación y cuyas fechas son conocidas, ello debió tener lugar a comienzos de junio. Sorprende, por tanto, que a tan poca distancia de comenzado el asedio hubiesen penetrado tanto; y sorprende todavía más que obtenido ese éxito se replegaran. Ésa va a ser la rutina diaria. Avanzar para luego retroceder. Propiamente hablando, una guerra de desgaste. A lo largo de la carta al Emperador se encuentran varias referencias que podrían explicar esa peculiar táctica. Las razones expuestas son varias; en primer término, se señala que siendo tan pocos los españoles, no les resultaba posible permanecer toda la noche guardando los puntos ganados. Lo prudente resultaba volver al campamento a dormir. Otro motivo era el hecho de que pensaba que tarde o temprano Cuauhtémoc se avendría a llegar a un entendimiento. En este último punto parece ser sincero en lo que afirma, puesto que al menos en cuatro ocasiones suspendió los ataques y envió mensajeros invitándolo a parlamentar.[14] Y finalmente, está el argumento de que no quería destruir la ciudad, «me pesaba en el alma».[15]

Mientras tanto, don Fernando Tecocoltzin, el soberano de Texcoco, en cuanto se consolidó en el trono, envió a llamar a sus hermanos y a todos los caciques del reino de Acolhuacan, para que fuesen en auxilio de los españoles. Al mando del ejército puso a su hermano Ixtlilxóchitl, quien se presentó ante Cortés al frente de un fuerza de treinta mil texcocanos. Ésta viene a ser la primera mención en crónicas españolas del príncipe texcocano entrando en batalla. Bernal se refiere a él como hombre muy esforzado; y en la *Tercera carta* al Emperador, Cortés al ponderar sus servicios, dice que «es de edad de veinte y tres o veinte y cuatro años, muy esforzado y temido de todos». Cervantes de Salazar escribe: «era este mozo de veinte y cinco o veinte y seis años, y como dice Motolinia, que le conoció, muy esforzado e un poco alocado».[16] La toma de posición de los texcocanos afectó gravemente la moral de los sitiados, ya que a diferencia de otros señoríos, que también se habían coaligado con los atacantes, esta vez se trataba de gente de su propia sangre, unida por estrechos lazos de parentesco. Tanto afectó a Cuauhtémoc la noticia, de que sus parientes marchaban contra él, que un esforzado capitán de Iztapalapa le ofreció que saldría al campo y le traería a Ixtlilxóchitl atado de pies y manos. Llegó a oídos de éste la baladronada y se desafiaron. Al momento de encontrarse, ambos paladines se trabaron en singular combate a la vista de sus propios ejércitos. Se impuso en la lucha Ixtlilxóchitl, dominando a su rival, a quien ató de pies y manos; hizo luego que acarrearan carrizos secos, y arrojándolo sobre ellos le prendió fuego. Ése fue el mensaje que el texcocano envió a su hermano Coanacoch y a su pariente Cuauhtémoc.[17] La toma de partido por parte de Texcoco tuvo un efecto multiplicador; muy pronto vinieron ante Cortés los de Xochimilco a prestarle la obediencia, seguidos a continuación por los otomíes. Para poner a prueba su lealtad, les señaló que disponían de dos días para presentarse con sus armas para combatir hombro con hombro con los españoles.

La guerra se resolvía favorablemente para Cortés con extrema rapidez, y como se encontraba sobrado de medios, envió tres bergantines al real de Alvarado y otros tres al de Sandoval. Este último permanecía en Tepeaquilla (actual asiento del santuario de Guadalupe), desde que quedó cerrado el cerco por tierra. Olid atacaba por el sureste, a lo largo de la calzada de Iztapalapa, mientras que Alvarado lo hacía por el poniente, desde Tacuba. Y ahora era llegado el momento de que Sandoval avanzase desde el norte. No se montaban ataques desde el oriente por no existir por ese punto comunicación con tierra. La aparición de los bergantines, surcando sin oposición las aguas de la laguna, fue un elemento que vino a aumentar las tribulaciones de los sitiados. En un principio, al serles cortadas las calzadas e interrumpido el contacto por tierra, burlaban el bloqueo con canoas; pero en cuanto los bergantines entraron en acción, ya no hubo una que se les escapase. Además, los sitiados se fueron quedando solos, llegó el momento en que todas las poblaciones ribereñas les dieron la espalda. Lo notable del caso es que los bergantines no constituían algo novedoso que los tomara por sorpresa; adelantándose a su entrada en acción, comenzaron a tomar providencias y, en una acción reminiscente de las playas de Normandía, cuando los alemanes plantaban obstáculos a base de rieles, que quedaban al descubierto con la bajamar, los defensores de Tenochtitlan hicieron trampas consistentes en estacas aguzadas clavadas en el cieno, donde quedasen atrapados los barquichuelos atacantes. Y de hecho, en más de una ocasión el ardid dio resultados.[18] Como contramedida al ataque de los bergantines, los mexica urdieron una celada. Ésta consistió en que unas canoas se pasearon ostensiblemente visibles, y al ser detectadas, se dirigieron a una zona en que crecían los tulares. Fueron en su persecución los bergantines y, de pronto, se vieron inmovilizados por la estacada oculta. En ese momento fueron atacados por infinidad de canoas, que habían permanecido escondidas al acecho. Se trató de una acción muy reñida, en la que a duras penas logró escapar el bergantín sorprendido. Allí murió el capitán Portillo. A su vez, los atacantes tendieron otra celada: simulando un descuido, hicieron aparecer a *Buscarruido*, el más pequeño de los bergantines, navegando solitario. Numerosas canoas se lanzaron en su persecución, y el barquichuelo bogando de prisa se dirigió al sitio donde se encontraban otros bergantines al acecho. Salieron éstos de su escondite y lanzándose sobre las canoas causaron en ellas inmenso daño. *Buscarruido* pronto sería retirado de las operaciones, pues por lo reducido de su tamaño, se pensó que podría ser apresado por los defensores.[19]Bernal dejó una descripción muy viva de lo que ocurría en el campo de Alvarado, en el cual militaba. El día, al igual que en los otros reales, comenzaba con la misa y, acto continuo, se trasladaban al sitio donde habían combatido la víspera. El resultado era que, invariablemente, durante la noche los defensores volvían a levantar los muros defensivos que les habían sido derribados, y de igual manera, ahondado de nuevo la zanja. Otra vez a lo mismo, llegar y comenzar de nuevo. Y una vez tomada la cortadura, procedían a cegarla con adobes, cañas y todo lo que hallaban a mano. Penetraban algunas calles, demolían unas casas más, y al atardecer (hora de vísperas), de nueva cuenta la retirada para recogerse en el campamento. Ésa era la oportunidad en que se producía el contraataque de los defensores. Visto lo estrecho de la calzada, en el momento del repliegue, en ocasiones el alto número de indígenas aliados en lugar de servir de ayuda constituía un estorbo. Las alusiones frecuentes a que dormían empapados, o en ocasiones peleaban bajo la lluvia, vienen a corroborar que no se han producido modificaciones significativas en el régimen de aguas durante los últimos cuatro siglos y medio. Y así transcurría la rutina diaria; batallar de día, para ceder lo ganado durante la noche. Nada extraño, por tanto, que la estrategia de Cortés comenzase a ser cuestionada. Las condiciones de vida de los sitiadores no eran demasiado holgadas; tortillas no les faltaban, aunque tenían poca cosa con qué alternarlas. Capulines – llamados cerezas de la tierra– los había en abundancia, pues era la temporada. Un barril de sardinas llegado en uno de los navíos, sirvió para romper momentáneamente la monotonía de la dieta. En cuanto a las armas empleadas por la parte indígena, si nos atenemos a los grabados de los códices y a algunas pinturas murales, las usuales serían la macana, la lanza, el arco y la flecha. Curiosamente, no se conserva un solo documento que ilustre el empleo de la honda, siendo que ésta fue precisamente el arma más empleada. En inmensa medida, fue una guerra a pedradas. Bernal, Cortés y otros cronistas no cesan de hablar de heridas recibidas en la cabeza, ocasionadas por piedras, lanzadas tanto a mano como con honda. Torquemada, al citar casos individuales, habla de Tzilacatzin, un esforzado guerrero, quien en una ocasión se plantó frente al ejército español llevando tres piedras en las manos. Lanzó la primera, y de un golpe en la cabeza derribó a uno; tiró la segunda, y luego la tercera, y en cada caso tumbó a alguien.[20] Por otra parte, Cervantes de Salazar refiere que durante muchos años tuvo como vecino a un aserrador llamado Diego Hernández, a quien conoció ya viejo, que había sido un hombre de unas fuerzas descomunales, y que en medio de la batalla arrojaba una piedra del tamaño de una naranja con la potencia de una bala.[21]

La situación interna

Se encuentra muy divulgada la impresión de que, en el momento en que iba a dar comienzo el asedio de Tenochtitlan, toda la población, como un solo hombre, estaría detrás de Cuauhtémoc. Pero la realidad muestra otra cosa; aunque la información disponible de lo que ocurría dentro del campo de los sitiados sea sumamente escasa, aparecen por allí indicios que permiten entrever que no era así; al menos, eso es lo que parece demostrar la actuación de un grupo de notables de Tenochtitlan, quienes al ver que Cortés se encontraba en Texcoco, y lo tenían a las puertas de la ciudad, resolvió reunir provisiones para enviarle un presente. Un gesto de buena voluntad. La intención evidente era la de facilitar negociaciones (después de todo, ya estaban familiarizados con los españoles a través de esa convivencia pacífica de más de seis meses). El hecho se encuentra reseñado en el *Anónimo de Tlatelolco*, manuscrito escrito en 1528, que viene a constituir la crónica indígena más antigua. Su autor fue testigo de los sucesos que relata, conservándose el documento original en la Biblioteca de París. El *Anónimo* relata cómo se luchó dentro de la ciudad: «Cuando él [Cortés] se fue a situar a Tetzcoco fue cuando comenzaron a matarse unos con otros los de Tenochtitlan. En el año-3 Casa [mataron] a sus príncipes el Cihuacóatl Tzihuacpopocatzin y a Cicpatzin Tecuecuenotzin. Mataron también a los hijos de Motecuhzoma Axayaca y Xoxopehualoc. Esto más: cuando fueron vencidos los tenochcas se pusieron a pleitear unos con otros y se mataron unos a otros. Esta es la razón por qué fueron matados estos principales: conmovían, trataban de convencer al pueblo para que juntaran maíz blanco, gallinas; huevos, para que dieran tributos a aquéllos». (Se refiere a los españoles) «fueron sacerdotes, capitanes, hermanos mayores, los que hicieron esas muertes; pero los principales jefes se enojaron porque habían sido muertos aquellos principales».[22] El pasaje, pese a su brevedad, está hablando de que en la ciudad ocurrieron disturbios muy serios, que culminaron con las muertes de esos principales. Allí quedaría eliminada la facción de la clase dirigente, que estaba por la entrega de la ciudad para evitar su destrucción; se advierte aquí una repetición en los nombres, pues las muertes de éstos Torquemada las sitúa como ocurridas en torno a la *Noche Triste*. Ante esta discrepancia, debe recordarse que el *Anónimo* está escribiendo a siete años de distancia de los sucesos, mientras que aquél lo haría mucho más tarde. Cortés, en sus informes al Emperador, asegura que por todos los medios buscó entrevistarse con Cuauhtémoc, y lo propio dice Bernal. El conquistador Francisco de Aguilar habla de algunas defecciones de señores indios, quienes al no compartir el ideario de una defensa numantina, abandonaron la ciudad pasándose a Cortés; entre los casos más notables, cita: «en especial se salió Ixtlilxóchitl, capitán general de Texcoco y hermano de Cohuanacotzin, señor de Texcoco, y se presentó al dicho capitán y se le ofreció con su persona y otros sus aliados amigos, prometiéndole de ayudarle a él y a los cristianos en la guerra y ser contra sus naturales; por manera que éste por ser muy valiente fue gran cuchillo para los suyos. Juntamente con éste se salió otra noche, otro señor de Xochimilco, y Cuitláhuac [Tláhuac] y de la laguna, que es de creer le pesaría a los mexicanos, porque después les hicieron crudelísima guerra con sus canoas».[23] Este pasaje muestra que en un principio un caudillo de tanto relieve, como lo era Ixtlilxóchitl, se contaba dentro de las filas de los defensores, pero que cambió de campo al tener un desacuerdo con Cuauhtémoc. Es evidente que no existía unidad de criterio, puesto que su defección no consistió en un caso aislado, sino que fue una facción la que abandonó la ciudad para pasarse al bando español. En el mismo texto del Anónimo se habla de una embajada enviada por Tecocoltzin, que habría sido recibida con toda consideración por los sitiados; al parecer, el monarca texcocano procuró *in extremis* de servir como mediador para evitar la lucha. En esa relación se dan los nombres de aquellos que dialogaron con los embajadores, que serían Tecucyahuacatl, Topantemoctzin, Tezcacohuacatl, Quiyotecatzin, Temilotzin, Coyohuehuetzin, y Matlacatzin, personajes de alcurnia de Tlatelolco. A nada condujo ese intento, y al darse por terminadas las conversaciones, uno de los embajadores de Texcoco expresó el mensaje de su soberano con estas palabras: «Que por su sola voluntad lo disponga el tenochca [Cuauhtémoc]: nada ya haré en su favor, ya no esperaré en su palabra».[24] Ése fue el último intento de Tecocoltzin para evitar a sus parientes la destrucción de la ciudad. Otro pasaje que habla acerca de la situación que se vivía dentro de la ciudad, se encuentra en Sahagún, mismo que, a su vez, Torquemada amplía. En éste se menciona que los de Xochimilco, Cuitláhuac y otras poblaciones ribereñas, vinieron a Tenochtitlan para ofrecer su ayuda a Cuauhtémoc. Fueron admitidos en la urbe, pero una vez dentro se dedicaron a saquear y robar mujeres, que sacaban en canoas. Los mexica se dieron cuenta de la traición, y entablándose la lucha, consiguieron atrapar a algunos de esos falsos amigos. A los de Xochimilco y Cuitláhuac los llevaron ante Cuauhtémoc, a cuyo lado se encontraba Mayehuatzin, el cacique de Cuitláhuac. Sacrificó cada uno a cuatro de los saqueadores y el resto fue distribuido por los templos donde se les dio muerte.[25]

La lucha se mantuvo con un flujo-reflujo. La táctica española seguía siendo la misma: tomar las zanjas, cegarlas, y retirarse a la caída de la tarde. Las horas de oscuridad eran aprovechadas por los defensores para ahondarlas de nuevo. Una de las trampas que ponían consistía en cavar agujeros profundos en el fondo de las zanjas, que pasaban inadvertidos para los españoles. Cruzaban éstos con el agua al pecho, y de pronto perdían pie; el peso del hierro con que venían cubiertos, los colocaba en situación desesperada. Era en ese momento cuando caían sobre ellos para atraparlos vivos. En el avance, los atacantes recibían el mayor daño a causa de la lluvia de piedras que les arrojaban desde las azoteas; de allí que se adoptara la práctica de ir demoliendo todas las construcciones que se encontraban en la ruta de penetración. La referencia a los ataques desde las azoteas es tan frecuente en todos los cronistas, que ello sirve para ilustrarnos que existía un regular número de casas sólidas, de cal y canto, y no jacales de techo de palma, tal cual se advierte en ilustraciones de planos de fecha posterior a la Conquista. Sobre este punto, Cervantes de Salazar señala que los muchachos de corta edad, y aquellos que se encontraban incapacitados, participaban igualmente en el esfuerzo defensivo preparando piedras para las hondas, que los hombres lanzaban con mucha fuerza. Y en cuanto a la actuación de la mujer tenochtitlana, agrega que «peleaban como romanas, desde las azoteas, tirando tan recias pedradas como sus padres y maridos».[26]

La penetración más profunda fue por el sur. Casi desde un primer momento gran parte de la ciudad cayó en manos de los asaltantes. Huitzilopochtli fue evacuado, trasladándosele a un templete en el barrio de Amazac. Los defensores se replegaron a Tlatelolco. En los días siguientes la resistencia parecía desmoronarse, razón por la que Alvarado, quien de los tres atacantes era el que había realizado la penetración más profunda, mudó su real para no tener que regresar todos los días a dormir a Tacuba. (En el juicio de residencia, Vázquez de Tapia acusaría a éste de que se iba para «dormir con una yndia que tenía por su manceva».[27] ¿Doña Luisa?). Para llegar a la plaza del mercado de Tlatelolco le faltaban por ganar únicamente tres cortaduras; en vista de ello, y de que se había establecido una competencia entre los tres reales por ver quiénes eran los primeros en conquistarla, sus hombres comenzaron a apremiarlo para que apretase en el ataque. Sintiendo la victoria a su alcance, Alvarado avanzó, mas los defensores contraatacaron con determinación. En el repliegue hubo confusión, chocando los españoles con sus aliados indios, y muchos cayeron en las trampas bajo el agua, donde braceaban desesperados para no ahogarse. Allí le llevaron vivos cinco hombres. Bernal, quien también había sido aprisionado, recuerda con horror cómo lo llevaban en vilo, hasta que pudo zafar un brazo y, desenvainando la espada, logró salvarse a punta de estocadas. Cuenta que, del extraordinario esfuerzo que realizó y de la impresión tan fuerte, en cuanto se vio libre tuvo un desvanecimiento.[28] Ese revés ocurrió un domingo, en fecha no precisada, pero por otros acontecimientos que vienen a continuación, puede establecerse que tuvo lugar con anterioridad al veinticuatro de junio. Cortés menciona que, al día siguiente, se trasladó al real de éste para reprenderlo; pero que al considerar lo mucho que se hallaba adentrado en la ciudad, y todos los puentes y malos pasos que había ganado, ya no le imputó tanta culpa como antes le pareció que tendría.[29] Agrega que en los días siguientes todo se limitó a algunas entradas en la ciudad, mientras los bergantines se dedicaban a la caza de canoas. Explica que su renuencia a adentrarse más provenía de que, por un lado, todavía sentía que los defensores se encontraban muy fuertes, y por otro, a que continuaba alentando la esperanza de que, con el paso de los días, éstos mudarían de manera de pensar y cesarían los combates.

Contragolpe en la Quebrada

La estrategia de Cortés consistía en marchar con pies de plomo. Tenía el tiempo a su favor. La vía de suministros se hallaba cortada y los bergantines señoreaban la laguna. Con haber mantenido un bloqueo efectivo, la ciudad, tarde o temprano, hubiera caído en sus manos. Ante tal coyuntura, cabe preguntarse por qué no se limitó a esperar a que se rindiese por hambre. En sus escritos no aclara las razones, como tampoco Bernal ni ningún otro cronista lo hace; ¿buscaba la gloria de tomarla por asalto? Es probable que no, puesto que ya se ha visto que procedía sin prisas, con un gradualismo calculado, en espera de que los defensores mudasen de parecer y se entregasen. En ese caso, la salida lógica era mantener el bloqueo y sentarse a esperar. Pero la lógica no siempre prevalece: es así que, inclusive, en la pasada contienda mundial, cuando los rusos coparon en Stalingrado al sexto ejército alemán, a finales de noviembre, en lugar de limitarse a mantener el cerco esperando que el hambre y la llegada del invierno hicieran su obra, se empeñaron en una serie de ataques frontales, que les costaron decenas de miles de soldados. Un costo inútil, pero Zhukov era un general que poco se preocupaba por las bajas, así fueran sus propios hombres.

Y atrás tenía la presión de Stalin. Si eso ocurrió en tiempos modernos, ¿por qué reprochárselo a Cortés? Esta es una interrogante destinada a quedarse sin respuesta.

Como es natural, con el paso de los días la situación de los sitiados fue cada vez más angustiosa; al hambre se sumaron las enfermedades. Ni la menor idea de cuántas muertes hubo por esas últimas causas; la sed pudo mitigarse debido a transcurrir la acción en medio de la temporada de lluvias, y además se trató de un año de gran pluviosidad, por lo que pudieron captar agua de lluvia para diluir la salinidad de la que tomaban de la laguna. Debe recordarse que durante los días en que los españoles permanecieron sitiados, cavaron un pozo que manó agua dulce. Queda abierta la posibilidad de que los defensores hubiesen cavado varios con buenos resultados. La crueldad con que los indígenas, de uno y otro lado, combatieron entre sí, reviste características espeluznantes. Los tlaxcaltecas mostraban a los defensores los brazos y piernas de aquellos que habían muerto, diciéndoles que eso sería su almuerzo del día; a su vez, éstos les correspondían arrojándoles miembros asados de los enemigos capturados; más tarde, en el juicio de residencia, Cortés sería acusado de lenitud en el caso del canibalismo cuando era practicado por los indios aliados. Entre los muchos que le formularon ese cargo figura Bernardino Vázquez de Tapia, quien aseveró: «quel dicho D. Fernando proybió a los yndios que no tuviesen ydolos ni sacrificar pero quel comer de la carne humana muchos días se les permitió porque yvan en ayuda de los españoles a las guerras e con codicia de comerse aquella carne de la gente que matasen los españoles».[30] En descargo suyo, Cortés aduciría que no pudo evitarlo, por ser muy pocos españoles en medio de tantos indios. Bernal señala, como una opinión muy personal, que el deseo de comer carne humana constituía uno de los incentivos que atraían a aquellos que habían acudido a batallar en el bando español.

Visto que los defensores no daban señales de rendirse, Cortés cambió de táctica y comenzó a arrasar la ciudad. En un solo día incendió la casa de las aves, y el palacio de Motecuhzoma, el *Quauhquiahuac* (Torquemada afirma que recibía ese nombre porque tenía dos águilas de piedra a la entrada del primer patio), e igualmente puso fuego al palacio de Axayácatl.[31] Asegura que tal acción le pesó en el alma. Es posible que pensara en preservar estos dos últimos para que sirvieran de alojamiento al ejército en cuanto la ciudad cayera en sus manos. A partir de ese momento comenzará a arrasarlo todo de forma sistemática. Hacia el veinte de junio, los defensores habían sido arrinconados en un tercio de la ciudad. Tlatelolco resistía. La facilidad con que los atacantes penetraron durante los primeros días, podría explicarse en función de que en Tenochtitlan encontraron menos obstáculos naturales. A pesar del avance logrado, Cortés seguía resistiéndose a mover su real al perímetro del Templo Mayor, por temor a pasar de sitiador a sitiado. En la diaria penetración alcanzaban el sitio ocupado hoy por el Monte de Piedad y comienzo de la calle Cinco de Mayo. Ésa era la situación. La victoria parecía estar a la vista, cuando en el campo español ocurrieron unas serie de cosas que trastocaron los planes de Cortés. Luego de veinte días de combates ininterrumpidos, los soldados comenzaron a fastidiarse de esa rutina: salir cubiertos de heridas para abandonar la posición y tener que reganarla al día siguiente. En el campo surgieron las murmuraciones, y Julián de Alderete, recogiendo ese sentir tan generalizado, se presentó ante Cortés demandándole el cambio de táctica. Prevalecía la idea de que una vez capturada la plaza del mercado de Tlatelolco toda resistencia cesaría. Ése era el centro de la vida económica. Luego de una discusión, acordaron que ése sería el objetivo. «Y al fin tanto me forzaron, que yo concedí que se haría en este caso lo que yo pudiese, concertándose primero con la gente de otros reales».[32] Procedió, por tanto, a los preparativos para coordinar un ataque general en el que participaría todo el ejército.

El día señalado, terminada la misa, dio comienzo la acción. En la laguna aparecieron siete bergantines seguidos por tres mil canoas, tripuladas por los aliados recientes de las poblaciones ribereñas. Eran tres las calles que conducían al mercado; por una, avanzaba Alvarado, quien era el que había penetrado más profundamente. Para esa acción se vería reforzado por Sandoval, que pasó a unir fuerzas con él. Por el centro marchaba Alderete, al frente de setenta españoles y un contingente de entre quince y veinte mil auxiliares indígenas. Cortés venía con la vanguardia de la columna de Olid, consistente ésta en ocho de a caballo y cosa de cien de infantería, a los que se agregaba «infinito número de nuestros amigos». Se internó por una calleja y avanzaron hasta topar con un parapeto recién levantado. Lo derribaron de un tiro y, a continuación, ganaron dos puentes; mientras tanto, los aliados saltaban por las azoteas, tomando casas. Vinieron a informarle que las fuerzas de Alderete habían penetrado tan profundamente, que ya alcanzaban a oír el fragor del combate, proveniente del frente en que luchaban Alvarado y Sandoval. Al enterarse, Cortés previno que no prosiguieran el avance, sin antes cegar cuidadosamente las zanjas que dejaban a sus espaldas y, a continuación, se trasladó a una isleta, desde donde podía observar el desarrollo de los combates. El mercado de Tlatelolco estaba a punto de caer. De pronto, sin que se sepa cómo, la situación se dio vuelta. Los defensores lanzaron un contragolpe vigorosísimo, rechazando a los atacantes. Comenzaron éstos a retroceder en desorden, empujándose los unos a los otros. Allí comenzó el desastre. A sus espaldas habían dejado un paso mal cegado (Cortés lo llama «cortadura»), que tendría unos cuatro metros de ancho y algo más de dos de hondo, la cual, durante el avance, exaltados como iban con el frenesí de victoria, cegaron imperfectamente arrojando sólo algunas cañas y maderos. Pisando cuidadosamente, en grupos pequeños, era posible cruzar; pero cuando se produjo la estampida, aquella delgada capa no resistió el peso. En medio de una confusión inmensa caían al agua. Aquello vino a ser como una escena reminiscente del *Aleksander Nevsky* de Einsenstein, en los momentos en que al ceder la capa de hielo, los caballeros teutónicos se hunden en el lago.[33]

Al presenciar aquello, Cortés se lanzó al rescate metiéndose en medio de la confusión. Daba voces tratando de contener el pánico, mietras alargaba el brazo para tender una mano a los que se hundían bajo el peso de las armas. Los mexica aparecieron en canoas, atrapando a todos los que podían; en un momento dado, el propio Cortés fue aprisionado por varios guerreros que pugnaban por llevárselo. Fue entonces cuando Cristóbal de Olea, un joven soldado, se lanzó contra ellos con toda determinación. Mató a cuatro, consiguiendo que lo soltaran, aunque a costa de su vida. En los esfuerzos por salvarlo, intervino Hernando de Lerma, otro incondicional, quien recibió una lanzada en la garganta.[34] Apareció Olid, y acudieron otros; a pesar de encontrarse herido en una pierna, Cortés pugnaba por volver a la lucha. Estaba dispuesto a permanecer en el sitio y morir junto a sus hombres, mas Antonio de Quiñones, el capitán de su guardia, lo sujetó por detrás apartándolo del sitio. Lo subieron sobre un caballo, pero era tan angosto y resbaladizo el sitio, que allí le resultaba imposible salir montado. De la isleta que se encontraba enfrente partió Cristóbal de Guzmán, un criado suyo, llevándole otro caballo. Antes de que pudiera entregárselo cayó muerto junto con el animal. (Ésa sería otra de las muertes más sentidas por Cortés; nueve meses más tarde, al escribir sobre el hecho, menciona que el dolor por la muerte de éste todavía se encontraba vivo en la memoria de todos.)[35] Atrás, en el sitio del paso mal cegado, se ahogaron o fueron capturados decenas de españoles. Frente a la columna de Alderete arrojaron dos o tres cabezas, y otras cinco ante la de Alvarado, diciéndoles que así matarían a todos, como ya habían hecho con Malinche. En aquellos momentos de confusión se dio a Cortés por muerto. El ataque de los defensores fue tan determinado, que también obligaron a replegarse a las otras dos columnas atacantes. Ambas consiguieron hacerlo en forma más o menos ordenada, aunque no sin sufrir algunas bajas. En los canales la situación no fue mejor para los bergantines; dos de ellos, habiéndose internado profundamente en el interior de la ciudad, quedaron atrapados por trampas de estacas. Apareció entonces una multitud de mexica, quienes amarrándolos con cuerdas intentaban llevárselos. Hubieron de intervenir al rescate los hombres de Alvarado. Allí murió un regular número de tripulantes. A los que iban en el bergantín de Flores, desde una azotea les arrojaron un jubón y unas calzas. En el rescate de uno de los bergantines, que se encontraba atravesado en un puente, destacó Pedro de Ircio, quien «aunque estaba muy herido y harto cansado, se metió en el agua, e como era hombre de grandes fuerzas y de buena maña, ayudándole algunos de los suyos, que eran pocos, puso el hombro al bergantín con tanto ímpetu que lo sacó en peso hasta ponerlo de la otra parte de la puente».[36]

Está claro que se trató de un día aciago para los españoles. Bernal cuenta que, al tener conciencia de la magnitud del desastre, a Cortés le brotaron las lágrimas. La desmoralización del ejército fue general; pensaban que la victoria estaba a la vuelta de la esquina y recibieron un revés contundente. Los sitiados se mofaban de ellos, desafiándolos a que volviesen a intentar otro ataque. La ciudad se llenó de luminarias, toques de caracoles y batir de tambores. La acción se celebraba con una algarabía inmensa. Lo que más desmoralizó a los atacantes fue ver cómo sus compañeros capturados eran obligados a empellones a subir las gradas del *teocalli*, para una vez arriba, ser cubiertos de plumas y obligados a bailar. Luego, a la vista de todos, eran sacrificados. El sentimiento de impotencia, de no poder ir en su auxilio teniéndolos tan próximos, tuvo un efecto desmoralizador en grado extremo. Las bajas contabilizadas por Cortés fueron: «en este desbarato mataron los contrarios treinta y cinco o cuarenta españoles, y más de mil indios nuestros amigos, e hirieron más de veinte cristianos, y yo salí herido en una pierna».[37]

La sorpresiva victoria mexica, o inesperada derrota española, amerita un pormenorizado examen *post mortem*; la pregunta que flota en el aire es, en el momento en que los sitiadores se disponían a darles la puntilla, ¿de dónde sacaron fuerza para asestar un contragolpe tan contundente? Las explicaciones habrá que buscarlas en ambos campos. Por el lado indígena, según referencia de Bernal, Huitzilopochtli habría hablado, prometiendo la victoria. En el plazo de ocho días todos los atacantes habrían muerto. Un oráculo. Se comprende que Cuauhtémoc, como sacerdote que era, acudiera a recursos mágicos. La versión indígena sobre este suceso –recogida por Sahagún– es muy escueta. Se limita a decir que fueron apresados cincuenta y tres españoles y muertos cuatro caballos. Acerca de los cautivos indígenas, señala que al ser llevados a Yacacolco, para ser sacrificados, unos lloraban, otros cantaban y los demás «se van dando palmadas en la boca, como es costumbre en la guerra».[38] En otra parte, se lee que Cuauhtémoc y sus capitanes revistieron a un individuo llamado Opochtzin con el ropaje del tecolote de quetzal; acto continuo, el joven sacerdote habría dicho: «esta insignia era la propia del gran capitán, que fue mi padre Ahuizotzin. Llévela éste, póngasela y con ella muera. Que con ella espante, que con ella aniquile a nuestros enemigos. Véanla nuestros enemigos y queden asombrados. Y se la pusieron. Muy espantoso, muy digno de asombro apareció [...] Le dieron aquello en que consistía la dicha insignia de mago. Era un largo dardo colocado en vara que tenía en la punta un pedernal [...] Ya va enseguida el tecolote de quetzal. Las plumas de quetzal parecían irse abriendo. Pues cuando lo vieron nuestros enemigos, fue como si se derrumbara un cerro. Mucho se espantaron los españoles: los llenó de pavor, como si sobre la insignia vieran otra cosa».[39] El tecolote de quetzal... A los españoles, si acaso, aquella danza pudo haberlos movido a risa; pero entre texcocanos, tlaxcaltecas y otros aliados que compartían las creencias de los mexica, la danza de Opochtzin sembró el pánico. Huitzilopochtli contraatacaba. Además, según referencia de Bernal, éstos no las tenían todas consigo, pues Xicoténcatl les había minado la moral diciéndoles que ningún tlaxcalteca saldría con vida de esa campaña.[40] Esa noche, calladamente, miles de aliados abandonaron sigilosamente el campo. Efectos del oráculo. Al amanecer quedaba sólo un núcleo reducido, en el que figuraba Ixtlilxóchitl (a quien sólo le restaba un puñado de hombres), permanecía el cacique de Huejotzingo (de quien se ignora el nombre) y por parte de Tlaxcala estaban Chichimecatecutli, con buena parte de su gente, y los dos hermanos menores de Xicoténcatl. La circunstancia de que estos últimos permanecieran leales a Cortés parece indicar que éste no representaba los intereses de Tlaxcala.[41] Cuauhtémoc despachó emisarios, que fueron mostrando las cabezas de los españoles muertos y las de dos caballos por todos los rumbos a que tuvieron acceso. Adonde quiera que iban, daban a conocer el oráculo de Huitzilopochtli.

En el campo de los sitiadores, mientras tanto, todo es confusión. Campea el abatimiento. Se ha esfumado la expectativa de una victoria que ya se daba por cierta. No se termina de digerir lo ocurrido, y ocurre algo insólito: nadie manda. Por unos días, la autoridad de Cortés parece esfumarse. Se había visto desbordado por la fuerte personalidad de

Alderete, llegándose a producir una situación de mando dual: mandaban los dos y no mandaba ninguno. Ya se ha visto que la tentación de desbordarlo por parte de sus lugartenientes era fuerte; Olid era el maestre de campo, esto es, el jefe militar sobre el terreno; Alvarado, al mando de su columna, tenía sus ideas propias acerca de su valía personal, por lo que mantenía una rivalidad constante con éste, de quien se negaba a ser segundo. Sandoval, que era muy sencillote, resultaba más manejable para Cortés, de allí que en sus cartas sea del que más habla; a éste no se veía obligado a estar refrenándolo. Era de una lealtad canina, a prueba de todo. Con la marcha exitosa de la campaña la talla de algunos capitanes había crecido; es obvio que, con la estatura adquirida, tanto por ellos como por algunos soldados, éstos se preguntaran, «¿y después, qué?». La victoria estaba al alcance, pero, ¿qué vendría a continuación? Iban transcurridos veinte meses y no tenían noticias de los procuradores y el Monarca no se dignaba dar respuesta. No sabían bien a bien cómo eran considerados en la Corte. Cortés parecía encontrarse en mala posición frente a Alderete, representante de la legalidad, pues había sido designado por el obispo Fonseca. Por lo mismo, tenía que contemporizar con él, al menos para mantener las formas, aparentando ser el súbdito leal que obedecía una orden llegada de Castilla. Hubo de disimular ante la intentona de darle muerte promovida por el tesorero, y todavía tendría que ceder ante otras exigencias suyas. Para comprender mejor las repercusiones de lo ocurrido, conviene sacar el suceso del contexto general de la campaña y examinarlo de forma particular. Por principio de cuentas, debe señalarse que ningún cronista se ocupó de registrar la fecha en que ocurrió la acción, pero basándonos en otros hechos, ésta se puede establecer con bastante aproximación. Bernal da cuenta de la captura de una canoa en la que viajaban dos notables, quienes al ser interrogados adelantaron que Cuauhtémoc preparaba una operación de envergadura para el día de San Juan.[42] Se buscaba que ésta coincidiese con el aniversario de la entrada de Cortés en la ciudad, cuando llegó en socorro de Alvarado. Al parecer, la efeméride revestía gran importancia. Por otro lado, Cortés ha escrito que iban transcurridos veinte días de combates cuando Alderete le presentó el requerimiento a nombre del ejército, mismo que, de acuerdo al cómputo que llevaba, ello debió de haber ocurrido entre el diecinueve y el veinte de junio. Concediendo un par de días para los preparativos de coordinar la acción, eso nos lleva a los días inmediatamente anteriores al veinticuatro de junio, o sea, el desastre en el canal ocurrió muy posiblemente una o dos fechas antes de San Juan, sino es que en el mismo día. Conviene tener muy presente esta acción, ya que se trata del único contragolpe importante de los defensores, que hasta ahora se había pasado de largo, englobada dentro del contexto general del ataque a la ciudad. Para destacarla no vendría mal adjudicarle un nombre, quizá no le viniera mal el de Batalla de la Quebrada, que es como Cortés la llama. Ésta se habría librado en momentos en que los defensores tenían en su poder apenas un tercio de la ciudad. Iban transcurridas poco más de tres semanas de asedio.

Cortés, quien dio ejemplo a sus hombres, tanto en la toma del Templo Mayor como en Otumba, en cambio, en la quebrada es él quien debe ser salvado. El tropiezo fue seguido por un desaliento que se hizo extensivo al resto del ejército. Se percibía la ausencia de mando; el requerimiento que le había sido presentado cuestionaba su autoridad. No reaccionaba, parecía sumido en un estupor en el que no supiera qué hacer. Tampoco sus capitanes tomaban iniciativas. Alderete había erosionado su autoridad y no conseguía reganar el control de la situación. Por lo que se desprende del relato de Bernal, se entabló una disputa muy agria en la que ambos se inculpaban mutuamente y a su vez, Cortés buscaba exculparse: «no soy tan culpable como me ponen todos nuestros capitanes y soldados, sino que es el tesorero Julián de Alderete, a quien encomendé que cegase aquel paso donde nos desbarataron, y no lo hizo, como no es acostumbrado a guerrear, ni a ser mandado de capitanes». A su vez, Alderete lo responsabilizaba, diciendo: «que el mismo Cortés tenía la culpa y no él», y la causa que dio fue: «que como Cortés iba con victoria, por seguirla muy mejor, decía: adelante caballeros, y no él, y no les mandó cegar puente ni paso malo, y que si se lo mandara, que con su capitanía y los amigos lo hiciera, y también culpaba a Cortés en no mandar salir con tiempo de las calzadas los muchos amigos que llevaba» (el número tan alto de indios aliados en lugar de servir de ayuda había constituido un estorbo), «y porque hubo otras muchas pláticas de Cortés al tesorero, que iban dichas con enojo, se dejarán de decir».[43] El choque entre ambos resulta evidente: Alderete será otro hombre al que a Cortés le resultará sumamente difícil controlar. El obispo Fonseca había colocado un contrapeso efectivo. La confrontación saltó al ejército, motivando una parálisis momentánea. Agrega Bernal que, en aquellos momentos de desazón, Ixtlilxóchitl aconsejó a Cortés que se tomase unos días de reposo, para sanar de la herida de la pierna, y que concediese un descanso a todo el ejército. Proponía, asimismo, un cambio de estrategia: en lugar de atacar frontalmente, sugería retirarse y esperar a que el bloqueo mantenido por los bergantines surtiera efecto. Siendo tan numerosos los sitiados, en poco tiempo agotarían las provisiones. En este momento un jefe aliado propone a Cortés lo que debería hacerse; por su lado, Bernal apunta que en los corrillos que formaban los soldados ya se hablaba abiertamente de librar la guerra a distancia, «y este consejo ya lo habíamos puesto en pláticas muchos soldados; más somos de tal calidad, que no queríamos aguardar tanto tiempo, sino entrarles en la ciudad».[44]

Los aliados al ataque

Iban transcurridos cinco días sin combatir, y cuando Sandoval se disponía a reanudar operaciones, recibió la orden de permanecer quieto durante tres más. Se cumplieron los ocho señalados por el oráculo, y en cuanto los indios se percataron de que los españoles seguían vivos, perdieron el miedo y comenzaron a retornar. Ixtlilxóchitl pidió a su hermano que le enviase todo el socorro posible, y a los dos días llegó un contingente texcocano integrado por más de dos mil hombres. Volvieron muchos tlaxcaltecas, quienes venían al mando de un cacique al que Bernal llama Tepaneca.[45] Llegaron también muchos de Huejotzingo, y también de Cholula, aunque estos últimos en menor número. Cortés les hizo un gran recibimiento, diciéndoles que quedaba olvidada su pasada acción de haber abandonado el campo de batalla sin permiso.

Chichimecatecutli

En medio de la incertidumbre, y vista la parálisis imperante en el campo español, Chichimecatecutli resolvió tomar cartas en el asunto. Pasaría a la ofensiva. En la carta enviada al Emperador, Cortés escribe que éste, viendo que «por el desbarate pasado los españoles no peleaban como solían, determinó sin ellos entrar él con su gente a combatir a los de la ciudad». La estratagema de ese guerrero consistió en llegar al sitio del desastre, adonde dejó ocultos cuatrocientos arqueros, internándose a continuación en la ciudad. Se entabló el combate y los tlaxcaltecas comenzaron a replegarse, simulando que huían. Llegaron a la zanja y se arrojaron al agua. Los mexica, creyendo que repetirían la victoria, se precipitaron en su seguimiento. En ese momento emergieron los cuatrocientos arqueros flechándolos a mansalva. La mortandad fue inmensa.[46] Cortés es muy claro al conceder el crédito a éste, apuntando que en aquellos momentos de indecisión, los indios aliados hubieron de poner el ejemplo. Las actuaciones de Chichimecatecutli, Ixtlilxóchitl y demás caudillos indígenas, hablan de que no eran unos meros instrumentos de Cortés, sino que se trataba de jefes militares que libraban una guerra que respondía a los intereses de sus pueblos respectivos.

Aparecieron en el campamento diez delegados otomíes. Venían a pedir ayuda frente a los de Matalcingo, que les asolaban la tierra. Cortés pospuso, una vez más, las operaciones contra la ciudad enviando a Sandoval en socorro de ellos. Llevaba éste dieciocho de a caballo y cien peones. La fuerza combinada de españoles y otomíes chocó con los de Matalcingo, derrotándolos por completo. En la batalla ocurrió que en medio de la confusión, los jinetes alancearon por error a media docena de otomíes. Ésa es la ocasión única registrada en toda la contienda, en que se produjo una confusión de esa naturaleza. Algo asombroso que no hubieran ocurrido más casos, dado el inmenso número de combatientes y la diversidad de pueblos que militaban bajo la bandera de Cortés. En la pasada contienda mundial, lo mismo que en otras guerras, un número no desdeñable de soldados cayó víctima de «fuego amigo».

Las cosas comenzaron a componerse para Cortés, volviendo a retomar la situación en sus manos, aunque ya nunca conseguiría quitarse de encima la sombra de Alderete. En el ínterin llegó otro barco; sobre éste Cortés escribe que, «a la Villa Rica había aportado un navío de Juan Ponce de León que habían desbaratado en la tierra o isla Florida, y los de la villa inviáronme cierta pólvora y ballestas, de que teníamos mucha necesidad».[47] [Ocurrió que ese viejo hidalgo no cejaba en la quimera de encontrar la fuente del agua que habría de devolverle la juventud, y montó una nueva expedición con dos navíos siendo desbaratado por los seminolas en la Florida. Gravemente herido volvió a Cuba donde murió. El segundo de esos navíos es el que llegó de arribada forzosa a la Villa Rica, que vino a reforzar a Cortés con sus hombres y el contenido de su bodega.] La llegada de pólvora fue como maná caído del cielo; en cuanto a las ballestas, según indica Cortés, las recibidas sirvieron para reponer las perdidas en la quebrada. La ballesta fue un arma ampliamente utilizada durante el asedio, al grado que, conforme escribe Bernal, los mexica recuperaron las perdidas durante la *Noche Triste*, junto con las caídas en la zanja, y para servirse de ellas obligaron a los prisioneros a que les enseñasen su manejo e, incluso, fabricaron saeta; sin embargo, por falta de destreza no les fueron de utilidad. En toda la campaña no lograron acertar un solo disparo. Y algo semejante fue lo ocurrido con las espadas. Todas las capturadas fueron a dar a manos de los capitanes, quienes cometieron el desacierto de dejar de lado la macana, arma en la que eran diestros, para empuñar otra cuyo manejo desconocían. En el curso de la contienda se dieron varios casos de guerreros indígenas que se presentaban a desafiar a los españoles, resultando vencidos siempre. Entre ellos, se cita el de uno muy reputado, quien a la vista de ambos ejércitos, se acercó al campo español para proponer un desafío. Venía armado con una rodela y espada, de las capturadas a los muertos. Cortés designó a Juan Núñez Mercado, un jovencísimo paje; en un principio el guerrero se rehusaba, aduciendo que sería indigno de él medirse con alguien que era casi un niño; de todas formas, el duelo se llevó a efecto a la vista de los dos bandos, y Núñez Mercado, en la primera ocasión en que su oponente alzó la espada para tirar un golpe de arriba a abajo, como si empuñase una macana, lo atravesó de una estocada, tomándole las armas y el plumaje, que entregó a Cortés. En un segundo desafío, este paje mató a otro capitán.[48] Se dio el caso de otro capitán, que esgrimiendo una espada, la mostraba a los españoles, increpándolos y diciendo que la habían perdido por cobardes. Con ella dijo que los mataría, y desafió a que el más valiente se midiera con él. Hernando de Osma aceptó el reto, y saltando de azotea en azotea, llegó a aquella en que el guerrero se encontraba, y allí, a la vista de ambos ejércitos, se escenificó el combate. Osma sacó partido de la impericia de su oponente, y al primer error lo atravesó con la espada.[49] Esos duelos resultaron muy desmoralizadores para los sitiados. Se cuenta el caso de un soldado llamado Rodrigo Castañeda, quien llegó a aprender la lengua y era muy conocido por los mexica, los cuales se acercaban al parapeto llamándolo por su nombre para desafiarlo. Éste, quien además era un gran ballestero, mató a varios en encuentros singulares, escenificados a la vista de ambos campos.

18
Demolición total

Con la llegada de los caciques de Malinalco y Matlazinco, que vinieron a pedir la paz, para los sitiados se esfumó toda esperanza de recibir socorro. Ya no tenían de dónde, y así se les hizo saber. El catorce de julio, cuando iban transcurridos cuarenta y cinco días del asedio, Cortés, viendo que Cuauhtémoc no aceptaba la idea de la capitulación, pese a todos los ofrecimientos que le había hecho de respetar su persona, honrarlo y darle tierras, resolvió mudar de táctica. Ya no se limitaría a poner fuego a unos pocos edificios principales, sino que demolería por completo la ciudad, de manera que el asiento de Tenochtitlan quedase convertido en un llano. Para ello, pidió a los caciques aliados que le proporcionasen el número suficiente de brazos. La mudanza en el ánimo de Cortés parecería provenir de una doble motivación: por un lado desmoralizar a los sitiados, y por otro, cobrarse el golpe que le habían propinado. Transcurrieron tres o cuatro días sin combatir, durante los cuales los sitiadores estuvieron dedicados a trabajos de demolición. Cuando se preparaban para reanudar los ataques se acercó a ellos una comitiva de señores para solicitar que suspendiesen las hostilidades. Querían el fin de la guerra, asegurando que ya habían ido a llamar a Cuauhtémoc para que hiciese la paz.[1] Cortés esperó en vano. La respuesta fue una nueva rociada de piedra y flechas. La circunstancia de que esos notables se hubiesen acercado a parlamentar, habla de que se producían fisuras cada vez más profundas entre los defensores, y que no todos compartían la idea de resistir cuando ya no había esperanza. Evidentemente, triunfaron los de la línea dura, quienes suprimieron a los que hablaban de rendición. En los días sucesivos, Cortés subió a lo alto del gran *teocalli*, y desde allí, como espectador, contemplaba la lucha. Lo hacía, según dice, para hacerse visible a los sitiados y desmoralizarlos. Allá por el veintitrés, se libró una acción importante: los españoles de a pie, secundados por decenas de miles de aliados, iniciaron un ataque, simulando luego que retrocedían; salieron al descubierto los sitiados, siendo alanceados por los jinetes que se hallaban ocultos tras el Templo Mayor. El parte del día, resumido por el Conquistador, es como sigue: «se mataron más de quinientos, todos los más principales y esforzados y valientes hombres; y aquella noche tuvieron bien que cenar nuestros amigos, porque los que se mataron, tomaron y llevaron hechos piezas para comer».[2] La matanza hizo tanta mella en los sitiados, que los días siguientes se mantuvieron a la defensiva. Por unos prisioneros que se hicieron, los españoles tuvieron conocimiento de los estragos que hacía el hambre. Los bergantines se encargaban de dar caza a las canoas de todos aquellos que se atrevían a salir de pesca, y los aliados se mostraban implacables con los que andaban en busca de hierbas y raíces que caían en su poder. Para el veinticuatro, Alvarado penetró profundamente y quemó la casa de Cuauhtémoc en Tlatelolco. El veinticinco de julio, día del apóstol Santiago, prosiguió la penetración, dedicándose los atacantes a quemar y arrasar todo lo que tomaban. El veintiséis continuó el avance, ganándose en ese día un pequeño adoratorio, donde se encontraron ensartadas cabezas de españoles junto con otras de caballos. Bernal refiere con espanto cómo reconoció allí a tres de sus compañeros, agregando que tenían muy crecidas las barbas y los cabellos.[3]

A las nueve de la mañana del veintisiete, Cortés vio desde su puesto de mando cómo se elevaba una columna de humo de lo alto del templo de Tlatelolco; momentáneamente tuvo dudas acerca de si se trataría de sahumerios de alguna ceremonia, pero pronto pudo comprobar que era la plataforma superior que ardía. Un grupo de soldados subió combatiendo las ciento catorce gradas, y Francisco Montaño, el primero en llegar, plantó la bandera en el recinto de Tezcatlipoca. [A este soldado le sería concedido un escudo de armas en el que figuraba el templo; Bernal, en cambio, sostiene que Gutierre de Badajoz sería quien llegó primero.] Cortés subió a lo alto del templo, y desde allí pudo contemplar cómo los defensores se encontraban apiñados en un área que vendría a ser la octava parte de la ciudad. Eso era todo lo que les restaba. Y como resultaba evidente que ya se encontraban al límite de sus fuerzas, decidió conducir la guerra a un ritmo más lento, confiando en que no tardarían mucho en rendirse. Mientras tanto, como escaseaba la pólvora, se dejó influenciar por Sotelo, un veterano de las campañas de Italia, quien lo convenció de que debería construirse una catapulta. Y bajo la dirección de éste, se inició la construcción del aparato, al que tanto Bernal como Cortés llaman trabuco.

Durante varios días trabajaron los carpinteros, mientras los sitiados contemplaban extrañados cómo iba cobrando forma aquel extraño artilugio. A los que preguntaban qué era aquello, los aliados los atemorizaban diciéndoles que con esa máquina los matarían a todos. Una vez terminada la catapulta, procedieron a instalarla en la plaza del mercado, asentada en una plataforma de cal y canto, de unos dos metros de altura (se trataba de un escenario en el que actuaban los danzantes en las fiestas, construido de forma tal, que pudiesen ser vistos por todos los espectadores, acomodados tanto arriba como abajo de los portales). A la vista de todo mundo, tanto amigos como enemigos, se apuntó la máquina, y al producirse el disparo, la piedra se elevó a lo alto y fue a caer a pocos pasos de distancia. Un fiasco completo.[4] Para disimular, los indios aliados dijeron a los sitiados que eso se había hecho por compasión, para evitar tener que acabar con todos.

El final

Para tener una idea de lo que fueron los últimos días de la ciudad, vividos desde adentro, hay que asomarse a los relatos del *Anónimo de Tlatelolco* y de Sahagún. Refundiendo ambos manuscritos, que vienen a complementarse, se lee que los españoles tomaron prisionero a un personaje llamado Xóchitl, de Alcolnahuac, a quien eligieron como emisario para llevar el mensaje demandando la rendición. Tepantemoctzin, Coyohuehuetzin y Temilotzin, tres de los jefes militares, informaron a Cuauhtémoc de la llegada de éste, acordándose que diera a conocer el mensaje: «Oigan por favor, Cuauhtémoc, Coyohuehuetzin y Topantemoc: ¿no tienen compasión de los pobres, de los niñitos, de los viejitos, de las viejitas? ¡Ya todo acabó aquí! ¿Acaso todavía pueden las vanas palabras...?» Fueron consultados los augures: «¿Qué miráis en vuestros libros?». El sabedor de papeles expresó: «Solamente cuatro días y habremos cumplido ochenta. Y acaso es disposición de Huitzilopochtli de que ya nada suceda...; dejemos que pasen esos cuatro días para que se cumplan ochenta».[5] Se reanudaron los combates. La nómina de los que en aquellos momentos constituían lo que vendría a ser la Junta de Defensa, eran el cihuacóatl Tlacotzin, Petlauahtzin, intendente de la Casa Negra (Tlilancacalli); Motelchiuhtzin (el jefe de Huitznahuatl, una sección de Tlatelolco); Achcauhtli, el gobernador de México, príncipe de los sacerdotes; el tlacochcalcatl Coyohuehuetzin; el tlacatecatl Temilotzin, el ticociahuacatl Tepantemoctzin, y el mixcoatlailotlácatl Ahuelitoctzin.[6] Los nombres y cargos de esos personajes no nos dicen gran cosa, pues el caso es que desconocemos cómo se encontraba estructurada la milicia indígena; esto es, si los combatientes se encontraban encuadrados en formaciones que hoy día equivaldrían a sección, compañía, o algo parecido, que pasarían luego a agruparse en unidades mayores (batallón, brigada, etc.). Existía un jefe superior, como es obvio, pero lo que se desconoce es si había un escalón de mando intermedio, el equivalente a capitanes, tenientes, sargentos, quienes al frente de unidades menores, serían los encargados de ejecutar las ordenes. Ningún cronista habla de ello, pero de la lectura de sus escritos, se tiene la impresión de que no llegó a existir ese tipo de estructura de mando. Es más, existe confusión en cuanto a si el grado máximo era el de *tlacochcalcatl* o el de *ciguacóatl*, ya que en este punto los autores no se ponen de acuerdo. Respecto a esto, Cortés es muy claro al señalar que quien comandó la defensa de la plaza fue Tlacotzin, cuyo grado militar era *ciguacóatl*.[7] La crónica indígena recoge las hazañas del *tlacochcalcatl* Coyohuehuetzin, pero siempre lo presenta participando como muy aguerrido en acciones individuales. Un valiente capitán, pero no el hombre que comanda la acción. Existían las órdenes de los guerreros águilas y tigres, que constituían una tropa de élite, pero no se precisa si tenían un mando específico; estaban también los *quachic*, grado altamente honorífico en la milicia, a quienes Torquemada, en un intento por definir su jerarquía, los llama «matasiete»; lo cual puede interpretarse como guerrero esforzado, con una bien sentada fama de valeroso, pero que no nos dice nada en cuanto a sus atribuciones de mando, si es que las tenían. En cuanto al grado de *tlacaltecacatl*, resulta francamente imposible encontrarle una equivalencia.

La presión se mantenía a ritmo lento. El hambre apretaba, y los sitiadores practicaban una guerra psicológica, instando constantemente a los mexica a deponer las armas. Hacia el nueve de agosto, Cortés resolvió mandar un nuevo requerimiento a Cuauhtémoc. El encargado de llevarlo sería un tío del soberano de Texcoco, quien había sido capturado unos días antes. Éste aceptó la encomienda, y al volver a los suyos fue recibido con el acatamiento correspondiente a su alta posición. Fue conducido ante Cuauhtémoc, quien lo interrumpió antes de que pudiera concluir el mensaje y lo hizo sacrificar.[8] Se reanudaron los combates.

Al día siguiente, Cortés se dirigió a un parapeto y, desde allí, valiéndose de Malintzin habló con algunos principales a quienes conocía. Ofrecieron hablar con Cuauhtémoc y traerle la respuesta. Cuando volvieron, dijeron que éste no vendría ese día «por ser ya tarde»; no obstante, quedó concertada la entrevista para el día siguiente. Para dar realce al encuentro, Cortés hizo levantar un estrado en el centro de la plaza, en el mismo sitio en que se asentó la catapulta. [Seguramente preparaba un acto reminiscente de la rendición de Breda, que Velázquez recogería en el cuadro conocido como *las Lanzas*. Tal ceremonial no existía en el mundo indígena.] Cuauhtémoc no se presentó; en su lugar envió a cinco principales, quienes lo excusaron diciendo que se encontraba indispuesto, pero que ellos podrían escuchar las propuestas. Cortés los invitó a comer, dándoles seguridades de que a Cuauhtémoc «no le sería hecho enojo ni sería detenido». Los emisarios descartaron la posibilidad de que su soberano aceptara acudir a entrevistarse con Cortés, pero tanto les insistió éste, que ofrecieron volver al día siguiente trayendo una respuesta. Con ellos envió un obsequio a Cuauhtémoc, consistente en guajolotes, fruta y tortillas.[9]

Lunes, doce de agosto. A hora temprana, volvieron los embajadores trayendo unas mantas muy ricas para corresponder al obsequio, al tiempo que trasmitieron una condición única para celebrar la entrevista: los aliados indios deberían abandonar la ciudad. Cortés accedió y los emisarios fijaron la plaza del mercado como sitio para la reunión. Durante cuatro horas estuvo aguardando, hasta que, convencido de que Cuauhtémoc no se presentaría, ordenó regresar a los que había hecho salir. Se dio orden de avanzar. La entrada en lo que restaba de la ciudad se hizo sin que los defensores ofrecieran ya resistencia. El parte del día Cortés lo resume así: «se mataron y prendieron más de cuarenta mil ánimas; y era tanta la grita y lloro de las mujeres y los niños, que no había persona a quien no quebrase el corazón, y ya nosotros teníamos más que hacer en estorbar a nuestros amigos que no matasen ni hiciesen tanta crueldad que no en pelear con los indios».[10] Aunque no especifica cuántos serían los muertos y cuántos los prisioneros, lo que resulta indudable es que aquí se le fue muy larga la mano en el conteo. La exageración está fuera de toda proporción; y aunque estaba a su alcance concluir ese día la toma de la ciudad, decidió no hacerlo, pues según explicó, pensaba que si los apretaba hasta lo último arrojarían a la laguna todo lo de valor y los aliados se apoderarían de todo lo que pudiesen. Llegada la noche, como la pestilencia resultaba insoportable, regresaron al real.

Amaneció el que vendría a ser el último día del asedio. Había llovido toda la noche. Los sitiados disponían de tan poco espacio, que casi no podían moverse. Muchos de ellos estaban metidos dentro del agua. El dispositivo montado por Cortés consistía en que Alvarado atacase lo que todavía les restaba de tierra, empujándolos hacia la laguna, adonde se encontraban vigilantes los bergantines. El objetivo era impedir la fuga de Cuauhtémoc. Antes de dar la señal de ataque, Cortés subió a una azotea y desde allí comenzó a hablar a unos principales, a quienes pidió que fuesen a buscar a Cuauhtémoc. Partieron a buscarlo, y a poco apareció Tlacotzin, el gobernador y jefe militar. Cortés le hizo un largo razonamiento para que persuadiese a Cuauhtémoc a entregarse, a lo que éste replicó que no se rendiría nunca. Antes prefería morir. Viendo que no se avanzaba, Cortés le indicó que volviese con los suyos y que se preparasen para el ataque. Habían transcurrido cinco horas de conversaciones.[11] Antes de que diera comienzo el asalto final, comenzaron a salir algunos habitantes de la ciudad, dirigiéndose hacia los españoles para evitar caer en manos de los indios aliados. Cortés señala que, a pesar de las órdenes impartidas a éstos, no resultó posible controlarlos, por lo que «aquel día no mataron y sacrificaron más de quince mil ánimas».[12] (Otra vez, la aritmética de lo superlativo). Los que salían eran del pueblo bajo; dentro quedó el grupo de guerreros, sacerdotes, dignatarios y mujeres de clase alta. Ya no disponían de flechas, piedras o lanzas, ni les quedaban fuerzas para luchar; pero allí estaban, quietos, sin atinar qué hacer. Vivían una situación nueva; en su concepción semejante a la de los espartanos o de los samurais, no cabía la idea de rendición. Ese era un concepto que no entraba dentro de su esquema mental. Sabían que habían sido derrotados y que ya no les quedaba alternativa. Como dieran las cinco de la tarde y no se entregaran, Cortés impartió la orden de avanzar, y en un instante se ocupó ese rincón sin combatir. Los defensores se entregaron, pero Cuauhtémoc no se encontraba entre ellos. La atención se centró entonces en algunas canoas que escapaban, a las que los bergantines comenzaron a dar caza; de entre ellas destacó una, de mayores dimensiones y muy ataviada. El bergantín comandado por García Holguín pronto la alcanzó; en ella, además de Cuauhtémoc, viajaban Tetlepanquetzal, señor de Tacuba, y otros notables. La huida de éstos aparece como un gesto sin esperanza; en el caso de que hubiesen conseguido escapar a los bergantines, ¿adónde dirigirse? Todas las poblaciones ribereñas estaban ya en su contra.

En ocasión de la captura se produjo una discusión entre García Holguín y Sandoval, pues éste, como su superior jerárquico, le exigía la entrega de los cautivos.[13] Ambos se disputaban los honores de la captura. Cortés hubo de enviar a un mediador y los llevaron a presencia suya junto con Cuauhtémoc. Una vez que estuvieron frente a frente, el vencedor, queriendo mostrarse magnánimo, invitó al vencido a sentarse a su lado en un asiento que se le tenía reservado, y a través de Malintzin, le dio seguridades de que sería bien tratado y que nada tenía que temer. La respuesta de éste fue decir que ya había hecho todo lo que estaba de su parte para defender a su pueblo, y que ahora hiciese de él lo que quisiese. Y posando la mano sobre un puñal que Cortés llevaba al cinto, le pidió que con él le diese muerte.[14]

Bernal, como testigo de vista de los sucesos que refiere, cuenta que luego de haber pedido a Cortés que lo matara, a Cuauhtémoc lo dominó la emoción y prorrumpió en sollozos. «y también lloraban otros grandes señores que consigo traía».[15] Cortés lo consoló, pero no sin reprocharle que no se hubiera rendido antes, «cuando iban de vencida», con lo cual se hubieran evitado muchas muertes y la destrucción de la ciudad. Y puesto que lo pasado era pasado, le pidió que se tranquilizase, ofreciéndole que él y sus capitanes continuarían mandando en México y sus provincias, al igual que antes lo hacían. Le preguntó luego por su esposa, a lo que repuso Cuauhtémoc que tanto a ella, como a las demás mujeres de principales, que permanecían en las canoas, las había dejado encomendadas a la custodia de Sandoval, hasta saber qué era lo que él disponía; «Y luego Cortés envió por ellas y a todos les mandó dar de comer lo mejor que en aquella sazón había en el real, y porque era tarde y comenzaba a llover, mandó que luego se fuesen a Coyoacán, y llevó consigo a Guatemuz y a toda su casa y familia y a muchos principales».[16]

Mientras tanto, los águila y los tigre aguardaban impasibles. Nunca un guerrero mexica se había rendido. No sabían cómo hacerlo. Aguardaban resignados a lo que viniera. Grande sería su sorpresa cuando se les notificó que la guerra había terminado.[17] Eso era todo. Había concluido por completo, y no habría represalias; no era el caso de un ejército «cautivo y desarmado», que sería internado en un campo de prisioneros mientras se deslindaban responsabilidades. Eran libres para ir a donde quisieran; aquello debió dejarlos estupefactos; pero una cosa sí se les dijo, y ello es, que el capitán ordenaba que deberían abandonar la ciudad cuanto antes. Existía riesgo de epidemia. Al oscurecer comenzaron a salir, retirándose hacia Tepeyácac. Los más, marchaban por la calzada, mientras otros lo hacían en canoas. Los soldados españoles miraban con ojo atento a las mujeres para retener a las bonitas. Algunas se habían untado la cara con lodo y vestido con harapos para pasar inadvertidas.[18] Esa noche, la otrora opulenta Tenochtitlan quedó convertida en un lugar lóbrego y triste, en el cual, los contados habitantes que permanecían, se movían como zombis entre las ruinas. La página negra corrió a cargo de texcocanos, huejotzincas, chalcas, cholultecas, y demás coaligados, quienes, según cuenta Bernal, al retorno a sus tierras, «llevaron harta carne de cecina de los mexicanos que repartieron entre sus parientes [y] como cosas de sus enemigos, la comieron por fiestas». [19]

Los hechos ocurrieron el trece de agosto de 1521, día de San Hipólito, que ese año cayó en martes (la fecha viene dada en términos del antiguo calendario juliano entonces vigente). Ya anochecido se desató una tormenta con muchos truenos y relámpagos, seguida de un aguacero torrencial que duró hasta la medianoche.[20] Cortés estableció en Coyoacán el asiento provisional del nuevo gobierno.

El banquete de la victoria

Y mientras los vencidos procuraban encontrar acomodo en Cuautitlán y otras poblaciones ribereñas, en Coyoacán los vencedores celebraban la victoria con un banquete. Para tal efecto, Cortés contaba con puercos y vino en abundancia, traídos por un navío llegado de Cuba. Bernal, con ese espíritu tan crítico que le es característico, destaca que «cuando asistimos al banquete no había asientos ni mesas puestas para la tercia parte de los soldados y capitanes que fuimos, y hubo mucho desconcierto». Luego de decir que el vino corrió generosamente, y que hubo una borrachera descomunal, con algunos caminando sobre las mesas, señala que una vez que se alzaron los manteles,«salieron a danzar las damas». Este dato, en boca suya, resulta desusado, pues a todo lo largo de su relato, las únicas citas que tiene para la participación de la mujer española en la conquista, son al hablar de María de Estrada, cuando ésta se abría paso a estocadas en la calzada, durante la huida, y la alusión a aquellas llegadas con Narváez, que fueron muertas en Tuxtepec. Y es en esta ocasión en que revela que hubo un grupo de mujeres entre las filas de los conquistadores, aunque parecería que el dato se le hubiera escapado inadvertidamente, y que arrepintiéndose de haberlo mencionado, tachó el párrafo en el manuscrito original. Pero a pesar de la tachadura, la mención quedó; y es así como aparecen algunos nombres de las asistentes al festejo: Francisca Ordaz, la Bermuda (se advierte que hay dos con este nombre), Mari Hernández, Isabel Rodríguez, una de apellido Gómez, y «otra señora, mujer del capitán Portillo, que murió en los bergantines, y ésta por estar viuda no la sacaron a la fiesta».[1] Sólo da nombres, y aparte de María de Estrada, no dice si llegaron a empuñar las armas para entrar en acción; parecería que se tratara de levantar un muro de silencio, en torno a la participación de la mujer española en la Conquista. En ninguno de sus escritos Cortés las menciona; Gómara va por el mismo camino, al igual que Oviedo; Francisco de Aguilar recoge los nombres de María de Estrada e Isabel Rodrigo, y nada más; así estaba el estado de la cuestión hasta llegar a Cervantes de Salazar, quien es el primero en ofrecer algunos detalles acerca de su participación; es así como sabemos de Beatriz de Palacios, esposa de Pedro Escobar, quien suplía al marido en las guardias nocturnas, «y cuando dejaba las armas salía al campo a coger bledos y los tenía cocidos y aderezados para su marido y demás compañeros. Curaba los heridos, ensillaba los caballos e hacía otras cosas como cualquier soldado».[2] Está la actuación de Beatriz Bermúdez de Velasco, esposa de Francisco de Olmos, quien en uno de los reflujos de la lucha callejera en Tenochtitlan, cuando flaqueaba un grupo de españoles, se plantó espada en mano en un puente, amenazando con traspasar de una estocada al que retrocediese. Allí, esa amazona evitó un pánico.[3] En las páginas de este autor surgen otros nombres: Beatriz Ordaz, Juana Martín, María de Vera, Elvira Hernández, Isabel Rodríguez... una veintena, quizás. La mayor parte fueron ignoradas a la hora del triunfo; la única a quien se reconoció su actuación en el campo de batalla fue María de Estrada; ésta, además de su actuación durante la *Noche Triste,* según el decir de Muñoz Camargo, en Otumba habría combatido montada a caballo y lanza en ristre[4] (testimonio altamente dudoso, pues aparte de provenir de autor tardío, en Otumba los pocos caballos disponibles fueron reservados para los mejores jinetes). En recompensa, recibió en encomienda el pueblo de Tetela. Estuvo casada con Pedro Sánchez Farfán, y al enviudar contrajo nuevas nupcias con Alonso Martín Partidor. Figura entre las pobladoras originales de Puebla, donde vivió hasta el término de sus días. Esta mujer trae atrás un largo historial: antes de que Cuba fuese conquistada, se hundió el barco en que viajaba, llegaron a tierra los náufragos, y los indios mataron a los hombres, quedando ella como esclava del cacique. Pasó cinco años en esa condición, siendo liberada al ser conquistada la isla.[5] En recuerdo a los muertos, el lugar recibiría el nombre de Matanzas, mismo que conserva en la actualidad.

Cortés y Cuauhtémoc

Por boca de Bernal asistimos al acto final de la toma de Tenochtitlan. Cortés refiere el inicio del nuevo gobierno, a partir del momento en que él se hace cargo: «Aquel día de la prisión de Guatimucín y toma de la ciudad, después de haber recogido el despojo que se pudo haber, nos fuimos al real dando gracias a nuestro Señor por tan señalada victoria como nos había dado. Allí en el real estuve tres o cuatro días dando orden en muchas cosas que convenían, y después nos venimos a la ciudad de Coyoacán, donde hasta ahora he estado entendiendo, en la buena orden, gobernación y pacificación de estas partes».[6] Así, de manera tan parca, es como lo anuncia. Se había desplomado una estructura política, pero no era el caso de que el país hubiera caído en la anarquía. No se produjo un vacío de poder, ni la situación fue aprovechada por grupos de maleantes para saquear y realizar todo género de tropelías. Desaparecido un orden político, al momento ya estaba funcionando uno de repuesto. La mayoría de las poblaciones vecinas tenían ya autoridades designadas por Cortés. Éste, en lugar de imponer alcaldes y corregidores a la usanza de España, utilizó la infraestructura indígena, cuidándose sólo de que los recién designados fueran gente que no escapara a su control. En general, el sistema funcionó; el núcleo reducido de españoles se estableció en Coyoacán, mientras el resto del país estaba en paz. Un punto a destacar, es el de que a la milicia la conservó intacta; eran los profesionales de la guerra y pronto tendría empleo para ellos; y, en cuanto a los señores y demás principales, se les ordenó permanecer en Cuautitlán, hasta que hubiese desaparecido el riesgo de epidemia. Ya serían llamados cuando comenzara a reconstruirse la ciudad. Ellos serían la piedra angular sobre la que se basaría la nueva sociedad, no se dio el caso de que los suplantara con los esclavos: los señores seguirían siendo señores, y los esclavos continuarían en su misma condición. El desplome del viejo régimen no significaría su emancipación. Pronto los señores comenzarían a peregrinar a Coyoacán para suplicar que les devolviera sus tierras y sus esclavos, las cuales les iría restituyendo con cuentagotas, «aunque no tanto como ellos tenían».[7] Algo que debe quedar muy claro, es que a partir del momento en que se produjo la captura de Cuauhtémoc, las hostilidades cesaron por completo. La guerra había terminado, y había concluido de forma definitiva. En el ámbito mexica no se daría el caso de que algunos irreductibles se echaran al monte para librar una guerra de guerrillas. En el momento de la caída, el imperio mexica sucumbió para siempre. Y lo mismo ocurrió con Tlaxcala, Cholula, y todos los demás pueblos que inicialmente ofrecieron resistencia. El intento de revuelta de Xicoténcatl no llegó a ninguna parte. Propiamente hablando no se trató sólo de una derrota militar, sino del colapso de una cultura, que se vio suplantada por otra. Cortés estaba tan consciente de ello, que ni siquiera se tomó la molestia de informarse acerca de las cosas de la religión indígena. Para la casta sacerdotal no tenía ningún empleo. No encajaba en su proyecto y era un estorbo. La liquidó por completo. Acerca de los más significados que mató, en el *Anónimo* de Tlatelolco se lee: «Allá [en Coyoacán] ahorcaron a Macuilxóchitl, rey de Huitzilopocho. Y luego al rey de Culhuacan, Pizotzin. A los dos allá ahorcaron. Y al Tlacatecatl de Cuauhtitlan y al Mayordomo de la Casa Negra los hicieron comer por los perros. También a unos de Xochimilco los hicieron comer por los perros. Y a tres magos [sacerdotes, evidentemente] de Ehecatl de origen texcocano los comieron los perros. No más ellos vinieron a entregarse. Nadie los trajo. No más venían trayendo sus papeles con pinturas [códices]. Eran cuatro, uno huyó [...] En ese tiempo también dieron por libres a los señores de Tenochtitlan. Y los libertados fueron a Atzcapotzalco».[8] Lo ocurrido en los días inmediatos se encuentra muy escasamente documentado. Por principio de cuentas, Cortés retuvo como prisionero a Cuauhtémoc, así como a unos pocos más, a quienes se llevó consigo a Coyoacán. Tenía planes para él en el nuevo gobierno que daba comienzo.

Cuauhtémoc, *Águila que cae,* parecería haber tenido trazado su sino en el nombre. Se trata de un personaje profundamente clavado en el alma del pueblo mexicano, pero del cual es poquísimo lo que se sabe; desde luego, del Cuauhtémoc histórico, porque tratándose de una figura idealizada, en torno suyo se han bordado infinidad de leyendas. La realidad es que fuera de unos contados momentos estelares, viene a ser un desconocido. Por ejemplo, a excepción de la escena del tormento a que fue sometido, son mínimos los datos conocidos acerca de lo que fue su vida durante los tres años y medio que van desde su captura a la muerte. Evidentemente, algún papel le correspondería desempeñar como gobernante subordinado, pero lo que ocurre es que faltan datos, por tanto, lo primero, será saber cómo era; Bernal pinta de él el siguiente retrato: «Guatemuz era de muy gentil disposición, así de cuerpo como de facciones, y la cara algo larga, alegre, y los ojos más parecían que cuando miraba que era con gravedad que halagüeños, y no había falta en ellos, y era de edad de veintiséis años, y la color tiraba su matiz algo más a blanco que a la color de indios morenos, y decían que era sobrino de Montezuma, hijo de una su hermana, y era casado con una hija del mismo Montezuma, su tío muy hermosa mujer y moza».[9] [Es frecuente entre los cronistas, al hablar de indios de clase alta, subrayar que eran de color más claro que la gente del pueblo, como si con ello se quisiese apuntar a que pertenecieran a otro grupo racial; obviamente, no hay nada de eso. Eran más claros por la sencilla razón de que no pasaban el día entero trabajando bajo los rayos del sol, algo que podría parangonarse con lo ocurrido en Europa, donde los aristócratas tampoco se asoleaban, y por tener la piel tan blanca, se les notaban más las venas, y de allí nació el término de sangre azul...; al menos, eso es lo que comúnmente se dice.] El anterior, viene a ser el único retrato de Cuauhtémoc trazado por alguien que lo conoció y trató; los demás son testimonios de segunda o tercera mano. Y aquí se advierte una inmensa discrepancia con lo que dice Cortés, quien señala que tenía dieciocho años (Francisco de Aguilar coincide en ello). Un diferencial inmenso, ¿con quién quedarnos? Bernal escribía evocando recuerdos de treinta años atrás, mientras Cortés lo hacía en vida de Cuauhtémoc, cuando lo tenía preso.[10]

Primera cosa a destacar: se trataba de un adolescente, procedente de la casta sacerdotal y, ¿cómo un jovencísimo sacerdote pudo acceder a la cúpula del poder? Su llegada vendría a marcar la reacción de la casta sacerdotal, la cual, en los poco más de seis meses de convivencia pacífica, había presenciado impotente cómo, día a día, Motecuhzoma, dócil a los dictados de Cortés, permitía que éste se fuera adueñando de todos los resortes del poder, y conforme se consolidaba, ellos iban siendo apartados. No se requería de excesiva perspicacia para que comprendieran que en el nuevo reordenamiento de la sociedad que se estaba produciendo, ellos no tendrían un papel que jugar. Durante ese periodo, no sólo se vieron impedidos de continuar con los diarios sacrificios humanos, sino que además les habían plantado la Cruz y la imagen de la Virgen en lo alto del Templo Mayor. Pronto quedarían marginados; su desaparición como casta estaba a la vista. Como hemos visto, en los días inmediatos y posteriores a la *Noche Triste*, se produjeron grandes claros en las filas de la clase dirigente. Por un lado, la matanza del Templo Mayor; por otro, la eliminación de los «colaboracionistas», y a ello debían sumarse las bajas causadas por la epidemia. La poco aireada página que marca el camino de Cuauhtémoc al trono podría trazarse de la manera siguiente: a la muerte de Motecuhzoma le sucede Cuitláhuac (quien incluso habría asumido el poder en vida de éste); el heredero Chimalpopoca muere durante la *Noche Triste*, y su muerte es seguida por la de Cuitláhuac, quien tras un efímero reinado de cuarenta días (Oviedo consigna que fueron sesenta), sucumbe a causa de la viruela. El siguiente en la línea de sucesión era el príncipe Axopacatzin, hijo igualmente de Motecuhzoma, pero éste no alcanza a reinar al ser muerto por Cuauhtémoc. El oidor Zorita nos da cuenta de que Axopacatzin no quería la guerra, y para evitarla, proyectaba viajar a Tepeaca para entrevistarse con Cortés llevándole un valioso presente, «y estando Axayacaçim [Axopacatzin] con muchos señores y teniendo juntas las riquezas que había de llevar a Cortés vino

Guatemuçi [Cuauhtémoc] con gente una noche y los tomaron a traición estando seguros y descuidados de ello y mataron a Axayacaçim y a muchos otros señores y principales sus deudos y con esto estaba toda la ciudad con gran confusión en ver tan grande mal como se había hecho y luego Guatimuçi PAPA [sic] se cortó el cabello que era señal de no querer estar más en aquella religión de sus ídolos y de se querer casar y tomó la hija de Moctençuma hermana del muerto que era de hasta diez años por mujer y se hicieron las ceremonias que con las mujeres legítimas se solían hacer conforme a sus leyes y usos y luego se intituló señor de México'.[11] Así es como llegó al poder, pues de los otros dos hijos de Motecuhzoma, uno estaba loco, y el otro era perlático, ello es, epiléptico. Consumada la Conquista aparecerán otros hijos, siendo probable que en los momentos en que se debatía la sucesión no alcanzasen la edad necesaria o quedasen fuera por otras razones. Además, Cuauhtémoc por su condición de sacerdote (*tlamacazque*), traería detrás el apoyo de su casta. Juan Cano (futuro marido de su viuda), afirma que «era papa o sacerdote mayor entre los indios»;[12] y por el mismo camino va Torquemada, quien igualmente lo presenta como «sacerdote mayor de los ídolos».[13] Estos tres autores son los únicos en proporcionar datos acerca de su vida anterior a la aparición en la escena pública. A los *tlamacazques* los españoles los llamaban *papas*, a causa de que, según explica Gómara, al serles preguntada la razón por la que traían los cabellos tan largos y enmarañados, respondían diciendo algo que a sus oídos sonaba como *papa*.[14]

Entre lo poco que se conoce de Cuauhtémoc, figura que era el menor, o uno de los menores, entre los hijos de Ahuizotl, hermano de Motecuhzoma y quien lo precedió en el trono. Por tanto, era de sangre real por parte paterna; en cuanto a la madre, la situación no es del todo clara. Bernal dijo que ésta era hermana de Motecuhzoma; Torquemada afirma que fue una señora principal de Tlatelolco, sin aportar mayores datos;[15] Cano sostiene que se casó con su prima de tan corta edad sólo por razones de estado, para consolidar su posición.[16] Dado que la poligamia era práctica corriente entre las clases altas, no resulta nada extraño que los monarcas tuvieran hasta más de un centenar de hijos, pero los habidos fuera del matrimonio o con mujeres a quienes no se considerarse de alto linaje, se encontraban inhabilitados para ascender al trono; por tanto, la acción de Cuauhtémoc de casarse con una hija de su tío Motecuhzoma, podría interpretarse como indicio de que su madre no formaba parte de la primera nobleza del reino. Ese es el Cuauhtémoc histórico, lo demás son añadidos posteriores. La circunstancia de no ser un guerrero vendría a explicar el por qué no participó en los combates en la ciudad, a diferencia de Cortés, quien como combatiente de primera línea, amén de recibir varias heridas, en dos ocasiones se vio a punto de caer en manos de los mexica; él, en cambio, dirigió la lucha desde su puesto de mando. La crónica indígena lo presenta en funciones propias de *tlamacazque*: «Los que llevan a los cautivos son los capitanes de Tlacatecco. De un lado y de otro les abren el vientre. Les abría el vientre Cuauhtemoctzin en persona y por sí mismo».[17] Y no sería sino hasta el momento de ser hecho prisionero, cuando los españoles pudieron verle la cara por primera vez. Existe una versión tardía, recogida por Sahagún, que sostiene que antes de que diesen comienzo los ataques a Tenochtitlan habría tenido lugar una entrevista entre Cortés y Cuauhtémoc, en la cual no se llegaría a nada. Esa afirmación es completamente apócrifa. Cortés, según lo afirman tanto él como Bernal, trató por todos los medios de entrevistarse con Cuauhtémoc sin conseguirlo. Una vez capturado, Cortés le dio seguridades de que nada tenía que temer, procediendo a decirle que continuaría en el mando. Volvería a gobernar, aunque claro está, ya no como soberano independiente, sino como subalterno suyo. Se trataba de que mantuviera bajo control a su pueblo. Pero por lo visto, no le funcionó en el nuevo papel asignado, y es así como se observa que Cortés, luego de notificar al Emperador su captura y posterior traslado a Coyoacán, solo volverá a mencionar su nombre en dos ocasiones: en la *Cuarta Relación*, cuando escribe «tengo al señor de ella preso»; y en la *Quinta* (3 de septiembre de 1526), cuando notifique su muerte. Será a través de otras fuentes como conozcamos algunos datos aislados; según Bernal, las primeras órdenes que Cuauhtémoc recibió de Cortés, serían que debería enterrarse a los muertos, reparar el acueducto y procederse a limpiar los escombros para dar comienzo a la reedificación de la ciudad. Le fue señalada, además, la parte en que debería asentarse la población indígena, y dónde, la española. El plazo para que los antiguos habitantes volvieran a asentarse sería de dos meses. Esas órdenes muestran que Cortés, desde un primer momento y sin consultar con nadie, ya habría adoptado la determinación de construir la ciudad en su antiguo asiento. Y algo que cae por su propio peso, es que al confiar a Cuauhtémoc esa tarea, éste debería contar con medios materiales y el mínimo de autoridad necesarios. Es de suponerse que se le mantendría estrechamente custodiado, mas dejándole la autoridad suficiente para que pudiese sacar adelante el cometido que se le asignaba. Se conoce un incidente que muestra que, poco o mucho, Cuauhtémoc en un principio era escuchado por Cortés. Ello ocurrió cuando, una vez que comenzaron a serenarse las cosas, a nombre de un grupo de notables, realizó una gestión para que les fueran devueltas las esposas que les habían sido arrebatadas por los soldados. En atención a ello, Cortés dio licencia para que las buscasen por los tres reales, dando un mandamiento para que fuesen devueltas. La condición impuesta fue que todas las que encontrasen fuesen llevadas ante él, para preguntarles si aceptaban libremente volver a ellos. Bernal refiere que a pesar de que las mujeres se ocultaban, los esposos no tardaron en encontrarlas. Llevadas ante Cortés sólo tres aceptaron retornar con sus maridos.[18] El relato no precisa de cuántas se trataría, pero de la manera como está escrito, da la impresión de que el grupo sería numeroso. Eran mujeres de clase alta y prefirieron seguir con los soldados. Sus razones tendrían. Aquí podría aducirse que no se sustrajeron a esa situación tantas veces repetida, consistente en que las clases altas tienden a aliarse con el invasor (recordemos al duque del Infantado y buena parte de la nobleza en el besamanos a José Bonaparte).

Se desconoce cuánto tiempo duró el mandato de Cuauhtémoc bajo las órdenes de Cortés; pero hay por allí un par de indicios que apuntan en el sentido de que pudieron ser varios meses. Vemos así que, cuando los enemigos de éste lo acusaron en España de que se hacía construir mansiones suntuosas, sus procuradores replicaron que en ello no se hacía mayor gasto, ya que abundaba la piedra, pues eran muchos los templos que se estaban demoliendo, «que no había menester traerla de fuera, y que para labrarlas que no hubo menester más que mandar al gran cacique Guatemuz que las labrasen con los indios oficiales, que hay muchos de hacer casas y carpinteros, y el cual Guatemuz llamó de todos sus pueblos para ello, y que así se usaba entre los indios hacer las casas y palacios de los señores».[19] El dato resulta ilustrativo. Seguía teniendo autoridad.

Pedro Mártir recoge un dato curioso acerca de la relación existente entre ambos, referido a abril de 1524, fecha en que aquel que se lo proporcionó partió de Veracruz: «Permite Cortés que entienda en las causas del pueblo un personaje de sangre real, con vara de justicia, pero sin armas. Cuando este individuo anda entre los nuestros, o con Cortés, lleva trajes españoles que don Hernando le ha dado; pero cuando está en su casa con los suyos viste a la usanza del país».[20] La alusión apunta claramente a Cuauhtémoc, pues era el único de sangre real entre sus colaboradores en Tenochtitlan en aquel momento. Torquemada escribe que Cortés llevaba a Cuauhtémoc «siempre consigo, así a pie, como a caballo, todas las veces que salía por la ciudad».[21] Y lo mismo asegura el alguacil Cristóbal Pérez, quien llegó a la ciudad de México acompañando a Francisco de Garay. Este último, al referir a Pedro Mártir la forma en que Cortés se movía por las calles de México, dijo que llevaba un sencillo vestido negro, «pero de seda, y que no da muestras de ostentación, como no sea ir acompañado de numerosos servidores, tales como mayordomos, administradores, maestros de danza, camareros, porteros, peluqueros y otros cargos semejantes, propios de un gran monarca [...] y donde quiera que va, lleva siempre cuatro caciques, a los que ha dado caballos, precediendo no obstante, alcaldes y funcionarios de justicia con sus varas; cuando él pasa póstranse, a la usanza antigua, cuantos se hallan presentes».[22] Otro que vio a Cortés llevando a caballo a notables indígenas. En ello hay una gran congruencia: siempre procurando ganarse a los caciques, pues necesitaba de ellos. Serían la cantera donde buscaría a los que serían sus futuros colaboradores o «colaboracionistas», si es que se les quiere llamar así. Y es dentro de ese esquema donde figuraba Cuauhtémoc. Si lo confirmó como gobernador, es porque esperaba que le sería útil, sólo que los sucesos que vinieron a continuación impidieron que el plan funcionara.

Tormento de Cuauhtémoc

Mientras tanto, los vencedores continuaban establecidos en Coyoacán. Todo tranquilo. Los españoles, en pequeños grupos, o solos, podían desplazarse con seguridad por los caminos. La gran transformación comenzaba a darse sin sobresaltos; en aquellos momentos Cortés era el indisputado rey sin corona de los pueblos indígenas. Pero el enemigo estaba dentro de casa. En las filas del ejército se producía un malestar creciente en contra suya. A un regular número de soldados, lo único que les interesaba era recibir su parte para disfrutarla. La impaciencia iba en aumento, y una de las formas de manifestarse fue con leyendas en las paredes. Se desató una guerra de pintadas. La casa de Cortés tenía grandes muros blancos, donde cada mañana aparecían nuevos escritos acusándolo de apropiarse del tesoro. El ingenio satírico escribió: «¡Oh, que triste está el ánima mea hasta que todo el oro que tiene tomado Cortés y escondido lo vea!». Éste, quien al decir de Bernal, tendría algo de poeta, replicó tajante: «Pared blanca, papel de necios».[23]

En la carta al Emperador, Cortés dice que una vez fundido el oro, éste ascendió a más de ciento treinta mil castellanos, «de que se dio el quinto al tesorero de vuestra majestad, sin el quinto de otros derechos que a vuestra majestad pertenecieron de esclavos y otras cosas [...] Y el oro se repartió en mí y en los españoles, según la manera y servicio y calidad de cada uno».[24] La versión de Bernal difiere un poco; según éste, ante la impaciencia de los soldados, se realizó una estimación del monto que correspondería a cada uno, y el resultado fue «después de que lo hubieron tanteado dijeron que cabían a los de a caballo a ochenta pesos, y a los ballesteros y escopeteros y rodeleros a sesenta o a cincuenta pesos, que no se me acuerda bien. Y desde que aquellas partes nos señalaron, ningún soldado las quiso tomar». Según eso, todo lo encontrado montaría a trescientos ochenta mil pesos, y de allí todavía se sacó primero el quinto real y luego el correspondiente a Cortés. Era tan poco, que fray Bartolomé de Olmedo, Alvarado y Olid propusieron a Cortés que, en lugar de repartírselo entre todos, se distribuyese únicamente entre aquellos que quedaron lisiados o se encontraban enfermos. Agrega Bernal que eso se lo dijeron como algo calculado, para ver cómo reaccionaba, pues existía la sospecha de que tenía oro escondido, habiéndole ordenado a Cuauhtémoc que dijese que no había ninguno. Éste es un capítulo en el que el testimonio de Bernal resulta particularmente valioso por varias razones: por principio de cuentas, se trata de un individuo de quien no puede decirse exactamente que fuese un incondicional de Cortés. Lo ensalza, pero por ahí se le escapa algún reproche, pues nunca llegó a perdonarle el que no hubiera incluido su nombre en la relación que dio al Emperador; está luego la circunstancia de que no sintió que sus servicios hubieran sido recompensados en la medida en que creía merecerlo. Y por último, y no menos importante, se trata de alguien que anduvo muy atento al rastreo del tesoro. Es así como refiere que una parte del oro habría sido arrojada a la laguna, y otra a «una como alberca grande de agua, y de aquella alberca sacamos un sol de oro como el que nos dio Montezuma, y muchas joyas y piezas de poco valor que eran del mismo Guatemuz». Y tan ansioso andaba para no perder su parte, que fue uno de los que se zambulleron en el sitio que les indicaron, y «siempre sacábamos piecezuelas de poco precio, lo cual nos lo demandó Cortés y el tesorero Julián de Alderete por oro de Su Majestad, y ellos mismos fueron con nosotros adonde lo habíamos sacado y llevaron buenos nadadores, y tornaron a sacar obra de ochenta o noventa pesos en sartalejos, y ánades, y perritos, y pinjantes, y collarejos y otras cosas de nonada».[25] La situación, tal cual la describe, habla de unas presiones muy fuertes por parte del ejército; «Y por estas causas acordaron los oficiales de la Real Hacienda de dar tormento a Guatemuz y al señor de Tacuba, que era su primo y gran privado, y ciertamente mucho le pesó a Cortés y aún a muchos de nosotros que a un señor como Guatemuz le atormentasen por codicia de oro». Existía, por otro lado, la sospecha de que «por quedarse con el oro Cortés no quería que prendiesen a Guatemuz, ni le prendiesen sus capitanes, ni diesen tormentos, y porque no le achacasen algo a Cortés sobre ello y no lo pudo excusar, le atormentaron, en que le quemaron los pies con aceite, y al señor de Tacuba».[26] Páginas más adelante, Bernal vuelve sobre el tema, y al referirse a los descargos que daban en España los procuradores enviados, señala: «y a lo que dijeron que Cortés había mandado quemar los pies con aceite a Guatemuz y a otros caciques porque diesen oro, a esto respondieron que los oficiales de Su Majestad se los quemaron contra la voluntad de Cortés».[27] La redacción de esos párrafos deja en duda si Cortés presenció el suplicio; lo que sí aclara, es que se oponía a ello. Éste siempre negó el cargo, achacando toda la responsabilidad a Alderete. Existen otros testimonios: en los descargos presentados por García de Llerena, para responder a nombre de Cortés de las imputaciones que le hacían en el juicio de residencia, expuso: «...que si el dicho don Hernando Cortés atormentó a Guatenuca [Cuauhtémoc] e a los demás señores que dice, sería e fue a pedimiento e requerimiento de los oficiales de Vuestra Majestad e del tesorero Alderete [...] e los tormentos no fueron tales como en el dicho cargo se contiene, e se dieron contra la voluntad del dicho don Hernando Cortés».[28] Luis Marín, testigo presencial, dice; «que porque este testigo vido dar el dicho tormento al dicho Guatinuca e a otros principales e señores; e que sabe e vido quel dicho tormento se dio a pedimiento e requerimiento del dicho Julián de Alderete [...] e questo sabe porque lo vido e se halló presente».[29] De acuerdo con su dicho, serían más de dos los sometidos a tormento. Juan de Salcedo afirma: «y vido como el dicho tesorero Julián de Alderete vino a la posada del dicho marqués a le requerir, con mucho enojo que traía, que atormentase a Guatemuz [...] y así fue público y notorio que por pura importunación y requerimientos que el dicho Alderete hizo que se dieran los dichos tormentos, no embargante que le pesaba al dicho marqués».[30] Zorita viene a ser el primer autor que contradice las declaraciones anteriores, atribuyendo a Cortés la responsabilidad del tormento, «y lo puso en un gran cepo y un brasero a los pies y le untaban con aceite las plantas de ellos para que dijese del oro».[31] En la *Tercera Relación* informando sobre la toma de Tenochtitlan, este episodio se pasa en silencio; pero aquí hay que destacar que, a continuación de la firma de Cortés figura un añadido en el que se lee: «y porque los oficiales de vuestra majestad somos obligados a le dar cuenta del suceso y estado de las cosas de estas partes, y en esta escritura va muy particularmente declarado, y aquello es la verdad y lo que nosotros podríamos escribir, no hay necesidad demás nos alargar, sin remitirnos a la relación del dicho capitán».[32] Firman Julián de Alderete, Alonso de Grado y Bernardino Vázquez de Tapia. Está visto que el tesorero era hombre de cuenta en el ejército.

La crónica del *Anónimo* de Tlatelolco es sumamente parca al hablar de ese episodio: «Fue cuando le quemaron los pies a Cuahutemoctzin [no precisa el tiempo en que ocurre la acción]. Cuando apenas va a amanecer lo fueron a traer, lo ataron a un palo en casa de Ahuizotzin en Acatlicayapan».[33] Eso es todo. Ni siquiera menciona que tuviera como compañero de infortunio al soberano de Tacuba. Gómara, en cambio, que sí lo menciona, agrega que cuando éste desfallecía por el dolor, dirigió la mirada a Cuauhtémoc, implorándole autorización para hablar, a lo que éste «le miró con ira y lo trató vilmente, como persona muelle y de poco, diciendo si estaba él en algún deleite o baño. Cortés quitó del tormento a Cuauhutimoccín, pareciéndole afrenta y crueldad [...] Acusaron esta muerte a Cortés en su residencia como cosa fea e indigna de tan gran rey, y que lo hizo de avaro y cruel, mas él se defendía con que se hizo a petición de Julián de Alderete».[34] El tormento se aplicó untándole los pies con aceite y aproximándolos al fuego. Acerca de este triste capítulo, cabe señalar que no es posible precisar en qué momento tuvo lugar; esto es, si habrían transcurrido días, semanas, o incluso meses, después de la toma de Tenochtitlan. Por otro lado, se desconoce dónde escucharía Gómara la información relativa al «baño o deleite», y no deja de sorprender que Bernal, quien se muestra como simpatizante de Cuauhtémoc, al leerla en el libro de aquél, la pase de largo sin externar el menor comentario. Y lo propio ocurre con Marín y los otros testigos presenciales, que no mencionan haberla escuchado. La frase fue retomada por Torquemada y continuaron repitiéndola los autores que vinieron a continuación; todavía William H. Prescott, quien dio su libro a la imprenta en 1843 la reproduce textualmente.[35] Como a decir verdad, la versión original de baño o deleite resultaba un tanto desangelada, con el paso del tiempo alguien la transformó en ese «¿acaso estoy yo en un lecho de rosas?». Esta sí, una hermosa frase heroica.

Bernal dice: «como Cortés siempre tuvo los pensamientos muy altos, y en la ambición de mandar y señorear quiso en todo remedar a Alejandro Macedonio, y con los muy buenos capitanes y extremados soldados que siempre tuvo, y después que se hubo poblado la gran ciudad de México, y Guaxaca, y a Zacatula, y a Colima, y a la Veracruz, y a Pánuco, y a Guazacualco, y tuvo noticia que en la provincia de Guatemala había recios pueblos y de mucha gente, y que había minas, acordó de enviar a conquistarla».[1] Sea por la pasión por mandar, o un poco por quitarse de encima las presiones de que era objeto por parte de los inconformes, el caso es que no se mostró dispuesto a concederle reposo al ejército. Iban apenas transcurridos dos meses de la toma de Tenochtitlan y ya traía entre manos un magno proyecto, que incluía exploración y nuevas conquistas. En esos momentos, llegaron unos emisarios de Michoacán y, con ellos, despachó a dos españoles con el encargo de realizar la toma de posesión del Mar del Sur, del cual ya tenía noticia que se hallaba a doce o catorce días de distancia. Según más tarde escribiría a Carlos V, se encontraba muy ufano, «porque me parecía que en la descubrir se hacía a vuestra majestad muy grande y señalado servicio». Según se advierte, cuando todavía tiene muchos territorios por conquistar, ya alberga un plan de vastas dimensiones para volcarse en descubrir los secretos del océano, donde espera encontrar «muchas islas ricas de oro y perlas preciosas y especiería».[2] Los exploradores pronto estuvieron de regreso, trayéndole muestras de oro y la noticia de que habían llegado hasta las playas del Mar del Sur, del cual, conforme a la práctica establecida, tomaron posesión con todas las formalidades de rigor, plantando cruces en la costa. Pero para ponerse en marcha e iniciar las nuevas campañas se topaba con el inconveniente de la falta de pólvora. No es que ésta fuese indispensable, como lo habían demostrado Otumba y la campaña de Tepeaca que se ganaron sin disparar un tiro, pero de todas formas Cortés consideró que el estampido de la pólvora sería de gran utilidad, como factor psicológico, en las nuevas tierras en que incursionarían.

Estaba seguro que habría azufre en el cráter del Popocatépetl, y como Ordaz, el escalador inicial, estaba en España, comenzó a buscar voluntarios para la ascensión, hasta dar con Francisco Montaño (el mismo que clavó la bandera en lo alto del templo de Tlatelolco), quien tenía atrás la experiencia de haber subido al Teide en Tenerife, asomándose a su cráter.

Este capítulo lo cuenta Cervantes de Salazar, quien lo conoce muy bien por habérselo referido con todo detalle su amigo Montaño. Éste se habría hecho acompañar entre otros por Mesa, el artillero, por Peñalosa, capitán de gente de a pie, y por Juan Larios. Se proveyeron de dos gruesas cuerdas, un canasto tejido de cáñamo, cuatro costales de fibra revestidos de cuero de venado y llevaban, para protegerse del frío, un edredón relleno de pluma de ave. Partieron de Coyoacán seguidos de un grupo de porteadores indígenas y, para destacar la importancia de su misión, Cortés los acompañó un trecho fuera de la villa. Llegaron a Amecameca, y allí frente a los ojos de una muchedumbre venida desde lejos, iniciaron la marcha. Los indios levantaron cobertizos para aguardar su retorno. Comenzaron la ascensión caminado sobre tierra suelta, en la que se hunden los pies dificultando la marcha. La noche los sorprendió en la falda de la montaña. Para dormir removieron la tierra para hacer un agujero en el que todos cupiesen, cubriéndose con el edredón. Pero era tanto el frío, que no consiguieron conciliar el sueño, por lo que decidieron continuar la ascensión en lugar de esperar el día (lo probable es que fuese noche de luna, aunque el relato no lo menciona), andaban a tientas en la oscuridad, y uno de ellos cayó en una grieta, de la cual sus compañeros lo sacaron con muchas magulladuras. Esperaron la salida del sol. Cubrieron con el edredón al compañero lastimado y prosiguieron la marcha. Llegaron al cráter; allí echaron suertes sobre a quién le correspondería descender el primero. Le tocó a Montaño, le ataron una cuerda bajo los brazos y lo bajaron. Comenzó a llenar canastos, que inmediatamente eran izados, y así continuó hasta ser relevado por otro compañero. En cuanto tuvieron una cantidad que consideraron suficiente, emprendieron el descenso. Recogieron al compañero lastimado, y a eso de las cuatro de la tarde encontraron a una multitud de indios que se encontraban aguardándolos en la falda de la montaña. Les ofrecieron comida y se hicieron cargo del azufre, transportándolos a ellos en andas hasta el borde de la laguna, donde fueron seguidos por infinidad de canoas de indios que querían verlos. Según cuenta Cervantes de Salazar, Montaño le habría dicho que tardó muchos días en reponerse del miedo que pasó mientras se encontraba en el interior del cráter.[3]

En cuanto elaboraron la pólvora, las expediciones estuvieron listas para partir. Gonzalo de Sandoval iría al frente de la primera, con treinta y cinco de a caballo y doscientos de a pie, «y gente de nuestros amigos y con algunos principales y naturales de Temixtitan».[4] Lo notable de esa campaña es que Cortés no tuvo necesidad de efectuar una leva para reclutar un ejército. Le bastó hablar con los jefes. La estructura militar mexica se mantenía en pie. Los antiguos defensores de Tenochtitlan, ahora macana al hombro, marcharían como soldados suyos. En lo sucesivo su lealtad estaría con él. El destino de esa expedición fueron las regiones de Huatusco, Tuxtepec y Tatatetelco. Al mismo tiempo, a petición de los de Tepeaca se organizó otra, para castigar a aquellos que, desde Oaxaca, incursionaban en sus términos. El teniente de Segura de la Frontera iría al mando de ésta, consistente en doce de a caballo y ochenta infantes. Cortés menciona que ambas expediciones salieron de Coyoacán el 30 de octubre de 1521, siendo trescientos veintisiete el total de españoles que integraban esa fuerza, o sea, aproximadamente el cuarenta por ciento del total de los hombres de que disponía en el centro del país. Bernal, quien le solicitó licencia para ir en compañía de su amigo Sandoval, ofrece un relato muy variado, dando una serie de pormenores aunque confundiendo los tiempos. Cortés, en cambio, es muy preciso al consignar la fecha. Bernal recuerda que en Tuxtepec había tantos mosquitos, que de noche se subía a dormir en lo alto de una pirámide, donde el viento lo libraba de ellos. Sandoval, con la ayuda de los nuevos aliados, apresó a los capitanes que se habían visto involucrados en las muertes de españoles, y realizadas sus pesquisas, le hizo proceso al que encontró más culpable y lo quemó vivo, disimulando con los demás. «Y aquel pagó por todos», apostilla Bernal.[5] En las inmediaciones, fundó una villa a la que impuso el nombre de Medellín, según el encargo que traía.

El señor de Tehuantepec (zona a la que habían sido despachados otros dos españoles) envió a unos principales, que venían como emisarios, para ofrecer el vasallaje al rey de España. A continuación, Caltzontzin, el soberano del reino de Michoacán, le envió una embajada integrada por más de mil personas, encabezada por uno de sus hermanos. [En realidad, en lengua purépecha el nombre de este soberano era Tzintzincha Tangaxoan; *Caltzontzin* era el nombre náhuatl que le daban los mexica. La voz «tarascos», con que fueron conocidos, fue acuñada por los españoles]. Venían a presenciar con sus propios ojos la destrucción de Tenochtitlan, su otrora rival, y eran portadores de ricos presentes, entre los que destacaban unas rodelas de plata. Para impresionarlos se realizó una demostración: los jinetes escaramucearon y desde una torre disparó la artillería. Luego los llevaron a ver las ruinas de la ciudad, «y aún traían consigo a sus hijos pequeños y les mostraban a México, y, como solemos decir, aquí fue Troya, se lo declaraban».[6] Sin disparar un tiro, Michoacán, que se mantuvo neutral en la contienda, sin mover un dedo a favor de uno u otro bando, pasaba a ser estado vasallo de la Corona española.

El obispo contraataca

En diciembre de 1521, Cristóbal de Tapia, el flamante gobernador designado para la Nueva España, desembarcaba en la Villa Rica. Su llegada tomó por sorpresa a Gonzalo de Alvarado, que se hallaba al mando. Éste sólo atinó a ponerse las provisiones sobre la cabeza, en señal de acatamiento, respondiendo que una vez que se reunieran los alcaldes y regidores de la villa, ya se vería lo que procedía hacer. Por otro lado, no faltaron algunos descontentos, que instaron a Tapia a viajar a Coyoacán para entrevistarse con Cortés. Eso ocurría a escasos cuatro meses de la caída de Tenochtitlan.

A Cortés ni por un instante le pasó por la cabeza la idea de entregar el mando. Se encontraba muy fuerte. Es cierto que entre sus filas abundaban los descontentos pero, en cambio, entre los pueblos indígenas gozaba de prestigio. No se sabe qué ideas bullirían en su cabeza, pero está claro que debería estar muy consciente de lo que hacía al enfrascarse en un pulso con la Corona. Si las cosas salían mal, no le quedaría otra alternativa que, lisa y llanamente, la ruptura completa. Proclamarse independiente, apoyándose en los soldados jóvenes que le eran incondicionales y en los señores indios. Un reino indígena con un español a la cabeza. Un ensayo de lo que pudo ocurrir, se encuentra en la fase final de los combates contra los tlaxcaltecas, en aquella ocasión en que sus hombres se negaban a seguirlo y él les demostró cómo, al frente de los indios aliados y un puñado de españoles, podría llevar a cabo la Conquista. Por lo que se alcanza a percibir del perfil de Hernán Cortés, quien se muestra como hombre frío y calculador, es de suponerse que, al momento de iniciar ese enfrentamiento, ya habría sopesado las consecuencias en caso de que las cosas salieran mal. Cortaría vínculos con España, pues de lo contrario le estaría entregando la cabeza al verdugo; aunque hay un detalle que no debe pasar desapercibido: no se trataba de una desobediencia directa al Emperador, pues éste se encontraba en Flandes. La orden provenía de Fonseca.

Una consideración de peso es que a la hora de tomar la decisión, aunque no había recibido noticias directas de España, se hallaba al corriente de lo que allá sucedía a través de barcos llegados de las Antillas. Es por ello que tenía conocimiento de que la tierra se encontraba convulsionada por la rebelión de los Comuneros y la de las Germanías (hermandades de menestrales) en Mallorca y Valencia. La baja nobleza en el primero de los casos, y los artesanos en el segundo; en consecuencia, dado el desorden prevaleciente en España, la primera providencia que adoptó consistió en evitar todo contacto personal con Tapia. Con ello buscaba disminuirlo. Como representante suyo designó a fray Pedro Melgarejo de Urrea, el mismo que actuara como conciliador en la disputa entre Alvarado y Olid, allá en Actopan, y a quien confía un tipo de misión que en otra época hubiera encomendado a fray Bartolomé de Olmedo. Acerca de ese personaje que vestía el hábito franciscano, Bernal escribe «tenía buena expresiva».[7] La observación confirma que se trataba de un hábil negociador. En la carta al Emperador, Cortés se referirá a fray Pedro como «comisario de la Cruzada». Resulta importante observar que al puntualizar acerca de las instrucciones impartidas a éste, destaca: «Lo cual yo le rogué en presencia del tesorero de Vuestra Majestad, y él asimismo se lo encargó mucho».[8] Aquí, Cortés se presenta actuando de común acuerdo con su mortal enemigo Alderete; y no hay que pasar por alto que éste era hombre del obispo: ¿cómo fue eso posible? Diríase que la designación de Tapia fue un movimiento tan torpe, que obró el prodigio de unificar en su contra a los antiguos enemigos. Se desconoce qué pensamientos albergaría Alderete; podría suponerse, incluso, que aspirara a suplantar a Cortés. El caso es que a partir de ese momento se produce un acercamiento entre ambos (es posible, incluso, que éste ya se hubiera producido con anterioridad, pues como saldrá a relucir más adelante, en el juicio de residencia, Alderete era un asiduo asistente a la casa de Cortés en Coyoacán, donde los concurrentes vivían entregados al juego).

Habida cuenta de los escasos alcances del gobernador designado, deshacerse de él no significó mayor problema. Cortés envió una orden a Gonzalo de Sandoval para que, abandonando las conquistas que traía entre manos, se presentase en la Villa Rica provisto de un poder suyo. Y con él, además de fray Pedro, estarían Pedro de Alvarado, Diego de Soto y Diego de Valdenebro, quienes actuarían como plenipotenciarios. Al flamante gobernador, que ya venía en camino rumbo a Coyoacán, lo hicieron regresar para dirigirse a Cempoala, sitio designado como sede de las conversaciones. Éstas tuvieron lugar del 24 al 30 de diciembre de 1521, y en ellas también tomaron parte los miembros del cabildo de la Villa Rica y los procuradores enviados por Tenochtitlan, Segura de la Frontera y Medellín. El rechazo a aceptarlo fue unánime. Tapia, que no era hombre de grandes alientos, optando por la prudencia, se reembarcó olvidándose de su gubernatura. Lo llenaron de oro. Bernal agrega que le compraron a muy buen precio sus esclavos negros, tres caballos y un navío; así regresó rico a Santo Domingo, con lo cual causó mala impresión a la Audiencia y a los frailes jerónimos. En esto último se equivoca el cronista, pues los frailes llevaban cerca de un año de haber abandonado la isla.[9] En la carta en que Cortés dará cuenta al Monarca del desenlace de esa situación, señala que tanto Diego Colón, como los jueces y oficiales de la Española, habían requerido a Tapia para que no se presentase en México sin que antes el Emperador fuese informado, «y para ello le sobreseyeron su venida so ciertas penas; el cual, con formas que con ellos tuvo, mirando más su particular interés que a lo que al servicio de vuestra majestad convenía, trabajó que se alzase el sobreseimiento de su venida».[10] Pero por otra parte, con gran desparpajo, en el mismo escrito expresa que en cuanto recibió la carta de Tapia avisándole de su llegada le habría respondido manifestándole la alegría que ello le producía, por haber recaído en su persona el nombramiento «por el conocimiento que entre nosotros había, como por la crianza y vecindad que en la Española habíamos tenido». El argumento de mayor peso que esgrimirá para justificar la forma como actuó, será el de que en aquellos momentos la Conquista no estaba consolidada, y que de haberle cedido la gobernación, se habría producido un levantamiento generalizado. En España decidieron ignorar por el momento su desobediencia, pues otra cosa no podía hacerse; si tiraban demasiado de la cuerda, existía el riesgo de que se proclamara independiente. Al menos, ése era el sentir de la Corte en aquellos momentos, según lo refleja Pedro Mártir de Anglería.

Para cerrar de una vez por todas el capítulo de la fugaz aparición de Cristóbal de Tapia, que no deja de tener características insólitas, será preciso asomarse primero a la cédula de su nombramiento, para conocer las razones que motivaron su envío. Se trata de un documento muy breve, en cuyo encabezado se detectan tres errores: el primero consiste en afirmar que la expedición de Cortés se despachó con la autorización de los frailes jerónimos; el segundo, que ésta partió con el propósito de «contratar con los indios» y poblar las nuevas tierras; y el tercero, que el descubridor de Yucatán habría sido Juan de Grijalva. En cuanto al encargo que trae Tapia, no es otro que el de interponerse entre Cortés y Narváez, para evitar que lleguen a las manos, asumiendo él el gobierno. Salta a la vista que la decisión se ha adoptado luego de recibirse el informe del oidor Lucas Vázquez de Ayllón, quien fuera ignominiosamente expulsado por Narváez, con lo cual incurrió éste en flagrante desacato a la Audiencia de Santo Domingo. El documento está fechado en Burgos el 11 de abril de 1521, o sea, por los días en que Cortés iniciaba operaciones en Iztapalapa para preparar el camino al inicio del asedio a Tenochtitlan, lo cual pone de relieve que la Corte se encontraba completamente en ayunas de lo ocurrido en los últimos once meses. Firmaba el documento, en primer término, el cardenal Adriano, como coregente del reino, y al reverso, aparecía la firma de Fonseca. En una diligencia practicada el sábado 28 de diciembre de 1521, ante escribano público, el alcalde y regidores de la Villa Rica (a los que se sumaban Pedro de Alvarado, Cristóbal Corral y Andrés de Monjaráz, como procuradores de los otros cabildos de la Nueva España, y Gonzalo de Sandoval, Diego de Soto y Diego de Valdenebro como procuradores de Cortés), fueron refutadas las aseveraciones contenidas en el documento, dejando además constancia de que el autor del descubrimiento había sido Francisco Hernández de Córdoba, a quien se señala ya como fallecido.[11]

La fecha del reembarque de Tapia no quedó consignada, pero puede asumirse que ocurriría a principios de enero, pues Pedro de Alvarado pronto estuvo de regreso en Coyoacán, y para el «último de enero de este presente año», partía al frente de una expedición que se encaminaba a la zona de Tautepeque. Por el camino, al llegar a Oaxaca, se le sumarían cuarenta jinetes y doscientos infantes que ya habían realizado sin tropiezos la incorporación de esa zona. El paso siguiente de Cortés fue montar un astillero en Zacatula, emprendiendo la construcción de «dos carabelas medianas y dos bergantines». Objetivo: la exploración del Mar del Sur. Las carabelas para internarse en profundidad, y los bergantines para recorrer el litoral. Para ello, envió a una «persona de recaudo» que llevaba cuarenta hombres, entre carpinteros, herreros y marineros, e hizo transportar desde la Villa Rica toda la jarciería, clavazón y aparejo necesario. Lo notable del caso es que no perdió tiempo en hacerlo, pues apenas había tenido informes fidedignos de la existencia de esa costa, y ya se había puesto manos a la obra.[12] El número tan alto de españoles enviado muestra la importancia que concedía al proyecto.

Durante los días en que Tapia permaneció en la Villa Rica, conversó ampliamente con Narváez; por ello, Cortés resolvió que le remitieran el prisionero a Coyoacán, donde podría controlarlo de cerca. Narváez quedó asombrado ante todo lo que vio, y al llegar a presencia de Cortés, hincó las rodillas en tierra e intentó besarle las manos, pero éste lo contuvo y con gran deferencia lo invitó a sentarse a su lado. Narváez se mostró muy obsequioso, exaltando la proeza de haber conquistado una ciudad tan poderosa como Tenochtitlan, a lo que Cortés, con gran modestia, respondió que los hombres con que contaba no hubieran sido suficientes para un hecho de tal magnitud; todo debería atribuirse a la misericordia de Dios.[13]

Llegó finalmente el momento en que Cortés se sentó a escribir para rendir «el parte». Debía dar cuenta de su gran victoria, y empuñó la pluma para escribir la que vendría a ser la *Tercera Carta de Relación* (15 de mayo de 1522). Le tomó casi diez meses decidirse a hacerlo. El tono del escrito es muy directo, achacando el no haberlo hecho antes a que no se hubiese respondido a sus comunicaciones anteriores, «la causa creo ha sido, o no ser bien recibidas mis cartas y servicios, o la distancia de la tierra, o la negligencia de las personas que solicitan mis negocios».[14] Después de esa rápida introducción, retoma el relato allí donde lo dejó en la anterior; por tanto, ésta abarca desde que se recupera del descalabro de la *Noche Triste* hasta la toma de Tenochtitlan y primeras campañas de expansión y consolidación de lo ganado. Evidentemente, se trata de una síntesis apretada, pues son demasiadas cosas de las que da cuenta en espacio tan breve, por ello el riesgo de confundirse para aquel que no esté muy enterado de los sucesos que allí se relatan; pero, en cambio, funciona a la perfección como una guía cronológica, frente a los textos de otros autores que no tienen muy claros los tiempos, como es el caso de Bernal. Los puntos salientes de esa comunicación ya resultan conocidos para el lector, pues han servido de guía hasta el momento, por ello resultaría redundante insistir en ellos. Lo que sí constituye novedad es que hacia el final de ella, en pocas líneas comunicaba a Carlos V una decisión trascendental. Acababa de crear la Encomienda. Esa institución, que remonta sus orígenes a los Repartimientos practicados en Andalucía con el avance de la Reconquista, pasó a las Antillas y ahora saltaba a México. El argumento esgrimido fue «no se pudo ni puede tener otra cosa que sea mejor, que convenga más, así para la sustentación de los españoles como para conservación y buen tratamiento de los indios».[15]

Los encomendados fueron los hombres del pueblo llano, pues a los grandes señores, los feudales del Nuevo Mundo, les devolverá parte de las tierras que antes poseían. Frente a la esclavitud, la única preocupación de Cortés era que los esclavos fuesen «jurídicamente válidos».[16] Pero una cosa era la Encomienda, y otra muy distinta la esclavitud; en el primero de los casos, los encomendados se encontraban arraigados a la tierra, y debían trabajarla para cubrir un tributo al encomendero, quien a cambio de ello, adquiría la obligación de velar por su indoctrinación en la fe cristiana. No podía disponer de ellos vía comercio.

Acerca de Texcoco, la única novedad a consignar es la muerte de Tecocoltzin (don Fernando) «que a todos nos pesó porque era muy buen vasallo de vuestra majestad y muy amigo de los cristianos». Lo sucedió en el trono un hermano menor al que en el bautizo se le impuso el nombre de don Carlos, quien «lleva las pisadas de su hermano y aplácele mucho nuestro hábito y conversación».[17] La identificación de los príncipes texcocanos se presta a confusión, a causa del relato de Fernando de Alva Ixtlilxóchitl, autor por cierto muy tardío, que se apoya en fuentes altamente dudosas. El don Carlos de que habla aquí Cortés, según Bernal, vendría a ser nada menos que el propio Ixtlilxóchitl, a quien llegó a conocer muy bien, y del que hasta en dos ocasiones manifiesta que en el bautismo tomó el nombre de don Carlos.[18] Pero no obstante lo bien que llegara a conocerlo, aquí el cronista parece haberse confundido por obra del tiempo, pues como se verá más adelante, Ixtlilxóchitl no asumirá el gobierno de Texcoco sino hasta unos cuatro años más tarde.

Alonso de Ávila ya se encontraba de regreso de Santo Domingo, y cuenta Bernal que como resultado de su gestión, obtuvo para Cortés la autorización de la audiencia y de los frailes jerónimos, «para poder conquistar toda la Nueva España, y [para] herrar los esclavos según y de la manera que llevaron en una relación, y repartir y encomendar los indios como en las islas Española y Jamaica se tenían por costumbre; y esta licencia que dieron fue hasta en tanto que Su Majestad fuese sabedor de ello o fuese servido mandar otra cosa».[19] Aquí hay tres reparos que oponer: hacía más de dos años que los jerónimos habían salido de la isla, y la autorización para establecer la encomienda, así fuese con carácter provisional, nunca fue otorgada, ni por ellos, ni por la Audiencia, ni por Diego Colón. Y todavía habrían de transcurrir más de dos años para que llegase el llamado «hierro del rey».

El encargado de llevar la *Tercera Relación*, junto con el tesoro, será Juan de Ribera, a quien acompañarán Alonso de Ávila, Alonso de Quiñones y Julián de Alderete (a Ávila, según Bernal, Cortés lo enviaba sólo por quitárselo de encima). Alderete no llegó muy lejos, pues murió durante la travesía, en el trayecto entre la Villa Rica y La Habana. [Años más tarde los enemigos de Cortés acusarían a éste de haberlo mandado envenenar; inclusive, llegarían al extremo de decir que el tóxico le fue suministrado en una ensalada, cuando cenó en casa de Pedro de Ircio, la víspera de la partida. En un documento Cortés se refiere a Alderete como amigo suyo, a quien dice haber tratado con consideración, lo cual no sería de extrañar, pues para él las amistades y odios no eran eternos; es así, que supo ganarse a Ávila, Ordaz, Velázquez de León y otros más que en algún momento conspiraron en su contra.] Bernal dice que Cortés hizo relación en su carta de todo lo acaecido, «que fueron veinte y una plana, y porque yo las leí todas y lo entendí muy bien, lo declaro aquí como dicho tengo; y además de esto enviaba a suplicar Cortés a Su Majestad que le diese licencia para ir a la isla de Cuba a prender al gobernador de ella, que se decía Diego Velázquez, para enviárselo a Castilla para que allá su Majestad le mandase castigar».[20] Una precisión: el propósito de ir a Cuba y apresar a Velázquez, no lo manifiesta Cortés en esa carta, sino en la siguiente, la que vendrá a ser la *Cuarta Relación* (ello induce a pensar que, aunque Bernal en algún momento leyó las *Cartas de Relación*, cuando escribía no las tenía a la vista). La navegación resultó accidentada: llevaban a bordo tres tigres en sus jaulas (jaguares, evidentemente), y con el mar agitado, se soltó uno de los dos que llevaban en un navío, hiriendo a un marinero. Tuvieron que matarlos. El tercer tigre iba en el otro barco. En carta a su padre, Cortés ya le había anunciado el envío de un tigre que tenía en su casa y que era muy manso.[21] En la escala realizada en la isla Terceira de las Azores, Quiñones, quien era un hombre muy lanzado, por amores de una mujer recibió una cuchillada que le ocasionó la muerte. Los emisarios viajaban en dos naves, y al dejar atrás las islas, aquella en que iba Alonso de Ávila, que era la que transportaba el tesoro, fue capturada por el pirata Juan Florín, quien la llevó a Dieppe. Juan de Ribera, que escapó al ataque, logró llegar a España llevando consigo la *Relación*, así como la carta que Cortés dirigía a su padre junto con algún dinero.[22] [A Juan Florín la suerte pronto le volvió la espalda, y en un ataque a naves vizcaínas las cosas le salieron mal, siendo apresado. Ofreció un fuerte rescate por su vida, pero de nada le valió. Fue ahorcado en el puerto de El Pico.]

Para cuando la *Relación* llegó a España, la noticia de la toma de Tenochtitlan ya era conocida desde dos meses antes. Eso se sabe a través de una nota, agregada por el impresor Jacobo Cromberger, al sacar de prensa la *Segunda Relación*, que a la letra dice: «Después desta, en el mes de marzo primero que pasó vinieron nuevas de la dicha Nueva España cómo los españoles habían tomado por fuerza la grande ciudad de Temixtitán, en la cual murieron más indios que en Jerusalén judíos en la destrucción que hizo Vespasiano, y en ella asimesmo había más número de gente que en la dicha cibdad santa. Hallaron poco tesoro a causa que los naturales lo habían echado y sumido en las lagunas. Solos ducientos mill pesos tomaron. Y quedaron muy fortalecidos en la dicha cibdad los españoles, de los cuales hay al presente mill y quinientos peones y quinientos de caballo. Y tiene[n] más de cien mill de los naturales de la tierra en el campo en su favor. Son cosas grandes y extrañas y es otro mundo sin duda, que de solo verlo tenemos harta cobdicia los que a confines dél estamos. Estas nuevas son hasta principio de abril de 1522 años, las que acá tenemos dignas de fee».[23] Aunque se desconoce el conducto por el que llegó la noticia, puede darse por descontado que sería a través de algún barco proveniente de las Antillas. La tardanza en informar y el haber recibido la noticia por otra vía, darían pábulo a todo tipo de habladurías, alimentando la suspicacia con que los movimientos de Cortés eran seguidos desde la Corte, misma que sus adversarios se encargaron de atizar, atribuyéndole la intención de que pensaba alzarse por Rey.

Por esos días se escenificará el que vendrá a ser el último forcejeo con el obispo Juan Rodríguez de Fonseca. A la villa del Espíritu Santo, aguas arriba del Coatzacoalcos, en un «bergantinejo harto pequeño», llegó Juan Bono de Quexo procedente de Cuba.[24] Era éste el maestre del navío que condujo a Narváez, y que ahora retornaba enviado por el eclesiástico, quien en la creencia de que Tapia gobernaba la tierra, dirigía cartas a numerosos conquistadores haciéndoles ofrecimientos a cambio del apoyo que dieran a éste. Muchos de los pliegos venían firmados en blanco para que Quexo escribiera lo que fuese necesario. Bernal apunta que él recibió una de esas cartas.[25] Cortés, al referir el episodio al Emperador, mañosamente incrimina al obispo, acusándolo de ser el responsable de que ya algunos comenzaran a hablar de trasladar a las recién conquistadas tierras la rebelión comunera; de manera que si se presentaba una reedición de las Comunidades, que él no pudiera controlar, Fonseca debería cargar con las culpas. La batalla de Villalar, en la que fue aplastado el movimiento comunero, ocurrió el 23 de abril de 1521, o sea, se trataba de un hecho muy reciente (para evitar confusiones, conviene dejar bien sentado que aunque Bono de Quexo llegó en una fecha no precisada, durante el segundo semestre de 1522, no será sino hasta 1524, en la *Cuarta Relación*, cuando Cortés aluda a este hecho). Como las filas de los comuneros estuvieron formadas por hidalgos y miembros de la baja nobleza, que reivindicaban privilegios de clase frente al poder central y la alta nobleza, hipotéticamente podría asumirse que, de haberse extendido el movimiento a México, tanto Cortés como la mayoría de los capitanes e hidalgos que militaban en sus filas, por identificación de clase, se habrían alineado en el bando de la Comunidad; siempre existió un caldo de cultivo propicio para que en tierras mexicanas se escenificara un acto de rebelión, como años más tarde ocurriría en el Perú, donde Gonzalo Pizarro se alzó en armas contra el poder real.

Cortés, al igual que todos sus hombres, seguía sin comunicación directa con España. Un periodo que ya se alargaba demasiado, sin noticias de sus procuradores, a quienes se había unido Ordaz, y tampoco de su padre. A todo lo largo de 1522 y primera mitad de 1523, no recibe una sola carta. Pero ello no significa que no se le hubiera escrito, lo que ocurrió es que la cédula del monarca tardó casi diez meses en llegar a sus manos; no obstante, estaba más o menos al corriente de lo que allá sucedía, como se desprende de su alusión a la rebeldía de los comuneros. Se sabe que fueron muchos los barcos llegados de las Antillas en ese período; el dato se deduce a través del alto número de caballos que para esas fechas se advierten en México. Algo a destacar es que ese aparente silencio de la Corte no parece haberle afectado; ningún cronista le presta atención. Está fuera de dudas que en ese periodo era el gobernante indisputado. Nadie le hacía sombra. En cuanto al país, en aquellos sitios en que los españoles ejercían el control efectivo, se habían prohibido los sacrificios humanos, lo cual equivalía a la supresión de la antigua religión (al menos, no podía practicarse abiertamente); pero, al propio tiempo, se daba el caso de que la nueva todavía no arrancaba, pues no había clérigos en número suficiente para enseñarla. Podría considerarse como un periodo de transición, en el que nadie parecía llorar la muerte de los antiguos dioses; al menos, ninguna crónica registra disturbios ocasionados por nostálgicos del viejo culto que se hubiesen echado a protestar a las calles. La casta sacerdotal estaba liquidada. Otro dato significativo, consiste en que la tierra continuaba en paz. Los españoles podían trasladarse con seguridad por los caminos, en pequeños grupos, e incluso solos. No se encuentra registrado que, por aquellos días hubiese ocurrido una sola agresión. Eso, naturalmente, en la zona conquistada, ya que en otras áreas, sobre todo en el norte, la penetración tomaría más de medio siglo. Es en estos momentos cuando Cortés emprende la construcción de la ciudad de México, un magno proyecto al que se presta poca atención, quizás a causa de lo escasa que resulta la información disponible. No se trató de reconstruir lo destruido, sino de edificar algo que nada tenía que ver con lo anterior. Ninguna similitud con un ave Fénix que renaciera de sus cenizas. La ciudad que se levantará será una urbe europea, tanto en su traza como en sus edificios. A pesar de que Vázquez de Tapia y otros conquistadores enemigos suyos, lo acusarán en su momento de haber elegido el asiento de la antigua Tenochtitlan desoyendo una opinión mayoritaria, al parecer, éste no fue un asunto que haya estado sujeto a debate. Lo decidió él y nada más; ya se vio que Bernal refiere que una de las primeras órdenes dictadas a Cuauhtémoc, fue la de retirar los escombros para preparar la construcción de la nueva ciudad. La razón de haber elegido el antiguo asiento obedecería, sin duda alguna, a móviles de orden político. El caso es que Cortés, convertido en urbanista, se volcó de lleno en el proyecto, imprimiéndole un sello personal. Para el trazado de la planta, contó con la ayuda de Alonso García Bravo, uno de los soldados de Garay que pasaron a engrosar sus filas. A éste se le llama *el Jumétrico*, lo cual evidencia que tenía conocimientos de geometría. En términos actuales vendría a ser un topógrafo práctico. (Será él quien realizará el trazo de Oaxaca, la Nueva Antequera.) Por su parte, comenzó a levantar su propia casa, que por sus inmensas dimensiones, debió absorberle mucho tiempo. Será hasta mediados de 1523 cuando los españoles comenzarán a ocupar las casas de la ciudad; pero es evidente que los indios se mudarían antes, pues ellos serían los encargados de realizar los trabajos. Pero tratándose de algo totalmente nuevo, tanto por el tipo de edificaciones, como por sistemas constructivos, los españoles deberían adiestrar a sus contrapartes nativas. Eran muchos los métodos novedosos, comenzando por la rueda, que al momento se aplicó en carretas y carretillas; hubo, por otra parte, la introducción de polipastos, y en la carpintería se dio un inmenso paso adelante al darse a conocer las sierras y los clavos, elementos hasta ese momento desconocidos, puesto que no manejaban el hierro. Fue una auténtica revolución la que se operó en cuanto se refiere a la introducción de herramientas y métodos constructivos, pues las nuevas edificaciones serían de planta europea. Resulta asombrosa la prontitud con que los artesanos indígenas asimilaron las nuevas técnicas.

Muerte en Coyoacán

Hacia mediados de julio o comienzos de agosto de 1522, Catalina Suárez Marcaida, en compañía de su hermano Juan, y de las esposas y familiares de otros conquistadores, abordó un navío que largó anclas en el río de Ayagualulco, cercano a Coatzacoalcos, adonde se encontraba Sandoval. Éste, en cuanto tuvo noticia, la fue a cumplimentar. Tuvo con ella toda clase de miramientos, proporcionándole una escolta para que la acompañase en el trayecto a Coyoacán. Acerca de su llegada, Bernal cuenta que Sandoval se apresuró a informar a Cortés; y a continuación, la acompañó en el camino a México, junto con otros capitanes y soldados, «y desde que Cortés lo supo dijeron que le había pesado mucho de su venida, puesto que no lo mostró, y les mandó salir a recibir, y en todos los pueblos les hacían mucha honra hasta que llegaron a México».[26] En cambio, su sobrino Juan Suárez de Peralta, presenta las cosas de esta manera: «y el marqués esperaba por horas a su mujer doña Catalina Suárez, que había enviado por ella; y ya pasados muchos días, que estaban con esta esperanza, llegó nueva al marqués cómo su mujer estaba en el puerto, y trae socorro de muchas cosas. Holgó de ello mucho, y luego despachó a unos capitanes, que fueron con cosas de regalos a recibirla y la trajesen a México».[27]

Frente a la aparente discrepancia que parece advertirse entre ambas versiones, sólo queda recordar que Bernal en aquellos momentos se hallaba en Coatzacoalcos, justo en el área donde ella desembarcó. El caso es que Catalina llegó a Coyoacán, reanudando la vida conyugal con su marido. Pero de lo ocurrido entre los esposos muy poco es lo que puede decirse, pues el tiempo que pasaron juntos fue breve, apenas algo más de tres meses. La noche del primero de noviembre hubo una gran fiesta en casa de Cortés, y Catalina danzó y estuvo muy alegre. Al día siguiente, los moradores de Coyoacán se despertaron con la noticia de su fallecimiento. El deceso se produjo en horas de la noche, encontrándose en la cama, en compañía de su esposo. Su fallecimiento se atribuyó a causas naturales, según nos lo da a entender Bernal; «a obra de tres meses que había llegado oímos decir que la hallaron muerta de asma una noche, y que habían tenido un banquete el día antes y en la noche, y muy gran fiesta, y porque yo no sé más de esto que he dicho no tocaremos en esta tecla».[28] Su paso por México fue fugaz. Prácticamente, se ignora el tipo de vida que llevaron y lo que Catalina hizo o dejó de hacer en ese tiempo; uno de los escasos datos conocidos, es el de que, unos días antes, visitando la huerta de Juan Garrido, tuvo un desvanecimiento que alarmó a todos los que se hallaron presentes, pues llegó a tenérsele por muerta.[29] Cortés no juzgó necesario informar al monarca acerca de su fallecimiento.

21
Interviene Martín Cortés

Antes de asomar a las nuevas campañas de Cortés, conviene pegar un salto a España, para conocer lo que allí ocurría. Lo primero que se advierte es la notoria discrepancia de las versiones acerca de la acogida dispensada a los procuradores, lo cual obliga a examinarlas por separado. Bernal, *grosso modo*, refiere lo sucedido de la siguiente manera: llegaron Montejo y Puerto Carrero y el obispo Fonseca no los quiso escuchar. Les decomisó el tesoro, apropiándose de la mitad, y enviando la otra al monarca, al par que le decía que era Diego Velázquez quien lo enviaba. Y como Puerto Carrero le insistiera en que le diese licencia para viajar a Flandes para entrevistarse con el Emperador, lo puso preso bajo el cargo de que tres años antes había sacado de Medellín a una mujer casada para llevarla a Cuba. Moriría en prisión.[1] Pero en otra parte agrega que «ciertos caballeros muy curiosos», le preguntaron cómo era eso de que escribiera acerca de cosas que no vio, a cuya pregunta responde: «nuestros procuradores nos escribían a los verdaderos conquistadores lo que pasaba, así lo del obispo de Burgos como lo que Su Majestad fue servido mandar en nuestro favor, letra por letra, en capítulos, y de que manera pasaba. Y Cortés nos enviaba otras cartas que recibía de nuestros procuradores a las villas donde vivíamos en aquella sazón, para que viesen cuán bien negociaban con Su Majestad y cuán contrario teníamos al obispo».[2] Como se advierte, se está contradiciendo, pues si los procuradores fueron bloqueados por Fonseca y el Emperador se encontraba en Flandes, mal podrían éstos negociar. Además, nunca escribieron. Vamos a Las Casas, y éste nos dice que a la llegada a España, los oficiales de la Casa de Contratación les decomisaron el tesoro, enviándolo a Valladolid para que lo viese el monarca, quien ya volvía de Barcelona para embarcarse en La Coruña. Al verse despojados, Montejo y Puerto Carrero, en compañía de Alaminos, fueron a Medellín con el poco dinero que les habían dejado los oficiales, y allí recogieron a Martín Cortés. Como supieran que el soberano iba ya camino de La Coruña, allá se dirigieron, «y en ese camino los cognoscí yo».[3] Pero los informes de ambos no concuerdan con los datos que aparecen en el preámbulo de la llamada *Primera Relación* (introducidos por algún funcionario del Consejo de Indias o por el propio impresor), en el cual se lee: «y partiéndose los procuradores de la dicha Rica Villa de la Vera Cruz vinieron a España, y llegaron a Valladolid en el principio del mes de abril de año de quinientos veinte en la Semana Santa, estando el rey don Carlos, nuestro señor, en principio de camino para Alemania a recibir la corona imperial; y presentaron a su Majestad lo que traían y una carta que el cabildo, Justicia y regidores de la dicha Villa de la Vera Cruz escribieron a Sus Altezas».[4] Carlos V tomó nota de lo que se le informaba, y prosiguió viaje a La Coruña para embarcar rumbo a Flandes. En esa última ciudad, durante los días 29 y 30 de abril, Montejo y Puerto Carrero fueron interrogados, el primero en presencia del doctor Lorenzo Galíndez de Carvajal, un alto funcionario de la Corona, y el segundo por Juan de Sámano, secretario del Emperador. Se conserva el acta y, en ella, se observa que defendieron los intereses de Cortés a cabalidad, señalando que éste, junto con amigos suyos, había aportado siete de diez navíos que participaron en la expedición.[5] La circunstancia de que Puerto Carrero aparezca desahogando una diligencia, opone un desmentido a su supuesta prisión y muerte en la cárcel. Éste es el momento apropiado para destacar la importancia tan grande que tuvo la intervención de Martín Cortés, pues de no haber revertido éste la situación, neutralizando a Fonseca, está claro que los acontecimientos hubieran tomado un sesgo muy diferente: de haberse adoptado hacia Cortés la línea dura por la que abogaba el eclesiástico, el rompimiento hubiera resultado inevitable, y la Historia se habría escrito de manera distinta. En marzo de 1520, Martín dirigió un memorial al monarca, solicitando autorización para que la *Santa María de la Concepción*, el navío en que llegaron Montejo y Puerto Carrero, regresase a México: «suplico a Vuestra Majestad mande dar su provisión real para que la dicha carabela se pueda despachar con las cosas susodichas para la dicha tierra de Coluacán, no embargante cualquier mandamiento que Vuestra Alteza haya mandado dar para que ningún navío vaya a la dicha isla. Porque de la tardanza se podía seguir daño e detrimento a la dicha villa e vecinos de ella por falta de los dichos bastimentos e provisiones».[6] Éste será el único escrito suyo llegado a nuestros días. No logró lo solicitado, posiblemente debido a que el Obispo se interpuso, pero de todas formas, queda claro que para haber conseguido obtener audiencia con el Emperador, pasando por encima de éste, sería algo más que un «pobre escudero», como despectivamente quiso hacerlo aparecer Las Casas. Se requería de muy influyentes valedores en la Corte para lograrlo, y está visto que los tenía; entre otros, su pariente, el licenciado Francisco Núñez, quien era nada menos que relator del Consejo Real.[7]

Carlos V embarcó en La Coruña el 20 de mayo de 1520, pero antes de partir autorizó el retorno a Santo Domingo de Diego Colón. La Audiencia continuaría en funciones, por lo que éste regresaría con atribuciones disminuidas. Su segundo mandato comprenderá de 1520 a 1526, año en que nuevamente sería llamado de retorno (esta vez definitivo). Aunque Diego pretendía que las nuevas tierras, en las que incursionaba Cortés, caían dentro de su jurisdicción, para efectos prácticos no llegó a producirse ningún enfrentamiento directo entre ambos, siendo el caso de que, incluso, no llegaron a intercambiar una sola carta. Por lo demás, el monarca se marchaba dejando la casa revuelta: España quedaba convulsionada por la rebelión comunera y las germanías. La idea de coronarse Emperador encontraba oposición de parte de personajes muy encumbrados por sentir que no correspondía a los intereses de España, sobre todo, cuando veían a los flamencos como una partida de depredadores, que no hacían otra cosa que medrar y acaparar cargos públicos. Un caso escandaloso ocurrió cuando, a instancias de Carlos V, un jovencito de diecisiete años, sobrino de su favorito Guillermo de Croy (*monsieur* de Chiêvres), que llevaba su mismo nombre, fue creado cardenal y luego arzobispo de Toledo y primado de España, para ocupar el puesto vacante por defunción del cardenal Cisneros (la temprana muerte del recién nombrado cardenal evitó posibles males).

En España, el tesoro de Motecuhzoma pudo ser admirado por muchos, tanto en el Consejo de Indias como en la antecámara del monarca, y de él nos hablan Las Casas, Oviedo y Pedro Mártir. Este último describe con estas palabras a las dos piezas capitales: «dos muelas de molino como de brazo, una de oro y de plata la otra, macizas, de idéntica circunferencia y de 28 palmos; la primera pesaba 3880 castellanos, moneda áurea que según he dicho supera en una cuarta parte al ducado. En el centro de la misma figuraba, como rey sedente en su trono, una imagen de a codo, vestida hasta la rodilla, parecida a un zema, y con un rostro semejante al que entre nosotros sirve para representar los espectros nocturnos. El fondo lo constituían ramas, flores y follaje. La misma cara tenía la de plata y casi igual peso; ambas eran de metal puro».[8] Carlos V llevó consigo el tesoro y en Bruselas lo tuvo en exhibición, contándose Alberto Durero entre aquellos que tuvieron oportunidad de examinarlo; «nada he visto que regocije tanto mi corazón como estas cosas. Entre ellas he encontrado objetos maravillosamente artísticos, y he admirado los sutiles ingenios de hombres de estas tierras».⁹ Eso es lo que dijo este ilustre artista del Renacimiento. Lástima que no haya empuñado un carboncillo para realizar un bosquejo de ellas. El tesoro de Motecuhzoma se perdió, desconociéndose adónde fueron a parar esas piezas excepcionales.

Si la muerte de Catalina afectó poco o mucho a Cortés, eso es algo que se desconoce; lo que sí sabemos con certeza, es que no parece haberse concedido mucho tiempo para duelos. El año de 1523 será de grandes empresas. Su estrategia se mueve en dos direcciones; primero, hacia la cuenca del Pánuco, una operación ya planeada de antemano desde el año anterior y, a continuación, despachará otra expedición de gran envergadura, cuyo destino será Las Hibueras (la costa de Honduras). Una estrategia de altos vuelos. Se diría que quisiera cerrar la entrada al país, evitando que otros pudieran incursionar en lo que considera su área. En cuanto a la primera, el caso es delicado, pues va a meterse en una región de la cual la Corona ya había concedido la adelantaduría a Francisco de Garay; por tanto, para justificarse, aduce que de la región de Pánuco, donde mataron a españoles enviados por éste, algunos de los naturales han venido para disculparse por esas muertes, aduciendo que «lo habían hecho porque supieron que no eran de mi compañía y porque habían sido de ellos maltratados; y que si yo quisiese allí enviar gente de mi compañía, que ellos los tendrían en mucho y los servirían en todo lo que pudiesen, y que me agradecerían mucho en que los enviase». En fin, le abren las puertas; pero, unas líneas más adelante, dice al Emperador que, por un navío llegado de Cuba, ha tenido noticias de que Diego Colón, Diego Velázquez y Francisco de Garay se encuentran juntos en la isla y se han confabulado para venir en contra suya. Efectivamente, Diego Colón viajó a Cuba llevando consigo a dos oidores de la Audiencia de Santo Domingo, pero no llegó a participar en acción alguna en su contra. Velázquez permanecía en el cargo, pero para esas fechas ya se encontraba notoriamente disminuido a resultas del envío de la expedición de Narváez. Se antoja difícil que Diego Colón pudiera olvidarse de la pasada deslealtad de éste hacia él, por lo que se diría que aquí, lisa y llanamente, Cortés está enmarañando las cosas para justificarse. Y contra lo que se supondría, va a incursionar en una región donde no será bienvenido. Antes habló del cacique Pánuco, con quien dijo haber tenido comunicación amistosa a través de intermediarios. Pero la realidad es que cuando llegue a esa zona, Pánuco no aparecerá. No se sabe qué fue de él, desapareció de la historia sin dar la cara. Su nombre sólo sirvió para designar a una región (que luego se reduciría a una ciudad), y a un río muy importante. En su argumentación, Cortés expone que, para evitar que se produjese una situación semejante a la ocurrida con la venida de Narváez, decidió pasar a la acción tomando la delantera: «Y así me partí con ciento y veinte de caballo, y con trescientos peones y alguna artillería, y hasta cuarenta mil hombres de guerra de los naturales de esta ciudad y sus comarcas».[10] Una vez más, el peso de la campaña recaerá sobre guerreros águilas y tigres, sus antiguos enemigos, los profesionales de la guerra. Esta vez no lleva tlaxcaltecas, sino mexica y texcocanos. Queda fuera de dudas que sus cifras están notoriamente abultadas. Cuarenta mil hombres son muchos hombres. Bernal, en cambio, reduce su número: «y también llevó diez mil indios mexicanos».[11] El mando directo lo asume él, pues tiene a sus más destacados capitanes ocupados en otras partes. Dejó a Diego de Soto encargado de la ciudad y partió a su nueva conquista. A poco de adentrarse en términos de la Huasteca, en un lugar al que da el nombre de *Aintuscotaclán* (corrompido, evidentemente), se escenificó el primer encuentro importante. Resultó vencedor dada la gran superioridad numérica que traía y a la circunstancia de que el terreno resultaba favorable para la caballería; no obstante, aunque no muriera ningún español, varios resultaron heridos, lo mismo que algunos caballos, «y murieron algunos de nuestros amigos».[12] No precisa el número, aunque Bernal asegura que fueron doscientos. Acerca de esa batalla, Cortés afirma que nunca antes había visto a guerreros que atacaran con la determinación con que lo hacían los huastecos. Pasados veinte días, los caciques comenzaron a acercarse para dar la obediencia. Para consolidar la conquista, fundó la villa de Santiesteban del Puerto [el actual Pánuco]. Una vez nombradas las autoridades, quedaron allí como vecinos treinta de a caballo y cien peones. Bernal cuenta que recorriendo el área, en un adoratorio encontraron las caras desolladas y adobadas como cuero de guantes, con barbas y cabellos, de los soldados de Garay sacrificados, «y muchas de ellas fueron conocidas de otros soldados que decían que eran sus amigos, y a todos se les quebró los corazones de lástima de verlas de aquella manera».[13] Consumada esa conquista, regresó a Coyoacán.

Acerca de las costumbres de los huastecos, Bernal se escandaliza por lo extendida que se encontraba la homosexualidad masculina.[14] Aquí hay que precisar que en la España de aquellos días se trataba de una práctica fuertemente reprimida. Durante el reinado de Enrique IV de Castilla, el medio hermano de Isabel la Católica, es explicable que hubiese una relativa permisividad, máxime cuando su conducta sexual se encontraba bajo sospecha; pero al sucederle ella, quizás como un mecanismo de reacción, se extremaron las penas. En la pragmática antes aludida, por la que se conmutaban penas por destierro a La Española, quedaban excluidos los homosexuales, para quienes resultaba muy difícil escapar de la hoguera. Es notorio como todavía en época muy avanzada del reinado de Felipe II, en el último cuarto del siglo XVI, en el pliego de instrucciones que éste da a don Juan de Austria cuando parte a tomar el mando de la escuadra que combatirá al Turco en Lepanto, figura la cláusula siguiente: «los que sean cogidos por sodomíticos, instantáneamente serán quemados en la primera tierra que se pueda haber a presencia de todos los de la armada... y en esto serán comprendidos el haciente y paciente, sin ningún miramiento a empeño ni otras réplicas».[15]

Por esos días ocurre un acto político de tintes notorios: Cortés entrega el gobierno de la parte de la ciudad, adonde deberán asentarse los indios, a Tlacotzin. Su antiguo adversario, el *ciguacóatl* que comandó la defensa, aquel con quien conferenciaba para que le entregase la plaza, pasa ahora a ser su lugarteniente. La lealtad de éste estuvo con Cuauhtémoc hasta lo último, pero concluida la lucha, pasará a ser confiable colaborador suyo. En la *Relación* afirma que ya lo conocía desde los días de Motecuhzoma, y que, para que tuviera más autoridad, «tornéle a dar el mismo cargo que en tiempo del señor tenía, que es Ciguacoatl, que quiere decir tanto como lugarteniente del señor. A otras personas principales, que yo también asimismo de antes conocía, les encargué otros cargos de gobernación, de esta ciudad, que entre ellos se solían hacer».[16] Lo que aquí expresa viene a contradecir el dato proporcionado a Torquemada por sus informantes, en el sentido de que habría confiado el gobierno a Ahuelitoczin.[17] Coyohuehuetzin, el otro destacado defensor de la ciudad, no se incorporará al nuevo gobierno, pues murió por aquellos días en Cuautitlán.[18] El país funcionaba, descansando la buena marcha de la administración en la colaboración de notables indígenas. La justicia se encontraba por entero en sus manos, y al conocer los delitos de orden común, continuaban aplicando las penas dictadas por la costumbre. Y por todo el territorio, otros Tlacotzin llevaban sobre sus hombros la carga de la recolección de los impuestos y de que no hubiese desabasto de víveres. Acerca de ese periodo no se registra un solo caso de jueces españoles conociendo delitos de orden común entre indios. Si Cortés se hubiera propuesto colocar autoridades españolas, su ejército no le habría bastado para poner un alcalde en cada poblado.

Francisco de Garay acariciaba la idea de fundar una colonia, para la cual ya le tenía elegido nombre: Garayana, o Victoria Garayana. Habría de perpetuar su memoria. Pensaba establecerla en los dominios del cacique Pánuco, en esa zona mal definida que vendría a situarse en las márgenes del río de este nombre. A grandes rasgos, comprendería lo que hoy se conoce como la Huasteca veracruzana, extendiéndose por el norte hasta otro río que, posiblemente, haya sido el Soto la Marina. Para abordar el estudio de esa intentona de conquista, las operaciones pueden dividirse en tres fases: la primera sería aquella en que, desde Jamaica, enviaba uno tras otro a sus capitanes a poblar, y que desbaratados por los indios, los sobrevivientes, forzados o de buen grado, se irían incorporando al ejército de Cortés. La segunda ocurre cuando éste, para cerrarle la puerta, ocupó la zona fundando Santiesteban del Puerto. La tercera, cuando Garay en persona desembarque en el área. Llegó en fuerza: venía con once navíos y dos bergantines, trayendo a bordo ciento treinta y seis caballos y ochocientos cuarenta soldados. El desembarco tuvo lugar en el río de las Palmas, el día del señor Santiago; o sea, el 25 de julio de 1523. Cortés se encontraba lesionado, con un brazo roto: «aunque estaba manco de un brazo de una caída de un caballo, y en la cama, me determiné de ir allá a me ver con él [Garay] para excusar aquel alboroto».[19] Según refiere, llevaba sesenta días sin dormir (querría decir que dormía mal); una mala caída, sin duda alguna. El dato resulta ilustrativo para dar a conocer que las grandes decisiones de esos días hubo de adoptarlas en medio de atroces dolores.

En cuanto tuvo conocimiento de la llegada de Garay, la primera providencia que adoptó fue detener a Pedro de Alvarado, quien se encontraba a punto de partir rumbo a Guatemala, enviándolo como avanzada para contenerlo. A continuación, él mismo, con el brazo en cabestrillo, volvió a montar al caballo y se puso en marcha; pero apenas se había alejado diez leguas de Coyoacán, cuando un mensajero procedente de la Villa Rica le entregó un despacho traído por un navío que recién llegaba de España. Una cédula firmada por el propio emperador. En ella se ordenaba a Garay que no incursionase en el río Pánuco ni en ninguna otra zona donde Cortés hubiese poblado. Aquello fue un alivio, y se dio la media vuelta, «por lo cual cien mil veces los reales pies de vuestra cesárea majestad beso».[20] Su arribo oportuno constituyó un golpe de efecto *in extremis*, pues de haberse demorado unos días más, aquello hubiera terminado en una reedición del enfrentamiento contra Narváez. Habría corrido sangre entre españoles. Alvarado no necesitaba mucho para calentarse, y Garay traía como comandante de la flota a un Juan de Grijalva que no le iba a la zaga. Este Grijalva era un homónimo del sobrino de Velázquez y la cara opuesta de la medalla en cuanto a arrojo se refiere.

En Santiesteban del Puerto estaba por teniente de Cortés un Pedro de Vallejo, soldado de mucha iniciativa; de manera que, cuando los de Garay llegaron a demandarle la entrega de la villa, se negó en redondo. Cortés es sumamente parco al hablar de ese episodio, en cambio Bernal amplía detalles, por lo que nos atendremos a su relato. El caso es que Garay no tuvo suerte al elegir el sitio en que desembarcó, pues todo lo que encontró fueron lagunas y un gran río donde cruzaron con dificultad y se les ahogaron cinco caballos. Llegaron a la tierra del cacique Pánuco, y allí, en lugar de encontrar comida, las penalidades fueron en aumento. En las inmediaciones de Santiesteban del Puerto toparon con uno de los vecinos que andaba prófugo por un delito cometido, y como éste les hablara maravillas del interior del país, diciéndoles que era mejor tierra que Jamaica, los soldados comenzaron a desertar, dirigiéndose a México. Viéndose impotente para controlar a sus hombres, Garay envió a Gonzalo de Ocampo, hombre de buen discernimiento, a parlamentar con Vallejo, quien al momento escribió a Cortés. Y como a Garay le pareciera bien la respuesta que trajo, fue a instalarse en la proximidad de la villa. Allí, los de Vallejo los sorprendieron, aprehendiendo a cuarenta que se llevaron presos. En respuesta al mandato de Cortés, Alvarado, Sandoval y Diego de Ocampo, se dirigieron a Santiesteban del Puerto. Este Diego de Ocampo quien fungía como alcalde mayor en México, y Gonzalo eran hermanos. Comenzaron las pláticas con Garay, y mientras iban y venían las respuestas, a éste cada día se le iban más hombres, al tiempo que el número de los de Cortés aumentaba. En la bocana del Pánuco los buques de Garay se encontraban desprotegidos, y pronto se hundieron dos a causa de un norte que sopló. Vallejo requirió a Grijalva para que llevase las naves restantes a la villa, para que allí estuviesen a cubierto, a lo que éste se negó. Hubo una serie de contubernios y algunos capitanes estuvieron dispuestos a entregárselos, pero cuando se apersonó Vallejo en el sitio donde estaban fondeados, Grijalva le respondió a cañonazos. Pero poco le duraron a éste sus ardores bélicos, pues sus hombres lo dejaron solo. Vallejo lo capturó junto con los que lo secundaban, pero pronto los dejó en libertad.

Viéndose en situación tan precaria, Garay pidió a los capitanes de Cortés que le devolviesen sus naves y le trajesen de regreso a sus hombres, para retirarse a poblar al río de las Palmas. Se le dieron bastimentos y comenzaron a concentrar a todos los soldados que andaban dispersos por los pueblos, pero de poco aprovechó, pues de nuevo volvían a desertarse, aduciendo que no sabía mandar. Garay se rindió ante lo que era evidente, pidiendo a Alvarado y a Sandoval que intercediesen por él ante Cortés, el cual, cuando supo sus desgracias, lo invitó a dirigirse a México. En el trayecto se le tuvieron todo tipo de atenciones y, al llegar a Texcoco, le tenía preparado un banquete para recibirlo. Según refiere Cortés, en cuanto llegó a México le reiteró la propuesta que ya antes le había hecho por carta: que su hijo mayor casase con «una hija mía pequeña». El proyecto de Garayana quedó en eso, en una capitulación matrimonial. En la carta al Emperador expresa: «En manera que, de más de nuestra amistad antigua, quedamos con lo contratado y capitulado entre nosotros, juntamente con el deudo que habíamos tomado con los dichos nuestros hijos».[21] Se trataba de Catalina, hija natural, como lo aclara en otra parte. Acerca de su identidad ya se verá eso, cuando se aborde el tema de los hijos.

Ya en México, Garay habló ampliamente con Narváez, con quien lo unía una antigua amistad, e incluso intercedió por él ante Cortés, para que le permitiese volver a Cuba con su esposa, doña María de Valenzuela, «que estaba rica de minas». Ésta ya le habría escrito una carta muy atenta, en la que al pedirle la libertad de su marido, invocaba el deudo que los unía. Según Bernal, Cortés y Narváez eran compadres.[22] Cortés le otorgó la licencia para que partiese y le dio dos mil pesos de oro. Oviedo, por su parte, se expresa en términos muy encomiosos acerca de doña María, a quien considera esposa ejemplar, aportando el dato de que era muy industriosa, y que durante la ausencia del marido, a más de cuidar muy bien de los hijos, aumentó en trece o catorce mil pesos el patrimonio familiar merced a la buena administración de la hacienda y al oro de minas que le sacaron los indios. Agrega que en 1525, cuando habló con Narváez en Toledo, lo instó a que se olvidara ya de andar en conquistas y se reintegrara al seno del hogar, pues era hombre rico.[23] El consejo fue desoído. Con esa fortuna Narváez montaría la expedición a la Florida que le costó la vida.

Cuando Francisco Garay viajó a México, dejó al mando a su hijo. Pero ocurrió que éste fue desobedecido por un grupo de capitanes, quienes se dedicaron a ir por la tierra cometiendo todo tipo de tropelías. Aquello les acarreó las iras de los indios, quienes comenzaron a matarlos. Cortés despachó a toda prisa a Sandoval con cincuenta de a caballo y cien de a pie y, al mando del contingente de indios aliados, a dos jefes militares, «naturales de esta ciudad con cada quince mil hombres de ellos».[24] Una acción en la que antiguos defensores de Tenochtitlan se apresuran a socorrer a un grupo de españoles. Llegaron a tiempo. Santiesteban del Puerto resistía. Pedro de Vallejo había muerto de un flechazo, pero siete de los conquistadores veteranos habían logrado organizar a la gente de Garay, que andaba dispersa, consiguiendo sostenerse. El epílogo de Garayana en boca de Bernal sería como sigue: «y en pocos días sacrificaron y comieron más de quinientos españoles, y todos eran de los de Garay; y en un pueblo hubo que sacrificaron sobre cien españoles juntos».[25] Las cifras de Cortés son: «de la gente del adelantado eran muertos doscientos y diez hombres, y de los vecinos que yo había dejado en aquella villa, cuarenta y tres [...] Y aún créese que fueran más de los de la gente del adelantado, porque no se acuerdan de todos». A continuación, agrega que Sandoval aprisionó a cuatrocientos indios, y a los principales que confesaron haber tenido responsabilidad en esas muertes los «quemaron por justicia».[26] Soltaron al resto y se procedió a designar a nuevos señores según el derecho a la sucesión, conforme a la costumbre indígena. No se conoce el nombre de uno solo de aquellos caudillos huastecos. Ningún cronista se ocupó de consignarlo.

El fin de Garay, en versión de Cortés, habría sido así: llegó un mensajero portador de la noticia (que luego probaría ser falsa) de que los indios habían tomado Santiesteban del Puerto matando a todos sus moradores. Como Garay tenía allí a su hijo, «del gran pesar que hubo adoleció, y de esta enfermedad falleció de esta presente vida en espacio y término de tres días».[27] Ahora bien, como sus enemigos no tardarán en atribuirle la muerte de Garay, y éste será un asunto que lo traerá de cabeza, resulta inevitable ver cómo se manejó en su día. Según Oviedo: «otros terceros juzgaron esta súbita muerte, o tan acelerada, del dicho adelantado, en diferentes maneras e sentidos, en que yo no me entremeto».[28] No se pronuncia. Gómara escribe que Cortés y Garay, luego de haber asistido a maitines, la noche de Navidad almorzaron juntos con gran regocijo, y que a este último le sobrevino un dolor de costado a causa de un aire que le dio al salir de la iglesia. Hizo testamento dejando por albacea a Cortés y moriría quince días después, aunque luego apunta, «otros dicen que cuatro. No faltó quien dijese que le habían ayudado a morir [...] pero eso era falso, pues murió de mal de costado [pleuresía], y así lo juraron el doctor Ojeda y el licenciado Pero López, médicos que lo asistieron».[29] Bernal no hace otra cosa que repetir a Gómara: «yendo una noche de Navidad del año de mil quinientos veintitrés juntamente con Cortés a maitines [rezo que antiguamente se hacía antes del amanecer], después de vueltos de la iglesia almorzaron con mucho regocijo, y desde ahí a una hora, con el aire que le dio a Garay, y él que estaba mal dispuesto, le dio dolor de

380

costado con grandes calenturas; mandáronle sangrar y purgáronle, y de que veían que arreciaba el mal le dijeron que se confesase e hiciese testamento, lo cual luego hizo; dejó por albacea a Cortés, y después de haber recibido los Santos Sacramentos, de allí a cuatro días que le dio el mal dio el alma a Nuestro Señor Jesucristo [...] y como algunos maliciosos estaban mal con Cortés, no faltó quien dijo que le había mandado dar rejalgar en el almuerzo, y fue gran maldad de los que tal le levantaron, porque ciertamente de su muerte natural murió, porque así lo juró el doctor Ojeda y el licenciado Pedro López, médicos que lo curaron».[30]

Al otro lado del Atlántico, Pedro Mártir informaba de la llegada de un tal Santiago García, vecino de San Lúcar de Barrameda, quien habría salido del puerto de Veracruz hacia primeros de abril de 1524, fallecido ya Garay: «Su testimonio viene a eximir a Cortés de toda sospecha de haberle suministrado veneno, pues asegura que la muerte le sobrevino al mencionado de la misma enfermedad de dolor de costado o pleuresía».[31] Cristóbal Pérez, el alguacil de Garay quien se halló a su lado durante su enfermedad, corrobora el dato.[32]

Francisco de Garay formaba parte de la familia Colón por lazos matrimoniales. Se casó con una parienta de Felipa Moniz, la difunta esposa del Descubridor. Sería a través de esa relación familiar como pasó a Indias acompañando a éste en su segundo viaje (1493). En esos momentos llevaba treinta años en el Nuevo Mundo; por lo mismo, se trataba de un individuo que debería andar muy avanzados los cincuenta o próximo a los sesenta años. Su actuación como alguacil mayor en Santo Domingo fue discreta; viajó a España y el rey Fernando le concedió la franquicia para que fuesen a medias en el desarrollo de la ganadería en Jamaica.[33] Era hombre acaudalado, pues de otra manera no hubiera podido afrontar los gastos inmensos que realizó: sólo en barcos, envió diecisiete, incluidos los que trajo, los que se pasaron a Cortés y los perdidos. Una fortuna inmensa dilapidada. La vocación de meterse a conquistador le había surgido tardíamente, y como la experiencia lo demostró, carecía de dotes para lo que se había propuesto. Victoria Garayana, en términos de vidas humanas, tuvo para los españoles un costo altísimo, en ese fallido intento murieron más que en todas las campañas de Cortés, *Noche Triste* incluida. Ni Garay ni ninguno de sus capitanes dejaron memoria escrita, por lo que la historia de ese fracaso queda en el olvido.

Muerto Garay, Cortés reanudó las operaciones que quedaron en suspenso a causa de su llegada. El primero en partir sería Pedro de Alvarado con destino a Guatemala, y según informa al Emperador, «le despaché a seis días del mes de diciembre de 1523 años». Un tropiezo. Ya no concuerdan las fechas. Según esta carta, Garay no habría llegado vivo a la Navidad, como pretenden otros testigos. En fin. Ante la discrepancia, lo único que cabe aducirse es que Cortés está escribiendo a sólo nueve meses de ocurridos los hechos. Alvarado llevó consigo ciento veinte jinetes, con cuarenta caballos más de remuda y trescientos hombres de a pie, con cuatro tiros de campo. Los acompañaban algunas personas principales, «así de los naturales de esta ciudad como de otras ciudades de esta comarca, y con ellos alguna gente, aunque no mucha por ser el camino tan largo».[34] Aquí se ofrece otro dato adicional, acerca de la importancia que revistió la participación de los antiguos dirigentes mexica en la penetración de nuevos territorios; además, el número tan alto de caballos que lleva Alvarado, es la prueba de lo que antes se dijo acerca del tráfico marítimo con las Antillas.

Para el ocho de diciembre, o sea, dos días después, despachaba a otro capitán con treinta de a caballo y cien peones, que partían a sofocar un levantamiento ocurrido en «las provincias comarcanas a la villa del Espíritu Santo». La cuenca del Coatzacoalcos. Para el 11 de enero, partía la gran expedición de Cristóbal de Olid, quien llevaba cuatrocientos hombres a bordo de «cinco navíos gruesos y un bergantín», cuyo destino inmediato era La Habana. Allí terminarán de abastecerse y subirán a bordo los caballos que se habrían encargado de comprar dos criados suyos, enviados como avanzada, y provistos de ocho mil pesos de oro. Una vez completado el abastecimiento, la flota debía dirigirse al golfo de Las Hibueras, donde bajaría a Cristóbal de Olid y al grueso de la fuerza. Los tres navíos mayores habrían de regresar a La Trinidad, por ser el puerto de mayor abrigo, mientras que «los otros navíos más pequeños y el bergantín, con el piloto mayor y un primo mío que se dice Diego de Hurtado, por capitán de ellos, vayan a recorrer toda la costa de la bahía de la Ascensión en demanda de aquel estrecho que se cree que en ella hay». La primera expedición fue para taparle el acceso a Garay, y la segunda, en busca del estrecho que acortaría la ruta a la Especiería: «porque hay opinión de muchos pilotos que por aquella bahía sale estrecho a la otra mar, que es la cosa que yo en este mundo más deseo topar, por el gran servicio que se me representa que de ello vuestra cesárea majestad recibiría».[35] Algo que llama la atención, es la naturalidad con que Cortés utiliza a Cuba como base de aprovisionamiento: al momento de la partida dejó dándose carena a un navío en la misma bahía de Santiago; éste sería conducido más tarde por Saucedo a la Villa Rica, y en lo sucesivo, sus naves entrarán y saldrán de la isla sin tropiezos. Velázquez confiscó las propiedades de aquellos que lo siguieron en su aventura, pero ya para esas fechas era una sombra del que había sido. Morirá ese mismo año. El 5 de febrero despacha otra expedición al mando de Rodrigo Rangel rumbo a Oaxaca, a la zona de los mixes y zapotecas, adonde éste había incursionado ya anteriormente aunque sin sacar provecho, debido a que lo hizo durante el tiempo de aguas. Esta vez lleva ciento cincuenta hombres, todos a pie. Por las cifras que da, y sumados todos, ha despachado a mil cien hombres. Eso montaba a más de dos tercios del total del ejército, que se había visto aumentado por algunos recién llegados. Debería sentirse muy confiado en sus nuevos aliados mexica para realizar una cosa así; además, manteniendo a distancia a los capitanes más conflictivos, evitaba que éstos fueran a desbordarlo.

Gobernador y capitán general

«Hernando Cortés, nuestro gobernador e capitán general de la Nueva España llamada Aculuacan e Ulúa...». Así aparece encabezada la cédula firmada por Carlos V en Valladolid, el 15 de octubre de 1522. En ella le da cuenta de su retorno a España, ocurrido tres meses antes, y le dice que apenas desembarcado en Santander, una de sus primeras preocupaciones fue enterarse del estado que guardaban las nuevas tierras, y para ello, «quise por mi real persona ver y entender vuestras Relaciones e las cosas de esa Nueva España, e de lo que en mi ausencia de estos reinos en ella ha pasado». Por este acto queda superado el episodio de Cristóbal de Tapia, «que había seido proveído de la gobernación de esa tierra por nuestros gobernadores en nuestro nombre». Se aclara lo que Cortés supuso, que la designación sería cosa de Fonseca, quien para esos días ya se encontraba en franco declive. En la cédula, el Emperador le dice que para entender de los asuntos de la Nueva España, «mandé oír a Martín Cortés, vuestro padre, y a Alonso Hernández Puertocarrero y Francisco de Montejo, vuestros procuradores y de los pueblos de esa tierra».[36] Antes se vio la declaración rendida por éstos en La Coruña, y ahora es el propio Carlos V quien, en carta firmada de su mano, confirma haber sido él quien ordenó que fuesen escuchados (descartado lo dicho por Bernal). El tenor del escrito da la impresión de que en esos momentos, Puerto Carrero se encontraba vivo; además, ni Cortés ni ningún otro de los testigos, que depusieron en torno al envío de los procuradores, corrobora el dato de Bernal. Se desconoce la suerte corrida por Alonso Hernández Puerto Carrero; para mayo de 1521 parecía haber salido de la escena, puesto que Diego Ordaz irá a sustituirlo; sin embargo, en 1522 reaparece su nombre en diversos documentos, en los que se le continúa dando el tratamiento de procurador. Pero el desmentido categórico a la pretendida muerte de Puerto Carrero en prisión, lo ofrece el licenciado Francisco Núñez, quien en el memorial que elaboró sobre sus intervenciones en defensa de los intereses de Cortés, escribe: «después que vino Su Majestad de Flandes [1522], todo el tiempo que estuve en Palencia, entendiendo en los dichos negocios juntamente con el señor Martín Cortés y los procuradores de la tierra Montejo y Portocarrero».[37] Vivo y en libertad. Poco después se pierde de vista, y esta vez de manera definitiva. A pesar de lo breve de su paso por México, su actuación fue relevante; además de su participación en la batalla de Centla, fue uno de los artífices que ayudaron a Cortés a montar el tinglado para que, una vez que renunció a los poderes que traía de Velázquez, el ejército lo eligiera como capitán general. Fue uno de los políticos del bando cortesiano.

Por causas atribuibles bien sea a la distancia, interferencia de Fonseca, o por las razones que fueren, este documento del monarca (como antes se vio) tardó nueve meses en llegar a sus manos. Será su primo, Francisco de Las Casas, quien se lo entregue en julio del año siguiente, junto con la cédula que ordenaba detenerse a Garay, dejando sin efecto la anterior, que lo autorizaba a poblar en el área. En esta misma cédula, el Emperador le comunicaba, entre otras cosas, que ya había ordenado a Diego Velázquez que se mantuviera alejado de los asuntos de la Nueva España. Era una buena noticia. Pero también recibió otras de signo contrario, entre ellas, dos cédulas que debieron mandarle el alma a los pies. En ésas se le comunicaban los nombres de los nuevos funcionarios designados para ocupar los puestos clave de gobierno: Alonso de Estrada, tesorero; Rodrigo de Albornoz, contador; Alonso de Aguilar, factor; y Peralmíndez Chirino, veedor (en lugar de Alonso de Aguilar llegaría Gonzalo de Salazar). Cuatro cuñas que lo atarían de manos. Y si mal efecto le causaron esos nombramientos, mayor desazón le ocasionaría la lectura de otra cédula, convirtiéndolo en un asalariado. Se le asignaban, como sueldo, trescientos sesenta mil maravedíes anuales (cantidad inferior a la que percibirían los funcionarios designados); y como hombres de armas con cargo al erario, diez escuderos y treinta peones. Ése sería su ejército. Los escuderos tendrán un salario anual de 18,000 maravedís y, los peones, 11,832. El sueldo comenzaba a contar a partir de la fecha de la cédula, que sería cuando se le puso en nómina. Por otra cédula se concedían algunos privilegios a pobladores y conquistadores, consistentes en que si alguno cogiere oro de minas, durante los dos primeros años pagara, únicamente, la décima parte, al tercero la novena, al cuarto la octava y así hasta llegar al quinto. Asimismo se concede a todos la exención de pago del impuesto por la sal producida en el país, y se establece una gratificación de cincuenta pesos de oro –por una sola vez– para todos aquellos que a resultas de las heridas hayan quedado mancos, cojos o con cualquier otro impedimento. Recibió también otra cédula que, por su contenido, viene a hacer las veces de pliego de instrucciones y, aunque firmada el 26 de junio de 1523, o sea, un año más tarde, llegó a sus manos casi al mismo tiempo que las anteriores. En esta última se le encomienda que la indoctrinación de los indios deberá comenzar por los señores principales (cosa que ya venía haciendo), porque «no sería muy provechoso [sic] que de golpe se hiciese mucha instancia a todos los dichos indios que fuesen cristianos y que recibieran dello desabrimiento».[38] Por otro lado, llama la atención que, tanto hablar de la propagación de la fe, y por parte de la Corona no se atendiese al envío de misioneros. Se le ordena, asimismo, que se cuide de multiplicar los ganados como remedio para desterrar la antropofagia. Eso ya se le había ocurrido a Cortés. Y de manera muy especial se le encomienda la búsqueda del estrecho que se supone ha de comunicar los dos océanos. Si bien en esto ya estaba empeñado, ahora deberá hacerlo no como iniciativa propia, sino como un mandato de la Corona. Amargas debieron ser las meditaciones de Cortés al enterarse de esas nuevas; por tanto, no es de extrañar que no se diese mucha prisa en responder al monarca. Bernal dice que en la Corte se recibieron las cartas de Cortés, «dando en ellas muchas gracias y ofrecimientos a Su Majestad por las grandes mercedes que le había hecho en darle la gobernación de México».[39] La realidad es que dejó transcurrir cerca de catorce meses antes de volver a empuñar la pluma para escribirle al Emperador. Y nunca le dio las gracias por la designación de gobernador, pues ésta se le confirió con tantas ataduras, que con ellas se le disminuía notoriamente. Un gobernador que actúa como un procónsul altivo que se niega a mostrar acatamiento. Pronto daría comienzo el forcejeo con los oficiales reales. La situación, vista desde España, la da a conocer Pedro Mártir: «Cortés, desde que el pirata francés Florín robó su flota con los muchos objetos preciosos que tanto él como los demás funcionarios de la Nueva España, partícipes de sus victorias, enviaban al Emperador, no volvió, apesadumbrado y lleno de dolor por tamaña desgracia, a escribir al monarca ni a nuestro Consejo, a pesar de las muchas personas que de allá regresaban, De aquí se originó la sospecha de su defección».[40]

Los funcionarios reales

Entran en escena Alonśo de Estrada y Rodrigo de Albornoz, los funcionarios reales. Dos personajes de larga trayectoria, enviados para maniatar a Cortés. El nombre del primero aparece por primera vez el 20 de marzo de 1524 al calce de las *Ordenanzas de buen gobierno*, dictadas por el propio Cortés, lo cual indica que para esa fecha ya estaba en funciones.[41] Acerca de él, Bernal cuenta que se hacía pasar por hijo natural de Fernando el Católico, con lo cual, por la mano izquierda, vendría a ser nada menos que tío de Carlos V. [Su nombre no figura en la lista de los bastardos conocidos.][42] En cuanto a Rodrigo de Albornoz, éste no perdió el tiempo en escribir a la Corte en cartas cifradas; es otra vez el propio Bernal quien da cuenta del tenor del informe enviado por éste al obispo Fonseca, acusando a Cortés de haberse construido casas fortaleza, y «ha juntado muchas hijas de grandes señores para casarlas con españoles, y se las piden hombres honrados por mujeres, y que no se las da por tenerlas por amigas [...] y todos los caciques y principales le tenían en tanta estima como si fuera rey, y que en esta tierra no conocen otro rey ni señor [...] y que no ha sentido bien de su persona si está alzado o será leal, y que había necesidad que Su Majestad, con brevedad, mandase venir a estas partes un caballero con gran copia de soldados muy apercibidos, para quitar el mando y señorío».[43]

En uno de los informes enviados al papa, Pedro Mártir dice: «Han venido igualmente cartas secretas y particulares remitidas por el contador Albornoz, secretario real, escritas en caracteres desconocidos, que llaman cifras y que se le asignaron cuando marchó, por existir entonces sospechas acerca de las intenciones de Cortés».[44] (El sistema de escribir en mensajes cifrados databa del reinado de los Reyes Católicos, cuando Miguel Pérez Almazán adoptó un sistema de criptografía basado en números romanos.) Para contrarrestar el mal ambiente en torno al hijo, Martín Cortés se dirigió a la opinión pública, haciendo imprimir «un libro que aquél le envió y anda en los puestos de las plazas», según da a conocer Pedro Mártir.[45] No quedó huella de ese libro. Es posible que se refiera a la impresión de una de las *Cartas de Relación*. Ésa será otra batalla ganada por el padre en favor del hijo.

La avanzada franciscana

A mediados de 1523, justo cuando estaban por cumplirse dos años de la caída de Tenochtitlan, llegaron a México los primeros misioneros. Se trataba de tres franciscanos que, curiosamente, no eran españoles sino flamencos. Ésa era la avanzada de la orden; tres varones de excepción, cuyos nombres eran fray Johann Dekkers, que será conocido como fray Juan Tecto, al castellanizarse su nombre; fray Johann Van den Auwera, que pasará a llamarse fray Juan de Ayora, y fray Pedro de Gante. Para tener una idea del fuego interior que los abrasaba, cabe mencionar que el primero en alguna ocasión fue confesor de Carlos V, pero para él no estaban hechos los obispados y las dignidades; el segundo, un destacado teólogo y, en cuanto al tercero, hay que señalar que aunque tenía la capacidad y preparación necesaria para ordenarse sacerdote, rechazó hacerlo por humildad. Así evitaba todo riesgo de que pudiesen hacerlo obispo. En una de las cartas que dirigió al Emperador, se lee: «Y dame atrevimiento ser tan allegado a V.M., y ser de su tierra», lo que ha dado pábulo a sospechar que pudiese existir algún oculto vínculo de sangre entre ambos, aunque quizás peque de excesiva suspicacia quien quiera sacar conclusiones de esa frase.[46] Ésos serían los primeros franciscanos, pues aunque es cierto que ya que se encontraba en el país fray Pedro Melgarejo, a éste, a pesar de que vistiera el hábito de la orden, no puede considerársele como misionero. Era ave de distinto plumaje. Un año más tarde, en 1524, llegarían doce franciscanos españoles, al frente de los cuales venía fray Martín de Valencia. El famoso grupo de «los doce», el cual, propiamente hablando asumiría la tarea de iniciar la conquista espiritual de México. En su libro, Bernal escribe que en cuanto Cortés tuvo conocimiento de su arribo, ordenó que por todos los sitios donde transitasen los saliesen a recibir y repicasen las campanas que, supuestamente, ya habría en cada pueblo (dudoso que las hubiese en época tan temprana), y les diesen la bienvenida portando velas encendidas. Cuando estaban próximos a la ciudad de México, salió a su encuentro con gran acompañamiento de españoles, caciques y notables, entre ellos Cuauhtémoc. Para dar ejemplo ante los indios, se arrodilló frente a fray Martín e hizo intento de besarle las manos, pero al no consentírselo éste, le besó el hábito, lo mismo que a los otros. A continuación, hicieron lo propio todos los capitanes y soldados que lo acompañaban. Los indios contemplaron sorprendidos cómo eran reverenciados aquellos hombres descalzos, de hábitos raídos, que en lugar de montar a caballo venían a pie, rotos y macilentos por la larga jornada que traían encima. Uno de ellos, fray Toribio Paredes, al enterarse de que *motolinia* quería decir «pobre o humillado» en lengua náhuatl, adoptó ese sobrenombre. Nace allí la recia figura de Motolinia, sin lugar a dudas, el principal artífice de la conquista espiritual de México; es él el orientador de la obra misionera de los franciscanos. De Motolinia han quedado dos libros: *Los Memoriales*, que viene a ser una crónica y reflexión sobre la prédica y pacificación, y otro, llamado *Historia de los indios*, que equivale al compendio de una obra perdida. En reiteradas ocasiones, Cervantes de Salazar, al acusar a Gómara de plagiario, no cesa de repetir que está copiando a la letra de un manuscrito cuya autoría atribuye a Motolinia. Se desprende que las alusiones van referidas a un libro desaparecido que versaba sobre la Conquista, y que lo mismo pudo haber sido escrito por Motolinia que por otro fraile. El caso es que Cervantes de Salazar, que lo tenía a la vista, estaba convencido que era de la pluma de Motolinia.[47]

Montejo se encontraba de regreso. Había vuelto en el mismo barco que trajo a fray Martín y sus frailes; y también, en su compañía, llegaron el factor Gonzalo de Salazar y el veedor Peralmíndez Chirinos. Había conseguido para sí la adelantaduría de Yucatán, de cuyo territorio sería adelantado y gobernador en cuanto consiguiera conquistarlo. Después de cambiar los primeros saludos, Cortés tendría un sobresalto: Cristóbal de Olid se le había rebelado. Ése fue el conducto por el que se enteró, y según lo cuenta, sería en el mar, a la altura de La Habana, donde «topó con un navío de Francisco de Montejo, adelantado e gobernador de la provincia de Yucatán, en el cual venía a esta Nueva España el dicho adelantado e Gonzalo de Salazar e Peralmíndez Chirino, fator e veedor de Su Majestad, en esta Nueva España, e ciertos frailes franciscos que venían a entender en la conversión de los naturales della; el cual dicho navío e gente, quiso tomar por fuerza como corsario [...] e metieron velas e huyeron, e desta manera escaparon».[48] Malas noticias. Por otra parte, Montejo le hizo entrega de una cédula firmada por el monarca, en la cual éste lisa y llanamente, le pedía dinero: «yo vos ruego y encargo cuanto puedo que luego que ésta recibáis [...] tratéis de me enviar la más suma de oro que vos fuere posible».[49] Si bien aquello le haría mella en sus finanzas, por otro lado su ego saldría potenciado; el pedigüeño era nada menos que el señor de media Europa, y eso para Cortés, con sus aires de príncipe, era importante. También, por aquellos días llegó una instrucción fechada en Valladolid el 26 de junio del año anterior: la orden era dar marcha atrás en el establecimiento de las encomiendas; «Dios Nuestro Señor crió los dichos indios libres y no sujetos, no podemos mandarlos encomendar, ni hacer repartimientos dellos a los cristianos, y así es nuestra voluntad que se haga». Cortés desobedecerá abiertamente esa orden, y en defensa de su actitud, alega que los indios han salido tan mejorados con la Encomienda, que para espantarlos, se les dice que si no sirven bien, serán devueltos a sus antiguos señores «y esto temen más que otra ninguna amenaza ni castigo que se les pueda hacer».[50] Gómara da muestras de encontrarse totalmente despistado cuando escribe: «y como tuvo cédula del Emperador de poder encomendar y repartir la Nueva España a los conquistadores y pobladores de ella, hizo muchos y grandes repartimientos».[51] Posiblemente, con el fin de cubrirse las espaldas frente a lo que hacía, Cortés publicó una ordenanza fijando a los encomenderos los límites en que podrían servirse de los indios; se trata de un documento breve, que comienza señalando a los que tuviesen indios depositados la obligación primordial de instruirlos en «las cosas de nuestra santa fe, porque por este respecto el Sumo Pontífice concedió que nos pudiésemos servir de ellos y para este efecto se debe creer que Dios nuestro Señor ha permitido que estas partes se descubriesen, e nos ha dado tantas victorias contra tanto número de gentes». Queda establecido el título legal, y una vez que siente que está procediendo conforme a derecho, pasa a enumerar una serie de limitantes para evitar el maltrato; la primera es la prohibición de que se haga trabajar en las labranzas a mujeres y niños menores de doce años. A quien contravenga esa disposición le serán retirados los indios, y si los encargados de velar por el cumplimiento de esa disposición no la observasen, recaerá sobre ellos una multa de doscientos pesos de oro. Se señala que no deberán servir más de veinte días (sin especificar si ese periodo será por mes o por año); se fijan las raciones que deben suministrárseles, y en el caso de que sean ellos quienes traigan su comida, deberá pagárseles medio marco de oro. Acerca de las condiciones laborales, se dispone que «el español a quien sirvieren no los saque a la labranza hasta que sea salido el sol, y no los tenga en ella más tiempo de hasta una hora antes de que se ponga, e que a medio día los deje reposar e comer una hora, so pena que cada vez que no lo cumpliere, así como en este capítulo se contiene, pague medio marco de oro aplicado como dicho es [...] la mitad para la cámara e fisco, e la otra mitad para obras públicas de la dicha villa [...] e si tres veces se le probare haberlo hecho, pierda los dichos indios».[52] Aquí se exhibe Cortés en su vertiente de jurista, en la que vendría a ser la primera legislación laboral de México; una reglamentación que para las condiciones de la época, hasta podría calificarse de paternalista. Evidentemente, todo quedó en el papel, pero el caso es que la Encomienda se mantuvo en abierta desobediencia a lo ordenado y muy pronto sería la propia Corona, que olvidándose de la prohibición que había decretado, diera marcha atrás y comenzara a expedir cédulas de encomienda. La institución se irá extinguiendo paulatinamente, hasta concluir por completo en el siglo dieciocho.

La esclavitud

La esclavitud en México fue la prolongación de una situación ya existente. Los españoles llegaron a una sociedad esclavista, y mantuvieron el estado de cosas tal cual se encontraba. Las causas por las cuales un individuo podía ser esclavizado en el mundo indígena eran numerosas, y variaban de una zona a otra; las diferencias fundamentales entre la manera como se practicaba la esclavitud en España y entre las naciones indias, pueden reducirse a dos: en España, el hijo de esclavos, o de hombre libre y esclava, nacía esclavo; en el mundo indígena, en cambio, el hijo de esclavos, era hombre libre. En España, el amo podía castigar al esclavo, pero estaba impedido para mutilarlo o matarlo; en el mundo indígena, el esclavo podía ser vendido para ser sacrificado y comido posteriormente. Por otro lado, en aquellos días en España, para distinguirlos con facilidad, a los delincuentes se les cortaban las orejas y los esclavos podían ser marcados a hierro. Esa fue la novedad introducida en México: «el hierro del rey». Aunque no se dispone de cifras acerca de la proporción de esclavos a la llegada de los españoles, por algunos datos aislados se desprende que su número sería elevado. Y quizás no sería muy remoto atribuir a esa circunstancia la pasividad con que los indios toleraron a los nuevos amos. Los esclavos siguieron siendo esclavos, pero su condición en algo mejoró. A los esclavos indios se agregarían los negros, y en menor grado los moriscos.

En el renglón correspondiente a esclavitud, en el libro de *Actas* del cabildo de la ciudad de México se lee que el 14 de junio de 1527, se adoptarían varias decisiones con respecto a los esclavos negros, las cuales no dejan de sorprender por lo insólito. Una de ellas prohibe a éstos portar armas durante la noche, so pena de cien azotes y pérdida de las mismas, y, por otra, se les niega la facultad de que ellos a su vez posean esclavos. Lo que aquí interesa es el dato de que algunos esclavos africanos pudiesen a su vez tener esclavos indios y andar armados. Por lo visto, se trataba de una situación que se venía dando de tiempo atrás, de allí las prohibiciones; aquí es preciso recordar que Motolinia, al enumerar las «diez plagas» que cayeron sobre los indios, incluye a los negros, «que luego que la tierra se repartió, los conquistadores pusieron en sus repartimientos y pueblos a ellos encomendados, criados o sus negros para cobrar los tributos y entender en sus granjerías»; fray Pedro de Gante, igualmente, menciona que «los indios de servicio son esclavos de los negros».[53] El hombre de raza negra era un elemento que ya se hacía sentir en la naciente sociedad novohispana. En realidad, estuvo presente desde un primer momento; recuérdese a los *teocacatzacti*, los dioses sucios, entrando en Tlaxcala. Parecería que en un principio a algunos negros les hubiese correspondido realizar un papel análogo al de los *kapos* en los campos de concentración.

La edificación de la Nueva España se inició sobre la base de la esclavitud, y puede decirse que, fatalmente, eso era inevitable. No podía ser de otra manera. En todo el orbe, salvo contadísimas excepciones, el sistema de producción se apoyaba en la sangre y sudor de esclavos. La Conquista se produce en momentos en que la esclavitud, si bien ya iba de salida en algunos países, en otros se encontraba plenamente vigente. Y en la España que cruzó el océano todavía existían esclavos.

22
La rebelión de Olid

¿Qué motivó la rebelión de Olid? Existen evidencias demostrando que las cosas ya no andaban bien entre él y Cortés; si examinamos la *Tercera Relación,* en la que este último informa al Emperador acerca de la caída de Tenochtitlan, se observa algo muy peculiar: Alvarado aparece mencionado treinta y siete veces, Sandoval dieciséis, mientras que el nombre de Olid, sólo aparece en dos ocasiones. Y eso tratándose del maestre de campo. El jefe militar sobre el terreno. Ese afán por disminuirlo parece demostrar que la mala relación entre ambos ya vendría de tiempo atrás. A su vez, Pedro Mártir dice: «Quienes conocen a Olid lo conceptúan valiente soldado y hábil capitán, juzgando que desde los comienzos de la guerra contribuyó bastante a las victorias; pero que, como suele suceder, inspiraba recelo a Cortés, por lo que éste con pretexto de honrarle, lo había apartado de su lado, no sin que alguien le hiciera ver el peligro de confiar misión alguna a persona a la que había humillado de palabra».[1] Eso explicaría el resentimiento que lo movió a rebelarse. Parece fuera de dudas de que se trató de una iniciativa personal suya, sin que nadie le hubiera metido ideas en la cabeza. Llegó a La Habana conforme a las instrucciones recibidas, procediendo a completar el aprovisionamiento. Embarcó unos catorce o dieciséis caballos y yeguas que Alonso de Contreras, uno de los agentes de Cortés, ya había comprado, y comenzó a escribir cartas a Diego Velázquez, Andrés de Duero y al bachiller Parada, anunciándoles que se había rebelado y que buscaba confederarse con ellos. La confabulación no parece haber ido más allá de ese envío de cartas, y sin más levó anclas, dirigiéndose al Golfo de Honduras. Al recibir la primera noticia de la rebelión, Cortés saltó como impulsado por un resorte, y sin aguardar confirmación, se lanzó a organizar una expedición para someterlo. Al frente puso a su pariente Francisco de Las Casas, quien iría al mando de cuatro navíos, con alrededor de cuatrocientos hombres y abundante artillería. Las Casas se dirigió a Cuba a completar el aprovisionamiento, y una vez terminado, zarpó rumbo a Las Hibueras. La idea de que su antiguo maestre de campo se le hubiera rebelado, traía a Cortés fuera de juicio. Pedro Mártir apunta: «fue tanta la cólera que se apoderó de don Hernando, que parecía no querer vivir mientras su subordinado siguiese impune; dilatábanse sus narices, hinchábansele las venas de ira y daba otras señales de su ánimo hondamente conturbado».[2] Francisco de Aguilar corrobora que actuó «movido con pasión o enojo que le cegó».[3] Sin aguardar a tener noticias de Francisco de Las Casas, resolvió ser él mismo quien fuese en persona a castigar al rebelde. En su ánimo pudo haber pesado la idea de que se había precipitado, enviando a un bisoño contra un conquistador tan experimentado como Olid. La elección habría sido hecha a la ligera, pues disponiendo de capitanes ameritados, que habían demostrado su valía sobre el terreno, delegó un mando tan importante en alguien que se encontraba inédito, sólo por razones de parentesco. El nepotismo siempre presente en sus acciones.

Este Cortés en nada se parece a aquel de quien hablara Bernal, que era un individuo que impartía órdenes en voz baja, y que no perdía la compostura. Cabe preguntar, entonces, qué es lo que ha ocurrido y, ¿por qué actúa así? Es importante indagar sobre su estado de salud. Era un hombre que, además de verse sometido a grandes tensiones, sufría atroces dolores a causa de la fractura del brazo. Por la carta que dirigió al Emperador, dándole cuenta del accidente se vio que llevaba sesenta días de mal dormir; de manera tal, mediante un conteo regresivo, podríamos establecer, con bastante aproximación, la fecha del percance. Garay desembarcó en 25 de julio, lo cual, yendo atrás los sesenta días que menciona, más otros pocos en que tardaría en llegarle la noticia, sitúa el percance a finales de mayo o comienzos de junio. En el momento en que se decide a salir de México rumbo a Las Hibueras, todavía no debía encontrarse restablecido del todo, según escribió: «porque me pareció que ya hacía mucho tiempo que mi persona estaba ociosa y no hacía cosa nuevamente de que vuestra majestad se sirviese, a causa de la lesión de mi brazo, aunque no más libre de ella, me pareció que debía de entender en algo».[4] Ese no más libre de ella da a entender que todavía experimentaba dolores. Ni que decir tiene que la caída del caballo le aguó el disfrute de su gran victoria. Las grandes decisiones de aquellos días hubo de tomarlas en momentos en que se encontraba presa de intensos dolores y con el brazo en cabestrillo.

Al momento de realizar los preparativos para la partida, sus finanzas no andaban muy boyantes. Había tenido desembolsos muy fuertes. Las expediciones lo habían dejado sin flujo de caja y, además, se encontraba empeñado; en la que vendrá a ser la *Cuarta Relación* (15 de octubre de 1524), que suscribirá en México al momento de la salida, dirá al Emperador, refiriéndose a los comprobantes que ha presentado: «por la dicha carta-cuenta parece haber yo gastado de las rentas de vuestra majestad sesenta y dos mil y tantos pesos de oro en la conquista y pacificación de estas partes, demás de haber gastado todo cuanto tenía, que son más de otros cien mil pesos de oro, sin contar que estoy empeñado en más de otros treinta mil pesos, que ahora me han emprestado para enviar a esos reinos".[5] Según eso, Carlos V resultaba debiéndole dinero, pues tan sólo el montaje de la expedición de Olid le habría costado sobre cuarenta mil pesos y, como la búsqueda del estrecho le había sido ordenada por la Corona, esperaba cargarle el gasto (no obstante que él la tuviera decidida con antelación); por supuesto, los oficiales reales se negaron a reconocérselo. Como no tenía otra alternativa, acabó remitiendo sesenta mil pesos de oro al monarca. También, por aquellos días, envío a la Corte un obsequio extravagante: se trataba de la famosa culebrina denominada *El Fénix,* fundida enteramente de plata y oro bajo, en la que grabó la dedicatoria siguiente:

«Aquesta nació sin par
Yo en serviros sin segundo;
Vos sin igual en el mundo».

Andrés de Tapia, quien a lo que se ve, también tenía ingenio vivo, apuntó:

«Aqueste tiro, a mi ver,
Muchos necios ha de hacer».[6]

Oviedo deja constancia: «Esta pieza vi yo en el palacio de Su Católica Majestad el año de mill e quinientos e veinte e cinco, cuando aqueste caballero Diego de Soto la llevó».[7] Se trataba de la primera plata extraída de las recién descubiertas minas de Taxco. Y también para ganar voluntades remitió un valioso presente al infante don Fernando, hermano menor de Carlos V, que en 1526 sería rey de Hungría y de Bohemia, y más tarde Emperador, cuando éste abdique en él el título. Lo único que se sabe de ese obsequio proviene de Bernal, quien nos dice haber visto la carta en que el infante acusaba recibo, «y acuérdaseme que en la firma decía: Yo, el rey e infante de Castilla, y refrendada de su secretario, que se decía fulano de Castillejo; y esta carta yo la leí dos o tres veces en México, porque Cortés me la mostró para que viese en cuán gran estima éramos tenidos los verdaderos conquistadores».[8] Acerca de la región de Taxco hay una curiosidad que consignar; aquí Cortés señala: «topé entre los naturales de una provincia que se dice Tachco, ciertas piecezuelas de ello [estaño] a manera de moneda muy delgada, y procediendo por mi pesquisa, hallé que en la dicha provincia, y aún en otras, se trataba por moneda».[9] Alboreaba el monetarismo.

Finalmente, llega el momento en que Cortés empuña la pluma para escribir lo que será su *Cuarta Relación,* que aparece fechada el 15 de octubre de 1524; algo a tenerse muy presente, aparte del prolongado silencio, es la prepotencia que asoma en ella (es en la que habla de ir a Cuba para apresar a Velázquez), pues contiene una línea en la que dice «vuestra alteza debe suplicar a su Santidad que conceda su poder y sean sus subdelegados en estas partes las dos personas principales de religiosos que a estas partes vinieren, uno de la orden de San Francisco, y otro de la orden de Santo Domingo, los cuales tengan los más largos poderes que vuestra majestad pudiere».[10] Ese «debe suplicar» parece un término fuera de lugar para dirigirse a un monarca, máxime que, en las audiencias para hablar con él, hasta sus más cercanos colaboradores lo hacían puestos de rodillas (en ello no debe verse nada de extraordinario, pues se trata de una práctica que venía de la época de sus abuelos, los Reyes Católicos. Éstos como una deferencia muy especial que tuvieron con Colón, le permitieron que se sentara en presencia suya.) Es más que probable que los términos de la relación hayan sentado mal en los ambientes cortesanos. Se advierte además que, al exponer sus proyectos futuros, señala que espera explorar de la costa de la Florida al norte, «hasta llegar a los Bacallaos», adonde esperaba encontrar el estrecho que comunicaría ambos océanos para acortar el camino a la Especiería (por Bacallaos se designaba el área de los grandes bancos pesqueros comprendida entre las costas de Terranova e Islandia, conocidas desde finales del siglo anterior).[11] Aunque grandioso, no debe considerarse tan descabellado el proyecto, pues todavía en época tan tardía como es 1778, el capitán Cook recorría la costa de Oregon hasta el estrecho de Behring en busca de un hipotético *Pasaje del Norte,* que resultara navegable, que supuestamente existiría en esa área. La sugerencia cayó en el vacío. Ya no volverá a insistir.

En cuanto Cortés hizo público el propósito de ausentarse de México, se alzaron numerosas voces pidiéndole reconsiderar. Le hicieron ver que la Conquista no estaba consolidada, y que faltando él los indios podrían rebelarse. Aparte de las dudas que lo hayan acometido sobre la capacidad de su primo Francisco de Las Casas, existen otras razones que ayudan a entender el por qué de esa decisión, que hoy parece descabellada, y que vendrá a marcar el comienzo de su declive. Así lo vemos con criterios actuales, en que la atención aparece centrada en torno al castigo de Olid. Pero ése no era el único propósito, ya que como telón de fondo yacía un argumento de peso considerable: la búsqueda del estrecho que comunicaría ambos océanos. Se suponía que se hallaría en esa región. Hoy, que se sabe que no existe tal paso, ese objetivo se pierde de vista; pero en aquellos días eso era de primerísima importancia. No podía permitirse que un subalterno rebelde fuese el descubridor. Al parecer, cuando concibió el plan de ausentarse, lo consideraría como un paseo. Una especie de revista de inspección, para conocer territorios conquistados por sus subalternos. La sorpresa la constituirían los ríos crecidos y las ciénegas de Tabasco. Para ver lo despistado que andaba, sólo hay que fijarse en la forma en que montó la expedición. La nómina de los que llevaba consigo incluía mayordomo, maestresalas, camarero, repostero, médico, músicos (tanto sacabuches como chirimías), botiller, muchos pajes, dos halconeros y hasta un indio acróbata, de esos que jugaban un palo con los pies y un prestidigitador y titiritero. Para su servicio, vajillas de oro y plata. Y para que no faltase carne a su mesa, lo seguiría una inmensa piara de puercos. Llevaba la casa a cuestas. Un boato inmenso, el de un sátrapa oriental que se desplazaba. Ello marca un cambio substancial con aquel Cortés, ágil de movimientos, que cuatro años atrás saliera a batir a Narváez. El triunfo se le había subido a la cabeza. Cuando llegue la hora de informar al Emperador, se mostrará cauteloso, omitiendo todo aquello que le resultara desfavorable. Por ello, Bernal se convertirá en el Jenofonte de ese viaje. El relato de este último, además de vibrante, aporta muchos datos que ayudan a un mejor conocimiento de las condiciones en que se llevó a cabo. En vista de que las cosas han salido mal, Cortés se maneja en tono menor al señalar el número de los participantes «algunos deudos y amigos míos, y con ellos Gonzalo de Salazar y Peralmíndez Chirinos». Ninguna alusión al excéntrico séquito que llevó. El número de soldados, incluidos los recogidos en la zona de Coatzacoalcos, sería de noventa y tres jinetes, quienes con las remudas llevaban ciento cincuenta caballos y «treinta y tantos peones»; las cifras de Bernal son «doscientos y cincuenta soldados, los ciento y treinta de a caballo, y los demás escopeteros y ballesteros, sin otros muchos soldados nuevamente venidos de Castilla».[12] Es también éste quien proporciona una nómina más detallada, figurando entre los capitanes más destacados, Gonzalo de Sandoval, Luis Marín, Pedro de Ircio, Juan Jaramillo, Diego de Godoy, Juan de Herrada y Jerónimo Ruiz de la Mota. Entre los bisoños, se contaban Diego de Mazariegos y Francisco de Montejo *el Mozo*, futuros conquistadores de Chiapas y Yucatán, respectivamente. Y para evitar que durante su ausencia pudiesen provocar disturbios, se traía consigo a los principales que no le inspiraban confianza, figurando entre los más significados, Cuauhtémoc, Tetlepanquétzal y Coanacoch. Bernal menciona a algunos más, pero como lo hace por el nombre cristiano, resulta difícil establecer de quiénes se trata; es así que habla de un Juan Velázquez, que fue uno de los jefes militares de Cuauhtémoc; de Tapiezuela, de quien nos dice que era personaje de primera fila, y dos caciques michoacanos. Como intérprete figuró únicamente Malintzin, «porque Jerónimo de Aguilar ya era fallecido». Aquí Bernal se equivoca, pues seis años más tarde lo encontraremos declarando contra Cortés en el juicio de residencia.[13] La comitiva la completaban los religiosos flamencos fray Juan Tecto y fray Juan de Ayora, quienes sucumbirían en el viaje de retorno. Bernal alude a un tercer clérigo, que no resulta posible identificar. La fuerza principal la constituían tres mil indios mexica. El núcleo español marchaba diluido entre ellos. La desproporción entre españoles e indios parece indicar que Cortés confiaba más en sus antiguos enemigos que en su propia gente.

Antes de proseguir es preciso detenerse un momento para tener muy claro cuál era la situación de Cortés en esos momentos: sin lugar a dudas un rey sin corona. No había nadie que le hiciese sombra. Sólo así, estando completamente seguro de sí mismo, se comprende el inmenso embuste que va presentar al Emperador. El 15 de octubre de 1524, fecha en que iniciará el viaje firma en México (que todavía llama Temixtitan) la que vendrá a ser conocida cómo *Cuarta Relación*. Se trata de un escrito muy extenso, que salta a la vista que se habría confeccionado mucho tiempo atrás, pero que por alguna razón no se remitió (casi al final anuncia que Gonzalo de Salazar había llegado hacía dos días, siendo que este llevaba ya cinco meses en el país). Pues bien, está ya con un pie en el estribo y no dice una sola palabra anunciando el viaje; quizá para encumbrir ese silencio, ese mismo día firma una segunda carta (que no titula «relación»), que va como complemento de la anterior. En ésta dice al Emperador que tenía planeado «ir hasta donde está o puede estar Cristóbal de Olid para saber la verdad del caso, y si así fuese, castigarle conforme a justicia; porque para ir, según soy informado hay por tierra muy buen camino». Agrega más adelante que al discutir el proyecto con los oficiales reales, éstos lo hicieron desistir por todos los inconvenientes que le señalaron; por tanto «mudé el propósito, por de cualquier manera que sea, yo espero nuevas de aquí a dos meses, y según fueren así proveeré lo que me pareciere que más convenga al servicio de vuestra majestad».[14] Esto lo esta diciendo sin que le tiemble la mano al estampar la firma, el mismo día en que se ponía en marcha... Si es que ya no iba en camino «en la *Quinta Relación,* que escribirá a su retorno, señalará que la partida fue el 12 de octubre». Lo que se pone de manifiesto es que el Cortés que actúa de esa manera es un hombre que no espera que algún día tenga que rendir cuentas.

Partió dejando el gobierno en manos del tesorero Alonso de Estada y del licenciado Alonso Suazo. El factor Gonzalo de Salazar y el veedor Peralmíndes Chirinos, al ver que no les daba un cargo de importancia, en lugar de permancer en la ciudad, prefirieron acompañarlo. Por el camino, harían labor de zapa en contra de Estrada y, según recuerda Bernal, no paraban de aconsejarle que se diese la media vuelta. Salazar cantaba, y en los cantos decía «¡Ay tío, volvámonos, que esta mañana he visto una señal muy mala!». Y respondíale Cortés, cantando: ¡adelante mi sobrino, y no creáis en agueros, que será lo que Dios quisiere! [15]

En las inmediaciones de la actual Orizaba, en el «poblezuelo de un Ojeda, el Tuerto», tuvo lugar el matrimonio de Malintzin con Juan Jaramillo. Siendo éste de condición hidalga, no sabemos si con ello Cortés pretendió honrar a su fiel intérprete y compañera, o si era a Jaramillo, al cederle a su amante. Gómara escribe: «creo que aquí se casó Juan Jaramillo con Marina, estando borracho. Culparon a Cortés, que lo consintió teniendo hijos con ella».[16] No sabemos de dónde sacaría la versión de la borrachera de Jaramillo, y se advierte que al mencionar *hijos* en plural, está implicando que habrían tenido más de uno, lo cual es inexacto. Bernal, quien no se halló presente, pues se unió a la expedición un poco más adelante, señala que uno de los testigos fue un tal Aranda, «y aquel contaba el casamiento, y no como lo dice el cronista Gómara».[17] Él mismo refiere que, en cuanto tuvieron noticia en Coatzacoalcos de la proximidad de Cortés, salieron a su encuentro treinta y tres leguas para darle la bienvenida. El recibimiento que se le hacía en las villas por donde pasaba era con arcos triunfales y grandes festejos. Gonzalo de Salazar no dejaba de prevenirlo contra la imprudencia de haberle entregado el poder a Alonso de Estrada, recordándole cómo éste se jactaba de ser hijo de rey.[18] Y antes de que saliesen de la villa del Espíritu Santo, llegaron cartas de México hablando mal del gobierno de Estrada y Suazo. No se entendían. Llegaron más cartas, y en una, le informaban que ya en una ocasión habían echado mano a las espadas. Estaban a matarse. Para poner remedio, Cortes resolvió enviar a México a Salazar y Chirinos, provistos de un poder para que «supiesen quien era el culpado y lo apaciguasen. Y aún les di otro poder secreto para que, si no bastase con ellos buena razon, les suspendiesen el cargo que yo les había dejado de la gobernación y lo tomasen ellos en sí, juntamente con el licenciado Alonso Suazo, y que castigasen a los culpados, y con haber proveido esto se partieron el dicho factor y veedor».[19] Si mal se encontraban las cosas, peor fue el remedio. Resulta inconcebible cómo pudo cometer semejante desatino.

En Coatzacoalcos hizo venir a todos los caciques de la región y, según apunta Bernal, en esa ocasión acudieron la madre de Malintzin y un hermano de ella que había adoptado el nombre de Lázaro. Se presentaron con conciencia culpable, pues pensaban que los habría mandado buscar para castigarlos por haberla entregado a mercaderes de Xicalango. Bernal conocía su historia, pues «días había que me había dicho la doña Marina que era de aquella provincia y señora de vasallos». Y, ¿por qué se deshicieron de ella? No se sabe. Supuestamente sería para que no heredase, pero aquí debe quedar bien sentado que lo único conocido de la vida pasada de Malintzin, antes de que la entreguen como esclava en Tabasco, son estas pocas líneas de Bernal, quien la llegó a conocer muy bien. Todo lo demás son leyendas. Siempre según este testigo presencial, la madre y hermano se encontraban llorosos, pero ella los consoló y les dio muchas joyas, oro y ropa, diciéndoles que Dios le había hecho la merced de que se volviese cristiana, y de que hubiese tenido un hijo con su amo Cortés y de estar casada con un caballero como Juan Jaramillo. A continuación, Bernal afirma enfático: «Y todo esto que digo sélo yo muy certificadamente». [En el original figura «y lo juro», que luego tachó.] Un detalle interesante de testigo de vista es su observación de que Malintzin se parecía mucho a su madre.[20] Gómara parece estar muy despistado cuando habla de ella; según él, en el momento en que Cortés en el arenal le preguntó por su historia, Malintzin le habría dicho: que era de cerca de Jalisco, de un lugar llamado Viluta, hija de padres ricos y parientes del señor de aquella tierra; y que cuando era muchacha la habían robado algunos mercaderes en tiempo de guerra, y llevado a vender a la feria de Xicalanco, que es un pueblo sobre Coazacualco, no muy lejos de Tabasco; y de allí había llegado a poder del señor de Potonchan».[21] Su historia, en versión de Cervantes de Salazar, es como sigue: «diré quien fue, aunque en esto hay dos opiniones: la una, es que era de tierra de México, hija de padres esclavos, y comprada por ciertos mercaderes, fue vendida en aquella tierra; la otra y más verdadera es que fue hija de un principal que era señor de un pueblo que se decía Totoquipaque y de una esclava suya, y que siendo niña, de casa de su padre la habían hurtado y llevado de mano en mano [a] aquella tierra donde Cortés la halló».[22] Como vemos, tampoco tiene sentido y, si a ambas versiones se les da cabida aquí, es sólo para ofrecer el panorama completo. Tratándose de un personaje tan sugerente, es mucho lo que se ha escrito sobre ella, pero fuera de las contadas líneas de Bernal, quien la conoció muy bien, todo lo demás no pasa de ser ficción.

La selva

Cortés se informó sobre la ruta a seguir. A través del interrogatorio de los caciques y de algunos mercaderes llegados de la zona de Bahía de la Ascensión, se confeccionó un mapa. Según los datos recogidos, podría ir por tierra. En consecuencia, ordenó que el carabelón que se encontraba en Espíritu Santo, cargado de víveres que le había remitido de Medellín su mayordomo Simón de Cuenca, descendiese aguas abajo, para situarse en la desembocadura del río de Tabasco (el Grijalva), mientras él se dirigiría allá por tierra. No disponía de barcos para transportar un contingente tan numeroso, de manera que, ¡andando! Bernal rememora un episodio importantísimo para él en el orden personal: es entonces cuando Cortés le confió su primera comisión como capitán. Al frente de treinta españoles y «tres mil guerreros mexica» debería ir a someter a unos pueblos situados en una zona a la que llama Zimatán. Al estar escribiendo, dice que aún conservaba las instrucciones, «las cuales tengo hoy día firmadas de su nombre y de su secretario Alonso Valiente».[23] (La cifra dada está notoriamente exagerada, pues vendría a ser el total de la fuerza indígena.)

La marcha propiamente dicha comenzó cuando dejaron atrás Espíritu Santo en el alto Coatzacoalcos; a partir de ese momento comenzaron las dificultades. Para dirigirse a Tonalá hubieron de cruzar el Ayagualulco, que venía crecido. Pasaron en canoas llevando a los caballos del diestro y se internaron en una provincia a la que Cortés da el nombre de Cupilcon, a unas treinta y cinco leguas de Espíritu Santo, donde ya toparon con el primer río que no consiguieron cruzar en canoas. Tuvieron que construir un puente que tenía novecientos treinta y cuatro pasos, «y fue cosa bien maravillosa de ver». En el mapa que traía figuraba una provincia llamada Zagoatán, que venía a continuación; para llegar a ella hubieron de construir «más de cincuenta puentes».[24] En cuanto entraron en sus términos ya marchaban a tientas porque los ríos iban crecidos y no había caminos. Preguntaban, pero los indios no sabían darles razón. Ellos viajaban en canoas. Los árboles eran tan altos que por las noches no conseguían ver las estrellas para orientarse. En el mapa aparecían los pueblos que supuestamente encontrarían en el trayecto, y con base en ello, un piloto llamado Pedro López, con ayuda de una brújula intentaba sacarlos de ese atolladero. Cortés, igualmente recurría a ella, lo cual no pasó desapercibido a los indios, quienes pensaban que aquello era cosa de magia, y que a través de ella se enteraba de todo lo que ocurría; «yo también les hice entender que así era la verdad, y que en aquella aguja y carta de marear veía y sabía y se me descubrían todas las cosas».[25]

Cada vez se internaban más en zona despoblada y de jungla más espesa. Bernal refiere que llegados a ese punto, entre las filas de los soldados españoles se hablaba cada vez más de darse la media vuelta. A la hora en que Cortés comía, los músicos tocaban y, según Bernal, más que melodía aquello parecía un concierto de aullidos de zorros y coyotes; «valiera más tener maíz que comer, que música». Ya para finalizar la expedición cesarían los aullidos, pues los músicos enfermaron y llegó el momento en que quedó sólo uno para amenizar las comidas. Cortés comía con regalo; siempre había carne de puerco en su plato, mientras el hambre se hacía sentir en las filas. Se encontraba muy cambiado: en un periodo muy breve los años le cayeron encima. Se teñía la barba y comenzaba a echar barriga. Además, había adquirido el hábito de dormir la siesta, por lo que debían tenderle una estera para que reposara y, mientras tanto, la marcha se interrumpía. Ésta es la forma en que lo describe Bernal por aquellos días.[26]

El hambre apretó. Cortés escribe en su carta al Emperador, que un español sorprendió a un indio que comía un trozo de carne humana y vino a informárselo. En cuanto lo supo, riñó con los caciques, amenazándolos con castigarlos si reincidían. Uno de los franciscanos les predicó, y cuando terminó el sermón, como escarmiento, hizo quemar vivo a uno de ellos, disimulando con los demás.[27] No se volvió a registrar otro caso de canibalismo durante la expedición. Este mismo incidente lo narra Bernal con una ligera variante; según él, los caciques que venían en rehenes, hicieron que sus servidores capturaran a dos o tres indios de los pueblos por donde cruzaban. Los traían escondidos, y en un momento en que el hambre se les hizo insoportable los mataron, asándolos bajo tierra «como en su tiempo lo solían hacer en México, y se los comieron».[28]

Continuaron la marcha. Bernal dice que para evitar que los soldados viesen los puercos de Cortés y se echaran sobre ellos, éstos eran conducidos cuatro jornadas atrás. Las penalidades aumentaban; antes de llegar a Acala toparon con una ciénega que parecía imposible de pasar. Se construyó otro puente, en que se emplearon vigas de «treinta y cinco y cuarenta pies, y sobre ellas otras atravesadas». Llegaron a Chilapan, un pueblo de «gentil asiento y harto grande». A pesar de que el lugar se hallaba desierto, allí encontraron algunos víveres y descansaron dos días. Sólo consiguieron echarle mano a dos indios, a los que utilizaron como guías. Al siguiente pueblo que llegaron lo encontraron quemado, pero entre los rescoldos de los silos encontraron algo de maíz que no terminó de quemarse. Eso fue lo que alcanzaron a llevarse a la boca. A partir de ese momento, toparán con otros pueblos incendiados. Política de tierra quemada ordenada por el señor de Zaguatán, quien en una canoa iba por los pueblos ordenando que los abandonasen y todo lo destruyesen.

Se toparon con unos mercaderes, quienes les dieron referencias sobre el camino a seguir para llegar a Acala. Cortés despachó a dos españoles en una canoa, los cuales volvieron para corroborar que la información era correcta. El problema se presentó cuando llegaron a un ancón, y al sondearlo desde una canoa, encontraron que tenía cuatro brazas de profundidad. Cortés hizo que ataran varias lanzas para ver qué clase de suelo era, hallando que además de las cuatro de profundidad, había otras dos de cieno. Los españoles desmayaban ante la idea de construir el puente, y lo que murmuraban a sus espaldas era que deberían darse la vuelta antes de fatigarse y ya no tener fuerzas para el regreso. Viendo cuál era el sentir general, Cortés hizo de lado a los españoles, diciéndoles que él haría el puente valiéndose de los indios. Y luego de hablar con éstos y hacerles ver la necesidad de construirlo, mientras todavía tenían energías para ello, puso manos a la obra a su batallón de zapadores. Adelante estaba Acala, donde los esperaba la comida. En cuatro días lo construyeron. En su carta al Emperador lo describe como teniendo «más de mil vigas, que la menor es casi tan gorda como el cuerpo de un hombre, y de nueve y de diez brazas de largura, sin otra madera menuda que no tiene cuenta».[29] A poco andar dieron con una ciénega tan difícil de pasar, que los caballos desensillados se hundían hasta la barriga y tuvieron que ponerles debajo grandes ramas para que pudieran cruzar. Cuando la atravesaron, apenas podían mantenerse en pie de puro fatigados. En ese momento aparecieron unos españoles que Cortés había despachado a Acala y que volvían cargados de víveres. Bernal era uno de ellos, y cuenta que junto con sus tres compañeros y los porteadores indígenas traían ciento treinta cargas de maíz, ochenta gallinas, frijol, huevos, sal y otros víveres. Llegaron de noche y los ocultaron, pero a pesar de la oscuridad no pasaron inadvertidos, precipitándose los soldados sobre la comida. El mayordomo Carranza y el despensero Guinea daban voces pidiendo que dejasen algo de aquello para Cortés, a lo que los soldados les respondían «buenos puercos habéis comido vos y Cortés».[30] No le dejaron ni un grano para llevarse a la boca. Cortés quedó muy molesto y quería iniciar una averiguación para saber quiénes habían sido los que mencionaron aquello, pero viendo que eso no conducía a nada, habló a Bernal pidiéndole que si tenía oculta alguna comida, la compartiese con él y Sandoval. A ello, éste habría respondido diciendo que, al cuarto de la modorra, cuando estuviese reposado el real, podrían ir a recoger unas cargas de maíz, veinte gallinas, unas jarras de miel y dos indias que le habían dado para que preparasen la comida. Esa fue una ocasión en que la tropa estaba ya prácticamente insubordinada. Este incidente sirve para mostrar la distancia mantenida por Cortés con el grueso de sus hombres, quienes no compartían su mesa. [Las alusiones que tanto Cortés como Bernal hacen de Acala resultan confusas, pues en ocasiones se refieren a los pueblos de la región y, en otras, a la ciudad de ese nombre, que en aquellos días era la cabecera.]

Acala era, al parecer, un centro comercial y a su cacique, Cortés le da el nombre de Apaspolom, diciendo de él que era el más rico mercader de toda el área. Los subordinados de éste habían tenido contacto con los españoles asentados en la costa. Acudieron otros caciques comarcanos, y los frailes les hicieron la prédica habitual, que dio como resultado que trajesen muchos ídolos y los quemasen en su presencia. Prestaron el juramento de vasallaje y se despidieron en términos de lo más amistosos. Se movían en las inmediaciones de la tierra en que había vivido Malintzin en sus días de esclava, por lo que hablaría a la perfección el idioma de la zona.

Muerte de Cuauhtémoc

Se hallaban en un lugar llamado Izcancanac, cuando uno de los caciques previno a Cortés acerca de que Cuauhtémoc andaba promoviendo una conjura para matarlo a él junto con todos los españoles. Al denunciante Cortés lo identifica como a un «ciudadano honrado» oriundo de Tenochtitlan, llamado Mexicalcingo y quien más tarde, al bautizarse, adoptaría el nombre de Cristóbal. [La designación de «ciudadano honrado» ya está indicando que, conforme a la terminología de la época, se trataría de persona principal.] Según la denuncia, Cuauhtémoc, Tetlepanquétzal, Coanacoch y un tal Tacitecle habrían invitado a este Cristóbal o Mexicalcingo a unirse a la conjura. La idea era matar a todos los españoles, ya que eran muy pocos, y una vez muertos todos, poner guarniciones en las costas para evitar que viniesen más. A este Mexicalcingo ya le habían ofrecido hacerlo señor de una provincia si se sumaba a la conjura.[31] La oferta da a entender que éste no poseería tierras con anterioridad, lo cual sugiere que pudiera tratarse del jefe o uno de los jefes del contingente de guerreros mexica que hacían parte de la expedición. Torquemada lo llama Mexicatzincatl, reiterando el dato de que, al bautizarse, pasó a llamarse Cristóbal.

Como primera providencia, Cortés detuvo a los sospechosos y comenzó a interrogarlos por separado y, de acuerdo con los datos proporcionados por Mexicalcingo, decía a unos que eran los otros quienes los acusaban. Del interrogatorio sacó en limpio que los principales responsables eran Cuauhtémoc y Tetlepanquétzal y, en un juicio sumarísimo, los sentenció a muerte. Por su lado, Bernal asegura que quienes denunciaron la conjura fueron dos caciques llamados Tapia y Juan Velázquez: así, sin el nombre indígena y el cargo que tenían, el dato no aporta nada. Pero, desde luego, a quien se debe dar crédito es a Cortés, puesto que además de que escribía su informe a poco más de un año de ocurridos los sucesos, fue él quien recibió la denuncia. Bernal apunta que, antes de morir, Cuauhtémoc y Tetlepanquétzal se confesaron, lo cual viene a dar fe de que ambos se encontrarían bautizados desde tiempo atrás, ya que de no haber sido así, conforme a la liturgia de la iglesia, en lugar de confesión con bautizarlos en el momento hubiera bastado. Las últimas palabras de Cuauhtémoc, recogidas por Bernal habrían sido para reprocharle la muerte injusta que le daba, «¡Dios te la demande, pues yo no me la di cuando te entregaba mi ciudad de México!».[32] Ese Dios te la demande parecería indicar que el hombre que iba a morir había cortado todo vínculo con el antiguo *tlamacazque*. Murió como cristiano.

Las ejecuciones ocurrieron en Izcancanac el martes de carnaval, que en aquel año de 1525 cayó en 28 de febrero. En torno a la muerte de Cuauhtémoc se han tejido diversas leyendas, pero aquí se contemplan tan sólo las aseveraciones de los únicos testigos presenciales que dejaron testimonio escrito: Cortés y Bernal. Años más tarde, Torquemada introducirá la versión de que Coanacoch sería otro de los ahorcados. Según afirma, el dato lo encontró «en una historia texcocana (escrita en lengua mexicana, que la tengo por verdadera, porque en otras cosas, que en ella se dicen, he hallado mucha puntualidad y verdad)», prosigue diciendo que fueron ahorcados de noche, «de un árbol, que llaman pochotl, que los castellanos llaman ceiba, que es muy grande, y muy copado. Aquí amanecieron todos estos tres reyes colgados, y otros cinco señores con ellos».[33] Aquí ya hace ascender a ocho el número de muertos. En realidad, se desconoce cuál sería el fin de Coanacoch; en la crónica de Alva Ixtlilxóchitl existe un testimonio truculento, que habla de que al ser avisado Ixtlilxóchitl de que ahorcaban a su hermano, se encaró a Cortés, por lo que a éste no le quedó otro recurso que cortar la cuerda con la espada, salvándolo momentáneamente, ya que moriría pocos días más tarde. (No deja de extrañar que siendo Ixtlilxóchitl un personaje de considerable relieve, tanto Cortés como Bernal pasen por alto su nombre al referirse a esos sucesos, mientras que Sahagún claramente apunta que sí fue a ese viaje, y que sería a su retorno cuando gobernó Texcoco durante ocho años.)[34] Los ahorcados fueron únicamente Cuauhtémoc y Tetlepanquétzal, en eso ambos testigos y protagonistas son muy claros. Cortés puntualiza que sólo los mató a ellos por ser los instigadores; en cuanto a los demás, no tenían otra culpa que la de haber prestado oído atento, «aunque aquella bastaba para merecer la muerte». Absolvió a éstos últimos, pero dejó pendiente sobre sus cabezas la amenaza de que los procesos quedarían abiertos. Existen otras versiones sobre su muerte, pero se trata de testimonios tardíos. Bernal dedica un sentido recuerdo a los muertos: «...y verdaderamente yo tuve gran lástima de Guatemuz y de su primo, por haberles conocido tan grandes señores, y aun ellos me hacían honra en el camino en cosas que se me ofrecían, especial en darme algunos indios para traer yerba para mi caballo. Y fue esta muerte que les dieron muy injustamente, y pareció mal a todos los que íbamos».[35] Cuauhtémoc fue ejecutado a la vista de un contingente de más de un millar de guerreros mexica, muchos de los cuales, a no dudarlo, habrían sido combatientes suyos. Éstos presenciaron la escena impasibles. Ninguno movió un dedo para salvarlo. Su lealtad estaba ahora del lado de Hernán Cortés. Nadie se ocupó de marcar su tumba. Bernal no aclara si marchaba a pie, iba a caballo, o era llevado en andas, lo cual nos hubiera aclarado si llegó a recuperarse del todo de las secuelas del tormento. Para finalizar con este triste pasaje, hay que señalar que Gómara hace ascender a tres el número de ahorcados, agregando a un desconocido a quien llama Tlacatlec. Ni idea de quién se trate. Este autor introduce el dato de que aquellos caciques que no estaban involucrados, para demostrar su inocencia, pedían a Cortés que consultase con la caja que traía (la brújula), para que viese que ellos habían sido ajenos a la conjura.[32] Es significativo que Bernal al leer en el libro de Gómara este pasaje siga de largo, sin confirmarlo ni rechazarlo, y sin que le merezca el menor comentario; en cambio, procede a identificar a uno de los caciques que denunciaron a Cuauhtémoc con el nombre de Juan Velázquez, lo cual revela que durante el período anterior a la llegada de Narváez, en Tenochtitlan sí hubo bautizos de principales. Como en la práctica seguida los nuevos cristianos recibían el nombre de su padrino, resulta obvio que este cacique habría sido bautizado en vida de Juan Velázquez de León, quien como se recuerda murió durante la *Noche Triste*.[36]

Acalan quedó atrás. Se internaron en la región de Mazatlán. Los pueblos se encontraban muy apartados, pero la zona distaba mucho de encontrarse deshabitada. El problema era el de la incomunicación a causa de las aguas. Bernal refiere que en uno de los poblados Cortés se alojó en un adoratorio, y de noche, no pudiendo dormir, se levantó de la cama. Caminaba a oscuras y perdió pisada cayendo de una altura de más de *«dos estados»* (unos tres metros), descalabrándose.[37] Ésa sería otra de las lesiones importantes que sufriría a lo largo de su vida. Prosiguieron la marcha. Pronto encontraron un fuerte abandonado. Se hallaba construido enteramente de madera, rodeado de un foso y con un pretil de tablones muy gruesos. Tenía troneras desde donde se podía flechar a cubierto. Dentro, todas las casas se encontraban alineadas en buen orden y concierto. Primera construcción defensiva hecha enteramente de madera; una imagen reminiscente de Fort William Henry en la primera versión de *El último de los mohicanos*. Bernal lo describe como un pueblo cercado.[38] Conforme avanzaban, encontraron más fuertes de madera, todos prácticamente iguales. Una sorpresa la constituyó encontrar en medio de la selva, en un adoratorio, una alpargata y un bonete colorado ofrecidos a los ídolos.

Abandonaron la región de Mazatlán para entrar en los dominios de Canec, uno de los caciques más importantes del área. Cortés lo mandó llamar, pero como tardara en presentarse, reiteró la demanda ofreciendo a un español en rehenes. Finalmente, el cacique se presentó acompañado de treinta de los suyos. Fue muy bien acogido, y como era hora de la misa, Cortés dispuso que fuera cantada. Para mayor solemnidad se acompañó con música de gaitas y chirimías (los aullidos de que habla Bernal). A continuación, uno de los frailes le predicó un sermón para darle a conocer lo errado que andaba en sus creencias, mismo que sería traducido con toda fluidez por Malintzin. Es preciso tener presente que iban transcurridos más de cinco años de que ella convivía con los españoles, por lo que ya hablaría el idioma a la perfección, circunstancia que volvió innecesarios los servicios de Aguilar, por lo que éste no fue llevado al viaje, y quizás el no verlo haya ocasionado que Bernal se confundiera y pensara que ya habría muerto.

Cortés sostuvo una larga conversación con Canec, haciéndole ver que debería prestar juramento de obediencia a Carlos V, a lo que éste repuso que nunca antes había reconocido a nadie por señor, aunque manifestó estar enterado, a través de los de Tabasco, que unos cinco o seis años atrás había aparecido por la costa un capitán con gente de su nación, que los venció en batalla. Desde entonces habían pasado a ser vasallos de un gran señor. Cortés le dijo entonces que ese capitán era él, y que a Malintzin, a quien traía como lengua, se la habían dado allí junto con otras mujeres. Canec dio la obediencia, comió con Cortés y, a preguntas que se le hicieron, proporcionó amplia información acerca de los españoles que se encontraban poblados en la costa. Conocía bien la zona por tener en las cercanías grandes plantaciones de cacao y, con frecuencia, llegaban de allá mercaderes que lo mantenían al tanto de la situación. Cortés le pidió guías que le mostraran el camino, a lo que el cacique lo previno de la aspereza de las sierras que tendría que atravesar, sugiriéndole que hiciese el viaje por mar. Cortés le replicó que aquello le resultaba imposible, por lo numeroso que era el contingente que traía. Canec lo invitó a que, antes de partir, fuese a conocer su casa y viera cómo destruía los ídolos. Haciéndose acompañar de una escolta de veinte ballesteros, abordaron unas canoas y partió en compañía del cacique. Pasó con él el resto del día, y por la noche volvió al real. Dejó al cuidado de Canec un caballo rosillo que se había lastimado una pata. El cacique prometió cuidarlo. Nunca volvieron por él.

A lo largo del trayecto, a cada paso encontraban plantaciones de cacao, lo cual habla de que la selva estaba poblada. Baja densidad de pobladores, pero era zona habitada. Evidentemente, cruzarían por alguna de las grandes poblaciones de la época del esplendor maya, pero todas deberían de encontrarse en ruinas y abandonadas. No existe mención acerca de que en la región de Chiapas hubiesen encontrado alguna de esas grandes ciudades. La ausencia de menciones en ese sentido lleva a pensar que no las vieron, que ya en aquellos días la selva se habría apoderado de ellas. Algo notable es la constante alusión a las plantaciones de cacao que encontraban a su paso y, siendo tan baja la densidad de población, es claro que una vez cubierta la necesidad de consumo local quedaría un excedente importante destinado a la zona del altiplano. Se hallaban, por tanto, en un área que pese a la escasa población tenía un comercio muy activo.

Cortés cuenta que, conducidos por los guías de Canec, a un día de marcha llegaron a unos llanos muy verdes donde pastaban numerosos venados. Los jinetes se dedicaron a alancearlos y mataron dieciocho. Como hacía mucho tiempo que los caballos no galopaban se les murieron dos a causa del esfuerzo que se les exigió. Bernal, al corroborar esa cacería, agrega que los venados no se espantaban ya que no eran molestados, pues los reverenciaban como dioses. Ésa era la tierra de los mazatecas, «que quiere decir en su lengua los pueblos o tierras de venados».[39] Salieron de esa región y enseguida cambió el panorama: ahora les tocó subir por país de montaña. La parte alta de Chiapas. Comenzaron a moverse por una sierra con piedras que cortaban como navajas. No cesaba de llover y el agua hacía que resbalaran los caballos. Caían, y tanto montura como jinete se cortaban en los filos de las piedras. Dos caballos murieron y los más de los que escaparon quedaron desjarretados. Cortés ha dicho que un sobrino suyo se partió una pierna en varias partes; aquí Bernal puntualiza que fue en ese mal paso donde a un soldado se le quebró una pierna, y éste se apellidaba Palacios Rubios y era deudo de Cortés.[40] El apellido del sobrino viene a aportar un dato más acerca de las relaciones de la familia de Cortés; según eso, una de sus hermanas estaría casada con un Palacios Rubios, y ésta era una familia conocida en Castilla. Su más notorio representante fue el doctor Palacios Rubios, aquel jurista cortesano autor del *Requerimiento*. También venían Juan de Ávalos y Álvaro de Saavedra, primos suyos; acerca del primero, Cortés escribe que «rodó él y su caballo una sierra abajo, donde se quebró un brazo, y si no fuera por las placas de un arnés que llevaba vestido, que le defendieron de las piedras, se hiciera pedazos». Esta mención deja ver cómo esos hombres iban por la selva vestidos de hierro. [Ávalos y Saavedra eran hermanos, lo cual, pese a la diferencia de apellidos, no tendría nada de extraño, pues en aquellos días existía una gran anarquía en la materia; cada cual podía adoptar el apellido del pariente que mejor le acomodaba. Comenzaba a adoptarse la desinencia *ez* que habría de normar la formación de los apellidos; de manera que Martínez indicaba hijo de Martín, como González era el hijo de Gonzalo. Uno de los puntos que desafían toda comprensión, es que siendo Diego uno de los nombres más comunes de la época, el apellido Diéguez no sea hoy día el más generalizado.]

En un lugar al que Cortés llama Taniha, el hambre los mordía de manera tal, que el ejército no tenía otra cosa que llevarse a la boca que palmitos sin sal, que comían cocidos. Al referir al Emperador las penalidades del viaje dirá: «y otros muchos trabajos, que serían largos de contar, que aquí se nos ofrecieron, en especial de hambre, porque aunque yo traía algunos puercos de los que saqué de México, que aún no eran acabados».[41] La afirmación resulta desconcertante, ¡todavía quedaban unos puercos vivos! Mientras todos se morían de hambre, había unos hombres entregados a la tarea de conducir una piara para que no faltase carne en el plato del jefe. No se sabe qué pensar de esa actuación de Cortés. Bernal no parece haber sido uno de lo convidados, lo cual mostraría que no figuraba entre los personajes de primera fila. No se requiere de mucha imaginación para representarnos el esfuerzo que significó conducir esos cerdos a través de la selva y hacerlos cruzar por esos pasos donde los caballos perdían pie y caían desbarrancados. Sin lugar a dudas, los porquerizos fueron los héroes anónimos de la jornada. Se trataría de puercos muy flacos, pues en caso contrario se sofocarían al caminar. Pero de todas formas queda sin explicarse cómo se agenciarían para franquear los pasos difíciles entre las peñas, por lo que se plantea la pregunta si en algunos tramos no serían transportados a hombros.

Unos indios dieron noticia de que un grupo de españoles estaba establecido en Nito, a dos jornadas de distancia. Cortés ordenó que, guiados por esos informantes, partiesen al momento quince soldados para indagar de qué gente se trataba. Bernal especifica que Sandoval era el capitán que iba al mando. Llegaron a la orilla de un río y allí estuvieron dos días al acecho, hasta que salieron a pescar cuatro hombres en una barca. Los cogieron por sorpresa y sin resistirse. Según refirieron, se encontraban allí poblados sesenta hombres y veinte mujeres, que formaban parte de una expedición colonizadora, enviada desde Panamá por Pedrarias Dávila al mando de Gil González de Ávila. Éste los había dejado allí, prosiguiendo su camino. Se morían de hambre y muchos de ellos se encontraban enfermos. Tan débiles estaban, que no se habían adentrado en la tierra más de una legua. Su única esperanza era terminar de calafatear una carabela y un bergantín, que tenían varados en la playa, y hacerse a la vela rumbo a Cuba en cuanto hubiesen reunido víveres suficientes para la travesía. Avisado de quiénes se trataban, Cortés llegó con el grueso de su contingente. En Nito sólo había hambre. Debieron compartir con ellos los últimos puercos que quedaban. Como Cortés dice «unos pocos puercos que me habían quedado del camino», resultaría que serían más de dos los que llegaron al punto de destino.[42] Habían caminado gruñendo desde Coatzacoalcos hasta el Golfo de Honduras. Allí hay un desafío a repetirse: arrear una piara a través del sur de los estados de Veracruz, Tabasco, Chiapas y parte del territorio de Honduras.

Cortés se puso manos a la obra para auxiliar a aquella población que allí se encontraba perdida sin remedio; y en aquellos momentos, por una de esas casualidades, apareció la carabela de un mercader que venía de las islas con un cargamento para vender. Consistía en «trece caballos, setenta y tantos puercos y doce botas de carne salada, y pan hasta treinta cargas de lo de las islas».[43] Aquello fue un alivio inmenso. Cortés compró en cuatro mil pesos de oro el cargamento junto con el navío. Y además, en él venía un hombre que, «aunque no era carpintero» fue de grandísima ayuda para dirigir la reparación de la carabela y el bergantín. A poca distancia se encontraba un poblado llamado Lenguela, adonde se encontraban unos españoles, y a través de ellos se tuvo conocimiento de lo ocurrido: Cristóbal de Olid llevaba meses muerto. Lo habían matado Francisco de Las Casas y Gil González de Ávila. Un esfuerzo vano. Pudo haberse ahorrado el viaje. Los hechos ocurrieron en el vecino pueblo de Naco, y se desarrollaron de la siguiente manera: Olid zarpó de La Habana dirigiéndose al Golfo de Honduras y catorce leguas abajo del puerto de Caballos desembarcó y tomó posesión de la tierra en nombre de la Corona, fundando una villa a la cual impuso el nombre de Triunfo de la Cruz. Y cuando por unos mensajeros interceptados tuvo conocimiento de que se aproximaba Gil González de Ávila, se puso en espera al acecho en un paso del río, donde se suponía que habría de cruzar. Al no aparecer, dejó allí a su maestre de campo y comenzó a preparar dos carabelas, para marchar contra un poblado que éste tenía establecido costa arriba. En ese momento, asomó Francisco de Las Casas con sus dos navíos, y Olid lo recibió a cañonazos. Se entabló la lucha. Las Casas desembarcó a su gente y le tomó los navíos. Olid, mañosamente, pidió una tregua esperando ganar tiempo para que llegaran los hombres que había dejado emboscados. Suspendieron hostilidades. Esa noche se desencadenó un temporal que le hundió los navíos a Las Casas. Se ahogaron treinta y tantos hombres; los demás quedaron allí desamparados y desnudos. Olid los aprehendió a todos fácilmente. Antes de que entraran al pueblo, uno a uno, con la mano puesta sobre los evangelios, les hizo jurar que nunca harían armas contra él. Luego los soltó. El maestre de campo, que Olid había dejado al acecho, capturó a cincuenta y siete hombres de Gil González de Ávila, dejándolos libres a continuación para que se fuesen a otra parte. Unos días más tarde, Olid supo dónde se encontraba González de Ávila y envió de noche alguna gente contra él. Lo capturaron junto a sus hombres, y también a éstos dejó libres, luego de tomarles juramento. González de Ávila no cesaba de repetirle que algún día había de matarle, pero como Olid era hombre que desbordaba confianza en sí mismo, no tomaba en serio esas advertencias. Incluso, los invitaba a su mesa. En una ocasión, terminada la cena, cuando se levantaron los platos, quedó a solas con Las Casas y González Ávila, quienes se abalanzaron sobre él. El primero sacó de entre sus ropas un cuchillo de escribanía, hiriéndolo en el cuello. Dieron voces y sus partidarios fácilmente desarmaron a la guardia. En un momento fueron dueños del campo. Olid había conseguido huir pero muy pronto lo encontraron. Las Casas y González de Ávila le celebraron juicio, siendo condenado a muerte. Fue decapitado en Naco. Se le guardó la hidalguía, de la misma manera que Pedrarias Dávila lo hiciera con Balboa; Cortés, en cambio, no se la reconoció a Escudero que la reclamaba, ni a Villafaña, tenido como hijodalgo notorio. Cuestiones de honra. Para aquellos hombres era fundamental la forma de morir. Así fue el fin de uno de los más grandes capitanes que tuvo Cortés, de quien dice en sus escritos que era natural de Úbeda o de Baeza, sin poder precisarlo (aunque ambas poblaciones son casi vecinas, por lo próximas que se encuentran entre sí; el no poder precisar en cuál de ellas nació, lleva a suponer que no tendría con él demasiada familiaridad). Acerca de Olid, Bernal dice: «que si como era esforzado tuviera consejo, fuera muy más temido, más que había de ser mandado». Tenía al morir treinta y seis años.[44] Agrega que se encontraba casado con Felipa de Araoz o Arauz, una bella portuguesa, con quien tenía una hija, y que, supuestamente, habría abreviado la campaña cuando anduvo por Michoacán para estar con ella, ya que por aquellos días había llegado a México. Los llantos por viudez de la bella Felipa serían de corta duración, pues para el 18 de septiembre de 1525 otorga el siguiente poder: «Felipa de Araujo, viuda de Cristóbal de Olid, confiere poder a Juan de la Peña, estante en Tenustitán, para que por mí y en mi nombre pueda comparecer ante el muy reverendo padre fray Toribio [Motolinia], guardián del monasterio del Señor San Francisco desta dicha ciudad, juez apostólico que diz que es para la causa yuso escrita...». Lo que pide es la nulidad del matrimonio recién contraído con Don Diego López Pacheco: «por cuanto yo fui engañada por él, porque él es casado en Castilla e tiene biva la muger, e a causa dello el dicho casamiento no debe haver lugar de derecho...».[45] A juzgar por las fechas, apenas se enteró de la muerte del marido volvería a contraer nuevas nupcias (sería a través de Francisco de Las Casas y Gil González de Ávila como le llegaría la noticia; el matrimonio ya no debería andar muy bien, puesto que Olid no la llevó consigo). Aquí se pierde de vista Felipa; a quien sí se volverá a ver es a su madre, quien aparecerá defendiendo los derechos de su nieta Antonia. En carta que se verá más adelante, el mayordomo de Cortés, cuando éste se encuentre en España, al darle cuenta de diversos asuntos, le dirá que la suegra de

Olid se había apersonado en la Audiencia, llevando de la mano a la nieta, para demandar el castigo para los matadores del yerno. Acusó de su muerte a Diego Becerra, Francisco de Las Casas, Juan Núñez, Rodrigo Peña, Bello, y al bachiller Ortega, que fue quien instruyó el proceso. Unos huyeron, otros buscaron refugio en San Francisco, y el bachiller Ortega, le dio «treinta ovejas e dos carneros e cincuenta fanegas de trigo a la vieja porque se abajase de la querella e le dejase de acusar e sacáronle de la cárcel e diéronle su posada por prisión».[46] Por otra parte en el libro de Actas de cabildo de la ciudad de México, aparece asentado que el 20 de septiembre de 1529, se hizo donación de una huerta a doña Antonia, hija de Cristóbal de Olid. No parece que, en cuanto a generosidad, se hayan distinguido aquí los antiguos compañeros de éste; sobre todo, tratándose de la huérfana de quien fue el maestre de campo. Existió una falta de compañerismo muy grande en lo tocante a ayudas para los familiares de los caídos o de aquellos que quedaron inválidos; tampoco Cortés se preocupó mayormente en ese sentido. A los que murieron se les enterró, y nada más.

Parecería que muerto Olid, ya no tenía sentido mantenerse más tiempo alejado de la Nueva España; además, Cortés disponía de un navío en buenas condiciones para navegar, el cual, según se desprende por el número de soldados que transportó, así como el cargamento de caballos y puercos, debería ser de gran porte. Podía embarcarse y, en cuestión de pocos días, encontrarse de regreso en Medellín, dando término a esa pesadilla. El viaje había sido penoso en extremo; aunque sólo hubo algunas escaramuzas aisladas con los indios, las avenidas de los ríos cobraron vidas; pero el grueso de las bajas lo ocasionaron el hambre y las enfermedades. Fueron muchos los que sucumbieron en el trayecto. Y cuando la mayoría de sus hombres lo único que ansiaba era embarcar sin dilación, los lanzó en una expedición aguas arriba en un río que desaguaba en ese golfo. El objetivo era llegar a unos poblados donde le informaron que podrían encontrar víveres. Cortés lo explica diciendo que era preciso hacer acopio del bastimento suficiente para la travesía a Cuba.

Remontaron el río, y antes del amanecer cayeron sobre el poblado. Esperaban sorprender a los moradores en el sueño, pero cuando tenían rodeada la casa principal un soldado bisoño comenzó a dar voces: «¡Santiago!», «¡Santiago y a ellos!» Los indios despertaron y rápidamente salieron por los costados, ya que la casa carecía de paredes. Se entabló la lucha. Capturaron hasta quince hombres y veinte mujeres, y murieron otros diez o doce que no se dejaron prender. En esa primera acción se frustró todo intento de penetración pacífica. Recogieron pocos víveres, encaminándose a un poblado cercano donde, según les aseguraron, encontrarían provisión abundante. Avanzaban extremando precauciones, pues según advirtieron, eran seguidos por un gran número de indios que en cualquier momento, podrían emboscarlos. Iban en esa formación, cuando sorpresivamente dieron con algo que los sobrecogió: ¡una ciudad maya que se mantenía viva! Aquello fue como una vista espectral. Cortés cuenta: «y con mi gente junta salí a una gran plaza donde ellos tenían sus mezquitas y oratorios, y como vimos las mezquitas y los aposentos alrededor de ellas a la forma y manera de Culúa, púsonos más espanto del que traíamos, porque hasta allí, después que pasamos Acalan, no las habíamos visto de aquella manera».[47] En medio de la selva hondureña habían topado con la última población, de que se tenga memoria, en la que la antigua civilización maya se mantenía viva. Chiapas abunda en construcciones mayas, que a juzgar por lo que escribe Cortés, se encontrarían ya abandonadas y engullidas por la selva; de allí el espanto que les produjera ver esa ciudad que sobrevivía. Lástima que no haya dejado constancia de su nombre. A partir del momento en que dejaron atrás Izcancanac, resulta muy difícil trazar la ruta seguida, puesto que no existen puntos de referencia. Ya en su día Gómara topaba con dificultades: «y aunque he procurado mucho informarme muy bien de los propios vocablos y nombres de los lugares que nuestro ejército pasó en este viaje de las Higueras, no estoy satisfecho del todo».[48] Aquí proclama a las claras que no encontró a un interlocutor que supiera decírselo. Procede recordar que Andrés de Tapia, al único que identifica como informante suyo, no tomó parte en esa expedición.

Cortés habla de que durante esa incursión le tocó vivir «la mayor agua que nunca se vido, y con la mayor pestilencia de mosquitos que se podía pensar». Bernal escribe: «dejemos de decir de Cortés y de sus entradas que hacía desde Puerto de Caballos, y de los muchos mosquitos que en ellas les picaban, así de día como de noche, que, a lo que después le oía decir, tenía con ellos tan malas noches, que estaba la cabeza sin sentido de no dormir». La marcha por la selva era penosísima. Es el propio Bernal quien refiere que Sandoval lo había puesto al mando de un grupo de ocho soldados y cuatro indios mexicanos. Luego de unos reencuentros, consiguieron llegar al campamento, y allí, al rendirle el parte, le hizo saber que en el trayecto se les había muerto uno de los soldados recién llegados de España, y como venían exhaustos, habían dejado el cuerpo abandonado. Sandoval estalló en cólera y lo envió de regreso a él y a un tal Bartolomé de Villanueva, para que fuesen a darle sepultura. Partieron en compañía de dos indios y, entre los efectos del muerto, encontraron un papel donde tenía escrito todo lo relativo a él y a su familia. Se trataba de un canario, hijo de padre genovés. Pusieron una cruz sobre su tumba, «y el tiempo andando, se envió aquella memoria a Tenerife».[49] El episodio pinta el temple de Sandoval, que no dejaba abandonado el cuerpo de uno de sus soldados.

Refiere Cortés que, descendiendo por un río «yo me quité la celada que llevaba, y me recosté sobre la mano, porque iba con gran calentura».[50] A poco fueron sorprendidos por una lluvia de flechas y piedras, resultando herido en la cabeza, que llevaba desprotegida. Ésta es otra de las heridas que se encuentran registradas. Es interesante observar que, incluso en la selva, habitualmente se movían cubiertos de hierro. El asiento en que se hallaban los dejados por González de Ávila estaba mal elegido, por lo que Cortés los recogió a todos, los puso a bordo de los navíos, y partió en busca de una mejor ubicación. La encontró, y fundó una villa a la que impuso el nombre de Natividad de Nuestra Señora. A ella se mudaron cincuenta de los vecinos asentados en Naco, y algunos de los que venían con él. En la carta al Emperador dice: «señalé alcaldes y regidores, y dejéles clérigos y ornamentos y todo lo necesario para celebrar, y dejé oficiales mecánicos, así como herrero con muy buena fragua, y carpintero y calafate y barbero y sastre. Quedaron entre estos vecinos veinte de caballo y algunos ballesteros; dejéles también cierta artillería y pólvora».[51]

Pronto quedó claro para el ejército que Cortés no tenía prisa en regresar. Bernal expresa el malestar del pie veterano de los conquistadores, al ver que los había metido en una nueva aventura. Se había propuesto conquistar toda el área, «porque tengo noticia de muy grandes y ricas provincias [...] en especial de una que llaman Hueitapalan, y en otra lengua Xucutaco, que ha seis años que tengo noticia de ella».[52] Es sorprendente el desinterés por todo lo que ha dejado atrás; ahora sólo piensa en nuevas conquistas. Parecería rejuvenecer con los nuevos proyectos. No consideraba un fiasco el viaje. Se adaptaba a la nueva situación. Casi no tenía ejército; pero eso no parecía importarle. Pensaba hacer las nuevas conquistas basándose en su prestigio. Cuando llegó a la villa de Trujillo, fundada por Francisco de Las Casas, envió a un español y a tres de los indios principales de Tenochtitlan para que fueran por los pueblos informando quién era el que había llegado. Sabía que, en mayor o menor grado, su nombre era conocido a través de los mercaderes que divulgaban las noticias. Y no andaba tan equivocado; la noticia del desplome del imperio mexica había permeado hasta el interior de las selvas centroamericanas. Su objetivo inmediato eran dos lugares a los que denomina Chapagua y Papayeca, cabeceras de diez pueblos el primero, y dieciocho el segundo. Mandó llamar a los caciques y a los pocos días se presentaron ante él enviados de ambos, trayéndole un presente de maíz, fruta y aves. Excusaron a los caciques, ya que, según dijeron, éstos se encontraban temerosos a causa de que otros españoles que incursionaron por el área, habían capturado a algunos hombres a los que se llevaron en sus navíos. Estaban muy en guardia ante el riesgo de ser capturados; a poca distancia se encontraba la isla de la Guanaja, y tenían conocimiento de que, con frecuencia, aparecían por allí barcos que venían a llevarse a sus pobladores. Cortés les dio seguridades de que eso ya no volvería a suceder, y que procuraría que fuesen devueltos aquellos que localizara. Por lo demás, a través de los notables mexica, les dio a conocer la obligación en que estaban de dar la obediencia al rey de España, quien según expuso, era el más poderoso monarca sobre la tierra. Tenía cosas muy importantes que decirles para la salvación de sus almas; «y que esta era la causa de mi venida, y que fuesen ciertos que de ella se les había de seguir mucho provecho y ningún daño; y que los que fuesen obedientes a los mandatos reales de vuestra majestad habían de ser muy bien tratados y mantenidos en justicia y los que fuesen rebeldes serían castigados».[53] El mensaje estaba entregado. En pocos días, se presentaron los caciques de quince o dieciséis pueblos o señoríos a dar la obediencia. Aportaron víveres y hombres para talar el bosque y construir el pueblo. Con esas provisiones se sostuvieron hasta que regresaron los navíos enviados a las islas a comprar víveres. En los tres navíos despachó a los dolientes, y a continuación llegó otro, que también compró. Uno de los despachados iba al mando de su primo Juan de Ávalos, quien tenía el encargo de dirigirse a la Nueva España llevando cartas donde informaba de todo lo ocurrido; el segundo, tenía como punto de destino La Trinidad, con objeto de traer caballos, víveres y a todos aquellos que quisieran unírsele. El tercero debería dirigirse a Jamaica con el mismo propósito; y en el bergantín envió a un criado suyo, con cartas para los oidores de La Española, informándoles de la situación. El navío al mando de Juan de Ávalos, conforme a las instrucciones recibidas, se dirigió primero a Cozumel para recoger a cincuenta españoles, abandonados allí por el licenciado Parada. Los subió a bordo y prosiguió el viaje. Con él iban los dos franciscanos flamencos. Ni Cortés ni Bernal ofrecen una explicación de las razones que movieron a estos últimos para apartarse de Trujillo; se desconoce si su intención era regresarse a México, a España o a Flandes. Pero no llegaron lejos: el buque aportó en la punta de San Antón, y allí un temporal lo lanzó contra la costa ahogándose Ávalos, los franciscanos fray Juan Tecto y fray Juan de Ayora y treinta más. Los supervivientes vagaron por los montes, y muchos murieron de hambre. En total, de ochenta que iban a bordo, sobrevivieron quince que llegaron al puerto de Guaniguanico. En aquellos momentos un vecino de La Habana que poseía una estancia en las inmediaciones procedía a cargar un barco propiedad de Cortés, enviándole bastimentos. Allí encontraron remedio a su necesidad. Fray Jerónimo de Mendieta, el historiador de la orden franciscana, escribe que fray Juan Tecto se encontraba tan débil, que se recostó en un árbol y allí expiró de hambre. El relato de éste es de fecha tardía, mientras que el de Cortés está muy próximo a los sucesos que narra.[54]

Los navíos que iban a La Española y Jamaica aportaron en La Trinidad, donde se hallaba el licenciado Alonso Zuazo, quien había sido expulsado de la Nueva España por los funcionarios reales. En el puerto se encontraba un navío cargado con treinta y dos caballos, artículos de montar y bastimentos, cuyo dueño, en cuanto tuvo conocimiento de que Cortés vivía y dónde se encontraba, puso proa rumbo a Trujillo esperando vender todo a mejor precio. Con él, el licenciado Alonso Zuazo le envió una carta informándole de lo sucedido en México durante su ausencia. Bernal, que en aquellos momentos andaba bajo las órdenes del capitán Luis Marín, cuenta que él y el grupo del que hacía parte se encaminaron a Triunfo de la Cruz, que encontraron despoblada. Sobre la playa yacían unas naves desarboladas y dadas de través. Prosiguieron su caminata rumbo a Trujillo. Llegaron a hora de vísperas, y lo primero que vieron fue a cinco jinetes que paseaban por la playa. Cortés era uno de ellos. Éste, en cuanto los reconoció fue hacia ellos y se apeó del caballo. Estaba tan flaco que daba lástima verlo, «porque según supimos había estado a punto de muerte de calenturas y tristeza que en sí tenía [...] y dijeron otras personas que estaba ya tan a punto de muerte, que le tenían ya hechos unos hábitos de Señor San Francisco para enterrarle con ellos».[55] Se encontraban allí dos navíos chicos, llegados tres días atrás, procedentes de Santo Domingo, en los que le enviaban caballos, potros, mulas, armas viejas, unas camisas y bonetes colorados y cosas de poca valía. Trajeron una sola pipa de vino. En esos momentos apareció el navío que traía la carta de Zuazo.

En cuanto puso pie a tierra, el capitán del navío fue a cumplimentar a Cortés y entregarle la correspondencia. Las nuevas eran tan dolorosas que, según Bernal, en cuanto hubo leído la carta de Zuazo, «tomó tanta tristeza que luego se metió en su aposento y comenzó a sollozar, y no salió de donde estaba hasta otro día por la mañana, que era sábado, y mandó que se dijesen misas de Nuestra Señora muy de mañana».[56] Terminada la misa, Cortés les leyó las cartas. Se les daba por muertos. Mientras tanto, la ciudad de México vivía en un clima de terror bajo el mandato despótico del factor Gonzalo de Salazar, quien en esos momentos venía a ser el mandamás. Se daba el caso de que antiguos conquistadores como Andrés de Tapia y Jorge de Alvarado, habían buscado refugio en el convento de San Francisco. Sólo faltaba que los indios se rebelaran.

Todo había comenzado cuando Gonzalo de Salazar y Peralmíndez Chirinos llegaron provistos del doble poder otorgado por Cortés en Coatzacoalcos. Uno era para la eventualidad de que se hubiese restablecido la concordia entre el tesorero Alonso de Estrada y el contador Rodrigo de Albornoz, en cuyo caso deberían gobernar los cuatro oficiales juntos, quedando en manos del licenciado Zuazo la administración de la justicia. De no ser así, los primeros quedarían fuera, pasando el gobierno a Salazar y Chirinos, con Zuazo en el desempeño de su cargo. Este segundo poder fue el que mostraron. Detuvieron durante unos días a Estrada y Albornoz, hasta que el magistrado Zuazo, con su vasta experiencia como juez, logró un avenimiento para que gobernasen los cuatro. Poco duró esa concordia. Y por otro lado, Rodrigo de Paz, el primo y administrador de los bienes de Cortés, comenzó a marchar por su lado. Se sentía importante. Estrada, Albornoz y Zuazo lo detuvieron; Salazar, para ganárselo, lo puso en libertad. Por otra parte, Zuazo fue apresado; lo pusieron en cadenas, y recordando que tenía pendiente de tomar un juicio de residencia en Cuba, allá lo remitieron. El gobierno quedó en manos del factor Salazar y el veedor Chirinos.

A su llegada a México, Francisco de Las Casas y Gil González de Ávila fueron juzgados y sentenciados a muerte por Salazar y Chirinos, bajo el cargo de haber matado a Olid. Apelaron de sus sentencias, y fueron remitidos a la metrópoli. Ocurrió que en esos momentos, luego de pasar una larga temporada en España (mayo de 1521-octubre de 1525), Diego Ordaz volvió a México. El 2 de noviembre de 1525 era recibido como alcalde mayor por orden de los tenientes de gobernador.[57] Y al saber que Cortés se encontraba desaparecido, partió en su búsqueda. A bordo de una carabela fue recorriendo el litoral y al llegar a Xicalango, le dieron noticias de que allí habían matado a unos españoles (se trataba del grupo de Simón de Cuenca). Escribió a México informando y prosiguió viaje a Cuba, adonde se dirigió para comprar ganado.

Mientras tanto, como a Cortés y acompañantes se les dio por muertos, Salazar y Chirinos les organizaron unas solemnes exequias, para a continuación echarse sobre sus bienes. Ocuparon las casas de éste, pero al no encontrar oro, detuvieron a su mayordomo Rodrigo de Paz para que les dijese dónde lo tenía oculto. Éste no pudo confesarlo, porque sencillamente no lo había; pero no le creyeron y lo atormentaron, quemándole los pies con aceite hirviente. A continuación, le instruyeron proceso y lo ahorcaron «por revoltoso y bandolero».[58] Rodrigo de Paz tenía un ascendiente inmenso sobre Cortés, según se desprende del apunte que sobre él nos ha dejado Bernal: «mandaba absolutamente sobre el mismo Cortés».[59] Esa era la situación en México. Por otro lado, a Narváez le habían otorgado licencia para conquistar en la zona del río de las Palmas. Una buena noticia era la desaparición de Fonseca. Había muerto.

El paso siguiente de Gonzalo de Salazar fue hacerse proclamar gobernador y capitán general, y una de sus primeras provisiones fue ordenar que todas aquellas mujeres cuyos maridos se daban por muertos, deberían volverse a casar. Juana de Mansilla, la esposa de Alonso Valiente, se opuso como otra Penélope, aduciendo que estaba segura de que Cortés y su esposo se encontraban vivos, pues los viejos conquistadores eran duros de roer y no para tan poca cosa como los recién llegados, que ahora acompañaban a Chirinos en su incursión contra los zapotecas. Salazar la hizo azotar por las calles, acusándola de hechicería. Y como nunca faltan serviles y traidores, Bernal cita el caso de uno de ellos con fama de hombre honrado, «que por su honor aquí no nombro», que fue ante el factor con el cuento de que se encontraba malo de espanto, porque una noche, en el patio del antiguo *teocalli* de Tlatelolco, se le habían aparecido los fantasmas de Cortés, Malintzin y Sandoval ardiendo en llamas vivas.[60]

23
Juan Flechilla

Finalmente, Cortés resolvió volver a México. Viajaría por mar, mientras Sandoval lo haría por tierra con el resto de la gente, incluidos los que se encontraban poblados en Naco. Bernal le suplicó que lo llevase consigo, pero no hubo forma. Debería volver andando. Cortés levó anclas pero no consiguió alejarse, pues el viento cesó por completo. Volvió a intentarlo al día siguiente y, antes de que se alejase de la costa, fue informado acerca de las alteraciones surgidas entre los que quedaban en Trujillo. Bajó a tierra, hizo sus averiguaciones, «y con castigar algunos movedores quedó muy pacífico». Volvió a embarcar y, cuando apenas había navegado dos leguas, se rompió la entena mayor del navío, lo que lo obligó a regresar. Reparada ésta, tres días más tarde, de nueva cuenta se hizo al mar, y transcurridas dos noches y un día, un viento muy contrario rompió el mástil del trinquete. Otra vez de regreso; «y viendo que habiendo salido tres veces a la mar con buen tiempo me había vuelto, pensé que no era Dios servido que esta tierra se dejase así».[1] Canceló la partida.

En lugar de viajar él, resolvió enviar a Martín Dorantes, uno de sus hombres de confianza, provisto de un poder que revocaba aquel que antes había dado al factor y al veedor. En su lugar, deberían gobernar Francisco de Las Casas y Pedro de Alvarado, si es que éste se encontraba en México. De no ser así, el gobierno quedaría en manos de Estrada y Albornoz. Dorantes era igualmente portador de cartas para otros conquistadores. El viaje de éste, según lo describe Bernal, tiene tales tintes novelescos que parecería una página salida del *Ivanhoe* o de alguna otra novela de lo más truculento. De los tres buques de que se disponía en ese momento, se alistó el de mayor porte, y las instrucciones fueron navegar directamente hasta un paraje determinado de la zona de Pánuco, adonde deberían desembarcar a Dorantes; él sería el único que bajaría a tierra, volviéndose al punto el navío. Martín Dorantes iba disfrazado de labrador, llevando las cartas cosidas entre sus ropas. Y sin más, se puso a recorrer el trayecto a pie, procurando evitar topar con españoles, «por no tener pláticas ni le confesasen, y ya que no podía menos de tratar con españoles, no le podían conocer, porque ya había dos años y tres meses que salimos de México y le habían crecido las barbas; y cuando le preguntaban algunos cómo se llamaba o dónde iba o venía, que acaso no podía menos de responderles, decía que se decía Juan Flechilla». Bernal se equivoca aquí en el tiempo, pues de la salida de México al desembarco de Cortés en Medellín, transcurrieron un año siete meses. Para él el cómputo sería otro, pues volvió andando.

Bajado a tierra en las inmediaciones de Veracruz, en cuatro días «Juan Flechilla» se puso en México, e inmediatamente se dirigió al convento de San Francisco, adonde encontró refugiados a Jorge de Alvarado, Andrés de Tapia, Juan Núñez de Mercado y Pedro Moreno Medrano, entre otros; en cuanto éstos supieron que Cortés estaba vivo y leyeron sus cartas, bailaban de alegría; según Bernal, hasta Motolinia daba saltos de júbilo.[2] Con la debida reserva fueron comunicando la novedad a los amigos de Cortés y quedó acordado que al día siguiente aprehenderían a Salazar. Marcharon con Alonso de Estrada y Rodrigo de Albornoz a la cabeza y como éste último no mostrara entusiasmo en lo que hacía, el tesorero le llamó la atención. Salazar se encontraba prevenido y tenía dispuestos a sus hombres con los cañones preparados y las mechas encendidas. Pero a la llegada de los atacantes, éstos lo dejaron solo. Salazar fue capturado y encerrado en una jaula. [En el libro de actas del cabildo de la ciudad, se lee que el 29 de enero Dorantes mostró la carta de Cortés nombrando gobernador y capitán general a su primo Francisco de Las Casas y revocando los poderes que dio a Gonzalo de Salazar y a Pedro Almíndez Chirinos; pero como Francisco de Las Casas ya no se encontraba en México, designaron como tenientes de gobernador y capitán general, a Alonso de Estrada y a Rodrigo de Albornoz. Otros nombramientos de ese día fueron los del comendador Leonel de Cervantes (quien ya estaba de retorno con su esposa e hijas casaderas), como alcalde ordinario; a Juan de Ortega como alcalde mayor; Andrés de Tapia como alguacil mayor y Jorge de Alvarado como alcalde de las atarazanas].[3] A continuación, partieron mensajeros divulgando la noticia; a unos les placía y a otros entristecía, pues habían recibido indios de los encomendados a aquellos a quienes se dio por muertos. Y de la misma manera se enviaron cartas a Guatemala a Pedro de Alvarado, para mantenerlo enterado de la situación. Una de las disposiciones del tesorero Estrada, fue organizar un desagravio público para Juana de Mansilla, ordenando cabalgar a todos los caballeros de México, mientras él la conducía en ancas de su caballo. Decían que se comportó como una matrona romana. En lo sucesivo le dieron el tratamiento de doña Juana de Mansilla.[4] Por otra parte, como estaba en el aire el riesgo de que surgieran nuevas discordias, se resolvió pedir a los franciscanos que diesen licencia a fray Diego Altamirano para que viajase a Trujillo para traer de regreso a Cortés. Este recién llegado fraile era primo de él y, antes de tomar el hábito, había sido soldado.

Mientras tanto, allá en Trujillo, Cortés había abandonado el proyecto de regresar; ahora acariciaba la idea de emprender la conquista de Nicaragua. Tenía noticias de ella y había entrado en pláticas con Francisco Hernández, el capitán enviado allá por Pedrarias Dávila. Buscó ganárselo y lo consiguió. Y como algunos soldados percibieran que Francisco Hernández, junto con otro capitán llamado Pedro de Garro, hablaban de pasarse a Cortés, comunicaron sus sospechas a Pedrarias. Entre los acusadores se encontraba un tal Andrés Garabito, enemigo de Cortés, pues según refiere Bernal, de jóvenes habían cruzado la espada en Santo Domingo por amores de una mujer, resultando herido Garabito.[5] [Segunda referencia a una riña por mujeres.] Pedrarias dio alcance a Francisco Hernández, le instruyó proceso y lo hizo decapitar. Garro alcanzó a refugiarse con Cortés.

Bernal refiere que Cortés se encontraba flaco y quebrantado por la mar y «muy temeroso de ir a la Nueva España, por temor no le prendiese el factor». Eso de que fuera el temor a Salazar lo que lo retenía en el área, no pasa de ser una conjetura muy personal del cronista. Y en cuanto resolvió lanzarse a la nueva conquista, envió mensajeros a matacaballo, ordenando a Sandoval que se regresase con la gente. «Y después que vimos la carta y que tan de hecho lo mandaba, no lo pudimos sufrir y le echábamos mil maldiciones». Con el mismo mensajero, le enviaron una carta firmada por todos, rehusándose a seguirlo. Cortés les replicó con grandes ofrecimientos, y concluía su carta diciendo que si no querían obedecerlo, «que en Castilla y en todas partes había soldados».[6] Aquello tocó la fibra más sensible de Sandoval, quien con grandes ruegos pidió a los soldados que aguardasen unos días mientras él iba a convencer a Cortés para que se embarcara. Bernal agrega aquí el dato de que Sandoval fue montando a *Motilla*, el más notable caballo que pasaron los conquistadores. Y lo realmente extraordinario es que éste hubiese hecho la Conquista completa y todavía participara en lo de Las Hibueras. Sandoval no conseguía convencer a Cortés para que desistiese de su propósito, cuando en esos momentos llegó el navío que traía a fray Diego Altamirano. El fraile se identificó haciéndole saber que eran primos, pues como hacía ya veintidós años que Cortés faltaba de

España, no lo recordaba. Éste lo puso al tanto de la situación. Le habló de los desórdenes pasados y de los que se esperaban si él no iba pronto a poner remedio.«Y a esta causa cesó mi ida a Nicaragua», escribiría al Emperador.[7] Dado que juzgó que su presencia ya no era imprescindible en el área, se dispuso a preparar el viaje de retorno, pero no sin antes proclamar unas ordenanzas para el buen gobierno: «Yo, Fernando Cortés, capitán general e gobernador en esta Nueva España e provincias de ella, por el emperador, e rey don Carlos, nuestro señor [...] yo he fundado, en el real nombre de su Majestad, dos villas, la una que ha nombre la Natividad de Nuestra Señora que fundé en esta costa en el puerto y bahía de Santander; e la otra que se llama la villa de Trujillo, que fundé en la dicha costa en el puerto y cabo de Honduras [...] y por virtud de sus reales poderes que yo tengo: mando que en las dichas e términos e jurisdicción de ellas, y en todas las otras que de aquí adelante en estas tierras se poblaren, se guarden las Ordenanzas siguientes...».
Lo que sigue es un documento de primer orden en cuanto al buen gobierno de una ciudad se refiere; entre los puntos curiosos a destacar, figura lo relativo a mercados: el cuidado en el control de pesos y medidas, la obligatoriedad de que todos los artículos sean vendidos en el mercado, sujeto el precio a supervisión; la obligación de que las reses y puercos se sacrifiquen precisamente los sábados en la tarde, dada la prohibición de hacerlo en domingo; que no se mate en ninguna carnicería, sino que es obligación hacerlo en el matadero, «para que la hediondez no pueda inficionar la salud de la dicha villa»; e igualmente se manifiesta una preocupación por la higiene, al señalar a los vecinos la obligación de arrojar la basura en el basurero, «e no en otra parte, so pena de medio real de plata». Eso en cuanto a la salud del cuerpo; en cuanto a la del alma, se dispone que todos los domingos y fiestas de guardar, «moradores estantes y habitantes en la dicha villa vayan a oír misa mayor a la iglesia principal, y entren en ella antes que se comience el Evangelio, y estén en ella hasta que el preste diga *ite misa est*, y eche la bendición.[8] Para los que se salieren antes, se fija una pena de medio peso de oro. Figuran otras disposiciones sobre ubicaciones de potreros y el hierro con el que deberían marcarse las reses, y ahí queda, porque el documento llegó incompleto. Pero lo que aquí hay que destacar es que esa meticulosa ordenanza municipal viene a hacer las veces de una cortina de humo para ocultar un fracaso, pues en la villa de la Natividad y en Trujillo sólo quedaron como pobladores unas pocas docenas de españoles macilentos y enfermos.

El 25 de abril de 1526, en una flota de tres navíos, Cortés se hizo a la vela «con harto dolor y pena».[9] Al cabo de seis días y a causa de un temporal, se vio obligado a buscar refugio en La Habana, adonde saludó a antiguos amigos y conocidos y aprovechó para reparar los desperfectos de los navíos. Al día siguiente entró en el puerto un barco procedente de la Nueva España, y al segundo, otro, y al tercero uno más; de manera que estaba al tanto de los últimos sucesos. [La llegada de esos navíos muestra el tráfico intenso existente en esos días.] En el puerto se encontraba un navío recibiendo carena, y como el suyo hacía agua, compró aquel y el 16 de mayo, a los diez días de estadía, se hizo a la vela. Ocho días después estaba frente al arenal de Chalchicuecan. Pero antes de que ponga pie a tierra, procede una pausa para asistir al discreto adiós a Malintzin.

Malintzin

Malintzin sale de escena al retorno del viaje a Las Hibueras, pero no por defunción (sobrevivirá unos años), sino porque a partir de ese momento, su vida y la de Cortés marcharán por senderos separados. Regresó en otro barco, en compañía de su esposo. Nunca volverá a aparecer junto a él como colaboradora suya, y en las contadas ocasiones en que vuelva a figurar su nombre, será en relación a otros temas. El ciclo histórico de esa mujer quedaba cerrado. Es, por tanto, el momento de hacer una reflexión sobre el papel que desempeñó. Desde luego, nada más ocioso que meterse a especular sobre la historia que no fue; pero de lo que sí puede tenerse la certeza, es de que, sin su participación, el proceso habría sido muy distinto. Está claro que de no haber mediado ella, Cortés no habría podido poner en práctica su argucia para empujar a los totonacas a sacudirse el yugo de Motecuhzoma y, al no lograrse ese primer paso, los siguientes no se habrían dado. No se hubiera efectuado la entrada pacífica en Tenochtitlan, y queda descartada la prisión de Motecuhzoma. En ese caso, hubieran tenido que abrirse paso combatiendo desde las mismas playas. Lo probable es que la penetración se convirtiese en un proceso muy lento, a la manera de lo ocurrido en Norteamérica. La actuación de esa mujer no fue la de una máquina de traducir que, de manera mecánica, vertiera al náhuatl los mensajes que le daban. Fue trasladadora de culturas. Puede imaginársele captando el misterio de un dios muerto, clavado a un madero, pero que resucitó y vive, amén del dogma de la Trinidad, buscando las palabras adecuadas para realizar

429

el traslado a la mentalidad indígena. Y al parecer, no lo habría hecho tan mal. Por ello, no resulta exagerado decir que fue la llave que abrió las puertas de México. Pieza clave para la Conquista, y que, en su día, fue altamente respetada por los caciques, al grado de que Bernal dice que éstos, al no poder pronunciar el nombre de Cortés, por no existir la letra erre en la lengua náhuatl, lo hacían llamándolo Malinche. Esto es, el capitán que acompaña a la señora Malintzin; «y también se le quedó este nombre a un Juan Pérez de Artiaga, vecino de la Puebla, por causa que siempre andaba con doña Marina y con Jerónimo de Aguilar aprendiendo la lengua, y a esta causa le llamaban Juan Pérez Malinche».[10]

Se ha fantaseado mucho acerca de su relación con Cortés, haciéndola pasar como la historia de un gran amor; pero de acuerdo a los datos disponibles, la prueba no parece sustentarlo. A juzgar por el nacimiento de don Martín, ocurrido durante la segunda mitad de 1522, éste ocurrió en momentos en que Cortés hacía vida conyugal con Catalina de Marcaida; pero a la muerte de ésta, ya no retornó a ella (andaba enredado con la Hermosilla, de cuya relación nacería don Luis). Cuando en su momento se mencionen las declaraciones de las sirvientas que depusieron contra Cortés acusándolo de haber asesinado a su esposa, se advertirá que éstas dicen que cohabitó con varias mujeres, pero ninguna señala a Malintzin en particular, lo cual hace suponer que no viviría bajo el mismo techo que él, y si lo hizo, sería por un periodo breve. Lo que salta a la vista es que Cortés la respetaba, y por ello procuró buscarle un matrimonio que, a su manera de sentir, sería lo más conveniente para ella. Se preocupó por dejarle asegurada su situación económica y social, pero le retiró al hijo. Y allí terminó la relación. Bernal, al describir con tanto detalle el boato de éste al partir hacia Las Hibueras con ese impresionante séquito, omite toda alusión a que llevase compañía femenina, lo cual hace suponer que no la cambió por otra. Sencillamente, se deshizo de ella. Pero pese a que la arrojó en brazos de otro, ella seguirá siendo la colaboradora abnegada que desempeñará un papel importante al hablar con los caciques. En la *Quinta Relación* (3 de septiembre de 1526), será la ocasión única en que la presente por nombre al Emperador cuando relate los servicios prestados por ella: «Marina, la lengua».[11] En el viaje de retorno a México –siempre en compañía de su esposo–, dio a luz a una niña, que se llamó doña María. A partir de ese momento se eclipsa rápidamente; tuvo una muerte temprana, ignorándose las causas de su defunción; en documento fechado el 29 de enero de 1529 ya se la da por muerta: «e la mujer de Jaramillo, ya difunta».[12] Jaramillo volvió a casarse; esta vez con doña Beatriz de Andrada, una de las hijas del comendador Leonel de Cervantes.

Malintzin es una mujer a quien correspondería figurar en la galería de mujeres ilustres de todos los tiempos, pero ocurre que ha tenido mala prensa, pasando su nombre a ser sinónimo de traición; pero: ¿a quién traicionó? Una esclava que no hizo otra cosa que permanecer fiel a su amo. Eso de la traición arranca de fecha reciente, de acuerdo con la línea del pensamiento oficial, pero en vida suya, la opinión en que era tenida fue distinta. Los relatos la pintan en los días de Coyoacán, allá por la época en que nació su hijo Martín, como una matrona altamente respetada por los indígenas, quienes llegaban para presentarle sus respetos y traerle regalos. Un dato curioso es el de que le traían tabacos.[13] Ella es la primera persona de quien se tiene referencia que fumara puros. Aunque durante muchos años la línea del pensamiento oficial reflejada en los textos de historia, iba en el sentido de cubrirla de vituperios, la realidad es que, calladamente, el pueblo mexicano le ha rendido un homenaje espontáneo al imponer su nombre a una montaña: la antigua Matlalcueye, testigo de las batallas libradas contra los tlaxcaltecas, que pasó a llamarse La Malinche. Una leyenda tardía y carente de visos de verosimilitud, atribuye el hecho a que se encuentra sepultada en sus faldas; algo semejante a lo ocurrido con el Mulhacén, que pasó a llamarse así por haberse dado sepultura en él a Muley Hassán, penúltimo rey granadino. El padre Durán recuerda que los españoles fueron los primeros en mudarle el nombre a la montaña, y para los días en que él escribía, la llamaban *Doña Mencía* (indicio de peso para descartar que ése sea el lugar de reposo de sus restos).[14] Malintzin dejó dos hijos: Don Martín, de quien se seguirá teniendo noticias, y Doña María. De esta última, se sabe sólo, tanto por conducto de Cortés como del oidor Zorita, que se casó con don Luis de Quesada, natural de Úbeda, y que del matrimonio nació un hijo, que llevó el nombre de Pedro de Quesada. Este nieto, que ella no llegó a conocer, compartiría, a partes iguales, la encomienda de Xilotepec con doña Beatriz de Andrada, al enviudar ésta de Jaramillo, de quien no tuvo descendencia. La Andrada contrajo nuevas nupcias con el comendador don Francisco de Velasco, hermano del virrey Don Luis de Velasco, a quien tampoco dio hijos.[15]

Jerónimo de Aguilar

Resulta obligada una mención al otro intérprete, cuya actuación a fuerza de tanto hablar de Malintzin, ha pasado a un segundo plano. Está claro que en un principio funcionaban como un binomio en el que, empleando una figura, ella haría las veces de audífono, y él funcionaría como micrófono, o sea, todas las respuestas llegaron a Cortés por labios de él, y es así que los diálogos iniciales necesariamente llevaron su propia impronta; si hubo alguna distorsión, él es el responsable. Conforme al paso del tiempo, ella fue aprendiendo el español, y según los progresos que hacía, la labor de él fue perdiendo importancia. La actuación de Aguilar recibe un debido crédito de parte de los cronistas españoles, pero en cambio, en fuentes indígenas es tan escasamente mencionado, que se llega al extremo de ignorársele por completo, convirtiéndose a Malintzin en la traductora única, como lo evidencia el párrafo que aparece a continuación, tomado del Códice Florentino: «y luego mandó el capitán Don Hernando Cortés por medio de Marina que era su intérprete la qual era una india que *sabía la lengua de Castilla* y la de México que la tomó en Yucatán, ésta comenzó a llamar a voces a *los tecutles*, y *piles* mexicanos para que viniesen a dar a los españoles lo necesario para comer...».[16] La escena corresponde al momento en que se instalan en el palacio de Axayácatl, lo cual constituye un error evidente, pues en ese tiempo ella todavía no aprendía el idioma; por tanto, aquí lisa y llanamente se ha borrado la presencia de Aguilar (las crónicas españolas mencionan que en ese tiempo todavía seguían comunicándose mediante la doble traducción); y de la misma forma, en las viñetas que ilustran el Códice Florentino acerca de algunas actuaciones ocurridas por aquellos días, ella aparece junto a Cortés mientras traduce, y lo hace directamente, sin un intermediario de por medio. Aguilar como si nunca hubiera existido. Pero es obvio que éste permanecería junto a Cortés día y noche en esa primera etapa en la que sus servicios eran imprescindibles. Por lo mismo, se pensaría que sería un hombre especialmente próximo a él, pero ya se ha visto que no fue así; a la hora del reparto de encomiendas, la recompensa recibida no parece proporcionada a los servicios prestados. No llegó a entablarse una amistad entre ambos, sino todo lo contrario, siendo así que desarrolló un fuerte resentimiento contra Cortés, contándose entre aquellos que declararon en su contra en el juicio de residencia. No participó en el viaje a Las Hibueras, pues para esas fechas Malintzin había aprendido el castellano, por lo que sus servicios dejaron de ser imprescindibles. Además, es posible que para esas fechas ya estuvieran enemistados.

Cortés llegó frente a Veracruz, pero a causa del mal tiempo, no pudo desembarcar hasta llegada la noche. De allí se fue a pie a Medellín, «que está cuatro leguas de donde yo desembarqué, sin ser sentido de nadie de los del pueblo, y fui a la iglesia a dar gracias a Nuestro Señor».[17] Los vecinos quedaron extrañados ante aquellos recién llegados. Estaba tan flaco y envejecido que no lo reconocieron hasta que se dirigió a algunos de ellos por sus nombres. Se dijo la misa, e inmediatamente, los llevaron a aposentar en las mejores casas. Al punto partieron mensajeros llevando la noticia. Permaneció allí once días, mismos que empleó en recibir a los caciques, quienes al enterarse de su retorno acudían a darle la bienvenida. El 31 de mayo, según se lee en las actas de Cabildo, se recibía una carta de Cortés enviada desde Chalchicuecan, anunciando su próxima llegada y confirmando en los cargos a Alonso de Estrada, Rodrigo de Albornoz y Juan de Ortega. Comenzó el lento camino hacia México. Para ello empleo quince días, pues a todo lo largo del trayecto era agasajado por los indios, que para verlo se desplazaban distancias inmensas y al par que lo saludaban le exponían sus quejas por los agravios sufridos en su ausencia. En muchos pueblos pedían que los disculpara, pues por no haber tenido aviso con la anticipación suficiente, no podían hacerle el recibimiento que hubieran deseado. En Tlaxcala hubo un festejo por todo lo alto con bailes, juegos y gran comilona. A tres leguas de Texcoco salió a su encuentro un gran número de españoles e indios llegados de todos los pueblos a muchas leguas a la redonda. En medio de esa multitud llegó a Texcoco, donde lo aguardaba el tesorero Alonso de Estrada al frente del cabildo en pleno, la mayor parte de los vecinos de México y una multitud de caciques. La entrada la hizo bajo arcos triunfales levantados por los indios. Hubo danzas y todo tipo de juegos con grandes luminarias al anochecer.[18]

Al día siguiente fue la entrada en México. A ambos lados de la calzada, su marcha era flanqueada por centenares de canoas. Los franciscanos lo recibieron con cruz alzada, conduciéndolo a su convento, donde pasó seis días, «hasta dar cuenta a Dios de mis culpas». Dos días antes de que abandonase el convento, un mensajero le trajo la nueva de que a Medellín habían arribado tres navíos, en los que venía un juez pesquisidor. Al momento, Cortés despachó un mensajero con instrucciones para el teniente de alcalde de la villa, a efecto de que se tuviesen con él todo género de atenciones. Y al respecto explica, «otro día, que fue San Juan, como despaché este mensajero, llegó otro, estando corriendo ciertos toros y en regocijo de cañas y otras fiestas».[19] No deja de llamar la atención el hecho de que a tan corta distancia de la toma de la ciudad ya se hubiese traído de España ganado de lidia.

Ponce de León

El juez que venía era el licenciado Luis Ponce de León. Un hidalgo toledano, primo del conde de Alcaudete, «mancebo», apunta Oviedo, con lo cual da a entender que era hombre joven. Fungía como teniente de alcalde de Toledo, precisamente la ciudad que en esos momentos era asiento de la Corte.[20] Se trataba de un personaje bien situado y que venía investido de amplísimas facultades; en el caso de encontrarlo culpable, debería proceder con el máximo rigor. Sin miramientos. En cuanto recibió aviso de su llegada, Cortés supo que disponía de poco tiempo antes de que el poder se le fuera de las manos. Por tanto, se dio a la tarea de poner en orden sus asuntos, y lo primero que hizo fue ocuparse de asegurar el futuro de las hijas de Motecuhzoma. En trance de muerte, éste se las habría dejado encomendadas. Al menos, así lo expresa en el acta de donación, que «tuviese por bien de tomar a cargo tres hijas suyas que tenía [...] a las cuales después que yo gané esta Ciudad hice luego bautizar y poner los nombres a la una que es la mayor su legítima heredera Doña Isabel y a las otras dos Doña María y doña Marina».[21] Se trataba, por tanto, de saldar una deuda pendiente. A Isabel le asignó el pueblo de Tacuba con sus habitantes, así como Yetepec, Chimalpan, Jilocingo y Ecatepec, más otras estancias, sumando en total mil doscientas cuarenta casas. El documento está firmado el veintisiete de junio, o sea, justo a los tres días de tener conocimiento de que dejaría el cargo; al dar fundamento jurídico al acto, expone que, «la dicha doña Isabel, que es la mayor y legítima heredera del dicho señor Moctezuma, más encargada me dejó que su edad requería tener compañero, le daba por marido y esposo una persona de honra [...] el cual se dice y nombra Alonso de Grado, natural de la villa de Alcántara [...] y doy en dote y arras a la dicha doña Isabel y sus descendientes, en nombre de Su Majestad y como gobernador y capitán general de estas partes, y porque de derecho les pertenece de su patrimonio y legítima, el señorío y naturales del pueblo de Tacuba».[22] Su título será el de Señora de Tacuba. En esa misma fecha firmó otra provisión, nombrando a Alonso de Grado juez visitador general de la Nueva España; entre sus funciones figura la de investigar si son válidas las causas por las que se han venido haciendo esclavos, «y los que ansí halláredes no ser hechos esclavos jurídicamente se pongan en libertad».[23] En cuanto a Marina, dice que la ha casado con el conquistador Juan Paz, asignándole Acoluacán y Cuautitlán, «porque de derecho pertenecía a la dicha doña Marina de su patrimonio y Legítima y porque todo era del dicho Motezuma su padre».[24] María no aparece dotada.

Esa actuación de Cortés abre una página escasamente aireada, que es la concerniente al tipo de relación que, en el aspecto humano, se produjo entre él y Motecuhzoma. Mucho se ha oído hablar de éste, y todos los relatos lo presentan como un pusilánime que hundido bajo el peso de la profecía, no atinaba cómo actuar. Es capturado y, en un principio, vivía rodeado por una guardia de treinta españoles que se mantenían en torno a él como un cinturón de hierro; pero luego, las condiciones se irían suavizando, como recuerda Francisco de Aguilar, uno de sus guardianes, «y sin prisión ninguna lo pusieron en unos aposentos donde el se andaba suelto».[25] Parecería que el cautiverio le hubiera resultado provechoso para liberarse de esa telaraña protocolaria, en la que él mismo se enredó, «señor, gran señor...», y la prohibición de mirarle a la cara. Bien, ese retrato parece ajustarse a la realidad, a una realidad de los primeros momentos que quedó como foto fija; pero lo que se pasa de largo, es que Motecuhzoma cambió mucho. Muchísimo. A lo largo de los seis meses largos de convivencia diaria con sus captores, va emergiendo un ser enteramente nuevo, lo cual habla de él como individuo dotado de gran flexibilidad mental. Se acaba toda aquella parafernalia de servidores que barren el suelo y colocan mantas a su paso, y desciende de su pedestal, humanizándose. Alcanza entonces unos márgenes de libertad de los que antes carecía. Por vez primera se encuentra entre hombres que son sus iguales, con quienes puede hablar de tú a tú y bromear (hay que recordar, en especial, su amistad con Peña); jugaba a los tejos (el *tololoque)*, y sobre todo, reía. Bernal habla del paseo por la laguna con gran aparato, y seguramente así sería el primero, pero omite las referencias consignadas por Cortés, que manifiestan que, con el paso del tiempo, se iba produciendo un grado de compenetración entre ambos, de lo que dan ejemplo las salidas frecuentes que le permitía para trasladarse a sus casas de recreo, «y muchas veces me pidió licencia para se ir a holgar y pasar tiempo a ciertas casas de placer que él tenía, así fuera de la ciudad como dentro, y ninguna vez se la negué. Y fue muchas veces a holgar con cinco o seis españoles a una o dos leguas fuera de la ciudad y volvía siempre muy alegre y contento al aposento donde yo le tenía».[26] Como se advierte, las condiciones iban variando; ahora, era una escolta mínima la que lo acompañaba. Ya no se temía que fuera a intentar la fuga. Una cosa debe quedar muy clara, y ello es que Motecuhzoma no escapó por la simple razón de que no quiso. En los meses finales, cuando Cortés había dispersado su ejército y en Tenochtitlan conservaba ciento y pico de españoles, hubiera resultado de lo más sencillo someterlos; pero faltó la voluntad política para hacerlo. Motecuhzoma se negó a dar la orden, y seguramente no le fue fácil refrenar a la casta sacerdotal y a los guerreros, que se encontraban ansiosas por deshacerse de los intrusos. Lo que queda por averiguar son los motivos por los que actuó de esa manera. Pasadas las tensiones iniciales, es indudable que recapacitaría ante la nueva situación que se presentaba. Los españoles habían llegado para quedarse y aquello era irreversible (si los mataban vendrían más), por tanto, en lugar de oponerse y obstaculizar en todo lo posible, resolvió colaborar en el cambio. Con el paso de los días dejó de ser el gobernante supersticioso, atado por la profecía. La mutación no tardó en producirse. A todas horas del día, a través de Orteguilla, Peña, y otros que no se apartaban de su lado, escuchaba contar cosas de España, de ese mundo tan distinto del suyo, además, por todas partes vería novedades. Es evidente que el antiguo sacerdote de ídolos se encontraba sometido a un bombardeo constante de las cosas de Europa y que en mayor o menor medida, iría compenetrándose con ellas. Resulta un tanto aventurado intentar desentrañar cuáles serían los móviles que lo indujeron a colaborar. Lo mismo pudo ser que buscara aferrarse a un poder (aunque disminuido), que evitar la destrucción de la ciudad, ahorrándole sufrimientos a su pueblo. Conocía de sobra la suerte sufrida por Cholula. Además, un argumento a no desdeñarse, sería el de que Cortés, desde que inició la marcha desde la costa, avanzó destruyendo todos los ídolos que encontró a su paso. En Cempoala acabó con ellos, en Tlaxcala lanzó gradas abajo a Camaxtle (deidad semejante a Huitzilopochtli), y en Cholula terminó con Quetzalcóatl.[27] Y no pasó nada.

Una cosa hay que decir, que el propio Cortés subraya, y ello es que a partir del momento en que Motecuhzoma presentó el juramento de vasallaje a Carlos V, su colaboración fue abierta y sin dobleces. A su vez, como se sabe, Cortés lo apuntaló para que no sufriera menoscabo en sus atribuciones; por tanto, al referirnos a ese periodo, no sería exagerado hablar de un gobierno del binomio Cortés-Motecuhzoma. Está fuera de toda duda que las líneas maestras de la política las dictaba el primero, pero cuidar de que todo se ejecutase debidamente era tarea del segundo. Por aquellos días, a Motecuhzoma le correspondió desarticular la conjura de Cacama y Coanacoch, asunto que suele pasarse un tanto por encima, considerándosele como un pleito de familia. Pero la realidad es que se trató de una conspiración de mucho fondo, en la que estuvieron comprometidos un regular número de caciques de primera fila, y que si no triunfaron, fue porque éste les ganó la mano. ¡Menudo problema para Cortés y su ejército si la conjura hubiese tenido éxito! Habrían quedado atrapados en una ratonera. Y algo que no debe pasarse a la ligera es que, durante ese periodo, la administración continuó funcionando normalmente, lo cual es algo muy de tomarse en consideración, habida cuenta de la oposición sistemática de aquellos que incesantemente lo instaban a que diese la orden para expulsar a los españoles.[28] Todo funcionó gracias al manejo político de Motecuhzoma, que no permitía que los hilos de la trama le escapasen de la mano. Viene luego el acto de mayor envergadura, que seguramente fue el lograr que todos los caciques, incluidos los de las regiones más remotas de su imperio, viniesen a Tenochtitlan para prestar el juramento de vasallaje (por lo que se sabe, sólo uno se rehusó). Evidentemente, ello requeriría de un hábil trabajo político. Pero los resultados hablan por sí solos. Lo logró. Por ello, quizás no resulte desacertado colocarle a Motecuhzoma la etiqueta de «el político de la transición». Comprendió que ya no cabía la vuelta al pasado, y decidió no perder el tren de la Historia. Son varios los conquistadores que hablan de lo valiosos que le resultaron a Cortés los consejos que éste le daba; Andrés de Tapia cuenta que, en varias ocasiones, vio cómo «Montezuma avisaba al dicho don Fernando Cortés de muchas cosas, especialmente de cómo se habían de tratar los naturales y orden que se había de tener en gobernallos».[29] Lo menos que puede decirse de Motecuhzoma es que, sin sus consejos, Cortés se habría visto en muy serias dificultades para salir adelante. Es un hecho que a su llegada Narváez le escribió diciéndole que venía a liberarlo, lo que dio pábulo a que algunos conquistadores (como es el caso de Francisco de Aguilar), lo responsabilizaran de haber dirigido el levantamiento contra Alvarado, el cual ordenaría suspender al enterarse de la derrota de Narváez. Pero está claro que él fue totalmente ajeno a ello, y que los motivos hay que buscarlos única y exclusivamente en la matanza del Templo Mayor; es más, usando de toda su autoridad logró imponerse, consiguiendo que cesasen durante cinco días los ataques al palacio de Axayácatl. Vino a continuación ese incidente motivado por la suficiencia de Cortés, al tener la desatención de no visitarlo a su retorno, ocasionando que Motecuhzoma, dolido, se hiciera a un lado. Allá él, que resolviese solo el problema como pudiese. Cuando se le pide que intervenga para que ordene que se celebre mercado, para poder proveerse de víveres, se rehúsa, aduciendo que ya no será obedecido (Cervantes de Salazar en varias ocasiones le escuchó a Cortés reconocer que ése había sido un inmenso desacierto suyo). La situación se torna todavía más crítica y es conducido a la terraza para que hable al pueblo para tratar de apaciguar los ánimos, y es entonces cuando recibe la pedrada. Pero ahora, en los momentos en que Cortés empuña la pluma para firmar las actas de donación a las hijas, van ya transcurridos siete años de su muerte, y el tiempo se ha encargado de poner las cosas en su lugar. En su argumentación, Cortés sostiene que se encontraba tan bien dispuesto, que «pidió ser baptizado, e se difirió su baptismo hasta la Pascua florida, por hacerse con toda solemnidad».[30] Posiblemente se confiaba en que sería seguido por la conversión en masa de su nación, como ocurrió en otras partes (antes se habló de la reticencia de Motecuhzoma a abrazar la nueva religión, pero es probable que esa alusión de Bernal se refiera a los primeros días). De ser verdadero lo que dice Cortés, ésa sería la historia que no fue: la conversión en masa de la nación mexica, como antes ocurrió en Cempoala, Tlaxcala, Cholula y otros lugares. Y prácticamente eso es todo lo que se sabe de la mutación experimentada por Motecuhzoma a lo largo de esos meses de transición. Además, Motecuhzoma ha tenido muy mala prensa; fuera de Cortés, que enaltece su figura, no hay otro que hable bien de él. Pero, ¿cuál fue el papel que desempeñó?, ¿el de un traidor?, ¿un acomodaticio que sólo buscaba su ventaja personal?, ¿era un hombre que deseaba que el cambio resultase menos traumático a su gente? Esas son preguntas destinadas a quedar sin respuesta; lo que sí aparece claro es que Cortés y Motecuhzoma llegaron a estar tan compenetrados que, exagerando un poco, podría decirse que llegaron a formar un equipo de trabajo. Ambos se necesitaban. Estaban saliendo adelante, pero en el momento crucial Cortés lo hizo a un lado; fue sólo durante un día, pero se trató de un día en que cada minuto contaba. Los acontecimientos los desbordaron.

Todo esto tiene un peso tan considerable, que obliga a volver, una vez más, sobre uno de los aspectos cruciales de la Conquista. Se trata de establecer si Motecuhzoma, antes de la llegada de Narváez, ya les habría exigido que se fuesen de sus dominios. Cortés, Aguilar, Tapia, Oviedo, Vázquez de Ayllón y todos aquellos que declararon en las probanzas de Tepeaca primero, y luego en el juicio de residencia, lo niegan de manera explícita cuando afirman que la tierra estaba en paz y no se avizoraba problema en el horizonte. El embrollo, como antes vimos, se originó cuando Gómara copió de Oviedo la parte que no debía, puesto que este autor antes ha descrito correctamente la situación; pero, ¿qué decir de Bernal y Cervantes de Salazar?, ¿cómo se dejaron envolver en tamaño enredo? Por ahí se presenta un resquicio que puede hacer un poco de luz; se trata de la refutación que Bernal hace a Gómara, cuando éste afirma que Cortés habría dado instrucciones a Martín López de trabajar con la mayor lentitud posible, a lo que Bernal agrega que, para dilucidar el punto, se informó con el propio Martín: «remítome a lo que ellos dijeren, que gracias a Dios son vivos en este tiempo; más muy secretamente me dijo Martín López que de hecho y aprisa los labraba, y así los dejó en astillero, tres navíos».[31] Al parecer, la clave podría residir en éste último, pues es preciso no perder de vista el enconado pleito que sostuvo con Cortés por falta de pago de un adeudo. No debe excluirse que toda esa historia haya sido una invención suya para favorecer sus intereses en el proceso que tenía. Y tampoco hay que olvidar que sobrevivió a Cortés por muchos años, al grado de que cuando Bernal puso punto final a su manuscrito, era uno de los últimos cinco conquistadores sobrevivientes. Por tanto, podía decir lo que le viniera en gana, sin riesgo de ser contradicho. En todo caso, el peso de la prueba parece estar del lado de Cortés. Motecuhzoma nunca le habría exigido que abandonara el país. Como colofón de este controvertido capítulo, cabe mencionar que en ninguno de sus escritos Cortés señala a Martín López como el encargado de dirigir la construcción de los bergantines.

El drama de Tecuichpo

Otro de los cargos lanzados contra Cortés, que en México surge a flor de piel y viene a constituir una herida no cicatrizada, consiste en haber abusado de Tecuichpo, la joven viuda de Cuauhtémoc. El acta de acusación trae consigo un peso considerable: mató al marido y luego se apropió de la mujer. Tecuichpo, la hija preferida de Motecuhzoma, entra en la historia como una princesa triste, utilizada por Cortés como moneda de cambio en los sucesivos matrimonios que le arregló. Y entre matrimonio y matrimonio, cohabitó con ella, y como producto de esa relación vendría al mundo Leonor Cortés Moctezuma (obsérvese que para ella, desde un principio, se utiliza como apellido la forma moderna del nombre del abuelo). Evidentemente, aquí la figura de Cortés queda muy mal parada; ¿pero realmente se produjo ese abuso? Y apurando todavía más las cosas, ¿existió una mujer llamada Leonor Cortés Moctezuma? La pregunta no es ociosa. Pasemos a ver el inicio de esta historia. Los orígenes son confusos, y además no nace de golpe, sino que va cobrando cuerpo poco a poco. El antecedente remoto se encuentra en el juicio de residencia, cuando sus enemigos le atribuyeron a Cortés una serie de excesos sexuales, tanto con españolas como con jóvenes de la nobleza mexica, incluidas dos hijas de Motecuhzoma. Pero al no proporcionar los nombres de las agraviadas, los cargos quedaron en el aire. Hubo sólo una española, quien lo acusó de que luego de haberse acostado en Cuba con su hija, pretendió hacerlo con ella. Así estaban las cosas, hasta que su encarnizado enemigo, Bernardino Vázquez de Tapia, dijo saber: «como Alonso de Grado se había casado con otra hija de Motunzuma, que se llamaba doña Isabel, e que al tiempo quel dicho Alonso de Grado falleció, el dicho don Fernando la llevó a su casa e la tuvo en ella cierto tiempo hasta que la casó con Pero Gallego, e que después de casada con el dicho Pero Gallego oyó decir que parió desde en cinco o seis meses, e que se dijo públicamente que estaba preñada del dicho don Fernando».[32] En ese «oyó decir» se encuentra el antecedente remoto de la historia. Muerto Alonso de Grado, Tecuichpo contraería nuevas nupcias encontrándose embarazada, para a poco dar a luz a una criatura a quien se impondría el nombre de Leonor Cortés Moctezuma. Nace el personaje, pero al punto surgen las objeciones. El nuevo matrimonio de doña Isabel con Pedro Gallego fue tan efímero como el anterior; enviudó y pronto volvió a casarse, esta vez con Juan Cano, quien fue su tercer y último marido español. Pues bien, ocurre que en ocasión de que éste hizo una escala en Santo Domingo, Oviedo le plantó enfrente un cuestionario sobre varios temas, y en el relativo a su matrimonio, esto fue lo que dijo textualmente: «porque Guatimucín, señor de Méjico, su primo, por fijar mejor su estado siendo ella muy muchacha, la tuvo por mujer [...] e no hobieron hijos ni tiempo para procreallos. Y ella se convirtió a nuestra sancta fe católica, e casóse con un hombre de bien de los conquistadores primeros, que se llamaba Pedro Gallego, e hobo un hijo en ella, que se llama Joan Gallego Montezuma. E murió el dicho Pedro Gallego, e yo casé con la dicha doña Isabel, en la cual me ha dado Dios tres hijos e dos hijas, que se llaman Pedro Cano, Gonzalo Cano de Saavedra, Joan Cano, doña Isabel e doña Catalina».[33] El marido pone las cosas en su lugar: la criatura nacida en el tiempo que estuvo casada con Pedro Gallego fue varón y no hembra. Y es de suponerse que Cano sabría de lo que hablaba cuando se refería a los hijos de su mujer. La situación estaba clara, pero ocurrió que Juan Suárez de Peralta, quien escribía desde España entre los años 1570 a 1580, con los recuerdos ya muy confusos, atribuyó a Cortés seis hijos, habidos nada menos que con Malintzin, que serían: «don Martín Cortés, caballero de la Orden del señor Santiago, y tres hijas, las dos monjas en la Madre de Dios, Monasterio en San Lúcar de la Barrameda, y doña Leonor Cortés, mujer que fue de Martín de Tolosa».[34] Cambia a la madre (ya no es Tecuichpo); habla de que los hijos serían seis, para luego mencionar sólo a cuatro, y confunde el nombre de Juanes de Tolosa. Más o menos por aquellos días apareció la llamada *Crónica Mexicayótl*, escrita en náhuatl por Fernando Alvarado Tezozómoc, que vuelve a ocuparse de este asunto al trazar la descendencia de Motecuhzoma. El autor señala que «según dicen los ancianos», esa relación habría existido, naciendo de ella una niña que se llamaría Doña María Cortés de Moteuczoma [sic], «a quien diz que desposó un minero de Zacatlan [Zacatecas], allá la otorgó el Marqués del Valle, convirtiéndose en esposo suyo el llamado Juan de Turosas [Tolosa].[35] Finalmente, y para embrollar todavía más las cosas, apareció Baltasar Dorantes de Carranza (hijo de Andrés Dorantes, uno de los acompañantes de Álvar Núñez Cabeza de Vaca), autor ya muy tardío, cuyo libro se publicó en 1614, y en éste dijo: «tuvo el marqués viejo [Cortés] a Doña Leonor Cortés, que casó en Zacatecas con Joanes de Tolosa, el rico; fue hija por la madre de Doña Isabel, hija mayor del señor Motectzuma. La dicha doña Leonor tuvo dos hijas casadas, una con Don Juan de Oñate, Capitán General del Nuevo México; tienen hijos. La otra casó con Xrval. [Cristóbal] de Saldívar. Y otras monjas en Sevilla».[36] Aquí aparece perfectamente identificada con nombre y apellido Leonor Cortés Moctezuma, la hija habida de esa pretendida relación de Cortés con Tecuichpo. Pero ocurre que, por otro lado, está el testimonio de Bernal, quien afirma que cuando Cortés volvió de España en 1530, se encontró con la novedad de que durante su ausencia Leonor se había casado sin su consentimiento con Juanes de Tolosa, un rico vizcaíno, «del cual casamiento hubo mucho enojo el marqués cuando vino a la Nueva España».[37] Para entonces Leonor sería ya una joven muy independiente para su época, capaz de decidir su vida por sí sola. Y viene ahora el argumento que constituye la losa que pone punto final a esta historia: el matrimonio de Tecuichpo con Alonso de Grado tuvo lugar en 1526; al año siguiente éste murió, y sería entonces cuando, según el decir de Vázquez de Tapia, Cortés abusaría de ella al tenerla en su casa, antes de darla en nuevo matrimonio a Pedro Gallego. Según esa cronología, para 1530, año en que ocurre el retorno de Cortés, en el caso de que Tecuichpo hubiera dado a luz a esa hija que se le atribuye, ésta no pasaría de los tres años. No hay que olvidar que el escrito de Bernal acerca del matrimonio de la hija, que tanto disgustó a Cortés, es anterior al nacimiento de la leyenda. Evidentemente, la Leonor que se casó sin el consentimiento paterno, sería una joven nacida en Cuba. Más adelante aparecerá otra Leonor, también hija natural. Pero ésa es otra historia.

Ponce de León no perdió tiempo reponiéndose de las fatigas del viaje, y emprendió el traslado a México. Gómara lo cuenta así: «Salió Cortés a recibirle con Pedro de Alvarado, Gonzalo de Sandoval, Alonso de Estrada, Rodrigo de Albornoz y todo el regimiento de caballería de México». Antes de seguir adelante, es preciso dejar bien sentado que ni Alvarado ni Sandoval pudieron ir a su encuentro, pues ambos se encontraban lejos de México. El cuatro de julio, Ponce de León presentó la real provisión que lo acreditaba como juez de residencia, con jurisdicción sobre asuntos de orden civil y militar, lo cual consta tanto en el libro de actas de cabildo de la ciudad, como en el acta respectiva. Cortés besó las provisiones, poniéndolas sobre la cabeza en señal de acatamiento, y lo propio harían a su vez los miembros del cabildo. Por ese acto, el licenciado Ponce de León asumió el gobierno. Su primera actuación consistió en ratificar como alcalde al bachiller Juan de Ortega, y lo mismo haría con el alguacil mayor y demás alguaciles, devolviéndoles las varas de mando. Pero retuvo la de Cortés. Acto continuo, ordenó al pregonero que anunciase la residencia. Y no tuvo tiempo para más, pues al momento cayó en cama enfermo. La dolencia se agravó y ya no volvió a pisar la calle. El deceso se produciría días más tarde, pero anticipando su fin, dejó un mandamiento escrito, nombrando para sucederlo al licenciado Marcos de Aguilar. La muerte de Ponce de León armó un revuelo inmenso y tuvo unas repercusiones tales, que precipitaron el declive de Cortés. Es por ello que conviene conocer con mayor detalle los pormenores de este capítulo.

Gómara asegura que a la llegada a Iztapalapa, Ponce de León y su comitiva fueron agasajados con un banquete, y al término del mismo, todos se habrían visto acometidos por vómitos y diarreas. Fray Tomás Ortiz, el prior de los dominicos que venían con él, comenzó a dar voces diciendo que les habían dado hierbas, y que el tóxico iba en unas natas, «pero en verdad ello fue mentira, según después diremos; porque el comendador Proaño, que iba como alguacil mayor, comió de cuanto comió el licenciado, y en el mismo plato de las natas o requesones, y ni devolvió ni le hizo daño».[38] En lo que parecería un mañoso doble juego, fray Tomás, a través de intermediarios, habría solicitado a Cortés una entrevista, y cuando estuvo en su presencia, lo previno acerca de que Ponce de León traía instrucciones directas del Emperador de cortarle la cabeza. Cortés corrobora este dato, agregando que el dominico le envió el mensaje valiéndose de varios amigos suyos, entre ellos Juan Suárez (de lo cual se desprende que, a cuatro años de la muerte de Catalina, ambos cuñados continuaban en términos amistosos).[39] La versión ofrecida por Bernal es radicalmente distinta, pues según él, Ponce de León habría dicho a Cortés que el Emperador le había dado el encargo de velar por que se diesen buenas encomiendas a los conquistadores antiguos y, a su vez, le demandaría por qué dejó abandonados a su suerte en Trujillo a Diego Godoy junto con treinta españoles. También le habría demandado que explicase cómo fue que sin licencia de la Corona abandonó México para ir a someter a Olid. Asimismo, le habría preguntado por las razones que tuvo para despachar a Cristóbal de Tapia. Y todos aquellos que se encontraban resentidos con Cortés, no se daban descanso en formular cargos: «en toda la ciudad andaban pleitos, y las demandas que le ponían».[40] Frente a lo aquí apuntado, el notario Francisco de Orduña, en la escritura respectiva, asentó lo siguiente: «doy fe que el dicho señor Hernando Cortés estovo personalmente en esta dicha cibdad en la dicha residencia, y en todo el tiempo quel dicho señor licenciado Luis Ponce de León la estovo tomando, fasta quel dicho Licenciado Luis Ponce de León murió, que fue viernes e veinte días del mes de julio del dicho año de mil e quinientos e veinte e seis años. En todo el dicho tiempo de la dicha residencia, no fue puesta contra el dicho señor don Hernando Cortés, por persona alguna, demanda ni acusación, ni querella civil ni criminal; lo cual todo el dicho señor don Hernando [pidió] lo diese por testimonio, a mí, el dicho escribano, para guarda de su derecho; e porque es ansí verdad, e pasó ansí como dicho es, fice aquí este signo, en testimonio de verdad. Francisco de Orduña».[41]

Bernal narra el desenlace: «cayó malo de modorra el licenciado y fue de esta manera: que viniendo del monasterio del Señor San Francisco de oír misa, le dio una muy recia calentura y echóse en la cama, y estuvo cuatro días amodorrido sin tener el sentido que convenía, y todo lo más del día y de la noche era dormir; y después que aquello vieron los médicos que le curaban, que se decían el licenciado Pedro López y el doctor Ojeda y otro médico que él traía de Castilla, todos a una les pareció que era bien que se confesase y recibiese los Santos Sacramentos, y el mismo licenciado lo tuvo en gran voluntad; y después de recibidos con humildad y con gran contricción, hizo testamento y dejó por su teniente de gobernador al licenciado Marcos de Aguilar [...] y ordenada su ánima, el noveno día después que cayó malo dio el ánima a Nuestro Señor Jesucristo». Como colofón agrega: «oí decir a ciertos caballeros que se hallaron presentes cuando cayó malo, que como Luis Ponce era músico y de inclinación de suyo regocijado, que por alegrarle que le iban a tañer una vihuela y dar música, y que mandó que le tañesen una baja, y con los pies estando en la cama hacía sentido con los dedos y pies y los meneaba hasta acabar la baja, y acabada y perdida la habla, que fue todo uno». Eso de que Ponce de León se fue de este mundo marcando compases, debió de tomarlo de Gómara, quien observa: «pocos mueren bailando como este letrado».[42] Es de rigor señalar que el primero en mencionarlo fue Oviedo, autor que Bernal no parece haber leído.[43]

Es el turno de Cortés. Éste atribuye el deceso a un mal contagioso que trajeron los recién llegados, «de la cual enfermedad quiso Nuestro Señor que muriese él y más de treinta otros de los que en la armada vinieron». La muerte le habría sobrevenido «a diez y ocho o diez y nueve días después que a esta ciudad llegó».[44] En el libro de actas, se lee que, cuando el cabildo sesionó la tarde del dieciséis de julio, Ponce de León, por encontrarse enfermo, trapasaba sus poderes al licenciado Marcos de Aguilar, a quien nombró alcalde mayor de la Nueva España.[45] En la sesión del veinte, el cabildo discutió el derecho de Marcos de Aguilar para continuar en el puesto del desaparecido. En España, Oviedo, quien por aquellos días se movía en las antesalas reales, asegura: «yo vi en aquella Corte de Su Majestad tanta murmuración contra Cortés, que andaba ya público que su oficio de gobernador se había de proveer, e que el almirante don Diego Colón había de ir a la Nueva España a le descomponer». Gómara, lo mismo que Bernal, repite esto último.[46] Bien. Aparece el hijo del Descubridor, nombrado o en vías de ser designado gobernador, pero quedaba el problema de ponerle el cascabel al gato. Para asumir esa gobernación debería montar a expensas suyas una expedición y luego aprehenderlo. En esos momentos críticos, en que todo podría irse por la borda, de nueva cuenta Martín Cortés entra al quite a favor de su hijo, buscando la ayuda del duque de Béjar, con cuya sobrina, doña Juana de Zúñiga, ya le había concertado el matrimonio. Y como el duque ya consideraba a Cortés como miembro de su familia, tomó a su cargo el aplacar la ira del Emperador, haciéndole ver que no debería proceder contra él sin antes escucharlo. Gómara apunta que fray Pedro Melgarejo de Urrea fue uno de los que alertaron acerca de lo que se tramaba,[47] pero una lectura a los papeles del licenciado Núñez, representante de Cortés en España, presenta la otra cara de la moneda. El fraile se habría apropiado de los diez mil pesos de oro que éste le confiara para entregar a su padre, y a continuación se había vuelto contra él, ofreciéndose a volver a México en compañía de quien viniera a aprisionarlo.[48] Ya no se volverá a oír hablar de fray Pedro.

La decisión del envío de Ponce de León se adoptó el 4 de noviembre de 1525 (la fecha figura en la cédula), pero veinte días más tarde, Carlos V ordenaba a Cortés que se presentase ante él sin «ninguna dilación ni escusa, e sin esperar otra carta ni mandamiento mío».[49] Está visto que no se tenía muy claro lo que debía hacerse; primero, enviar a Diego Colón a que lo capture, luego que sea Ponce de León quien vaya a tomarle cuentas, y más tarde, se resuelve que lo mejor sería llamarlo. Las vacilaciones son patentes. Se movían con pies de plomo, para evitar el paso en falso que pudiese provocar el rompimiento definitivo. Desde luego, el último de esos mandatos cayó en el vacío, pues por la fecha en que se expidió, Cortés se encontraba en paradero desconocido, tragado por la selva. El principal propalador de la versión de su muerte habría sido Gonzalo de Salazar, quien decía estar cierto de ello pues lo había visto en su espejo mágico.[50] Cuando más tarde, a su regreso a México, se le demande a Diego Ordaz por qué había escrito comunicando su muerte, éste refutaría el cargo, argumentando que su carta fue manipulada por Gonzalo de Salazar.

Las habladurías acerca de que Ponce de León habría sido envenenado se desataron desde el primer momento. Bernal apunta: «y quien más lo afirmaba era fray Tomás Ortíz, ya otras veces por mí memorado, que venía por prior de ciertos frailes que traía en su compañía, que también murió de modorra de ahí a dos meses, y otros frailes».[51] Las imputaciones alcanzaron un revuelo tal, que a los seis meses Cortés se sintió obligado a escribir una carta a fray Francisco García de Loaisa, superior general de los dominicos y presidente del Consejo de Indias. En ella presenta a fray Diego Ortiz como un enredador, que desde que llegó «me certificó que Luis Ponce traía provisión de Su Majestad para me prender e degollar o tomar todos mis bienes, e que lo sabía de muy cierta ciencia, como persona que venía de la Corte; y porque él me deseaba todo bien y acrecentamiento, y le parecía que aquello era muy al revés de lo que yo merecía, me aconsejaba que para lo remediar, yo no recibiese al dicho Luis Ponce [...] y lo mismo hizo con los padres franciscos con quien yo tenía mucha familiaridad, para que me persuadiesen a que no recibiese al dicho Luis Ponce [...] Y después el dicho fray Tomás se determinó de ir a España, como allá Vuestra Señoría habrá visto, y comunicólo conmigo, e segun me informaron, estando para embarcar en el puerto, donde quiera que se hallaba decía e publicaba algunas cosas feas en mi perjuicio, especialmente que yo había muerto a Luis Ponce».[52] Se descarta lo afirmado por Bernal, cuando apunta que fray Tomás murió en México.

En lo que se podría dar en llamar la cara oculta de la conquista, figuran las batallas libradas por su primo y procurador, el licenciado Francisco Núñez, en las antecámaras reales y en la sala del Consejo de Indias. Entre las más importantes, figura una que es prácticamente desconocida, y que ocurrió en 1527, «por el mes de mayo», cuando ya estaba acordado el envío de don Pedro de la Cueva con «cinco navíos de armada» para someter a Cortés; pero en esos momentos llegaron de la Nueva España los testimonios del licenciado Pedro López y del doctor Ojeda, eximiendo a éste de la acusación que pesaba sobre sus hombros de haber dado muerte a Luis Ponce de León. Se recibieron también cartas dirigidas al Emperador y al presidente del Consejo de Indias, que el licenciado Núñez se encargó de hacer llegar a manos de sus destinatarios, y con base en ello, moviéndose activamente, logró que se diera marcha atrás al proyecto del envío de la fuerza de don Pedro de la Cueva. Como testigos de su actuación pone a «todo el Consejo de las Indias e al doctor Buendía que a la sazón era letrado del dicho marqués que entendía también en ello».[53] Por su lado, Bernal confirma que existió ese propósito: «porque este caballero [don Pedro de la Cueva] fue el que Su Majestad había mandado que fuese a la Nueva España con gran copia de soldados a cortar la cabeza a Cortés si le hallase culpado».[54] Don Pedro de la Cueva era el Comendador Mayor de la orden de Alcántara.

Se produjo un vacío legal. Cortés y los procuradores de las villas adujeron que Ponce de León carecía de autoridad para investir en el cargo a Marcos de Aguilar. La propuesta de aquél fue demandar que se celebrase una reunión de letrados para estudiar el asunto, pero al no haberlos, los procuradores le pidieron que asumiera el poder. Así consta en el acta de cabildo del día veinte. Marcos de Aguilar se negó a renunciar. Bien. Es hora de decir dos palabras acerca de este personaje, por tratarse, ni más ni menos, de quien le de la vuelta a la tortilla. El hombre que le arrebató el poder a Cortés (otros se encargarían de darle la puntilla). Bernal, quien muchas veces se queda en la anécdota, lo presenta de forma tan derogatoria que parece una caricatura. Lo interesante es que posiblemente esté reflejando la opinión de muchos de sus compañeros. Al respecto dice que «caducaba», esto es, chocheaba. Y tan mal de salud se encontraría, que para alimentarse, además de beber la leche de unas cabras que traía consigo, por prescripción médica lo amamantaba una mujer de Castilla.[55] En efecto, se trataba de un hombre viejo y enfermo, pero que a juzgar por lo que será su actuación, se encontraba lejísimos de estar caducado. Su nominación dio como resultado que los procuradores de las villas, curtidos conquistadores todos, olvidaran momentáneamente sus rencillas y cerraran filas en torno a Cortés. En esos momentos, en que recobró fugazmente el poder, lo primero que hizo fue publicar unas ordenanzas para el buen trato a los indios: «Manda el señor don Hernando Cortés, capitán general y gobernador desta Nueva España y sus provincias por sus Majestades, que porque Su Majestad le encomendó el buen tratamiento de los naturales de la tierra».[56] Se autonombró su protector (¿con ulteriores intenciones?). En las ordenanzas, Cortés usó los títulos de gobernador y capitán general, a los cuales ya no tenía derecho por haberle sido retirada la vara por Ponce de León. Pero está claro que, con vara o sin ella, era el caudillo indiscutible; detrás tenía a un grupo de conquistadores avezados y señores indios dispuestos a seguirlo. Siempre existió una facción, integrada por renuentes a que la tierra se entregara al Monarca, entre los cuales salen a relucir los nombres de Juan Rodríguez de Villafuerte, Andrés de Tapia, Rodrigo Rangel, Pedro de Ircio y un largo etcétera, citándose el caso del primero, quien en una ocasión pronunció un juramento, sacando a medias la espada, para indicar cuál sería el recibimiento que daría a cualquier enviado de España que llegase para hacerse cargo del poder.[57] Sentían que habían ganado un reino a punta de espada y no veían la razón para entregarlo. Eran individuos anclados en el medievo, que aspiraban a que el recién ganado país se distribuyera en feudos. Bernal no parece ocultar su decepción al escribir «cuando el rey don Jaime de Aragón conquistó y ganó mucha parte de sus reinos los repartió a los caballeros y soldados que se hallaron en ganarlos».[58] Y si se presta atención a lo que dice Francisco de Aguilar, se verá que Cortés no sería ajeno en alentar esas expectativas: «el capitán algunas veces nos hacía unas pláticas muy buenas, dándonos a entender que cada uno de nosotros había de ser conde o duque y señores de dictados, y con aquello, de corderos nos tornaba en leones».[59] ¿Un doble juego? ¿Les tomaba el pelo, o mantenía una puerta abierta para el caso de un rompimiento completo? Este punto saldrá a relucir en el juicio de residencia.

Lo ocurrido a continuación produce la impresión de que Cortés, en aquellos momentos, no tenía muy claro cómo actuar; lo que hizo fue organizar una cabalgata por las calles de la ciudad, con un lucido acompañamiento. Una demostración de fuerza. Se vivieron días muy agitados. Circuló el rumor de que había escrito a Alvarado a Guatemala, y que éste ya venía en camino al frente de quinientos hombres. Sus opositores se habían concentrado en las casas de Marcos de Aguilar y Alonso de Estrada, manteniéndose en constante vigilancia por temor a que en cualquier momento marchase contra ellos. Otro de los movimientos de Cortés, que a nada condujo, fue presentarse en la cárcel al frente de un grupo armado y exigir que le fueran entregadas las llaves.

Pretendía apoderarse de Gonzalo de Salazar. La oportuna llegada de Sandoval frustró ese intento, al convencerlo de que el licenciado, el tesorero y el contador ya venían con gente armada Pudo haber corrido la sangre. El paso siguiente hubiera sido, lisa y llanamente, ocupar la sede de gobierno, cosa que no intentó. En aquel momento no había fuerzas que pudieran oponérsele. Vaciló. Parecería que no supo bien a bien cómo actuar. Llegó a una situación límite, pero no dio el paso decisivo que hubiera sido el rompimiento definitivo. Se limitó a sostener a Marcos de Aguilar, quien de otra manera no hubiera logrado mantenerse. Eso lo expone en carta al Emperador: «me pidieron y requirieron de parte de vuestra majestad cesárea, que tomase en mí el cargo de la gobernación y justicia [...] y antes he sostenido con todas mis fuerzas en el cargo a un Marcos de Aguilar, a quien el dicho licenciado Luis Ponce de León tenía por su alcaide mayor [...] Y le he pedido y requerido proceda en mi residencia hasta el fin de ella; y no lo ha querido hacer, diciendo que no tiene poder para ello».[60] El escribano Diego de Ocaña corrobora que, efectivamente, existió ese movimiento pidiendo a Cortés que tomase el poder: «y el día que falleció Luis Ponce, los procuradores de los pueblos, persuadidos por alguna persona diabólica, hicieron requerimiento a Hernando Cortés que tornase a tomar la gobernación».[61] Ése fue el momento que dejó pasar.

El requerimiento a Cortés para que renunciase al cargo de justicia mayor y repartidor de los indios pasó ante notario, y la escritura está fechada el 5 de septiembre. Marcos de Aguilar lo conminó y éste cedió, limitándose a decir que en el caso de que llegara a producirse un levantamiento de indios, aunque éste se lo pidiera, él no iría contra ellos como capitán general, sino como un simple vecino.[62] Éste viene a ser el momento en que Cortés inclinó la cabeza. Pero, ¿quién era este oscuro personaje que consiguió doblegarlo? Se trataba de un jurista, antiguo alcalde de Sevilla, que pasó a Santo Domingo acompañando a Diego Colón en su primer mandato, y allí se encontraba, cuando Ponce de León lo invitó a que lo acompañase. Algo gordo debió de haber hecho que ameritó que en diciembre de 1518, Carlos V suscribiese en Zaragoza una cédula en la que decía al licenciado Figueroa, presidente de la Audiencia: «yo soy informado quel licenciado Marcos de Aguilar, alcalde mayor que ha sido de la dicha Isla Española por el almirante don Diego Colón, nuestro gobernador de ella, es persona escandalosa, e a nuestro servicio no conviene que esté en la dicha isla ni en otra alguna sino que venga a estos reinos». En una segunda orden, despachada en esa misma fecha, se le señalaba un plazo perentorio de sesenta días contados a partir de la fecha en que le fuera notificada, para que se reintegrara a España, «e no volváis a las Indias, sin mi licencia y especial mandato so pena de nuestra merced y de trescientos mil maraveís para la nuestra cámara» (al calce aparecen las firmas siguientes: Yo el Rey.– Refrendada de Cobos.– Señalada del canciller e del obispo de Burgos e del de Badajoz e de don García e Zapata».[63] Pese a todo lo tajante de la destitución, Marcos de Aguilar no sólo sobrevivió, sino que ascendió en sus acomodos políticos, colocándose como inquisidor. Cuando se cierre la página Ponce de León y éste informe al Emperador, le dirá: «al tiempo que Luis Ponce de León venía a estas partes, tocó en el puerto de la ciudad de Santo Domingo de la Isla Española do yo residía con el oficio de la Santa Inquisición».[64] Se desconoce de qué artes se valió para colocarse dentro de la Suprema. El dato ya lo exhibe como un maestro en el arte de caer siempre de pie. Para cerrar este capítulo, queda sólo por decir que en la carta en que Marcos de Aguilar informa sobre el deceso de Ponce de León, fechada diez días después de ocurrido, no menciona la sospecha de que hubiese sido envenenado.

Desterrado

Llegó la hora a Marcos de Aguilar, quien murió a causa de sus achaques. Su deceso aparece mencionado en el acta de cabildo del primero de marzo de 1527, por lo que habría gobernado cerca de nueve meses. Y de nueva cuenta, las malas lenguas dieron rienda suelta a la maledicencia. Esta vez, aunque no llegó a decirse abiertamente que Cortés lo asesinó, sí se manifestó que existió el propósito, habiendo salvado la vida por no haber comido del torrezno envenenado que le envió. Todo lo relacionado con esa historia se sabe a través de los descargos que, a nombre suyo, presentó ante la Audiencia su representante Alonso de Paredes. En éstos, al abordar el tema, se dice que todo da comienzo cuando un jovenzuelo al que sólo se conoce como Sepúlveda, comió del torrezno y se sintió mal. En respuesta a esa acusación, al par que se recusa al testigo calificándolo de mozuelo liviano, mentiroso y de mal vivir, se aduce que el torrezno en cuestión había sido enviado por doña Leonor (hermana de la difunta Catalina y mujer de Andrés de Barrios), y que así como se recibió, se le remitió con un paje al licenciado Marcos de Aguilar. Sobre este particular se destaca que tanto doña Leonor como su marido son personas de honra, que se encuentran por encima de toda sospecha. Al margen de esa acusación, que al parecer no tuvo la menor importancia, lo que sí se pone de manifiesto es que Cortés seguía manteniendo buenas relaciones con su cuñada, al igual que con el hermano de ésta.[65]

En su testamento, Marcos de Aguilar señaló para sucederlo a Alonso de Estrada. Al momento se alzaron voces cuestionando esa decisión; si antes se puso en duda el derecho que asistía a Ponce de León para nombrar a Marcos de Aguilar, con mayor fuerza se rechazaba ahora que éste, a su vez, pudiese designar sucesor. Hubo pareceres diversos; mientras unos instaban a Cortés para que tomase las riendas, otros pedían que gobernase conjuntamente con Estrada. Y no debe olvidarse que, *sotto voce*, seguían murmurando los que formaban la facción que favorecía que el país se fraccionase en feudos. Por otro lado, en el horizonte ha aparecido un recién llegado que no tardará en incursionar en el escenario político: Nuño Beltrán de Guzmán. Acerca de su presencia, él mismo señala: «estando en Toledo el año de veinte y cinco, me mandó su majestad ir a servirle en las Indias por gobernador de la provincia de Pánuco e Vitoria Garayana».[66] Aunque no precisa el mes, lo probable es que se hubiese tratado de un doble movimiento llevado a cabo simultáneamente; por un lado la designación de Ponce de León, y por otro, la suya. En un principio Cortés pensó que podrían ser amigos, y es así que el 12 de junio de 1527, a dos meses de la muerte de Marcos de Aguilar, escribía a García de Llerena, su representante en Santiesteban del Puerto: «según he sabido, el señor Nuño de Guzmán es muy noble persona, y en todo mirará lo que conviene al servicio de Su Majestad, sin dar oído ni crédito a bulliciosos, y a vos os terná [tendrá] por mi criado para favoreceros con justicia en todo lo que mediante a ella le pidiéredes y así me lo ha él escrito y certificado por su carta».[67] Lejos estaba de imaginar que se convertiría en su peor enemigo. (Cortés al referirse a García de Llerena como «criado» suyo, lo hace en el sentido medieval de la palabra: esto es, como persona de su casa.)

Mientras tanto, Alonso de Estrada rechazó la idea de gobernar asociado a Cortés, como algunos proponían; y éste, por su parte, tampoco mostró deseos de asumir abiertamente el poder. Pareció encontrarse una fórmula salomónica: Sandoval gobernaría conjuntamente con Estrada. Una manera de que Cortés se viera representado por su más leal lugarteniente. Lo que no queda muy claro es si Sandoval le fue impuesto a Estrada o si se trató de que él y su esposa buscaban captarlo para casarlo con una de sus hijas.[68] En aquel mundillo de hidalgos, en que todos se sentían miembros de una casta superior, las alianzas matrimoniales eran algo importantísimo. De haber emparentado Sandoval con Estrada, es posible que las cosas hubieran tomado otro sesgo, pero cualesquiera que hayan sido las razones, el caso es que el matrimonio no se efectuó. El gobierno conjunto Estrada– Sandoval duró pocos meses, apenas unos cuatro. Volvieron a aflorar las tensiones. El motivo aparente fue la riña de un tal Cristóbal Cortejo, mozo de espuelas de Cortés, con un servidor de Estrada, al que acuchilló, siendo por ello sentenciado por este último a que se le cortase una mano. El escribano Alonso Lucas, testigo ocular, refiere que una vez que llevaron a Cortejo a la plaza, la sentencia tardó más de hora y media en ejecutarse, «porque se dezía quel dicho D. Fernando Cortés andava trabajando que se diesen mil pesos de oro para la cámara de su magestad por que no se la cortasen».[69] Supo eso Estrada y dio orden de que ejecutase la sentencia. Bernal refiere este episodio diciendo que tanto Cortés como Sandoval se hallaban en esos momentos en Cuernavaca, y al tener noticia de lo que acontecía (también se amputaba la mano a un mozo de espuelas de este último por razones semejantes), rápidamente se trasladaron a México, pero cuando llegaron era demasiado tarde, y «sintieron mucho aquella afrenta que el tesorero hizo a Cortés y contra Sandoval, y dicen que le dijo Cortés tales palabras al tesorero en su presencia, que no las quisiera oír, y aún tuvo temor que le quería mandar matar».[70]

Bernal escribe que, por aquellos días, llegó de España una cédula disponiendo que Estrada gobernase solo. Éste se sintió ya todopoderoso, interpretando que ello se debía a que el monarca tenía conocimiento de que era tío suyo.[71] [En la Corte nunca fue considerado como tal.] A continuación, pese a los numerosos cargos que pesaban contra Salazar y Chirinos, procedió a ponerlos en libertad. Pensaba contar con ellos como aliados. Esta última actuación exhibe a Estrada como un tornadizo, pues en febrero de 1526, en cuanto había tenido conocimiento por Martín Dorantes de que Cortés se encontraba vivo y que ya se disponía a regresar a México, junto con Rodrigo de Albornoz se apresuró a escribir una carta a la Audiencia de Santo Domingo acusando a Gonzalo de Salazar y a Peralmíndez Chirinos de haberse hecho jurar como gobernadores apoderándose de la artillería, armas, casa y bienes de Cortés, de quien «decían tantas blasfemias y maldades dél, que era cosa no oída ni vista en quien tantas buenas obras les había hecho». La carta prosigue diciendo que Gonzalo de Salazar, quien se hizo fuerte en la casa de Cortés, fue finalmente sometido, «y queda en una jaula con prisiones a donde se le hace el proceso de tantos delitos que por cualquiera dellos merece mil muertes».[72] Pero ahora la situación había dado un giro de ciento ochenta grados. El paso siguiente de Estrada fue desterrar a Cortés, prohibiéndole poner los pies en la ciudad de México. La medida causó la expectación que sería de esperarse; pero para sorpresa de muchos, cuando le fue notificada, Cortés se limitó a decir que la acataría. Ya iría él a presentar su caso directamente ante el Emperador. ¿Qué pesó en su ánimo en aquellos momentos? La situación era distinta a cuando se deshizo de Cristóbal de Tapia. En España era visto con recelo y en México tenía muchos desafectos, pero pese a ello, seguía siendo la única verdadera fuerza política. El caudillo indiscutible. Bernal nos da cuenta de que en esos momentos numerosos individuos bulliciosos y descontentos comenzaron a instarlo a que se alzase como Rey. Se vivía una situación muy tensa, pues tenía a los indios de su lado, y «estaban todos los caciques mexicanos y de Tezcuco y de todos los más pueblos de alrededor de la laguna en su compañía para ver cuando les mandaba dar guerra». ¡Salve Hernando!, ¡tú serás rey!, pero a diferencia de Macbeth desoyó las instigaciones de las brujas. Frenó a los impacientes, e incluso «echó presos a dos hombres de los que vinieron con aquellas pláticas y los trató mal y estuvo por les ahorcar».[73] Ese fue quizás el momento más propicio para cortar nexos con España. Otro momento que dejó pasar.

Un vistazo a lo que ocurría en aquellos momentos al otro lado del Atlántico ayudará a entender mejor la situación: la pugna ultramarina entre España y Portugal se encontraba en punto álgido. A lo largo de la frontera común ambos reinos vivían en paz, sin embargo a distancia, el Emperador y su cuñado, el rey de Portugal, se hallaban enfrascados en una guerra sorda de baja intensidad (los puntapiés se daban bajo de la mesa). El motivo de la disputa eran las Molucas, que ambos consideraban como propias, de acuerdo con la partición del orbe efectuada en Tordesillas. España resolvió zanjar la cuestión de una vez por todas, enviando una expedición a tomar posesión de ellas. Con tal propósito, en 1525, se despachó una flota de siete navíos al mando de frey García de Loaisa, un comendador de la orden de los caballeros de San Juan de Rodas.[1] Y en ese mismo año de 1526, de nueva cuenta se había enviado otra con el mismo propósito. Esta última iba al mando de Sebastián Caboto y la componían tres naves y una carabela; pero en lugar de dirigirse a las Molucas se detuvo en Pernambuco, donde permanecería cuatro meses para después internarse en el estuario del Río de la Plata, dedicándose a explorar el Paraguay y el interior de la Argentina. En ello emplearía tres años. Ante la falta de noticias de la flota de Loaisa, en España se impacientaban; es así como el 20 de junio de 1526 (precisamente en los momentos en que Ponce de León pisaba tierra en Veracruz) en los salones de la Alhambra, el Emperador firmó una cédula ordenando a Cortés organizar una expedición que fuese en su socorro. No debe perderse de vista que recibía esa orden en momentos en que se encontraba desprovisto del poder, por hallarse sujeto a residencia. La cédula contiene una breve reseña poniéndolo en antecedentes sobre la situación (al menos lo que se sabía en España); en ella se le dice que en el viaje de Magallanes dejaron atrás la *Trinidad*, la nao capitana, porque hacía agua, y con ella quedaron cincuenta y siete tripulantes. En su búsqueda y socorro partieron esas dos expediciones; además, Loaisa llevaba la instrucción de enviar de regreso las naves más grandes cargadas de especias, mientras él, «con cierta gente que de acá lleva, ordenando han de quedar en las dichas islas asentando su trato en ellas y gobernándolas».[2] En el informe a Cortés no está del todo especificada la función encomendada a Loaisa, pero en el documento expedido a éste, se lee: «vos nombramos por nuestro gobernador y Capitán general de las dichas islas de Maluco».[3] Como se pone de manifiesto, no va como administrador de una factoría de intercambio comercial, sino que se trata, lisa y llanamente, de ocupar las islas. Pero lo notable en este caso, es que Cortés disponía de información más actualizada sobre las desventuras de Loaisa (al menos hasta el momento en que cruzó el estrecho de Magallanes y se internó en el Pacífico), la cual ya se había apresurado a enviar a la Corte, pero su carta se cruzó en el camino con la instrucción que ahora le llegaba. Los datos disponibles los había recibido a través de un navío llegado de arribada forzosa. El patache *Santiago*. El viaje de éste constituye un capítulo insólito en que concurren circunstancias muy interesantes. Cuando Loaisa cruzó el Estrecho de Magallanes para adentrarse en el Pacífico, ya sólo le restaban tres naves; unas habían perdido contacto, y la *Sancti Spiritus*, que era la de Elcano, había dado contra las rocas a la entrada del estrecho. Ya internados en el océano, sobrevino una tormenta y los del patache perdieron de vista a la *Santa María de la Victoria*, que era la capitana, y que para ellos venía a ser el nodriza que los abastecía de agua y víveres. [El patache era una embarcación pequeña que en las armadas cumplía la función de servir de enlace entre las naves mayores. Posteriormente, a las naves que realizaban esa función se les dio el nombre de *avisos*.] Viéndose perdidos en la soledad del océano, con una provisión de «cuatro quintales de bizcocho en polvo y ocho pipas de agua, sin otra comida», siendo cincuenta los que iban a bordo, y con la tierra más próxima que eran las Ladrones (Marianas), a dos mil doscientas leguas, el capitán adoptó la resolución de darse la media vuelta y poner proa a la tierra conquistada por Cortés, que «distaba 800 o 1,000 leguas», lo cual nos habla de que el patache ya se había internado profundamente en el océano.[4] La tormenta ocurrió el primero de junio, y para el doce de julio ya se encontraban frente a la costa de Tehuantepec. Desde el navío alcanzaban a distinguir a mucha gente, pero no podían poner pie a tierra por haber perdido el batel y por tratarse de una costa rocosa donde el mar batía embravecido. Finalmente, Juan de Arízaga, un clérigo que además era primo del capitán, decidió ser él quien corriese el riesgo, y metiéndose dentro de una balsa improvisada con unas tablas, saltó a bordo con su espada y provisto de tijeras y espejos para dar a los indios. El mar estaba tan encrespado que la balsa volcó, por lo que Arízaga nadó intentando ganar la tierra; pero por más esfuerzos que hacía no conseguía llegar. Viéndolo desfalleciente, cinco indios se lanzaron al agua, sacándolo semiahogado. Cuando se recuperó lo llevaron a su pueblo, escoltado por una multitud inmensa. Ya en presencia del cacique local, éste le mostró una gran cruz de madera, saludándolo con las voces de «Santa María», «Santa María». Supo entonces que desde tiempo atrás se había plantado esa cruz, y que los habitantes de la localidad se mantenían como vasallos de la Corona. Al quinto día de estar allí, vio llegar a gran cantidad de gente, «reconociendo que venía allí un cristiano en una hamaca que traían doce indios».[5] Se trataba del gobernador puesto por Cortés. A cinco años de la conquista, ésa era la situación en Tehuantepec. Un solo español controlaba a miles de indios, que respetaban el juramento de vasallaje dado por su cacique. La tierra vivía en paz. Por medio de canoas, los indios abastecieron el patache, que se dirigió a un fondeadero seguro que, según indicaron, había en la proximidad. Como el capitán venía enfermo, Arízaga informó al representante de Cortés y a continuación prosiguió viaje a México, para poner a éste al tanto de lo ocurrido. En la *Quinta Relación* (3 de septiembre de 1526), Cortés ya informa que de Tehuantepec le han llegado nuevas del arribo de un navío de la flota de Loaisa; y en la carta que escribiría días después (11 de septiembre), dice: «envío una relación que un Juan de Arízaga, clérigo natural de Guipúzcoa, me dio del viaje que el dicho Loaisa hizo después que salió de la Coruña hasta que embocó el estrecho de Magallanes, porque desde que desembocaron, el navío *Santiago* donde él venía, perdió la flota y arribó a esta costa, que yo tengo descubierta de la mar del Sur».[6] Cortés se abocó a la tarea de cumplir lo que se le ordenaba, que era precisamente lo mismo propuesto por él en la relación que se cruzó con la cédula, en la cual anunciaba que disponía de navíos que se encontraban a punto, ofreciéndose a enviarlos al Maluco, Malaca y la China. Y si fuera preciso, se ponía a la orden para ir él en persona, «por manera que las sojuzgue y pueble y haga en ellas fortalezas».[7] Está visto que Cortés, al igual que los señores del Consejo de Indias, tenía una idea remotísima de lo que pudiera ser China.

La empresa que ahora tenía entre manos era de inmensa envergadura. Uno de esos grandes viajes al que extrañamente se presta escasa atención, tratándose, ni más ni menos, que del primer cruce del Pacífico partiendo desde México. Y lo asombroso del caso es que todo se hacía con recursos propios, sin que la metrópoli tendiera una mano. ¿Cómo funcionó el astillero que montó en Zacatula? No se sabe; pero está claro que no bastaban unos pocos carpinteros de ribera y herreros con su fragua; lo que allí se construía no eran bergantines de fondo plano para navegar en una laguna, sino navíos que gobernasen bien y capaces de capotear un temporal en mitad del océano. Los resultados hablan por sí solos. Allí se construyeron tres, uno de ellos de gran porte. Está claro que hubo detrás un constructor experimentado que se encargó del diseño y dirigió la construcción. Además, deberían tener gran capacidad de carga para llevar el agua y provisiones que requería una navegación tan prolongada; el caso es que, calladamente, esos constructores navales que trabajaban en tan precarias condiciones dieron cima a su tarea. Las naves pronto estuvieron a punto, y luego de habérseles sometido a pruebas de mar y comprobarse que eran aptas para la travesía oceánica, fueron conducidas a Zihuatanejo.

Álvaro de Saavedra Cerón

Cortés hizo entrega a su primo Álvaro de Saavedra Cerón del pliego de instrucciones, junto con cartas dirigidas a los reyes de Cebú y Tidore; al primero le explicaba el objetivo del viaje, y al segundo, le agradecía el buen trato dispensado a los tripulantes de la flota de Magallanes: «A vos el honrado e buen rey de la isla de Cebú, que es en las partes del Maluco...».[8] «A vos, el honrado e buen rey de la isla de Tidore, ques en las partes del Maluco, yo don Hernando Cortés: Porque puede haber seis e ocho años que por mandado del emperador nuestro señor, fue en esas partes un capitán suyo, cuyo nombre era Hernando de Magallanes...».[9] Aquí parece estar en lo suyo, carteándose con dos lejanos monarcas. Sus escritos tienen el sabor de las cartas credenciales que hoy se expiden a un embajador. Aunque la versión de ésas, llegada hasta nosotros, está en español, los originales fueron redactados en latín, pues como lo explica: «...van escritas en latín, porque como lengua más general del universo, podrá ser, segund hay contratación en esas partes de muchas e diversas naciones a cabsa de las especierías, que halléis judíos o otras personas que las sepan leer; e no hallando tales personas haréislas interpretar a la lengua [el intérprete] arábiga que lleváis, porque ésta creo que hallaréis más copia por la mucha contratación que con los moros tienen; e si no tuvieron, lleváis un indio natural de Calicut; éste forzado fallará lengua que lo entienda».[10]

Bernal asegura tener muy presente el episodio relativo a la llegada de la cédula del Emperador ordenando ir en auxilio de Loaisa, pues según cuenta, «Cortés me mostró la misma carta a mí y a otros conquistadores que le estabamos teniendo compañía [...] le mandó Su Majestad a Cortés que a los capitanes que enviase que fuesen a buscar una armada que había salido de Castilla para la China, e iba en ella por capitán un don fray García de Loayza, comendador de San Juan de Rodas. Y en esta sazón que se apercibía Sayavedra para el viaje aportó a la costa de Teguantepeque un patache que era de los que habían salido de Castilla con la armada del mismo comendador que dicho tengo, y venía en el mismo patache por capitan un Ortuño de Lango, natural de Portugalete, del cual capitán y pilotos se informó Alvaro de Sayavedra Zerón de todo lo que quiso saber, y aun llevó en su compañía a un piloto y a dos marineros».[11] Se advierte aquí que Bernal equivoca el nombre del capitán, por haberlo copiado de Gómara, quien lo llama Hortunio de Alango. Oviedo, en cambio, escribe que se llamaba Santiago de Guevara, y refiriéndose a las conversaciones que sostuvo con Arízaga, trae a cuento la anécdota que éste le refirió cuando hablaban de los patagones, cuya estatura era tal, que ni él ni ninguno de los expedicionarios les llegaba con la cabeza «a sus miembros vergonzosos, en el altor [...] y este padre no era pequeño hombre, sino de buena estatura de cuerpo».[12]

Por aquellos días, o bien algo más importante acapararía la atención de Cortés, o se encontraría indispuesto, pues el caso es que no se desplazó a Zihuatanejo para supervisar la partida de la flota, lo cual, tratándose de una expedición tan importante, no pasa inadvertido. Todo lo manejó por carta, delegando por entero los preparativos en el primo. En las instrucciones incluye puntos que eran obligados en un documento oficial de la época, como vienen a ser el velar porque nadie blasfeme contra Dios, la Virgen o los santos y las consabidas prohibiciones contra el juego (al que se tenía como origen de muchos males). En este punto Cortés, que era impenitente jugador, aparece como si fuera el demonio metido a predicador. Y se prohibía también llevar mujeres a bordo, lo cual parece indicar que ya habría algunas españolas muy lanzadas, dispuestas a correr la aventura. Al llegar a este punto, es preciso detenerse un momento para hablar de algunas y algunos de los personajes más movidos de esa primera época, cuyo paso a Indias no figura en los registros de la Casa de Contratación: los «llovidos», aquellos que no reunían los requisistos para que se les autorizara el paso a Indias (linaje de judíos o moros, penitenciados por la Inquisición, arraigados por deudas), a los cuales se agregaban aquellos que, para huir de un matrimonio desgraciado, ponían el océano de por medio. Una vez que el barco, pasado el registro reglamentario, se encontraba en altamar, comenzaban a aparecer hombres y mujeres, salidos de barriles, cajas, cestos y cuanto escondrijo imaginable hubiera. Aparecían como «llovidos». Evidentemente, subidos a bordo con la complicidad del maestre o de algún marinero.

Luego de las prohibiciones antes señaladas, el pliego establecía como primer objetivo ir en socorro de Loaisa y Caboto; debería tratar de averiguar la suerte corrida por los tripulantes de la *Trinidad* que quedaron atrás, y después venía una instrucción reservada: en España se tenía conocimiento de que los portugueses habían edificado una fortaleza. Por lo mismo, como primera providencia, deberían informarse si ello era cierto, y en caso de serlo, establecer si la construcción se había hecho dentro de los territorios que la Corona española consideraba como suyos, de acuerdo con la partición del mundo realizada en Tordesillas. Si se establecía que se encontraba dentro de la jurisdicción correspondiente a España, debería apoderarse de ella, dando a conocer «al señor e naturales de la dicha isla la cabsa por que tomastes aquella fortaleza e prendiste la gente de ella, que es la de tener en perjuicio de Su Majestad por ser suyo e pertenecerle todas aquellas islas, digo, la contratación dellas». Debería luego cargar de especias los navíos, enviándolos de regreso; ello sin perjuicio de dejar bien pertrechada la fortaleza y con guarnición suficiente. En caso de necesidad, solicitaría ayuda, la cual le sería enviada muy pronto, dada la cercanía (es curioso como, hasta en tres ocasiones, Cortés alude a la proximidad de la Nueva España con las Molucas; como si no hubiera tomado en cuenta los datos que le dio Arízaga). Para el pronto despacho de los refuerzos, se podría contar con los otros tres navíos que estaban por completarse en su astillero de Zacatula. Existe otra disposición que muestra a Cortés, de cuerpo entero, en su faceta de introductor de cultivos: pide que, con discreción, se informe de todo acerca del cultivo de las especias, teniendo cuidado de enviar en el viaje de regreso varias plantas para tratar de introducirlas en México; y, en consecuencia, aconseja que al retorno, en cuanto los capitanes lleguen a tierra, sin pérdida de tiempo «las hagan plantar en la tierra luego, porque no se pierdan, avisándoles la manera que en ello han de tener, e las que se han de plantar en parte húmida, e las que en parte seca, e las que requieren riego o no, o si quisieren sierra o llano, e todas las otras particularidades necesarias».[13] Un proyecto ambicioso. Arrebatar a las Molucas el monopolio de las especias. El robo del Vellocino de Oro. Finalmente, el 31 de octubre de 1527 la flota compuesta por tres naves levó anclas en Zihuatanejo. Álvaro de Saavedra Cerón iba a bordo de *La Florida,* que era la capitana, con cincuenta hombres; Luis de Cárdenas, al mando de la *Santiago,* con cuarenta y cinco, y el bergantín

Espíritu Santo, comandado por Pedro de Fuentes, con quince. Cortés no se halló presente para verla partir. Pasarían años antes de que se conociera el resultado de ese viaje.

Bodas reales. El 3 de marzo de 1526 Carlos V contrajo matrimonio en Sevilla con su prima Isabel de Portugal, y lo notable del caso es que un hecho de tan señalada importancia haya sido pasado por alto por el cabildo de la ciudad, que no decretó ningún tipo de festividad ni envió parabién alguno a los reales esposos. En ninguna de las actas de ese año y del siguiente figura que se haya tomado nota del suceso. Por su lado, Cortés cuando meses más tarde desembarque en México, y necesariamente tenga conocimiento de ello, aparte de no enviar un presente, ni siquiera se dará por enterado. Y al año siguiente, cuando se produzca el nacimiento del príncipe Felipe, éste igualmente será pasado en silencio. Se trata de unas faltas de cortesía en extremo notorias, que no se alcanzan a comprender, de la cuales, sin lugar a dudas, la Corte tomaría buena nota.

El viaje a España

Dado el sesgo que tomaron sus relaciones con el tesorero Estrada, Cortés comenzó a barajar la idea de viajar a España para presentar su caso al Emperador. Lo que terminó de decidirlo fue una amistosa carta del obispo de Osma, fray García de Loaisa, presidente del Consejo de Indias y confesor del Emperador, quien le hacía ver la conveniencia de que éste lo conociera, ofreciéndose a la vez de servirle de intercesor (no confundirlo con frey García de Loaisa, el comandante de la flota).[14] La sugerencia equivalía a una orden, por lo que ya no lo pensó más, y teniendo noticia de que en esos momentos se encontraban en Veracruz dos navíos nuevos y de buen porte, despachó a su mayordomo Pedro Ruiz de Esquivel para que fuese a comprarlos. Éste partió en una canoa bien provisto de barras de oro, acompañado de un negro y seis remeros indios. Días más tarde se encontró su cuerpo en una isleta de la laguna, descompuesto y comido por aves carroñeras. El oro había desaparecido y nunca volvió a saberse del negro y de los remeros indios. Cortés hubo de enviar a otro de sus mayordomos, quien se encargó de la compra. Y como era un gran señor el que viajaría, todo se haría de acuerdo a su estado. Comenzó por reunir todo aquello que en la metrópoli tuviera un sabor exótico: aves características de la tierra, armadillos, dos tigres, tlacuaches, que mucho llamaban la atención por la bolsa en que guardaban a sus hijos, y a ello se añadía un conjunto de indios acróbatas, jugadores del palo y danzantes. Completaba su acompañamiento con una colección de enanos, albinos y jorobados. [Eso iba muy a tono con los monarcas y los grandes señores, y el gusto se mantendría en los reinados siguientes; cabe recordar a Velázquez pintando a enanos y bufones de la Corte de los monarcas.] Bernal señala que los caciques de Tlaxcala le pidieron que llevara consigo a principales de su nación, entre otros, al hijo de Xicoténcatl el *Viejo*, el cual enfermará y morirá en España. Gómara agrega que también llevó a un hijo de Motecuhzoma.[15] Anunció entonces pasaje gratuito a todos aquellos que quisiesen viajar. En aquellos momentos le llegaron cartas de España. Su padre había muerto.

Luego de dejar sus asuntos encomendados a su pariente, el licenciado Juan Altamirano, conjuntamente con Diego de Ocampo, Alonso Valiente y el burgalés Santa Cruz, se hizo a la vela. Entre los capitanes más significados que llevó en su compañía se contaban Gonzalo de Sandoval, Andrés de Tapia y Vasco Porcallo. Y después de cuarenta y dos días de navegación, con viento próspero y sin haber hecho escala en Cuba, ni en ninguna otra parte, llegaron a España. Gómara dice que el arribo fue a finales de 1528; pero no está en lo cierto, como no se tardará en ver; Bernal escribe: «y llegaron a Castilla en el mes de diciembre de mil quinientos veintisiete años».[16] Equivoca tanto mes como año. Es significativo que en las actas de Cabildo de la ciudad de México no figure alusión alguna a su partida. En la sesión del 31 de julio, entre otros acuerdos, figura el de que el día de San Hipólito se celebren una corrida de toros y juegos de cañas, para festejar el séptimo aniversario de la toma de la ciudad. Los que tengan caballo deberán salir montados so pena de diez pesos de oro para quienes no lo hagan. Alegrías por la efeméride y silencio total en cuanto a la partida de Cortés. El México oficial lo ignoró.

Apenas desembarcado, Cortés se enteraría de lo ocurrido en España mientras cruzaba el océano; a la carta del obispo de Osma siguió una cédula fechada en Madrid el 5 de abril de 1528, y firmada por el propio Emperador, notificándole que, para los efectos de que le fuera tomada la residencia (interrumpida por el fallecimiento de Ponce de León), se ha acordado el envío de cuatro oidores para que se hagan cargo del gobierno, bajo la presidencia de Nuño de Guzmán. Se trataba de una Audiencia gobernadora, con facultades jurídico administrativas. Salvo en el caso del presidente, no se dan los nombres de los oidores. Y en términos inequívocos, se le ordena que, a la brevedad posible, «vengáis en persona a nuestra Corte a nos informar».[17] Se daba por terminado el gobierno del tesorero Alonso de Estrada. A los pocos días, el trece de abril, se expide otra cédula, firmada igualmente por el Emperador, en la que al reiterársele la noticia del nombramiento de la Audiencia, se le previene que en cuanto ésta asuma funciones, deberá acatarla y obedecerla en todo lo que le mande.[18] Para el 29 de junio, encontrándose en la villa de Monzón, Carlos V envía una cédula dirigida a la Audiencia (cuyos oidores todavía no embarcan), señalando que Cortés ya se encuentra en España, y que mientras no se disponga otra cosa, se abstengan de tocar sus bienes.[19] Evidentemente, habría llegado algunos días o semanas atrás, con lo que quedan desmentidas las afirmaciones de Bernal y Gómara acerca de la fecha. El licenciado Francisco Núñez, procurador de Cortés, afirma que «el dicho marqués vino a esta corte por el mes de mayo del año de veinte e ocho».[20]

Muerte de Sandoval

Sandoval enfermó en Palos. Como su estado se agravara, el propietario de la posada en que se alojaba persuadió a sus sirvientes para que fuesen al vecino monasterio de La Rábida a buscar a Cortés. Cuando éste llegó, Sandoval le expuso muy dolido que en cuanto se encontró a solas, el posadero se apoderó de trece barras de oro que llevaba en su equipaje. Como no se podía valer por lo débil que se encontraba, se tuvo que mantener con los ojos cerrados por temor a que si hacía algún movimiento éste lo estrangulara. Muy duro debió ser para él pasar por ese trance. Se encontraba desfalleciente y la vida se le escapaba por momentos. Sintiendo próximo el fin, se confesó, y según agrega Bernal, hizo testamento a favor de una o varias de sus hermanas, nombrando albacea a Cortés. Y de allí a poco expiró. Está sepultado en La Rábida. El posadero huyó al vecino Portugal llevándose el oro y nunca más volvió a saberse de él. [Por otra parte, existe el testamento que Sandoval habría otorgado a favor de su primo Juan de Sandoval, residente en Tenochtitlan, antes de partir rumbo a España.[21] Juan resulta un anodino de quien no volverá a oírse.] Cortés, quien ya vestía de luto por las muertes de la esposa y de su padre, agregó un nuevo motivo para continuar portándolo. La pluma de Bernal ha legado el apunte siguiente de

Sandoval: «fue capitán muy esforzado, y sería cuando acá pasó de hasta veinte y cuatro años; fue alguacil mayor de la Nueva España y obra de diez meses fue gobernador de la Nueva España, juntamente con el tesorero Alonso de Estrada: era del cuerpo y estatura no muy alto, sino bien proporcionado y membrudo, el pecho alto y ancho, y asimismo tenía la espalda, y de las piernas era algo estevado, y muy buen jinete; el rostro tiraba algo a robusto, y la barba y el cabello que se usaba algo crespo y acastañado, y en la voz no la tenía muy clara, sino algo espantosa, y ceceaba tanto cuanto; no era hombre que sabía letras, sino a las buenas llanas, ni era codicioso, sino solamente tener fama y hacer como buen capitán esforzado, y en las guerras que tuvimos en la Nueva España siempre tenía cuenta con los soldados que le parecían a él y lo hacían como varones, y los favorecía y ayudaba; no era hombre que traía ricos vestidos, sino muy llanamente; tuvo el mejor caballo y de mejor carrera, y revuelto a una mano y a otra, que decían se había visto dos [sic] en Castilla ni en otras partes, y era castaño y una estrella en la frente, y un pie izquierdo calzado; decíase Motilla».[22]

Cortés escribió notificando su llegada al Emperador, al obispo fray García de Loaisa, al duque de Béjar, al conde de Aguilar y otras personalidades vinculadas con su familia, y a continuación se trasladó a Sevilla, donde fue agasajado por el duque de Medina Sidonia, quien le facilitó muy buenos caballos. Reposó allí dos días y a continuación emprendió la marcha hacia el monasterio de Guadalupe, el más reverenciado santuario de Extremadura. Y como Medellín viene a ser lugar de paso para el que viene de Sevilla, hay lugar para suponer que antes de llegar al santuario se detendría para visitar a su madre. Ningún autor describe la visita. Bernal apunta que en el monasterio coincidió con doña María de Mendoza, esposa de don Francisco de los Cobos, el todopoderoso comendador mayor de León, con quien comenzó a tener conversación. Viajaba ésta con gran acompañamiento de damas, contándose entre otras una hermana suya, doncella y hermosa, llamada doña Francisca. Cortés comenzó a cautivar a las damas con su conversación, pues «plática y agraciada expresiva no le faltaba». Hizo a éstas obsequios muy generosos, y en especial a la hermana soltera. Ocurrió en aquellos momentos que una de las acémilas de la litera de ésta se lastimó una pata, por lo que encargó a sus mayordomos que comprasen dos muy buenas y se las obsequió. Y siempre acompañando a las damas, marchó con ellas a Toledo, donde se encontraba la Corte, agasajándolas a todo lo largo del trayecto. Parece ser que sería a causa de esas atenciones, que doña María de Mendoza le insinuaría que se casase con su hermana, «y si Cortés no fuera desposado con la señora doña Juana de Zúñiga, sobrina del duque de Béjar, ciertamente tuviera grandísimos favores del comendador mayor de León y de la señora doña María de Mendoza, su mujer, y Su Majestad le diera la gobernación de la Nueva España.[23] Gómara escribe: «trataron muchos de casar a Cortés, que tenía mucha fama y hacienda. Don Alvaro de Zúñiga duque de Béjar, trató con mucho calor de casarle; y así, le casó con doña Juana de Zúñiga, sobrina suya e hija del conde de Aguilar, don Carlos Arellano, por los poderes que tuvo Martín Cortés».[24] Como se advierte, los cronistas no se ponen de acuerdo sobre si estaba o no casado; la única importancia que podría tener el dato, es la de saber si en ese momento, por respetar un compromiso contraído por su padre, dejó pasar la oportunidad de haberse asegurado el gobierno vitalicio de la Nueva España. ¿En qué momento contrajo segundas nupcias? Diego Ordaz, en carta dirigida desde Toledo a su sobrino Francisco Verdugo, decía: «El gobernador y nuevo marqués del Valle partió desta corte el segundo día de Pascua Florida, que se contaron 29 de marzo. Váse a Béjar a casarse, y de allí a ver a su madre, y a Sevilla a se embarcar».[25] En fin, así queda la cuestión.

Toledo

En Toledo, en fecha que no es posible precisar, Cortés compareció ante el Emperador. En su presencia se puso de rodillas, pero éste le mandó levantarse. Estaban cara a cara el conquistador de un nuevo mundo frente al señor de media Europa, como cabeza del Sacro Imperio Romano Germánico. (Carlos había recibido en Aquisgrán la corona de emperador electo el 23 de octubre de 1520, quedando reservada al papa la coronación definitiva, lo cual ocurriría casi diez años después.) Presenciaban la escena el duque de Béjar, el conde de Aguilar, el comendador mayor de León, y muchos otros grandes señores. Cortés inició la defensa de su caso y, según Bernal, entregó un escrito, diciendo: «aquí tengo este memorial, por donde Vuestra Majestad podrá ver si fuere servido, todas las cosas muy por extenso como pasaron». Realizada la entrega, hizo un nuevo intento de besar los pies del Monarca, pero éste se lo impidió. Podría decirse que salió bien librado en ese primer encuentro, pues no salieron a colación los varios desacatos cometidos. Y si bien fueron muchos los acusadores, también lo eran los valedores. El obispo

Fonseca y Velázquez estaban ya fuera de la escena, y Narváez dejaba de constituir un incordio, pues se le había otorgado la adelantaduría para que fuese a conquistar la región del río de Las Palmas, donde encontraría la muerte. Cuando todo parecía marchar viento en popa, sorpresivamente, Cortés enfermó de tanta gravedad, que llegó a temerse por su vida. Y como se esperaba su fallecimiento de un momento a otro, el duque de Béjar y el comendador de los Cobos, intercedieron ante el soberano para que, como un último tributo, fuese a hacerle una visita. Rodeado de los grandes del Reino, Carlos V acudió a verlo, lo cual en la Corte se tuvo por una señaladísima distinción.[26] Ningún cronista especifica de qué enfermedad se trataría; lo único claro es que estuvo con un pie en el sepulcro. Segunda vez en el término de tres años. Señal evidente de quebrantos muy serios en materia de salud. Se repuso. No hay datos sobre la duración de la convalecencia. Y la ocasión siguiente en que volveremos a oír de él, será cuando protagonice un incidente en la catedral de Toledo. Al parecer, esa visita del Emperador a su morada, en momentos en que se debatía entre la vida y la muerte, se le subió a la cabeza. Se sentía una de las primeras figuras del Reino y, para hacerlo ostensible, un día llegó tarde a misa en momentos en que tanto el Monarca, como todos los grandes, habían ocupado sus puestos. Pasó de largo frente a ellos y fue a sentarse junto al conde de Nassau, quien ocupaba el sitio inmediato a Carlos V. Bernal dice que a su paso aquellos grandes señores «murmuraron de su gran presunción y osadía y tuviéronle por desacato...».[27] Un acto de presunción que le valió enajenarse algunas voluntades.

Por aquellas fechas, supuestamente habría ocurrido un hecho que tiene todo el aire de constituir un episodio fantasioso, el cual proviene de Gómara y Bernal lo repite. El primero, que es quien lo refiere con lujo de detalles, cuenta que la Emperatriz Isabel, al saber que Cortés traía unas joyas de un valor extraordinario, mostró interés en verlas; «traía Cortés cinco esmeraldas, entre otras que consiguió de los indios, finísimas, y que las tasaron en cien mil ducados. Una de ellas estaba labrada como rosa, la otra como corneta, otra era un pez con los ojos de oro, obra maravillosa de los indios; otra era como una campanilla, con una rica perla por badajo, y guarnecida de oro [...] por esta sola pieza, que era la mejor, le daban unos genoveses, en la Rábida, cuarenta mil ducados, para revender al Gran Turco [...] le dijeron que la Emperatriz deseaba ver aquellas piezas, y que se las pediría y pagaría el Emperador; por lo cual las envió a su esposa con otras muchas cosas, antes de entrar en la Corte, y así se excusó cuando le preguntaron por ellas».[28] Un comentario que sale al paso, es que en suelo mexicano no existe la esmeralda. Se encuentra la jadeíta, una piedra semipreciosa. Los famosos *chalchihuites*. Este episodio hay que escucharlo con las debidas reservas, pues reviste las características de apócrifo. Sencillamente, no va de acuerdo con el estilo de Cortés, quien nunca hubiera desaprovechado esa oportunidad para ganarse la voluntad de la Emperatriz.

Llegada de la Audiencia

Mientras tanto, los oidores designados para integrar la que vendría a ser la primera Audiencia, llegaron a la Nueva España. Formaban parte de este cuerpo colegiado Juan Ortíz de Matienzo, Diego Degadillo, Alonso de Parada y Francisco Maldonado, letrados los cuatro, conforme lo requería la función de jueces que tenían encomendada. Apenas puesto pie en Veracruz, emprendieron el viaje a México, sin aguardar a Nuño de Guzmán, como lo tenían ordenado. El factor Gonzalo de Salazar, a quien Alonso de Estrada mantenía encerrado en un jaula, había logrado entablar amistad con Nuño a través de cartas y de valiosos obsequios; a su vez, el veedor Peralmíndez Chirinos, salió a su encuentro llevándole entre otros presentes, unos galgos para cazar liebres. Para el 9 de diciembre de 1528, la Audiencia ya estaba en funciones, según se lee en el libro de actas, y a los pocos días fallecían Parada y Maldonado de «dolor de costado» (pleuresía). Bernal, al informar de este caso, comenta zumbón, «si allí estuviera Cortés, según hay maliciosos, también le infamaran y dijeran que él los había muerto».[29] Da comienzo en ese momento un gobierno de dos años (que más podría llamarse desgobierno), en el que se cometieron todo tipo de excesos y arbitrariedades. Nuño, quien llegó con la espada desenvainada, no perdió tiempo en dar comienzo al juicio de residencia, y como había cobrado una especial inquina contra Cortés, excediéndose en las instrucciones (o quizás malinterpretándolas), se propuso acabarlo. En los primeros meses de 1529 se presentaron a declarar veintidós testigos de cargo, todos enemigos suyos, encabezando la lista Bernardino Vázquez de Tapia, quien ya comenzaba a significarse por la especial animadversión que sentía hacia él (quizás por eso sería designado para llevar el proceso a España junto con Antonio de Carvajal). En Sevilla, Cortés había logrado hacerlo encarcelar por deudas, pero pronto se vio libre. Su enemistad será una de las que más daño le harán, pues éste fue uno de los hombres que figuraron de manera prominente en el cabildo de la ciudad de México. Podría decirse que fue uno de los políticos del ejército; de esa forma se explica cómo un hombre que no se destacó de manera significativa en la conquista, haya accedido a posiciones que le permitieron tener un ascendiente muy grande en el cabildo durante muchos años. Una muestra de sus actuaciones desde época temprana, es aquella en que refiriéndose al envío de Alonso de Ávila a La Española y de Diego Ordaz y Alonso de Mendoza a España, dice: «y los despachos que llevaron hicimos Alonso de Grado e yo».[30] Vázquez de Tapia pasó en 1514 con Pedrarias a Castilla del Oro, «adonde yo estuve dos años y medio, poco más o menos»; de allí fue a Cuba, donde participó en algunas cabalgadas y como recompensa recibió de Velázquez tierras e indios para que se las trabajasen. Pronto fue hombre rico. Embarcó en la expedición de Grijalva con el cargo de alférez de toda la armada y, cuando volvió con Cortés, era uno de los de a caballo. A partir de la fundación de la Villa Rica, su firma invariablemente aparece en todos los documentos importantes que se redactaron. Formó parte del grupo de los ciento treinta españoles que quedaron con Alvarado a cargo de la custodia de Motecuhzoma cuando Cortés marchó contra Narváez, siendo por tanto uno de los participantes en la matanza del Templo Mayor. Vázquez de Tapia tiene la peculiaridad de que presenta la historia en dos versiones distintas, la de «antes» y la de «después»; es así que la primera vendría a estar constituida por todo lo que declaró en el juicio de residencia, en que arremete de firme contra Cortés. Presenta la matanza de Cholula como un acto de crueldad inaudita por parte de éste, quien sin que mediaran razones, encerró a cuatro o cinco mil indios en el patio del templo, dando orden a continuación para que los masacrasen a todos. En cambio, en su *Relación de méritos y servicios* escribe algo muy distinto: «y vimos que los de Cholula andaban de mal arte [...] y ni nos querían dar de comer, ni maíz para los caballos, sino toda la gente de mal arte. Y como el Marqués vio todas estas cosas, temió de alguna traición y mandó que toda la gente estuviese muy apercibida, y andando con gran aviso inquiriendo, supo que allí, cerca de Cholula, estaba una guarnición de gente de México y, ratificado dello, determinó, que antes que nos tomasen durmiendo, de dar en los unos y en los otros, y ansi lo hice, [sic] aunque con no poco peligro nuestro».[31] La mudanza es de ciento ochenta grados, pero, ¿por qué? Algo que quizás ayude a explicar esa conducta, sería que la primera declaración la hizo en 1529, cuando formaba parte de un bando que buscaba lograr que no se permitiese a Cortés el retorno a México; en cambio, cuando empuñó la pluma para escribir la *Relación de méritos*, el tiempo había pasado. Se ha establecido, con razonable precisión, que ello ocurrió entre 1542 y 1546. Para ese tiempo Cortés ya no constituía ningún peligro; y es más, en ésta no sólo se abstiene de atacarlo, sino que incluye menciones que resultan francamente elogiosas para él, como es el caso cuando refiere que los principales personajes del ejército lo requirieron para retirarse a la costa, «y el Marqués dijo que antes quería morir que volver un pie atrás».[32] En fin. Los hombres cambian. Además, las acusaciones de Vázquez de Tapia resultan un tanto candorosas, pues por un lado dice que la casa de Cortés en Coyoacán funcionaba como un garito, donde no se hacía otra cosa que jugar, y por otro, se queja de que un día, jugando «a la primera», Pedro de Alvarado le hizo trampa. Y al admitir que también él jugaba, se exculpa diciendo que lo hacía porque se sentía obligado. Entre los más asiduos jugadores menciona a Alderete, Alvarado, Rangel y algunos más; censura la tolerancia de Cortés, que no castigaba a los blasfemos, ni a aquellos que hablaban mal y, así, señala que Puerto Carrero no cesaba de proferir juramentos, «voto a tal», «pese a tal»; que Sandoval tenía la boca muy sucia, y que era incapaz de decir algo, si no soltaba una palabrota; que Rangel era un blasfemo y que Pedro de Ircio, por hacerse el gracioso, un día llegó a decir que no creía en Dios.[33] Algo a destacar, es que de entre todas las crónicas, la suya quizá sea la que más abunda en hechos sobrenaturales. Cita tres de muy importantes: el primero es la aparición del misterioso jinete del caballo blanco, cuya participación sería decisiva en la batalla de Centla; la intervención de la Virgen cuando se encontraban cercados en el palacio de Axayácatl, «vieron [los indios] una mujer de Castilla, muy linda y que resplandecía como el sol, y que les echaba puñados de tierra en los ojos y, como vieron cosa tan extraña, se apartaron y huyeron y se fueron y nos dejaron».[34] Y el tercero, sería la epidemia de sarampión que mató a los enemigos. La primera consideración que salta a la vista, sería que a Vázquez de Tapia se le escapa que el 10 de julio de 1519, a escasos tres meses de la batalla de Centla, en la carta colectiva en que informaron al Emperador, dijeron otra cosa: «Crean vuestras reales altezas por cierto que esta batalla fue vencida más por la voluntad de Dios que por nuestras fuerzas, porque para cuarenta mil hombres de guerra poca defensa fuera cuatrocientos que éramos nosotros».[35] Pero con el paso del tiempo comenzó a fraguarse una leyenda. Semejante victoria sólo se explicaba por un milagro. Y así que fue el apóstol Santiago quien apareció en medio de la batalla y, montado en su caballo blanco, puso en fuga a los indios. La justificación de la Conquista. Dios siempre habría estado de parte de los españoles. Esa tergiversación de los hechos no comenzó de golpe, sino que fue tomando cuerpo poco a poco, a vuelta de tornillo; Andrés de Tapia menciona a un misterioso jinete que montaba un caballo de pelaje rucio picado, quien hasta en tres ocasiones arremetió contra los indios y luego desapareció. En un principio, los de a pie pensaron que se trataría de Cortés o de alguno de los de su pelotón, pero cuando éste apareció y le hablaron del misterioso jinete, habría exclamado: «Adelante compañeros que Dios es con nosostros», y habría cargado contra los indios.[36] Oviedo ya afirma que se trató del apóstol. Gómara da una versión más confusa: en un principio aparece Francisco de Morla sobre un caballo rucio picado, arremetiendo contra los indios, y es tomado por Cortés. Hasta en tres ocasiones se aparece ese jinete y, cuando llega Cortés y le preguntan si ha sido él o alguno de su pelotón quien arremetía, caen todos en cuenta de que se habría tratado del apóstol Santiago. Cervantes de Salazar repite lo anterior, pero introduce la duda de si se habría tratado del apóstol Santiago, o si no sería San Pedro. Pero en lo que viene a ser el colmo de la caradura, Bernardino Vázquez de Tapia, uno de los que combatieron a caballo en esa batalla, quien, olvidándose de lo que en su día el cabildo de la Villa Rica escribió al Emperador (de cuya carta él fue uno de los firmantes), en su *Relación de méritos y servicios* declaró, sin el menor rubor: «y aquí se vio un gran milagro, que estando en gran peligro en la batalla, se vio andar peleando uno de caballo blanco, a cuya causa se desbarataron los indios, el cual caballo no había entre los que traíamos»,[37] o sea, combatió hombro con hombro con el Apóstol. Bernal, con gran honestidad, escribe: «y pudieran ser que los que dice Gómara fueran los gloriosos apóstoles señor Santiago o señor San Pedro, y yo como pecador no fuese digno de verlo».[38] Agrega, además, que entre los conquistadores que se encontraron en esa acción, jamás oyó que alguno se refiriera a que allí hubiese ocurrido un milagro. Cortés es totalmente ajeno a ese embuste.

Durante el juicio de residencia, Juan de Burgos consiguió que se celebrara un proceso paralelo, acusando a Cortés de haber dado muerte a su mujer. Y es así que cuando Catalina llevaba más de seis años de muerta y su recuerdo se encontraba muy desleído, de pronto vino a situársele en un primer plano. La realidad es que los indicios apuntan en el sentido de que, en su día, el deceso de Catalina se atribuyó a causas naturales (aunque discrepando en cuanto a la enfermedad que la llevó a la tumba); pero el caso es que ello no despertó sospechas, ni dio lugar a habladurías. Sería hasta que Juan de Burgos introdujo el acta de acusación, cuando surgiría la versión del asesinato; eso se desprende tanto de lo afirmado por Bernal, como de lo que dicen otros autores, y del silencio que guardan algunos. Es así que Pedro Mártir, quien a tantos interrogó para dilucidar las circunstancias en torno a la muerte de Garay, en cambio, no hace la menor alusión a que circulasen rumores acusando a Cortés en ese sentido; observamos igualmente el silencio de Oviedo, y nótese que éste habló con mucha gente, especialmente con Narváez, quien a su retorno a España llegó furibundo, formulando contra Cortés numerosos cargos, pero sin llegar nunca a acusarlo de la muerte de la esposa. Y no se olvide que Narváez pasó una temporada de residencia forzosa en Coyoacán, donde de haber circulado habladurías en tal sentido, indudablemente las habría escuchado. Otro silencio elocuente es el de Las Casas, quien viajó a México en 1531, y volvió en 1545 para permanecer hasta el año siguiente, y por la fobia que le tenía a Cortés, es indudable que de haber escuchado algo no habría desperdiciado la ocasión para lanzarlo a los cuatro vientos. Pero nada dice. Se advierte, por otro lado, que durante el juicio de residencia prestaron declaración el obispo Zumárraga, Motolinia, fray Pedro de Gante y otros miembros del estamento religioso, quienes, aunque sin referirse a esta acusación en particular, coincidieron todos en abonar su conducta, calificándolo de buen cristiano. Es evidente que, de haberse encontrado bajo sospecha de asesinato, no se habrían pronunciado en tal sentido.

Por demás está subrayar la importancia del caso, ya que una de las primeras preguntas que sale al paso cuando se habla de Cortés, es la de si mató o no a su mujer. Por tanto, para tratar de hacer alguna luz sobre el asunto, es importante revisar la información disponible, en un esfuerzo por reconstruir los hechos. Una cosa llama la atención, y ello es que quienes llevan la acusación son un grupo de sirvientas, cuyos nombres resultan familiares; se trata de mujeres quienes, no obstante haber tomado parte en la Conquista, se encuentran desempeñándose como sirvientas. Por lo visto, de nada les valieron los méritos en campaña. Ninguna recompensa. Por tanto, no sería de descartarse que el resentimiento asome por sus bocas. A grandes rasgos, todas coinciden en decir que la noche de aquel primero de noviembre hubo un sarao en casa de Cortés; éste se llevó a cabo con la pompa que él acostumbraba. Asistieron numerosos invitados y hubo profusión de viandas, corrió el vino, hubo música y los maestros de danza dirigieron el baile. Un festejo por todo lo alto. Catalina bailó y estuvo alegre. Concluida la fiesta, se retiró a sus habitaciones. Lo ocurrido después lo narran los testigos.

Ana Rodríguez, su camarera, declara que ambos cónyuges hacían «vida maridable»; esto es, durante los meses que pasaron juntos en Coyoacán habrían vivido como marido y mujer. Tiene muy presente que durante la cena, Catalina se mostró alegre y no parecía estar enferma; al retirarse del salón entró en un oratorio que tenía, y al salir, la testigo la vio con semblante demudado, y al preguntarle si le ocurría algo, ésta le dijo que pedía a Dios que se la llevase de este mundo. Los jueces demandaron a la testigo cómo era aquello, ya que Catalina había conseguido salir de Cuba, donde era maltratada por la justicia, y al presente vivía en prosperidad junto a su esposo. La testigo replicó que quizás estaría celosa, porque su marido festejaba a otras mujeres. Prosigue diciendo que los esposos se retiraron muy alegres a acostarse, y que ella, como camarera, ayudó a desvestirse a Catalina y la dejó en su cama sana y salva. Se retiró a dormir a su aposento y, al poco rato, llegó una india a avisarle que Cortés la llamaba. Se vistió y lo primero que éste le habría pedido fue que encendiese una vela. La habitación se encontraba a oscuras. Ella fue la primera en entrar, y encontró que Catalina estaba echada sobre un brazo de su esposo, quien la llamaba «pensando que estaba amortecida, porque varias veces se solía amortecer». Cortés le habría dicho: «creo que es muerta mi mujer». En respuesta a una pregunta, expresó que la guardia dormía en una sala que se encontraba junto al dormitorio de los esposos, y que no recuerda si aquella noche había más guardias que de ordinario; en todo caso, fue a ella a quien se llamó primero. Ni en la declaración de esta mujer ni en las de los otros testigos se menciona que los miembros de la guardia hubiesen escuchado alguna discusión o ruidos extraños. Una india le habría entregado unas cuentas de oro de un collar de Catalina, recogido junto a la cama. La testigo advirtió que la cama estaba orinada y que la muerta tenía en el cuello unas marcas, y sospechando que Cortés la habría estrangulado, preguntó por la razón de esas marcas, a lo que éste explicó que la había asido por el cuello para «hacerla recordar cuando se amorteció», pero que tanto ella como otros criados sospecharon que la había matado. Finalmente, asegura que antes de que la enterrasen escuchó que Cortés ordenaba que dijesen a Juan Suárez que su hermana había muerto por su causa, por cierto disgusto ocurrido. Eso, en sustancia, es todo lo que declara la testigo.[39] Juan no se presentó en la casa.

Declara Violante Rodríguez: Catalina y su esposo vivían bajo el mismo techo, como marido y mujer. La noche anterior hubo cena a la que asistieron numerosos invitados, y «doña Catalina estuvo en las dichas fiestas el dicho día hasta cerca de las doce de la noche, sana e buena e alegre e regocijada e al parecer sin enfermedad alguna». A esa hora, Cortés y su mujer se retiraron a sus aposentos. Él se acostó primero y, a continuación, la testigo y otras mujeres desnudaron a Catalina, que pasó a acostarse junto a su marido, encontrándose «sana e buena» al parecer de la testigo. Habrían transcurrido dos horas, cuando una india fue a su aposento para decir que Catalina estaba mala; se levantó y en compañía de Ana Rodríguez entró en la alcoba, donde Cortés les pidió que trajesen una vela. Catalina yacía muerta, con la cabeza descansando sobre un brazo del marido. La cama estaba orinada y mostraba unos cardenales en el cuello, a lo que Ana Rodríguez explicó a la testigo que había preguntado a Cortés cómo se habían originado esas marcas, a lo que éste habría repuesto que la había estirado por ahí, en un intento por hacerla recobrar el sentido.[40]

María de Vera, quien trabajaba como sirvienta en casa de Juan de Burgos, recuerda que, quince días antes del fallecimiento, oyó decir que Catalina se encontraba enferma, pero después se enteró de que ya salía a misa, y también supo que esa noche hubo fiesta y que asistieron «muchos hombres de honra e personas del pueblo, e que después de haber cenado se fueron a acostar el dicho don Fernando e la dicha doña Catalina, segun este testigo oyó decir a todos los del pueblo». A eso de las once, un criado fue a buscarla para decirle que fuese a la casa de Cortés porque su esposa se encontraba mal; al llegar encontró a éste hablando con Cristóbal de Olid y Diego de Soto. Pasó a la recámara, adonde encontró a Catalina, ya muerta, y rodeada de varias mujeres. Esta testigo vio «quebradas e derramadas» las cuentas de un collar, advirtiendo asimismo que la cama estaba orinada. Respondiendo a lo que le era preguntado, afirmó que le vio un cardenal en la garganta, y que al demandar a Ana Rodríguez qué era aquello, ésta dijo «que el dicho don Fernando le respondió que él había asido a la dicha doña Catalina de allí para que tornase en su acuerdo». La testigo amortajó a la difunta y se fue a su casa. Volvió cuando ya había amanecido. Habrían transcurrido más de tres horas desde el momento en que la amortajaron hasta que la metieron en el ataúd, siendo ella una de las que intervinieron en ello. Entre las personas que vio en la casa menciona a fray Bartolomé de Olmedo.[41]

María Hernández recuerda que los hechos ocurrieron hacia todos los Santos; que su esposo, Francisco de Quevedo, le habría informado que «la dicha doña Catalina había danzado e regocijándose a obra de las diez horas de la noche, e que a las once de la dicha noche se dijo que era muerta la dicha doña Catalina». La testigo oyó doblar campanas, y al preguntar quién había muerto, un maestresala de Cortés le comunicó que doblaban por Catalina. Al enterarse de eso, al momento sospechó que éste la habría matado, pues ella y Catalina se conocían

473

desde Cuba, por lo que conversaban mucho, y es así como la difunta le habría hecho saber la mala vida que le daba el esposo, quien muchas veces durante la noche la echaba de la cama. Ésta le habría dicho que algún día la encontrarían muerta. Con esa sospecha, ella y la Gallarda fueron a la casa a eso de las ocho, encontrando a Catalina amortajada y colocada en una camilla con los pies de fuera, los cuales todavía no estaban helados; y vio que tenía «los ojos abiertos e tiesos e salidos de fuera, como persona que estaba ahogada e tenía los labios gruesos e negros e tenía así mismo dos espumarajos en la boca. uno de cada lado, e una gota de sangre en la toca, encima de la frente e un raguño entre las cejas, todo lo cual pareció a este testigo e a la dicha Gallarda que era señal de ser ahogada la dicha doña Catalina e no ser muerta de su muerte, e así se dijo públicamente que el dicho don Fernando Cortés había muerto a la dicha doña Catalina Xuárez, su mujer, por casar con otra mujer de más estado».[42] Hasta aquí las acusaciones; ahora los descargos.

Juana López. Se trata de una jovencita de trece años que estuvo al lado de Catalina desde que ésta llegó a México, y la versión que da es en el sentido de que, aquella noche, tanto ella como las demás mujeres que se encontraban en la casa fueron llamadas para que acudieran a la recámara, porque Catalina estaba mala. Cuando llegaron ya la encontraron muerta, y ella ayudó a bajarla de la cama, para amortajarla en el suelo. A la pregunta expresa de si habría visto en la garganta o en alguna otra parte de su cuerpo alguna señal o desollada, dijo que no e aun que lo miró ella e las otras personas que allí estaban. Agrega que, en horas de la tarde, «Ana Rodríguez sacó una gargantilla de unas cuentas de su señora e la puso a una hija suya e estaban quebradas algunas de ellas, pero que esta testigo, al tiempo que vido muerta a la dicha Catalina Xuárez no las vido quebradas las dichas cuentas de la dicha gargantilla».[43]

Isidro Moreno era sirviente en la casa y ayudaba al mayordomo a llevar el libro del gasto; al respecto, manifiesta que a su llegada a México Catalina fue bien recibida por su marido, y que ambos cónyuges convivían «en haz y en paz» [gustosamente]. Recuerda que el día de los hechos, Catalina estaba alegre y en aparente buen estado de salud. Éste es el único en declarar que durante la cena ocurrió una disputa entre los esposos por un asunto trivial. Catalina habría reclamado a Solís *Casquete* por estar empleando sus indios en otras actividades, y Cortés no la habría apoyado, por lo que ella se sintió desairada. Ése sería el tan llevado y traído pleito que, según los acusadores, habría continuado en la alcoba; tuvieron lugar algunas palabras entre don Fernando e la dicha su mujer e otras dueñas. Alzados los manteles ella se retiró a su habitación, mientras Cortés todavía permaneció un rato departiendo con los invitados. Habló un rato con el personal de servicio y fue a acostarse. Cuando habrían transcurrido una o dos horas, fueron llamados el mayordomo, este testigo y otros de la casa, porque Catalina estaba muerta. En la antecámara se encontraban varias personas, y dentro de la recámara vieron a Cortés, quien daba muestras de encontrarse muy afectado; el mayordomo Diego de Soto y el camarero Alonso de Villanueva ordenaron a este testigo que fuese en busca de fray Bartolomé de Olmedo para que viniese a reconfortar a Cortés, y al propio tiempo le indicaron que dijese a Juan Suárez que no se apareciese por la casa, pues sus importunidades habían sido causa de la muerte de su hermana.[44] Volvió de dar los recados encomendados, encontrando que Catalina ya había sido amortajada y era introducida en el ataúd. Precisó que los recados los fue a dar por encargo de Alonso de Villanueva, sin tener la certeza y sin que le constara si así lo había ordenado Cortés. [Ésta será la última alusión a fray Bartolomé de Olmedo en vida. Juan de Burgos, al referirse a él en su declaración, menciona «ques ya fallecido».[45] Eso lo dijo el 29 de enero de 1529. Un final silencioso para el hombre que durante un tiempo fue el principal consejero político de Cortés, y sobre cuyos sus hombros descansó en sus comienzos la fase espiritual de la Conquista.]

De las cuatro mujeres que acusan, tres de ellas (Ana Rodríguez, Violante Rodríguez y María de Vera) coinciden en destacar que la cama estaba orinada, y que en el cuello mostraba moretones; de éstas, la primera es la única en mencionar que el collar estaba roto, con las cuentas esparcidas por el suelo. María Hernández no menciona que la cama estuviera orinada. El primer comentario que sale al paso es que estas mujeres, al atribuir un significado muy importante a la cama mojada, no sabían de lo que estaban hablando, si con ello querían probar la hipótesis del asesinato. La orina en algunos cadáveres puede producirse por un relajamiento de esfínteres, dependiendo todo de lo llena que se encuentre la vejiga; pero una cosa está clara: no constituye prueba de muerte por asfixia. Los ahorcados no se orinan. Las marcas en el cuello sí constituyen un elemento incriminatorio. Y más precisa es la acusación de María Hernández al señalar que tenía los ojos abiertos, como saltados de las órbitas, pues ése sí es un indicio de asfixia; en cambio, lo de los labios gruesos y negros nada tiene que ver con este tipo de muerte.

Según Isidro Moreno, Cortés se lamentaba y era reconfortado por fray Bartolomé de Olmedo. No parece haber advertido nada sospechoso. Alonso de Villanueva; «...vido luego incontinenti como la dicha doña Catalina murió, e que por estas señales, este testigo vio e conoció que al dicho marqués le pesó mucho la muerte de la dicha su mujer».[46] Francisco Terrazas: «...que se halló presente al tiempo que la dicha doña Catalina Xuárez estaba muerta y vido que el dicho marqués hacía mucho sentimiento por ella».[47] Juan de Salcedo: «era muy enferma del mal de madre y que muchas veces se amortecía y caía en el suelo como muerta, y que este testigo lo sabe porque un día estando en Barucoa, que es en la isla de Cuba, ya que querían comer, vino una india del dicho marqués dando voces diciendo: que está muerta su señora. Y este testigo y el dicho marqués fueron a ver qué cosa era y hallaron a la dicha doña Catalina Xuárez caída en el suelo como muerta».[48] De aquellos que fueron sus vecinos en Baracoa, Diego Ruiz la tenía «por mujer delicada»; Antonio Velázquez, «que era delicada e que algunas veces le tomaba un mal que estaba como muerta»; Francisco Osorio, Pedro de Jerez, Gonzalo de Escobar y Juan de Madroñas, todos la tenían por mujer delicada y que continuamente estaba en cama.[49]

Transcurridos más de seis años del deceso, María de Marcaida, quien no se encontraba en México en el momento del fallecimiento de su hija, acusó formalmente a Cortés de haberla matado, y lo mismo haría Juan Suárez. Las acusaciones no prosperaron y más tarde éste retiraría la suya, volviendo a la antigua amistad de Cortés. Según Bernal, habrían sido Nuño de Guzmán, Matienzo y Delgadillo quienes se concertaron para orillarlo a acusar.[50] A la luz de la información proporcionada por los testigos, aparece que Catalina era una mujer frágil y de salud precaria, aunque por los datos que aportan, resulta sumamente difícil formular un diagnóstico acerca del mal que la aquejaba. Unos dicen que era «mal de madre», y que sus hermanas fallecieron de la misma dolencia. Dudoso. Bernal escribe que fue asma, pero no sabe de lo que está hablando. La epilepsia es una posibilidad. Y aquí cabrían esos momentos en que permanecía privada del sentido, como muerta; también existen fuertes indicios que apuntarían hacia un padecimiento cardiaco. Juan Suárez de Peralta no alcanzó a conocer a su tía, pues cuando él nació, ella llevaba varios años muerta; sin embargo, resulta interesante saber qué es lo que escuchaba en su casa. Y esto es lo que dice: «una noche, habiendo estado muy contentos, y aquel día jugado cañas y hechos muchos regocijos y acostándose muy contentos marido y mujer, a media noche le dio a ella un dolor de estómago, cruelísimo, y luego acudió el mal de madre, y cuando quisieron procurar remedio, ya no le tenía; y así entre las manos dio su ánima a Dios. Hallóse con ella una su camarera, que se llamaba Antonia Hernández, mujer que fue segunda vez de Juan de Moscoso, el macero, a la cual se lo oí contar, y con lágrimas, porque la quería mucho».[51] En cuanto a Cortés, éste no parece haber dado excesiva importancia a los cargos, limitándose a decir que Catalina era una mujer muy enferma, que padecía del corazón y que, en la noche de los hechos, en la recámara contigua dormían las criadas de ella, y en la otra, los pajes y criados de él.[52] Nadie habría escuchado ruidos ni advertido nada extraño. No hay dudas acerca de que era un hombre profundamente religioso; por ello, sería de esperarse que de haber tenido algún cargo de conciencia, eso se reflejaría en el testamento. Pudo, por ejemplo, haber incluido en él alguna cláusula ordenando misas por una culpa secreta, o cualquier otro acto de expiación.

El principal promotor del odio hacia Cortés, en el juicio de residencia, fue Gonzalo de Salazar, quien se ocupaba de elegir a los testigos entre los principales enemigos de éste; eran tan burdos algunos de los cargos, que fray Juan de Zumárraga, primer obispo y arzobispo de México, se sintió obligado a empuñar la pluma para escribir al Emperador, denunciando que se trataba de un juicio amañado. Y según refiere, el principal testaferro de Salazar para reclutar falsos testigos era «un clérigo, que se dice Barrios, apóstata de nuestra Orden, que le tengo amonestado de mí a él, y otra vez con religiosos, y no hay enmienda en su persona, que ha andado con una diligencia diabólica sobornando testigos de uno en otro en favor del factor, que digan contra don Hernando».[53]

El Marqués del Valle

En los primeros meses de 1529, Carlos V hacía planes para ausentarse de España y trasladarse a Italia, con objeto de ser coronado por el papa y conseguir que éste convocase un concilio que fijase con exactitud los puntos del dogma cuestionados por los protestantes. Se trataba de Clemente VII, el mismo pontífice al que dos años antes le había hecho la guerra. Cayó éste prisionero, y Carlos V decretó luto oficial por los desmanes cometidos por sus tropas durante el famoso *sacco* de Roma.[1] Como cristianísimo monarca, no podía hacer menos; pero, de todas formas, Clemente quedó retenido como prisionero, habiéndosele impuesto una fuerte multa y la entrega de algunas ciudades. Pero aquello era agua pasada; el castigo había sido para el príncipe temporal. El sucesor de Pedro, que sólo en parte satisfizo las reparaciones de guerra, había perdonado (más bien se habían perdonado mutuamente por interés político) y, ahora, se encontraba dispuesto a prestar oído atento a la petición del Emperador. Por lo mismo, ante la inminencia de la partida, ello lleva a suponer que Cortés durante ese periodo andaría siguiéndole los pasos; de ser ese el caso, se le ubicaría en Zaragoza, ciudad en la que el primero de abril el monarca pone freno a sus aspiraciones diciéndole: «En lo de la gobernación... que yo holgara que fuera cosa que se pudiera buenamente hacer, pero no conviene, por muchos respectos; y porque veáis que tengo toda la voluntad para haceros merced, he por bien que entre tanto que viene la residencia...».[2] Como premio de consolación se le expedirá el título de capitán general de toda la Nueva España y provincias y costas de la Mar del Sur. Y en esa misma fecha, le otorga una cédula para que se le reembolse lo gastado en el envío de la armada de Alvaro Cerón [3]. En mayo está en Toledo, donde firma unos documentos. El seis de julio aparece en Barcelona, «donde besé las manos a vuestra majestad» y, en esa fecha, el Emperador le firma cuatro cédulas más. Por una, se le otorgan veintitrés mil vasallos, por otras, el título de Marqués del Valle de Oaxaca, y se le refrenda el nombramiento de capitán general de la Nueva España, siéndole concedidos dos cotos de caza, situados en peñones en la laguna.[4] Para el veintisiete, se expiden todavía dos cédulas más: una haciéndole mercedes, y otra ordenando que se averigüe el destino de un dinero que le fue retenido.[5] Y eso fue todo, pues al día siguiente el Emperador embarcaba.

En Sevilla, Cortés se topó con su pariente Francisco Pizarro, con quien aparte de los vínculos de parentesco, mantenía una buena amistad nacida durante los años que coincidieron en la Española.[6] Pizarro partía a su conquista, y en la escarcela llevaba los nombramientos de gobernador, capitán general, así como el título de adelantado y alguacil mayor, todos ellos a perpetuidad.[7] Algo que él no logró obtener.

Cortés, en plan de gran señor, envió una embajada al papa. Como representante suyo iba Juan de Herrada (o Rada, como lo llama el Inca Garcilaso), quien además de ser portador de ricos presentes, llevó en su compañía a dos indios acróbatas, de esos que jugaban el palo con los pies. Éstos hicieron las delicias del Papa y los cardenales con su actuación, y Herrada informó cumplidamente sobre las novedades del nuevo país ganado para la fe de Cristo. El pontífice lo hizo conde palatino y extendió sus bulas concediendo indulgencias a los soldados (aunque se desconoce el texto), y como una deferencia hacia Cortés, con fecha 16 de abril de 1529 legitimó a sus tres hijos naturales: don Martín, don Luis y Catalina Pizarro, y por otra bula de esa misma fecha, le otorgó el derecho de patronato (*Jus patronatus*), extensivo a sus herederos, para retener los diezmos y primicias para destinarlos a la construcción de templos y hospitales.[8] Bernal señala que Rada o Herrada, fue uno de los participantes en el viaje a las Hibueras, y que más tarde, al no recibir en México una recompensa a la medida de sus deseos, se dirigió al Perú, donde desempeñó un papel protagónico en los desórdenes que se sucedieron. Se dice que fue él quien largó la estocada que alcanzó a Pizarro en el cuello, hiriéndolo de muerte. No deja de llamar la atención que Cortés no viajase a Roma para entrevistarse con el papa. Es indudable que ello le hubiera sido de utilidad en las negociaciones que traía entre manos.

En ausencia del monarca, la Emperatriz Isabel de Portugal quedó como gobernadora del reino, siendo con ella con quien Cortés trató sus asuntos. El más importante fue una capitulación para descubrir, conquistar y poblar islas o tierra firme situadas en la Mar del Sur; «todo a vuestra costa y mención sin que en ningún tiempo, seamos obligados a vos pagar los gastos que en ello hiciésedes». Queda advertido que deberá incursionar en tierras que no se hayan descubierto, ni entre los límites y pasaje norte-sur de la tierra que está dada en gobernación a Pánfilo de Narváez e Nuño de Guzmán.[9] [Las Molucas quedaban fuera de su alcance, pues en abril de ese año, Carlos V había cedido a su cuñado Juan III de Portugal sus derechos sobre la Especiería en 350,000 ducados de oro. La capitulación fue hecha en Madrid el 27 de octubre de 1529.] A continuación, el 11 de noviembre, la Emperatriz, como reina gobernadora, expide otra cédula ordenando restituir las multas impuestas a quienes habían jugado.[10]

Eso fue todo. Pero, en resumidas cuentas, ¿qué había obtenido? Poco y mucho, todo depende como se mire. El título de marqués lo colocaba en las filas de la grandeza del Reino, pero aquello no sustituía a la ansiada gobernación; por más que porfió en obtenerla, no le fue concedida. Se le nombró capitán general, pero el cargo militar se encontraba subordinado a la autoridad civil. Y estaba perfectamente consciente de que en cualquier momento la Audiencia podría nulificarlo. Todavía no sonaba en América la hora del caudillaje militar. Se le había hecho la merced de veintitrés mil vasallos. Una capitulación feudal. Una vuelta al pasado, pero resultaba evidente (como lo comprobarían acontecimientos posteriores), que se trataba de un señorío que estaba más en el papel que en la realidad. Además, los lugares que se le otorgaron no formaban un todo compacto, sino que se encontraban dispersos, sin comunicación entre sí en los más de los casos. Eso le acarrearía pleitos interminables, aunque en eso la Corona no era de culpar, pues fue él quien así los eligió. Solicitó el hábito de Santiago, y por una de esas cosas, se le otorgó en grado de caballero, negándosele el de comendador. Aquello parecía una afrenta premeditada, un afán de disminuirlo, y en esas condiciones resolvió no aceptarlo. A Alvarado y a Ordaz, subordinados suyos, sin más trámite, se les había concedido con encomienda, y lo mismo ocurriría años más tarde con sus hijos y nietos, quienes ingresarían a la Orden como comendadores. Por tal razón, nunca usaría la cruz de Santiago en sus ropas. [La investigación practicada sobre la «limpieza de sangre», permitirá tener un mayor conocimiento acerca de los orígenes de su familia. Cumplía sobradamente los requisitos.] Cortés regresaba insatisfecho, de eso ni duda cabe; pero hay algo que él nunca se detiene a considerar, y eso es, que los repetidos desacatos y desobediencias pudieron haberle costado muy caros; de no haber movido su padre al duque de Béjar, no se sabe lo que pudo haber ocurrido.

Para preparar el retorno, Cortés envió como avanzada a uno de sus hombres de confianza, Juan González de Portillo, quien era portador de diversos encargos. Pero llegado a México, nada pudo hacer. Apenas puso pie a tierra en San Juan de Ulúa, los alguaciles le decomisaron lo que llevaba encima, salvándose sólo una carta que no le encontraron. Ésa iba dirigida a Francisco Terrazas, uno de sus mayordomos, quien inmediatamente redactó un informe poniéndolo al tanto de la situación. Las cosas no podían andar peor. Aquello era una casa de locos. Detrás del presidente de la Audiencia y de los oidores, se hallaban tres mujeres, tres caprichosas cuyos deseos eran ley. En primer lugar, doña Catalina, esposa del contador Rodrigo de Albornoz (quien había vuelto de España casado y, al parecer, era marido complaciente), «porque por ésta anda perdido el presidente [Nuño de Guzmán] y a muchas horas del día y de la noche le han de hallar en su casa»; la segunda, Isabel de Ojeda quien se había apoderado de la voluntad de Delgadillo, «que la perdición de este oidor y la locura de ella no tiene par».[11] Y la tercera, que mandaba mucho, por haberle sorbido el seso a Matienzo, era la mujer de Hernando Alonso (parece tratarse de aquel que recibió el bote de lanza de Alonso de Ávila); a ésta acababan de convertirla en viuda. Descubrieron que el marido era judío encubierto y, sin más trámite, lo enviaron a la hoguera. La mujer, en plan de viuda alegre, explotaba la pasión despertada en Matienzo, quien según se manifiesta en la carta, tenía como alcahuete a un pastelero llamado Lerma que era quien lo acompañaba en las serenatas a la dama. Nuño de Guzmán, so color de organizar una entrada en la región de Pánuco, había logrado que los oficiales le diesen seis mil pesos de oro, que «más se debe creer que será para banquetes e burlerías que hace cada día para regocijar a su amiga».[12] El mayordomo señala que redacta el informe desde su casa, donde se encuentra confinado bajo arresto domiciliario por negarse a pagar un impuesto extraordinario que han creado, para el pago del viaje de los procuradores que han de ir a España, con el objeto de solicitar que no se permita el retorno de Cortés. [La carta lleva fecha del 30 de julio de 1529, y en ella ya anticipa el acuerdo que adoptaría el cabildo el 27 de agosto, resolviendo enviar a Bernardino Vázquez de Tapia y a Antonio Carvajal con tal objeto. Por parte de la Audiencia iría Gonzalo de Salazar.][13] Los leales a Cortés andaban a salto de mata o estaban asilados en el convento de San Francisco; se ha iniciado una cacería de brujas, y a dos de ellos los han tildado de «prohibidos», ello es, de linaje de judíos o moros, o descendientes de penitenciados por la Inquisición. No han aceptado los testigos de descargo que presentan para probar la limpieza de sangre. A su vez, a Cortés lo acusan de lenitud, por haber hecho de la vista gorda frente a los «prohibidos».

En cuanto a su gestión como administrador, el informe que rinde Terrazas es escueto. No quedó nada que administrar. La Audiencia se había echado sobre sus bienes para cobrarse un adeudo por treinta y dos mil pesos de oro que, supuestamente, tenía con la Corona y, para ello, remattaron en almoneda pública los esclavos, caballos, yeguas, potros, ovejas y vacas. El resto lo están liquidando para cobrarle otra multa por un monto de doce mil pesos de oro, que le han impuesto por haber ganado esa cantidad jugando a las cartas; de manera que «no ha quedado sola una cabeza de ganado ni un real de oro que se cogía en las minas y vuestra señoría no tiene en esta Nueva España [cosa de] valor de diez pesos de oro». Lo dejaron en la calle. Según dice, sus enemigos se han desternillado de risa al enterarse de que le ha sido conferido el título de marqués; »y luego nos echaron presos a todos sus criados y amigos porque supieron que nos regocijábamos y nos levantaron que habíamos sembrado más nuevas de las que vuestra señoría escribió diciendo que venía por visorrey y otros cargos».[14] En medio de aquel desorden, una forma segura de salir adelante era hablando mal de él, y de esa manera, uniéndose al coro, fue como Montejo consiguió quedar a salvo y que le permitieran ir a Yucatán para iniciar su conquista. Luis Marín, quien llegó como procurador por Coatzacoalcos, había sido uno de los contados que plantó cara a los oidores, negándose a firmar a ciegas unos documentos incriminatorios contra Cortés que Guzmán le puso enfrente. Concluye Terrazas diciendo que, después de todo, la venida de González de Portillo no ha sido en vano, pues hasta él se acercan sigilosamente los caciques para indagar acerca de si él [Cortés] volverá. Con la noticia de su próximo retorno se retiran tranquilos, apartando la idea que ya tenían de organizar un levantamiento general contra los españoles.

La codicia y el desenfado del trío de oidores no se detenía ante nada. Para allegarse fondos, en cuanto tenían conocimiento de que alguien había ganado más de veinte pesos en el juego, procedían en su contra. [Caso de una hipocresía inmensa, pues la mayoría no hacía otra cosa que vivir entregados al juego.] Luego de referirle las vejaciones a que han sometido a Alvarado, sin que nada les valiera que venía investido con los títulos de gobernador y capitán general de Guatemala, el mayordomo previene a Cortés para que no se presente en México sin traer cargo de justicia «muy favorable», pues de otra manera en el mismo puerto lo enviarán de regreso y, con el pretexto de que el monarca no estaba debidamente enterado de sus culpas, procederían contra él «muy deshonradamente». Así las gastaba Nuño de Guzmán. Ése era el panorama que lo esperaría a su regreso. El único dato abierto al optimismo en la carta, era el de que Guzmán preparaba a toda prisa una expedición para ir a la conquista de los *teules* chichimecas (con ese nombre genérico se conocía a las tribus que habitaban el noroeste del país), y con él iría Pedro Almíndez Chirinos. La designación de un hombre de las características de Nuño para presidir la Audiencia, puede comprenderse si se observan esos tiempos; aquellos eran momentos en que en la Corte no tenían claro cuál era el juego de Cortés: por un lado, sus protestas de vasallo leal, y por otro, sus continuas desobediencias. Nuño era la cuña enviada para neutralizarlo, aunque como después se vería, resultó peor el remedio que la enfermedad.

El obispo Zumárraga

Los dos años y días que duró el gobierno de la primera Audiencia (diciembre 1528-principios enero 1531), constituyen una época de desórdenes y actos atrabiliarios, a una escala tal, que no puede más que preguntarse cómo fue posible que los indios no se rebelasen. Una posible explicación podría radicar en que el gobierno que antes tenían era todavía más despótico; de allí la pasividad de los esclavos. Un testigo de excepción para conocer lo ocurrido en esos años, es el franciscano fray Juan de Zumárraga, quien por haber llegado en el mismo barco que condujo a los oidores, desde el primer momento siguió su actuación. Y como además de obispo y luego arzobispo, venía investido del cargo de defensor de los indios, desde el comienzo de su ministerio tomó partido a favor suyo. Ni qué decir tiene, que el involucrarse de esa manera le valió el rechazo tanto por parte de la Audiencia como de los encomenderos; Zumárraga se movía en terreno minado, era obispo electo o presentado, pero viajó sin haber sido consagrado, de allí que estuviera en desventaja al ser tomado por un simple fraile. Contó, eso sí, con el apoyo incondicional de la orden franciscana a la que pertenecía; pero por otro lado, también tuvo problemas con los dominicos, quienes se inclinaban por las tesis de Las Casas. Sorprende que cuando apenas daba comienzos la evangelización, ambas órdenes estuvieran ya enfrentadas por asuntos tales como era el del bautismo de adultos. En el fondo, las disputas se originaban en un exceso de celo. Pues bien, a Zumárraga le tocó enfrentarse no sólo a la autoridad civil, sino también al estamento religioso. El choque frontal con Nuño se produjo prácticamente desde el primer momento, y según cuenta ya en la primera ocasión en que habló con él, pudo advertir que había cobrado una inquina tal contra Cortés, que venía dispuesto a acabarlo. Zumárraga tomó muy en serio su papel de defensor de los indios, y como Nuño había sido un despoblador que despachó –según las cifras que ofrece– veintiún navíos cargados a tope con esclavos destinados a Cuba, el choque resultó inevitable. Nuño llegó al extremo de confiscarle la correspondencia a los franciscanos, impidiéndoles toda comunicación con España, hasta que el propio Zumárraga, trasladándose a Veracruz, encontró a un marinero vizcaíno que se ofreció a llevarle una carta, la cual pudo pasar ocultándola en un pan de cera, que arrojó en una barrica de aceite. Se trata de la carta de 27 de agosto de 1529, dirigida a Carlos V, la cual es un extenso documento que hace las veces de un informe político, denunciando los excesos de Nuño, Matienzo y Delgadillo. Acerca de las francachelas y clima de desorden en que se vivía, describe un banquete celebrado por Nuño en su casa durante la noche, en el cual tomó en brazos a una mujer mal infamada, dando la vuelta al salón, para a continuación ser alzado él por un grupo de alegres mujeres que lo pasearon a cuestas. Y aquí viene a corroborar lo que por su parte Terrazas daba a conocer a Cortés, al señalar que había presidente y «oidoras», porque todos los que «han de negociar y quieren favor del presidente e oidores a ellas ocurren primero, porque no se les niega cosa».[15] El informe de Zumárraga contribuyó a abrir los ojos de la Corte y a que ésta decidiera el envío de una nueva Audiencia.

El adiós a Medellín

A diferencia de otros conquistadores extremeños que se construyeron palacios y casas solariegas, Cortés no dejó huella en su Medellín natal. No edificó casa, ni obsequió retablos o custodias a las iglesias y monasterios de la villa. En el testamento únicamente estableció una misa anual que debería celebrarse en sufragio del alma de su padre, quien quedó enterrado en el monasterio de San Francisco; fuera de eso, nada que perpetuase su memoria.[16] Su última visita fue sólo para recoger a su madre para llevarla con él a México. En ese momento quedó cortado el vínculo. Atrás no quedaba nada, pues vendió hasta los campos heredados de sus padres.[17] Y de allí se dirigió a Sevilla para realizar los preparativos para el viaje. El 5 de abril de 1529, en Toledo, donde se encontraba la Corte en aquellos momentos, la Emperatriz había firmado una cédula ordenando que se diesen facilidades, en ocasión de su partida a Béjar, adonde iba para recoger a su esposa, y de allí trasladarse a Sevilla para embarcar.[18] La fecha aparece como muy temprana, pues todavía permanecería un año largo en España; de igual manera, la emperatriz enviará órdenes a Cuba y Santo Domingo para que se tenga todo género de atenciones con el matrimonio. Honores todos, pero de poder nada

26

El retorno a México

Cortés embarcó en Sanlúcar emprendiendo el viaje de regreso. Su desplazamiento era el de un gran señor; viajaba con una comitiva cercana a cuatrocientas personas entre soldados, frailes, beatas que fundarían conventos, señores indios y numerosos artesanos. Salta a la vista que traía grandes proyectos. Luego de una escala de dos meses y medio en Santo Domingo, en espera infructuosa de los oidores «creyendo que cada día me alcanzarían, y como yo traía mucha costa con la mucha gente que traje, no pude detenerme, y así me vine; verdad es que primero supe como la Emperatriz mi Señora, y los del Consejo habían ya puesto fin a este remedio, y señalado todos los oidores, y por presidente al obispo [de] Santo Domingo de la Concepción, y presidente de la isla Española».[1] El 15 de julio de 1530 los dos navíos en que viajaba largaban anclas frente a Veracruz, y en cuanto puso pie a tierra lo aguardaba una sorpresa: dos cédulas. Una, ordenándole que debería abstenerse de entrar en la ciudad de México hasta que la llegada de la nueva Audiencia, y la otra, señalándole que, para evitar fricciones mientras esperaba, tendría que mantenerse al menos a diez leguas de distancia de ella. Venían redactadas en términos perentorios, que no dejaban el menor lugar a dudas.[2] En caso de desobediencia, la pena sería de diez mil castellanos de oro. Aquello debió dejarlo frío: por un lado se le apremiaba para que explorase el Mar del Sur y, por otro, se le inmovilizaba atándolo de manos. Ambas cédulas firmadas por la Emperatriz. Si se examina dónde fueron expedidas, quizás se pueda penetrar en las razones que hubo detrás; están fechadas el 22 de marzo de 1530 en Torrelaguna, patria de Cisneros y villa donde residiera dieciocho años San Isidro Labrador. Por tratarse de una localidad pequeña, situada al norte de la provincia de Madrid, y que no era asiento de la Corte, ello da pábulo a suponer que vendrían de paso, y que si se expidieron las cédulas sobre la marcha, sería porque se pensó que se trataba de un asunto grave, que requería atención inmediata. La lectura de éstas nos hace ver las razones que las motivaron:

Gonzalo de Salazar, Bernardino Vázquez de Tapia y Antonio de Carvajal, en su carácter de procuradores de la Nueva España, se habían presentado en la Corte, y como es conocida la inquina que tenían contra Cortés, en especial el primero, no es difícil conjeturar que habrían recargado las tintas al lanzar acusaciones en su contra. Entre otras cosas, pedían que no se le permitiera el retorno al país. Eso debe de haber preocupado y, por lo mismo, para evitar enfrentamientos se buscó poner distancia entre ellos. Cortés volvía con la investidura de capitán general, por lo que no debería descartarse la posibilidad de que, extralimitándose en sus funciones, les pusiera la mano encima. Se sabía de lo que era capaz, y no faltarían quienes recordasen aquella arrogante carta suya, en la que expresaba intenciones de ir a Cuba a aprehender a Velázquez. En la propia cédula se le da a conocer que ya se ha designado presidente para la nueva Audiencia. El nombramiento ha recaído en el obispo don Sebastián Ramírez de Fuenleal, quien al presente se desempeñaba como presidente de la Audiencia de Santo Domingo. Se encarece a Cortés que mantenga la reserva del caso en lo que a la designación atañe: «y en esto del nombramiento del presidente tendréis secreto, por que ansí cumple hasta que él parta».[3] Parecería que la Emperatriz le hubiese adelantado el nombre para tranquilizarlo, enterándolo de que quien vendría a gobernar sería un hombre ecuánime, y con quien había conversado extensamente durante la escala que hizo en la Española. Para el once de abril, encontrándose ya en Madrid la Corte, se despachaba una cédula a don Sebastián comunicándole su designación, al propio tiempo que se le pedía que, lo antes posible, pusiera en orden los asuntos de gobierno, de manera que, en cuanto lleguen a Santo Domingo los oidores designados, parta en su compañía sin dilación, con destino a su nuevo encargo. Para apremiarlo, la emperatriz puso al calce una nota de su puño y letra: «Avispo, por tener elegida vostra persoa para esto, por men serviço que na aja dilaçao en vosa partida: de mina mao. De Madrid a once de abril de mil quinientos años e treinta años. Yo la Reina. refrendada de Sámano».[4] Ante esa jerigonza, se advierte que el castellano de Isabel de Portugal dejaba mucho que desear. La apostilla parece mostrar que de parte de la Corona, en esos momentos, existía voluntad de cumplir; aunque por razones muy personales que se desconocen, el bueno de don Sebastián no demostró tener prisa en salir de Santo Domingo.

A su retorno a la Nueva España, Cortés se encontró con que el poder se hallaba por entero en manos de los oidores Diego Delgadillo y Juan Ortiz de Matienzo, quienes hacían y deshacían a su antojo. Ésa era la situación política. En una fecha que resulta imposible de establecer, habida cuenta de las inmensas discrepancias de las fuentes disponibles, que van de mediados de 1529 al veintidós de diciembre de ese año, Nuño habría salido de la ciudad de México para lanzarse a la conquista de nuevos territorios, «hizo mucha gente y ha ido por muchas provincias que yo tenía vistas y andadas, y algunas de ellas muy pacíficas, y halas robado y alborotado, en especial la de Mechuacán».[5] Por su parte, Delgadillo y Matienzo se negaron a reconocerle los pueblos que le habían sido asignados, lo que orilló a Cortés a trasladarse a Tlaxcala para exponer el caso al obispo fray Julián Garcés, así como al prior de los dominicos y al guardián de los franciscanos, buscando su mediación para llegar a un avenimiento. Se trasladaron los eclesiásticos a México, pero no obtuvieron resultados. Escribió al Emperador. La carta constituye un lamento desesperado, y lleva fecha del 10 de octubre de 1530, cuando todavía no se cumplen tres meses de su retorno. En ella da cuenta de que, siempre obediente al mandato de la Emperatriz, se ha abstenido de entrar en México estableciéndose en Texcoco, adonde en un principio acudían los españoles descontentos y los caciques que venían a hacerle acato y a traerle provisiones; pero la situación ha cambiado a causa del cerco que le han tendido los oidores. Presenta su situación en tintes dramáticos, llegando a decir que ya se le han muerto de hambre más de cien de los que trajo en su compañía. Y en tono angustioso, demanda que no se demore más la llegada de la Audiencia para «que no se me acabe de morir de hambre la gente que me queda».[6]

Una de las pérdidas más sensibles para Cortés, sería la de su madre, quien por aquellos días murió en Texcoco. La anciana doña Catalina Pizarro Altamirano no alcanzó a conocer la ciudad conquistada por el hijo; eso, sin duda, debió haberle pesado. En la primera carta al Emperador no la menciona, pero sí lo hará más adelante, llegando incluso al extremo de incluirla entre los muertos de inanición.[7] La afirmación de Cortés está fuera de lugar, pues hasta Texcoco se desplazaban los caciques en grandes números, para darle la bienvenida, llevándole obsequios; por tanto, las causas de la defunción de doña Catalina habría que buscarlas en males propios de su edad (si el hijo en aquellos momentos tenía cuarenta y seis años, ella necesariamente andaría muy entrada en los sesentas, edad avanzada para la época). Y también, en ese intervalo, en espera de la llegada de la Audiencia, nacería en Texcoco el primer hijo del matrimonio, al que se impuso el nombre de Luis, el cual moriría a los pocos días. Vemos que Luis, sin que se sepan las razones, era un nombre que tenía especial significación para Cortés, puesto que ya tenía otro hijo con ese nombre. Abuela y nieto fueron sepultados en la iglesia del convento de San Francisco de Texcoco.[8] Y mientras espera a esa Audiencia, que tanto se demora, para no perder tiempo se traslada a la costa del Mar del Sur, adonde tenía montado el astillero. Para consternación suya, lo encontró en ruinas. Antes de partir rumbo a España había dejado cuatro navíos semiterminados y uno recién comenzado. Estaban destinados a ir en socorro de Álvaro Cerón de Saavedra, «y en poblar alguna parte de aquellas islas, como descubrir otras».[9] Los oidores se habían asomado por allí llevándose preso al responsable y, una vez suspendida la construcción, comenzó el latrocinio. Desapareció la jarciería, y cada cual se llevó lo que quiso. Y encima, como fervientes defensores de los derechos de la clase trabajadora, más tarde exigirían al encargado el pago de tres mil «y tantos» castellanos de oro, destinados a cubrir los salarios caídos de los maestros, por todo el tiempo que estuvieron sin trabajar. Para cubrir el adeudo remataron gran parte de su hacienda. Cortés estima que entre los daños ocasionados a los navíos y los bienes malbaratados, el costo para él ha sido de trescientos mil castellanos. Pero no obstante el daño sufrido, reitera la firme voluntad de seguir adelante en las empresas de exploración y conquista, «que yo parejado estoy a seguir esta jornada hasta morir en ella». La acción lo llama, y para no permanecer de brazos cruzados, reitera el pedido para que se apresure la llegada de la Audiencia, «porque venida tengo esperanza que habrá remedio; porque aunque no conozco los oidores, al presidente tengo por persona de mucha rectitud y conciencia por el tiempo que le conversé en la isla Española».[10] Confiaba que con su llegada se diera un vuelco la situación. La carta está fechada en Texcoco el 10 de octubre de 1530, y consciente de que están ocurriendo cosas de signo contradictorio que no alcanza a comprender, antes de ponerle punto final suplica al monarca que «vuestra majestad sea servido mandarme siempre avisar de su voluntad porque yo acierte, pues este es mi principal deseo».[11] Se diría que esas dos cédulas lo tienen desconcertado.

Llegada de los oidores

Finalmente, el dos de enero de 1531, el cabildo nombra al comendador Diego Hernández Proaño para que salga a recibir a Cortés, que entrará en la ciudad. El cuatro se designa una comisión para dar la bienvenida a los oidores Juan Salmerón, Alonso Maldonado, Francisco Ceynos y Vasco de Quiroga. Para dar realce al acto, se ordena que salgan montados todos aquellos que tengan caballo. Multa de cinco pesos de oro para quienes no participen. Iban transcurridos casi seis meses desde que desembarcó en Veracruz.

Cortés se presentó ante la Audiencia. Presidía el licenciado Juan Salmerón, quien lo recibió junto con los restantes oidores, aunque don Sebastián Ramírez de Fuenleal seguía sin darse prisa, y no llegaría sino hasta septiembre de ese año. El encuentro debió transcurrir en un ambiente distendido, pues los nuevos oidores tuvieron hacia él un trato deferente. Cesaba la actitud hostil. En eso salía beneficiado. El viernes trece de enero, otorgaría poderes a quienes fungirían como sus procuradores. En éstos se asienta que eran extendidos en la casa en que residía la Audiencia, o sea, en la construida por él y que había sido su residencia. Por real cédula, antes de partir de España la Emperatriz le había notificado que, por tratarse de la mejor que existía en la ciudad, le sería enajenada para servir de sede del gobierno. Se le compensaría una vez hecho el avalúo.[12] Una compra forzosa. Recibirá nueve mil pesos, cantidad que consideró como una parte del pago. Nunca se le cubrió la diferencia, pues no consiguieron ponerse de acuerdo en la valuación; aunque no se conservan los planos, el oidor Zorita, quien durante diez años laboró en ella por tener allí su despacho, ha dejado una puntual descripción. Se alzaba sobre los terrenos ocupados hoy día por el Palacio Nacional, y en cuanto a dimensiones, allí tenían cabida todas las dependencias del gobierno virreinal, incluyendo la residencia del propio virrey. Contaba con cuatro grandes patios, y en ella se encontraba además la casa de fundición, armería y la cárcel. No deja de causar asombro que una casa fortaleza de esas proporciones se haya podido construir en cosa de dos años.[13] No parece tan desencaminado Bernal cuando la compara con el Laberinto de Creta.

Pocos días debió permanecer en la ciudad, pues para el diecisiete, Francisco de Esquivel, uno de sus procuradores, comparecía en representación suya ante la Audiencia, solicitando que le fuesen restituidas unas tierras y huertas compradas a los indios de Tacuba, mismas que le habían sido confiscadas. La brevedad de su estancia viene a poner de manifiesto que, en otros lados, tenía asuntos pendientes que reclamaban la atención. En los días sucesivos, se le localizará en Cuernavaca. Es de rigor señalar que Bernal conserva unos recuerdos muy falseados acerca de su retorno: «Y llegado a México, se le hizo otro recibimiento, mas no tanto como solía, Y en lo que entendió, fue presentar sus provisiones de marqués y hacerse pregonar por capitán general de la Nueva España y de la Mar del Sur y demandar al virrey y Audiencia Real que le contasen los vasallos».[14] La primera observación consistiría en dejar bien sentado que aún habrían de transcurrir cuatro años para la llegada del virrey Mendoza. El relato de Gómara es todavía más confuso. Comienza por decir que los indios estaban a punto de rebelarse, ante lo cual el obispo se alarmó, «y entonces, con acuerdo y parecer de los oidores y de los demás vecinos que en la ciudad estaban, viendo que no tenían mejor remedio ni más segura defensa que la persona, nombre, valor y autoridad de Cortés, le envió a llamar y rogar que entrase en México. El fue enseguida, muy acompañado de gente de guerra, y de veras parecía capitán general. Salieron todos a recibirle, pues entraba también la marquesa, y fue aquél un día de mucha alegría. Trataron la Audiencia y él cómo remediarían tanto mal. Tomó Cortés las riendas, prendió a muchos indios, quemó algunos, aperreó otros, y castigó a tantos, que en muy breve tiempo allanó toda la tierra y aseguró los caminos; cosa que merecía galardón romano».[15] ¿De dónde sacaría todo eso? Desde luego, quien le dio esos informes no sería persona calificada, pues Cortés se mantenía alejado de México, y el levantamiento indígena de la Nueva Galicia ocurrirá nueve años más tarde, en época del virrey Antonio de Mendoza. Para entonces, se encontrará en España.

Cuernavaca

Cuernavaca fue el lugar elegido por Cortés para fijar su residencia. El traslado a ésa ocurrió en los últimos meses de 1530 (la primera referencia que lo ubica en el área, es una carta a García de Llerena en la que le dice: «pasaré seis o siete días cazando».[16] Es posible que por aquellos días diese comienzo la edificación de la casa palaciega, que hoy se alza en el centro de la ciudad. Los detalles de su construcción se ignoran; ni fecha de inicio de los trabajos, ni cuándo quedó concluida. Visto que su mayordomo Terrazas, en la relación que le envió, no la incluye entre los bienes confiscados por Nuño y asociados, y por otros indicios disponibles, se sabe que inició la construcción a su regreso de España. Se desconoce el nombre del arquitecto [alarife, en aquellos días] que la proyectó, pero como al punto nos hace recordar al alcázar de Diego Colón en Santo Domingo, no sería de excluirse que haya hecho venir a alguno de los que trabajaron en esa obra. A pesar de sus grandes proporciones, es probable que se haya concluido en un tiempo récord, pues disponía de abundante mano de obra, que además no le costaba. Una de las acusaciones en su contra fue, precisamente, que tenía empleados a los indios en levantarle esa casa. La referencia se encuentra en una carta fechada el 24 de enero de 1533, en la que se lee «que ansímesmo le hacen una casa en el dicho pueblo de Guanaváquez (Cuernavaca) e para no les pagar nada della, e que es de cal y piedra e madera e a costa de los dichos indios».[17] A pesar de tratarse de un proyecto de tal magnitud, ésa es una de las contadas menciones acerca de su edificación. Y será allí, tras los muros de esa casa palaciega, donde transcurrirán los años que tuvo de vida en familia, que vendrán a concluir en diciembre de 1539 –enero de 1549, cuando parta rumbo España. En total, un periodo que vendría a ser de cuatro a cinco años, una vez deducidas sus prolongadas ausencias (viaje a California, tiempo pasado en la costa supervisando la construcción de navíos, etc.). Como se trata de una época en que la documentación es tan escasa, la prueba de que esa casa era el hogar familiar, la dan los nacimientos de los cuatro hijos, que allí vinieron al mundo. Ésa fue la residencia a la cual siempre se reintegraba después de sus andanzas. ¿Cómo discurriría la vida diaria dentro de los muros de esa casona? Ni idea. La ausencia de documentación de carácter íntimo impide conocer el tipo de relación que pudo haber existido en el orden afectivo. No se conserva una sola de las cartas que Cortés pudo haber dirigido a su esposa, hijas o a algún amigo. Sólo han llegado a nuestros días dos de las dirigidas a su padre, en las cuales, lo único que asoma es una total falta de emotividad. Unos escritos que van al punto y nada más.[18] Respecto a la esposa, no hay una sola línea dedicada a ella por alguien que la hubiese conocido; de tal manera, no se sabe si era bonita, graciosa, alta o bajita, o qué tal ejercía como anfitriona. Gómara dice que era hermosa mujer, aunque su testimonio debe recibirse con las reservas del caso, pues si en efecto llegó a conocerla, sería cuando ya ella se encontraría entrada en años.[19] Si esta señora realizó en Cuernavaca alguna actividad social, tal como la fundación de algún colegio para niñas, un hospital, o siquiera un adoratorio, eso es cosa que se ignora por completo, lo cual lleva a suponer que pasaría la mayor parte del tiempo rodeada de su grupo de damas de compañía y sirvientas españolas, contemplando desde los balcones la silueta de los volcanes Iztaccíhuatl y Popocatépetl. No hubo cronista que recogiera algún apunte sobre la vida familiar de Cortés, ya que Bernal, quien tan cercano a él se mantuvo en otra época, acerca de este punto es muy poco lo que sabe, y además, habla de oídas. Un hecho que sirve para mostrar el desconocimiento tan grande acerca de su vida familiar, consiste en que ninguno de los cronistas menciona que a su vuelta de España trajo consigo a su madre. Su venida y posterior muerte en Texcoco, hubieran pasado completamente inadvertidas de no ser porque el propio Cortés y su representante el licenciado Núñez la consignan en sus papeles. Otra muestra es que, fuera de él, ninguno registra las muertes de los dos primeros hijos (Luis y Catalina) habidos con la marquesa. En lo que a su matrimonio se refiere, lo primero que se observa, es que él y doña Juana debieron formar una pareja muy desigual, tanto por gustos e inclinaciones, como por el abismo que significaba la diferencia de edades. Debería llevarle veinte o más años, según se verá en la última carta que dirija al Emperador, en la que alude a la juventud de su esposa en momentos en que él era ya un viejo. Ella le sobrevivió muchos años, y es así como, el dos de junio de 1573, cuando estaban por cumplirse veintiséis años de su muerte, doña Juana seguía viva, según testimonio del notario sevillano Diego de la Barrera Farfán: «doy fe que hoy en este día de la fecha desta carta, vi viva a la muy ilustre señora doña Juana de Zúñiga, mujer del muy ilustre señor don Fernando Cortés, Marqués del Valle, que está en gloria».[20] Un certificado de supervivencia, otorgado a petición de parte, que le sería necesario para pleitear en el juicio sucesorio que se verá más adelante. Fueron cerca de diecinueve años los que pasó en Cuernavaca. Cuando regresó a España, la casa quedó vacía. Se fue inédita. Cuernavaca no conserva memoria de ella. En cuanto a su figura, lo único que puede decirse es que en Sevilla, en la llamada *Casa de Pilatos,* residencia de los duques de Medinaceli, existen dos estatuas orantes de ella y de su hija Juana. Pero carentes de valor documental, pues ambas se encuentran arrodilladas, cubiertas por mantos que dejan al descubierto únicamente cara y manos. Doña Juana aparece representada como mujer joven, siendo que la estatua fue realizada en 1575, cuando ya sería casi anciana. Se trata, desde luego, de una obra idealizada, de esas en que el autor no llegó a conocer a quién representaba.

Cortés se muestra ahora en una faceta diferente: ha dejado de lado la espada y se encuentra convertido en un negociante en escala mayor que, más que a un conquistador, se asemeja a un mercader florentino del Renacimento. Su situación es la de un hombre que ha tenido un bache en sus negocios y se dispone a ponerlos en orden. Bienes poseía muchos, pero estaban intervenidos; en la ciudad de México, además de las «casas nuevas» (distintas a la que albergaba la sede del gobierno), era dueño de los locales ocupados por las tiendas de lo que venía a ser la arteria comercial de la ciudad (era el propietario de los inmuebles, no de los negocios). Ello lo convertía en el casero de los comerciantes de la ciudad. Eso en cuanto a casateniente; pero son varias las otras vertientes en las que ahora se empeña a fondo. Por un lado, la agricultura; desde un primer momento mostró preocupación por la introducción de nuevos cultivos. En la *Cuarta Relación* (15 de octubre de 1524) ya pedía a Carlos V que impartiese instrucciones a la Casa de Contratación para que «cada navío traiga cierta cantidad de plantas, y que no pueda salir sin ellas, porque será mucha causa para la población y perpetuación de ella».[21] Antes de viajar a España, en las tierras en litigio, en los alrededores de la capital, comenzó a plantar trigo en gran escala. El cultivo prosperó, como lo muestra el hecho de que pronto trabajara la ley de la oferta y la demanda, y ante la abundancia del trigo se produjera una baja en el precio del pan. Por otra parte, viene a ser el introductor del cultivo de la caña de azúcar; de ello dan fe el número de plantaciones y trapiches que poseía en las zonas calientes, inmediatas a Cuernavaca. Asimismo, construyó un ingenio en las inmediaciones del sitio adonde trasladó la Villa Rica en 1528, mismo que hoy día se conoce como La Antigua, al haberse desplazado Veracruz a su actual asentamiento, que corresponde al de la fundación original. La construcción de un beneficio de caña de azúcar en ese lugar, claramente apunta a que lo hizo con la mente puesta en el mercado de exportación.[22] A su retorno de España, trajo consigo a una mujer que se encargaría de enseñar el proceso de beneficio de la seda. Fue tan alto el número de moreras que plantó, que igualmente puede pensarse que lo hizo con la mira puesta en el mercado español. También trajo un gran número de sarmientos, para la rápida propagación de la vid, proveyendo así el abasto local de vino. Por otra parte, en las instrucciones a su primo Alvaro Cerón de Saavedra, le daba mucha importancia a la introducción de simientes de especias. En cuanto a la ganadería, la idea de desarrollarla a gran escala estuvo presente desde un primer momento; cuando todavía no consumaba la Conquista ya hablaba al monarca de las regiones que le parecían más apropiadas por sus praderas naturales; además, atrás tenía la experiencia de Cuba. En carta escrita a su padre en 1526, le pedía «que se me busquen dos docenas de carneros de lana merina muy fina de la mejor casta que se pudiere haber, y que los tenga en Sevilla en casa para que se hagan caseros y mansos y los avecen [acostumbren] a comer cebada e paja e pan. Y se me envíen en el primer navío que acá venga [...] quel mismo navío tome de la Gomera algunas cabras, como ya otras veces a vuestra merced he suplicado me mande enviar, las cuales asimismo han de ser caseras y que sepan comer bastimentos para la mar porque no se mueran».[23] Aparece aquí como el primer introductor de ganado menor. En la *Cuarta relación,* se quejaba al monarca de que los oficiales residentes en La Española habían prohibido la exportación de yeguas con destino a la Nueva España.

La minería será otra de sus vertientes. Explotará las minas de oro, plata y cobre de los territorios que le correspondían, y en otros casos, cuando éstas se localicen en tierras ajenas, comprará los derechos a sus propietarios. Algo que conviene subrayar es que en ese periodo se abstuvo en absoluto de toda actividad de índole política. Evitó crearle problemas a la Audiencia. La atención la tuvo centrada por completo en sus asuntos. En teoría era inmensamente rico, pero carecía de liquidez. Si sus ingresos eran muy grandes, en igual medida lo eran sus gastos. El Emperador le entregó una cédula ordenando a la Audiencia que le fuesen reembolsados los cuarenta mil pesos de oro gastados en la expedición de Álvaro Cerón de Saavedra, pero hasta ese momento, no había visto un peso (ni lo vería nunca); la Emperatriz dispuso que se le reintegrasen los gastos ocasionados por la expedición de Olid, enviada por órdenes de la Corona en busca del estrecho que, supuestamente, uniría ambos océanos, deuda que tampoco sería pagada. Una orden que sí fue acatada fue la de devolverle los locales de las tiendas intervenidas, que serían unas treinta y cinco, aunque en la cédula de la Emperatriz se menciona «que pueden ser cincuenta e dos casas, las cuales le rentan en cada un año tres mil castellanos, e que vosotros, so color de le tomar una de las dichas casas para esa audiencia, dizque le tomastes las dichas tiendas, no teniendo otra renta tan cierta como la de las dichas tiendas».[24]

Las relaciones con los nuevos oidores fueron buenas en un principio; después de Nuño y asociados, todo lo que viniera sería para mejorar. Además, los nuevos jueces venían imbuidos de un espíritu justiciero. Don Sebastián Ramírez de Fuenleal todavía no llegaba, pero en cuanto asumió el cargo (septiembre de 1531), demostró estar a la altura de la tarea que se le había confiado. [De esa segunda Audiencia uno de sus miembros dejaría memoria imperecedera: Don Vasco de Quiroga, futuro obispo de Michoacán. Un humanista de altos vuelos: *Tata Vasco,* como lo llamarían cariñosamente los indios.] A pesar del buen comienzo, las relaciones no tardaron en deteriorarse. Muchas de las peticiones de Cortés eran exageradas, por lo que la Audiencia procedía con pies de plomo. Parecería que la línea oficial era darle una de cal por otra de arena. Se impacientaba, y ya, en época tan temprana, como el siete de junio de ese mismo año de 1531, escribía al Consejo de Indias quejándose de que sus peticiones no eran atendidas. En cierta forma, no le faltaba razón, pero ocurría que la Audiencia se veía obligada a frenarlo frente a pretensiones que afectaban derechos de terceros. Los puntos de conflicto eran muchos: uno de los primeros, fue el conteo de los veintitrés mil vasallos. Cortés se quejaba de que en el cómputo le incluían mujeres, niños y esclavos, o sea, gente que no tributaba. Por vasallos entendía cabezas de familia; a su vez, en un primer informe, la Audiencia señalaba al monarca las dificultades tan grandes con que tropezaba para ese conteo. Hasta el momento (1531), no habían conseguido establecer un censo de pobladores del área de Cuernavaca, debido a que la inmensa mayoría era tan pobre que nada poseían y se desplazaban continuamente, ya que sus únicas posesiones eran su familia y lo que podían llevar a cuestas, por lo cual, los oidores ofrecían ocuparse, en cuanto tuvieran oportunidad, de establecer en qué se fundaba la opresión a que se encontraban sometidos por parte de los señores, «y cuando más desocupados estemos, hemos de entender en alcanzar lo que fuere más posible; esta tiranía entre ellos cómo se sufre y dónde nació, y el título que tienen los principales y señores, a ser tan señores de los maceguales y menores».[25] A diez años de distancia de la Conquista, la esclavitud del indio sobre el indio continuaba siendo práctica corriente.

En el curso de ese año de 1531, se recibieron dos cédulas firmadas por la Emperatriz: una de ellas, dirigida a Cortés, viene a ser repetición de otra anterior, relacionada con exploraciones y conquistas en el Mar de Sur. Es confirmado en los cargos de gobernador y alguacil mayor a perpetuidad de las tierras que descubra y conquiste; y, en cuanto a la petición de que la doceava parte de lo descubierto pase a perpetuidad a sus herederos, la Corona no se pronuncia. Ya se estudiará en su momento. Se aprovecha la oportunidad para recordarle que todos los gastos correrán por cuenta suya. La otra cédula está dirigida a la Audiencia, y versa sobre dos temas distintos: por un lado, se ordena notificarle a Cortés que en ese año deberá comenzar a construir la flota, de forma que «dentro de dos años, después de la dicha notificación esté la dicha armada a punto para se poder hacer a la vela, con apercibimiento, que pasado el dicho término, el dicho asiento y capitulación sea en sí ninguna, y nos lo podamos tomar con otras personas que fuéramos servidos y enviarnos heis el testimonio de la notificación».[26] Clarísimo. Si en dos años no zarpa la flota, capitularán con otro. Por otra parte, se reitera la cédula por la cual se condonaba la multa impuesta por la primera Audiencia a Cortés, Alvarado y otras personas, por haber jugado a «naipes, dados y otros juegos prohibidos, así en tiempo de la conquista de la dicha tierra, como después de su pacificación y población».[27]

Transcurre otro año y llega 1532. Por el contenido de una cédula firmada por la Emperatriz el 20 de marzo, se advierten los roces de Cortés con la Audiencia. Se le acusa de no permitir que nadie toque los montes de Cuernavaca, de los cuales no se puede sacar madera sin su autorización. Y también se presentan problemas por el agua y los pastos. Se ordena ver con cuidado el asunto y resolver lo que mejor convenga a la buena gobernación. En otro orden de cosas, Cortés recibe un palo. Se le retira el derecho a percibir el diezmo, haciéndose caso omiso de tratarse de un privilegio que le había concedido el pontífice. La Corona no podía permitirlo porque iba contra el tratado negociado por los Reyes Católicos (el *Jus patronatus*), que se encontraba vigente, por el cual, ésta tenía el derecho de nombrar a los prelados y cobrar los diezmos correspondientes para el sustento de la Iglesia. Permitir ese estado de cosas equivalía a tolerar que Cortés en sus territorios se equiparara con el monarca. Por tanto, se ordenó a la Audiencia que le retiraran la bula papal y la remitiesen a España. Y en cuanto al tema recurrente del conteo de los veintitrés mil vasallos, la gobernadora encargada del reino no se pronuncia. Manifiesta que lo ha turnado a Flandes para la atención del Emperador.

La Audiencia escribe denunciando a Cortés: ha empleado indios como cargadores para el transporte a Acapulco y Tehuantepec, de la jarciería y el aparejo para las naves que construía en esos puertos. Ya había procedido a ordenar a los alguaciles que, conforme a las ordenanzas para el buen trato a los indios, se impidiera que realizaran esas labores. Se intentó quitarlos de esa tarea, pero Cortés se los arrebató a los alguaciles, escribiendo a la Audiencia que procedería a enviarlos de nuevo. Se le acusa de desacato, además de impedir el ingreso en sus tierras al visitador, y también se dice que, por tener la bula, se niega a pagar el diezmo (la carta se cruzó en el camino con aquella de la Emperatriz ordenando que ésa le fuera retirada). Casi al mismo tiempo, Cortés escribe al Emperador (la carta de la Audiencia es del 19 de abril y, la suya del 20); a pesar de su brevedad, esta última contiene una serie de cosas, a cual más importante. Se encuentra fechada en México, razón que induce a suponer que fue escrita luego de haber sostenido un agrio alegato con los oidores, en el cual no se habría llegado a acuerdo alguno. Ello explica que cada una de las partes se dirija por separado a la autoridad superior. Luego de recordar que ha actuado como un vasallo respetuoso, cumpliendo al pie de la letra lo ordenado por la Emperatriz en lo referente a abstenerse de entrar en la ciudad hasta que no llegase la Audiencia, da a conocer lo poco que es tomado en cuenta para el desempeño de las funciones del cargo de capitán general; de común acuerdo con los oidores, ordenó que se hiciese una revista para así saber con cuánta gente se contaba, dándose el caso de que muchos no acudieron. Quiso castigar a los remisos, pero los oidores no lo permitieron, por parecerles que con eso ellos se verían disminuidos. El asunto es grave, pues él, en su capacidad de capitán general, es el máximo responsable de la seguridad del Reino. La situación se presenta preocupante. El orden se ha alterado. En dos o tres lugares han matado españoles. Parecería que los indios salen del estupor de la derrota y comienzan a reaccionar. Para afrontar la nueva situación se ha juntado con los oidores, pero no se llegó a nada concreto, pues «tenemos los pareceres muy diferentes».[28] A escasos ocho meses de haber hecho su entrada a México, las relaciones de Ramírez de Fuenleal con Cortés se habían tornado en francamente malas, como lo evidencia la carta que en julio de 1532, el primero dirigió al Emperador recomendando su expulsión: «debe V.M. mandar que de cuatro hasta seis personas salgan desta Nueva España, entretanto que se da la orden en ella, por ser de suyo alteradas y escandalosas; y si al Marqués [Cortés] mandase V.M. llamar para aquel tiempo, creo que será provechoso y aún necesario».[29] Surge otra área de conflicto. Visto que andaba mucha gente ociosa, Cortés resolvió enviarla a una nueva conquista, al mando de don Luis de Castilla, un personaje de alcurnia que trajo consigo de España. Don Luis, que iría descuidado, fue sorprendido por Nuño de Guzmán, quien lo retuvo prisionero unos días, soltándolo más tarde. Cortés quiere ir a castigarlo. Presentó el caso a la Audiencia, mas los oidores son de otra opinión: «hales parecido por algunas causas que le deben dejar». La Audiencia no se atreve a meterse con Guzmán, quien continuará actuando de manera independiente y sin rendir cuentas, situación que se mantendrá a lo largo de los casi cinco años que ésta permanecerá en funciones. Cortés, exasperado, toma una decisión drástica. Renuncia al cargo de capitán general: «lo que yo de mi parte suplico es que Vuestra Majestad sea servido, pues tan poco concepto se tiene que sabré servir en este oficio, me haga merced de encomendarlo a quien mejor lo sepa».[30] Una renuncia en toda forma, pero que ni siquiera merecerá una respuesta. No volverá a tocar el punto.

El desaliento campea en su carta. Capituló con la Emperatriz para realizar exploraciones en el Mar del Sur, pero los oidores procuran entorpecerlo todo lo que pueden. Respecto a los porteadores indígenas, aduce que si no es a hombres de *tamemes*, resulta imposible transportar la impedimenta, por no existir camino por el que puedan transitar carretas para el acceso a Acapulco y a Tehuantepec. Además, los cargadores se contrataron libremente y se les pagó un salario justo; por lo mismo, pide que se ponga remedio a ese estado de cosas o, de lo contrario, se le libere de la obligación de proseguir con sus exploraciones. El abatimiento se ha apoderado de él, a un grado tal, que incluso abriga serias dudas acerca de cuáles son las verdaderas intenciones de la Corte, «el ver los impedimentos y estorbos que en todo se me ponen, me hace entibiar y creer que yo me engañé, y que Vuestra Majestad no ha tenido tanta voluntad de esto cuanta yo pensé. Suplico a Vuestra Majestad me envíe a mandar aquello de que más sea servido, porque no yerre contra su servicio».[31] Al final de la carta aparece una noticia importante: Álvaro de Saavedra Cerón llegó a Tidore, y el auxilio que llevaba resultó muy oportuno. Pero ahora se plantea la cuestión del envío de refuerzos a los que quedan allá, que sería «inhumanidad no socorrerlos, habiendo tan bien servido, y están en tanto peligro, así de los naturales, como de las armadas del rey de Portugal».[32] Aquí Cortés sorprende, pues una noticia de tamaña magnitud, la maneja en tan pocas líneas como si se tratara de una nota de páginas interiores, máxime tratándose del gasto extraordinario que significó para la Corona el envío de las flotas de Magallanes y Loaisa. Y algo todavía más extraño: ni una palabra acerca de la suerte corrida por este último, que sin lugar a dudas, sería lo primero que le comunicarían quienes le trajeron la noticia. Buscando posibles explicaciones, se puede pensar en el viraje político que se ha producido: los derechos sobre las Molucas pertenecen ahora a Portugal, y Carlos V, quien por lo visto no quiere problemas con su cuñado, se ha desentendido del asunto. Esa alusión a que sería inhumanidad no socorrerlos, podría antojarse como un recurso suyo, para so pretexto de ir en su ayuda, incursionar en un área que tiene vetada. Pero el silencio en torno a Loaisa resulta inexplicable. El Emperador no se toma la molestia de responderle, y él no vuelve a insistir. Los supervivientes quedarán abandonados a su suerte. Cortés ha omitido señalar el conducto por el que se enteró de la llegada de Saavedra Cerón a Tidore. Lo notable del caso es que lo supo dos años antes de que Vicente de Nápoles llegara a España en 1534. Éste, que volvió en un navío portugués, llevó consigo el diario de navegación de la *Florida*, de cuya tripulación hacía parte. Y es así como se conocieron los pormenores de ese viaje. Dos años más tarde regresaría Andrés de Urdaneta, uno de los supervivientes de la expedición de Loaisa quien aportó mayores detalles sobre las desventuras padecidas. Como se recordará, Saavedra Cerón se hizo a la vela en Zihuatanejo el 31 de octubre de 1527, víspera de Todos los Santos, y la noche del 22 de diciembre los navíos perdieron contacto entre sí durante una tormenta. Nunca volvió a saberse de la *Santiago* y del bergantín *Espíritu Santo*. La *Florida* acertó a llegar a Tidore, aparentemente sin mayores tropiezos, y su arribo constituyó un refuerzo oportuno como escribiría Hernando de la Torre, el hombre que se encontraba al frente de los supervivientes de Loaisa. Cumplida su misión, Cerón de Saavedra, luego de hacer las reparaciones necesarias, emprendió el viaje de retorno.

Traía las bodegas repletas con un cargamento de sesenta quintales de clavo que le dio de la Torre. En el trayecto descubrió Nueva Guinea, bordeó parte del litoral norte y subió hasta alcanzar las islas Marshall; allí, en un punto situado entre Kwajalein y Bikini se dio la vuelta al no encontrar vientos favorables. Llegó a las Marianas y de nuevo cruzó a lo largo de Mindanao para regresar a Tidore. Reparó la nave, y al año siguiente repitió el intento. Subió hasta un punto cercano a la isla de Midway y allí le sorprendió la muerte. Tuvo el océano por tumba. La tripulación decidió seguir adelante y al mes murió el nuevo capitán. Se encalmaron cuando ya se encontraban al norte de Hawaii, y en cuanto la situación lo permitió, emprendieron el viaje de retorno a Tidore. La clave del conocimiento anticipado que Cortés tuvo del arribo de Saavedra Cerón a Tidore, nos la ofrece Bernal, cuando refiriéndose a esa expedición, escribe: «yo ví de allí a tres años en México a un marinero de los que habían ido con Sayavedra, y contaba cosas de aquellas islas y ciudades donde fueron que yo estaba admirado».[33] Aquí se desvelaría el misterio. Un grupo se separó y regresó a México. Ese retorno no aparece mencionado en el diario de navegación, por lo que no puede descartarse que se tratase de algunos de los marineros que se dispersaron por las islas. Lo probable es que hayan realizado la travesía a bordo de un patache o de otro tipo de nave pequeña. Resulta inusual que Bernal, quien acostumbra a ser tan reiterativo, en cambio, a este asunto apenas le dedica cuatro líneas; los nautas de la *Florida* completamente relegados al olvido. Lo sorprendente del caso es que haya que leer la letra menuda de la Historia para enterarnos. Se trata, ni más ni menos, que del primer cruce del Pacífico en sentido inverso al seguido por Magallanes.

A través de los informes proporcionados por Vicente de Nápoles y Andrés de Urdaneta se tuvo conocimiento de las penalidades sufridas por los expedicionarios que participaron en ambos viajes. De las siete naves de Loaisa, sólo la *Santa María de la Victoria* consiguió llegar a Tidore. Durante el trayecto, Loaisa enfermó y murió en mitad del océano el 30 de julio de 1526; el mando recayó en el segundo comandante, Juan Sebastián Elcano, quien ya se hallaba muy enfermo. Permaneció en el cargo tan sólo tres días, ya que moriría el cuatro de agosto.[34] Elcano, igualmente, tuvo como tumba el fondo del océano. Una página desconcertante sobre la forma en que Cortés ha procedido en este caso; francamente no se le encuentra explicación. En la cédula en que se ordenó a Cortés ir en socorro de Loaisa se le hacía mención de los cincuenta y siete tripulantes de la expedición de Magallanes que quedaron atrás; de éstos, sólo tres volvieron a España. Cuarenta y seis murieron u optaron por quedarse en distintos puntos, mientras que los ocho restantes fueron apresados por un jefezuelo local quien los vendió, terminando sus días como esclavos en China.[35] Así se cierra la página de la primera vuelta al mundo.

Queda un cabo suelto. Un lector atento habrá advertido que, en el pliego de instrucciones, Cortés decía a Álvaro de Saavedra Cerón que llevaba consigo un indio natural de Calicut; la pregunta obligada es, ¿qué hacía en México un hindú en época tan temprana como 1527?, ¿cómo llegó? Las posibilidades serían dos: que se tratase de un tripulante del patache *Santiago*, o que hubiese llegado en alguna nave, cuyo arribo no quedó registrado. Y antes de pasar adelante, es preciso detenerse sobre esa especie de legión extranjera que acompañó a Cortés en la Conquista. El grupo más numeroso lo constituían los portugueses, que vendrían a ser no menos de veinte; a continuación, seguían los oriundos de diversas regiones de Italia, a quienes se identifica por sus lugares de origen: napolitanos, sicilianos, genoveses y un veneciano. Vienen luego los griegos, identificándose al menos a tres de ellos, siendo el más significado Antón de Rodas; pero, ¿qué hacían en México individuos procedentes del rincón más apartado del Mediterráneo? La explicación más obvia es que se trataría de marineros. Su patria era el mar; en los puertos iban cambiando de barco y, muchas veces, ya no volvían a su lugar de origen. Sin duda, la mayoría de los extranjeros formaba parte de la marinería que Cortés bajó a tierra. La situación no ha variado mucho hoy día, en que en los barcos liberianos, malteses, panameños, o de cualquiera otra bandera de conveniencia, los tripulantes proceden de todos los rincones del planeta.

Viaje de Hurtado de Mendoza

Con las Molucas fuera de su alcance, Cortés se lanza a explorar el Mar del Sur. Para finales de junio de 1532, ya tiene a punto dos nuevos navíos. Al mando irá Diego Hurtado de Mendoza, ese primo suyo a quien antes se vio partir al mando de dos bergantines, rumbo a bahía de la Ascensión en busca de ese hipotético estrecho que habría de comunicar ambos océanos. El propósito de ese viaje es muy claro, y es conocido a través de la lectura del pliego de instrucciones. Aunque antes dijo que le parecía una inhumanidad no ir en socorro de Saavedra Cerón y sus expedicionarios, pronto se olvida de ellos. La nueva expedición tiene otro destino. En el pliego, comienza por decir a su primo que deberá trasladarse al puerto de Acapulco, adonde se encuentran los dos navíos que habrá de llevar: el *San Marcos* y el *San Miguel*, los cuales hará examinar por pilotos y gente de mar para ver si están en estado de realizar el viaje (ello parece indicar que él no se encontraría presente). Formula una recomendación en el sentido de poner especial cuidado en la artillería y munición que subirá a bordo, lo cual ya está indicando que se dirigen a unas aguas donde existiría el riesgo de ser atacados por otros navíos. La instrucción más significativa consiste en que debería internarse en el mar «ocho o diez leguas al sur, y en aquel paraje seguiréis la costa desta tierra la vía del nordeste como la dicha costa se corriere, de manera que no la perdáis de vista, y llevaréis mucho cuidado, e así lo amonestaréis a los pilotos e a las otras gentes, de mirar hacia la mar por si alguna tierra viéredes, e si alguna se viere, marcarla heis por el aguja, e pornéis la proa en ella hasta la ver e descubrir». Una navegación estrictamente costera, lo cual se corrobora cuando le indica que si encuentra gente, les haga saber que procede de una tierra muy cercana. Lo previene también de no dejarse sorprender en el caso de topar con navíos más poderosos, en cuyo caso deberá retroceder rápidamente para buscar refugio. Y en otra parte le encarece tener mucho cuidado durante la noche, «porque soy informado que hay bajos en toda aquella costa muy dentro de la mar».[36] Cambio de planes, la exploración va encaminada a encontrar tierras pobladas en las proximidades; y lo que resulta verdaderamente desconcertante, es eso de prevenirlo acerca de los bajos que encontrará adentrándose en el océano. Nada más apartado de la realidad, por lo que salta al momento la pregunta: ¿y qué hay del viaje del patache Santiago? Arízaga le informó detenidamente haciéndole entrega del diario de navegación, mismo que, como antes vimos, Cortés remitió puntualmente a la Corte. La bitácora del *Santiago* no menciona la existencia de esos supuestos bajos.[37]

Volviendo a Hurtado de Mendoza, según la versión de Gómara, lo único que se puede poner en limpio es que éste se hizo a la mar a bordo de su capitana que era la *San Marcos,* y en la *San Miguel* posiblemente iría como capitán Juan de Mazuela, quien figuraba como segundo personaje de la expedición. Zarparon de Acapulco el jueves de Corpus de 1532 (30 de junio), y al llegar al «puerto de Jalisco» (San Blas, Nayarit), fueron impedidos de tomar víveres y agua por gente que Nuño tenía apostada a propósito, para evitar que nadie incursionase en su jurisdicción. Por tanto, continuaron costeando hasta que se produjo un motín; Hurtado entregó un navío a los amotinados y prosiguió su navegación. Los amotinados emprendieron el retorno, y al llegar a Bahía de Banderas para aprovisionarse de agua, fueron atacados por los indios, que mataron a la mayor parte, salvándose sólo dos, quienes trajeron la noticia.[38] La versión de Bernal va más o menos por el mismo camino, sólo que en ésta los supervivientes afirmaron que Hurtado les habría dado la nave de buen grado, cosa que el cronista pone en duda, «y Diego Hurtado corrió siempre la costa, y nunca se oyó decir más de él, ni del navío, ni jamás pareció».[39] Según Cortés, en carta fechada en Tehuantepec el 25 de enero de 1533, al informar al Emperador sobre este suceso, desecha la versión del motín, acompañando la carta que Hurtado le dirigió, explicándole que «por falta de bastimentos hubo de hacer volver el navío».[40] No habría ocurrido motín. En su carta Cortés decía: «aunque del otro navío tengo buena esperanza, pues pasó adelante en él el capitán con mediano bastimento y gente necesaria para descubrir, de que aguardo nueva de él muy en breve».[41] El final desgraciado de esa expedición se conocerá cuando los capitanes de Nuño de Guzmán incursionen por el área de Culiacán; será uno de los expedicionarios quien escribirá lo que hoy se conoce como la *Segunda Relación Anónima*. Este desconocido autor cuenta que cuando llegaron al río Tamachola (el Tamazula), encontraron indios que traían collares de los que colgaban clavos, y puestos a indagar dieron con dos espadas y algunos cuchillos de hierro. Posteriormente, interrogando a una mujer que se encontraba en posesión de un pedazo de capa de paño, conocieron lo ocurrido: «En este río mataron a un capitán que se decía Hurtado, que el marqués del Valle envió desde México a que descubriese aquella costa para cuando él fuese con el armada que después hizo. Matáronle desta manera, que él llegó a la boca del río e traía necesidad de bastimento, y salió del bergantín con la gente que llevaba en él, que sería hasta quince o veinte hombres, e siguió el río arriba porque halló señales de indios en la costa, e por el rastro de los indios vino a sus pueblos, e como venían ganosos de comer e reposar en tierra, descuidáronse en estar apercibidos, y en aquella noche que durmieron en tierra, los indios dieron sobre ellos e matáronlos, que no quedó ninguno; y ansí fueron a un español o dos que quedaron en guarda del bergantín, y también los mataron, por manera que no ovo quien llevase la nueva».[42] Bernal se ha equivocado en lo que acaba de decir, pues como se verá más abajo, Cortés no tardaría en obtener puntual conocimiento de las desventuras de su primo Hurtado de Mendoza.

27
Don Hernando *el Navegante*

Cortés se va a la costa y se instala en Tehuantepec. Y allí, como otro Don Enrique *el Navegante*, se lanza de lleno a impulsar los viajes de exploración en el Mar del Sur. Pero a diferencia del infante portugués, que despachaba desde la comodidad del castillo de Sagres, él lo hace desde una choza. Se diría que le hubieran renacido arrestos jueveniles; está a pie de obra, como lo hiciera antes, cuando se desnudó del jubón y la camisa para cavar los cimientos de la Villa Rica. Exhibe una voluntad de hierro para continuar en la brecha. Parte de cero. Además de los criados, tiene con él a una treintena de artesanos españoles, entre carpinteros, herreros y calafates, a uno de los cuales debe pagarle cuatrocientos pesos de oro al año. Llegó en diciembre de 1532 y pasará allí siete meses sudando los calores del trópico. Su alojamiento y el astillero debieron ser instalaciones muy precarias, pues no quedó la menor traza de ellos. Algo le dice que en el océano encontrará una rica ínsula. Parece convencido de ello. Como inveterado jugador que era, todo lo aventuraba a un golpe de dados, y sin que lo desanimara el esfuerzo descomunal que le significaba la construcción y aprovisionamiento de los navíos. Como en Tehuantepec no existía la más mínima infraestructura, todo debía traerse de muy lejos con esfuerzos ingentes. Lo que no se fabricaba en la Nueva España era traído desde la metrópoli, se desembarcaba en Veracruz, y luego «por mar hasta Guazacualco y desde Guazacualco (Coatzacoalcos) hasta veinte leguas de aquí por el río en canoas»; Ésto es, se remontaba hasta Tecolotepec, cerca de su nacimiento, y de allí a Tehuantepec a hombros de porteadores indígenas. Estima que serían unas veinte leguas, o sea, más de cien kilómetros, y de selva todo el trayecto. Cada clavo a precio de oro. En esas condiciones trabajaba.

El veinticinco de enero de 1533 escribe dos cartas: una dirigida al Emperador que se encuentra en Flandes (a la que ya se ha aludido en el capítulo precedente), y la otra al Consejo de Indias. Al primero dice: «A vuestra Majestad he escrito haciéndole saber como yo estoy en este pueblo de Tecoantepeque, costa de la Mar del Sur, despachando ciertos navíos que en él he hecho para engolfarse y descubrir por ella». Se queja de que entre más se esfuerza, «tantos más inconvenientes me ponen los jueces de estas partes». Acusa a éstos de estar haciendo una labor de zapa, para entorpecerlo en todo lo que pueden; continúa el problema de los *tamemes*. Aquí parece que le han hecho una jugarreta; por un lado se le apremia para que no demore el envío de las naves, y por otro se procede en su contra por emplear porteadores indígenas; ¿cómo llevar entonces los implementos? No existe otra forma. Según señala en carta dirigida al Consejo de Indias, se está procediendo con gran hipocresía en contra suya, pues la Audiencia lo acusa, mientras hizo de la vista gorda cuando en ocasión de la partida de Alvarado y hermanos, éstos emplearon dos mil *tamemes* para la impedimenta. Cita por igual el caso de Delgadillo, quien para trasladarse a Veracruz, con motivo de su viaje a España, utilizó también a cerca de un millar. Se empleaban varas de medir diferentes; para él todo el rigor de la ley. La multa impuesta ha sido tan fuerte, que como garantía del pago han quedado en depósito las joyas de la marquesa. A ese estado habían derivado las relaciones con la nueva Audiencia. Vuelve con la queja reiterada: sigue pendiente de cumplimiento la merced de los veintitrés mil vasallos y, en lugar de que se le haga justicia, cada día se busca la forma de disminuirlo. Suplica al monarca que escriba poniendo en claro que sus deseos son en el sentido de que se le deje trabajar en paz, «y que entiendan todos que Vuestra Majestad es servido en que yo sea bien tratado».[1] La respuesta será una cédula dirigida por la Emperatriz a la Audiencia, autorizando que, en el caso de no ser posible transportar la impedimenta en carretas o recuas, sean indios quienes se encarguen de hacerlo, a condición de que se empleen libremente, se les pague un salario justo, y que «las cargas que llevaren sean moderadas para que las puedan llevar, e que las jornadas les sean convenientes para que no sean fatigados, e no se deje de hacer el dicho proveimiento».[2] Por fin, una decisión favorable. La cédula está fechada en Madrid el 16 de febrero de 1533, y viene a ser un traslado de otra anterior otorgada en Segovia el diecisiete de octubre anterior, que por alguna razón se retuvo su envío.

A mediados de 1533 Cortés ha trasladado su centro de operaciones a Santiago (Santiago en la Mar del Sur, como él lo llama). Un lugar de gran belleza, situado más al norte, adonde hoy día se levanta un conjunto hotelero. Ése será otro de los lugares que utilizará como base de operaciones, junto con Acapulco, Zihuatanejo y Huatulco. No cabe duda que sabía elegir los sitios; todos, en la actualidad, centros turísticos de primerísimo orden. El 20 de junio escribe desde allí a su primo, el licenciado Francisco Núñez, el encargado de velar por sus asuntos ante la Corte. Se trata de un documento muy vívido que refleja el estado angustioso en que se encontraba. Se siente acosado por todas partes. Le han tendido un cerco que le limita los movimientos. Pero ya experimenta un respiro; llegó a sus manos la cédula autorizándolo a emplear *tamemes*, aunque, según dice, ha venido con tantas modificaciones que se muestra escéptico, pues todo lo que se turna al presidente y oidores de la Audiencia, para que den su parecer, «es como si se remitiese a los mayores enemigos e más parciales que he tenido en mi vida». Insiste a su representante en que la cédula autorizando el empleo de cargadores indios «deberá venir redactada en los términos en que os he escrito, porque así conviene, porque ha más de siete meses que yo salí de mi casa para el despacho destos navíos, y los cinco dellos he estado siempre residiendo en este astillero sin quitarme de sobre la obra, y estaré hasta volverme a México más de otros cuatro». No desmaya ante la adversidad, y hasta se advierte una nota entusiasta cuando anuncia a su representante que tiene casi terminados dos navíos de noventa toneles y otro de setenta, abundante provisión de bizcocho de Castilla hecho en México, y un par de pilotos, tan competentes, «que el uno de ellos no se puede mejorar en el mundo».[3] Al propio tiempo, la carta constituye una fuerte requisitoria contra su representante. Prácticamente un regaño. Estima que no pone el celo debido en la atención de los asuntos que tiene encomendados. Le reprocha que no lo mantenga informado oportunamente, y dice no comprender cómo puede dejar que transcurran quince días sin escribirle, «pues siempre de allí parten correos para Sevilla que con porte de un real se llevan las cartas». Se advierte, por tanto, que por aquellos días ya existía en España un eficiente servicio de correos, que en nada desluciría comparándose con las actuales agencias de mensajerías, y además, a un precio muy razonable; asimismo, se queja de no haberle informado acerca de lo que Pedro de Alvarado pudo haber capitulado en materia de descubrimientos, «especialmente cuando podría ser en perjuicio mío, por ser en la Mar del Sur donde yo tengo capitulado». Parecería que se encuentra obsesionado ante la idea de que su antiguo subalterno le gane la mano en la carrera hacia esa tierra mítica, arrebatándosela. Ésos son momentos en que todos sus afanes se encuentran centrados en empresas de ultramar. Basta con imaginar esos once meses instalado en chozas para supervisar de cerca los trabajos. En octubre del año anterior, su procurador le había escrito informándole de la enfermedad de su hijo don Martín, ofreciéndole que iría a verlo. Cortés le echa en cara que en los últimos tres meses no lo haya mantenido informado, haciéndolo saber que «no le quiero menos que al que Dios me ha dado en la marquesa y así deseo saber siempre de él».[4] Esta línea y las que vienen a continuación permiten examinar una página de su vida familiar: su hijo don Martín quedó en España. El niño andaría entonces por los siete años, permaneciendo al cuidado del conde de Miranda (nada se sabe acerca de este personaje), a quien, según anuncia en la carta, está remitiéndole quinientos pesos para su manutención. Más tarde, don Martín se educaría en la Corte. Creció lejos de sus padres.

Poco después, ya tiene a punto dos carabelas de gran porte. Se trata de *La Concepción* y la *San Lázaro*. La primera de ellas, la capitana, irá al mando de Diego Becerra, otro pariente suyo (como siempre, el nepotismo), y el piloto será un vizcaíno llamado Fortún Jiménez; la segunda, tendrá por capitán a Hernando de Grijalva, y llevará a bordo a Martín de Acosta, un piloto portugués. Como se advierte, se trata de nombres nuevos. Personajes de quienes no se tenía referencia. Esta vez, en lugar de delegar, él mismo se encarga de supervisar hasta el último detalle, y el 30 de octubre de ese año de 1533, los navíos se hacen a la mar. Pero apenas zarparon, surgieron los problemas. Becerra, según escribe Bernal en su libro, «era muy soberbio y mal acondicionado [...] e iba malquisto con todos los más soldados que iban en la nao».[5] Aquello era una bomba de relojería, y el motín a bordo no tardó en producirse. Fortún Jiménez se concertó con algunos vizcaínos, dando muerte a Becerra y a otros marineros y, a continuación, se acercaron a tierra en un punto en tierras de Jalisco, para bajar a los frailes y a los heridos. Los amotinados, capitaneados por Fortún Jiménez (seguramente aquel de quien decía Cortés que no podía encontrar otro mejor) pusieron rumbo al norte y, a los pocos días de navegación, descubrieron la península de Baja California. Desembarcaron en un punto al que llamaron bahía de Santa Cruz (La Paz), siendo atacados al momento por los indios. Fortún Jiménez y veintidós más resultaron muertos. Los sobrevivientes reembarcaron para ir a parar en manos de Nuño de Guzmán.

No llegó hasta nosotros el pliego de instrucciones, pero se dispone, en cambio, del diario de navegación de la *San Lázaro*. Comienza éste por registrar que, el 23 de octubre, subió a bordo Cortés para inspeccionar las naves, quedando la gente embarcada. Zarparon el 30, como antes se apuntó, y al día siguiente navegaron con vientos muy fuertes. La *San Lázaro* gobernaba mal y no conseguía alcanzar a la capitana. Para la noche del primero de noviembre la habían perdido de vista. El domingo dos de noviembre, todavía ventaba fuerte el norte, y en cuanto abonanzó, pusieron proa al oeste, «como por vuestra señoría nos era mandado».[6] Esta expresión, que se menciona dos veces, está indicando que las instrucciones eran precisamente ésas: explorar en profundidad el océano. Ninguna alusión a que anduviesen en busca de Hurtado de Mendoza. El viernes diecinueve de diciembre, avistaron una isla, pero entre lo mal que el navío tomaba la bolina, y la fuerza de las corrientes, no fue sino hasta el jueves siguiente que pudieron poner pie en ella. Una isla acantilada. Grijalva tomó posesión de ella, capturaron unos pájaros, pero no encontraron otra agua que la salobre que había entre las hendeduras de las rocas. Como en las barricas apenas tenían lo justo para el viaje de retorno, se dieron la vuelta. A la isla le impusieron el nombre de Santo Tomás, y el piloto la situó a los veinte grados y un tercio, cometiendo en ello un error de más de dos grados. La descripción corresponde a Socorro, en el grupo de las Revillagigedo, que se encuentra en los dieciocho grados. El piloto Acosta consiguió regresar antes de que muriesen de sed. El viaje concluyó sin otro resultado que el encuentro de una isla inhóspita; y en cuanto al descubrimiento de California, éste todavía tardaría en conocerse, pues los sobrevivientes fueron aprisionados por Nuño de Guzmán.

El año de 1534 será de muchos sinsabores para Cortés. Se encuentra empeñado en un choque frontal con Nuño de Guzmán. El motivo de la disputa es el bergantín *San Miguel* de la desafortunada expedición de Hurtado de Mendoza, cuyos sobrevivientes lo condujeron a la costa de Jalisco, donde Nuño se lo apropió. Para Cortés eso parece un punto de honra y no ceja en su reclamo; a toda costa quiere su bergantín de regreso. Hasta la ciudad de Compostela, en la Nueva Galicia, se acercó el notario Alonso de Zamudio, para leerle a Nuño el traslado de una cédula del emperador Carlos V ordenándole que devuelva la nave con la artillería y todo el aparejo, «lo cual haced e cumplid, so pena de la nuestra merced e de mil pesos para la nuestra cámara». Aunque la cédula da comienzo con el solemne encabezamiento de «Don Carlos, por la divina clemencia, rey de Alemania. Doña Juana, su madre, y el mismo don Carlos, por la gracia de Dios reyes de Castilla, etcétera. A vos Nuño de Guzmán...».[7] Por tratarse de un traslado, no aparece la firma del monarca o de quien la haya suscrito en su nombre, por la rapidez con que se atendió el asunto, nada de extraño sería que lo hubiera hecho fray García de Loaisa, en su carácter de presidente del Consejo de Indias (existen diversas cédulas con el mismo encabezamiento suscritas por éste y por el secretario Sámano). Nuño respondió diciendo que su alcalde mayor, que se encuentra en la villa de la Purificación, le ha informado que la nave está hecha pedazos y enterrada en la arena.

California

Cortés ha remontado la cincuentena, y con medio siglo a sus espaldas, es un individuo muy gastado por trabajos, privaciones, heridas y enfermedades. Dos dedos de la mano izquierda inutilizados, y el brazo fracturado por esa mala caída del caballo, de la cual tardó tanto tiempo en sanar, según referencia de Bernal. Luego del final desafortunado de la expedición de Diego Becerra, ha caído en un bache emocional, según se desprende de la lectura de la carta que, desde Puerto de Salagua (Manzanillo) dirigía al Consejo de Indias el 8 de febrero de 1535; en ésta expresa amargura porque no se le toma en cuenta en su encargo de capitán general, por tanto, no ve la necesidad de continuar en el puesto. Ya antes lo había expuesto así, pero «no se me quiso hacer merced de respuesta». Visto que en México nada le está saliendo bien, resuelve volver a su actividad inicial y dedicarse al comercio con el Perú, y al efecto, expresa: «había acordado tornarme mercader y con un navío que me había quedado, y otro que hacía, enviar caballos y otras cosas al Perú para pagar las debdas que tenía y, para allegar algo para tornar a seguir mi propósito y descubrimiento».[8] Para este propósito acudió a su amigo Juan de Salcedo, con el objeto de formar una sociedad mercantil; él aportaría la *Santa Agüeda* y el otro navío en contrucción, y su socio, quien sería el encargado de viajar al Perú para vender la mercancía, pondría el capital, según reconoce el propio Cortés: «que me los prestastes los dichos ocho mil pesos de oro de minas para comprar dellos mercaderías e caballos e otras cosas para los cargar luego en un mi navío, llamado *Santa Agüeda*».[9] Este Juan de Salcedo, aparte de ser su gran amigo, es el financiero al que acude en los momentos de agobios económicos. Cuando se preparaba para viajar a Castilla, se encontraba tan escaso de fondos, que hubo él de prestarle una cierta suma de pesos de oro, y que a su retorno, todavía le facilitaría otros mil quinientos pesos. La amistad con Salcedo es algo que venía de antiguo, pues fue él quien se encontraba a su lado, en la casa de Baracoa, cuando en el momento en que se disponían a sentarse a la mesa, se acercó la sirvienta india para avisar que Catalina Suárez había sufrido un desvanecimiento y parecía muerta. No deja de llamar la atención que, tratándose de un hombre que tuvo participación importante en algunos hechos, en cambio su actuación en la Conquista resulta insignificante. Tomó parte en la expedición de Grijalva y, según él mismo nos cuenta, al retorno, en el primer punto en que tocaron tierra cubana, en las inmediaciones de la antigua Habana, compró un caballo y partió a galope para llevarle la noticia a Diego Velázquez. Volvió a México con Narváez, y más tarde, anduvo en Pánuco como capitán, sin que se conozcan sus hechos de guerra. En otro orden de cosas, un dato bien documentado, y por cierto muy importante, es el de que se encontraba casado con una antigua amante de Cortés. Ya saldrá a relucir el nombre de esa mujer. Una situación análoga a la de Jaramillo.

Se hallaba Cortés en medio de los preparativos, cuando «casi por milagro», supo que a tierras de la gobernación de Nuño de Guzmán había aportado la nave capitana de Diego Becerra, con siete supervivientes. Fue entonces cuando conoció la suerte corrida por éste y por Fortún Jiménez. Nuño de Guzmán mantenía en secreto la noticia, al par que se aprestaba para enviar de nueva cuenta a la *Concepción,* pues los marineros trajeron la versión de que en la costa adonde llegaron, abundaban las perlas. A Cortés le hirvió la sangre al enterarse de que era el segundo navío que le quitaba. Se quejó, y como resultado de ello, para el diecinueve de agosto de 1534 los oidores suscriben el traslado de otra cédula expedida a nombre del Emperador, que va dirigida a Nuño de Guzmán, ordenándole que devuelva el navío.[10] Pero Nuño ni por ésas. Resuelto ya a hacerse justicia por propia mano, Cortés hizo de lado el proyecto de comerciar con Perú, y comenzó a prepararse para marchar contra él. Los sesenta caballos, junto con el armamento que tenía para vender, se destinarían a la nueva expedición. Disponía de tres navíos: el *San Lázaro* de Grijalva, que se encontraba de retorno, así como la *Santa Agüeda* y el *San Nicolás,* salidos de su astillero de Tehuantepec. La decisión responde a un impulso, pues no ha tenido oportunidad de escuchar de viva voz los informes de alguno de los sobrevivientes. Parte rumbo a esa aventura, guiándose únicamente por un informe de segunda mano. Salcedo será el financiero de la expedición, quien en esa ocasión le facilitará diez mil quinientos pesos de oro. Nuño de Guzmán, por su lado, cuando redacte una probanza que remitirá a la Corona, dirá que a través de un mensajero tuvo conocimiento de que la nave arribó a la villa del Espíritu Santo, con siete u ocho marineros, donde dio al través, y que éstos publicaron que se trataba de una tierra muy rica en oro y perlas, «e trajeron seis berruecos [piedras] de muestra medianos de los cuales invié tres al Audiencia y publicaron que eran hanegas

517

y como güevos por donde el marqués se movió a hacer su armada para pasar allá y yo invié un capitán para que me prendiese los que vinieron en el navío e pusiese en cobro en el galeón y en lo que en él venía».[11] Según Nuño, serían unos guijarros los que movieron a Cortés a montar esa expedición; de todas formas, la descripción que ofrece aparece como más apegada a la realidad. Se trata de la tierra más pobre del mundo, donde todo es desolación; en efecto, escaseaba el agua; el panorama que ofrece la bahía de La Paz, con la isla de Espíritu Santo al frente, es de gran belleza. Pero de una belleza desoladora, como si se tratara de un paraje norafricano frente al mar. Vegetación arbustiva y cactus. Nada más. Y en cuanto a los habitantes, se refiere a ellos como los más atrasados del planeta; no habitaban en casas y desconocían la agricultura, alimentándose de hierbas, raíces y pescado crudo. Los hombres iban desnudos, y como prueba de su bestialismo, los testigos interrogados por Guzmán apuntaban que tomaban a las mujeres por la espalda, «como los animales», practicando el acto sexual a la vista de todos sin el menor recato (No tenían manera de anticipar que un día llegaría en que ello aparecería como normal en los programas televisivos.) Pero Cortés, a quien parecería que el tiempo lo apremiaba, precipita la salida. En carta que desde «Salagua de la Mar del Sur desta Nueva España [Manzanillo] a 8 de febrero de 1535 años» dirige al presidente y miembros del Consejo de Indias, dando a conocer que parte a una nueva expedición (se abstiene de mencionar a qué tierras se dirige, aunque obviamente está implícito que es a Santa Cruz), y como va a incursionar por la gobernación de Nuño, cosa que se encuentra fuera de su alcance, curándose en salud aduce que a causa de que no puede esperar dos navíos que tiene en Tehuantepec, y en los tres que lleva no hay cupo para toda la gente y los caballos que lleva, «he acordado de tomar otro poco de trabajo e irme con la gente por tierra otras cien o ciento veinte leguas adelante deste puerto a embarcar, y porque los navíos puedan llevar más copia de bastimentos yendo sin gente». Concluye la carta pidiendo que en ausencia suya no se tengan con su esposa los malos comedimientos que «conmigo se han tenido».[12]

Con pendón alzado, Cortés montó a caballo y partió dispuesto a todo. Cuando pregonó la expedición, no faltaron voluntarios que se apresuraron a engancharse bajo su bandera. Eran más de trescientos, gente bisoña que acudía al llamado, atraída sólo por su prestigio. Tan ajenos se encontraban de lo que les esperaba, que treinta y cuatro de ellos, que eran hombres casados, llevaron a sus esposas. «Creyeron que era cosa cierta y rica», apostilla Bernal. Se comprende que los bisoños actuasen de manera irresponsable, ¿pero él, cómo lo permitía? Aquí su actuación resulta punto menos que incomprensible; con toda la experiencia acumulada, y lo calculador que era, por momentos desconcierta con su manera de proceder; lo menos que podría decirse es que actúa como un insensato que se deja llevar por la emoción del momento (recuérdense las ocasiones pasadas en que expuso al ejército entero a sucumbir de hambre y sed). Ahora está procediendo como si fuera un principiante, que nada hubiera aprendido de las experiencias anteriores. Los antiguos conquistadores no lo seguían; de éstos, sólo consiguió llevar a Andrés de Tapia, quien sería su maestre de campo, y a Francisco Terrazas. El hecho resulta elocuente. Se encontraba muy devaluado, y sólo embaucaba incautos. Bernal parece reflejar el sentir general del pie veterano de conquistadores cuando apostilla, «en cosa ninguna tuvo ventura después que ganamos la Nueva España».[13]

Para la marcha, dividió sus fuerzas; los dos navíos que tenía en Tehuantepec deberían navegar bien aprovisionados hacia Chametla, un fondeadero situado muy al norte. El lugar idóneo. Justo frente a Bahía de Santa Cruz. Se suponía que de allí resultaría fácil dar el salto sobre el brazo de mar. Él, por su parte, se internaba por el territorio de la Nueva Galicia con el grueso de los expedicionarios. Se encontraba muy fuerte en caballería, con ciento cincuenta caballos. Cruzando sierras llegó a Compostela, sede del gobierno de Nuño de Guzmán. Era la primera vez que se veían las caras. Lo que sí resulta extrañísimo, es que habiendo vertido tanta tinta acerca de su pleito con Nuño, en cambio no dedique una sola línea para hablar de ese encuentro. Lo poco que ha trascendido de ello, se encuentra en los escritos redactados por Nuño de Guzmán, acusándolo de haber incursionado en su gobernación, a consecuencia de lo cual (según él) se derivarían graves daños, responsabilizándolo por un levantamiento indígena que, en realidad, se produciría años después y al cual Cortés fue totalmente ajeno. Nuño, ante la fuerza que traía Cortés, que constituía un argumento disuasorio suficiente, optó por la prudencia y disimuló, alojándolo en su propia casa y facilitándole aprovisionamientos para la jornada. Éste es uno de esos incomprensibles silencios de Cortés; incomprensible, porque no se aciertan a comprender las razones que tuvo para silenciar ese encuentro. Un año más tarde, caído ya en desgracia, Nuño escribiría «yo le recibí en mi casa e le tuve en ella cuatro días dando a él y a su ejército todo lo que había menester»; y más adelante, agrega que, incluso, intentó hacerlo desistir de marchar en aquella jornada.[14] La afirmación de Nuño encuentra confirmación en una carta que a su retorno, Cortés escribirá en Cuernavaca el 5 de junio de 1536, dirigida al Consejo de Indias, recomendando al padre Cristóbal de Pedraza, en la que manifiesta: «en un pueblo que se dice Compostela, donde el dicho Nuño de Guzmán reside, me detuve algunos días para darle descanso a la gente».[15] Por otro lado, se advierte que, tanto Oviedo, Gómara, Bernal y demás cronistas, ignoran el paso de Cortés por Compostela y ese encuentro cara a cara con Nuño. Episodio extraño. Cortés estuvo en fuerza frente a su mortal enemigo, y no corrió la sangre. Y más sorprendente todavía, el silencio que observa sobre ese encuentro.

Los tres navíos llegaron puntuales a la cita en bahía de Chametla. Cruzó el primer contingente. Cortés pasó con la tercera parte del ejército y cuarenta caballos. El acto de toma de posesión tuvo lugar en Santa Cruz (La Paz), el tres de mayo, «año del Señor de mil e quinientos e treinta e cinco; en este día, podía ser a hora de medio día, poco más o menos, el muy ilustre señor don Fernando Cortés, marqués del Valle de Oaxaca, capitán general de la Nueva España e Mar del Sur por su Majestad, llegó en un puerto e bahía de una tierra nuevamente descubierta».[16] El escribano Martín de Castro redactó el acta correspondiente, dando fe de que todo se había hecho en buena forma. Las nuevas tierras pasaban a quedar bajo la Corona española. Será ésa la última ocasión en que Cortés realice un acto de toma de posesión. Hasta allí todo transcurrió sin contratiempos; los buques volvieron a hacerse a la vela para ir en busca de los que permanecían en Chametla, que habían quedado al mando de Andrés de Tapia. El segundo contingente pasó sin contratiempos. Los problemas comenzaron cuando los navíos zarparon de Santa Cruz para recoger a los restantes. Vientos contrarios. Durante tres o cuatro meses estuvieron inmovilizados en un paraje de la costa. Mientras, los que quedaron en Chametla, cansados de esperar y movidos por el hambre, comenzaron a caminar hacia el norte y terminaron dipersándose. Los capitanes de los navíos, al ver que no conseguían avanzar, optaron por regresarse para desembarcar las provisiones Terminaron apartados por un temporal. Uno de ellos consiguió volver a Santa Cruz, pero era el más pequeño y traía en su bodega sólo cincuenta hanegas de maíz. El mayor había encallado, y era precisamente el que traía el grueso de los víveres. En Santa Cruz reinaba la desolación. Eran ya veintitrés los que habían sucumbido al hambre y a las enfermedades. Algo que no acierta a comprenderse, es eso de que no hubieran bajado a tierra las provisiones a la llegada. Otra de sus grandes imprevisiones.

Con el navío disponible, Cortés partió en busca del faltante. Lo encontró encallado. Ponerlo a flote fue una operación tan riesgosa, que hubo momento en que todos se desnudaron para arrojarse al agua y ganar la tierra a nado, cuando dos golpes de mar lo pusieron a flote. Hicieron las reparaciones del caso y, según datos de Gómara, «compró en San Miguel, a diecisiete leguas del Guayabal, que cae en la parte de Culuacán, mucho refresco y grano. Le costó cada novillo treinta castellanos de buen oro, cada puerco diez, cada oveja y cada fanega de maíz cuatro».[17] Lo sorprendente no son solo los precios pagados, sino que esa costa, que se encontraba en un punto tan al norte, estuviese ya poblada por españoles (Cortés no menciona el hecho). Prosiguieron la navegación, y transcurridos dos días, cayó el palo de mesana y dio en la cabeza del piloto, matándolo. Cortés hubo de hacerse cargo de dirigir la navegación, pues no había a bordo quien supiera hacerlo. Logró llegar a Santa Cruz. De tanto andar en el mar había aprendido a navegar. Según escribe Bernal, en cuanto volvió con los tres navíos y abundante provisión de víveres, como los soldados que lo aguardaban estaban tan debilitados de no comer cosa de sustancia en muchos días, «les dio cámaras y tanta dolencia que se murieron la mitad de los que quedaban». De allí a poco, llegaron dos naves suyas enviadas por su esposa, que eran portadoras de una carta por la cual ésta le rogaba que regresase, pues llevaba ya más de un año ausente (se trata de la única actuación conocida de la marquesa doña Juana de Zúñiga en vida de su marido). El capitán de la nave también era portador de otra carta de don Antonio de Mendoza, el recién llegado virrey, quien igualmente le encarecía que volviera. No se sabe cómo le sentaría a Cortés la noticia de ese nombramiento que lo dejaba de lado. Antes de emprender el regreso, fundó allí una colonia, dejando como pobladores a un grupo de treinta españoles con una docena de caballos. Como gobernador designó a Francisco de Ulloa, el capitán de la nave recién llegada. Les dejó víveres para diez meses y partió. El nombre de California está tomado de las novelas de caballerías: en las *Sergas de Esplandián* se habla de la reina Calafia, que gobernaba una mítica isla llamada California. [*Sergas* quiere decir hazañas, y Esplandián era el hijo de Amadís de Gaula, personaje central de las novelas de caballerías.] Se atribuye a Cortés haberle puesto ese nombre, aunque a decir verdad, éste no aparece en ninguno de sus papeles; el primero en mencionarlo ha sido Gómara, seguido por Bernal; aunque aquí hay que precisar que éste no se aplicaba a todo el territorio, sino sólo a una bahía. Existe discrepancia entre ambos autores acerca de quién fue el descubridor de la bahía de California: según Bernal, sería el propio Cortés, quien luego del retorno a Santa Cruz, por no ver tantos males como tenía a la vista, «fue a descubrir otras tierras y entonces toparon con la California, que es una bahía».[18] Gómara, en cambio, sitúa el hecho en 1539, cuando Francisco de Ulloa, enviado por Cortés al frente de tres navíos, exploró la costa de ese golfo hasta encontrarle fondo en la desembocadura del río Colorado, y según refiere, «del ancón de San Andrés, siguiendo la otra costa, llegaron a California».[19]

El socorro a Pizarro

Apenas desembarcado en Acapulco, le fue entregada una carta. Era de Francisco Pizarro, solicitando ayuda. Se encontraba en difícil situación en Lima, y sólo por mar podrían llegarle refuerzos. La petición venía dirigida a Pedro de Alvarado, pero al no hallarse éste en el país, don Antonio de Mendoza la turnó a él, por ser el único que podría atenderla. Sin pérdida de tiempo, Cortés despachó en auxilio de su pariente y amigo una flota de dos navíos al mando de Hernando de Grijalva. Aparte de los arreos militares, le envió un abrigo de pieles de marta y unos guantes blancos, como usaba el Gran Capitán. El envío arribó puntualmente a manos de Pizarro, quien correspondió con diversos obsequios, entre otros, algunas joyas para la marquesa doña Juana de Zúñiga. Nada de eso llegó a su destino. Grijalva nunca volvió. La suerte corrida por éste es incierta; al parecer hubo motín a bordo y lo mataron. Gómara escribe que huyó para quedarse con los presentes.[20] El caso es que no volvió a saberse de él. Acerca de ese socorro, se observa que el virrey Mendoza manipularía más tarde la información, presentando los hechos como si hubiese sido él quien lo envió: «que estando el Gobernador Don Francisco Pizarro cercado en el Cuzco de los indios y de Almagro, envió a pedir socorro a dicho virrey, el cual consultado con la Audiencia real y con otras personas que tenían experiencia de guerra, se acordó hacerle el socorro. Y para esto convino proveer de jarcia y municiones y artillería, anclas y armas, pólvora y otras cosas, para proveer los navíos del Mar del Sur, porque en ellos había de ir dicho socorro».[21]

28
El virrey Mendoza

En ausencia de Cortés, Don Antonio de Mendoza, conde de Tendilla, tomó posesión de su cargo de virrey el 14 de noviembre de 1535. Su actuación resultará relevante, pues durante los quince años que dure su mandato, quedará firmemente asentado el dominio español. Era hijo del marqués de Mondéjar y hermano de Bernardino de Mendoza, nuevo titular del marquesado de ese nombre. En fin, un Mendoza. Y decir Mendoza era referirse a una de las familias prominentes de España. Cortés y Mendoza estuvieron en buenos términos una temporada, para luego tener el enfrentamiento que los convertiría en irreconciliables enemigos. Sin lugar a dudas, éste será el mayor error político cometido por Cortés, y tendrá para él unas consecuencias tan desfavorables, que le amargará el resto de su existencia. Vista la importancia que reviste el suceso, se analizarán las causas que envenenaron esa relación.

Mendoza llegó a México provisto de un pliego de instrucciones en el que se trazaban, en líneas maestras, las coordenadas a que debería ajustarse su actuación; al leerlas, hay algo que llama la atención: apenas se le dedica espacio a Cortés. Sólo unas líneas para enterar al nuevo virrey que el Emperador hizo a éste una merced, consistente en veintitrés mil vasallos, y que la misma se mantiene. Sobre el particular, lo único que se le ordena es que mire si no se ha excedido en la cifra concedida, en cuyo caso, deberá retirarle los que sobrepasen dicho número. Pero al propio tiempo se le ordena velar para que la orden se cumpla, en el caso de que todavía no se haya hecho: «Yo os mando que luego que llegáreis, veáis lo que acerca de ello estuviere por cumplir y efectuar lo hagáis ejecutar conforme a mis cartas».[1] La actitud de la Corona es clara: se le mantienen las prerrogativas, pero se le retira el poder. El documento está fechado el diecisiete de abril de 1535 y, para el veinticinco, se amplían las instrucciones, sin que esta vez aparezca su nombre. Será hasta una nueva adición, que viene fechada el catorce de julio, cuando vuelve a mencionársele; ello es cuando se indica a Mendoza que deberá enviar una relación «de la tierra e islas que el marqués

[Cortés] ha descubierto o descubriese, si buenamente se pudiere hacer, como quiera que por otras provisiones y cédulas nuestras esté proveído y mandado lo que se ha de hacer».[2] Firma Francisco de los Cobos. De la lectura de ese documento se desprende que, para la Corona, los anteriores forcejeos en que estuvo en duda su lealtad eran cosa del pasado; de manera que borrón y cuenta nueva. Ese «si buenamente se pudiere hacer», parece indicar que no debería forzársele la mano; aquello era empresa suya y, por las buenas, cuando tuviera algo importante que comunicar, ya lo haría. Ni por asomo se ve la menor alusión a que tuviera que mantenérsele vigilado; la impresión es que no se abrigan mayores recelos acerca de su comportamiento futuro, dado que se le había disminuido de tal manera, que podía considerársele neutralizado. El interés en que se le cumpliera la merced otorgada, podría obedecer a que se pensase que, de esa manera, se estaría tranquilo disfrutando de sus rentas, y dejaría de ser un incordio. Si todavía le restaban energías, ya las desfogaría en el océano, buscando islas y nuevas tierras. Pero lo importante a consignar es que, para todo efecto práctico, se hallaba privado del poder. Lo habían maniatado de tal manera, que la escasa cuota de autoridad que aún le quedaba le podría ser retirada en cualquier momento. Además, se encontraba en paradero desconocido desde hacía más de un año, cuando partió para la que sería su última expedición.

Se ignora la fecha del retorno del viaje a California; su primera actuación conocida, que pone en evidencia que ya se encontraba de regreso, es del 5 de junio de 1536, fecha en que escribió en Cuernavaca la carta a que antes se aludió, recomendando al padre Cristóbal de Pedraza, quien viajaba a España.[3] Es posible que para esos días ya se hubiera entrevistado con el virrey, aunque eso no pueda aventurarse con mucha seguridad, pues volviendo de Acapulco, que fue donde desembarcó, Cuernavaca se encuentra antes que México. En fin, el caso es que si todavía no lo había visto, no tardaría mucho en hacerlo. Se puede dar por sentado que la relación entre ambos comenzaría en el primer tercio o, a más tardar, a mediados de ese año.

El primer dato aportado por Cortés que ilustra acerca del estado que guardan las relaciones con el virrey, se encuentra en una carta que, en 1538, dirige al Consejo de Indias. Y por lo que se lee en ella, hasta ese momento eran buenas. Valora negativamente lo que significó para él la actuación de don Sebastián Ramírez de Fuenleal, puesto que nada se adelantó en el conteo de los veintitrés mil vasallos y, además, le fueron retirados algunos pueblos. Por su lado, el obispo don Sebastián ya había informado acerca de los impedimentos para dar cumplimiento a la merced; por principio de cuentas, no existía un censo de pobladores del área de Cuernavaca, y tratar de contar a los que se hallaban a la vista equivalía a trazar rayas en el agua. Frente a la anterior pasividad de don Sebastián, contrasta ahora la actitud de Mendoza, quien se ha involucrado directamente en el asunto para solventarlo. Es un amigo, pero ocurre que, precisamente por la amistad, ha querido manejar las cosas con toda transparencia, para que más tarde no fuera a imputársele que lo favorecía por nexos amistosos. Y el resultado ha sido que, por un exceso de celo, dejó las cosas peor de lo que antes se encontraban, «puso tanta diligencia en inquerir y saber lo que había en estos pueblos míos, que fue más de la que era menester». Al decir de Cortés, en cuatro meses, «estando el visorrey en persona en ello no se contaron sino dos pueblos, que me costó de mi parte más de dos mil castellanos la cuenta, y de la suya harto más, porque se hacía todo a su costa, está hoy [con] menos claridad y más confusión que hasta aquí».[4] Serían fallos técnicos los que impidieron dejar resuelto el asunto; pero lo que sí pone en claro la carta, es que para la fecha en que la escribió, ambos se encontraban en buenos términos. Antes de proseguir, conviene detenerse para abrir un amplio paréntesis destinado a examinar dos sucesos ocurridos poco antes: el retorno de Álvar Núñez Cabeza de Vaca y la prisión de Nuño de Guzmán.

Álvar Núñez Cabeza de Vaca

Álvar Núñez Cabeza de Vaca había sido el contador de la expedición de Pánfilo de Narváez a la Florida, terminada en desastre. Luego de diez años de penalidades sin cuento, logró llegar a México en compañía de otros tres sobrevivientes: Andrés Dorantes (padre de Baltasar Dorantes de Carranza, el futuro cronista), Alonso del Castillo y de Estebanico, un esclavo moro. Prácticamente todo ese tiempo habían andado desnudos, moviéndose entre grupos de indios paupérrimos, hasta que finalmente consiguieron llegar a Culiacán, donde encontraron españoles, después de haber caminado desde la Florida, Texas, Nuevo México, y los Estados de Chihuahua, Sonora y Sinaloa. Un viaje que pone los pelos de punta, y del cual quedó constancia a través de la relación escrita por el propio Álvar Núñez, titulada *Naufragios y comentarios*, en la cual, al referirse a su llegada a la ciudad de México, apunta que tuvo lugar «domingo, un día antes de la víspera de Santiago [23 de julio de 1536], donde del Visorey y del Marqués del Valle fuimos muy bien tratados y con mucho plazer rescebidos, e nos dieron de vestir y ofrescieron todo lo que tenían, y el día de Santiago ovo fiesta y juegos de cañas y toros».[5] De estas líneas se desprende que, tanto Cortés como el virrey, contaron con unos informantes calificados, quienes los habrían puesto al tanto de lo que podía encontrarse en esos territorios del norte. Lo asombroso del caso es que ninguno de los dos asimiló esa información, pues pronto estarán disputando unas hipotéticas ciudades de oro que, supuestamente, se encontrarían en esa región.

Prisión de Nuño

A comienzos de 1537, Nuño Beltrán de Guzmán se acercó a México para presentar sus respetos al virrey. Era una decisión que no podía postergar por más tiempo, visto que éste llevaba ya más de un año de haber tomado posesión del cargo. Tanto por la investidura de gobernador y justicia mayor de la Nueva Galicia, como por ser miembro de una de las familias que hacían parte de la grandeza de España, Mendoza hospedó a Nuño. Así las cosas, a los pocos días de encontrarse disfrutando de la hospitalidad de su anfitrión, el 20 de enero, se presentó en la residencia virreinal el licenciado Diego Pérez de la Torre. Éste, que había sido nombrado juez para tomarle la residencia y sucederlo en el gobierno de la Nueva Galicia, lo puso preso, y sin más trámite fue conducido a la cárcel pública, donde se le arrojó con los presos comunes, «donde negros y ladrones y otras gentes estaban y allí estuve diez e ocho meses y diez e ocho días preso sin salir della un día y delante de mí daban los tormentos a ladrones y negros y otras personas».[6] Está claro que se le encarcelaba por órdenes llegadas de España, pero el virrey no movió un dedo para mitigar las condiciones de su prisión. La Audiencia sería la encargada de sacarle las castañas del fuego, quitándole de encima un problema. Antiguo gobernador de la provincia de Pánuco, presidente de la Audiencia y gobernador de la Nueva Galicia y no se tuvo con él el menor miramiento. Una caída estrepitosa. Se buscaba aniquilarlo en lo político.

En la *Memoria* sobre servicios prestados, Nuño escribe que embarcó en San Lúcar de Barrameda el catorce de mayo de 1525, dirigiéndose a Santo Domingo, donde cayó enfermo de «unas tercianas continuas y después de cuartanas dobles [...] y allí supe la muerte de Ponce de León». Se hizo la vela con destino a su gobernación, adonde dice haber llegado el 24 de mayo de 1526 (contradicción evidente, puesto que para esa fecha Ponce de León no sólo se encontraba vivo, sino que ni siquiera llegaba México). En Santiesteban del Puerto fue recibido por los vecinos de la villa, «que serían hasta cuarenta o cuarenta e cinco, que no hay otra población de cristianos en la provincia».[7] Por otra parte, se lee que en la lista de sus criados (todos hidalgos y «limpios»), cuyo paso a Indias se autorizó, figuran sólo veintitrés nombres, incluidos el ama y un clérigo de misa. A no ser que a su paso por Santo Domingo hubiese recogido a algunos más, lo sorprendente del caso es que con ese núcleo tan reducido diera comienzo a una intensa actividad en el año y siete meses, tiempo que, según sus propias palabras, fue el que permaneció como gobernador. En ese periodo estuvo particularmente activo despachando cargamentos de esclavos a vender a las Antillas. Refiriéndose a esa actuación, argumenta, «me pareció cosa de buena gobernación e que así convenía para la sustentación de la tierra y por el servicio de su majestad y beneficio de los mismos esclavos, de dar la saca dellos para las islas a trueco de ganados». Esclavos por ganado. El tipo de cambio era de quince por un caballo o una yegua. Para justificarse argumenta que se les hacían dos beneficios; el uno: «quitarlos de entre sus señores que todos se los comían, averiguadamente [sic] o los vendían a los chichimecas de la otra parte del río para lo mismo; el otro, que pasados en las islas serían mejores cristianos conversando con cristianos y fuera de sus costumbres». Sostiene que era muy cuidadoso en cerciorarse de que, efectivamente, se tratase de esclavos legítimos, esto es, que concurriese causa válida para que lo fuesen de acuerdo con la costumbre. Y como leguleyo (era egresado de la Universidad de Alcalá de Henares), argumenta «pues no se me había mandado lo contrario por instrucción ni cédula particular de su majestad».[8] Lo que no está prohibido está permitido (esa situación quedó subsanada a partir del 4 de diciembre de 1528, en que fueron expedidas en Toledo unas ordenanzas que prohibían hacer esclavos).

Para organizar la expedición a lo que más tarde sería la Nueva Galicia, Nuño arreó con todo. A los españoles que se resistían, los forzó a seguirlo, so pena de quitarles los caballos y desposeerlos de sus encomiendas, y a los caciques les exigió un contingente de ocho mil hombres, tlaxcaltecas en su mayoría. Con esa fuerza ocupó el noroeste de México. Un área inmensa, que comprende lo que hoy son los estados de Michoacán, Jalisco, Nayarit, Colima y parte de Sinaloa. Fundó varias ciudades, algunas de ellas importantes. En honor suyo, su subordinado Juan de Oñate impuso a una el nombre de Guadalajara. Pero, ¿cómo pudo lanzarse a una empresa de ese tamaño, con un grupo tan reducido, sobre todo, cuando muchos iban contra su voluntad? El terror vendría a ser la respuesta. Antes de que llegara a un lugar, ya se tenía noticia de las atrocidades de que era capaz. Y todo eso lo hacía apoyado en un pequeño grupo de incondicionales. En todas las conquistas españolas en América, el caso suyo quizás sólo encuentre parangón con el de Lope de Aguirre y sus marañones, bajando por el Amazonas en busca de El Dorado, e imponiéndose por el terror. Cortés acusó a Nuño de haber trastornado regiones que se encontraban en paz, especialmente Michoacán, donde atormentó al señor de ella, arrancándole una fuerte suma de oro y plata y, para que no se supiese, «le mató, diciendo que el dicho señor tenía cierta gente para pelear con él, que fue muy contrario a la verdad».[9] Nuño en su Memoria intenta justificarse aduciendo que Caltzonzin «había muerto y desollado a cuatro para hacer areito [festejo] con los cueros dellos en sus borracheces privadas, que yo invié al Audiencia».[10] La Corona le pidió que remitiese el proceso contra el soberano tarasco, cosa que nunca hizo. En la *Cuarta Relación Anónima*, escrita por uno de los expedicionarios de Nuño, se denomina a Caltzonzin con el nombre de don Francisco, evidencia de que se encontraría bautizado. Este anónimo cronista describe así los hechos: «sentenció por traidor a D.Francisco, y le mandó arrastrar a cola de caballo, como todos vimos, y después atado a un palo, y allí le quemaron, dicen que vivo: yo de compasión no le quise ver, mas de que sé que dijo que por qué le mataban, que él nunca fue rebelde ni traidor, sino que siempre dio lo que le pedían para el rey, y que sus vasallos siempre sirvieron muy bien a los españoles que tenían por amos, y que como supo que la cibdad de México era ganada, que luego vino de paz con parte de su hacienda al capitán D.Hernando Cortés. Esto yo lo ví».[11] Tzintzincha Tangaxoan, *el Caltzonzin*, murió en febrero de 1530. Nuño quedó marcado por el suplicio del Caltzontzin, y así ha pasado a la historia como un hombre durísimo.

Entre los capitanes más destacados de Nuño, figuraron Gonzalo López, su maestre de campo, Lope de Samaniego, y los hermanos Cristóbal y Juan de Oñate. El señuelo que lo atraía en su marcha hacia el norte era llegar al país de las Amazonas, pero cuando Gonzalo López llegó a Cihuatlán, donde se suponía que éstas se encontrarían y no las halló, se desvaneció la leyenda; no obstante, no se volvieron atrás, pues según refiere el cronista anónimo, otra quimera vino a sustituir a la anterior: «la demanda que llevábamos era las Siete Cibdades, porque el gobernador Nuño de Guzmán tenía noticia de ellas, e de un río que salía a la Mar del Sur, e que tenía cuatro o cinco leguas en ancho, e los indios tenían una cadena de hierro que atravesaba el río para detener las canoas e balsas que por él viniesen [sic], e era gente muy belico-sa».[12] Huelgan comentarios. Este pasaje acerca de las motivaciones de Nuño es poco conocido, así como las condiciones en que marchaba; hombre de pobre salud, pero dotado de una energía inagotable, en la fase final de sus conquistas la enfermedad no basta para detenerlo; cuando se vea impedido para andar se hará conducir en andas, lle-vadas a hombros por «los señores y principales desta cibdad de Mé-xico».[13] El espectáculo no podría ser más gráfico; llevaba a rastras a aquellos desventurados caciques, que se resistían a continuar mar-chando por territorios cada vez más inhóspitos. Y cuando se dé la me-dia vuelta, dejará a muchos, que quedarán llorando, como pobladores forzosos de esas tierras. Pero pese a sus métodos, los hombres lo se-guían; Bernal lo atribuye a que con los conquistadores era más dadi-voso que Cortés. Aparte de su pasión por el mando, Nuño se dejaba arrastrar en forma desenfrenada por el lujo y los placeres. Gastaba sin medida y, a su sombra, se formó una pequeña corte de españolas muy lanzadas, quienes junto a él y sus incondicionales, vivían en escanda-losas francachelas. Los excesos de Nuño no se limitaban a ese círculo de mujeres galantes; su apetito sexual era insaciable. Jóvenes doncellas indias, todas las que pudo tener. No formó familia, ni se le conocen hijos; al menos, no se sabe de ninguno que haya reconocido. Pero, por la actividad tan intensa que desplegó en ese campo, bien pudo ha-berlos dejado por centenares, o al menos por docenas. En materia de obra pública, en sus días de gobernador de Pánuco y, más tarde, al frente del gobierno de la Nueva España, menciona haber construido una torre, encima de la cual se encendía un fuego todas las noches, pa-ra ayudar a los navíos a encontrar la entrada del puerto, o sea, el que vendría a ser el primer faro de México. Fue él quien construyó un camino México-Veracruz apto para el tránsito de carretas. Lo hizo aprovechando tramos del ya existente, que sólo permitía el paso de hombres o recuas. Acerca de los enfrentamientos con el obispo Zumá-rraga y los franciscanos, en su descargo aduce que los traía controla-dos para que no se entrometiesen «en las cosas que fuera de su orden e religión querían hacer».[14] Separación de Iglesia y Estado. Las cosas llegaron a tal punto, que tanto él, como Matienzo y Delgadillo fue-ron excomulgados. Pero la excomunión no parece haberles inquieta-do demasiado y hubieron de levantársela a los tres. Tal fue Nuño Beltrán de Guzmán, el hombre que plantó cara a Cortés y a quien tan-tos sinsabores ocasionó.

Fray Marcos de Niza

14 de febrero de 1538... Esa fecha encabeza una carta dirigida por el virrey a Cortés, previniéndolo para que no se desgaste en la búsqueda de una isla inexistente en que se encuentra empeñado. Según le manifiesta, dispone de informes que le ha proporcionado un fraile, señalando que todo obedece a un error del piloto y los marineros, quienes confundieron la costa del Perú con esa isla. Y como bien señala el virrey, de existir ésta, «Magallanes la topara después que desembarcó el estrecho». Como el fraile parece entendido en conocimientos geográficos –«platica bien»–, le ha encargado que le confeccione un mapa.[15] Se trata de fray Marcos de Niza, el hombre que sembrará la discordia entre ambos. Éste era un inquieto franciscano italiano, quien luego de deambular por Panamá y Nicaragua, viajó al Perú con Alvarado. Llegó a México en el viaje de retorno de uno de los navíos enviados por Cortés en ayuda de Pizarro (evidentemente, en aquel cuya tripulación no se amotinó), y cuyo piloto y marineros aseguraron haber divisado a lo lejos una isla. Lo importante de la carta, es que viene a testimoniar que en esos momentos el virrey procuraba estar en buenas relaciones con Cortés. Ahora bien, en cuanto al error geográfico en que incurre Cortés, es preciso no perder de vista la época en que transcurre la acción, en la cual los conocimientos sobre el Oriente se encontraban en pañales. El viaje Magallanes-Elcano sirvió para establecer la anchura del Pacífico, pero nada se adelantó en el conocimiento de China y del Japón (el Cipango de Marco Polo); además, a Cortés alguien le vendió la idea de que, en medio del océano, no muy lejos de las costas de la Nueva España, se encontraban islas muy ricas. Y estaba luego la tentación de China. Dice encontrarse dispuesto a ir a conquistarla, al igual que en su momento se lo propondrá Alvarado; pero la pregunta es, ¿sabían de lo que estaban hablando? Es cierto que en Europa se conocía su existencia desde muy antiguo; para ser precisos, cuando los generales de Alejandro en la India oyeron hablar de ella. De China llegaban a Europa, en la antigüedad, la seda y el papel, pero fuera de las vagas alusiones de Marco Polo, no hubo en el medievo referencias documentadas.

Lo anterior pone de manifiesto que existió un periodo cercano a los tres años en el que Cortés y el virrey mantuvieron relaciones aparentemente amistosas, el cual podría fijarse desde su retorno de California, que ocurre en 1536, hasta parte de 1539, inclusive. Es ésa una época en que le rondan por la cabeza proyectos de grandes viajes y conquistas; la atención en esos momentos la tenía centrada en unas tierras míticas situadas al norte, y en unas islas de fantasía, en el mar que tenía enfrente. Estaba seguro de su existencia. Esas conquistas eran la asignatura pendiente. Seguía enfrascado en la tarea de construir barcos. Y aquello era un barril sin fondo. A pesar del interés que ponía en ello, la construcción marchaba a ritmo lento; además, después de los fracasos tan sonados, no le resultaba fácil conseguir gente de mar dispuesta a trabajar para él. Parecería que un maleficio pesara sobre su persona. A este respecto, en la carta del 20 de septiembre de 1538 (a que se viene aludiendo), se lee que tiene a punto nueve navíos muy buenos para reanudar las exploraciones, pero que se encuentran ociosos por falta de pilotos. Será Juan Galvarro, el portador de la misma, quien viajará a España en su busca. La carta contiene la nota lastimera de que siente que la edad se le echa encima y que, además, se encuentra cargado de deudas, al grado de que «tengo harto que hacer en mantenerme en una aldea donde tengo mi mujer, sin osar residir en esta cibdad [México] ni venir a ella por no tener qué comer en ella; y si alguna vez vengo porque no puedo excusarlo, si estoy en ella un mes tengo necesidad de ayunar un año».[16] La exageración mueve a risa, pero, en cambio, la carta muestra que asomaría muy poco por la ciudad de México.

En 1539, en fecha no precisada, Cortés redacta un memorial dirigido al Emperador, en el cual, a pesar de que el tono sea mesurado, y se exprese del virrey en forma respetuosa, ya se advierte que algo no marcha bien. Se están produciendo intervenciones de Mendoza, que entorpecen sus proyectos de navegaciones y conquista, por lo que cree del caso recordar que se encuentra vigente la capitulación, negociada diez años atrás con la Emperatriz, para el descubrimiento de las islas y tierra firme del Mar del Sur. Y para demostrar que por parte suya no ha habido incumplimiento, enumera las expediciones que lleva despachadas, detallando lo gastado y subrayando que, inclusive, en la última participó personalmente y a punto estuvo de perder la vida. Puntualiza que a su retorno de Santa Cruz, para hacer efectiva la posesión de la tierra, dejó allá treinta españoles con doce caballos y víveres suficientes para diez meses; pero ocurrió que algunos familiares de los que allí quedaron se quejaron ante el virrey, y éste le ordenó que mandase recogerlos, «lo cual yo hice».[17] Se advierte aquí un primer roce. Se trata de una tierra descubierta a expensas suyas, y de la cual tomó posesión «conforme a derecho», según consta en la escritura levantada por el notario que dio fe del acto; por tanto, pide al monarca que ordene «que no se me ponga embargo ni impedimento alguno para ir a la dicha tierra, y usar de las dichas vuestras provisiones y capitulación, pues tengo navíos y aderezo...». Demanda no ser obstaculizado, dado que tiene urgencia de despachar un navío, con hasta treinta y cinco o cuarenta hombres, para llevar provisiones a Ulloa, a quien, «como dicho es, a la postre tengo enviado».[18] Aunque no señala a nadie en particular, está claro que la queja va contra Mendoza, quien es el único con la autoridad suficiente para frenarlo. Los malentendidos han aflorado.

Paz con Francia

Bernal dice: «En el año de treinta y ocho vino nueva a México que el cristianísimo emperador nuestro señor, de gloriosa memoria, fue a Francia, y el rey de Francia, don Francisco, le hizo gran recibimiento en un puerto que se dice Aguas Muertas, donde se hicieron paces y se abrazaron los reyes con grande amor, estando presente madama Leonor, reina de Francia, mujer del mismo rey don Francisco y hermana del emperador de gloriosa memoria». El autor se está refiriendo a la llamada Tregua de Niza (17 de junio de 1538), pactada merced a la intervención de Leonor, reina de Francia, y María, reina viuda de Hungría, hermanas ambas de Carlos V, seguida al mes siguiente, en el pequeño puerto de Aigües-Mortes, por la entrevista entre Carlos y Francisco I, los eternos rivales. Éstos, como si nada hubiera ocurrido, conversaron amistosamente durante dos horas (poco duraría la concordia; Carlos V sostuvo cuatro guerras contra su cuñado el rey francés, y una quinta contra Enrique II, hijo de éste). Se comprenderá que la noticia del feliz acontecimiento fuera celebrada en México por todo lo alto, con una serie de festejos que hicieron época. Nunca volvería a verse cosa igual. El relato de Bernal constituye una pieza documental de primerísimo orden: «Y acordaron de hacer grandes fiestas y regocijos; y fueron tales, que otras como ellas, a lo que a mí me parece, no las he visto hacer en Castilla, así de justas y juegos de cañas, y correr toros, y encontrarse unos caballeros con otros, y otros grandes disfraces que había en todo. Esto que he dicho no es nada para las muchas invenciones de otros juegos, como solían hacer en Roma [...] había dos cabeceras muy largas, y en cada una su cabecera: en la una estaba el marqués y en la otra el virrey, y para cada cabecera sus maestresalas y pajes y grandes servicios con mucho concierto [...] y diré que para otro día hubo toros y juegos de cañas, y dieron al marqués un cañazo en un empeine del pie, de que estuvo malo y cojeaba [...] quiero poner una cosa de donaire, y es que un vecino de México [...] como tiene nombre de maestre de Roa, le nombraron adrede maese de Rodas, porque este comisario fue al que el marqués hubo enviado llamar de Castilla para que le curase el brazo derecho, que tenía quebrado de una caída de caballo».[19]

La mención a ese curandero, a quien Cortés hizo venir de España para que lo sanase, pone de manifiesto que se trató de una mala caída, precisándose además que el brazo lesionado fue el derecho; más adelante asienta que hubo de diferir dos meses el viaje a España, tanto por no haber reunido el dinero suficiente, como porque cojeaba a causa del cañazo recibido.

29
Enemigos

Está a la vista un segundo documento, también de 1539, y escrito sin duda a muy corta distancia del memorial enviado al Emperador. Se trata de las instrucciones impartidas por Cortés a los emisarios que despacha a España, que son Jorge Cerón, Juan de Avellaneda y Juan Galvarro (por el apellido, el primero podría ser pariente suyo). Llevan el encargo de informar al Emperador y a los miembros del Consejo de Indias del estado en que se encuentra el proyecto para una nueva empresa de conquista, y espera obtener el favor de la Corona para no ser obstaculizado. Disponía en esos momentos de cinco navíos, aprovisionados y listos para ir en seguimiento de los tres que llevó Ulloa: «e otros cinco que al presente tengo a punto para ir en seguimiento del dicho capitán Francisco de Ulloa, para ayudarle a pacificar e poblar las tierras descubiertas, de que pienso enviar por capitán a don Luis, mi hijo»;[1] dice además contar con otros cuatro en astillero, en fase avanzada de construcción. Total, doce. Como se advierte, aquí ya cambia la historia; en lugar del navío de aprovisionamiento de que habló en la carta anterior, se trata ahora de una expedición en toda forma. Don Luis, en aquellos momentos, era casi un niño que apenas andaría por los catorce años, por lo que, de haberle confiado el mando, allí pudo haberse quedado sin barcos y sin hijo. Tamaño disparate en un conquistador tan avezado, se presta a todo tipo de conjeturas: pudo ser producto de rabia y desesperación, causadas por la inmovilidad a que lo tendría condenado la herida recibida en el pie, ya que lo obvio hubiese sido que fuese él quien se pusiera al frente de la expedición. También pudo ser que pensara que enviando al hijo mantendría a salvo sus derechos. Con los años se había vuelto absorbente en grado superlativo. Resulta notorio que, encontrándose disponibles un regular número de conquistadores probados en múltiples ocasiones, los hiciera de lado. Podría ser que no se fiase de ellos, o que fueran ellos quienes no quisieran seguirlo; al decir de Bernal, sería esto último. El encargo que llevan sus procuradores es el de denunciar al virrey, quien ya comienza a alistar gente para enviarla a esas tierras «no mirando a que como virrey no solamente no ha de hacer agravios, pero no permitir que nadie los haga [...] porque demás de ser en tan notorio perjuicio y agravio mío, será muy dañoso y cabsa de grande escándalo, así entre las gentes que yo allá tengo, como en los naturales». Aquí el rompimiento ya es abierto; y concluye diciendo que teme que éste «como justicia me impida, o me quite la gente o ponga otros impedimentos».[2] Lo que vino a continuación, se sabrá por un documento que aparecerá más adelante. Porfió Cortés, y el virrey impuso su autoridad atándolo de manos: en caso de desobediencia, una «pena de cincuenta mil castellanos y la persona a merced de Vuestra Majestad».[3] Esto es, lo remitiría preso. Viendo que ésa era una batalla que no podría ganar, en vez de agachar la cabeza, optó por viajar a España para dar la pelea. Defendería su caso ante instancias más altas. Confiaba en que pronto estaría de regreso.

La primera referencia de que Cortés va camino de España la da Oviedo, quien dice que éste le escribió desde La Habana el cinco de febrero de 1540, «haciéndome saber cómo iba a Castilla, e otras cosas que no son al propósito de la historia».[4] Eso último que menciona ya indica que ambos se carteaban, y que su correspondencia abarcaría temas diversos. Procede dejar bien sentado que, pese al trato epistolar, no llegaron a conocerse personalmente, ya que de haber sido así, Oviedo no habría omitido decirlo. La primera prueba de la presencia de Cortés en España, la ofrece la carta que el 11 de abril firma éste en Sevilla, y que va dirigida a Diego de Guinea, el encargado de velar por sus intereses en Oaxaca, instruyéndolo para que atienda debidamente al deán de Guatemala, quien irá de paso por ésa.[5] En lo referente al séquito que lo acompañó, los datos son escasos; se sabe, eso sí, que llevó consigo a sus hijos don Luis y don Martín (el hijo de Malintzin no se había movido de España. Volvería a encontrarlo luego de una separación cercana a los diez años). En cuanto a antiguos conquistadores, serían muy pocos los que viajaron en su compañía; se sabe sólo de Jorge de Alvarado y Andrés de Tapia. A juzgar por los informes mínimos proporcionados por Bernal, se trataría de una época en que no estuvieron especialmente próximos; entre lo poco que cuenta, señala que cuando se presentaba por el Consejo de Indias, se tenían con él una serie de deferencias, consistentes en que saliera un oidor a recibirlo, colocándosele un asiento en lugar preferente, próximo al del presidente, que en esos momentos lo era fray García de Loaisa, y por estar reciente la muerte de la Emperatriz, todos vestían de luto, mismo que también él vistió. Llegó Hernando Pizarro que venía del Perú con un acompañamiento de más de cuarenta hombres enlutados, y en esos momentos apareció Cortés vistiendo luto al igual que sus criados. «Y como en la corte nos veían así al marqués Cortés, como a Pizarro y a Nuño de Guzmán y todos los que veniamos de la Nueva España a negocios, y otras personas del Perú, tenían por chiste de llamarnos los indianos peruleros enlutados».[6] Se advierte que otro enlutado que se movía en la Corte era Nuño de Guzmán, a quien el monarca, sin escucharlo siquiera, lo desterró a Torrejón de Velasco, donde moriría en 1544. Salió relativamente bien librado, dada la gravedad de los cargos que pesaban en su contra. Era un Guzmán, y la familia Guzmán se contaba entre las más prominentes de Castilla. Su hermano Gómez Suárez de Figueroa se desempeñaba como embajador de Carlos V ante la república de Génova; más tarde, Felipe II lo haría duque de Feria y grande de España. En el claustro de la catedral de Badajoz puede admirarse la notable laude sepulcral en bronce de Lorenzo Suárez de Figueroa, otro miembro de la familia.

Ya se ha asistido al comienzo del deterioro de la relación entre Cortés y Mendoza, pero falta ir al fondo del asunto, esto es, saber si disputaban por algo tangible o se trataba de un choque de personalidades. La crónica de lo ocurrido en los últimos meses equivale a leer en un libro al que le faltara una página; pero reconstruirla no resulta difícil, pues se puede hacer a través de otros hechos que son conocidos. La realidad es tan asombrosa, que cuesta trabajo aceptarla. Un espejismo. Peleaban por algo inexistente; unas míticas ciudades situadas al norte que, supuestamente nadarían en oro. El título de propiedad que le asiste lo funda Cortés en las tablas podridas del bergantín de Hurtado de Mendoza, «que partió en el año pasado de treinta y dos y corrió toda la costa, y llegó muy cerca de lo primero y principal que está poblado en esta tierra descubierta. Y porque el navío en que el dicho capitán iba dio al través, no se acabó por entonces la dicha conquista; y cuando yo en persona fui en otra armada, proseguí el mismo pasaje y costa del sur, y llegué a la tierra de Santa Cruz y estuve en ella, ques muy cercana a esta dicha tierra y que confina con ella, y que ningún otro llegó aquí sino el dicho mi capitán Diego Hurtado de Mendoza». El origen de tamaño equívoco lo funda en la razón siguiente: «truje algunos indios de los naturales de la dicha tierra de Santa Cruz, los cuales, después que aprendieron la lengua de la Nueva España, me informaron muy particularmente de las cosas de la dicha tierra, de que ellos tenían entera noticia por estar más cercanos a ella».[7] Luego de escuchar eso, lo que queda claro es que, en cuanto esos primitivos comenzaran a balbucear sus primeras palabras en español, serían atosigados a preguntas, siendo lo más probable que a todo dijeran que sí: «¿hay oro?», y la respuesta sería afirmativa. Es así como habría dado comienzo la leyenda, eso se entiende, pero lo que de ninguna manera se acierta a comprender es que a Cortés, habiendo estado en Santa Cruz, donde vio por sus propios ojos la desolación y pobreza de la zona, y hablado luego con Álvar Núñez, quien le referiría lo que fueron esos diez años vagando desnudo, pudiera habérsele disparado la imaginación: otra Tenochtitlan que le estaba reservada para ser conquistada. Y del virrey, ¿qué decir?; también él habló con Álvar Núñez y, muy probablemente, lo haría también con los que, por mandato suyo, fueron regresados de Santa Cruz. El origen del embrollo conduce a fray Marcos de Niza. Cortés ofrece su versión de la manera siguiente: como estaba bajo la impresión de que el fraile era un entendido en geografía, había decidido llevarlo consigo en el viaje proyectado, por lo que le adelantó algunos informes de lo que sabía de esas tierras, a través de los indios de Santa Cruz. Pero fray Marcos, traicionando la confianza depositada en él, se fue corriendo a contárselo al virrey, y todo lo distorsionó. El caso es que Mendoza, con base en esos informes, que le llegaban de rebote, despachó a fray Marcos al frente de una expedición que partiría de México (7 de noviembre de 1539), llevando consigo a Estebanico.[8] Los expedicionarios retornaron con las manos vacías y sin Estebanico, quien fue muerto por los indios. Según Gómara, trajeron la noticia de la existencia de los búfalos (las «vacas corcovadas»), o los «toros disformes» como los llama Bernal, información que no constituía novedad, puesto que ya antes había dado noticia de ellos Álvar Núñez.[8] Pero está visto que el tal fray Marcos era un fabulador de tal especie, que dejaba chico al más pintado. Fray Marcos no llegó a entrar en Cíbola, pero en su informe aseguraba que pudo verla desde una altura. Era inmensa. Se advierte que esa fantasía no es del todo original, pues deriva de la fábula de las Siete Ciudades que, ya antes le habían metido a Nuño en la cabeza.

Ahora la versión de Mendoza ofrecida por Oviedo, quien desde su atalaya en la fortaleza de Santo Domingo, escribe que el dieciseis de octubre de 1539, se recibió en ésa una carta dirigida por el virrey al tesorero Alonso de la Torre, dándole cuenta del resultado de la expedición de fray Marcos: «envié a descubrir por la parte de la costa del Sur a dos religiosos de la Orden de Sanct Francisco, e son vueltos con nueva de muy buena tierra, grande e de muchas poblaciones; e lo que al presente yo proveo en ello es enviar hasta doscientos de caballo por tierra e dos navíos por mar con hasta cient arcabuceros e ballesteros, e aún éstos con algunos religiosos, a solamente ver como serán rescebidos de aquellos naturales. Dios les encamine como más se sirva». *(Adelanta aquí la noticia del envío de la expedición de Coronado.)* Oviedo prosigue diciendo que el tesorero recibió otra carta, fechada con dos días de diferencia (18 de octubre), del contador de la Nueva España Rodrigo de Albornoz, la cual, como representa una versión neutral, y explica perfectamente la situación, se reproduce íntegra: «No se si cuando ésta llegue, sabrá Vuestra Merced nuevas de la tierra nueva que se ha descubierto en esta Nueva España hacia la parte de la gobernación que tenía Nuño de Guzmán a la mar del Sur, junto a la isla que agora últimamente descubrió el marqués del Valle, adonde ha enviado tres o cuatro armadas, y que sabiendo nuevas e teniendo noticia desta tierra el señor visorrey, envió un fraile e un negro que vino de la Florida, con otros que de allí vinieron de los que escaparon de la gente que allá llevó Pánfilo de Narváez; los cuales fueron a parar, con la noticia que tenía el negro, a una tierra muy riquísima, segund dice, donde ha el dicho fraile (que es vuelto) haber siete cibdades muy populosas e de grandes edificios. De la una de las cuales daba nueva de vista, e de las demás, adelante, por oídas, que ha nombre ésta donde ha estado, Cíbola, e la otra el reino de Marate; e otra tierra muy poblada, de que da muy grandes nuevas, así de la riqueza della como del concierto e buena manera e orden que entre sí tienen la gente della, así de edeficios como de todo lo demás; porque tienen casas de cal y canto, de dos o tres sobrados, y en las puertas e ventanas mucha cantidad de turquesas. E hay animales de camellos y elefantes, e vacas de las nuestras e montecinas, que las cazan por los montes la gente della, e mucha cantidad de ovejas como las del Perú, e otros animales que tienen un cuerno, solamente, que le allega hasta los pies; a cuya causa dice que come echado de lado. Dice que no son unicornios, sino otra manera de animales. La gente dice que anda vestida de unas ropas largas hasta el cuello, de chamelote, e ceñidos, e que tiene manera de moros; en fin, se conoce que es gente de razón, e no de la manera de los de esta tierra.– Sobre la conquista della hay diferencia entre el señor visorrey; dice pertenecerle a él por haberla él descubierto, y el marqués [Cortés] alega e dice haberla él descubierto mucho ha, e gastado en descubrirla mucha suma de pesos de oro, e sobre ello ha habido de la una parte a la otra muchos requerimientos e respuestas; y en fin, el marqués se tiene por muy cierto ir a España en los primeros navíos que fueren. Y el visorrey envía a Francisco Vázquez de Coronado con trescientos hombres, los doscientos de caballo e cient peones, a que tomen larga relación e noticia de la tierra e hagan lo que buenamente pudieren, juntamente con doce religiosos de la Orden de Sanct Francisco que van con ellos para traerlos en conocimiento del camino verdadero a nuestra sancta fee católica. Su partida será de aquí a mes y medio». Oviedo certifica que transcribe fielmente los originales que tiene a la vista.[9] Todo esto apunta a que Estebanico ha tenido lo suyo en tamaño enredo. Fue una alucinación medieval lo que originó el enfrentamiento; eran tiempos en que la tierra todavía estaba poblada por gigantes, volaban grifos, se iba en busca de El Dorado, de la tierra de las Amazonas y de la fuente de la juventud eterna. Estebanico y fray Marcos formarían una pareja de consumados fantaseadores. En fin, así se originó lo que sería una comedia de errores, de no haber tenido un desenlace trágico, en lo que a pérdida de vidas humanas se refiere. Según se echa de ver, detrás de la fachada bondadosa de Mendoza, recogida por la historia, estaba un hombre de mano muy pesada, que no admitía contradictores. Cortés desafió su autoridad, y no podían coexistir dos gallos en un mismo gallinero.

En el memorial dirigido por Cortés al Emperador, redactado en Madrid (25 de junio de 1540), se advierte el rompimiento abierto con Mendoza. Ya no más rodeos. Los cargos consisten en que, conforme a lo que tiene capitulado con la Corona, descubrió y tomó posesión de una tierra, a la cual ahora el virrey le niega la autorización a trasladarse, so color de que el descubridor no ha sido él, sino fray Marcos de Niza (confirmación de que éste estuvo en el centro de la discordia), con lo cual, sostiene que falta a la verdad; «hace siniestra relación a Vuestra Majestad». Refiere que desde que se comprometió a la tarea de descubrimientos ha enviado cuatro armadas a sus expensas, con un costo de más de trescientos mil ducados, y que al momento tiene a punto cinco barcos para ir a su conquista. Acusa también al virrey de que cuando Ulloa regresaba de su viaje de exploración, se encontró con que no pudo atracar en Santiago, pues tenía apostada gente en todas las bahías y fondeaderos para interceptar a los expedicionarios y, a través de ellos, saber «el secreto y aviso de la tierra». Ulloa bajó a tierra un marinero para que fuera a informarle, pero éste fue aprehendido. Continuó su navegación, pero «lo siguieron por la costa más de ciento y veinte leguas, y no osando el dicho navío entrar en puerto alguno, de temor surgía en costas bravas y así le tomó un temporal en que perdió las anclas y batel, y de la necesidad entró en el puerto de Guatulco [Huatulco], e allí prendieron al piloto e marineros».

El resultado de ese viaje fue que Ulloa, que era un gran marino y llevaba en su compañía pilotos que probaron ser muy competentes, costeó todo el litoral que hoy día corresponde a Sonora, con la particularidad de que a todo lo largo del trayecto no divisaron a un solo ser humano. Siempre el desierto (todavía se recuerda que, en época no demasiado lejana, en más de una ocasión la prensa publicó noticias de excursionistas muertos de sed a causa de la descompostura del vehículo que los transportaba); los expedicionarios llegaron al fondo del golfo, hasta encontrar la desembocadura del río Colorado, al que llamó Ancón de San Andrés. A partir de ese punto, inició el descenso a lo largo del litoral de la península; navegaban muy pegados a la costa y, esta vez sí, advertían señales de presencia humana. Veían indios desnudos que, o bien pescaban con hilo y anzuelo, o se zambullían en busca de marisco. También toparon con colonias inmensas de lobos marinos. Así bajaron toda esa costa para volver a bahía de Santa Cruz donde tuvieron una recalada de diez días, para reaprovisionarse de agua y leña, y continuaron la navegación. Bordearon el extremo sur de la península, para pasar frente a donde hoy se localiza el cosmopolita centro hotelero de Cabo San Lucas y luego subir costeando hasta llegar a la altura de isla de Cedros, a la que impusieron ese nombre que aún perdura, donde bajaron para reaprovisionarse. De allí emprendieron el retorno. (En 1541 el piloto Domingo del Castillo dará a conocer el mapa que confeccionó. Resulta impresionante el apego a la realidad que muestra. Ello habla de la competencia de los pilotos que iban en ese viaje.)

Otro punto importante en la acusación, consiste en que el virrey ya ha despachado una nueva expedición, al frente de la cual va Francisco Vázquez de Coronado, el gobernador de la Nueva Galicia «en demanda de la dicha tierra por mí descubierta, y que se comprende en los límites de mi gobernación [...] y porque la tierra a donde dicen que van es mucha y la gente della belicosa, y de más entendimiento e saber que otra ninguna que hasta hoy se haya descubierto en las Indias». No puede consentir que la presa se le escape de las manos y esgrime un argumento jurídico, para que se respeten sus derechos; «porque es contrato oneroso que contiene recíproca obligación, y Vuestra Alteza según derecho es obligado al cumplimiento de lo que en su real nombre ha sido contratado e capitulado conmigo tantos año ha, mayormente habiendo yo por mi parte cumplido y hecho tan enteramente todo aquello que fui y soy obligado de hacer, y habiendo en ello gastado los dichos trescientos mil ducados y más». En efecto, la suma gastada es astronómica. Pide que Coronado ya no siga adelante, y que a la gente que lleva se le dé una mejor ocupación, como sería pacificar la Nueva Galicia, en la «que casi todo está por conquistar». Añade que en la región se está produciendo un levantamiento indígena, y ya han matado a una docena de españoles; eso lo sabe «porque después que yo llegué a estos reinos han venido cartas de la Nueva España».[10] El paso siguiente lo da la Corona. A dos semanas de distancia, expide una cédula ordenando a Cortés, a Alvarado y a de Soto que no incursionen fuera de sus respectivas jurisdicciones, «e vos los dichos: marqués del Valle e don Pedro de Alvarado e don Hernando de Soto os habéis opuesto ante nos, en el nuestro Consejo de las Indias, pretendiendo cada uno de vosotros que las dichas tierras e provincias de que el dicho fray Marcos trajo razón salen u entran en vuestras capitulaciones [...] no vos entremetáis a entrar ni entréis en lo que otro hobiere descubierto y conquistado o estoviere conquistando, aunque pretendáis que entra y así dentro de los límites de vuestras capitulaciones, y si algún derecho entiendéredes tener a ello, vengáis e inviéis ante los del dicho nuestro Consejo de Indias con los testimonios e otras escrituras». Al propio tiempo, mientras se esclarece a quién corresponde el gobierno de esas tierras, se autoriza al virrey Mendoza «para que prosigáis en el dicho nuestro nombre la dicha conquista e descubrimiento».[11] Inmenso el revuelo ocasionado por fray Marcos. Ahora bien, el error tan grande que se manifiesta en la cédula, al frenar a Alvarado y de Soto en sus pretensiones de que Cíbola pudiese caer dentro de sus respectivas jurisdicciones, sólo viene a evidenciar, una vez más, la pobreza de conocimientos geográficos.

El mismo día en que se despachaba la cédula reservando al virrey Mendoza la exploración de las nuevas tierras (10 de julio de 1540), se emitía otra ordenándole que devolviera a Cortés los navíos intervenidos, «e para ello alcéis cualquier embargo en los dichos sus navíos».[12] Una de cal y otra de arena, como si con ello se quisiera balancear políticamente la situación; sin embargo, la devolución aparece como un sarcasmo. Los navíos a su disposición, pero a él no se le permite retornar. Han recordado que tiene pendiente el asunto de la Residencia, y ésa será la argucia para mantenerlo arraigado. El tiempo apremia, pero eso no parece preocupar a los señores del Consejo de Indias, quienes tampoco le permiten viajar a Flandes para entrevistarse con el Emperador. Se le dice que éste ya no tardará en retornar; mientras tanto, doce barcos permanecen ociosos al ancla en sus fondeaderos. No tiene manera de utilizarlos, pues atrás no dejó ninguna infraestructura montada. No existe un segundo quien en ausencia suya se haga cargo; todo el programa de exploraciones oceánicas se vino abajo en cuanto él faltó. Con el paso del tiempo se había vuelto tan absorbente, que todo lo quería tener en el puño. Muy distinto a los días cuando delegaba facultades amplísimas a sus capitanes; aunque también es posible que no le interesara financiar una empresa en la que serían otros quienes cosecharan los laureles. Y en este punto se dan por terminadas las actividades marítimas de Cortés, queda ahora sólo el balance; desde luego, los resultados fueron pobres en extremo. Volviendo atrás la mirada, encontramos que en junio de 1533 escribía a su primo y procurador, el licenciado Francisco Núñez: «porque ha más de siete meses que yo salí de mi casa para el despacho destos navíos, y los cinco dellos he estado residiendo en este astillero sin quitarme de sobre la obra, y estaré hasta volverme a México más de otros çuatro»; por tanto, si se cumplió el plazo mencionado, en esa ocasión habría estado nueve meses seguidos supervisando el avance de obra.[13] Sobre esta carta procede una aclaración, pues aunque está fechada en Santiago (Santiago en la Mar del Sur, como él la llama), en realidad se está refiriendo a un tiempo pasado en Tehuantepec, que era donde tenía el astillero en aquellos momentos; se lee, por otra parte, en una actuación de Jerónimo López, escribano de la Audiencia, quien consignó que para acelerar la construcción de los navíos Cortés se trasladó a Tehuantepec, adonde «fue en persona a hacer la dicha armada e navíos, adonde estuvo fuera de su casa año y medio e más tiempo, e hizo una choza en la playa del dicho puerto, adonde estuvo todo el dicho tiempo, ayudando algunas veces con el trabajo de su persona a la dicha obra; y en la dicha armada gastó asimismo mucha suma e cantidad de pesos de oro, de la cual fue por capitán un Diego Becerra».[14] Si se considera que la expedición a California le tomó algo más de año y medio, y se suma el tiempo que pasó a pie de obra en astilleros, ello da tres años corridos, en los que estuvo directamente involucrado en empresas marítimas. También se observa que, en el memorial que dirigió al Emperador allá por 1540, escribe que hizo cinco armadas, en las cuales gastó doscientos cuarenta mil ducados. Éstas serían la de Álvaro de Saavedra Cerón (1527), Hurtado de Mendoza (1532), Diego Becerra (1533), la expedición a California conducida por él mismo (1535). Y todavía en 1539 despachará a Francisco de Ulloa en la exploración que penetró a fondo en el Mar de Cortés (que de allí deriva el nombre). Se puede decir que se ha quedado corto, porque omite la primera, la enviada en 1524 al mando de Hurtado de Mendoza, consistente en un bergantín y otros navíos «más pequeños», para que penetrasen en Bahía de la Ascensión en busca del estrecho que se suponía que comunicaría ambos océanos; tampoco menciona los navíos que lleváron Olid y Francisco de Las Casas, así como los perdidos en naufragios en viajes a las Antillas, y las dos carabelas que le fueron confiscadas, una en Santo Domingo y otra en Cuba. A ésos deben agregarse los doce buques que tenía destinados para el último viaje que planeaba y que ya no llegaría a realizar. Un esfuerzo inmenso tragado por el mar. Para cerrar este capítulo, quedan tan sólo dos aspectos que amerita destacar, y ellos son, la calidad de los astilleros y la competencia de los pilotos. En cuanto a lo primero, allí se construyeron navíos de primer orden, capaces de internarse en el océano. En lo que respecta a las calificaciones de los navegantes, baste decir que la *Florida* encontró sin dificultad la isla de Tidore. El dato habla por sí sólo de la competencia del piloto, pero, ¿quién o quiénes fueron los que hicieron eso posible? La información disponible es en extremo escasa; lo que salta a la vista es que a seis años de distancia de la Conquista, ya existía un centro de construcción naval, en el que se trabajó en las condiciones más precarias. Entre los contadísimos datos disponibles, se encuentra que, en 1541, un Juan de Castellón demandó a Cortés el pago de mil setecientos pesos de oro, por concepto de «aderezalle ciertos navíos».[15] Éste sería uno de los constructores; otro que identifica, y cuyo nombre tampoco dice gran cosa, es Francisco Maldonado.[16] Pero aparece un dato que no deja de sorprender, y ello ocurre cuando afirma haber comprado unos barcos a Juan Rodríguez de Villafuerte, mismos que irían en la expedición de Hurtado de Mendoza, «presento estas escripturas de los navíos que compré a Juan Rodríguez de Villafuerte» (como habla en plural, serían más de uno). Y en otra parte escribe: «en el puerto de Acapulco está hecho otro navío grande y casi acabado otro pequeño, que lo ha hecho allí en mi nombre Joan Rodríguez de Villafuerte».[17] Eso lo está diciendo en junio de 1533, por lo que podría tratarse de uno de los buques destinados a la expedición de Diego Becerra. Lo que aquí queda de manifiesto es que a Rodríguez de Villafuerte, a quien sólo se conocía como hombre de guerra, ahora aparece como avezado constructor de navíos de alto bordo, lo cual pone en entredicho la aseveración de Bernal, quien juzgó providencial la presencia de Martín López, pues de no haberse contado con él, no habría sido posible la construcción de los bergantines (juicio que repetirán Torquemada y autores sucesivos). Hay que decir que Bernal nunca se asomó por los astilleros de Cortés.

Finalmente, para rematar el tema de las exploraciones oceánicas de Cortés, queda por aclarar un punto: ¿adónde esperaba llegar? Oviedo opina que alguien le colocó un mapa erróneo y él le dio entero crédito: «segund cierta figura que él tiene del paraje adonde está aquel arcipiélago [sic] que descubrió el capitán Magallanes, paresce que saldrá muy cerca de allí. E dábanle a entender que se acortaría el viaje de la Especiería [...] Yo le tengo a Hernando Cortés por mejor capitán e más diestro en las cosas de la guerra, de que habemos tractado, que no por experto cosmógrafo al que tal le dijo; porque el estrecho de Magallanes está muy alieno [lejano] de lo que es dicho, e muy fuera de propósito que por donde Cortés, segund lo dicho, o su pintura que dice que tiene, le han querido significar».[18] El comentario es elocuente. Se dejó embaucar. Y no hay que olvidar que la opinión de Oviedo en materia de observaciones geográficas merece respeto, pues en ello fue un pionero. Es conocido el caso del erudito Ramusio, quien le escribió desde Venecia, pidiéndole que, para los fines de calcular el diámetro terrestre, observara la hora en que se produciría un eclipse. La carta le llegó once días más tarde, sin que lo hubiera presenciado, pues en la fecha en que ocurrió se encontraba en cama.[19] Por otro lado, resulta difícil comprender cómo Cortés pudo aferrarse a una concepción tan errónea del océano, pues dispuso de tres fuentes calificadas: en primer término, el diario de bitácora del patache *Santiago*, que le entregó Arízaga; en segundo, los nautas de la *Florida* (con uno de los cuales habló Bernal), quienes, a no dudarlo, proporcionarían una descripción detallada de la anchura del océano. Y, en tercer lugar, viene un argumento de mucho peso: contó con el informe del viaje de la *Florida*, que le fue proporcionado por Vicencio Napolitano, uno de los sobrevivientes de la expedición de Álvaro de Saavedra Cerón, quien logró volver a España siete años más tarde, o sea, en 1534, trayendo consigo un traslado del diario de a bordo de la *Florida*, mismo que Saavedra Cerón llevó hasta poco antes de su muerte. Se sabe que Cortés tuvo conocimiento de lo acaecido en ese viaje por dos notas del memorial preparado por el licenciado Francisco Núñez, al listar todos sus pleitos y negocios que le correspondió atender, y al respecto escribe: «En Dueñas recogí a Vicencio Napolitano, e dile de comer muchos días e dineros para el camino. Envíelo al señor marqués para que le diese relación de la armada de Locusa [Loaisa]. Después vino el capitán Hernando de la Torre y Francisco Granado, recogílos y diéronme el libro de la armada y envié traslado de él al señor marqués».[20] A través de ese piloto y del libro de bitácora, se supondría que Cortés tendría puntual conocimiento, tanto de lo ocurrido, como de la anchura del océano.

Don Pedro de Alvarado y Maciá

Alvarado apareció por la costa con una flota de catorce naves. Unas quedaron en Acapulco para reparaciones, y otras largaron anclas al abrigo del puerto de Santiago. En ellas había invertido todo su caudal, e iba camino de su gran empresa de conquista. En la carta que escribía desde Guatemala el 18 de noviembre del año anterior, dando cuenta de que ya tenía pronta una armada para hacerse a la mar para una empresa de exploración y conquista, decía: «Suplico a Vuestra Majestad no capitule con nadie en toda la costa de la Nueva España, pues yo lo tengo sobre mí; e cuando ésta a Vuestra Majestad llegare, yo andaré por allá con mi armada, placiendo a Nuestro Señor, e hallando cosas de tomo, ansí en las Islas como en Tierras firmes».[21] Un punto de la carta de Alvarado que requiere aclaración, es lo que él entendía por «Nueva España», pues en aquellos momentos se designaba así no sólo a los territorios de lo que vendría a comprender el virreinato de ese nombre, sino a unas regiones del todo imprecisas, situadas al norte, de las que, por supuesto, nada se sabía. Además, en otra parte se lee que su expedición era: «con el fin de ir a descubrir nuevas tierras por los rumbos de China y Californias».[22] En fin, una confusión explicable, puesto que en aquellos días apenas se estaba levantando el mapa. Para tener una idea de lo atrasado que se encontraba el conocimiento sobre China, nos basta abrir el libro de Gómara, el cual está publicado cinco años después de la muerte de Cortés, y en él veremos que, refiriéndose al norte de la Nueva España, dice: «muchos piensan que se une por allí la tierra con la China'.[23]

El arribo de Alvarado ocurrió durante 1540, en fecha que no es posible precisar, y sería entonces cuando entraría en conocimiento de la cédula, que otorgaba en exclusiva al virrey Mendoza la facultad para incursionar por las nuevas tierras; de manera que no le quedó otra salida que pactar con él. Y es así que el 29 de noviembre de ese año, están los dos negociando en un pueblo de Michoacán. Se entendieron, y en el acuerdo a que llegaron, se especifica que la expedición se dirigirá a «las tierras y provincias y gentes que el padre Fr. Marcos de Niza y otros por S.S. [Su Señoría, Mendoza] enviados, descubrieron».[24] En el cuerpo del escrito se menciona que el virrey había despachado una flota de tres navíos al mando de Hernando de Alarcón, el cual ya se encuentra de regreso y ha corroborado la existencia de Cíbola. El informe de ese viaje es muy confuso en lo que concierne al derrotero seguido, pues salvo la referencia a que tocaron Santa Cruz (La Paz), los demás puntos que menciona resultan de imposible ubicación, por no corresponder los nombres citados a los actuales. Al parecer, reprodujeron la navegación de Ulloa; y el método seguido para ubicar la situación de Cíbola consistió en preguntar por ella a los indios, los cuales respondían no saberlo. Finalmente, al internarse por un río, un indio, al ver un perro que traían, señaló que el señor de Cíbola tenía otro igual, el cual se lo había regalado un negro; y respecto a la distancia a que los separaba de Cíbola, les señaló que pasando un despoblado ya se encontraba cerca. No necesitaron más, con eso se dieron la media vuelta. Ya habían escuchado lo que querían oír. Acerca de cómo se entenderían con ese hombre, lo mismo pudo haber sido a señas, que a través de uno de los indios traídos por Cortés de Santa Cruz.[25]

El documento suscrito por Mendoza y Alvarado pasa a referirse a la expedición recién despachada, al frente de la cual iba Francisco Vázquez de Coronado, de quien todavía no se tenían noticias. Los términos del acuerdo se encuentran contenidos en un documento extenso, pero como el detalle reviste escaso interés, se echará una ojeada sobre las cláusulas más relevantes. Éstas serían como sigue: Mendoza cede a Alvarado un quinto de todo lo que hasta al presente hubiere logrado Vázquez de Coronado, pero a partir de ese momento, irán a medias en los beneficios; por su parte, Alvarado cede al virrey la mitad de su flota. La capitana es la *Santiago*, quizás en recuerdo de aquel bergantín que comandó en las expediciones de Grijalva y Cortés; pero no deja de llamar la atención de que una de las naves lleve el nombre de *Álvar Núñez*. Eso huele a una connotación relacionada con las tierras que éste recorrió. Una vez de acuerdo, Mendoza y Alvarado pusieron la mano derecha sobre la cruz de Santiago que llevaban cosida al pecho, y lo mismo haría Don Luis de Castilla, quien fungía como testigo, «e hicieron pleitohomenaje como caballeros hijosdalgo, una, dos y tres veces; según uso e costumbre e fueros de España».[26] Pero el compromiso no habría de cumplirse, por causas ajenas a la voluntad de los contratantes. En esos momentos se producía en la Nueva Galicia una rebelión indígena de grandes proporciones.

Alvarado se encontraba ultimando los preparativos para aprovisionar su flota, cuando recibió la noticia. La rebelión cundía, y los alzados habían llegado ya a Guadalajara, donde Juan de Oñate, quien había quedado como teniente de gobernador en ausencia de Francisco Vázquez de Coronado, resistía, pero solicitaba auxilios urgentes. Alvarado desembarcó a sus hombres, distribuyéndolos en pequeños grupos para la defensa de algunos pueblos, mientras que él, al frente de algo más de un centenar, marchó hacia el peñón de Nochistlán, donde el grupo más numeroso de rebeldes se había hecho fuerte. Para ese momento, ya habían fracasado todos los intentos de conciliación, y como algunos que habían sido bautizados se sumaron a la rebelión, fray Juan Calero, que era el misionero que los catequizó, se acercó al peñón, acompañado de tres jóvenes indios, intentando dialogar. La respuesta fue una lluvia de flechas. Allí cayó fray Juan Calero, quien pasa por ser el primer misionero muerto mártir en México. Oñate se unió a Alvarado con su reducido contingente, y juntos marcharon al peñón, acompañados por un contingente de indios aliados. El terreno era sumamente agreste, por lo que tenían inmensas dificultades para moverse, e incluso, a los caballos que llevaban del diestro, hubieron de dejarlos atrás, al cuidado de los indios amigos. Y en esas condiciones llegaron al pie de la albarrada, donde fueron recibidos con piedras y flechas. Por ese lado no había manera de entrarles, por lo que Alvarado ordenó el repliegue. Se retiraban en buen orden, cuando Baltasar de Montoya, un soldado bisoño (en realidad venía como notario de la flota) que permanecía montado, se asustó picando espuelas a su caballo. El animal perdió pisada y comenzó a rodar cuesta abajo, arrastrando en su caída a Alvarado, que no pudo esquivarlo, y juntos fueron a dar al fondo de la barranca. Allí quedó inconsciente, hasta que los soldados consiguieron reanimarlo. En medio de los dolores y vómitos de sangre, Alvarado ordenó que lo despojasen de la coraza y demás armas que vestía, para que se las pusiese otro soldado y se hiciese visible a los indios, a efecto de que éstos no se enterasen de que era él quien había caído. Y así se hizo. El soldado se paseó a la vista de los atacantes, y éstos, al reconocer que era a Alvarado a quien tenían enfrente, cesaron en sus embestidas. Un caso semejante al de la leyenda que le fabricaron al Cid, de que muerto ganó una batalla.[27]

Don Luis de Castilla fue uno de los primeros en acercarse, y al preguntarle qué le dolía, recibió la famosa respuesta: «el alma». Cuando le dijeron que lo llevarían a un médico para que lo curase, los detuvo diciendo que lo único que importaba era la presencia de un sacerdote. Oñate, que partió en su busca, por el camino se topó con el cura, que escoltado por seis soldados, venía a toda prisa; Alvarado vio en ello una prueba de la misericordia divina, que le brindaba la oportunidad de salvar el alma. Ordenó hacer un alto, y a la sombra de unos pinos depositaron en tierra la parihuela, y procedió a una larguísima confesión, con muchas lágrimas, al decir de quienes lo vieron. Seguía con vida y lo llevaron a Guadalajara, donde lo acogieron en casa de su parienta, doña Magdalena de Alvarado, esposa de Juan del Camino. El deceso ocurrió el cuatro de julio de 1541, y según cuenta la crónica, cuando le llegó el momento tomó un crucifijo entre las manos, y abrazado a él, expiró. Tenía entonces entre cincuenta y tres y cincuenta y cinco años. Murió como había vivido. Muerte a causa de heridas recibidas en acción de guerra.[28]

El testamento lo hizo ante el notario Diego Hurtado de Mendoza, y refrendado por Baltasar de Montoya (el mismo cuya imprudencia le causó la muerte), en el cual dejó ordenado que sus capitanes volviesen a Guatemala y entregasen la armada a doña Beatriz de la Cueva, su mujer (cláusula que no se cumplió). El notario que redactó el testamento es un homónimo del infortunado primo de Cortés. El detalle de tratarse de un apellido ilustre, pone de manifiesto las vinculaciones familiares de éste. Diego Hurtado de Mendoza era salido de la casa del conde de Baralas; hay otro homónimo suyo que fue embajador de Carlos V en Venecia (1539-1547) y Roma (1547), representando al Emperador en el Concilio de Trento (1545). Y encontramos también a García Hurtado de Mendoza, hijo del marqués de Cañete, quien fue gobernador de Chile y fundador de la ciudad de Mendoza en Argentina.

Visto que Alvarado fue uno de los más significados lugartenientes de Cortés, no está por demás trazar una semblanza suya. Pedro de Alvarado y Mesia entra en la Historia en el momento en que embarca con Grijalva; aunque se encontraba en Cuba desde poco tiempo atrás, llevaba ya en Santo Domingo unos ocho años, por lo que no deja de extrañar que un individuo de su talante hubiera podido pasar inadvertido. Nacido en Badajoz, aparece en compañía de sus cuatro hermanos, Jorge, Gonzalo, Gómez y Juan. Alguien vio que cosida en el sayo traía la cruz de comendador de Santiago, misma que procuraba disimular cubriéndola con la capa. Fueron con el cuento a Diego Colón, y éste lo mandó llamar para reprenderlo, diciéndole que si en efecto era comendador, debería mostrar orgulloso la encomienda.[29] Sayo y capa eran heredados de su tío, el comendador de Lobón; pero en lugar de aclarar esa situación, a partir de ese momento pasaría a exhibirse abiertamente como tal. Una impostura audaz, que lo pinta de cuerpo entero; lo que procede destacar aquí, es la naturalidad con que portaba la encomienda, al grado de que nadie le preguntara cómo la había obtenido. Pedro Mártir le da tratamiento de comendador, lo cual pone de relieve que tanto Alaminos, como Montejo y Puerto Carrero, quienes fueron sus informantes, lo tenían por uno auténtico, e igual tratamiento le dispensa Oviedo.[30] Años más tarde ingresaría en la orden alcanzando esa dignidad, misma que le sería negada a Cortés. El ingreso a la orden era un asunto tan serio, que incluso ciento y tantos años más tarde, a Diego Velázquez de Silva, el eximio pintor de Corte y grande entre los más grandes maestros de la pintura universal, en primera instancia le fue negada la admisión (no está claro si sería por aquello de que «trabajaba con las manos», o porque no pudo acreditar debidamente la limpieza de alguno de sus ascendientes) y hubo de intervenir el rey (Felipe IV) para revertir la decisión. Alvarado viene a ser el conquistador de tiempo completo, que nunca tuvo lugar para el descanso. Y una de sus características, es que en todo quiso ser el primero; quizás por ello, por mantenerlo alejado, Cortés lo despacharía a la conquista de Guatemala. En esa campaña, en Acajutla, resultó tan malherido de un flechazo, «que me quedó la una pierna más corta que la otra bien cuatro dedos». Es posible que haya sufrido un encogimiento a causa de un nervio lastimado; en todo caso, quedó cojo, y para compensar la diferencia, en la bota de la pierna afectada usaba una suela de corcho de varios dedos de espesor.[31] Es raro que no haya pasado a la historia con el apodo de el Cojo Alvarado. Viajó a España y supo ganarse el favor del todopoderoso Francisco de los Cobos y, es a través de éste, como se relaciona con doña Francisca de la Cueva, sobrina del duque de Alburquerque, con quien contrae matrimonio. Una unión políticamente conveniente. Boda suntuosa, en la que el propio Emperador, como regalo, le devuelve una esmeralda que antes él le había dado. En ese matrimonio parece haberse originado el distanciamiento con Cortés, pues dejó plantada a Cecilia Vázquez Altamirano, sobrina de éste, faltando a la palabra que había dado de casarse con ella.[32] Junto con el hábito de Santiago, recibió el nombramiento de gobernador y capitán general de Guatemala; además se le hizo adelantado. Camino de Guatemala, regresó a México en 1528 para atender sus asuntos, y apenas puso pie a tierra en Veracruz murió su esposa (más tarde, y por la intercesión del Monarca, obtendría dispensa papal para contraer nuevo matrimonio con doña Beatriz de la Cueva, hermana de la difunta). Nuño de Guzmán, que no creía en nadie, comenzó por imponerle una multa de diez mil pesos de oro por haber jugado, para a continuación, despojarlo de una celada borgoñona, vajillas de oro y plata, tapices, mantelería y cuanto objeto de valor portaba, sin importarle todos los títulos que trajera encima. Alvarado, el temible *Tonatiuh* de la matanza del Templo Mayor, se hallaba impotente y, dándose cuenta de en manos de quiénes se encontraba, buscó librarse de la mejor manera posible. Negoció, y la multa le fue rebajada a la mitad. El último desaire que se le hizo fue en ocasión de haberse presentado en la Audiencia montado en una mula, la cual le fue confiscada.[33] Concluida la conquista de Guatemala, quizá porque se aburría, sintió el llamado de la acción y montó a sus expensas una expedición para incursionar en el Perú. Partió la flota, llevando como explorador a bordo de un bergantín a García Holguín (el mismo que capturó a Cuauhtémoc), quien tenía a su cargo reconocer la costa. Desembarcó con su ejército, en el que se contaban más de quinientos hombres, y se internó en el territorio. En Riobamba se encontró con Diego de Almagro, quien contaba con fuerzas notoriamente inferiores, y en cuanto se hallaron frente a frente, estaban a punto de llegar a las manos, cuando de pronto, los soldados de ambos bandos, reconociendo a sus amigos en el campo contrario, comenzaron a hablar unos con otros. Esa coyuntura favoreció a Almagro, quien no contaba ni con la cuarta parte de los hombres de Alvarado, y obligados por su propia gente, ambos capitanes parlamentaron. Lo que acordaron fue que Alvarado no interferiría en el Perú, cediéndoles a los que ya se encontraban allí toda su artillería y arreos militares, regresándose a su gobernación en Guatemala. A cambio, recibiría cien mil pesos de buen oro. Pizarro aceptó el compromiso contraído por Almagro, y en Cuzco le entregó la suma convenida.

Es poco lo que se conoce acerca de antecedentes familiares y juventud de Alvarado; los escasos datos disponibles provienen de anécdotas recogidas por *el Inca* Garcilaso de la Vega. Este autor fue hijo del capitán Garcilaso de la Vega, uno de los llegados con Alvarado, y de una princesa inca. Cuenta *el Inca* que de niño asistió a varias misas celebradas por el alma de Alvarado, y que escuchaba a su padre y a los compañeros de éste anécdotas sobre su vida; es así como refiere que, antes de pasar a Indias, encontrándose en Sevilla, Alvarado subió a la Giralda en compañía de otros jóvenes caballeros. De la torre sobresalía una viga del andamiaje de unas obras que se estaban realizando, y viéndola, un tal Castillejo se despojó de capa y espada, y saltando sobre ella, la recorrió hasta el final y volvió sin decir palabra. Alvarado, que sintió en aquello un desafío, se echó la mitad de la capa sobre el brazo izquierdo, y sosteniendo la espada también en esa mano, recorrió la viga hasta el final, y dándose una vuelta en redondo, volvió de cara a la torre. Otra insensatez de Alvarado, narrada por este autor, habría tenido lugar en sus mocedades, cuando andando de caza con unos amigos, vieron a unos gañanes que, para demostrar su ligereza, saltaban sobre el brocal de un pozo a pie juntillas. Algunos de sus acompañantes desmontaron y realizaron el salto, aunque hubo quienes no se atrevieron; llegó el turno a Alvarado, y éste exclamó: «Buen salto es a pie juntillas; no sé si me atreva a darlo». Saltó, y simulando que no había alcanzado bien el borde, se impulsó hacia atrás con las puntas de los pies y volvió al punto de partida.[34] *El Inca* no llegó a conocerlo personalmente, pero a quien sí trató fue a un hijo suyo, mestizo, llamado Diego de Alvarado, a quien califica de «digno hijo de su padre». Éste murió a manos de indios en una oscura acción de guerra.[35] Se diría que el salto sobre el brocal del pozo sería un ensayo de aquel que realizó durante la huida de México. Bernal pone en entredicho este último; pero Oviedo, a quien le intrigaba este punto, pues ello era ya una leyenda en sus días, al paso de aquél por Santo Domingo, le preguntó qué había de verdad en ello, a lo cual, el propio Alvarado, *viva voce* le aseguró que fue cierto. Ésta es la única ocasión en que este cronista manifiesta haber hablado con él.[36]

Los datos anteriores permiten tener una mejor idea de quién fue Pedro de Alvarado; y en cuanto al propósito que lo embargó al final de su vida, de emprender la conquista de China, aquí hay que precisar que durante muchos años ésta vendría a ser la asignatura pendiente. Todavía en 1580, el virrey Martín Enríquez, en el pliego que deja a su sucesor, el conde de La Coruña, le señala los beneficios que se derivarían de su conquista.[37]

Cortés reaparece en Palma de Mallorca. A golpe de remo, la galera *Esperanza* se adentra en la bahía, mientras que, desde la cubierta, contempla la colina de pinos rematada por el castillo de Bellver, recuerdo de los días en que la isla fue reino independiente. Por encima de la muralla árabe sobresalía la vista de la catedral y, frente a ella, la Almudaina, antiguo palacio del walí, y muy cerca, la lonja de mercaderes, uno de los más sobresalientes edificios de la arquitectura civil gótica existentes en España. La acción tiene lugar hacia agosto-septiembre de 1541. Había transcurrido poco más de un año sin que se tuvieran noticias suyas. Casi podría darse por seguro que permaneció en Madrid la mayor parte de ese periodo, puesto que allí residió la Corte y, en ésa, aparece fechado el memorial de agravios dirigido el año anterior al Emperador. Lo que ha ocurrido puede conjeturarse. No ha tenido éxito en solucionar sus asuntos; esperaba volver pronto a México para reanudar sus conquistas, pero las cosas llevan un ritmo muy lento. Nadie resuelve, y el Emperador continúa ausente; tampoco se le da la autorización para viajar a Flandes para entrevistarse con él; es así que escribe: «quiso el dicho marqués ir a Flandes o a Alemania donde Vuestra Majestad estaba [...] y de todas partes fue avisado que estuviese quedo porque la venida de Vuestra Majestad sería breve».[1] Se encontraba arraigado, pero de pronto, con el anuncio de la expedición contra Argel, creyó que se le abría una puerta. No se le podía impedir que fuese a servir a su Monarca. Y ésa sería la oportunidad para verlo. Carlos V marchaba contra Argel para suprimir ese nido de piratería que constituía una constante amenaza para el levante español. Estaba fresco el ataque de Barbarroja a Mahón de donde se llevó cautivos a la mayoría de sus habitantes, para luego ser vendidos como esclavos en Constantinopla. Las órdenes impartidas fueron que las galeras de las distintas flotas participantes tendrían como punto de reunión la bahía de *Ciutat* (Palma). La cita se fijó para el mes de agosto. El puerto se encontraba entonces muy resguardado por las dos torres medievales de Porto Pi, desde las cuales se tendía por las noches una cadena que cerraba la entrada. [fondeadero del yate real *Fortuna*; precisamente donde ETA planeaba atentar contra la vida del rey don Juan Carlos I.] Pues bien, allí convergió una gran flota de galeras llevadas por Andrea Doria. Cortés consiguió embarcar en la galera *Esperanza*, invitado por don Enrique Enríquez. No podía faltar a una cita que además congregaba a destacadísimas figuras militares. Consigo llevaba a sus hijos naturales, don Martín y don Luis. Seguramente daría por descontado que no faltaría ocasión para mostrar sus dotes militares.

La llegada del Emperador ocurrió el trece de octubre, y para el veinticuatro ya estaba la flota frente a Argel; ese día, que fue domingo, mil quinientos hombres desembarcaban en una playa vecina a la ciudad. El martes por la tarde sopló un cierzo muy fuerte acompañado de granizo, y como se encontraban en una playa desprotegida, se perdieron trece galeras y navíos. La *Esperanza* fue una de las que dieron de través en la playa, y al abandonarla, Cortés se ciñó al cuerpo con un paño las joyas que llevaba consigo, entre otras, las famosas cinco esmeraldas de que se ha hablado. El oleaje se las arrebató, y allí entre el cieno quedaron perdidos los cien mil ducados en que Gómara las valora. Por su lado, Oviedo quien se encuentra más próximo a ese suceso en el tiempo, narra lo ocurrido de la manera siguiente: «fue con Su Majestad a la empresa de Argel, donde le cupo harta parte de aquel naufragio; e además del peligro e trabajo de su persona le costó muchos millares de ducados, e perdió mucha hacienda en atavíos de su casa e persona»; (como antes se dijo, la anécdota de las esmeraldas se antoja del todo fantasiosa. Cortés no la menciona en sus escritos, lo cual acarrea un peso considerable).[2] El desánimo cundió en el campo de los sitiadores; se convocó a consejo de guerra, y los más prestigiosos jefes militares se pronunciaron por levantar el sitio. Argel quedaría para otra ocasión. El dos de noviembre se produjo el reembarque. A Cortés se le hizo el desaire de no invitársele a la reunión de consejo. El Emperador no tenía deseos de recibirlo. Acerca de ese desaire, Gómara habría escrito: «y yo, que me hallaba allí, me maravillé».[3] En esta frase se ha querido ver la prueba contundente de que viajaba en su compañía, por encontrarse a su servicio; antes, se ha escuchado a Las Casas, quien en tono violento y de manera reiterada, al llamarlo su capellán y criado lo califica como un servil. Ésos son los dos argumentos capitales en que descansa tal aseveración; pero ocurre que, sencillamente, la frase en cuestión desapareció en la edición siguiente, realizada en Zaragoza en 1554. El propio Gómara se encargó de borrarla. En la carátula de la nueva impresión, se lee: «agora nuevamente añadida y enmendada por el mismo autor».[4] En ésta, el pasaje relativo, lo reescribió de manera muy distinta, y sin hacer la menor alusión a que él se hubiese encontrado presente. Es posible que la cita que diera origen al equívoco se originara en un error de impresión; por otra parte, Gómara es autor de un libro conocido como *Crónica de los Barbarrojas*, el cual, como su título ya lo indica, es una historia de la célebre pareja de hermanos piratas, y al relatar el sitio de Argel para nada menciona o da a entender que él se hubiese encontrado presente. En este caso la omisión es muy significativa, pues en este libro el autor se hace presente en varias ocasiones manifestando lo que él y sus amigos hacían y dónde se encontraban. Ninguna alusión a haber participado en esa incursión.

Del viaje a Argel no se derivó resultado concreto alguno; es más, se puede dar por sentado que Cortés no logró hablar con el Emperador, pues de haberlo conseguido, lo habría mencionado en el documento en que más tarde reseñaría las conversaciones que sostuvieron. Total, un desplazamiento estéril, y sin lugar a dudas, una frustración inmensa. La ofensa debió dolerle en lo vivo. Un eslabón más entre la cadena de amarguras que iría cosechando.

El viaje de retorno fue desastroso. Eran tantos los barcos perdidos, que para que hubiese acomodo para los hombres, hubieron de arrojar caballos al mar. Y no terminaron allí las desventuras: nuevas tormentas se abatieron sobre la flota, dispersándola. Unas naves fueron a dar a Bugía, otras a Orán, otras a Sicilia, y otras, incluso, regresadas a Argel, donde los hombres que conducían cayeron en manos de los berberiscos, quienes los masacraron; aquella en que viajaba Carlos V aportó a Bugía, y allí permaneció hasta que el tiempo abonanzó y pudo dirigirse a Mallorca. Cortés no habla de ese retorno accidentado, ni menciona la vía que le correspondió seguir para el retorno a España (según Bernal lo habría hecho por Bugía).

Al año siguiente dirige un largo memorial al Emperador solicitando mercedes y, de manera sucinta, enumera los servicios prestados. Esa relación lo hace valioso, pues aclara algunos puntos relativos a la Conquista.[5] Un documento quejumbroso en el que asoma el desaliento; va para tres años que está en España y no ha conseguido nada. Y lo que ha logrado no le aprovecha. En el papel figuran como devueltos unos barcos que se pudren en los fondeaderos.

Ofensiva contra Mendoza

Mientras tanto, ocurre que se ha dispuesto practicarle una visita al virrey Mendoza, y en cuanto a Cortés le llega la noticia, cree ver llegada la oportunidad para defenestrar a su enemigo. Para conseguirlo, echó mano a todos los medios a su alcance; será esa la última batalla que libre. Ello ocurría en 1543. Al par que lo acusaba en la Corte, escribió a todos los simpatizantes que aún tenía en México, para que en la visita que efectuaría el enviado Francisco Tello de Sandoval, formulasen contra él todos los cargos posibles. Hay que precisar que se trataba sólo de una visita de inspección, aunque él trataría de conseguir, por todos los medios, que se convirtiese en un juicio de residencia. Y al efecto, a través de sus corresponsales, comenzó a elaborar una lista con todos los cargos susceptibles de formularse. A las acusaciones de Cortés, respondió el virrey, y aquello fue una serie de dimes y diretes; por ello, se rescatarán exclusivamente las acusaciones de mayor peso, o aquellas que permiten vislumbrar algo que se esconde atrás. Comienza Cortés por acusar a Mendoza de que, desentendiéndose de su oficio de virrey, en lugar de atender a los asuntos de gobierno, se metió a andar en descubrimientos y conquistas, con los resultados de que desguarneció la tierra, y que para abastecer las expediciones, impuso cargas excesivas, tanto a españoles como a indios, lo cual dio origen a la rebelión en Jalisco. Señala el costo tan grande en vidas humanas y daños materiales, destacando que entre los caídos, hubo que lamentarse la muerte de Pedro de Alvarado, lo cual ocasionó que subiese la moral de los alzados, yendo en aumento su número, por lo cual, el virrey reunió un fuerte contingente de españoles e indios, «segund se ha escrito de allá, quinientos de caballo españoles y quinientos o más arcabuceros y ballesteros, e cincuenta mil indios naturales de la dicha tierra, vasallos de Vuestra Alteza, y dejó toda la Nueva España desamparada, en especial, la provincia de México, que a no ser los naturales como fueron, tan leales vasallos de Vuestra Alteza, pudieran muy fácilmente matar todos los españoles que allí quedaron [...] y ansí lo escribieron a estos reinos muchas personas, obispos e religiosos, e legos regidores de la dicha ciudad e otras personas».[6] Por su lado, Mendoza, quien muestra estar al corriente de los cargos que le formulaba, preparó un extenso alegato en su defensa. En sus descargos, acusa a Cortés de haberse empeñado en una campaña de desestabilización en su contra, y que no cesa de escribir a sus incondicionales para que lo acusen ante el visitador Francisco Tello de Sandoval. Al efecto, cita algunos nombres de conquistadores que resultan desconocidos, pero entre aquellos que nos son familiares se encuentra Gutierre de Badajoz (aquel quien al decir de Bernal, habría sido el primero en escalar el templo de Tlatelolco): a éste lo señala como uno de los hombres más acaudalados de la ciudad, y que le tenía mala voluntad, por ser muy allegado a Cortés, quien lo casó con una hija de Francisco de Orduña, que éste [Cortés] trajo de España. También menciona a Luis Marín, Francisco de Solís y Jerónimo López, y dice que «son allegados de la casa de dicho marqués y siguen su voluntad porque a dicho Luis Marín le casó con una criada suya que servía a la marquesa, su mujer. («criada» en el sentido medieval de la palabra, o sea, una de las damas de su entorno.) Y a dicho Francisco de Solís le casó con una cuñada del Dr. Ortega, y en dicho casamiento el marqués hizo el gasto y regocijo, como a criado y allegado de su casa. Y fue su alguacil en la conquista de esta tierra, y le dio los indios que tiene. Y Gerónimo López, porque le casó con la primera mujer que tuvo y dicho marqués la dotó».[7] Por lo que se ve, todavía contaba con un reducido grupo de incondicionales, que le fueron fieles hasta lo último. A Tapia no se le menciona, debido a que en la época en que esto tiene lugar, permanecía en España.

Mendoza rechaza toda responsabilidad por el levantamiento indígena y, en su descargo, aduce: «que puede haber seis años, poco más o menos, que ciertos indios de las sierras de Zacatecas hechiceros, vinieron a los pueblos de Tlaltenango y Xuchipila y a otros de Nueva Galicia, y subvertieron y engañaron dichos pueblos, diciendo y haciendo creer a los indios que habían resucitado sus abuelos y todos sus antepasados, y que habían de matar a todos los cristianos que estaban en aquella provincia y muertos éstos, pasarían a México y la habían de sojuzgar».[8] Éste es el desmentido que opone, aunque reconoce que «para ir en descubrimiento de la tierra nueva de Cíbola con el capitán general Francisco Vázquez de Coronado, fueron hasta 250 españoles de a caballo, los cuales así para sus personas como para su carruaje, armas y bastimentos, y municiones y otras cosas necesarias para el viaje, llevaron más de mil caballos y acémilas».[9] En efecto, un esfuerzo inmenso. Mendoza no da un estimado acerca del número de indios aliados que contribuyeron a sofocar la rebelión, pero por otros datos que menciona, se advierte que se trató de un levantamiento de grandes proporciones, en el que la ayuda que éstos prestaron resultó decisiva; es así que, en sus papeles consta que ha otorgado permiso para portar espada a don Francisco, cacique de Tlalmanalco, a Don Juan, cacique y gobernador de Coyoacán, y a otro cacique llamado Hernando de Tapia, por la participación tan decidida que tuvieron en esa campaña, lo cual nos muestra que intervinieron en ella indios de distintas regiones.

Señala, asimismo, que a los prisioneros que se hicieron por haber quebrantado el juramento de vasallaje, se les marcó con el «hierro del rey» como esclavos, y fueron dados como botín de guerra a los indios aliados, que reclamaban el pago por sus servicios.[10] Otro dato de interés, es que ha dado licencia para portar espada a don Antonio, que «es hijo de Cazonci y es gobernador de la provincia de Michoacán, buen cristiano, y que desde niño se crió en casa del virrey y después en el colegio de Michoacán, donde aprendió latín. Y siempre se ha tratado y trata como español y se precia de ello».[11]

Algo muy importante, y que no se debe pasar por alto, es la forma en que Cortés acusa al virrey de haber sido responsable indirecto de la muerte de Alvarado. Según él, las razones habría que buscarlas en el momento en que Alvarado llegó frente a Huatulco para aprovisionarse, siéndole negada la autorización para fondearse allí, donde disponía para subir a bordo de mil quinientos quintales de bizcocho y dos mil quinientos o tres mil tocinos, novillos, carneros, puercos, frijoles «e otros bastimentos quel dicho marqués le mandó dar de su hacienda, de manera que constreñido de necesidad, el dicho adelantado se fue con su armada al puerto de Santiago, ques en la provincia de Colima, sin tomar los dichos bastimentos».[12] Habrían sido don Luis de Castilla y Peralmíndez Chirinos, quienes por órdenes del virrey, se lo impidieron. Lo único que puede decirse ante tal información, es que en nada encaja con los demás datos disponibles. Cortés y Alvarado eran competidores y, por cierto, muy celosos uno del otro. No consentían que hubiese intromisiones en sus respectivas áreas. Por tanto, el alegato de Cortés en el sentido de que él, graciosamente, iba a abastecer su flota, sencillamente es algo totalmente fuera de lugar; ¿darle provisiones, y sobre todo, regaladas? Aparte de no existir constancia de que hubieran llegado a reconciliarse luego de que Cortés le pusiera pleito en marzo de 1529, acusándolo de haberse apropiado de una suma de oro (en el fondo, parece que actuó movido por el resentimiento, al dejar plantada Alvarado a la prima que le tenía reservada para esposa), llevaban largos años sin verse, y hasta donde es sabido, sin comunicarse. Además se trataba de algo que ya venía de antiguo, pues cuando Alvarado se enteró de que Cortés se encontraba en mala situación en el Golfo de Honduras, pese a la cercanía con Guatemala, no se molestó en acudir en su ayuda. Para Alvarado, Cortés venía a ser como una sombra pesada que deseaba sacudirse. Aspiraba a brillar con luz propia. Por más que busquemos, en ninguna parte se encuentra constancia de que se hubiesen asociado para montar esa expedición; por tanto, el peso de la prueba parece indicar que en esta ocasión, lisa y llanamente, Cortés miente, con la certidumbre de que muerto Alvarado, no había ya quien pudiera desmentirlo. Además, se le pasa por alto la existencia de una cédula reservando al virrey la exploración y conquista en esa área. En su descargo, Mendoza dirá que las armadas que ha hecho, «así por mar como por tierra, en descubrimiento de la tierra nueva de Cíbola, costa del Mar del Sur e islas de Poniente, las ha hecho con licencia e facultad de S.M. como consta por las capitulaciones de S.M. y cartas que de ello ha escrito a dicho virrey».[13]

Por la forma en que arremete, se nota que Cortés se ha obcecado de manera tal que lanza cargos sin ton ni son, y es así como acusa al virrey de que luego de haber acordado con Martín de Ircio el casamiento de su hermana doña María de Mendoza, y de haber gastado éste seis mil ducados para enviarla a buscar y alhajarla, a su llegada rehusó entregársela, porque la mina de plata de Ircio no resultó tan rica como se pensaba, habiéndosela retenido durante dos años. Mendoza responde que, a su llegada, su hermana le informó «que tenía hecho cierto voto y que hasta tanto no se aconsejase con letrados no podía disponer de sí, y por esa causa no se efectuó dicho casamiento luego [...] después que fue informada y tuvo voluntad de efectuar su casamiento, lo hizo y efectuó y se casó con dicho Martín Dircio, como al presente están casados y con hijos».[14] Entre otros cargos muy serios, figura el de que a través de un hombre de paja en Veracruz, introduce mercancías evadiendo el pago de los derechos de almojarifazgo (aduana); y de que cobra unos derechos «para hacer un muelle en el dicho puerto e otros reparos, e hay cogidos más de setenta mil ducados e la obra no se hace sino muy despacio». Lo acusa también de cobrar un peso de oro por cada esclavo negro que se introduce al país.[15] Mendoza repuso diciendo que el impuesto fue para la construcción del muelle que se hacía en San Juan de Ulúa, que además de ser una obra necesaria, «de todo lo cual se dio noticia a S.M. y S.M. lo aprobó y mandó que se prosiguiese y acabase». Acerca de la alcabala cobrada por la introducción de esclavos negros, no ofrece descargo alguno. El informe del visitador Tello de Sandoval resultó desfavorable para el virrey, pero a pesar de ello, el Consejo de Indias lo desechó, y éste se mantuvo en el cargo. Cortés, moviendo sus hilos a distancia, había librado su última batalla. Jugó y perdió.

Carlos V embarcó en Barcelona con destino a Génova (ello ocurrió el 30 de abril de 1543, pero vientos contrarios lo obligaron a refugiarse en la cala de Palamós donde hubo de aguardar unos días hasta que cambió el tiempo). Cortés y él ya no volverían a verse. En esa ocasión permanecería fuera de España trece largos años (trece años, cuatro meses y dieciséis días, para ser exactos). La situación europea se había complicado enormemente, y su presencia era requerida en otras partes; había guerra con Francia, guerra en Flandes, y Solimán, el sultán de Turquía, se disponía a atacar Viena. En el Mediterráneo había alcanzado su cenit un poder sobre remos. Barbarroja. Este pirata, que inicialmente operaba desde bases norafricanas, había crecido mucho; Solimán lo nombró almirante y actuaba como aliado suyo. Las operaciones de Barbarroja ya no se limitaban a ataques sorpresivos para retirarse a continuación; era tan fuerte, que Francisco I tenía tratos con él, como lo había descubierto Carlos V, cuando en la toma de Túnez se encontró con las cartas que éste le dirigiera. Había crecido tanto, que invernaba con su flota en Toulon. Ante tales enemigos, el Emperador se había aliado con Enrique VIII de Inglaterra, excomulgado por haberse divorciado de su esposa Catalina de Aragón (tía del propio Carlos). En el campo opuesto, se encontraban en contubernio Francisco I de Francia, con el papa Clemente VII, el Sultán de Turquía y Barbarroja. Mientras, Alemania ardía por la cuestión religiosa. Asuntos más importantes demandaban la atención del Emperador, por tanto, a Cortés, no le queda otro recurso que aguardar su retorno, ese retorno que él no alcanzará a ver, pues cuando se produzca llevará ya casi nueve años muerto.

Para el 17 de mayo de ese año Cortés se encuentra en Valladolid. Su presencia en ésa puede establecerse con certeza, pues en ese día compareció ante notario, para desahogar una diligencia acerca de los bienes que pudo haber dejado Cordero, en relación a la herencia que corresponde a su hija (Cordero es aquel piloto que murió al golpearlo en la cabeza un mástil, durante el viaje a California).[16] Permanece en Valladolid (que es asiento de la Corte), y el 3 de septiembre reconoce ante notario como suya la firma en una escritura, por la cual, en plan de gran señor, condona a doña Juana (la hija de Ortíz de Matienzo) y a su marido, las cantidades a que pudiesen ser condenados en el pleito que sostenía contra el fallecido oidor.[17]

En noviembre de 1543 ocurre un hecho importante: el príncipe Felipe se casa con su prima hermana María Manuela de Portugal, una jovencita de dieciséis años y veinte días; él la aventajaba en cinco meses (eran nietos ambos de Juana la Loca, por lo que no es de extrañar que el príncipe don Carlos haya salido medio atronado). A Juan Ginés de Sepúlveda, el biógrafo de Carlos V, le tocó acompañar al obispo de Cartagena, encargado de recoger a la princesa y trasladarla a Salamanca. Por el protagonismo que le correspondió desempeñar en ese suceso, la descripción que hace resulta valiosa; entre otras cosas, señala que en la comitiva que los escoltó figuraron el duque de Alba, el de Medina Sidonia, el Almirante de Castilla, el marqués de Astorga, los grandes maestres de las órdenes militares, el todopoderoso Francisco de los Cobos, y otras prominentes figuras, entre quienes se contaba Hernán Cortés.[18] Junto con los grandes del reino, asistió a la boda bajo las naves de la catedral. Honor señaladísimo. Entre los curiosos pormenores consignados por Sepúlveda, figura el de que tenía pelo y barba rojizos (como ya antes Bernal nos ha dicho que muy pronto comenzó a encanecer y se teñía, debe entenderse que el cambio de color obedecía al tinte que usaba en aquellos momentos). Otra curiosidad ofrecida por ese testigo, que viene a hacer las veces de encargado de escribir la reseña social, consiste en describir el atuendo en uno de los saraos: «Don Martín Cortés, sayo pardo, calzas blancas, capa y gorra negra. Danzó con doña María de Figueroa, sayo de terciopelo negro, cordón de oro, sin gorra».[19] No aclara cual de los dos hermanos era el que participaba en el regocijo.

Sepúlveda, de acuerdo con los datos que aporta, habría coincidido con Cortés al menos en cuatro ocasiones: dos en Valladolid, una en Barcelona y otra en Salamanca. No es mucho lo que dice, pero de todas formas, los suyos figuran entre los contados informes disponibles acerca de la vida de Cortés en los días que seguía a la Corte. El primer encuentro que tuvo con él lo relata así: «En cierta ocasión que coincidí con Cortés en Valladolid, en una reunión familiar, en época en que el emperador Carlos se encontraba en aquella ciudad, y al recaer la conversación sobre estos hechos, oí gustoso a Cortés hablar de las asechanzas que se le prepararon, de la gran mortandad consiguiente, y añadió que cierto joven de aquellos que habían venido a él a Tlaxcala, en calidad de legados para tratar de la rendición, mientras se disculpaba y aseguraba que él jamás había aprobado el plan de asechanzas, iniciado por otros, le pidió que, para que no dudase de su inocencia, preguntase sobre ello a la «cajita» [brújula] y no llevase a mal pedirle este oráculo...».[20] El relato resulta confuso, pues no aclara si la acción ocurría antes o después de la matanza de Cholula, pero independientemente de ello, lo que aquí interesa es que de nueva cuenta sale a colación la historia de la caja misteriosa.

Sepúlveda da cuenta de la parte medular de la entrevista sostenida en Barcelona, entre Cortés y Carlos V, la cual habría tenido lugar poco después de haber sido rechazados los franceses del asedio a Perpiñán; y según refiere, cuando Cortés argumentaba no haber recibido una recompensa adecuada, el Emperador lo habría atajado, diciéndole: «Deja de jactarte de tus méritos, que no has recorrido una provincia tuya, sino ajena, a lo que Cortés –como él mismo me recordó–, llevándolo con gran dolor, respondió de esta manera: Conoce más a fondo mi causa, gran príncipe; yo no pido ningún perdón, si has hallado en mí algo que será motivo de la última pena».[21] No obstante lo confusa que resulta la redacción del párrafo, pues lo mismo puede interpretarse como que el soberano desautorizaba la empresa de la Conquista (algo que se antoja impensable), o que constituía un reproche por haber incursionado en tierras reservadas a Diego Colón, lo que sí queda claro es que Sepúlveda escuchó el relato directamente de labios de Cortés. A este respecto, en carta fechada en Madrid el 18 de marzo de 1543, Cortés volverá sobre ese reproche: «quiero traer a la memoria a Vuestra Majestad lo que me dijo en esta villa, que no había sido mía aquella conquista, porque me va mi honra».[22] Se observa aquí una discrepancia, pues mientras Sepúlveda señala que el reproche le habría sido formulado en Barcelona, Cortés lo da como ocurrido en Madrid.

El último memorial

En los casi cinco años que ya duraba su permanencia en España, Cortés había recibido muchos honores, se trataba de tú a tú con los grandes del reino con quienes alternaba, pero en lo que respecta a la resolución de sus asuntos no había avanzado un ápice. Siempre en espera de que se reanudase el juicio de residencia, el cual se encontraba aplazado *sine die*. Y mientras, permanecía arraigado. Convencido de que aquello era una cuestión de nunca acabar, el 3 de febrero de 1544, encontrándose en Valladolid, empuñó la pluma para escribir un memorial al monarca ausente, quien estaba visto, era el único que podía resolver sobre su caso. Ésa será la última vez que le escriba. Tenía entonces sesenta años, según él mismo lo menciona en el texto, y el desaliento asoma entre líneas: «Pensé que el haber trabajado en la juventud, me aprovechara para que en la vejez tuviera descanso...». Los esfuerzos han sido en vano; la Conquista ha sido obra suya, sin ayuda de nadie, «antes muy estorbado por nuestros émulos e invidiosos que como sanguijuelas han reventado hartos de mi sangre». Reconoce, sin embargo, que no estuvo solo; «la divina Providencia quiso que una cosa tan grande se acabase por el más flaco e inútil medio que se pudo hallar, porque a solo Dios fuese el atributo». Luego de señalar que él ha sido sólo un instrumento, pasa a recordarle al monarca la primera entrevista que sostuvieron, y cómo rehusó recibir la recompensa que le daba, por juzgarla insuficiente, «Vuestra Majestad me dijo y mandó que las aceptase porque pareciese que me comenzaba a hacer alguna merced, y que no las recibiese por pago de mis servicios, porque Vuestra Majestad se quería haber conmigo como se han los que se muestran a tirar la ballesta, que los primeros tiros dan fuera del terrero y enmendado dan en él y en el blanco y fiel; que la merced que Vuestra Majestad me hacía era dar fuera del terrero, y que iría enmendado hasta dar en el fiel en lo que yo merecía...». Esta figura del que tira a la ballesta en la conversación sostenida con el Emperador, la manifiesta en tres ocasiones distintas, por lo que asume que lo que se le otorgó inicialmente, era sólo a cuenta de la recompensa definitiva. Algo que no llegó. Se queja de que no sólo no se le ha cumplido la merced concedida, sino que encima se le ha retirado parte de lo que se le dio inicialmente, «y demás destas palabras que Vuestra Majestad me dijo y obras que me prometió, que pues tiene tan buena memoria, no se le habrán olvidado, por cartas de Vuestra Majestad firmadas de su real nombre». Le recuerda unas promesas quebrantadas, refiriendo que lo poco que ha obtenido, lo ha gastado en defenderse de la persecución de que es objeto por parte del fiscal de la Corona (Villalobos), la cual le resulta más difícil que haber efectuado la Conquista. Aquí claramente le reprocha a Carlos V un incumplimiento, cuando le recuerda: «díjome Vuestra Majestad que mandaría a los del Consejo que me despachasen; pensé que se les dejaba mandado lo que habían de hacer, porque Vuestra Majestad me dijo que no quería que trajese pleito con el fiscal; cuando quise saberlo, dijéronme que me defendiese de la demanda del fiscal, porque había de ir por tela de justicia, y por ella se había de sentenciar». Manifiesta que don Sebastián Ramírez de Fuenleal y el licenciado Salmerón, quienes se encuentran de regreso en España, «son los que me despojaron sin oirme de hecho, siendo jueces de la Nueva España, como lo tengo probado»; por tanto, de antemano anticipa que sentenciarán en su contra, por lo que le pide que nombre a otros jueces, pues de no ser así, se verá forzado a recusar a los primeros. Nuevos jueces y que sentencien sin dilación. Concluye diciendo: «Véome viejo y pobre y empeñado en este reino en más de veinte mil ducados, sin ciento otros que he gastado de los que traje e me han enviado, que alguno dellos debo también [...] y en cinco años poco menos que ha que salí de mi casa, es mucho lo que he gastado, pues nunca he salido de la Corte, con tres hijos que traigo en ella, con letrados, procuradores y solicitadores». Así resume lo que han sido esos últimos años: una permanente espera aguardando una solución que nunca llega. Será la muerte la que se encargue de poner punto final y, según parece, ya está consciente de que eso es lo que está decidido. La amargura aflora cuando dice que de no concedérsele lo que solicita, desistirá, dejando que todo se pierda, «porque no tengo ya edad para andar por mesones, sino para recogerme a aclarar mi cuenta con Dios, pues la tengo larga, y poca vida para dar los descargos, y será mejor perder la hacienda quel ánima». La carta nunca llegó a su destinatario, al reverso de ella se encuentra la anotación: «no hay que responder», en letra que al parecer es de de los Cobos.[23] El Cortés que aquí se presenta es apenas una sombra de aquel que había sido; y aunque entre la misiva y su muerte mediarán cuatro años y medio, ya no volverá a dirigirse al Emperador. Se convencería de que no tenía caso. En total, Cortés habría sostenido con él entrevistas en tres ciudades (Toledo, Madrid, Barcelona), siendo dudoso que haya tenido en alguna otra, pues en ese caso lo habría mencionado.

Si bien es cierto que Cortés ya no volvió a empuñar la pluma para escribir a Carlos V, ello no significa que desistiera de pleitear; es así que en Valladolid, el 19 de septiembre de 1545 dirige un escrito al Consejo de Indias recusando las actuaciones del fiscal Villalobos, a quien califica como su más tenaz perseguidor. Se trata de un alegato denunciando todos los atropellos jurídicos que asegura que se están cometiendo en su contra: se dio comienzo al proceso sin haber sido debidamente notificado. Hubo notificaciones, pero fue a terceros que tenían poderes suyos, pero como aclara, éstos eran para conocer de otros asuntos y no de algo tan importante como el juicio de residencia. Y otra irregularidad consiste en que el fiscal Villalobos, pretende llevar la residencia a actos anteriores al momento en que recibió el nombramiento de gobernador y capitán general, cuando actuaba como particular, y a su propia costa. Al calce, aparte de su firma, aparecen las de seis letrados, sin que entre ellas figure la de su pariente y abogado principal, el licenciado Francisco Núñez.[24] Pero no transcurrirá demasiado tiempo sin que se aclare esa omisión: se ha disgustado con el primo. El tema saldrá a la luz cuando sea éste quien le ponga pleito por la falta de pago de diversas sumas adeudadas, tanto por concepto de honorarios, como por cantidades que adelantó de su peculio personal para atender asuntos diversos. Como es de suponerse, antes de acudir a los tribunales, el primo habría agotado todos los esfuerzos posibles para persuadirlo a que le pagase. Por la demanda que le pone, salta a la vista que entre ambos hubo un pleito mayúsculo. Para fundamentar su dicho, presenta ante los jueces un memorial que contiene ochenta y tres preguntas, a las que deberá responder Cortés, correspondientes a los casos en que defendió sus intereses. Según se echa de ver, se ocupó de sus asuntos desde el primer día, pues el escrito se retrae al momento en que los representantes de Diego Velázquez se apersonaron ante el obispo Juan Rodríguez de Fonseca, para quejarse de que Cortés se le había alzado con la armada. Narra en él todas las gestiones que hubo de realizar, para obtener que el monarca ordenara que el eclesiástico permaneciese al margen, designando para que estudiasen el caso al gran canciller Mercurino de Gattinara, a La Chaux, Rocca, y otros funcionarios, quienes fallaron en favor de Cortés. Ese sería el primer triunfo que obtendría para él, y así durante años, siempre defendiendo sus intereses. Junto con el memorial, entregó el mismo día (7 de abril de 1546), un pliego en el que aparecen listadas todas las cédulas y cartas ejecutorias que a lo largo de ese período logró obtener en favor suyo.[25] Ambos documentos constituyen una guía muy útil para conocer la cronología de algunas acciones, y a la vez, vienen a mostrarnos los entresijos de lo que ocurría en el Consejo de Indias; es así como se corrobora la gravedad de los cargos, cuando se le acusó de haber ordenado la muerte de Ponce de León; también, entre tantas otras cosas, se exhiben las actuaciones de Diego Colón, reclamando lo que consideraba sus derechos, y la vía libre que ya se le había dado para seguir adelante, viéndose truncadas sus ambiciones por la muerte. Salta a la vista el apoyo tan importante que Cortés tuvo en su primo, pues éste, como relator del Consejo Real, estaría al tanto de todo lo que se cocinaba, y aprovecharía toda ocasión propicia para hablar en su favor con aquellos que tomaban las decisiones. Fue el escudo que le guardó las espaldas, encargándose de pararle innumerables golpes. Ésta es una circunstancia que suele pasarse por alto; frente a los cargos de su antiguo representante, Cortés respondió de manera despectiva, «que confiesa haber oído decir quel dicho licenciado Núñez es hijo de una mujer que hubo su agüelo deste declarante en una fulana de Paz e que no era hija de su agüela deste declarante e que sabe ques hijo de un Francisco Núñez, escribano que era en Salamanca e que lo demás lo niega» [...] «dijo que confiesa que algunos días entendió el dicho licenciado Núñez en algunos negocios porque se lo pagaba muy bien e que confiesa que se despacharon algunas provisiones e cédulas por procuradores que este declarante acá tenía en estos reinos, a las cuales e como fueron despachadas se remite...». Esa expresión de «algunos días», abarca un periodo cercano a los veinte años.[26] Aparte de la ingratitud aquí manifestada, su estado emocional viene a ser el de alguien que se anda peleando con su propia sombra. Pleitos por todos lados; en su descargo puede aducirse que a un individuo como él, que andaba metido en tantas cosas, no era extraño que le llovieran contenciosos, aunque eso sí, muchos se los buscó él. Uno de sus criados hubo de demandarlo porque no le pagaba el salario, dato que resulta elocuente para mostrar la transformación que se fue operando en él, quien de individuo que derrochaba sumas inmensas, pasó a ser un tacaño (fenómeno, por demás, nada infrecuente en los viejos).[27]

Los datos sobre la última etapa de la vida de Cortés son ya tan escasos, que éste viene a ser otro de los periodos ignorados de su vida. Se diría que se sumió en la oscuridad. Entre lo poco que se conoce, una cosa salta a la vista, y ello es, que su casa no era sitio frecuentado por los antiguos conquistadores. Muchos de entre ellos viajaron a España por asuntos familiares o de negocios y, a su retorno a México, no se encuentra registrado que mencionaran haberlo visitado (el caso más notorio es el de Andrés de Tapia, quien coincidió con él la mayor parte del tiempo, durante el segundo viaje a España; a pesar de ello, y de la lealtad que siempre le profesó, en ningún documento se menciona que anduviesen juntos). La evidencia indica que los lazos que mantenía con sus antiguos soldados y colaboradores se irían debilitando cada vez más; se carteaba con unos pocos, con sus administradores y unos cuantos incondicionales. Perdió el contacto con la base. Eso quizás explique muchas cosas. ¿Cómo sería la vida diaria en su casa? Se desconoce; lo único que puede colegirse es lo que se echa de menos. No se advierte una presencia femenina a su lado, ni de dama de alcurnia ni de una criada de posada. Tratándose de un hombre que siempre corrió tras las faldas, no deja de ser un dato significativo: o bien se tranquilizó con la edad, o simplemente todo se debe a que no existe noticia sobre sus amores otoñales. Era famoso, sin que le faltaran dotes de seducción con palabra fácil y vena poética; además rico, pese a todo lo que se quejara. La falta de datos sirve para resaltar lo mucho que se ignora acerca de los años finales de su vida. Era una celebridad; pero una celebridad que había sobrevivido a su época; salvo la casa en que viene a morir en Castilleja de la Cuesta (que no era suya), en las otras ciudades españolas en que residió temporadas largas (Madrid, Toledo, Valladolid), no se conserva memoria de cuáles fueron aquellas que lo albergaron. Es de suponerse que pasaría largas y aburridísimas jornadas en la Corte en inútil espera, pues el príncipe Felipe parece haberse inhibido de conocer sus asuntos; al menos, no existe ningún documento probatorio de que en alguna ocasión le haya resuelto algo; lo único sabido es que asomaba por su residencia. Al respecto, Sepúlveda en su *Democrates alter*, pone en boca de un de sus personajes: «Hace pocos días, paseándome yo con mis amigos en el palacio del príncipe Felipe, pasó por allí casualmente Hernán Cortés, Marqués del Valle».[28]

La tertulia cortesiana

A través de un clérigo llamado Pedro de Navarra, que llegó a ser obispo de Comênge, sabemos que en 1547, en el que será el último año de su vida, Cortés en su casa de Madrid acostumbraba celebrar una tertulia que congregaba a varones talentosos, quienes disertaban sobre temas de espiritualidad: «la casa del notable y valeroso Hernán Cortés, engrandecedor de la honra y imperio de España. Cuya conversación seguían muchas personas señaladas de diversas profesiones, por su gran experiencia y hechos admirables».[29] Según refiere este contertulio, una de las normas establecidas consistía en que al último en llegar le tocaba hacer una disertación sobre el tema que se fijase, habiéndole correspondido a él, en una ocasión, hablar sobre la preparación del cristiano ante la muerte. El tópico surgió en ocasión de que a los allí reunidos les llegó la noticia de que el todopoderoso ministro Francisco de los Cobos agonizaba. Y como éste murió en Úbeda, en mayo de ese año, la cita permite establecer la presencia de Cortés en Madrid, donde tenía montada casa (nada que ver con aquello de «andar por mesones»). La etapa madrileña podría explicarse en función de que el entonces príncipe Felipe, a raíz de la muerte de su esposa María Manuela (julio 1545), ocurrida de sobreparto al dar a luz al príncipe Don Carlos, se ausentó de Valladolid para residir en Madrid hasta mediados de 1547 (Oviedo corrobora la residencia de Cortés en esa ciudad). En la tertulia madrileña, el antiguo conquistador se presenta en una vertiente humanista, hasta ahora desconocida, y que, por supuesto, ninguna relación guarda con su antigua vida en los campamentos. Esta es la doble faceta de Cortés: por un lado, el cruzado que hunde raíces en el Medievo, y, por otra, el humanista que tiene un pie en el Renacimiento. Consciente ya de que no le queda mucho tiempo de vida, tiene la mirada vuelta hacia Dios. La religiosidad de Cortés parece haber sido sincera. Los testimonios en ese sentido abundan. Religiosidad entendida a su manera, claro está, y acorde con su tiempo y condición. Era una época en que los miembros de las clases altas atropellaban, e incluso mataban a los de abajo, sin crearse mayores problemas de conciencia. Ello explica que pudiese cometer las mayores atrocidades sin que le temblase la mano. En los grandes momentos, cuando todo podría irse por la borda, actuaba con la seguridad que le daba la certeza de que Dios le cuidaba las espaldas. Existen razones suficientes para pensar que se sentía un instrumento de la Providencia. Cuando sus enemigos lo acusaron de no ser un buen cristiano, entre los numerosos cargos que le formularon, figuró el de que, habiéndose hecho construir en México una inmensa casa fortaleza, en cambio, no edificó iglesia. A ello repuso que la ciudad capital debería contar con una catedral como la de Sevilla, que fuera en consonancia con ella, pero que, en aquellos momentos, en la Nueva España no contaba con arquitectos capaces de llevar a cabo una obra semejante. Es verdad que se preocupó por la predicación de la doctrina, pero fuera del Hospital de la Concepción de Nuestra Señora, hoy conocido como Hospital de Jesús, y de alguno que otro adoratorio, la realidad es que no resaltó mayormente como constructor de iglesias. A la llegada de los primeros franciscanos, cedió a éstos unas habitaciones de la casa que ocupaba en Coyoacán. Eso es lo que se conoció eufemísticamente como el primer convento franciscano. En general, las relaciones con la orden franciscana fueron buenas, al grado de que tanto el obispo Zumárraga como Motolinia y fray Pedro de Gante, se expresaron bien de él. Pero pese a todo lo buenas que fueran las relaciones que observó con el estamento religioso, en un momento dado se vio excomulgado. Todo ocurrió cuando se atravesó dinero de por medio. Aunque contaba con la autorización del papa Clemente VII para quedarse con los fondos del diezmo, la Corona fue más papista que el papa, y esgrimiendo el *Jus patronatus* se negó a reconocerle ese derecho. El 9 de agosto de 1532, cayó sobre su cabeza la excomunión por negarse a entregar lo recaudado; en esa fecha, el presidente de la Audiencia, en carta suscrita conjuntamente por los oidores, decía a la Emperatriz, «y como en esta Audiencia se le mandó que los pagase y conosciésemos su propósito, dijimos al juez de la iglesia que él procediese como viese que le convenía, el cual procedió a le descomulgar». Cortés se inconformó con la excomunión, considerándola inválida, por lo que solicitó que el obispo de Tlaxcala conociese su caso «y que delegue la cabsa al prior de Santo Domingo para que le absuelva».[30] Conocida su religiosidad, resulta difícil aceptar que hubiera vivido mucho tiempo con ella a cuestas, aunque se desconoce en qué momento le fue levantada. Frente a los ataques de sus enemigos, acusándolo de ser hombre que no temía a Dios, se cuenta con el testimonio de Motolinia, quien escribe: «aunque, como hombre, fuese pecador, tenía fe y obras de buen cristiano y muy gran deseo de emplear la vida y hacienda por ampliar y aumentar la fe de Jesucristo, y morir por la conversión de estos gentiles. Y en esto hablaba con mucho espíritu, como aquel a quien Dios había dado este don y deseo y le había puesto por singular capitán de esta tierra de Occidente. Confesábase con muchas lágrimas y comulgaba devotamente, y ponía a su ánima y hacienda en manos del confesor para que le mandase y dispusiese de ella todo lo que convenía a su conciencia». Esto lo escribía Motolinia en 1552, a los cinco años de su muerte, y aunque en ninguna parte se especifique con quién descargaría Cortés la conciencia, por la lógica de los hechos, se diría que en una primera época sería con fray Bartolomé de Olmedo, puesto que aparte de él sólo se encontraba el padre Juan Díaz, quien no gozaba de su confianza. A su retorno a México, de regreso de Las Hibueras, se encerró seis días en el convento de San Francisco para un retiro espiritual, y dado que el número de frailes era muy reducido, contándose Motolinia entre esos pocos, resulta altamente probable que haya sido éste quien lo confesara en esa ocasión. Otro aspecto destacado por este insigne misionero, en abono de su conducta, sería la reluctancia que –según dice–, mostró para que se continuaran haciendo nuevos esclavos. Al respecto, esto es lo que escribe: «El hierro que se llama de rescate de V.M., vino a aquesta Nueva España el año 1524, mediado mayo. Luego que fue llegado a México, el capitán D.Hernando Cortés, que a la sazón gobernaba, ayuntó en San Francisco, con frailes, los letrados que había en la ciudad, E yo me hallé presente e vi que le pesó al gobernador por el hierro que venía, y lo contradijo, y desque más no pudo, limitó mucho la licencia para herrar esclavos, y los que se hicieron fuera de las limitaciones, fue en su ausencia, porque se partió para las Higueras».[31] Por supuesto, de ello no se puede concluir que se hubiera tornado abolicionista, ni mucho menos... sencillamente, se oponía a que los esclavos se hicieran en forma indiscriminada. Para él, la esclavitud debería ceñirse a aquellos en quienes concurriesen las «causas justas», según las normativas de la época.

¿Hombre de dos mundos?

Cuando se menciona a Cortés, es necesario precisar de cuál de ellos se habla, porque hay varios: uno es el que hunde las naves para iniciar una aventura que no tiene marcha atrás, y otro muy distinto, aquel cuya atención se encuentra centrada en los matrimonios de sus hijas. Es indudable que cambió mucho con el paso del tiempo. Ahora que aparece en la etapa final de su vida, procede recapitular un instante, para tratar de establecer los grandes cambios operados en él, y, sobre todo, saber si seguía siendo español o si se sintió ganado por el Nuevo Mundo. Llegó a Santo Domingo a los veinte años, y tendría sobre cincuenta y seis cuando retornó a España definitivamente, de manera que habría vivido en Indias treinta y ocho años, o treinta y seis, si se descuenta el tiempo pasado en España, cuando regresó por primera vez. Treinta y seis años son muchos años, pero en su caso no parece que le hubieran hecho mella. La cerrazón al pronunciar las voces indígenas, así como otras tantas cosas, vienen a evidenciar que ya por dentro se encontraba blindado. Nunca llegó a pronunciar correctamente el nombre de Tenochtitlan, el cual escribía de tres maneras diferentes, así como tampoco se pone de acuerdo con el de Motecuhzoma que, de semejante manera, escribe de distintas formas. Si se observa el número de nahuatlismos que emplea, para contarlos sobran dedos de las manos: *tianguez, maceguales, tamemes, calpixques, tequitato...* En cuanto al año y medio que pasó en zona de habla maya, durante el viaje a Las Hibueras, no se detecta que se le haya pegado una sola palabra. [Otros vocablos, como *maíz, cacique, cazabe, canoa,* procedentes de la lengua taína, formaban ya parte del castellano en los momentos en que él llegó a las Antillas. En orden de precedencia, *canoa* viene a ser la primera voz antillana en incorporarse al idioma, ya que Colón la emplea en la carta en que comunica al tesorero Santángel el Descubrimiento.] Esa dureza de oído pone de manifiesto su escaso interés por la lengua y religión indígena. Y de igual manera, permaneció totalmente ajeno a la sensibilidad estética del mundo conquistado, lo cual evitó, en buena medida, que se produjese una mezcla de culturas. Lo que a él le interesaba era la creación de un país a imagen y semejanza de España. No resultaría exagerado decirse que murió tan español como nació.

Para conocer el trato que Cortés mantuvo con sus amigos y colaboradores, existe un muro de silencio. No se conserva una sola de las cartas que pudo haber intercambiado con ellos. Se dispone, eso sí, de escritos en los que trasmite órdenes, como son, entre otros, los pliegos de instrucciones a Saavedra Cerón, Hurtado de Mendoza y Diego Becerra, que no pasan de ser eso: instrucciones, sin que en ellos aflore algún detalle amistoso. En la correspondencia con García de Llerena y su representante en España, el licenciado Núñez, es mínimo lo que asoma en el orden personal. Va a lo suyo, limitándose a dar órdenes. Correspondencia de negocios. Existen dos *Relaciones* redactadas por Alvarado, informándole de sus conquistas en Guatemala. Son éstas unos documentos muy secos, en los que le da el tratamiento de «señor», que tienen el carácter de un parte militar y, en los que, por ninguna parte, asoma alguna frase que denote amistad o confianza entre ambos. Se trata de escritos de un subalterno a su superior jerárquico. Esa falta del toque familiar está indicando que no eran amigos. Se necesitaban mutuamente. Se conoce la carta de un colaborador muy cercano, como es Diego Godoy, enterándolo de su gestión en Chiapas. Godoy es hombre inteligente y de pluma fácil, como enseguida se echa de ver, pero salta a la vista el lenguaje tan respetuoso que emplea al dirigirse a él, como si se tratara del monarca. No se advierte la mínima familiaridad entre ambos.[1] Siempre formalidad y distancia de por medio; por ninguna parte aparecen la viveza y sentido del humor de los que antes ha hablado Bernal. Pero lo que más se echa en falta, es no contar con un solo escrito de los que pudo haber intercambiado con tres de sus más allegados, como son los casos de Andrés de Tapia, Juan de Salcedo y Juan de Escalante. Acerca de los dos primeros, ya se han visto los vínculos tan estrechos que mantuvo con ellos; se sabe del respeto que sentía hacia fray Pedro Melgarejo de Urrea, así como del inmenso ascendiente que sobre él tenía su primo Rodrigo de Paz, quien, si hemos de creer a Bernal «mandaba absolutamente al mismo Cortés».[2] Quiñones, el jefe de su guardia personal, sin lugar a dudas sería hombre de todas sus confianzas; y está Juan Galvarro, quien permanecerá a su lado hasta lo último. Algo fuera de serie son los casos de Ordaz y Velázquez de León, dos a quienes retuvo en cadenas para disciplinarlos, terminando más tarde por ganárselos. Lo notable en el caso de Juan Velázquez de León, es la confianza inmensa que más tarde depositaría en él, nombrándolo para comandar las fuerzas que iban a colonizar la región de Coatzacoalcos. Su actuación a la llegada de su cuñado Narváez resultó definitiva; de haberse pasado a éste, la historia se habría escrito de manera muy distinta. Acerca de la vida pasada de Velázquez de León, Bernal cuenta que en una riña en Santo Domingo atravesó con la espada a un hombre, y que cuando intentaban arrestarlo, plantaba cara a los alguaciles, los cuales nunca consiguieron ponerle la mano encima.[3] Alderete fue otro a quien también se ganó. Se advierte, por tanto, que época hubo en que sabía ganarse hasta sus más enconados enemigos.

Un punto débil en la estructura de mando en el ejército de Cortés, radica en que nunca estuvo claro quién era su segundo; en caso de faltar él, ¿quién ocuparía su lugar? Nominalmente, como maestre de campo, se diría que Olid; pero Alvarado y Ávila nunca aceptarían estar bajo sus órdenes. Y por otro lado, el propio Cortés, al proyectar a Sandoval, buscaba disminuir a su maestre de campo. Capitanes sobresalientes, de la talla de Ordaz, Tapia, Marín, Ircio, Lugo, Rodríguez de Villafuerte, Rangel, Godoy, Álvarez Chico y tantos más, a fuerza de ser relevados constantemente, nunca consiguieron afianzarse. Se diría que eso formaba parte de un juego político: no permitir que nadie destacara lo suficiente como para hacerle sombra. Y tampoco en lo político se detecta un ideario común que los mantuviera unidos. Lo estuvieron mientras duró la guerra, pero a la hora de la victoria afloraron las ambiciones; por ello cuando quiso movilizar a sus adictos contra el virrey, todo lo que logró fue incomodar un poco, y nada más. La experiencia vino a demostrar que, como poder político, estaba acabado. Cortés salvó la vida en más de una ocasión, debido a que hubo hombres dispuestos a dar la suya por él, y también en una época sabía motivar a los suyos y comunicarles su entusiasmo. Uno de esos jefes a los que sus hombres siguen hasta el infierno mismo. Arrastraba multitudes. Esa descripción tan gráfica de los tlaxcaltecas entrando en Texcoco, con los bergantines desarmados a cuestas, parece salida de una de esas películas de grandes movimientos de masas producidas en *cinemascope* por Cecil B. de Mille en la década de los cincuentas. Pero ese retrato corresponde al Cortés de una primera época. Por lo que vino después, podría decirse que como caudillo y jefe militar envejeció pronto, demasiado pronto. A solo tres años y pico de la toma de Tenochtitlan, ya se vio el boato con que inició el viaje a Las Hibueras. Parecería también que con el tiempo se acentuó la distancia que mantenía con el grueso del ejército; Bernal, por ejemplo, durante ese viaje nunca se sentó a su mesa. Cuando se pasa una mirada en torno a aquellos que fueron sus más cercanos colaboradores, se advierte que un regular número de ellos quedó en difícil situación económica. Se mostraba pródigo con los personajes encumbrados, con quienes alternaba, pero olvidaba recompensar a aquellos que hicieron posible sus triunfos, como es el caso de Andrés de Tapia, quien fue uno de los más esforzados entre sus capitanes, según el propio Cortés lo manifestaría al Emperador en la *Tercera Relación,* y a la vez, uno que le fue incondicional hasta el fin. Su último maestre de campo. En 1554 el virrey don Luis de Velasco escribió una carta al príncipe Felipe recomendando su caso: «tiene muchos hijos y está viejo y con necesidad». Aparte de solicitar para él que se le haga alguna merced adecuada a sus servicios, manifiesta que tiene un hijo que es clérigo virtuoso [...] de edad de diez y ocho años y buen estudiante», para quien se solicita una de las dignidades o canonjías vacantes en la iglesia catedral.[4] Diego Ordaz y Alonso de Ávila son dos que tuvieron un papel relevante en la Conquista, aunque no participaran en el ataque final a Tenochtitlan. Ambos se hallaban desempeñando misiones que les fueron asignadas por Cortés: el primero en España, y el segundo en Santo Domingo; dos individuos valiosos para la guerra, pero ambos de manejo tan difícil, que prefirió servirse de ellos manteniéndolos a distancia. En España, Ordaz recibió como recompensa el hábito de comendador de Santiago y escudo de armas, en el que aparecía representado el volcán, y de Cortés recibió un dinero, con el que organizaría una expedición que tenía como meta establecer una colonia en el Marañón (Amazonas), para lo cual el Emperador le otorgó el nombramiento de capitán general y gobernador. Pero no llegó tan abajo, se adentró en un río al que los indios llamaban Huyapari (el Orinoco), área en la que con anterioridad habían incursionado españoles procedentes de Cubagua, guiados por Juan Bono de Quejo. Intentó remontar el Huyapari, pero no tuvo éxito. La expedición terminó en desastre. Regresó a Cubagua pensando recoger a parte de su gente, pero los alcaldes y justicias de la isla lo remitieron en calidad de preso a Santo Domingo, para que conociese su caso la Audiencia. Murió a bordo de la carabela.[5] Oviedo, quien para los días en que escribía desde su fortaleza mirando al río Ozama, ya veía las cosas de otra manera, parece reprocharle que no se hubiese quedado tranquilo a disfrutar de su riqueza, porque de escudero pobre que no poseía otro capital que una capa y una espada, «llegó a tener seis mill o siete mill pesos de oro de renta en cada un año».[6] Lo último que se sabe de Ordaz, es que lo envolvieron en un serón y lo arrojaron al mar. Es probable que descendiera a las profundisades con la cruz de Santiago cosida al pecho.

Alonso de Ávila se había perdido de vista cuando la nave en que viajaba llevando el tesoro junto con la *Tercera Relación* fue atacada por piratas. Como era de esperarse, éste, espada en mano, luchó hasta lo último, siendo capturado cuando ya sólo quedaban ilesos él y un criado suyo. Fue trasladado a Dieppe y luego encerrado en la fortaleza de La Rochelle, donde estuvo confinado cerca de tres años. Su captor, al verlo en posesión de un tesoro de tal cuantía, lo tomó por un gran señor y fijó por su libertad un cuantioso rescate. Pero ocurrió la batalla de Pavía (24 de febrero de 1525), en la que el rey francés Francisco I cayó prisionero, para ser puesto en libertad luego de un año y días de cautiverio. Ajustadas las paces con Francia, ambas naciones liberaron a los prisioneros que retenían; es así como Alonso de Ávila salió de su encierro.[7] Como recompensa a sus servicios recibió la encomienda de Cuautitlán; pero sea porque la vida sedentaria no era para él, o por los motivos que fuesen, se desentendió de ella, cediéndola a su hermano Gil González de Ávila, para irse con Montejo a la conquista de Yucatán. Las vidas de Ávila y Montejo correrán paralelas durante el periodo en que ambos anden juntos. Montejo, como se recordará, había pasado en 1514 a Castilla del Oro con Pedrarias Dávila; dejó eso marchándose a Cuba, donde pronto estuvo convertido en próspero hacendado. Pero tampoco permaneció mucho tiempo quieto, participando a sus expensas en la expedición de Grijalva. Se unió a último momento a Cortés, y ya se sabe de su actuación como procurador en España. Fue uno de los «políticos» del ejército. Volvió a México con título de adelantado, y ennoblecido, pues según asegura Oviedo, el Emperador mandó que se llamara «don Francisco», otorgándosele además escudo de armas, aunque no el ingreso a una orden militar. Llegaron Ávila y Montejo a Santo Domingo con dos grandes barcos, y allí subieron a bordo cincuenta y tres caballos y yeguas, sumándoseles más gente, hasta alcanzar a trescientos ochenta el número de expedicionarios. Oviedo, que es quien lo cuenta, no deja de reprochar a Montejo el no haberse dedicado a disfrutar de su fortuna: «se halló en la conquista de la Nueva España, medró en ella, e fue con tantos dineros después a España, que se heredó muy bien en su patria, en Salamanca, de donde es natural, e que hizo un mayorazgo de trescientos mill maravedís de renta o más, que le debiera bastar si su ánimo inquieto le dejara sosegar, e no tornara a lo vender todo por se emplear en cosas mayores, e volver a los trabajos pasados de las Indias, e a otros mayores que le estaban esperando».[8] Escribía eso en vida de Montejo.

El lugar en que desembarcaron en Yucatán resultó inhóspito; fueron presa de las enfermedades y comenzó a morir la gente. Para contener a los descontentos, Montejo hundió sus navíos, emulando a

Cortés, y dio inicio a su conquista. Relatar esa campaña resulta muy complejo, pues todo fueron escaramuzas; los enemigos a vencer fueron la selva, el hambre y las enfermedades. Oviedo confiesa que se encontraba en serias dificultades para escribir esa página, cuando llegó a Santo Domingo don Alonso de Luján, caballero de la Orden de Santiago, quien anduvo en esa conquista y le relató los pormenores.[9] Fundaron una villa a la que dieron el nombre de Salamanca, la cual no prosperó, siendo pronto abandonada; entre las tantas peripecias que les tocó vivir, podría destacarse que cuando Montejo tuvo conocimiento de que en el área se encontraba aquel marinero llamado Gonzalo, «que estaba convertido en indio», le escribió instándolo a unírsele. Pero éste le devolvió la carta, con un mensaje escrito con carbón al reverso: «Señor, yo beso las manos de vuestra merced; e como soy esclavo, no tengo libertad, aunque soy casado e tengo mujer e hijos, e yo me acuerdo de Dios; e vos, señor, e los españoles, ternéis buen amigo en mí».[10] Al contrario de lo que allí decía, indujo a los indios a que combatiesen a los españoles; sabido eso por Montejo, encargó a Ávila que le echase mano para castigarlo. Pasado un tiempo, cuando finalmente Ávila llegó a Chetumal y preguntó por él, los caciques le aseguraron que ya había muerto, lo cual parece haber sido cierto. Otro incidente que se narra consiste en que años después, yendo en demanda de Acalan (que Cortés había dicho a Montejo que era buena tierra), Ávila y Luján, marchando en cabeza, a punta de machete, abrían paso a sus hombres en la selva. En el camino toparon con el gran puente construido por Cortés, que se encontraba parcialmente en pie, y al que los indios llamaban el puente de Malinche. Luego de infinitas peripecias, Ávila se fue a Campeche para reunirse con Montejo, muriendo de allí a poco, sin que se puedan precisar sitio y fecha. Si no llegó a más en sus conquistas fue porque se lo comió la selva. En lo que viene a ser su obituario, Oviedo escribió: «el capitán Alonso Dávila, del cual, sin ofensa de nadie, se puede tener e loar por uno de los valientes hidalgos e de los más expertos e habiles capitanes que en estas partes e Indias han militado».[11] En cuanto a Montejo, éste todavía tendría por delante una larga andadura. En 1539, encontrándose como gobernador de Honduras, apareció por allí Alvarado, quien reclamaba ese territorio como parte de su gobernación de Guatemala. Luego de mucho discutir, llegaron a un acuerdo: Montejo le entregaría el territorio de Honduras, y a cambio, Alvarado le cedería su encomienda de Xochimilco y los derechos sobre la villa de Ciudad Real en Chiapas; ello, claro está, sujeto a la aprobación del monarca.[12] Montejo viajó a México, pero no hubo manera, pues Alvarado no se mostraba dispuesto a cumplir, y a la muerte de éste, se complicó todavía más la implementación del trueque. Por tanto, se regresó a Yucatán. Años después viajó a España, «por negocios», dice Bernal. Murió arruinado, al decir de su hija Catalina, quien en esos momentos aseguraba atravesar por una difícil situación económica.[13]

El final de Narváez se conoce por boca de Álvar Núñez. Todo terminó en desastre. Los barcos se perdieron y la mayor parte de los hombres sucumbió al hambre y a las enfermedades, o acabaron con ellos los indios. Dando ya todo por perdido, los supervivientes construyeron dos balsas con los restos de los naufragios, con la esperanza de alcanzar la zona de Pánuco. Les faltaba sólo aprovisionarse de agua y víveres para hacerse a la mar. En esas circunstancias, una noche Narváez, en lugar de bajar a tierra, decidió quedarse en la balsa que permanecía varada en la playa; con él se encontraban un maestre enfermo y un paje. En eso sopló el norte, y como la balsa carecía de ancla, el reflujo de una ola la sacó de la playa, y pronto, la corriente los internó en el mar hasta perderse de vista. Nunca volvió a saberse de él. El oidor Zorita agrega que el hijo de éste, decidido a meterse a conquistador, viajó al Perú. Murió pobre.[14]

Luis Marín es uno que envainó la espada pronto. Se casó con una mujer del entorno de la marquesa doña Juana de Zúñiga, y se llenó de hijos. Se comprende que se concentrara en sacar adelante su familia. Un punto a consignarse, es que a ni uno solo de los conquistadores que viajaron a España se le ofreció un mando en los ejércitos de Flandes. En toda la epopeya de América, la Corona otorgó únicamente dos títulos nobiliarios; aparte de Cortés, a Pizarro se le dio el de marqués de la Conquista. A la hora del reparto, éste se hizo de manera muy desigual, pues mientras unos alcanzaron encomiendas, otros no vieron recompensados sus esfuerzos; en eso Cortés es el único responsable, pues fue él quien lo realizó a su arbitrio; por ello no es de extrañar que fueran tantos los que se volvieron en su contra. Al término de la contienda el ejército se desbandó y cada cual tomó por su lado; unos marcharon a nuevas conquistas en otras regiones del país o se dirigieron a Guatemala o Perú, y de los que permanecieron arraigados como pobladores (que fueron mayoría), sólo unos pocos encontraron acomodo en los contadísimos cargos públicos que ofrecía una administración incipiente, como fue el caso de varios escribanos, y dado que no se constituyó un ejército profesional en el que pudieran enrolarse, la gran mayoría hubo de buscarse la vida dedicándose a actividades diversas, unos pusieron panaderías, otros carnicerías, o pastelerías, mesones y ventas; y entre los que tenían oficios mecánicos, varios de ellos hubieron de volver a empuñar sus antiguas herramientas de trabajo. Caso aparte es el de Benito de Begel, el veterano tambor de las guerras de Italia, aquél que redobló en el Garellano, en los llanos de Tlaxcala y en Otumba. Este montó una escuela de danza.[15]

Algo que no debe pasar desapercibido es el final de los dos clérigos iniciales: el padre Juan Díaz se pierde de vista, sin que se sepa a ciencia cierta dónde y cuándo murió; y en cuanto a fray Bartolomé de Olmedo, de quien se diría que por su papel tan relevante, le hubiera correspondido ser el primer obispo, desapareció silenciosamente de la escena. En su correspondencia con el Emperador, Cortés nunca llegó a mencionarlo por nombre. En la *Segunda Relación*, al informar sobre su actuación a la llegada de Narváez, se refiere a él como «el religioso que traje conmigo», «el clérigo», o «el padre religioso de mi compañía». Acerca del final que tuvo este hombre, que en rigor viene a ser el iniciador de la conquista espiritual de México, sólo se conoce lo que antes se dijo: que en un documento fechado el 29 de enero de 1529 ya se le daba como fallecido. Lo anterior contrasta con el caso de fray Pedro Melgarejo de Urrea, un llegado de último momento, a quien en la *Tercera Relación*, presenta por nombre en dos ocasiones, haciéndolo figurar como comisario de la Cruzada.

Lo que vendría a ser la fase terminal de Cortés en México se encuentra resumida en un frase de Bernal cuando refiere la soledad en que éste quedó, al apartarse de él sus antiguos compañeros, «e iban renegando de él y aún maldiciéndole a él y a toda su generación y a cuanto poseía, y hubiese mal gozo de ello él y sus hijas». Es importante recordar que en su última expedición partió al frente de un grupo de bisoños, mientras en la banca se encontraban sentados Jaramillo, Ojeda, Marín, Ircio, Sánchez Farfán, Rangel, Rodríguez de Villafuerte y un largo etcétera; salvo Tapia y Terrazas, ningún otro se sintió movido a acompañarlo. A pesar de lo escaso que son los datos sobre esa etapa final, todo apunta a que pasaría larguísimos y aburridos días de espera en las antesalas de los poderosos. Sería por entonces, cuando comportándose como un viejo, narraría historias a todo el que estuviese dispuesto a escucharlo. En la Corte se encontraba totalmente neutralizado; existía un Consejo de Indias, que era el órgano competente para atender sus asuntos, pero ésa era una puerta a la que consideraba ocioso llamar, pues allí estaban don Sebastián Ramírez de Fuenleal y el oidor Salmerón, de quienes nada podía esperar. Con de los Cobos no tenía caso, y el príncipe aparece totalmente desinteresado de sus asuntos: tenía poder para ello, pero prefirió mantenerse al margen: Cortés no menciona que en alguna ocasión haya tenido oportunidad de tratar algo con él; por lo mismo, se movería como un león enjaulado. Su tiempo había pasado; sobrevivió a su época. Paseando la mirada a su alrededor podía percibir cómo cambiaba el panorama europeo. En 1546 morían Lutero y Barbarroja y, en ese año de 1547, desparecerían, a su vez, Enrique VIII, Francisco I, y luego llegaría el turno al propio de los Cobos. Presintiendo quizás, que el fin ya estaba próximo, se desentendió de sus reclamaciones al Emperador, que en ese momento se encontraba muy alto, al haber salido victorioso el 24 de abril en la batalla de Mülhberg, que inmortalizara Tiziano. Al parecer, aceptó la realidad de que en vida no vería una solución a sus asuntos. No tenía caso insistir; quizá sus herederos... Se trasladó a Sevilla, según Gómara, «con voluntad de pasar a Nueva España y morir en Méjico, y a recibir a doña María, su hija mayor, que la tenía prometida y concertada de casar con don Alvar Pérez Osorio, hijo heredero del marqués de Astorga».[16] Bernal repite lo mismo, pero aquí, quizá sea preferible el testimonio de Oviedo, quien parece estar mejor informado. Señala éste que el desplazamiento lo hizo para escapar a los rigores del invierno madrileño, sin mencionar que proyectara embarcarse rumbo a México.[17] No podía hacerlo mientras no se resolviese el juicio de residencia, y además, él mismo se había cerrado la puerta al pelearse con el virrey. No existe prueba de que hubiese solicitado licencia para regresar, y como en el testamento se verá, ya había aceptado la idea de que no retornaría, «mando que si muriese en estos reinos de España».[18] Una cosa que no parece haberle pasado por las mientes, sería la de llamar a su esposa para pedirle que acudiese a su lado.

La *otra* familia

Acerca de las andanzas extramatrimoniales de Cortés, Bernal apunta: «dejó dos hijos varones bastardos que se decían don Martín Cortés, comendador de Santiago; este caballero hubo en doña Marina, la lengua; y a don Luis Cortés, que también fue comendador de Santiago, que hubo en otra señora que se decía fulana de Hermosilla; y hubo otras tres hijas, la una hubo en una india de Cuba que se decía doña fulana Pizarro, y la otra con otra india mexicana, y otra que nació contrahecha, que hubo en otra mexicana». Los hijos naturales fueron cinco, sin que proporcione los nombres de las mujeres; y por el mismo camino va Gómara, cuando además de don Martín y don Luis, agrega: y tres hijas, cada una con su madre, y todas indias».[19] Si se examina la documentación de Cortés, y a pesar de que éste tuvo la singularísima costumbre de repetir los nombres, resulta fácil poner en claro cuáles son los que reconoce como hijos suyos; de tal manera, dos llevan el nombre de Martín, uno el de Luis, dos Marías, dos Catalinas, una Juana y otra Leonor. Nueve, dejando aparte a los dos muertos en la cuna. Pero en el conteo parece que ha dejado fuera a una hija, a Leonor, la primogénita. En el testamento figura una cláusula que dice: «mando que a doña Leonor y doña María, mis hijas naturales, les sean dados para sus dotes e casamientos a cada una diez mil ducados».[20] Ello demuestra que, para finales de 1547 (año en que testa), esta segunda Leonor permanecía soltera, al igual que el resto de sus hermanas. A través de Bernal se supo del cabreo inmenso que le ocasionó a su regreso de España, enterarse de que en ausencia suya Leonor se había casado sin su consentimiento. Lo que aquí se pone de manifiesto es que ha sido él quien ha suprimido de la lista el nombre de la primogénita, reconociendo únicamente a esa segunda Leonor, que permanece soltera. Y no cabe considerar la posibilidad de que ésta hubiere enviudado, pues Juanes de Tolosa, que fue hombre conocido, lo sobrevivió muchos años. Además, a éste en ninguno de sus documentos lo identifica como yerno (de hecho, nunca lo menciona), de lo que se concluye que no quiso saber nada de ese matrimonio. Sencillamente, nunca perdonó a la hija por el paso dado.

En 1535, encontrándose en Colima, había redactado el instrumento de mayorazgo. Se trata de una figura jurídica medieval, que perseguía la finalidad de que determinados bienes no pudiesen ser enajenados, de manera que la fortuna se conservase y pasara siempre al primogénito, o a quienes se designase en el documento. La lectura de éste permite adentrarse en el pensamiento de Cortés. Por principio de cuentas, deja asentado que el heredero del marquesado será el segundo don Martín, el habido con la marquesa, quien en esos momentos era un niño que andaría por los dos años. A continuación, pasa a establecer el orden que deberá seguirse en el caso de que ese niño no llegase a la edad adulta o que muriese sin descendencia. Los varones tendrán preferencia sobre las hembras, y los hijos legítimos vendrán antes que los nacidos fuera del matrimonio. Estos últimos heredarían sólo en el caso de extinguirse el tronco legítimo; y también quedarían excluidos, independientemente de ser o no legítimos, aquellos que se hubieren ordenado sacerdotes o que ingresaran como caballeros en las órdenes de Calatrava o San Juan, «o de otro cualquier Orden, que impida ser casado» (por este último mandato parecería ponerse a cubierto de la aparición de cualquiera nueva orden que impusiese el celibato a sus miembros; queda clarísimo el deseo de que no se extinga su estirpe. Lo curioso en este caso, al establecer las precedencias, es que Cortés se está refiriendo a unos hijos e hijas hipotéticos, que todavía no han nacido. Por otro lado se advierte un tratamiento tan desigual para los nacidos fuera del matrimonio, que parecería que se tratara de hijos de segunda; es así que en 1544 (en la carta en que afirma tener sesenta años), decía quejumbroso al Emperador: «no tengo más de un hijo varón que me suceda, y aunque tengo la mujer moza para poder tener más, mi edad no sufre esperar mucho; y si no tuviese otro, y Dios dispusiera de éste sin dejar sucesión, ¿qué me habría aprovechado lo adquirido?, pues sucediendo hijas, se pierde la memoria».[21] ¿Y don Martín y don Luis, legitimados por el papa?, ¿no eran hijos en todo el sentido de la palabra? Podría argumentarse que no viene al caso traer a cuento esa relación (o falta de ella) con los hijos; pero si bien es cierto que resulta irrelevante para la historia de la Conquista, en cambio, es invaluable para sondear los recovecos de su corazón.

La lectura del testamento deparará una sorpresa: aparece Leonor Pizarro, una antigua amante, madre de Catalina, la hija que figura en la bula de legitimación pontificia. Lo peculiar en este caso, es que los indicios apuntan en el sentido de que se tratase de la hija predilecta; al menos, es por la que más parece preocuparse (en el testamento aparece citada en trece ocasiones; más veces que cualquiera de los otros hijos, incluido el mayorazgo don Martín, y el nombre de Leonor Pizarro figura con mayor frecuencia que el de la marquesa). Se diría que más que tratarse de otra amante y de una hija más, fuera la «otra familia» de Cortés. La aparición de Leonor Pizarro en el testamento es algo que no sorprendería a doña Juana, por tratarse de una relación que venía de antiguo y que ella conocería muy bien, pues al redactar el documento de establecimiento del mayorazgo, en él ya menciona que Catalina se encontraba en poder de la marquesa; o sea, se la había introducido en la casa. Además, en el testamento incluye una cláusula, ordenando al heredero que «tenga cuidado especial de procurar que la dicha doña Catalina, su hermana, [le recalca el vínculo] case como convenga a la honra de su casa y el bien y honor de la dicha doña Catalina». Se trataría de una relación a la luz del día, que a la marquesa no le quedó otro remedio que apechugar. Pero en esa relación hay algo especial a destacar, y ello es, que anda de por medio el marido de Leonor, que no es otro que su viejo amigo Juan de Salcedo. Y como parecería que se tratara de un curioso *ménage a trois*, bueno será ocuparse de ellos: es conocido que la amistad venía de antiguo, y que éste era el financiero que lo respaldaba, desconociéndose cómo pudo amasar tamaña fortuna. Lo probable es que haya sido a la sombra de Cortés.

En apariencia, su relación con el matrimonio discurrió por cauces tranquilos. Cuando se asista a la lectura del testamento, se verá que Salcedo tuvo encomendada la administración de los bienes de su hija Catalina, la cual desempeñó satisfactoriamente. Eso es todo lo que aparece por escrito, y aunque no hay nada que hable de que entre Cortés y la madre de Catalina haya existido una gran pasión, en cambio, por la forma en que se refiere a ella, da la impresión de que se trata de una persona con la que estuvo especialmente cercano. Para la fecha en que redactó el testamento, Leonor había enviudado, y lo notable del caso es cómo, a siete años de distancia de haber abandonado México, mantiene muy claro su recuerdo, como lo atestigua la relación de cabezas de ganado, con el hierro de Catalina, que se facilitaron a algunos amigos suyos, disponiendo que se abonen a ésta y a su madre los adeudos; un ejemplo de ello es una de las cláusulas, en que aclara: «todas las vacas y ovejas que están en Matalcingo son de la dicha Doña Catalina mi hija y de la dicha Leonor de Pizarro y más todas las yeguas y potros que están en Tlaltizapan, con su señal que es una C grande en el anca».[22] Como no recibe el tratamiento de «doña», lo probable (en el caso de ser española), sería que se tratase de una mujer del pueblo; y está de por medio la decisión de separar de su lado a la hija, para que se educase en un ambiente más elevado, junto a la marquesa. Lo que sí está claro, es que nunca llegó a cortar por completo los vínculos con ella. Para Cortés, las otras mujeres que hubo en su vida parecen haber sido agua pasada. Ninguna de ellas aparece mencionada en el testamento, siendo notoria la omisión de Elvira o Antonia Hermosilla (no existe seguridad en cuanto al nombre), la madre de don Luis, un hijo especialmente próximo a él. Y tampoco dice una palabra que ofrezca una clave para averiguar la identidad de las madres de Leonor y María, esas hijas naturales. Por ello, destaca aún más el espacio dedicado a Leonor Pizarro. Catalina es aquella hija pequeña a la que comprometió para casarse con el primogénito de Garay. Ahora bien, como Cortés en ninguno de sus papeles se refiere a Francisco de Garay como yerno suyo, ni tampoco vuelve a mencionarlo, ello lleva a la conclusión de que el compromiso matrimonial quedaría en papel mojado. Cortés se refirió a este matrimonio por primera vez en 1524, cuando informa al Emperador, y lo repitió en 1528, al señalar que a ella le había otorgado Chinantla como dote.[23] Este último dato permite establecer que la Catalina quien ahora nos ocupa, y la que estuvo comprometida en matrimonio y fue legitimada por el papa son la misma persona, pues al referirse a ella en el testamento, figura como la propietaria de Chinantla. Se desconoce si Leonor Pizarro y la india cubana a quien Bernal llama «fulana» Pizarro son la misma persona, aunque el caso se presta a dudas, pues la circunstancia de tener apellido, favorece la hipótesis de que fuese española.

El testamento resulta una pieza capital para conocer el pensamiento de Cortés en la fase final de su vida, pues lo entregó en sobre cerrado al notario sevillano Melchor Portes el 12 de octubre de 1547, o sea, dos meses antes de su muerte. Por ello se realizará una lectura atenta, pero por tratarse de un documento extenso, sólo se analizarán los aspectos más relevantes. En primer término, lo de cajón, o sea, las disposiciones para los funerales; clérigos y frailes que habrán de acompañar el cortejo, limosnas y ropas a darse a cincuenta pobres que participarán llevando hachones encendidos, y luego el capítulo de las misas a celebrarse. Cinco mil en total. Mil por las almas del purgatorio, dos mil por los muertos en sus campañas, y las otras dos mil por aquellas personas con las que tenga algún cargo que no conozca o no recuerde. Viene luego la compensación a sus criados, quienes deberán recibir un traje de luto y una gratificación de seis meses de salario; a continuación, un renglón al que dedica bastante espacio: se trata de la edificación en Coyoacán de un monasterio para monjas franciscanas, y un colegio donde se estudiará teología, y derechos civil y canónico. La atención que presta a ellos es comprensible, puesto que la iglesia del monasterio va ser el panteón que será el destino último de sus restos y de los miembros de su familia. Manda, por tanto, que sus huesos sean trasladados a México para ser inhumados, y a su lado deberán colocarse los de su madre y de su hijo Luis, que reposan en la iglesia del monasterio de San Francisco en Texcoco. Y también del monasterio de Cuernavaca deberán traerse los despojos de la Catalina, que murió en la cuna; pero el caso es que la edificación no se llevó a cabo por falta de interés de sus sucesores. En cuanto a su padre, que se encuentra enterrado en el monasterio de San Francisco de Medellín, señala que todos los años deberán celebrarse las «memorias y sacrificios que yo dejo mandados por una instrucción». Dispone que se concluya el hospital de Nuestra Señora de la Concepción, y para ello, «señalo especialmente la renta de las tiendas y casa que yo tengo en la dicha ciudad de México». El proyecto ha de realizarse conforme a la maqueta preparada por un tal Pedro Vázquez o según las modificaciones que haga el escultor que ha enviado «este presente año de mill y quinientos y cuarenta y siete»; el hospital se concluyó, y es el que hoy día se conoce como Hospital de Jesús. No se disponen misas por Catalina Suárez Marcaida, ni existe disposición alguna acerca de su sepultura. Sencillamente no aparece mencionada.

Al señalar a su heredero la obligación que tendrá de que se predique la doctrina en todos aquellos pueblos que le fueron asignados por la Corona, vuelve a referirse al derecho que le asiste al *Jus patronatus*. No termina de aceptar que ésta le retire algo que le fue otorgado por el pontífice y, por lo visto, no le ha hecho mella el que ya en una ocasión fuera excomulgado por retener las recaudaciones. Sigue en sus trece. Para los hijos legitimados, don Martín y don Luis, dispone que les sean entregados anualmente mil ducados de oro a cada uno. A su esposa apenas le dedica una cláusula ordenando que le sean devueltos los diez mil ducados de su dote y, como los gastó, el pago deberá hacerse «de lo primero y mejor parado de mis bienes». Como se advierte, de hecho no le deja nada, lo cual ya denota lo distantes que serían las relaciones entre ambos cónyuges. Pasa a tratar lo relativo a sus hijas, y a éstas sí dedica una atención más cuidadosa; primero lo relativo a las dotes de las hijas legítimas, comenzando por María, cuyo enlace con el hijo del marqués de Astorga ya estaba pactado. A ésta legaba cien mil ducados como dote, de los cuales ya había entregado veinte mil; a continuación, las otras dos hijas del matrimonio, Catalina y Juana, a las cuales deja cincuenta mil ducados de dote a cada una. Pero aquí se observa algo que parece una trapacería; esas sumas deberán tomarse de los bienes «que pertenecen a la dicha marquesa doña Juana de Zúñiga mi muger e a mí». Pero como a ésta, fuera de devolverle la dote no le deja nada, se diría que está disponiendo de lo ajeno. A sus hijas naturales Leonor y María, diez mil ducados de dote a cada una y, en el caso de que decidan meterse a monjas, recibirán sesenta mil maravedíes anuales a perpetuidad. Por lo visto, éstas seguirían al lado de sus respectivas madres. Los casos de Catalina Pizarro y de su madre, Leonor Pizarro, se cuecen aparte, pues a éstas en lugar de señalarles una cantidad en metálico, les asignó tierras y ganados en la forma que se acaba de ver. No olvida el adeudo que tiene con él el Emperador por el gasto ocasionado por las expediciones de Álvaro de Saavedra a las Molucas, y la de Cristóbal de Olid a Las Hibueras, y pide que se hagan cuentas «y se cobre lo que a su magestad alcanzare pues el fue servido de me lo mandar pague [sic] y lo que así se cobrare y alcanzare, quiero, y es mi voluntad que lo aya y erede el dicho Don Martín Cortés, mi hijo subcesor de mi casa».[24] Con un pie en la eternidad, y sigue empecinado en cobrar. Está visto que no aprendió que a los monarcas en lugar de tratar de sacarles dinero hay que hacerles presentes para ganarse su voluntad. Nunca tuvo la atención de hacerle un obsequio a la Emperatiz Isabel, o al de los Cobos. Envió eso sí, algunos objetos diversos, principalmente de arte plumario, a varios personajes, iglesias y monasterios, que si bien llamaban la atención por lo exótico, eran de escaso valor intrínseco (el arte indígena no fue demasiado apreciado por los potentados, como lo prueba que las famosas ruedas del sol y de la luna desaparecieran de la escena, probablamente para ser fundidas)..

Al parecer, encontrándose ya en la recta final, se le plantearon algunas dudas sobre la legitimidad de los esclavos habidos tanto en la guerra como de «rescate» (compra), razón por la que dispone que se acate lo que se determine sobre la materia. Resuelve, igualmente, que se averigüe si algunas tierras que tomó para huertas, viñas y algodonales eran propiedad de señores indios y, en caso de ser así, les sean devueltas, junto con los aprovechamientos que hubieran producido; en cuanto a los adeudos con sus servidores, dispone que el contador Francisco de Santa Cruz, revise el libro donde se lleva la contabilidad y sin más averiguaciones se pague todo lo que se adeude. Entre los que reciben legados, figuran Pedro de Astorga, su paje de cámara (a quien deja muy encomendado a su heredero), así como Antonio Galvarro, su camarero, y Melchor de Moxica, el contador, de quien dice que a pesar del corto tiempo que lleva a su lado, siempre le ha servido fielmente. Deja legados para dotar a las dos hijas de su primo, el contador Juan Altamirano, disponiendo que éste permanezca en el cargo todo el tiempo que sea su voluntad; y para doña Beatriz y doña Lucía, hijas del primo fallecido, el licenciado Francisco Núñez, con quien ha tenido el contencioso, y que se encuentran en Cuernavaca como doncellas de la marquesa, hay un legado para sus dotes. Y como algún remordimiento parecía inquietarlo, frente a las demandas de la viuda del pariente, luego de expresar que tiene saneada la conciencia, dispone que el asunto lo revisen dos contadores designados por sus albaceas, con dos de la otra parte, para que «determinen amigablemente las dichas diferencias y pleitos». Dentro del grupo de damas de compañía y doncellas, que integran la pequeña corte que rodea a su esposa, recuerda a su prima Cecilia Vázquez Altamirano, a quien han de dársele veinte mil maravedíes anuales; además, la deja muy recomendada a don Martín para que siga a su lado o al de cualquiera de las hijas. Ésta, que fue la esposa reservada a Pedro de Alvarado, se quedaría para vestir santos. Otro personaje es Doña Elvira de Hermosa, que se desempeñaba como doncella de la marquesa, la cual deja muy encomendada para que siga a su lado, con sus hijas o con don Martín, por todo el tiempo que quiera, «y si quisiere meterse monja o vivir honestamente sin casarse, se le den doscientos mil maravedíes». Por los términos de la cláusula, se desprende que se trataría de una persona de consideración, ya que al recibir el tratamiento de «doña», se echa de ver que era hidalga (hija de Luis de Hermosa, vecino de Ávila). Aparentemente, no se trata de una jovencita, advirtiéndose que el legado aparece atado a la condición de meterse a monja o vivir honestamente, pero sin casarse. La condición de no contraer matrimonio parece clara, pero, ¿por qué? Llama la atención el parecido que su nombre guarda con el de Elvira Hermosilla, la madre de don Luis. Pero aunque de ello no se deban sacar conclusiones a la ligera, la cláusula sirve para exhibirlo como un manipulador, que desde la tumba quisiera continuar dando órdenes. Los albaceas testamentarios fueron el duque de Medina Sidonia, el marqués de Astorga y el conde de Aguilar (abuelo del heredero), que se encontraban en España; por otro lado, de entre quienes residían en México designó a su propia esposa, a fray Juan de Zumárraga, a fray Domingo de Betanzos y a su primo, el licenciado Juan Altamirano. Una cosa destaca: en todo el documento no existe una cláusula acordándose de sus antiguos soldados y familiares de éstos, que quedaron en mala situación.

En agosto de 1547 Cortés se encuentra en Sevilla. Llevaría poco tiempo allí, pues en junio estaba en su casa de Madrid. El dato de su llegada se conoce por la circunstancia de que precisamente el treinta de ese mes empeñó con el prestamista Jácome Boti, en seis mil ducados, todas las piezas de servicio de oro y plata más algunas camas y brocados. Como se echa de ver, por aquellos días andaba escaso de numerario, cosa habitual en él, ya que con el boato con que vivía, alternando siempre con miembros de la grandeza del reino, ningún dinero le bastaba.[25] En su casa se conducía con un séquito numeroso de criados, como un gran señor, y además, andaba empeñado en unos gastos astronómicos, como es el caso ya mencionado de la dote de su hija María, a cuenta de la cual ya había adelantado veinte mil ducados; se diría que le andaba comprando un título.[26] Cien mil ducados era una suma elevadísima, baste decir que en ocasión de que Carlos V le pidió dinero, la remisión fue de sesenta mil pesos de oro. Los locales que poseía en la ciudad de México, que eran treinta y pico, unos mirando a la Plaza Mayor, y los otros situados en las calles de Tacuba y San Francisco, que alquilaba para tiendas, le rentaban todos juntos cuatro mil ducados anuales. Se requerían veinticinco años de alquileres para la dote de la joven. Cierto que era muy rico, pero sus bienes administrados a distancia producían una rentabilidad muy baja.

Cortés se encontraba enfermo cuando llegó a Sevilla, y pasó a instalarse en una casa situada en la calle Real de la vecina localidad de Castilleja de la Cuesta, facilitada por su amigo, el jurado Juan Rodríguez. Los males que lo aquejaban parecen haber sido de origen gastrointestinal, «iba malo de flujo de vientre e indigestión», escribe Gómara.[27] A partir del momento en que entregó el testamento, lo único que se sabe de cierto es que el mismo día de su muerte habría tenido un disgusto mayúsculo con su hijo don Luis, como parece desprenderse del codicilo que redactó en esa fecha, desheredándolo. La asignación de los mil ducados anuales la trasladó al duque de Medina Sidonia. Un acto que parece responder a un arrebato, pues mientras antiguos soldados suyos y familiares de los caídos pasaban necesidad, legaba esa suma a quien posiblemente fuera el hombre más rico de España.[28] Como don Luis se casó con Guiomar Vázquez de Escobar, sobrina de Bernardino Vázquez de Tapia, su mortal enemigo, hay razones para suponer que el enterarse de ese proyectado enlace haya sido lo que le ocasionó el disgusto. Desheredar al hijo sería el último acto de su vida, y tan débil se encontraba, que ya no tuvo fuerzas para empuñar la pluma, firmando por él fray Diego Altamirano. Con esa amargura se fue a la tumba. El deceso se produjo en horas de la noche del dos de diciembre, que en ese año de 1547 cayó en viernes.

Al momento de la muerte, además de su primo fray Diego, aquel que fue a buscarlo a Las Hibueras, tuvo a su lado a fray Pedro de Zaldívar, el prior del vecino monasterio de San Isidoro, quien se encargó de impartirle los auxilios espirituales; de entre sus hijos, únicamente se halló presente don Martín, el mayorazgo, quien en aquellos momentos era un jovencito de dieciséis años.[29] Aparte de ésos se encontraban dos de sus hombres de confianza, Juan Galvarro y el contador Melchor de Mojica, también estaban el propietario de la casa, media docena de sirvientes y aquellos que firmaron el codicilo como testigos. La única mujer presente fue Juana de Quintanilla, a quien Cortés menciona en su testamento: «ítem, mando, que Juana de Quintanilla que me vino a servir y curar en mi enfermedad desde Valladolid, a esta ciudad de Sevilla, el dicho día de mi fin y muerte hallándose presente se le de un bestido de luto conforme a lo que dexo mandado en lo tocante y a mis criados y demás de esto se le den de mis bienes cincuenta ducados de oro, que yo le hago gracia por lo que me ha servido».[30] Visto que el sobre con el testamento lo entregó mes y medio antes, y en éste ya se incluía esa cláusula, ello demuestra que la dolencia venía de tiempo atrás. Fuera de esa curandera, en su lecho de muerte, él, que fuera grandísimo mujeriego, no tuvo a su lado una presencia femenina. Tampoco se halló presente uno solo de sus antiguos capitanes y soldados, ni señores o sirvientes indios. Nada que recordara a México. Tendría en ese momento sesenta y tres años cumplidos, según el cómputo que se acepta como más fiable.

El domingo, día cuatro, a eso de las tres de la tarde dieron comienzo los funerales en la villa de Santiponce, siendo depositado su cuerpo en una tumba preparada frente al altar mayor de la iglesia del monasterio. Era la sepultura del propio duque de Medina Sidonia, quien se la cedía al efecto; allí permanecería algo más de dos años, siendo exhumado al fallecimiento de éste. Vendrían luego seis enterramientos sucesivos, hasta ocupar el sitio en que hoy reposan sus restos en una pared de la iglesia de Jesús Nazareno, en la ciudad de México, cubiertos por una placa de bronce en la que únicamente aparece inscrito: «Hernán Cortés, 1485-1547». La reseña acerca de los funerales en Santiponce corre a cargo de Oviedo, quien los describe como muy solemnes: «concurrieron cuantos señores e personas principales hobo en la cibdad, e con luto el duque e otros señores e caballeros; y el marqués nuevo o segundo del Valle, su hijo, lo llevó e tuvo el ilustrísimo duque a par de sí; y en fin, se hizo en esto todo lo posible [sic] suntuosamente que se pudiera hacer con el mayor grande de Castilla».[31] Se echa de menos la presencia de sus hijos, don Martín el mestizo y don Luis. En cuanto al primero, como acompañaba al príncipe Felipe, y en esos días se celebraban cortes en Monzón, es posible que se encontrase en esa villa. Por cierto, cabe añadir que el matrimonio de don Luis con Guiomar salió adelante. La muerte de Cortés pasó inadvertida en México. El mundo oficial lo ignoró. No hubo misas ni acto alguno en su memoria. Las campanas de la Nueva España no doblaron a muerto por él.

Epílogo

El testamento de Cortés no se cumplió. El ocho de julio de 1549, el escribano Francisco Díaz, en nombre del muy ilustre señor don Pedro de Arellano, conde de Aguilar, así como tutor e curador de la persona e bienes de don Martín Cortés, marqués del Valle, se apersonó en Cuernavaca, en el palacete ocupado por doña Juana de Zúñiga, para hacer el inventario. La marquesa se negó a recibirlo, siendo atendido por su hermano, el dominico fray Antonio de Zúñiga, quien expuso que no procedía realizar con ella diligencia alguna. Por tanto, el escribano, conducido por la camarera doña Lucía de Paz, se limitó a inventariar los bienes muebles que se encontraban en la planta baja, así como los esclavos y caballerías que se encontraban en las cuadras. Se advierte aquí que ya hay guerra declarada por la herencia y, quien la promueve, es el propio padre de la marquesa, ya que don Martín debe ser eximido de esa acción, puesto que se trataba de un menor bajo la tutela del abuelo. Comenzó el conteo de tapices, alfombras, platos, cubiertos, cacharros de cocina y demás enseres, notándose que el número de piezas de plata fue más bien reducido. La nota curiosa la da el que sólo se contaran trece libros, uno de ellos un salterio, lo cual ya indica que en esa casa se leería poco. Procedió luego el escribano a tomar declaración al mayordomo Juan Jiménez acerca de los esclavos que trabajaban en la casa principal, molino y huerta, los cuales eran veinticinco, entre negros e indios. En las cuadras se inventariaron doce caballos de silla, diez potros sin domar y dos mulas.[32]

Ante el bochornoso espectáculo que daba una familia de la primera grandeza del reino, en que madre e hijo disputaban por la herencia, hubo de intervenir el Emperador, exhortándolos a llegar a una avenencia.[33] El acuerdo a que llegaron, consistió en que don Martín entregaría a su madre, cada año, tres cuentos de maravedíes [tres millones], así como quinientos ducados de oro a perpetuidad a su tío, fray Antonio de Zúñiga, para su alimentación. Con ese acuerdo madre y hermanas se dieron por satisfechas. La escritura de avenencia se redactó en Sevilla el 20 de septiembre de 1550, en casa del conde de Castellar, habiendo participado en la negociación los «muy excelentes señor duque de Medina Sidonia y muy ilustres señores, don Pedro Ramírez de Arellano, conde de Aguilar y doña Juana de Zúñiga y don Martín Cortés, marqués del Valle, y doña María y doña Catalina y el dicho alcalde, firmaron sus nombres en el registro. Testigos que fueron presentes, Alonso de Medina y Juan Inglés, escribanos de Sevilla, y porque la dicha señora doña Juana dijo que no sabía escribir, lo firmaron por ella los dichos testigos, escribanos de Sevilla. Yo, Juan Inglés, escribano de Sevilla, soy testigo; e yo, Cristóbal del Puerto, escribano público de Sevilla, la fice escribir y fice aquí mi signo y soy testigo».[34] Una mujer de la primera nobleza del Reino que ni siquiera sabía poner sus nombre (se conoce un autógrafo de ella, aunque bien pudiera darse el caso de que haya sido otra mano la que lo estampó). Diez años más tarde, en Sevilla, el martes trece de agosto de 1560, la marquesa otorgaría un poder a su capellán Lorenzo Cabello, para que «pueda pedir y demandar y recibir y cobrar, ansí en juicio como fuera dél, de don Martín Cortés, marqués del Valle, mi hijo, y de otras cualesquier persona o personas que con derecho deba y de sus bienes todos y cualesquier mis bienes y oro y plata, y otras cualesquier cosas, de cualesquier calidad o importancia que sean y derechos y auciones que el dicho don Martín Cortés, marqués del Valle, mi hijo, me deba y sea obligado a dar y pagar y hacer y cumplir, así a mí propia, como por el dicho señor fray Antonio de Zúñiga, mi hermano...».[35] Don Martín no pagaba. Se dirá que estos últimos párrafos son superfluos, pues ya no hacen parte de la vida de Cortés; sin embargo, quien esto escribe consideró que no estorban, pues contribuyen a dar una idea más clara acerca de la clase de familia que tuvo.

En cuanto a Catalina, la que al parecer sería la hija predilecta, la marquesa se cobraría en ella las infidelidades del marido, despojándola primero de sus bienes y encerrándola luego en el monasterio dominico de San Lúcar de Barrameda, donde es probable que terminara sus días.[36] Es posible que ella haya sido la contrahecha de que habla Bernal.

Este libro quedaría incompleto si se le pusiese fin en este punto. Se ha escuchado todo lo que los cronistas tenían que decir, y ahora corresponde el turno de conocerlos; sus nombres resultan familiares, pues ya se ha ofrecido un esbozo sobre ellos; pero vistas las grandes discrepancias que han salido a la luz, en ocasiones sobre cuestiones cruciales, ello obliga a tratar de dilucidar, en cada caso en que se encuentran en desacuerdo, quién es el que inspira más confianza, bien sea por haber sido autor o testigo del hecho que narra, o por su mayor proximidad a él, en tiempo o en distancia. Por tanto, lo que viene a continuación es una semblanza ampliada, pues trazar una biografía, por mínima que ésta fuere, es algo que rebasa los límites de este libro. Como en varios casos unos influenciaron a otros, y además, entre algunos hubo sus dimes y diretes, este último capítulo vendrá a hacer las veces de un apéndice, en el que a manera de una galería de espejos, los cronistas aparecerán reflejados en ángulos diversos, para apreciar cómo se vieron los unos a los otros, y cómo los ve un lector actual. En rigor, por orden cronológico, el primer documento disponible es colectivo, y éste viene a ser la carta del cabildo. Pero como ésta ya es conocida, se pasará al propio Cortés, de quien tampoco queda nada por decir, pues tanto sus *Relaciones,* como demás correspondencia disponible, han sido examinadas con amplitud.

Sigue, por tanto, Pedro Mártir de Anglería. Éste es un personaje nacido en una localidad vecina a Milán y, que según él mismo refiere, residió diez años en Roma, donde estuvo al servicio de los cardenales Ascanio Sforza y Juan Arcimboldo; o sea, se movía en las antecámaras vaticanas, en el ombligo del mundo europeo. Se incorporó a la casa del conde de Tendilla, don Juan Íñigo López de Mendoza, embajador de los Reyes Católicos ante la Santa Sede, quien a su retorno a España lo introdujo en la Corte. Eso ocurrió en 1487 y, a partir de esa fecha, de una u otra manera, permanecería ligado a ella. Acompañó a los monarcas en la última fase de la Reconquista. En el mismo año en que

Colón descubre América se ordenó sacerdote, quedando adscrito como capellán de la Reina (aunque sin ser su confesor) y, en ese momento, recibió el encargo de difundir la cultura entre los jóvenes de la nobleza, en lo que vino a ser una especie de escuela palatina. Su elección ya habla del alto concepto en que era tenido como humanista. Los monarcas le confiaron una misión diplomática ante el sultán de Egipto, para persuadir a éste de que no expulsara de sus dominios a los cristianos residentes en ellos, como represalia por la toma de Granada. Hacia 1518 (año en que llega a España la noticia del descubrimiento de Yucatán), fue designado consejero de la Junta de Indias; en 1520 recibe el nombramiento de Cronista de Indias (el primero en detentar el cargo); al año siguiente es propuesto por Carlos V para la abadía de Jamaica (aunque todo quedará en un título honorífico, ya que no cruzará el océano). Finalmente, a partir de 1524, es miembro del Consejo de Indias, que por ser aquellos días era un cuerpo integrado por un escaso número de miembros, presidido por fray García de Loaisa, cardenal de Osma.

En una época en que no existían agencias de noticias, los grandes señores tenían en las Cortes agentes propios, quienes los mantenían informados. Ésta es una de las facetas en que sobresale Pedro Mártir. A lo largo de treinta y seis años, aunque no de manera continua, escribió cartas a distintos personajes de alcurnia. Sus destinatarios fueron miembros de la nobleza, cardenales e, incluso, tres papas. Gente importante que se interesaba por conocer lo que ocurría en ese mundo recién descubierto. Las cartas se publicaron agrupadas en libros, recibiendo la denominación de *Décadas*. En total son ocho, la última de las cuales concluyó en 1525 y va dirigida a Clemente VII.[1]

A pesar de que Pedro Mártir de Anglería no llegó a ver a Cortés cara a cara, es sin duda uno de los mejor informados acerca de él, pues como miembro del Consejo de Indias, recibía directamente los informes de todos aquellos que llegaban del otro lado del Atlántico, a quienes interrogaba exhaustivamente. La lista de quienes trató es larguísima, iniciándose con el propio Colón; en lo que a México se refiere, la encabeza Benito Martín, el capellán de Velázquez, quien fuera el primero en llevar a España la noticia del descubrimiento de Yucatán. La nómina incluye a Alaminos, Montejo, Puerto Carrero, Alonso de Mendoza, Ordaz, Benavides, Diego de Soto, Cristóbal Pérez, Lope de Samaniego («a quien tengo en mi casa»), Juan de Ribera y un largo etcétera. Acerca de este último, el autor menciona que se trataba de un criado de Cortés, educado por éste en su casa desde pequeño.[2] Este es un dato que muestra que Cortés, ya en sus primeros años en Cuba, era un hombre lo suficientemente acomodado como para permitirse tener secretario. Como se ve, Pedro Mártir parece ser el único que contó con un informante que conocía al detalle las interioridades de la casa de Cortés durante ese periodo oscuro, pero como estaba muy consciente de que no podía abrumar al papa y cardenales con detalle menudo, se abstuvo de darlos a conocer y, de la misma manera, tampoco se tragaba todo lo que le decían: «dejaré de lado las pequeñas pasiones de mis informantes, para ceñirme a lo que juzgare digno de conocerse».[3] Fue por esas razones que el cronista que mejor conocía las intimidades de la vida de Cortés, dejó de consignar lo que sabía. Serían muy probablemente Ribera y Samaniego, llegados por aquellos días, de quienes el cronista escucharía los informes acerca de la forma en que le afectó la defección de Olid, que lo condujo a dejarse arrebatar por la ira, presentando una faceta que en nada concuerda con el hombre mesurado y dueño de sí que Bernal ofrece. Algo a destacarse en las cartas de este clérigo reportero, es el clima de instantaneidad que trasmite, pues como escribe en momentos en que está ocurriendo la acción, el destinatario queda en suspenso, en espera de conocer el desenlace. Un ejemplo de ello es cuando informa que «un cierto Cristóbal de Olid, capitán de Cortés ha arribado con 300 hombres y 150 caballos, a la extrema punta occidental de Cuba, por donde ésta mira al frente de Yucatán, añadiendo que proyecta llevarse de la mencionada isla cien soldados más de refresco que le acompañen a explorar las tierras situadas entre Yucatán, que aun no se sabe si es isla, y el supuesto continente, y a fundar una colonia, según cuentan que ha dicho. Agregan los oidores que han sabido esto y lo de Garay por un escribano de Cuba, y dicen al mismo tiempo que, en su opinión, el reclutador Olid habrá hecho correr entre el vulgo estos falsos rumores, para que perdida toda esperanza de pasar junto a Garay, se vayan con él los vagabundos que desea llevarse».[4] Como se aprecia, la nota tiene el sabor de una noticia de última hora, dada por el comentarista al momento de concluir la lectura del boletín informativo. En esta situación particular, el avance informativo proviene de una carta que acaba de recibirse, anterior a la noticia sobre el final desastroso de la expedición de Garay. Se comprende, por tanto, el interés que éstas despertaban, al grado de que ya en esos días, circulaban en Alemania en versión original en latín. Su estilo, además de ágil y desenfadado, resulta muy directo. Enseguida va al punto. Esto es algo digno de tomarse en cuenta, sobre todo cuando se están dando a conocer cosas muy novedosas. Dice que teme repetirse innecesariamente, por ser ello característica de los viejos, «mis setenta años de edad, en los que entraré el 2 del próximo febrero de 1526», pero el caso es que cumplió los setenta y continuó escribiendo con la mente muy lúcida y una frescura envidiable. Se advierte al momento que conoce al dedillo de lo que está hablando, pues en realidad viene a desempeñar la tarea del analista encargado de interrogar a fondo a todos los que llegan de Indias, y como en no pocas ocasiones los datos que le proporcionan son contradictorios, con toda ecuanimidad debe intentar llegar a la verdad, para elaborar el informe para los acuerdos que deberán adoptarse en las reuniones del Consejo. De este personaje podría decirse que era el primer filtro por el que pasaba la información llegada de Indias. Sus cartas son tan breves, que en ellas no tiene cabida el cotilleo. Se advierte que la muerte de Garay fue asunto que se prestó a numerosas suspicacias, pues en repetidas ocasiones vuelve sobre el tema, trayendo a cuento las declaraciones de los testigos que interroga. Finalmente, cierra el caso sentenciando que el alguacil mayor de Garay, quien siempre fue su compañero y se encontró presente en su enfermedad, «exime de toda sospecha a Cortés de haber envenenado a Garay y asegura que éste falleció del dolor de costado que los médicos llaman pleuresía».[5] En cambio, es notable advertir que omita toda alusión acerca de la muerte de Catalina Suárez, indicio de que en 1525, cuando escribía esas líneas, nadie había lanzado la acusación de asesinato.

Pedro Mártir, aparte de escuchar con ánimo sereno a todos los que volvían, corrobora los informes con medios propios, y es así como escribe que se encuentra ya de regreso Lope de Samaniego, educado en su casa desde niño, quien «marchó con permiso mío hace tres años en compañía del secretario real Albornoz».[6] Tres años pasó en México ese agente suyo, y precisamente en uno de los períodos más accidentados, en que los oficiales reales estaban a matarse entre sí; pero a pesar de conocer todas las intrigas y traiciones que se sucedieron en esa etapa tan agitada, no la juzga de nivel suficiente para distraer la atención de Clemente VII. En cambio, estima que éste sí debe saber que Cortés envió con Juan de Ribera una serie de mapas, entre los que se cuenta uno de «diez palmos de largo» (que en ese momento tiene en su casa), en el que aparecen representados todos los dominios de Motecuhzoma y territorios de que se tenía noticia. Habla también de otro, en el que aparece representada con toda fidelidad la ciudad de Tenochtitlan (ambos hoy día en paradero desconocido). Entre los muchos datos interesantes proporcionados en exclusiva, se encuentra el relativo a que, en los momentos en que se disponía a partir Luis Ponce de León, ya habían llegado a España rumores acerca de la muerte de Cortés; es así que, refiriéndose a la comisión del primero, puntualiza: «Entre los encargos que lleva, figura el de atraerse a Cortés, si lo encuentra vivo, con mil halagos, y reducido a la debida fidelidad, de la cual nunca se ha apartado abiertamente».[7] Las dudas sobre su lealtad parecen haberse disipado; se trata sólo de que no se salga del redil.

Pedro Mártir es cauteloso. A sus oídos llegan relatos, a cual más fantasioso; pero como se trata de un mundo desconocido, abierto a toda clase de novedades, debe informar, pero manteniéndose alerta para oponer el rechazo crítico, siempre que lo estima del caso, como ocurre al tratar el espinoso tema de la Fuente de la Juventud Eterna. Por supuesto, no cree en tamaña patraña; pero como se trata de algo que ha ocasionado un considerable revuelo, se siente en la obligación de dar a conocer lo que está ocurriendo, aunque no sin antes advertir al papa: «y no crea Tu Beatitud que esto dicen por broma o de ligero. Sino que tan seriamente han osado propalarlo por toda la Corte, que el pueblo entero, y no pocas personas a quienes el valor o la fortuna distingue del vulgo, tiénenlo por verdad».[8] El origen de esa fábula parece haberse originado en el caso de un anciano decrépito que bebiendo de esa fuente recobró el vigor y engendró un hijo, y fue precisamente ese hijo el propalador de la versión. El «Viagra» de aquellos días. Otro tanto ocurre cuando se ve obligado a hablar de la existencia de gigantes. El tema no parece convencerlo, pero la evidencia es de tal modo abrumadora, que no le queda más que informar. Ocurre que Diego Ordaz encontró en la bóveda de un templo un fémur descomunal, el cual en esos momentos el propio Pedro Mártir conserva en su casa. Agrega que algunos que han ido a recorrer los territorios del sur han traído igualmente costillas de gigantes. Como no se excluye la posibilidad de que topen con ellos, cumple con adelantar la información. A pesar de que la evidencia la tiene en casa, algo parece ponerlo en guardia y da la noticia en tono menor. Apenas cuatro líneas. En España, por lo visto, los restos fósiles eran desconocidos. Todavía habrían de pasar cerca de tres siglos para que se conociera la existencia de los dinosaurios. En una de sus cartas manifiesta que recibió en su casa, en Madrid, la visita de Gonzalo Fernández de Oviedo. Es importante tomar nota de que aquí, el respetado Pedro Mártir está dando el espaldarazo a éste, presentándolo como «varón erudito y cronista real», aunque es de rigor precisar que no sería sino hasta 1532 cuando Carlos V lo confirme en el cargo, con el correspondiente emolumento.[9] Oviedo vendrá a ser el sucesor de Pedro Mártir como Cronista de Indias, circunstancia que no hay que perder de vista. El encuentro a que alude ocurrió cuando Pedro Mártir era ya un hombre de sesenta años y Oviedo andaría por los treinta y ocho.

Es ahora el turno de Oviedo. Éste es un personaje que parecería tener el don de la ubicuidad, pues se le encuentra siempre allí donde ocurrían las cosas. Desde un discretísimo segundo plano, como comparsa, es mucho lo que le corresponderá observar. Será testigo de una época. No obstante que en Madrid exista un instituto de estudios históricos que lleva su nombre, para el gran público es un desconocido. Oviedo, desde luego, es un fuera de serie; sorprende que el cine y la televisión no lo hayan descubierto, pues su vida da para muchos capítulos de una teleserie. Ya se vio que aparece en la historia cuando sostenía la brida del caballo de su joven amo, el duque de Villahermosa, junto al séquito de los monarcas, mientras aguardaban la salida de Boabdil que haría entrega de las llaves de Granada. Y también desde su atalaya como mozo de cámara del príncipe don Juan, le tocaría presenciar el momento en que Colón se presentó ante los reyes para informarles del Descubrimiento. A la muerte prematura del príncipe, pasa a Italia provisto de unas tijeras que le servirán para abrirse paso en las Cortes. A Ludovico Sforza, el duque de Milán, lo maravillaban las figuritas de papel que recortaba y, en una ocasión, mostró a su artista Leonardo da Vinci uno de esos trabajos. Según refiere, éste quedó encantado al ver que pudiesen hacerse tales cosas con unas tijeras. Sirvió luego en la pequeña Corte de doña Isabel de Aragón, viuda del marqués Francisco de Gonzaga, donde distraía a sus huéspedes con las maravillas producto de sus tijeras. Por intervención de esta dama, logró colocarse con el joven cardenal Juan de Borja, sobrino del papa Alejandro VI. Creía ya asegurado su futuro, cuando en Mantua su amo fue invitado por César Borgia a un banquete. Cayó enfermo, y todos los esfuerzos que realizaron los médicos por contrarrestar los efectos del veneno resultaron infructuosos. Oviedo acompañó al cortejo fúnebre que condujo el cadáver para ser sepultado en Roma. Por aquellos días, circulaba por las calles de la ciudad la versión de que había sido César quien hizo asesinar a su hermano Juan, el duque de Gandía. Viéndose sin empleo, pasó a Nápoles para entrar al servicio del rey Fadrique. En la corte napolitana, durante los banquetes, el rey le pedía que mostrara sus habilidades con las tijeras para distraer a sus invitados. Allí conocería a Alfonso, el hijo del rey Fadrique, quien se convertiría en el segundo marido de Lucrecia Borgia. Acerca de ella, ofrece esta semblanza: «La ilustrísima señora doña Lucrecia de Borja, persona muy hermosa, sabia e valerosa señora [...] a la cual yo ví muchas veces».[10] Destronado Fadrique, Oviedo pasó a Palermo en calidad de guardarropa de la reina doña Juana (su cometido consistía en guardar la plata, las vajillas y el vestuario), para un año después retornar a España acompañando a la madre de ésta, doña Juana, la reina vieja. En total, la andadura italiana duraría tres años. En Italia emerge su faceta de literato, y es entonces cuando traduce al español *El laberinto de amor*, de Boccacio. Entre 1502 y 1512 deambula por España, se trata de un periodo poco conocido de su vida, del cual se sabe que se contó entre los espectadores que, en Dueñas, asistieron al nuevo matrimonio de don Fernando con Germana de Foix. En un documento de 1508 se ostenta como «notario apostólico e secretario del consejo de la Santa Inquisición». Ya puede verse a qué sombra se ha arrimado. En 1512 se encuentra empleado como secretario del Gran Capitán, Gonzalo Fernández de Córdoba; aunque su desempeño en el cargo fuera de corta duración, el hecho sirve para evidenciar que sabía moverse en el entorno de personajes del nivel más elevado. Pasa a Panamá, y como allí el ambiente con Pedrarias no le era muy favorable, retorna a España. Viajó a Flandes esperando recibir alguna prebenda de Carlos V, cosa que por el momento no consiguió. En 1520 parte nuevamente de España rumbo a Panamá, llevando consigo a su mujer y dos hijos. Regresa a la zona del Darién en 1522, convertido en teniente de gobernador de Pedrarias en Santa María del Antigua. Llega un sábado de noviembre, y al día siguiente muere su esposa, que venía enferma (Isabel de Aguilar, la segunda). Como gobernante aparece convertido en un moralista, y manda pregonar que ninguno tuviera manceba pública y hace quemar en la plaza todos los naipes que había en el pueblo. Emprendió el viaje de regreso a España y a su paso por Santo Domingo, Diego Colón, su viejo amigo de los días en que sirvieron juntos en la casa del príncipe don Juan, lo invitó a acompañarlo, viajando en su propio navío. Oviedo conoció muy de cerca a la familia Colón, y muerto Diego, continuaría el trato con ella. Podría reprochársele que, conociéndolos tan bien, no haya escrito una biografía de Colón; pero en su descargo podría aducirse que, si se hubiera puesto a relatar de manera pormenorizada las vidas de todos los famosos a quienes le correspondió conocer y tratar, su obra, ya de por sí voluminosa, habría adquirido las características de una enciclopedia.

Para fray Bartolomé de Las Casas, Oviedo viene a ser uno de los villanos del drama. El enfrentamiento entre ambos, que en materia de pensamiento se encontraban en las antípodas, dio comienzo a raíz de que Las Casas presentó su proyecto para colonizar, por medios pacíficos, una amplia franja de la Tierra Firme. Oviedo, en su capacidad de conocedor de Panamá, expuso ante el gran canciller Mercurino de

Gattinara sus objeciones a éste. Según Las Casas, habría actuado movido por el obispo Fonseca, quien lo eligió para ello por ser «muy parlador y que sabía muy bien encarecer lo que quería persuadir».[11] Pero pese a toda su elocuencia y dones de persuasión, no logró convencerlo; sin embargo, consiguió que se redujese a Las Casas el área que éste pretendía, quedando fuera de ella la nueva gobernación de Santa Marta, la cual le sería asignada a él. Fueron competidores. Allí parece haber dado comienzo la rivalidad entre ambos. El nombramiento de Oviedo como gobernador de Santa Marta y Cartagena y de las fortalezas que debería levantar en su territorio, quedaron en el papel. Nunca puso los pies en la zona.

Abreviando un poco la semblanza sobre Oviedo, pues sus andanzas fueron muchas, se dará un salto, para situarlo en los días en que se encuentra instalado ya en Santo Domingo, como alcaide de la fortaleza. Un baluarte en estado ruinoso, en la desembocadura del Ozama, que guarda la entrada de la ciudad, y que él se ocuparía de restaurar. Levantó, asimismo, la torre que hoy día se encuentra en pie. Muy orondo debería sentirse de ser el guardián encargado de velar por la seguridad de la isla, pues por la zona merodeaban ya corsarios franceses e ingleses. Salvo el paréntesis de un viaje a España, mientras montaba guardia como alcaide, se dio a la tarea de concluir su magna obra, instalado definitivamente en Santo Domingo. Sorprende el entusiasmo con que va narrando el crecimiento de la nueva ciudad, que por aquellos días apenas contaba con media docena de calles. La pondera fuera de toda proporción; y eso lo dice un hombre que, amén de España, había recorrido Italia de norte a sur, y que incursionó por Flandes. Ya no más andanzas para él. Además, encontró la seguridad económica: tuvo hacienda, ganados, y nueve casas de piedra en esa ciudad que tanto alaba. Y quizás por ello lo haría. Allí estaba su bienestar. Encastillado en su torre, parece haber encontrado la paz, de la misma manera que el fraile la encuentra en el refugio del convento. Era viudo y su único hijo varón, que militaba en el bando almagrista, pereció ahogado al cruzar el río de Arequipa en Perú.

Oviedo no se limita a relatar lo que ha visto, sino que también lo analiza, aunque su visión de las cosas difiera en ocasiones de la ofrecida por Pedro Mártir. No es que alguno de los dos falsee la verdad, sino que reflejan opiniones procedentes de ambientes distintos; mientras él recoge el parecer de cortesanos que merodeaban por las antecámaras reales, y que deseosos de hacer méritos, hablaban sólo de ir a castigar a un rebelde, Pedro Mártir está trasmitiendo el parecer mesurado del Consejo que busca atraerse a Cortés. Las inquietudes de

Oviedo como naturalista, y su habilidad para el dibujo, lo llevaron a elaborar el primer catálogo ilustrado de animales y plantas del Nuevo Mundo que más le llamaron la atención. En ello fue un precursor de Linneo. Cabe destacar que la iguana fue un animal que tanto lo impresionó, que decidió enviar unos ejemplares como obsequio a personalidades con quienes se carteaba, como eran Olao Magno, una de las luminarias que asistieron al Concilio de Trento, y el erudito impresor Ramusio, secretario de la Señoría de Venecia. Pero ocurre que hasta ese momento los españoles no se habían percatado de que eran animales insectívoros, ya que nunca las veían atrapar moscas. Estaban en la creencia de que comían tierra. Y con esa idea las remitió en jaulas, sin otro tipo de comida. Ni que decir tiene que ninguna llegó a su destino. En su carácter de Cronista de Indias, Oviedo se dirigió a Cortés solicitándole información, y éste salió del paso enviándole copias de sus *Relaciones* (segunda, tercera y cuarta), las cuales incluyó en su *Historia*, complementándolas con datos adicionales, a la vez que le imprimió mayor fluidez al estilo. Y de igual manera, procuró sacar toda la información posible de los actores que se movían en la escena: Vicente Yáñez Pinzón, Benito Martín, Diego Velázquez, Pánfilo de Narváez, Pedro de Alvarado, Antón de Alaminos, Juan Cano, y un largo etcétera, adoptando una actitud cautelosa ante la discrepancia de pareceres, y procurando siempre mantenerse en una posición neutral. Acerca de Narváez, a quien lo escuchó exponer sus argumentos en la Corte, escribe, «lo decía todo exactamente al revés que Cortés». Con él habló ampliamente, al grado de que además del consejo que le dio para que se dejara ya de conquistas, refiere la anécdota de que juntos se desplazaron un día fuera de Toledo para visitar la finca de un hombre que tenía un tigre en su casa.[12] Otro interlocutor válido fue el licenciado Alonso Suazo, quien luego de salir de México se estableció en Santo Domingo, donde fueron vecinos y grandes amigos hasta la muerte de éste. Suazo era un hombre que conocía perfectamente a Cortés, y que debió contarle muchas cosas acerca del turbulento periodo, en que le tocó fungir como juez en México. Pese a la abundante información que manejaba, Oviedo no se pronuncia, limitándose a decir que Cortés le merece un gran respeto como conquistador, pero que como explorador del océano se ha dejado embaucar por un mapa que le pusieron en las manos. Eso es todo. Una posición neutra, de la cual, lo único que da a entender es que éste, con el paso del tiempo, se volvería un tanto ingenuo. Y acerca de la anchura del Pacífico estaba bien enterado, pues como dice, habló largamente con Juan Sebastián Elcano al retorno de éste, luego de darle la vuelta al mundo. En total, los años pasados por Oviedo en Santo Domingo suman veinticinco. Murió allí, y sus restos reposan en algún lugar bajo el piso de la catedral.

El relato de Andrés de Tapia es poco conocido y, además, presenta el inconveniente de encontrarse trunco, pues cubre sólo hasta la derrota de Narváez. Pero pese a su brevedad, resulta valioso para aclarar algunas situaciones confusas, como es la relativa a la precipitada salida de Cortés de Santiago. Tapia, en los momentos en que parten de Cuba, era un joven soldado que, por su ánimo y esfuerzo, muy pronto destacaría. Es uno que habla exclusivamente sobre lo que vio, pero como era uno de los hombres de confianza de Cortés, intervino en diversas encomiendas que escaparon al común de la tropa. Fue además un capitán esforzado, como lo muestra el que Cortés lo mencione varias veces en las *Relaciones* enviadas al Emperador. Concluida la Conquista, permaneció muy allegado a él, a quien acompañó en los dos viajes a España, sirvió en su casa como mayordomo, «aunque sin percibir salario por ello», como él mismo puntualiza. Tapia, como recordamos, sería su último maestre de campo. El manuscrito de su *Relación* fue escrito en fecha posterior a 1529, pues en éste se refiere a él dándole el tratamiento de marqués; y una cosa que no puede pasarse inadvertida es que a pesar de la convivencia tan íntima, mantenida a lo largo de los años, no parece que hubiese familiaridad entre ambos. Siempre el mismo tratamiento respetuoso del subordinado hacia un jefe que se encuentra muy alto. Pero no obstante la distancia, no ofrece dudas que Tapia fue uno de los hombres de quien Cortés más se fiaba. Una peculiaridad que se observa en la relación de Tapia es el aire tan medieval que reviste, tanto, que por momentos se tiene la impresión de tener entre las manos una novela de caballerías: Cortés elevándose por los aires mientras destruía los ídolos, «el marqués saltaba contra natura». Tapia encarna la lealtad. Le fue fiel hasta lo último, sin importarle que Cortés no se hubiera acordado de recompensarlo adecuadamente. Ya en su vejez tenía dificultades en lo económico, según lo expresa en carta dirigida a un licenciado Chávez, «en la Corte de España», solicitando sus buenos oficios para que se le haga alguna mejoría económica, pues según dice, «en dos veces que he ido a España no se me ha hecho merced que valga dos reales»; agrega que ha estado muy enfermo –a punto de muerte–, pero que ya está recuperado y aunque ha perdido todos los dientes y tiene el cabello blanco, siente que ha rejuvenecido diez años, y se encuentra con arrestos para emprender cualquier nueva empresa, encontrándose libre de impedimentos, pues sus hijos ya han crecido. Un viejo león desdentado que siente el llamado por la acción. La carta es del once de marzo de 1550, y concluye diciendo: «Uno de mis hijos que se dice Alonso de Sosa es muy aficionado a ser de la iglesia y síguela y es buen estudiante; si acaso hubiere qué darle en esta iglesia suplico a vuestra merced lo tenga en memoria».[13] Las estrecheces económicas de Tapia continuaban es 1554, como parece corroborarlo una carta que el virrey don Luis de Velasco dirigió ese año al príncipe Felipe, recomendando que se le otorgase un repartimiento que fuese de acuerdo con sus méritos por los servicios prestados. El veinte de abril de 1562, Cristóbal, su primogénito, escribía a Felipe II comunicándole la muerte de su padre, ocurrida ocho meses antes. Entre las cosas que destacan en la carta está la afirmación de que en el segundo viaje a España (el emprendido en 1540), permaneció en ella siete años en espera de que se resolviese la petición para que le fuese devuelta la encomienda de Cholula, que Cortés le retiró dándole en cambios unos pueblos que rentaban muy poco. Finalmente, convencido de que su caso nunca sería resuelto, se regresó a México. En la carta figura, asimismo, el dato curioso de que en las festejos celebrados con motivo del matrimonio del entonces príncipe Felipe con su prima María Manuela, en un torneo le rompieron una pierna. Aduce, asimismo, que su hermana de veinte años se ha quedado soltera, porque su padre no tuvo dinero para casarla conforme al nivel que le correspondía.[14] Y algo a no pasarse por alto: en ninguno de los documentos de Cortés relativos ese periodo, se menciona que anduviesen juntos. Puede darse por descontado que sería durante su segundo viaje a España cuando mostró su manuscrito a Gómara.

El turno de Gómara. Un autor al que dos circunstancias catapultaron a un primer plano: la primera, la prohibición; el libro se publicó en 1552, y al año siguiente ya era obra prohibida. El príncipe Felipe, entonces encargado del reino, firmó la cédula ordenando su recogida, «porque no conviene que se lea»; y más tarde, al ascender al trono, la reiteraría. Además, hubo una concienzuda labor de rastreo entre los libreros para seguirle la pista a los ejemplares vendidos y decomisarlos a los compradores. Una persecución sistemática, que además no cesó con su muerte, pues ocurrida ésta, el corregidor de Soria, siguiendo órdenes superiores, se presentó en casa del sobrino para demandarle los papeles del tío. ¿Qué hizo este autor para desencadenar las iras del futuro Felipe II? Ni idea. Como ni en la primera, ni en la segunda parte de su obra se encuentra algo que arroje alguna luz sobre lo encarnizado de la persecución de que fue objeto, todo son conjeturas. Posiblemente la explicación habría que buscarla en otra parte. Parecería que Gómara, anticipando que encontraría dificultades para imprimir su libro en Castilla, a pesar de tener la imprenta al lado, en Medina del Campo (él residía por aquellos días en Valladolid), se fue a Zaragoza para publicarla. Las disposiciones en el reino de Aragón eran distintas a las que regían en Castilla. En todo caso, fue el arzobispo don Fernando de Aragón quien le dio la licencia. Todo lo que se sabe de este personaje, que tanto escribió sobre otros, puede resumirse en que nació el dos de febrero de 1511 en Gómara, una aldea vecina a Soria, que fue un clérigo que viajó ampliamente por Italia, presumiblemente al servicio del embajador de España ante la Santa Sede, que residió una temporada en Valladolid y, al parecer, hacia el final de su vida emprendió un viaje a Flandes, adonde se pierde de vista.[15] Un dato muy curioso es el de que, a pesar de lo enconada que resultó la persecución de su libro, en cambio a él no parece que lo hayan molestado en su persona. Además de su *Historia general de las Indias,* los otros dos libros sobre temas históricos que escribió, *Crónica de los Barbarrojas* y *Anales de Carlos V,* lo presentan como un fino y talentoso escritor. La segunda causa que contribuye a lanzarlo a la celebridad, fueron los epítetos que le lanzó Las Casas. Ocurrió que éste, al revisar el libro, encontró reproducido el pasaje de Oviedo que lo deja muy mal parado, al referir el fracaso de su proyecto de colonización pacífica de la costa de Venezuela, donde los indios mataron a todos los labradores. Oviedo señala que Las Casas, para eludir responsabilidades se metió a fraile, y Gómara al repetir el texto, compró pleito ajeno. El dominico, que no tenía pelos en la lengua, le dijo de todo, llamándolo entre otras cosas, criado y capellán de Cortés, y que residió en su casa cuando éste volvió a España por segunda vez. Por tanto, sus informes los habría recibido directamente de labios suyos. Aquí, por obra de Las Casas, Gómara quedó convertido en el biógrafo oficial. Pero queda claro que él fue totalmente ajeno a ese enredo. Lo que ocurre es que los que vinieron detrás lo copiaron, y es allí cuando cobra una dimensión extrordinaria. Tiene un mérito que no puede escatimársele, y ello es que fue el primero que le dio estructura a la historia de la Conquista. En ello, prácticamente todos han seguido el esquema que él trazó. Pero si bien se ve, su obra carece de originalidad; básicamente es una refundición de trabajos que ya circulaban impresos. En primer término se sirvió de las *Décadas* de Pedro Mártir, dispuso de las *Relaciones* de Cortés (de la segunda a la quinta), tuvo en sus manos el manuscrito de Motolinia, leyó la primera parte de la obra de Oviedo (de donde tomó la carta de Alvarado) y, finalmente, tuvo como interlocutor a Andrés de Tapia, quien le facilitó su manuscrito, cosa que se advierte al momento, por los numerosos pasajes que reproduce a la letra. Éste es el único informante a quien identifica («Andrés de Tapia que me lo dijo»), aunque al parecer tuvo otros, como parece indicarlo que en su relato menudeen los «dicen algunos», «opinan otros», «por más que traté de averiguarlo no lo logré»...; pero nunca un «Cortés me dijo»; si Gómara armó su libro a base de esos autores, la pregunta que sigue sería: ¿dónde está lo que Cortés le contó? En cuanto al dicho de Las Casas, sólo cabe advertir que no sería la primera vez que éste incurriera en un error de mucho bulto. En su obra, en reiteradas ocasiones, aparece contradiciéndose a sí mismo. Gómara será un historiador talentoso, pero en lo que se refiere a la conquista de México y vida de Cortés, es mínimo lo que aporta; es patente que su estilo ha envejecido notoriamente, por lo que hoy día es escasamente leído; sin embargo, ello no significa que haya de restársele méritos. Pese a todos los errores que se le detectan, es uno de los historiadores más importantes de la Conquista, aunque como biógrafo se encuentre muy distante de su personaje. Frente al retrato cálido ofrecido por Bernal, la imagen que éste trasmite de Cortés es tan lejana, que al momento trasmite la impresión de no haberlo conocido. Acerca del aire de misterio que rodea a este personaje, motivado por la falta de información sobre su persona, se dispone del testimonio del Inca Garcilaso de la Vega, quien por lo visto es el único que sí sabía de quién se trataba, pues uno de sus informantes «un soldado de los más principales y famosos del Perú», se topó por las calles de Valladolid con Gómara, reclamándole la forma en que había descrito un pasaje del encuentro entre Carvajal y Centeno. Sería, al menos, a través de ese soldado como *el Inca* supo de quién se trataba. En sus escritos se refiere a él como «capellán real de la Majestad Católica».[16] Uno de los tantos clérigos que cobraba un sueldo en la Corte. Ninguna alusión a que hubiese sido capellán de Cortés. Otro dato: *Anales de Carlos V*, como su título lo indica, es una crónica de lo acontecido, año con año, bajo el reinado de este monarca. El relato aparece sazonado por anécdotas, en las que el autor se hace presente o externa alguna opinión acerca de los personajes de quienes habla. Ése es un sello característico de Gómara, el de hacerse presente en la narración. En las anotaciones correspondientes a 1547, escribe: «muere Fernando Cortés capitán muy ilustre, y que se puede poner entre los muy esclarecidos de nuestros años».[17] Ningún comentario acerca de haberlo conocido. Y para finalizar, la que quizá sea la prueba definitiva: en el tomo primero de su *Historia*, Gómara anuncia que tiene el propósito de escribir la historia de la Conquista de México en cuanto termine el libro en el que se encuentra trabajando (la primera parte de la *Historia*), y entre las razones que lo mueven a hacerlo, señala que «por estar la Nueva España muy rica y mejorada, muy poblada de españoles, muy llena de naturales, y todos cristianados, y por la cruel extrañeza de la antigua religión, y por otras nuevas costumbres que agradarán y aún espantarán al lector».[18] Ésta sería la oportunidad en que era obligado decir que pondría por escrito todo aquello que Cortés le contó; pero ni siquiera menciona haberlo conocido. Eso lo escribe al menos un año después de la muerte de éste, pues en la primera parte alcanza a incluir la nota sobre la ejecución de Gonzalo Pizarro, ocurrida el 9 de abril de 1548.[19]

Fray Bartolomé de Las Casas: un hombre que además del trato directo que tuvo con algunos de los participantes en la Conquista, se movió en las más altas esferas de la Corte. Su testimonio hubiera sido suficiente, si no fuera porque llevado por la pasión, no reparte los palos por igual, pues mientras se muestra implacable con aquellos que detesta, a sus amigos los trata con benevolencia. Sin lugar a dudas, el autor más controvertido. El Apóstol del Indio para unos; el creador de la Leyenda Negra, para otros. Lo menos que puede decirse de él, es que su nombre no pasa indiferente. En cuanto se le menciona, la polémica está servida. Pero como el propósito de este escrito no va por ese camino, aquí únicamente se trazará una semblanza de lo más saliente de su vida, destinada a servir de guía a lectores no familiarizados con su obra. Por principio de cuentas, conviene no olvidar que ya se encontraba interiorizado con el Nuevo Mundo antes de pasar a él, pues su padre, que fue uno de los compañeros de Colón en el segundo viaje, a su retorno a España le llevó como obsequio un joven esclavo taino, mismo que sería puesto en libertad y retornaría a La Española cuando Isabel la Católica ordenó que no se hiciesen más esclavos. Las Casas era hombre de cultura, habiendo obtenido la licenciatura en leyes, posiblemente en Sevilla, su ciudad natal, (de allí que en muchos de sus escritos utilice el título de licenciado); otra de sus peculiaridades, y por cierto, muy curiosa, es la de que al referirse a sí mismo, lo hace en tercera persona: «el clérigo». Y, asimismo, se califica como «colérico», en lo cual no hay ninguna exageración.[20] Un dato anecdótico, citado por él, consiste en que en los cerca de veinticinco años que anduvo en Indias, nunca probó la carne de iguana, pese a lo mucho que le insistieran. Esto lo muestra como carente de curiosidad, ya que éste fue un animal que llamó mucho la atención a los españoles. Pasó a La Española en 1502 en la flota que condujo a Nicolás de Ovando, por lo que viene a situarse dentro del pie veterano de los colonizadores, y, a poco, se ordenó sacerdote. El primero en ordenarse en Indias. De La Española pasó a Cuba, interviniendo en su conquista como capellán castrense, de allí que tuviera un conocimiento directo de Cortés, Velázquez, Grijalva, Narváez y tantos otros que participaron en ella. Como recompensa recibió una encomienda, por tanto, en su vida se abre un parteaguas: encomendero primero, para pasar luego a ser ardiente enemigo de la encomienda. Marcha a España, y consigue ser recibido por el rey Fernando, quien se limita a escucharlo; habla en el Consejo Real con los encargados de los asuntos de Indias; primero con el secretario Lope Conchillos, y a continuación con el obispo Juan Rodríguez de Fonseca, en quienes no encontró eco. Al año siguiente (1516), en Madrid, logró hacerse escuchar por los cardenales Francisco de Cisneros y Adriano de Utrecht, quienes en ausencia del Monarca, actuaban como regentes y gobernadores del Reino. Como resultado de sus gestiones, Cisneros designa a tres frailes jerónimos para que vayan a Indias y velen por el bienestar del indio, poniendo término a los abusos a que era sometido. El propio Las Casas fungirá como consejero de ellos y, según asegura, se le confirió el nombramiento de *defensor y procurador universal de todos los indios* (de esto último no se ha encontrado constancia en archivos, siendo él el único en mencionarlo). El capítulo de sus dificultades con los jerónimos es conocido. Vuelve a España para entrevistarse con Cisneros, pero habiendo perdido el favor de éste, nada consigue. Viene a continuación un periodo de alejamiento, pero llega Carlos V, y se abre camino entre sus consejeros flamencos, siendo escuchado y favorecido por éstos. Éste quizás sea su mejor momento. Para 1519 logra que el Monarca le firme una capitulación concediéndole una franja de la costa de Venezuela, para llevar a cabo su proyecto de una colonización por medios pacíficos; una vez despachado en la Corte, se dirigió a la región de Cumaná en Venezuela, llevando consigo alrededor de trescientos labradores portadores de cruces, pues habían sido ennoblecidos como caballeros de la «Espuela Dorada», distinción que había obtenido para ellos. La idea consistía en que éstos se casarían con mujeres nativas, y así se llevaría a cabo la colonización pacífica del Nuevo Mundo. Pero ocurrió que al desembarcar se topó con dificultades. En el área ya estaba asentado un grupo de españoles que había fundado una población a la que llamaron Toledo. Exigió que le entregasen la tierra, mas Gonzalo de Ocampo, que era quien se encontraba al mando, repuso que no lo haría sin órdenes expresas de Santo Domingo. Las Casas fue a querellarse a Santo Domingo, y lo propio hizo Ocampo, marchando tras él sus compañeros. El caso es que los labradores de la Espuela Dorada quedaron abandonados a su suerte, y muy pronto los indios los mataron a todos; viéndose sin colonos, Las Casas se recluyó en el monasterio dominico de Puerto Plata en La Española. Éste es un período que comprenderá alrededor de siete años (1524 -1531), y es en esa época cuando da inicio a la tarea de escribir la *Historia de Indias*. En 1532 viajó a México, sin que haya quedado huella de su actuación; vuelve a La Española, y en 1534, en compañía de otros religiosos de su orden, emprende un viaje al Perú, el cual interrumpe en Panamá. Durante cerca de tres años anduvo por Nicaragua y Guatemala, y para mediados de 1538 se encuentra de nuevo en México, donde asiste al capítulo de la orden. En 1540 está ya de regreso en España y, dos años más tarde, en ocasión de las Cortes en Monzón, coincide con Cortés (es entonces cuando éste le refiere la anécdota aquella de que había navegado por el sur de Cuba «como gentil corsario»). La presencia de Cortés en ésa se explica en función de que Carlos V llevó consigo al príncipe Felipe, para ser jurado como heredero de la Corona de Aragón; y siendo don Martín paje al servicio de éste, necesariamente debía acompañarlo. Además durante todo el verano de 1542, tiempo de duración de las Cortes, el Emperador permaneció en la villa, acompañándolo Francisco de los Cobos, y el duque de Alba, entre las primeras figuras del Reino. Era la Corte que se había mudado, y Cortés seguía a la Corte. En ese mismo año tuvieron lugar las Juntas de Valladolid, más tarde continuadas en Barcelona, adonde Las Casas leyó su *Brevísima relación de la destrucción de las Indias*, obra en la que llevado por su fervor en la defensa del indio, se excede en la descripción de las atrocidades cometidas en contra de éste, incurriendo en notorias contradicciones, ya que anteriormente, al describir en su *Historia* el primer viaje de Colón, refiere cómo éste recorría la costa norte del litoral cubano, sin divisar signos de ocupación humana. La isla estaba escasamente poblada. Y lo mismo ocurría con La Española; pero luego, olvidándose de lo que antes había escrito, pasa a referir que, en cuarenta años, los españoles habrían exterminado a «más de doce cuentos [millones] de ánimas, hombres y mujeres y niños; en verdad que creo, sin pensar engañarme, que son más de quince cuentos». En esa obra se traza el comienzo de lo que más tarde se conocería como la Leyenda Negra. En febrero de 1545 llega a Chiapas, de cuya diócesis ha sido nombrado obispo. Para finales de marzo retira las licencias para confesar a todos los sacerdotes (salvo a dos), reservándose para sí la facultad de absolver a aquellos que tuviesen esclavos indios. En la primera semana de cuaresma del año siguiente, salió de Chiapas y se dirigió a México para asistir a una junta de prelados y religiosos convocada por el visitador Tello de Sandoval. Atrás quedaría su diócesis; embarca para España en 1547, y ya nunca volvería a poner los pies en el Nuevo Mundo. Para 1550 se encuentra en Valladolid para asistir a las reuniones de una junta de teólogos y canonistas, en la que se discutirán las bulas de donación papal del Nuevo Mundo. Las Casas se enfrenta a Juan Ginés de Sepúlveda, el jurista cortesano defensor de su validez. La confrontación entre ambos continuará al año siguiente, sin ningún acuerdo. Sostenían posiciones antagónicas. A partir de ese año, Las Casas centrará sus energías en revisar el texto de su *Historia de Indias* (que inexplicablemente dejó inconclusa), y escribirá la *Apologética historia*, así como algunas obras más. Mientras, no cesará en sus esfuerzos por combatir la encomienda y se preocupará por el reclutamiento de misioneros que vayan a Indias. Algo que no deja de llamar la atención, es que se volcara únicamente contra la esclavitud del indio y, en cambio, no comenzara por casa. En España había esclavos, de la misma manera que en toda la cuenca del Mediterráneo; de hecho, con excepción de algunos países del norte, la esclavitud era práctica vigente en Europa. Para su abolición en Estados Unidos todavía habrían de pasar algo más de tres siglos y librarse una sangrienta guerra (1860-1865), con un costo de más de dos millones de muertos. No debe olvidarse que, para la liberación del indio, inicialmente discurrió que se trajesen esclavos africanos. Cuando reconoció su error y dio marcha atrás, ya era tarde. En su testamento, legó sus escritos al colegio de San Gregorio en Valladolid. Murió en Madrid en 1566, a los noventa y dos años, en el convento de Nuestra Señora de Atocha. Ésta, en síntesis, no pasa de ser una semblanza mínima de fray Bartolomé.

Juan Ginés de Sepúlveda, el antagonista de Las Casas, fue reclutado por Carlos V para que le sirviese de biógrafo; la cédula de su nombramiento está datada en Roma el 15 de abril de 1536, razón por la que se desprende que las ocasiones en que coincidió con Cortés necesariamente ocurrieron al retorno de éste a España por segunda vez. Aunque es mínimo lo que refiere acerca de él, su relato viene a ser uno de los pocos disponibles para conocer algo de esa época oscura en que Cortés se veía obligado a seguir a la Corte. Su narración ilustra que éste no cambió con el paso del tiempo, mostrándose altivo y arrogante en su trato con el Emperador, quien en un momento dado hubo que refrenarlo para que recordase con quién estaba hablando. Ningún otro cortesano se atrevió a dirigirse a él en ese tono; es posible que ello haya contribuido a su nulificación, pues a partir de la última entrevista que sostuvieron, Carlos V se desentendió de él por completo, dando vía libre para que actuase al fiscal de la Corona.

La pugna sostenida por Las Casas contra Sepúlveda se origina cuando el primero se enteró de que el segundo había escrito un opúsculo titulado *Democrates alter* (El otro Demócrates), justificando la encomienda y la esclavitud. Las Casas se movilizó al momento para impedir la publicación del escrito, lo cual estaría en el origen de las dos confrontaciones que sostuvieron en Valladolid ante una junta de teólogos. Las tesis de Sepúlveda, basadas en argumentos aristotélicos, serían que la guerra justa es causa de justa esclavitud con pérdida de bienes por derecho de gentes. Se consideraba como justa la guerra librada contra los indios, «porque si bien a los paganos en general, por el solo hecho de su infidelidad no se les puede atacar con las armas, según dicen con razón varios teólogos, sí se les puede obligar cuando su idolatría usa prácticas inhumanas como sucedía en la Nueva España, donde cada año solían inmolar a los demonios 20,000 hombres inocentes».[21] Las Casas centró la atención en los indios que se habían esclavizado injustamente, mientras que se desentendió de los negros, dando como válida la esclavización a que habían sido sometidos por parte de los portugueses.

Motolinia: éste es un nombre asociado a la obra misionera; se trata del último y, a la vez, el más conocido del grupo de los «doce». Cuando se habla de misioneros, el primer nombre que viene a la cabeza es el suyo. Fray Toribio Paredes, natural de la villa de Benavente, y Motolinia por el sobrenombre que adoptó, al enterarse de que en lengua náhuatl esta palabra significaba pobreza. Y ciertamente, no se apartó de esa línea; según todos los testimonios existentes, vivió conforme a lo que predicaba. Este varón, de un temple extraordinario, es el gran evangelizador de México; posiblemente quien más indios bautizó y, por lo mismo, la atención sobre él se encuentra centrada en su apostolado, por lo que se tiende a mirar de soslayo la importancia de su obra histórica. Hasta nuestros días han llegado su *Historia de los indios de la Nueva España* y los *Memoriales*. Se trata de dos obras muy vinculadas entre sí, al grado de que, en cierta medida, tienden a complementarse, aunque no sea esto del todo exacto; en cuanto a la segunda, se trata de un manuscrito que, al carecer de título, se le conoce por ese nombre; eso en lo referente a la obra conocida. Pero está ese supuesto texto que se encuentra en paradero desconocido, del cual, además de Cervantes de Salazar, también el oidor Zorita en varias ocasiones alude a pasajes de la Conquista que, supuestamente, estarían tomadas del texto desaparecido. Se trata, por tanto, de afirmaciones que no pueden desecharse a la ligera, y que vendrían a significar la punta del iceberg de la obra perdida (de Motolinia, o de quien haya sido). Son varios los cronistas que no se sustraen a su influencia, y su obra (entera o en parte) fue conocida por Las Casas, Gómara, Cervantes de Salazar, Zorita, Torquemada, Suárez de Peralta, Mendieta y otros que vinieron a continuación. El testimonio de Motolinia resulta invaluable, pues como llegó en 1524, pudo conocer a los conquistadores más destacados y a una serie de personalidades indígenas, de lo cual da cuenta en varias ocasiones; por ejemplo, se halló presente en el bautizo del señor de Tenayuca, uno de los hijos de Motecuhzoma, e igualmente, le correspondió presenciar el matrimonio de don Hernando Pimentel, hermano de Cacama y señor de Texcoco, primero que se celebraba entre indios nobles. A su muerte, en 1569, llevaba ya algo más de cuarenta años de labor misionera; o sea, se trata de un hombre al que le tocó vivir la gran transformación que va del paso de la idolatría al cristianismo, siendo él uno de los artífices que la hicieron posible.

Las Casas - Motolinia, dos vidas paralelas; ambos pugnaban por lo mismo: el bienestar del indio. Pero marchaban por senderos distintos; mientras Las Casas oponía una serie de reparos sobre la ritualidad para la administración del bautismo (con cuya actitud sembraba dudas acerca de la validez de los que habían sido administrados), Motolinia se esforzaba porque no quedase un solo indio sin bautizar. Lo asaltaba el escrúpulo de que alguno muriese sin recibir el sacramento, y que por negligencia suya perdiese el alma. Quería abrir a todos las puertas del paraíso. Aquí hay que traer a cuento los roces entre dominicos y franciscanos en la tarea de evangelización: el bautismo era uno de los puntos en conflicto. Los franciscanos se lanzaban a bautizar a todos los que pudieran, mientras los dominicos se atenían a la bula de Paulo III, aconsejando cautela en el caso de los indios adultos. A este respecto, Motolinia trae a cuento el caso de un indio que llegó a solicitar el bautizo: «Entonces yo, con otros frailes, rogábamos mucho al de Las Casas que baptizase aquel indio, porque venía de lejos, y después de muchos ruegos demandó muchas condiciones de aparejos para el bautismo, como si él solo supiera más que todos, y ciertamente aquel indio estaba bien aparejado. Y ya que dijo que lo baptizaría, vistióse una sobrepelliz con su estola, y fuimos con él tres o cuatro religiosos a la puerta de la iglesia do el indio estaba de rodillas, y no sé que achaque se tomó, que no quiso bautizar al indio, y dejónos y fuese. Yo entonces dije al de Las Casas: ¿cómo?, Padre, ¿todos vuestros celos y amor que decís que tenéis a los indios, se acaba en traerlos cargados y andar escribiendo vidas de españoles y fatigando a los indios, que sólo vuestra caridad traéis cargados más indios que treinta frailes?» La escena referida corresponde a 1539, y a continuación agrega: «con unos poquillos cánones que el de Las Casas oyó, él se atreve a mucho, y muy grande parece su desorden y poca su humildad». Prosigue Motolinia: «porque él no procuró de saber sino lo malo y no lo bueno, ni tuvo sosiego en esta Nueva España ni deprendió [aprendió] lengua de indios ni se humilló ni aplicó a les enseñar. [...] Quisiera yo ver al de Las Casas quince o veinte años perseverar en confesar cada día diez o doce indios enfermos llagados y otros tantos sanos, viejos, que nunca se confesaron...».[22] Se asiste aquí el enfrentamiento de dos figuras respetables, y que tuvieron trato directo con Cortés, siendo notable la visión tan diametralmente opuesta que trasmiten de él: mientras que para el primero es un saqueador, esclavizador y asesino, el segundo lo presenta como caballero y buen cristiano, que abrió el camino para la prédica evangélica. Aunque en este juicio sus pareceres se encuentran en las antípodas, coinciden ambos en el celo que muestran en la defensa del indio. Por otro lado, resulta sorprendente la dureza de los términos contenidos en la carta que en 1555 Motolinia dirigió al Emperador denunciando la conducta de Las Casas; entre otras cosas, lo acusa de predicar una cosa y hacer otra muy distinta, de que a su llegada a Tlaxcala llevaba consigo a ventisiete o treinta y siete indios, para que le cargasen sus efectos, y que además, no les pagaba por su trabajo. Lo considera un agitador que sólo sembró desorden y discordia por donde quiera que pasó, y recomienda a Carlos V: «V.M. le debía mandar encerrar en un monasterio porque no sea causa de mayores males: que si no, yo tengo temor que ha de ir a Roma y será causa de turbación en la corte romana».[23] Una acusación de ese calibre plantea un dilema terrible: ¿sería capaz Motolinia un calumniador, o Las Casas era muy distinto a como él gusta presentarse?

Aunque fray Juan de Zumárraga, primer obispo y luego arzobispo de México, no escribió ningún libro, sus extensas cartas dirigidas al Emperador y a la Emperatriz hacen las veces de informes políticos. Su testimonio resulta en extremo valioso para conocer la actuación de la primera Audiencia, siendo posible que éstos hayan contribuido en gran medida en abrir los ojos de la Corte, para que se decidiera su remoción. Etapa difícil la que le correspondió vivir a fray Juan, pues los palos le llovieron no sólo de la autoridad civil, sino también del estamento eclesiástico, debido a las pugnas con los dominicos. Hubo tantas quejas en su contra, que en España se vio con desconfianza su actuación, llegándole una amonestación por haber enviado a la hoguera al cacique don Carlos de Texcoco, al par que se le indicaba que remitiese el proceso al Consejo de Indias, cosa que no hizo. A la luz de las inmensas repercusiones que tuvo este caso, no está por demás decir dos palabras al respecto: don Carlos Ometochtzin (a quien también se da el nombre de Chichimecatecotl), cacique de Texcoco, fue acusado ante Zumárraga por su cuñado, bajo los cargos de idolatría y amancebamiento con una sobrina suya, llamada doña Inés. Fue detenido el dos de julio de 1539, y en cuanto dio comienzo el proceso, comenzaron a ser interrogados los testigos que depusieron en su contra. A través de su defensor Vicencio de Riverol, don Carlos negó los cargos, aduciendo que provenían de personas resentidas contra él por haberlos castigado cuando tuvo el gobierno. La prueba capital esgrimida por el fiscal Cristóbal de Caniego consistió en la existencia de un adoratorio, que mostraron sus acusadores, en cuyo interior se encontraron varios ídolos, que éstos identificaron por sus nombres, siendo los principales un Quetzalcóatl y un Xipe. Los denunciantes sostuvieron que había reincidido en el culto a los antiguos dioses, y que los instigaba a hacer lo propio; y en cuanto al cargo de amancebamiento incestuoso, hacía ya varios años que había interrumpido la relación con su sobrina, con la cual procreó dos niñas (una de las cuales, incluso, había muerto); sin embargo, por ser bautizado y casado *in facie ecclesia*, se le mantuvo el cargo por este concepto. Aunque para esas fechas todavía no se instalaba formalmente el tribunal de la Inquisición, durante ese periodo del llamado provisorato, algunos obispos ejercieron funciones de inquisidores, como fueron los casos de Zumárraga en México y Landa en Yucatán. Algunas dudas debió de abrigar Zumárraga acerca del paso a darse, pues lo consultó con el virrey Mendoza y los miembros de la Audiencia. Don Carlos fue hallado culpable, y el treinta de noviembre de 1539, que era domingo, fue sacado de la cárcel del Santo Oficio con sambenito, coroza y una vela en las manos, y llevado a la plaza pública de la ciudad de México, siéndole leída la sentencia y traducida a continuación. Don Carlos pidió permiso para hablar, y con gran entereza se dirigió a los suyos, exhortándolos a que no siguiesen su ejemplo y evitaran recaer en prácticas idolátricas. Dio por buena la sentencia, aceptándola como expiación por sus pecados. Acto continuo, fue relajado a la justicia secular como hereje relapso, siendo ejecutado a continuación; aunque en el acta no aparece mencionado el tipo de muerte que se le dio, puede darse por sentado que moriría en la hoguera, que era el suplicio corriente que aguardaba a los herejes, aunque en su caso la culpa a imputársele no sería la de herejía, sino más bien de apostasía. Se trató de un asesinato jurídico, qué duda cabe; quizás sobre los escrúpulos de Zumárraga haya pesado más la intención de hacer un escarmiento, para que sirviera de ejemplo. Aparte de Zumárraga, presenciaron el suplicio el virrey don Antonio de Mendoza, los oidores y una serie de conquistadores cuyos nombres figuran en el acta. No aparece mencionado que Cortés se contase entre los asistentes. El notario que llevó puntual registro del proceso fue Miguel López de Legazpi, el futuro fundador de Manila.[24] Este don Carlos era hermano menor de Ixtilxóchitl. En cuanto a la muerte de Hernando Alonso, se desconoce si fue enviado a la hoguera directamente por los miembros de la primera Audiencia o por el obispo Zumárraga. Ningún papel habla de ello, lo cual es raro, pues dado el enfrentamiento que se produjo entre ambos, sería de esperarse que el caso saliera a relucir cuando se incriminaban mutuamente. El único dato disponible lo constituye la carta de Terrazas ya conocida, en la que apunta que para la fecha en que escribía, éste ya había sido quemado.

Zumárraga sería el obispo, a quien según quiere la tradición, le correspondería presenciar la aparición milagrosa de la Virgen de Guadalupe, al extender en presencia suya el indio Juan Diego su tilma, para entregarle las rosas (1531). Zumárraga en su correspondencia silencia el hecho; al año siguiente, cuando viajó a España, tampoco lo mencionó en la Corte o en el Consejo de Indias. Mantuvo una buena relación con Cortés, al grado que éste en su testamento lo designó como uno de sus albaceas. Nada pudo hacer para ocuparse de ese encargo, pues moriría a los pocos meses.

Bernal Díaz del Castillo, el soldado cronista. Bien poco es lo que se conoce de su vida anterior a la Conquista; sabemos los nombres de sus padres, que nació en Medina del Campo, y que muy joven pasó a Panamá con Pedrarias. Cuando hace su aparición en la conquista de México andaba por los veinticuatro años, pero comenzó a escribir mucho tiempo después; él mismo nos lo dice: «Estando escribiendo en esta mi crónica [por] acaso vi lo que escribían Gómara e Illescas y Jovio en las conquistas de México y Nueva España, y desde que las leí y entendí y vi de su policía y estas mis palabras tan groseras y sin primor, dejé de escribir en ella, y estando presentes tan buenas historias; y con este pensamiento torné a leer y a mirar muy bien las pláticas y razones que dicen en sus historias, y desde el principio y medio ni cabo no hablan lo que pasó en la Nueva España».[25] Eso lo escribe en el capítulo XVIII, y como sus capítulos suelen ser muy breves, de apenas dos o tres páginas, ello habla de que apenas comenzaría a escribir cuando cayó en sus manos el libro de Gómara, y al leerlo experimentó un desaliento al advertir que alguien se le había adelantado. Cesó en el empeño, pero luego, en una segunda lectura, comenzó a encontrarle objeciones al libro, poniéndose de nuevo a la tarea de escribir con el propósito de enmendar todo lo que a su juicio resultaba inexacto. Como la obra de Gómara salió de prensa en 1552, necesariamente, eso ocurriría en fecha posterior, o sea, se sienta a redactar su libro cuando irían transcurridos, al menos, treinta y un años de la toma de Tenochtitlan, y lo titula como *Historia verdadera de la conquista de la Nueva España*, con el propósito obvio de desautorizar a Gómara. Algo a destacarse es que no parece haber leído ni a Pedro Mártir ni a Oviedo; en cuanto al primero, se comprende, porque sus cartas circulaban en latín, e iban dirigidas a un auditorio culto. Lanzado a escribir, Bernal tiene la obsesión de Gómara, al cual a cada momento busca enmendarle la página (son cerca de un centenar las veces que lo refuta); pero como sus observaciones son de baja entidad, meras cuestiones de detalle, lo que consigue es el efecto contrario, pues no hace otra cosa que refrendar su relato. La circunstancia de no haber cursado estudios superiores lo trae a mal traer, siendo así que se califica de idiota y sin letras, con lo cual se subestima notoriamente.[26] No tendría estudios cuando pasó a Indias, pero a través de su libro pone en evidencia que había dedicado largas horas a la lectura. Un autodidacta, pero un autodidacta de excepción. Su texto es más vivo que las *Relaciones* de Cortés, que la *Historia* del erudito Gómara, o la *Crónica* de Cervantes de Salazar, todo un señor catedrático de retórica. Bernal viene a ser un impresionista, que en dos plumadas traza los retratos de sus compañeros. Su *Historia* vibra de emoción; en ella está puesta su vida, pero de ahí a que sea verdadera en todos sus términos, eso ya es otro cantar. Ya se ha visto que, en ocasiones, dice cosas muy extrañas. Parecería que la memoria lejana hubiera embrollado sus recuerdos más allá de lo admisible. Una cosa a destacarse es que sus hechos nunca aparecen citados por otros autores, y suman más de cuatrocientos los mencionados por Cortés, Pedro Mártir, Oviedo, Tapia, Gómara, Cervantes de Salazar. Se advierte igualmente, que en la carta que, hacia octubre de 1520, el ejército dirigió al Emperador, su nombre no figura (y son quinientas treinta y cuatro las firmas que aparecen al calce). No es que ello signifique un afán por disminuirlo, sino tan sólo destacar que, según indicios, su actuación sería más modesta de lo que él pretende. Torquemada y el oidor Zorita dicen haberlo conocido en Guatemala, y el segundo menciona que le dio a leer parte de su manuscrito; el caso es que estamos frente a algo sorprendente: el gran historiador de la Conquista viene a ser un oscuro soldado, al cual sus compañeros parecen dar de lado. Algo está diciendo que sus relaciones no debieron ser buenas con muchos de ellos. Sus filias y sus fobias asoman en las páginas del libro. Habla mal de Rangel, Godoy, Monjarraz, y, sobre todo, de Pedro de Ircio, un capitán cuyos hechos impresionaron a Carlos V. En una ocasión, él y Diego de Godoy pasaron de las palabras a los hechos, echando mano a las espadas, y se hubieran matado de no intervenir otros que los separaron y «los hicieron amigos»; aunque eso sí, ambos sacaron varias heridas.[27] Se conserva la cédula de 28 de febrero de 1551, dirigida a la Audiencia de los Confines de Guatemala, por la cual se le autoriza a traer para su guarda hasta dos criados armados, «en vista de él está enemistado en esa tierra con algunas personas».[28] El dato parece elocuente; en dos ocasiones viajó a España (1540 y 1550), sin obtener lo que pretendía (no solicitó escudo de armas ni el ingreso a una orden militar); tampoco menciona si volvió por su natal Medina del Campo y vio a sus padres. Esto último es ilustrativo de lo poco que Bernal habla de sí mismo, en acusado contraste de cómo lo hace con sus compañeros. Se radicó en Guatemala en fecha posterior a 1539, pues con anterioridad había sido regidor de la villa del Espíritu Santo (Coatzacoalcos). Se casó con Teresa Becerra, hija del conquistador Bartolomé Becerra, y hasta la fecha se mantiene en pie su casa en La Antigua, que ciertamente no corresponde a la de un hombre pobre. Fue en ella donde durante dieciséis años estuvo laborando en su manuscrito, el cual escribió en solitario. Entre las contadas referencias que proporciona acerca de su trabajo, hay una en que menciona que, cuando lo tuvo pasado en limpio, lo dio a leer a dos licenciados que se lo pidieron, a los cuales les pareció muy bien la retórica, ya que iba «según nuestra común habla de Castilla la Vieja»; luego de ese cumplido, uno de ellos le reprochó que en el escrito se alabara a sí mismo. A ello replica Bernal «en blanco nos quedáramos si yo no hiciera esta verdadera relación». Su *Historia* se da por concluida en 1568, año en que se llevó una copia a España, la cual sirvió para sacar el manuscrito *Remón*, conocido así por el nombre de fray Alonso Remón, el mercedario que lo dio a la imprenta. En Guatemala quedó únicamente un borrador manuscrito, lleno de correcciones, tachaduras e interlineados; posteriormente, ha aparecido en España un tercer manuscrito, el llamado manuscrito *Alegría,* conocido así por el nombre del bibliófilo que fue su último propietario. La edición de la obra de Bernal se ha hecho refundiendo los manuscritos *Guatemala* y *Remón*; las lagunas que se advierten en el primero fueron cubiertas con el segundo. En el manuscrito *Alegría* se encuentra un prólogo que no existe en los otros. Pero lo que realmente importa es tomar en cuenta todas las notas y tachaduras que figuran en el manuscrito *Guatemala*, pues arrojan luz sobre cuestiones cruciales; es así que en una tachadura dice: «Ya [he] escrito a México a tres amigos míos, que se hallaron en todas las más conquistas para que me envíen relación de todo, para que no vaya ansí incierto si no se pusiese aquí lo que sobrello dixeren. Remítome a los conquistadores para que ello lo enmiende».[29] Esta supresión nos hace ver que allí Bernal abrió la puerta para que se introdujeran algunas de esas versiones que, como se ha visto, que no hacen sentido. Algo que no pasa inadvertido, es la discrepancia tan marcada entre el Cortés que presenta este soldado cronista, y el que se ofrece en otros documentos, al grado que se podría decir que son dos individuos distintos; ¿cuál es el verdadero? El origen de la confusión podría provenir de dos circunstancias: una, que Cortés hubiese mudado de actitud, registrándose grandes cambios en su personalidad (lo cual no sería de extrañar), y, la otra, que en esto haya de por medio una cuestión de óptica (según sea el lente, será la visión). Para establecer si fue Cortés quien mudó diametralmente en pocos años, o si todo se debe a una distorsión de Bernal, lo pertinente será interiorizarnos un poco más en la figura de este último. Lo primero a tomarse en cuenta, y que es muy importante, es el tipo de relación que mantuvo con su jefe; aquí hay que señalar que no fue hombre de sus confianzas, y que tampoco da muestras de haberse encontrado muy próximo a él, como se desprende de la circunstancia de que Cortés no lo mencione en ninguno de sus escritos (salvo, claro está, en la constancia de servicios, otorgada a petición de parte); por lo mismo, permanecería ajeno a la toma de las grandes decisiones. Obedecía órdenes. Su relación con él sería distante, de allí que muchas de las cosas que cuenta las supiera de oídas; utilizando un símil, podría decirse que su percepción fuera la de un espectador que contempla una película, pero sin alcanzar a escuchar la banda sonora. Y si en ocasiones le escapa el fondo, en cambio, resulta valioso en extremo en sus apreciaciones anecdóticas. En ese terreno sus recuerdos se encuentran muy vivos. Desde luego, su relato acusa una notoria falta de uniformidad, detectándose esos inmensos baches que ya se han señalado en el cuerpo de este escrito. Eso en cuanto a la Conquista, y en lo que concierne a la relación con Cortés, el relato es muy irregular, pues mientras hubo días en que estuvo constantemente a su lado, en otros permanece completamente distante, como es el caso cuando éste retorna de España y se establece en Texcoco. Ése es un capítulo en el que se encuentra completamente desorientado, pues desconoce que, si no entraba en México, era porque lo tenía expresamente prohibido y, de igual manera, ignora que trajo consigo a su madre, la cual moriría en esta ciudad. Ante esa falta de información, huelgan comentarios. Por otro lado, están de por medio algunos aspectos de la figura del narrador que conviene no perder de vista, pues ayudan a conocerlo mejor. Se trataba de un hombre muy quisquilloso, y podría decirse que resultaba conflictivo. Siempre inconforme, y es así que ya de viejo se quejaba, arguyendo encontrarse pobre y cargado de hijos y nietos, «con mujer moza» (dato que da a conocer que aventajaría en muchos años a Teresa Becerra, su esposa); otra de sus peculiaridades, que no debe pasarse por alto, es la tendencia al autobombo: alférez con Grijalva, cuando se sabe que lo fue Bernardino Vázquez de Tapia. La impresión que produce es que, con el paso del tiempo, conforme iban muriendo sus compañeros, comenzó a escribir lo que le venía en gana, seguro de que no habría ya nadie que lo contradijera. Pero pese a todas esas limitaciones, de entre todos aquellos que dejaron constancia escrita sobre Cortés, es quien más tiempo pasó cerca de él (alrededor de cinco años), lo cual lo convierte en el interlocutor más valioso, aunque con las debidas reservas. Una cosa a no pasarse por alto, es que si en una parte se muestra un tanto resentido porque Cortés no mencionó su nombre al Emperador y tampoco le dio la recompensa que creía merecer, con el paso del tiempo parece redimensionar las cosas, y es así como en los capítulos finales (que posiblemente fueran los últimos que escribió), la figura de éste se agiganta, y es todo corazón y ánimo.[30] El jefe que en medio de la batalla acudía al sitio de mayor peligro, y a todos daba ejemplo con su valor. Y antes de pasar adelante, hay un punto que amerita destacarse, y ello es, la influencia tan grande ejercida sobre él por su detestado Gómara, pues al seguirlo, repite los errores que ya se han advertido. Buscó acercarse a Las Casas hasta en cuatro ocasiones; en la última carta (1558) le decía: «Ilustre y muy Reverendísimo Señor: Ya creo que V.S. no tendrá noticia de mí, porque según veo que he escrito tres veces é jamás e abido ninguna respuesta». El 29 de enero de 1567, siendo regidor de Santiago de Guatemala, Bernal escribió a Felipe II informando acerca de algunos asuntos de gobierno y en uno de los párrafos dice ser viejo de setenta y dos años; de ello se deduce que tendría veintidós cuando vino con Hernández de Córdoba y no veinticuatro, como antes dijo. En la carta figura la anotación: «Vista y no hay que responder».[31]

Fray Francisco de Aguilar es otro de los soldados cronistas. Acerca de éste prácticamente ya se ha dicho todo: era hombre mayor cuando vino a la Conquista. Cuarenta años. Aunque Bernal lo llama Alonso, parece estar en un error, pues es una anotación en el Libro de Actas de Cabildo (10 de octubre de 1525) aparece como Francisco, al consignarse que se le adjudicaba un terreno para construir una venta en el camino a Veracruz, misma que trabajó exitosamente hasta que sintió el llamado a la vida monástica, ingresando en la orden de Santo Domingo. Su *Relación breve* (obra que corresponde a su título, puesto que, en efecto, es resumida en grado sumo), tiene el mérito de ofrecer un relato bien balanceado. La escribió hacia el final de su vida, «a ruego e importunación de ciertos religiosos que se lo rogaron diciendo que pues estaba ya al cabo de la vida, les dejase escrito lo que en la Conquista de esta Nueva España había pasado».[32] Su relato, pese a su brevedad, contiene lo fundamental, sin descender a cuestiones de detalle; pero hay por ahí unas vivencias muy frescas y que de pronto afloran para hacer luz en algunos puntos en que su testimonio es único, como fue el caso del involucramiento de Ordaz en el intento de secuestrar el navío, o cuando describe el baño de Moctecuhzoma; y también tiene la exclusiva al hablar de las platicas que les hacía Cortés con grandes ofrecimientos para repartir el territorio en ducados, marquesados y condados. Este testigo es quien habla con mayor detalle de las premoniciones de Botello, y de la forma como agitó al ejército asegurando que si no salían de Tenochtitlan precisamente en esa noche, ninguno quedaría vivo. Es también él uno de los que más hablan de los ensalmadores, que imponiendo las manos sobre las heridas, producían cicatrizaciones portentosas. Hoy día, en que tan en boga estan los estudios de fenomenos paranormales, el hecho aparecerá como perfectamente aceptable. Fray Francisco de Aguilar escribió su *Relación* para la historia, pues encontrándose al final de su vida, de cara frente a la eternidad, ya no esperaba obtener recompensa alguna.

Francisco Cervantes de Salazar llegó a México hacia 1550, cuando todavía no se cumplían treinta años de la toma de Tenochtitlan, por lo que alcanzó a conocer a cerca de medio centenar de antiguos conquistadores; su aparición en la escena pública sería unos tres años más tarde, cuando se hace presente en el acto fundacional de la Real y Pontificia Universidad de México, en el que tuvo a su cargo pronunciar el discurso inaugural: «Doy fe que el año cincuenta y tres a tres de junio se hizo el initio de las escuelas de esta cibdad el cual hizo el licenciado Cervantes de Salazar en presencia del ilustrísimo visorrey don Luis de Velasco y de la Real Audiencia y lunes cinco del dicho mes comenzaron a leer los catedráticos de theología y cánones y gramática. Y por verdad lo firmé de mi mano. Esteban de Portillo, notario apostólico».[33] A partir de ese momento, su vida permanecería ligada a esa casa de estudios, donde impartió la cátedra de retórica y tendría siempre algún cargo, llegando a desempeñarse como rector de la misma. Eso ya lo exhibe como hombre de cultura. Antes, en España, como secretario latino del cardenal García de Loaisa, entonces presidente del Consejo de Indias, tuvo oportunidad de tratar a Cortés; a un Cortés ya viejo, cuando hacía antesala para ser recibido. Y al parecer, lo trataría en numerosas ocasiones, según se desprende cuando escribe: «como yo le oí muchas veces decir», refiriéndose a algo que le escuchó decir a menudo.[34] Más tarde, en México, en el círculo en que se movía, algunos de los antiguos conquistadores le facilitaron las relaciones que habían escrito. Éste es un grupo de soldados cronistas cuyos escritos se perdieron, y de los cuales se tiene referencia por los fragmentos recogidos por él en su *Crónica*, como son los casos de Alonso de Hojeda, Alonso de Mata, Martín López, y Rodrigo Morejón de Lobera (Zorita y Torquemada, hacen también algunas alusiones a esas crónicas desaparecidas). Cervantes de Salazar se ordenó sacerdote en México y llegó a ocupar la dignidad de canónigo de la catedral, y entre otros empleos que tuvo, figura el de cronista de la ciudad de México (el primero en detentarlo), como él mismo se encarga de subrayarlo al virrey don Luis de Velasco. Se da a la tarea de escribir su *Crónica de la Nueva España*, pero apenas la ha comenzado, cuando piensa que debería percibir un estipendio por ello, y es así que se dirige al cabildo, exhibe una muestra de su trabajo, y pide que se le asigne un salario, pues después de todo se tratará de la historia oficial. Visto que se trataba de un distinguido maestro, no tuvo dificultad en obtenerlo. Se le otorgó un estipendio de doscientos pesos de oro anuales, y el acuerdo adoptado fue que, conforme avanzara su trabajo, lo mostraría para ser aprobado por el cabildo y se le irían haciendo los pagos. Eso ocurrió el 24 de enero de 1558, y junto al asiento correspondiente en el libro de actas de cabildo de la ciudad, figura una nota marginal en la que se lee: «Salario al maestro Cervantes. Con que venga de tres en tres meses a dar quenta de lo que ha hecho: donde no, que no corra el salario». En aquellos momentos, el gobierno de la ciudad era controlado, directa o indirectamente, por antiguos conquistadores, entre quienes figura Andrés de Tapia. El plan de trabajo seguido por Cervantes de Salazar consistió, en gran medida, en señalar a su escribiente (pagado por el cabildo), qué párrafos debería copiar del libro de Gómara, para a continuación intervenir él, y sobre ese texto realizar algunas precisiones, enmiendas, o adicionar datos recibidos por otro conducto. A primera vista se diría que se trata de un Gómara corregido y aumentado, pero no es así: la *Crónica* de Cervantes de Salazar va mucho más allá; a pesar de todo lo que tomó de este autor, su obra es libro independiente. La tónica general consiste en derogar a éste, a quien considera poco informado y acusa de plagiario, al sostener que copió extensamente a Motolinia. Un problema que presenta esa obra atribuida por Cervantes de Salazar a Motolinia, consiste en que el desconocido autor de ese escrito debe reunir tres condiciones: ser franciscano (las referencias señalan que pertenecía a esa orden), haber tomado parte en la Conquista y sobrevivido para contarlo. Motolinia no reúne la segunda de ellas. Aunque son relativamente pocos los pasajes novedosos aportados por la *Crónica de la Nueva España*, algunos revisten suma relevancia, puesto que sólo él los menciona; y por otro lado, el libro tiene el interés de provenir de la pluma de un hombre culto y bien informado, como él mismo gusta de recalcarlo. Algo que salta a la vista, es que con Cervantes de Salazar ya son tres los coetáneos que arremeten contra Gómara, aunque cada cual por distintas razones: Las Casas por considerarlo un servil, que se limitó a escribir lo que Cortés le dictó, y Bernal, porque piensa que no está calificado para hablar de sucesos que no presenció. Pero lo realmente asombroso viene a ser cómo el cabildo, dominado por antiguos conquistadores, algunos de ellos enemigos de Cortés, aceptó como válida la *Crónica* de Cervantes de Salazar, que hace un encendido elogio de éste, y además pagó por ella.

El oidor Alonso de Zorita. Éste es un jurisconsulto historiador, quien apenas concluidos en Salamanca los estudios de derecho, se trasladó a Granada, adonde durante casi siete años (1540-1547) fungió como «abogado de pobres», defensor de oficio, se diría hoy día. En 1548 pasó a La Española, donde cumplió con rectitud la función de juez en Santo Domingo. Tanto se distinguió por su honorabilidad, que fue enviado a la Nueva Granada (Colombia) a tomar la residencia al gobernador Miguel Díez de Armendariz, encomienda de muy difícil desempeño, dado el alto número de incondicionales que éste tenía. Mientras ejercía la residencia fungió como gobernador, y concluida ésta, volvió a Santo Domingo. En 1553 fue despachado como oidor de la Audiencia de Guatemala (también llamada de Los Confines), cuya jurisdicción comprendía Centroamérica, Chiapas y Yucatán. Pasó a México y durante una década se desempeñó como juez (1556-1566). Dieciocho años duraría su andadura en Indias. En Santo Domingo, resulta inevitable que tratase con Oviedo, quien además de alcaide de la fortaleza y cronista de Indias, fungía como regidor de la ciudad. Se trataba de un Oviedo ya en pleno declive por la edad, y aunque no alude a las conversaciones que sostendrían, sí menciona conocer su *Historia*. En Guatemala conoció y trató a Bernal, quien le dio a leer lo que llevaba escrito: «Bernaldo Díaz del Castillo, vecino de Guatemala, donde tiene un buen repartimiento y fue conquistador en aquella tierra y en Nueva España y en Guazacqualco, [quien] me dixo estando yo por oidor en la Audiencia de los Confines, que reside en la cibdad de Santiago de Guatemala, que escribía la historia de aquella tierra, y me mostró parte de lo que tenya escrito; no sé si la acabó ni si ha salido a luz».[35] Las conversaciones entre ambos debieron de haber sido frecuentes, pues mientras él se desempeñaba como juez, Bernal lo hacía como regidor. A su llegada a México quedó situado en el centro de la actividad pública, puesto que la Audiencia venía inmediatamente después del virrey, e incluso servía para hacerle de contrapeso. En fin, un funcionario importante. Casi desde el primer momento se relacionó con la Universidad, de cuyo claustro pasó a formar parte, y donde necesariamente se toparía a diario con Cervantes de Salazar, a quien da el tratamiento de maestro. Alonso de Zorita es un jurista que, además de muy bien informado, exhibe una inusual erudición, acompañada de muy buen sentido. Ese buen sentido que presidiría todos sus actos durante los diecinueve años que actuó como juez. Zorita es otro que se sirve del libro de Gómara, el cual comenta con amplitud, aunque se salta muchas páginas. Y con él ya van cuatro que lo comentan, aunque a diferencia de los anteriores, no lo refuta, sino que utiliza su relato.

A su retorno a España, Zorita se estableció en Granada, y es a partir de 1567 cuando comienza a escribir su famosa *Brève y Sumaria Relación de los Señores de la Nueva España*, que debió concluir antes de 1570; a continuación, en su vertiente de jurista, completa su colección de *Leyes y Ordenanzas de Indias,* que constituye una recopilación realizada por mandato de Felipe II; y hacia 1585 completa la *Relación de las cosas notables de la Nueva España*, cuya parte tercera trata sobre la Conquista. Para esas fechas, ya circulaban copias manuscritas de la *Historia de Indias* de Las Casas, y con toda seguridad, de allí tomaría la cita de que Gómara fue capellán de Cortés (es el primero en repetirlo). Por la época en que vivió en México, le tocó conocer a Motolinia, a fray Bernardino de Sahagún, a don Martín Cortés, el hijo de la marquesa (quien manifiesta que comparecía ante él para desahogar diligencias de los diversos contenciosos que mantenía), así como a un regular número de conquistadores y señores indios; por cierto, cabe mencionar que Zorita fue tenido como más inclinado hacia el indio, lo que le valió cosechar enemistades entre los encomenderos, y que, además, *rara avis*, muriera pobre. Algo que llama la atención en sus escritos es ese reiterado «dice fray Toribio», refiriéndose a pasajes provenientes de la historia de la Conquista, que supuestamente éste escribiría; y ya son dos lo que sostienen que esa historia existió. Son también frecuentes las alusiones a «fray Andrés de Olmos dice». Otra crónica perdida. Y otro que cita a menudo, hasta en una veintena de ocasiones, es Juan Cano, a quien hace autor de una historia de la Conquista, «que yo he visto de mano»; esto es, que circulaba manuscrita.[36] De ésta sólo se conservan las citas que él reproduce. Resumiendo, la aportación de Zorita viene a ser la de uno que puso los puntos sobre las íes en algunos episodios cuyos entresijos se desconocían.

De fray Bernardino de Sahagún ya se ha destacado la aportación universal que reviste su libro para el conocimiento de las antigüedades del mundo indígena; aquí sólo queda agregar un dato que, por su importancia, no debe perderse de vista: en lo que a la conquista se refiere, se trata de la versión de los vencidos. Lamentablemente, las relaciones indígenas resultan de difícil seguimiento, por tratarse de relatos las más de las veces sin ilación, ni cohesión ni orden cronológico, y que, por lo general, narran acciones individuales, sin precisar en qué momento ocurren, y sin que, en las más de las ocasiones, resulte posible identificar a los personajes a quienes se refieren. En síntesis, la obra de Sahagún es referencia obligada para conocer las antigüedades, pero en cambio, no siempre será posible seguir la Conquista a través de ella. Otro aspecto a tener muy presente es que se trata de un trabajo de equipo, realizado con toda honradez, en el cual se dan los créditos a quienes corresponden. Al comienzo de la obra se consignan los nombres de los cuatro «hombres sabios» que fueron interrogados y aportaron todo lo que recordaban del mundo antiguo, así como los de los tres escribanos indígenas que recogieron la información.[37] Además de ellos, parece asomar la mano de otros misioneros franciscanos (como parecería ser el caso de Motolinia).

El dominico fray Diego Durán llegó a tan tierna edad a México, que gráficamente expresa que aunque no nació en Texcoco, fue allí donde mudó los dientes. Su llegada habría ocurrido, traído por su padre, entre 1542 y 1544. Ingresó al convento como fraile y se ordenó sacerdote. Se sumerge en la cultura náhuatl, convirtiéndose en otro de los historiadores que rescatan las antigüedades del mundo indígena; a diferencia de Sahagún, cuya obra es labor de equipo, la suya es individual, al igual que la de Motolinia. Pero a pesar de la inmensa valía de su aportación, en este trabajo se le cita relativamente poco, pues éste versa sobre la Conquista y no sobre el mundo indígena. Acerca de la Conquista, la fuente más directa de Durán fue ese antiguo conquistador metido a fraile, a quien tuvo por compañero en el convento, y que no es otro que fray Francisco de Aguilar; pero en cuanto se aparta de esa fuente autorizada, ateniéndose a datos que le fueron suministrados por otros conquistadores e informantes indígenas no identificados, su libro comienza a discurrir por senderos erráticos. Prueba de ello nos la ofrece cuando refiere que en una historia que le había llegado a las manos, al narrar la huida de México, aparecía escrito que en cuanto los españoles salieron, los indios se precipitaron dentro del palacio de Axayácatl, con ánimo de un ajuste de cuentas; pero que tanto a Motecuhzoma, como a los otros señores principales que estaban presos, los encontraron muertos a puñaladas. Prosigue fray Diego diciendo: «lo cual, si esta historia no me lo dijera ni viera la pintura que lo certificara, me hiciera dificultoso de creer, pero como estoy obligado a poner lo que los autores por quien me rijo en esta historia me dicen y escriben y pintan, pongo lo que se halla escrito y pintado. Y porque no me arguyesen de que pongo cosas de que no hay tal noticia, ni los conquistadores tal dejaron dicho ni escrito, pues es común opinión que murió de una pedrada, lo torné a preguntar y satisfacerme, porfiando con los autores que los indios lo mataron de aquella pedrada. Dicen la pedrada no haber sido nada, ni haberle hecho mucho daño, y que en realidad de verdad, le hallaron muerto a puñaladas y la pedrada ya casi sana en la mollera».[38] En otro escrito se hacía pasar a Cortés como el autor de la matanza del Templo Mayor. Así de rápido se le dio un vuelco a la historia.[39]

Fray Juan de Torquemada viene a ser el más tardío de los cronistas originales que cierran el ciclo de autores incluidos en este trabajo. Pero se trata del fray Juan original, porque la obra de este autor podría dividirse en dos etapas: la de «antes» y la de «después». Como autor primitivo es aquel que alcanzó a recoger informes de primera mano, tal cual fue el caso cuando en Guatemala tuvo oportunidad de conocer a Bernal Díaz del Castillo, a quien juzga «persona digna de todo crédito».[40] De igual manera tuvo acceso a historias de indios, testigos de los hechos, quienes cuando aprendieron a escribir narraron lo que les tocó presenciar. Además, siguió muy de cerca las huellas de los conquistadores, y es así que se advierte que, al leer que Bernal dice que, en una jornada se trasladaron de Cempoala a Jalapa, al punto le enmienda la plana, diciendo que eso es imposible, máxime en tiempo de aguas, y trae a cuento que él hizo ese trayecto, agregando que su caballo resbaló en el lodo. Sabe de lo que está hablando.[41] Ese ir tras los pasos de los conquistadores, y el conocimiento de las lenguas vernáculas, le permitieron poner a punto algunos pasajes controvertidos. Hombre muy mesurado y de claro juicio, que no se inclina por uno u otro bando. Se limita a referir los hechos con objetividad, y algo muy notorio en él es que cuando escribe pone especial cuidado en citar el nombre del autor que copia; es así que con toda honradez señala lo que ha tomado de Motolinia, Sahagún, Gómara, Muñoz Camargo, Herrera, entre otros; en su libro, al igual que ocurre en el caso de Cervantes de Salazar, asoman fragmentos de las crónicas perdidas de Alonso de Mata, Alonso de Ojeda y Martín López. Sin lugar a dudas, se trata de un autor que se adelantó a su tiempo, para situarse dentro de los parámetros de la historiografía moderna. Ése viene a ser el Torquemada de «antes»; pero se da el caso de que existe otro, el de «después»: ocurre que fray Juan alcanzó a leer la primera parte de la obra de don Antonio de Herrera, el cronista de la Corona, y sin más, la incorporó a su libro. Y como Herrera es un autor que no identifica sus fuentes, Torquemada se limitó a poner al margen el nombre de éste cada vez que correspondía, aunque ignorando quiénes eran los autores originales de donde había tomado la información. Fue así como, sin saberlo, incorporó los textos de Bernal y de Cervantes de Salazar, cuyos manuscritos no llegó a conocer. Y así, a trasmano, introdujo los errores contenidos en las obras de éstos y de otros autores tardíos (en una ocasión única escribe al margen el nombre de Bernal, seguramente por tratarse de algún dato que éste le adelantara en Guatemala).

Algún estudioso se preguntará el por qué en este libro apenas en un par de ocasiones aparecen citas tomadas de don Antonio de Herrera, cronista mayor de los monarcas Felipe II y Felipe III, autor de la magna obra titulada «*Historia general de los hechos de los castellanos en las islas y tierra firme del Mar Océano*», más conocida como «*Décadas*». Procede una explicación: don Antonio de Herrera dispuso de documentos hoy desaparecidos, pero en lo concerniente a la Conquista de México, no es el caso que se detecte la presencia de alguno de esos escritos. Este cronista utilizó los textos disponibles, inéditos algunos (Bernal, Cervantes de Salazar, Las Casas, Muñoz Camargo), y otros que ya circulaban impresos, los cuales parafrasea uniformando el estilo. Ahora bien, de acuerdo con la tónica seguida en el presente trabajo, consistente en utilizar únicamente fuentes cercanas a los hechos, quien esto escribe ha preferido evitar la vía indirecta de don Antonio de Herrera, yendo directamente a los autores originales. Por razones semejantes, son escasamente citados, o quedan completamente fuera de esta semblanza, autores tales como Fernando de Alva Ixtlixóchitl (tataranieto del príncipe texcocano), Fernando Alvarado Tezozomoc (supuesto hijo de Cuitláhuac), Diego Muñoz Camargo (hijo de conquistador y mujer noble tlaxcalteca), y otros tantos, que sería largo de enumerar. Para que el lector se haga una idea de hasta qué grado desvirtúan los hechos, basta asomarnos a la *Historia* de éste último, al *Códice Ramírez* y a la *Crónica* de Fernando Alva Ixtlilxóchitl, para ver que han omitido toda referencia a los combates con los tlaxcaltecas. Y no se detienen allí las distorsiones, pues no tardará en dársele la vuelta a un hecho tan notorio como es el de la muerte de Motecuhzoma. En un principio, todos los testigos y autores inmediatos manifestaron sin ambages que murió a resultas de una pedrada (Cortés, Bernal, Aguilar, Vázquez de Tapia, Oviedo, Gómara...); pero pese a todo lo claro que en su día quedó ese suceso, con el paso del tiempo, poco a poco, a vuelta de tornillo, se le fue dando un vuelco a la historia. Ello da comienzo con el *Anónimo de Tlatelolco* (la crónica indígena más antigua); allí ya no aparece mencionada la pedrada y tampoco se aclara la causa de muerte, tan sólo se dice que murió al mismo tiempo que Itzcuahtzin, el gobernante de Taltelolco. En el relato del padre Durán muere apuñalado a manos de los españoles, versión que repetirá el padre Acosta, quien ofrece una distorsión adicional: elimina a Cuitláhuac de la escena y en su lugar pone a Cuauthémoc, quien habría sido el guía durante los hechos que precedieron a la *Noche Triste*: «un mozo generoso llamado Quicuxtemoc [Cuauhtémoc], a quien ya trataban de levantar por su rey, dijo a voces a Motezuma, que se fuese para vellaco [sic], pues había sido tan cobarde, y que no le habían ya de obedecer, sino darle el castigo que merecía, llamándole por más afrenta de mujer. Con esto, enarcando su arco, comenzó a tirarle flechas, y el pueblo volvió a tirar piedras y proseguir su combate. Dicen muchos que esta vez le dieron a Motezuma una pedrada, de que murió. Los indios de México afirman que no hubo tal, sino que después murió la muerte que luego diré [...] al rey Motezuma hallaron los mexicanos, muerto, y pasado según dicen, de puñaladas; y es su opinión que aquella noche le mataron los españoles».[42] En Alvarado Tezozomoc se lee: «no faltó quien dijo que porque no le viesen herida le habían metido una espada por la parte baja»[43]; Alva Ixtlilxóchitl retoma esta versión: «viendo la determinación de sus vasallos, se puso en una cierta parte alta y reprendiólos, los cuales lo trataron mal de palabras, llamándole de cobarde y enemigo de su patria y aun amenazándole con las armas, en donde dicen que uno de ellos le tiró una pedrada de la cual murió, aunque dicen sus vasallos que los mismos españoles lo mataron y por las partes bajas le metieron la espada».[44] Torquemada repite idéntica ambigüedad, pues aunque habla de la pedrada, a continuación reproduce el pasaje siguiente: «Afirma Frai Bernardino de Sahagún en sus Libros de la Conquista [que] los mismos españoles lo mataron, lo que dice por estas palabras formales [...] y lo primero que hicieron, fue dar garrote a Motecuhzuma, y a Itzquatzin, señor de Tlatelolco y a otros Señores».[45] Como se advierte, ya se está frente a tres versiones distintas sobre la forma en que muere Motecuhzoma: estrangulado, apuñalado y atravesado por la espada por vía rectal. En lo único en que coinciden es en que serían los españoles quienes lo mataran. Para evitar en lo posible distorsiones semejantes, quien ésto escribe tuvo especial cuidado en no apartarse de las fuentes primarias.

Apéndices

Abreviaturas y referencias bibliográficas

AGI	Archivo General de Indias, Sevilla
AGN	Archivo General de la Nación, México
CDHM	Colección de Documentos para la Historia de México, publicada por Joaquín García Icazbalceta, México,1858, 2 vols.
NCDHM	Nueva Colección de Documentos para la Historia de México, publicada por Joaquín García Icazbalceta, México, 1866, 2 vols.
CDIAO	Pacheco, Cárdenas y Torres de Mendoza, *Colección de documentos inéditos relativos al descubrimiento, conquista y organización de las antiguas posesiones españolas de América y Oceanía...*, Madrid, 1864-1894, 42 vols.
Cuevas	Cartas y otros documentos de Hernán Cortés novísimamente descubiertos en el Archivo de Indias de la Ciudad de Sevilla e ilustrados por el P. Mariano Cuevas. S. J. México, 1914.
Puga	*Cedulario*: Vasco de Puga, *Provisiones, cédulas, instrucciones de Su Majestad... y gobernación desta Nueva España...* En México, en casa de Pedro Ocharte, 1563.- Facsímiles: Ediciones Cultura Hispánica, Madrid, 1945 y Centro de Estudios Condumex, México, 1985

Notas

1. El trampolín antillano

1. El retorno del Rosellón a España es uno de los grandes sucesos de 1492, que viene a ser opacado por los otros tres acaecidos en ese mismo año: toma de Granada, expulsión de los judíos y descubrimiento de América. Fray Juan de Mauleón y fray Bernardo Boyl, un benedictino catalán, fueron los representantes españoles que negociaron el «*tratado de Barcelona*», que logró para España su devolución. Hoy día, perdido éste, el tema tiende a pasar inadvertido.- P. Fidel Fita; Fray Bernard Buyl y Cristóbal Colón, Nueva Colección de Cartas Reales, Boletín Real Academia de la Historia, t. XIX, 1891, pp. 196-197.- En el testamento de Isabel la Católica figura la cláusula siguiente: «*Por cuanto al tiempo que nos fueron concedidas por la Santa Sede Apostólica las islas y tierra firme del mar océano descubiertas y por descubrir, nuestra principal intención fue al tiempo que lo suplicamos al papa Alejandro Sexto, de buena memoria, que nos hizo la dicha concesión de procurar de inducir y atraer los pueblos de ellas y las convertir a nuestra santa fe católica y enviar a las dichas islas y tierra firme prelados, religiosos, clérigos y otras personas doctas y temerosas de Dios para instruir los vecinos y moradores de ellas en la fe católica y los enseñar y dotar de buenas costumbres y poner y poner en ello la diligencia debida, según más largamente en las letras de la dicha concesión se contiene, suplico al rey, mi señor, muy afectuosamente y ENCARGO Y MANDO a la dicha princesa, mi hija, y al dicho príncipe, su marido, que así lo hagan y cumplan y que éste sea el principal fin y que en ello pongan mucha diligencia*»; Leyes y ordenanzas reales de las Indias del Mar Océano, Alonso Zorita, 1574, estudio crítico por Beatriz Bernal, la edición de este documento del siglo XVI fue dirigida por Miguel Ángel Porrúa, librero-editor, México, 1984, p. 5 [lib. I./ t. I./1.5ª.].

2. Las Casas, fray Bartolomé de, *Historia de las Indias*, edición de Agustín Millares Carlo y estudio preliminar de Lewis Hanke, Fondo de Cultura Económica, México-Buenos Aires, 1951, t. I, lib. I, cap. CXII, p. 437.- De acuerdo con este autor, el proyecto de poblar La Española con convictos, se habría adoptado respondiendo a una propuesta de Colón: «*y porque el Almirante consideraba que había menester gente para su propósito en esta isla, y que la española era mal contentadiza y que no había mucho de perseverar la que acá estaba y la que agora traía, y por otra parte, temía que los reyes se hartasen o estrechasen en los gastos que con los sueldos hacían, pensó esta industria para traer alguna parte de gente sin sueldo [...] que todas e cualesquiera personas, hombres y mujeres, delincuentes, que hobiesen come-*

tido hasta el día de la publicación de sus cartas cualquiera crimen de muerte o heridas, y otros cualesquiera delitos de cualquiera natura o calidad que fuesen, salvo de herejía o lesae maiestatis o perduelionis o traición o aleve o muerte segura o hecha con fuego o con saeta o de falsa moneda o de sodomía o de sacar moneda o oro o plata o otras cosas vedadas fuera del reino, viniesen a servir acá en lo que el Almirante, de parte de los reyes, les mandase, y sirviesen a su costa en esta isla, los que mereciesen muerte, dos años, y los que no, un año, les perdonaban cualesquiera delitos, y pasado el dicho tiempo, se pudiesen ir a Castilla libres».- Historia, lib.I, cap. CXII, p. 437.- En la obra de Las Casas topamos con varias referencias acerca de la presencia de los penados, durante los disturbios que se produjeron en la isla: «*Con los cuales hobo poco que trabajar para haberlos de inducir, porque algunos y hartos eran homicianos, delincuentes, condenados a muerte por graves delitos*»; Historia, lib. I, cap. CXLVII, p. 65.-; «*y de los desorejados y homicianos, que por sus delitos se habían desterrado de Castilla para acá, pedían que se les diesen tal señor y cacique con su gente para que les labrase sus haciendas*»; Historia, t. II, lib. II, cap. CLV, p. 88.- Frente a lo afirmado por este autor, se advierte que en la carta patente para los justicias queda establecido que serán deportados a La Española aquellos «*que fueren culpantes* [sic] *en delitos que no merezcan pena de muerte*»; Fernández de Navarrete, Joaquín, *Colección de los viages y descubrimientos que hicieron por mar los españoles, desde fines del siglo XV,* prólogo de J.Natalicio González, Editorial Guarania, Buenos Aires, 1945, t. II, pp. 242-244.

3. El 17 de abril de 1492 Colón negoció con los Reyes Católicos las condiciones para emprender el viaje descubridor. El acuerdo alcanzado, conocido como *Capitulaciones de Santa Fe,* reviste un aspecto *sui generis,* pues más que negociar, Colón presentó un pliego petitorio al secretario Johan de Coloma, quien actuando en representación de los monarcas, ponía «*plaze a Sus Altezas*» al final de cada párrafo; es así que en la primera cláusula se le otorgó el nombramiento de Almirante a perpetuidad; en cambio, en la segunda, donde se le designa Virrey y Gobernador General, no se especificó el término. Cuando comenzó a tener dificultades, Colón adujo que siendo el cargo de Almirante a perpetuidad, se sobreentendía que el de Virrey y Gobernador General también lo era. La Corte no compartía ese punto de vista, y ello dio origen a los llamados *Pleitos colombinos.* Véase: Rafael Diego Fernández, *Capitulaciones colombinas* (1492-1506) El Colegio de Michoacán, 1987, p. 147.

4. Las Casas, fray Bartolomé de, *Historia,* t. II, Lib. III, cap. XXV, pp. 523-524.

5. Las Casas, fray Bartolomé de, *ob. cit.,* t. II, Lib. III, cap. XXVI, p. 525.

6. Las Casas, fray Bartolomé de, *idem,* t. II, Lib.III, cap. XXVII, pp. 526-527.

7. Las Casas, fray Bartolomé de, *idem,* t. I, lib. I, cap. XCII, p. 378.

8. Las Casas, fray Bartolomé de, *ob. cit.,* t. II. lib. III, cap. XXVII, p. 529.

9. Las Casas, fray Bartolomé de, *idem,* t. II, lib. III, cap. XXVIII, pp. 531-532.

10. Las Casas, fray Bartolomé de, *idem,* t. III, Lib. III, cap. CXXIV, p. 256.

11. Fernández de Oviedo, Gonzalo, *Historia General y Natural de las Indias,* edición y estudio preliminar de Juan Pérez de Tudela Bueso, Madrid, 1959, (BAE 119), t. III, lib. XXIX, cap. III, pp. 212-216.

12. Fernández de Oviedo, Gonzalo, *ob. cit.*, t. III, Lib. XXIX, cap. VI, pp. 221-231; El relato de Oviedo es el más completo, puesto que participó en la expedición con el cargo de veedor.

13. Diego de Porras, el contador de a bordo en el cuarto viaje colombino, afirma que, al recorrer el litoral de Panamá, Colón *iba requiriendo puertos y bahías, pensando hallar el estrecho.-* Fernández de Navarrete, *ob. cit.*, t. I., p. 406; véase, *loc. cit.* nota 2.

14. Fernández de Oviedo, *idem*, t. III, lib. XXIX, cap. VI, pp. 224-225.

15. Fernández de Oviedo, *ibíd*, t. III, lib. XXIX, cap. IX, p. 239.

16. El piloto Pedro de Ledesma quien acompañó a Colón en el cuarto viaje, cuando descubrieron la isla de la Guanaja en el Golfo de Honduras, guió en 1508 a Vicente Yáñez Pinzón y Juan Díaz de Solís en su viaje hasta el Amazonas. Al retorno los llevó a la isla de la Guanaja, y de allí declaró *«que llegaron por la vía del norte fasta 23 grados é medio».* Si el cómputo de este piloto es correcto, habrían alcanzado un punto al norte de Tampico. Asimismo, menciona que atravesaron hacia una tierra firme *«que se dice Maya en lengua de indios».* Fernández de Navarrete, t. III, pp. 540-542 La declaración de Ledesma corresponde a 1513, por lo que se advierte que, cuatro años antes del descubrimiento de Yucatán, los españoles ya habrían oído hablar del mundo maya.

17. *«el golfo de Higüeras lo descubrieron los pilotos Vicente Yáñez Pinzón e Joan Díaz de Solís e Pedro de Ledesma con tres carabelas antes que el Vicente Yáñez descubriese el río Marañón»;* Fernández de Oviedo, *Historia General,* t. II, cap. VII, p. 329.- *«Yo le conoscí e tracté, e era uno de los hombres de la mar más bien hablado y que mejor entendía su arte»;* Fernández de Oviedo, *idem*, t. II, cap. II, p. 390.

18. Díaz del Castillo, Bernal, *Historia verdadera de la conquista de la Nueva España,* introducción y notas de Joaquín Ramírez Cabañas, Editorial Porrúa, S.A., Av. República Argentina 15, México, 1976., «SEPAN CUANTOS...». núm. 5, cap. I, p. 4.- Aunque la impresión más cuidadosa de la *Historia verdadera* sea con mucho la publicada en Madrid en 1982, por el Instituto «Gonzalo Fernández de Oviedo», edición crítica a cargo del padre Carmelo Sáenz de Santa María, por tratarse de una obra de tirada limitada, y difícil de obtener en México, las referencias vienen dadas a la anterior, la cual, por otra parte, reviste el interés de incluir al final unos apéndices no contenidos en la edición española, que la hacen valiosa. Como la generalidad de los capítulos de la obra de Bernal son sumamente breves, al aparecer indicado el capítulo en la cita, no revestirá mayor problema remitirse a otras ediciones.

19. Las Casas, fray Bartolomé de, *Historia,* t. III, lib. III, cap. XCVI, p. 157.

20. Francisco Cervantes de Salazar, Biblioteca de autores españoles, desde la formación del lenguaje hasta nuestros días, *Crónica de la Nueva España,* edición de Manuel Magallón, estudio preliminar e índices por Agustín Millares Carlo, Ediciones Atlas, Madrid, 1971, t. I, lib. II, cap. I, p. 152.

21. Las Casas, fray Bartolomé de, *Historia,* t. III, lib. III, cap. XCVI, p. 157.

22. Fernández de Oviedo, Gonzalo, *Historia general,* t. IV, cap. I, p. 10.

23. Declaración de Antón de Alaminos en probanza realizada en la ciudad de México el 5 de mayo de 1522, en AGN, Archivo del Hospital de

Jesús, leg. 271, exp. 13, *Boletín del Archivo General de la Nación,* México, 1938, t. 2, pp. 230-234; reproducida en *Documentos cortesianos,* t. I, 1518-1528, Secciones I a III, edición de José Luis Martínez, UNAM, Fondo de Cultura Económica, México, 1990, t. I, p. 222.

24. Díaz del Castillo, Bernal, *ob. cit.*; cap. II, p. 6.

25. Díaz del Castillo, Bernal, *idem.,* cap. VI, p. 13.

26. Biblioteca Porrúa, Colección de Documentos para la Historia de México, publicada por Joaquín García Icazbalceta, primera edición facsimilar, Editorial Porrúa, S.A., México, 1971, tratado III, cap. VIII, p. 192.

27. Las Casas, fray Bartolomé de, *Historia,* t. III, lib. III, cap. CXI, p. 210.

28. AGN, Archivo del Hospital de Jesús, leg.271, exp. 13; *Boletín del Archivo General de la Nación,* México, 1938, pp. 230-234.- Martínez, *Documentos,* t. I, p. 222.

29. Las Casas, fray Bartolomé de, ob.cit, t. III, lib. III, cap. XCVIII, p. 165.

30. Díaz del Castillo, Bernal, *Historia,* cap. VIII, p. 17; Fernández de Oviedo relata, con ligeras variantes, el episodio de la india de Jamaica, *Historia general,* t. II, lib. XVII, cap. X, pp. 123-124.

31. Fernández de Oviedo, Gonzalo, *Historia General,* t. II, cap. XVII, p. 144.

32. Las Casas, fray Bartolomé de, *ob. cit.,* t. III, lib. III, cap. CIX, p. 206.- En Fernández de Oviedo se lee: «*digo que llegado el día siguiente, se contaron trece de mayo y era día de la Ascensión, e llegó el armada a una bahía de la costa de Yucatán, e parescía a la vista remate o punta de la tierra, e entraba entre unos bajos e isleos*». Aquí, correctamente, alude al arrecife que dificulta la entrada. *Historia General,* t. II, lib. XVI, cap. X, p. 124.

33. *Relación de méritos y servicios del conquistador Bernardino Vázquez de Tapia, vecino y regidor de esta gran ciudad de Tenustitlan, México,* estudio y notas de Jorge Gurrría Lacroix, Universidad Nacional Autónoma de México, Dirección General de Publicaciones, México, 1972., pp. 24-25.

34. Fernández de Oviedo, Gonzalo, *Historia,* t. II, cap. XI, p. 125.

35. Díaz del Castillo, Bernal, *ob. cit.,* cap. IX, pp. 18-19.- Fernández de Oviedo, ibid, t. II, cap .XI, p. 129.

36. Díaz del Castillo, Bernal, *ob. cit.,* cap. X, p. 19.

37. Díaz del Castillo, Bernal, *idem,* cap. XII, p. 22.

38. Mártir de Anglería, Pedro, *Décadas del Nuevo Mundo,* primer cronista de Indias, José Porrúa e hijos, Sucs. México, MCMLXIV, t. I, p. 407; Fernández de Oviedo en *Historia,* t. II, cap. XIV, p. 135, lo describe en términos muy semejantes: «*una animalía que quería parescer león, asimismo de mármol, con un hoyo en la cabeza e la lengua sacada*».

39. Mártir de Anglería, Pedro, *ob. cit.,* t. I, p. 103.

40. Mártir de Anglería, Pedro, *idem.,* t. I, p. 403.

41. Díaz del Castillo, Bernal, *ob. cit.,* cap. XIV, p. 25; Fernández de Oviedo, en cambio, afirma que el acto de toma de posesión fue el sábado 19 de junio, imponiendo a la provincia el nombre de San Juan, *Historia,* t. II, lib. XVII, cap. XV, p. 137.

42. Díaz del Castillo, Bernal, *ob. cit.,* cap. XVI, p. 27. Las Casas, fray Bartolomé de, *Historia,* t. III, lib. III, cap. CXIV, p. 220.

43. Martínez, *Documentos*, t. I, p. 222; Alaminos leyó la licencia varias veces.

44. Díaz del Castillo, Bernal, *ob. cit.*, cap. XV, p. 26; Oviedo, *Historia general*, t. II, cap. XVIII, p. 147.

45. Las Casas, fray Bartolomé de, *ob. cit.*, t. III, lib. III, cap. CI, p. 174.

46. Las Casas, fray Bartolomé de, *ob. cit.* t. III, lib. III, cap. CXV, p. 222.

47. Las Casas, fray Bartolomé de, Historia, t. III, lib. III, cap. CXIV, p. 221.

48. AGI.- CDIAO, t. XXVIII, pp. 16-27.- Martínez, *Documentos,* t. II, p. 321.

49. AGI.- CDIAO, t. XXVII, pp. 301-445.- Martínez, *Documentos,* t. II, p. 225.

2. El hidalgo de Medellín

1. López de Gómara, Francisco, *Historia General de las Indias,* «Hispania vitrix», cuya segunda parte corresponde a la Conquista de México, Modernización del texto antiguo por Pilar Guibelalde con unas notas prologales de Emiliano Aguilera, *Segunda parte,* Nueva edición, Editorial Iberia, S.A, Muntaner 180, Barcelona, 1966, pp. 7-8.

2. El documento original de prohibición dice como sigue: «*EL PRINCIPE;.- Corregidores é Asistentes, Gobernadores, Alcaldes é otros jueces y justicias cualesquier, de todas las ciudades, villas y lugares destos Reynos é señoríos é cada uno y qualquier de vos a quien esta mi cédula fuere mostrada, ó su traslado signado de escribano público. Sabed que Francisco López de Gómara, clérigo, ha hecho un libro intitulado «La Historia de las Indias y conquista de México», el qual se ha impreso, y porque no conviene quel dicho libro se venda ni lea ni se impriman más libros, sino que los que están ya impresos se recojan y traigan al Consejo Real de las Indias de Su Majestad, vos mando a todos é a cada uno de vos, según dicho es, que luego que ésta veáys os informéys y sepáis qué libros de los susodichos hay impresos en esas ciudades, villas y lugares, é todos aquellos que hallaredes, los recojáis y enviéis con brevedad al dicho Consejo de las Indias, é no consintáis ni déis lugar que ningund libro de los susodichos se imprima ni venda en ninguna manera ni por ninguna vía, so pena que el que lo imprimiere o vendiere, por el mismo caso incurra en pena de dozientos mill maravedís para la Cámara y Fisco de Su Majestad: é ansimismo haréis apregonar lo susodicho por esas ciudades, villas y lugares, é que nadie sea osado á lo tener en su casa ni a lo leer, so pena de diez mill maravedís para la dicha Cámara: y hecho el dicho pregón, si alguno ó algunas personas fueren ó pasaren contra lo en esta cédula contenido, executaréis en ellas y sus bienes las dichas penas, de lo cual ternéis mucho cuidado, como cosa que importa al servicio de Su Majestad; é los unos ni los otros non fagades ni fagan ende al por alguna manera, so pena de la nuestra merced é de diez mill maravedís para la nuestra Cámara, á cada uno que lo contrario hiciese. Fecha en la villa de Valladolid a XVII días del mes de noviembre de mill é quinientos é cinquenta é tres años.- YO EL PRINCIPE.- Refrendada de Sámano*. Archivo General de Indias, Estante 139, Cajón 1, Legajo II, Tomo 23, folio 8, *Reprint of JOSE TORIBIO MEDINA'S Bibliographical works, XXI, BIBLIOTECA HISPANO-AMERICANA*

1493-1810, TOMO PRIMERO 1493-1600, N.ISRAEL –1968- AMSTER-DAM, pp. 264-265.

3. «*El padre licenciado Bartolomé de Las Casas, como supo del mal suceso de su gente y cognosció el mal recaudo que había de su parte puesto en la conservación de las vidas de aquellos simples y cudiciosos labradores, que al olor de la caballería prometida y de sus fábulas le siguieron, y el mal cuento que hobo en la hacienda que se le encargó y que él a tan mala guarda dejó, acordó que, pues no tenía bienes con que pagallo, que en oraciones y sacrificios, metiéndose fraile, podría satisfacer en parte a los muertos y dejaba de contender con los vivos; y asi lo hizo y tomó el hábito del glorioso Santo Domingo de la observancia, en el cual está hoy día en el monesterio que la orden tiene en esta ciudad de Sancto Domingo, etc.*» Esto dice Oviedo; de donde parece la noticia y propósitos causa y fin del clérigo Las Casas...». Las Casas, Historia, t. III, lib. III, cap. CLX, p. 387; «*Escribió después dél un clérigo llamado Gómara, capellán y criado del marqués del Valle, de quien ya hemos hablado, y tomó de la Historia de Oviedo todo lo falso cerca del clérigo Casas y añadió muchas otras cosas que ni por pensamiento pasaron, como adelante parecerá*». Historia, t. III, lib. III, cap. CXLII, p. 321. «*...Todo esto dice formalmente Gómara, capellán y cronista del marqués del Valle*». Historia, t. III, lib. III, cap. CLX, pp. 384-385.

4. Las Casas, fray Bartolomé de, ibid, t. III, lib. III, cap. CIII, p. 183.

5. Las Casas, fray Bartolomé de, *ob. cit.*, t. III, lib. III, CXIV, p. 222 y t. II, lib. III, cap. XXVII, pp. 528-529.

6. López de Gómara, Francisco, *ob. cit.*, t. II, p. 10.- En *Relación de salida...*, manuscrito atribuído a Gómara, que se conserva en copia de 1778, se menciona que nació en 1485, *en fin del mes de julio;* vid. Martínez , *Documentos,* t. IV, p. 433.- Existe, por otra parte, un texto fragmentario titulado *De rebus gestis Ferdinandi Cortesii,* publicado por don Joaquín García Icazbalceta, en su *Colección de documentos para la historia de México,* Editorial Porrúa, S.A., México, 1971, vol. I, pp. 309-357, el cual, como ha demostrado el señor Ramón Iglesia, no es otra cosa que la traducción latina del texto de Gómara, en el cual éste anunció que se encontraba trabajando; es por ese motivo que en este libro se omiten citas referidas a ese fragmento; vid., Ramón Iglesia, *Cronistas e historiadores de la conquista de México,* SepSetentas, México, 1972, p. 235.

7. Díaz del Castillo, Bernal, *Historia,* cap. CCIV, p. 555.

8. Existe un retrato de autor anónimo, que ilustra la cubierta del libro publicado en 1588, de Gabriel Lobo Lasso de la Vega, quien asegura que es copia de uno enviado al Emperador a Alemania, para el cual habría posado. En la orla del marco está escrito: *Ferdinandus Cortesius dux invictissimus, aetatis 63;* de acuerdo con ello, a los sesenta y tres años seguía vivo. Y por otra parte, existen dos versiones señalando que nació el mismo año que Lutero, una de las cuales precisa, incluso, que vinieron al mundo el mismo día.-D. José Toribio Medina [Vid.*Bio-Bibliografía de Hernán Cortés.* Santiago de Chile. 1952, pp. 55-60] incluye una nota junto con la ficha del *Peregrino indiano,* cuyo autor, Antonio de Saavedra Guzmán, nacido en México y biznieto del primer conde de Castelar, casó con una nieta de Jorge de Alvarado. En *Peregrino indiano* Saavedra Guzmán dice: «*Cuando nació Lutero en Alemania, nació Cortés el mesmo día en España*». Según eso, el caudillo extremeño habría nacido el 10 de noviembre de 1483; de igual manera se observa que Torquemada, en el pró-

logo a su libro cuarto, escribe: «*que el mismo año que Lutero nació en Islebio, villa de Saxonia, naciese Fernando Cortés en Medellín*», Fray Juan de Torquemada, *Monarquía indiana*, introducción por Miguel León Portilla, de la Academia Mexicana de la Lengua, tomo primero, quinta edición, Editorial Porrúa, S.A, México, 1975, t. I, p. 340.- Cortés, en la última carta escrita al Emperador dice «*porque he sesenta años*»; como eso lo escribe el 3 de febrero de 1544, ello nos lleva a que habría nacido en 1484; AGI.- Vargas Ponce, Colección el Archivo de la Real Academia de la Historia.- Prescott, *Historia de la conquista*, Apéndices, p. II, doc. XV.- Gayangos, *Cartas y relaciones*, doc. XXVII, pp. 567-572.- Martínez, *Documentos*, t. IV, cita en p. 270.

9. Las Casas, fray Bartolomé de, *ob. cit.*, t. II, lib. III, cap. XXVII, p. 528.

10. Suárez de Peralta, Juan, *Tratado del descubrimiento de Indias (Noticias históricas de Nueva España)*, 1589, México, Secretaría de Educación Pública, México, 1949, pp. 30-31.

11. Fernández de Oviedo en tres ocasiones identifica a Francisco de las Casas como cuñado de Cortés; refiriéndose a él, dice: «*éste es un caballero, cuñado de Cortés, natural de Medellín*», *Historia*, t. II, cap. XIX, p. 150; lo reitera en t. IV, p. 233; y en t. V, cap. X, p. 352, escribe: «*amigo del gobernador Hernando Cortés, cuyo cuñado era este caballero* [Francisco de las Casas], *casado con hermana del gobernador*».- Gómara, igualmente, escribe que Cortés y él eran cuñados: *Historia*, t. II, p. 316. Existe, por otro lado, la referencia siguiente que apunta hacia la probable existencia de dos hermanas más: «*Dejó, señores* [...] *por sus tenientes a Diego Valadés y a Blasco Hernández, cuñados del dicho Hernando Cortés*», Colección de Documentos para la Historia de México, primera edición facsimilar, publicada por Joaquín García Icazbalceta, BiliIoteca Porrúa México, 1971, t. I, p. 535.- En otra parte se lee: «*tovo por su alcalde mayor a Francisco de Las Casas e Joan Suárez, por teniente en la provincia de Guaxaca, siendo los susodichos sus cuñados*»; AGI.- CDIAO, t. XXVII, pp. 5-59.- Martínez, *Documentos*, t. II, p. 130.- Cortés siempre da a Francisco de Las Casas trato de primo, circunstancia que no excluye que también fuera su cuñado. En las clases altas el matrimonio entre parientes era frecuente en la época.

12. Cortés, Hernán, Cartas de relación, *Quinta relación*, nota preliminar de Manuel Alcalá, tercera edición, editorial Porrúa, S.A., «Sepan cuantos...», núm. 7, México 1967, p. 205.

13. Mártir de Anglería, Pedro, *Décadas*, t. II, p. 483.

14. Suárez de Peralta, Juan, *ob. cit.*, p. 31.

15. Cortés, Hernán, *Quinta relación*, p. 234 (*un escudero como yo*); Las Casas, fray Bartolomé de, *ob. cit.*, t. III, cap. CXV, p. 223 (*un pobrecillo escudero*).

16. AGI.- CDIAO, t. XXVII, pp. 199-300.- Martínez, *Documentos*, t. II, p. 290.

17. AGI.- CDIAO, t. XXVII, pp. 199-300; Martínez, *Documentos*, t. II, p. 195.

18. AGI.- CDIAO, t. XXVII, pp. 199-300; Martínez, *Documentos*, t. II, p. 196.

19. Archivo Histórico Nacional, Archivo de Ordenes Militares, Madrid, exp. 2169.- Manuel Romero de Terreros, *Hernán Cortés, sus hijos y nietos, caballeros de las Ordenes Militares*, 2ª. ed., Antigua Librería Robredo de José Porrúa

e Hijos, México, 1944, pp. 31-34.- Lo reproduce Martínez, *Documentos*, t. I, pp. 336-343.- Vid. *Chronica de las tres ordenes y caballerías de Santiago, Calatrava y Alcántara*, compuesta por el licenciado frey Francisco de Rades y Andrada, Capellán de su Majestad, de la Orden de Calatrava, impresa con licencia en Toledo, en casa de Juan de Ayala, Año 1572.- Reimpresa por Servicio de Reproducción de Libros, Librerías París-Valencia, Pelayo 7.- 46007.

20. Thompson, E.H., *Los godos en España*, El Libro de Bolsillo, Alianza Editorial, Madrid, 1969, p. 15.

21. Thompson, E.H., *idem*, p. 237.

22. Bandos sobre los gitanos, (*Novísima Recopilación,* libro XII, título XVI, leyes 1ª y 4ª), reproducido en *Historia de España 7*, A.Domínguez Ortíz, J. L.Peset, M.Peset y F.Solano, *Esplendor y decadencia, de Felipe III a Carlos II, Historia 16*, Año VI, Extra XIX, octubre 1981, Madrid, p. 70.

23. La lectura de libros de caballerías en Indias quedó prohibida por cédula del principe Felipe, expedida en Valladolid el 21 de septiembre de 1543; «*que las audiencias de Indias no consientan ni den lugar a que en aquellas partes se vendan libros de Amadis, ni otros de esta calidad, ni historias mentirosas, ni que los indios los lean ni los tengan los españoles*»; Zorita, Alonso de, *Leyes y ordenanzas reales*, Ley 4.- pp. 132-133.

24. La Iberia, *Escritos sueltos*, doc. LX, pp. 309-324.- Martínez, *Documentos*, t. IV, p. 234.

25. Cervantes de Salazar, Francisco, *Crónica*, t. I, p. 177.

26. La Iberia, *Escritos sueltos*, doc. LX, pp. 309-324, lo reproduce Martínez, *Documentos*, t. IV, p. 234.

27. «*la escribanía del ayuntamiento de Azúa, donde vivió Cortés cinco o seis años*», López de Gómara, *ob. cit.*, segunda parte, p. 12.- «*la escribanía del ayuntamiento de Achúa, que el comendador había fundado, donde Cortés vivió seis años dándose a granjerías y sirviendo su oficio a contento de todo el pueblo*»; Cervantes de Salazar, *Crónica*, t. I, cap. XVI, p. 178.

28. López de Gómara, Francisco, *ob. cit.*, segunda parte, p. 13.

29. Las Casas, fray Bartolomé de, *Historia*, t. II, lib. III, cap. XXVII, p. 528.

30. López de Gómara, Francisco, *idem*, segunda parte, p. 14.

31. Las Casas, fray Bartolomé de, *Historia*, t. II, lib. III, cap. XXVII, p. 529.

32. Cervantes de Salazar, Francisco, t. I, cap. XIX, p. 180.

33. Díaz del Castillo, Bernal, *ob. cit.*, cap. XIX, p. 32.

34. Díaz del Castillo, Bernal, *ob. cit.*, cap. XX, p. 34.

35. Publicaciones del Archivo General de la Nación, XXVII.- *Documentos inéditos relativos a Hernán Cortés y su familia, Talleres Gráficos de la Nación*, México, 1935, pp. 45-63.

36. Las Casas, fray Bartolomé de, *Historia.*, t. II, lib. III, cap. XXVII, p. 530.

3. La expedición de los ángeles

1. Cervantes de Salazar, Francisco. *Crónica*, t. I., cap. XVI, p. 178.

2. Díaz del Castillo, Bernal, *Historia*, cap. CCIV, pp. 556-557.

3. Díaz del Castillo, Bernal, ob,cit., cap. XXIII, pp. 38-39.

4. Las Casas, fray Bartolomé de, *Historia*, t. III, lib. III, cap. CXVI, p. 227.

5. Díaz del Castillo, Bernal, *ob. cit.*, cap. CCIV, pp. 556-557.

6. Texto de Paulo Jovio sobre Cortés: *Elogios o vidas breves de los cavalleros antiguos y modernos ilustres en valor de guerra, que están al vivo. Es autor el mismo Paulo Jovio. Y tradújolo de latín en castellano, el licenciado Gaspar de Baeza. Dirigida a la Catholica Magestad del Rey don Philippe II nuestro señor. (Gr. E. de a.r.) En Granada. En casa de Hugo de Mena. Con privilegio. 1568.-* Lo reproduce D. Joaquín Ramírez Cabañas en la edición a su cargo de la *Historia de la Conquista de México,* de Francisco López de Gómara, t. I, Editorial Pedro Robredo, México, D.F., 1943, pp. 331-334.

7. Las Casas, fray Bartolomé de, *loc. cit.*, t. II, lib. III, cap. XXVIII, p. 530. La criatura a la que se hace referencia, necesariamente debió de ser niña, puesto que al pasar a México Cortés no tenía ningún hijo varón. Es posible que se trate de Leonor, la presunta primogénita.

8. Bernal, *ob. cit.*, cap. CCIV, p. 557.

9. Díaz del Castillo, Bernal, *ob. cit.*, cap. XIX, p. 31.

10. Cervantes de Salazar, Francisco, t. I, *Crónica*, cap. XIII, p. 168.

11. Las Casas, fray Bartolomé de, *Historia*, t. III, lib. III, cap. LXXXVIII, pp. 121-130.- Fernández de Oviedo lo presenta de distinta manera: según él, Cisneros acordó «*buscar tres religiosos de la Orden de Sanct Hierónimo, personas de grand auctoridad e letras, e de aprobada vida, y enviólos a esta cibdad de Sancto Domingo con muy bastantes poderes para gobernar las Indias*», Historia General, t. I, cap. II, p. 93.

12. «*Estando el rey de partida de Barcelona para Castilla y de allí a la Coruña, donde se aparejaba la flota de cien naos para se volver a Flandes, llegaron los tres padres de Sanct Hierónimo desta isla Española, y queriendo besar las manos del rey e hacelle relación de cómo la tierra quedaba, nunca, ni en Barcelona, ni por el camino, ni en Burgos, donde celebró, día de Sancto Matías, su nascimiento, ni en Tordesillas, donde fue a ver a la reina, su madre, y ellos pensaron que allí los oiría, pudieron jamás hablalle; acordaron, visto esto, de se ir cada uno a su monasterio*».- Las Casas, fray Bartolomé de, *Historia*, t. III, lib. III, cap. CLIV, p. 359.

13. *Pliego de instrucciones* en Francisco Cervantes de Salazar, *Crónica de la Nueva España*, t. I, lib. II, cap. XIII (incompleto) pp. 169-175.- En notas pp. 175-176 se completa la transcripción que Cervantes de Salazar dejó incompleta, tomando la publicada por don Luis Torres de Mendoza en su *Colección de documentos de América*, t. XII, p. 225, donde se lee: «*e porque diz que hay gentes de orejas grandes y anchas y otras tienen las caras como perros*». Aparece como nota en Cervantes de Salazar, *Crónica*, t. I, cap. XIV, p. 175.

14. Publicaciones de la Sociedad de Estudios Cortesianos, No.1, *Cedulario cortesiano, compilación de* Beatriz Arteaga Garza y Guadalupe Pérez San Vicente, Editorial Jus, México, 1949, pp. 9-10.

15. Cortés, Hernán, *Primera Relación*, p. 8; AGI.- CDIAO, t. XXVII, pp. 301-445.- Martínez, *Documentos*, t. II, pp. 226-227.

16. Las Casas, fray Bartolomé de, *Historia*, lib. III, cap. CXV, p. 223.- Díaz del Castillo, Bernal, *Historia*, cap. XIX, p. 32.

17. Díaz del Castillo, Bernal, *ob. cit.*, cap. XX, p. 34.

18. López de Gómara, Francisco, *ob. cit.*, segunda parte, pp. 20-21.

19. «*¿Cómo, compadre, así os vais? ¿Es buena manera ésta de despediros de mí? Respondió Cortés: «Señor, perdone vuestra merced, porque estas cosas y las semejantes antes han de ser hechas que pensadas; vea vuestra merced que me manda* [...] *no tuvo Velázquez qué responder, viendo su infidelidad y desverguenza»*, Cervantes de Salazar, Francisco, *Crónica*, t. I, cap. XIII, p. 168; Las Casas, *ob. cit.*, t. III, lib. III, cap. CXV, pp. 224-225.

20. *Interrogatorio general*, AGI.- CDIAO, t. XXV, pp. 301-445.- Martínez, *Documentos*, t. II, p. 226.

21. Las Casas, fray Bartolomé de, *Historia*, t. III, lib. III, cap. CXV, p. 224.

22. *Interrogatorio general*, pp. 301-445; Martínez, *Documentos*, t. II, p. 227.

23. Las Casas, fray Bartolomé de, *Historia*, t. III, lib. III, cap. CXV, p. 226.

24. Tapia, Andrés de, *Relación sobre la conquista de México*, en Colección de Documentos para la Historia de México, publicada por Joaquín García Icazbalceta, primera edición facsimilar, Tomo Segundo, Editorial Porrúa, S.A. , Av.República Argentina 15, México, 1971, p. 565.

25. Fernández de Oviedo, Francisco, ob. Cit., t. II, cap. XVIII, p. 147.

26. AGN, Archivo del Hospital de Jesús, leg.271, exp. 13; *boletín del Archivo General de la Nación*, México, 1938, t. IX, núm, 2, pp. 230-234.- Martínez, *Documentos*, t. I, p. 223.

27. Las Casas, fray Bartolomé de, *Historia*, t. III, lib. III, cap. CXIV, p. 220; Alaminos: «*leyó algunas veces la licencia otorgada por los frailes jerónimos*»; Martínez, *Documentos*, t. I, p. 222.

28. Las Casas, fray Bartolomé de, *Historia*, t. III, lib. III, cap. CXIV, p. 220.

29. Las Casas, fray Bartolomé de, *ob. cit.* t. III,cap. CXIII, p. 216.

30. AGI.- CDIAO, t. XXVII, pp. 301-304.- Martínez, *Documentos*, t. II, p. 227.

31. Tapia, Andrés de *Relación*, p. 554.

32. AGI.- CDIAO, t. XXVII, pp. 301-304.- Martínez, *Documentos*, t. II, p. 227.

33. Díaz del Castillo, Bernal, *ob. cit.*, cap. XXI, p. 35.

34. Díaz del Castillo, Bernal, *idem*, cap. XXIII, p. 39.

35. AGI.- CDIAO, t. XXVII, pp. 301-445.- Martínez, *Documentos*, t. II, p. 226.- Bernardino Vázquez de Tapia, en la declaración que prestó como testigo de Juan Núñez Sedeño, en el pleito sostenido por éste contra Cortés, manifestó que él viajaba en el navío de aquél, siendo abordados por Diego Ordaz y conducidos a la Trinidad. Por tanto, fue allí donde se incorporó a la expedición.- AGN, *Boletín del Archivo General de la Nación, Documentos inéditos relativos a Hernán Cortés y su familia*, Talleres Gráficos de la Nación, México, 1935, p. 184.

36. Las Casas, fray Bartolomé de, *Historia*, t. III, cap. CXVI, pp. 226-227.

37. Díaz del Castillo, Bernal, *ob. cit.*, cap. XXII, pp. 36-37.

38. AGI.- CDIAO, t. XXVII, pp. 301-445.- Martínez, *Documentos*, t. II, p. 227.

39. Tapia, Andrés de, *ob. cit.* p. 555.

40. López de Gómara, Francisco, *Historia*, segunda parte, pp. 22-23.- Bernal, *ob. cit.*, cap. XXII, p. 37; «*Quisierale convidar Diego de Ordás a Cortés al navío de que venía por capitán, por allí apanallo*»; Las Casas, *Historia*, t. III, lib. III, cap. CXVI, p. 227.- «*determinóse muy en secreto que en el navío de Diego Ordaz hiciesen un banquete*»; Cervantes de Salazar, t. I, *Crónica*, cap. XX, p. 182.

41. AGI.- CDIAO, t. XXII, pp. 301-445.- Martínez, *documentos*, t. II, p. 228.

42. AGI, Patronato Real, est, 2, caj.5, leg.1/9.- Biblioteca Histórica Mexicana de Obras Inéditas, segunda serie, I, *Epistolario de Nueva España*, 1505-1818, recopilado por Francisco del Paso y Troncoso, t. I, 1505-1529, Antigua Librería Robredo, de José Porrúa e Hijos, México, 1939, doc. 49 bis, t. I, p. 47.

43. Copia enviada a J.García Icazbalceta por W.H.Prescott.- G.I., CDHM, t, I, pp. 411-420.- Martínez, *Documentos*, t. I, p. 150.

44. López de Gómara, Francisco, *Historia*, t. II, p. 21.- Cervantes de Salazar, *Crónica*, t. I, cap. XX, p. 181.

45. AGI,- CDIAO, t. XXVII, pp. 301-445.- Martínez, *Documentos*, t. II, p. 229; Bernal corrobora el dato, ob,cit. cap. XXV, p. 41.

4. Cozumel

1. Díaz del Castillo, Bernal, *ob. cit.*, cap. XXV, p. 41.

2. López de Gómara, Francisco, *Historia*, segunda parte, p. 26; Bernal, cap. XXV, p. 41, asegura que le dieron el timón de otro navío.

3. Díaz del Castillo, Bernal, *ob. cit.*, cap. XXIII, p. 39.- «*traxo una yegua e parió en la mar un potro*», declaración de Vázquez de Tapia, Bernardino, AGN, *Documentos inéditos relativos a Hernán Cortés y su familia*, p. 184.

4. Díaz del Castillo, Bernal, *ob. cit.*, cap. XXV, pp. 41-42.

5. Interrogatorio general.- AGI.- CDIAO.- t. XXVII, pp. 301-445.- Martínez, *Documentos*, t. II, p. 229.- Por otro lado vemos que Vázquez de Tapia, quien iba a bordo del *San Sebastián*, dice lo siguiente: «*benía el dicho Pedro de Albarado por capitán de una nao de la dicha armada el qual se adelantó sin querer esperar a la flota y llegó á la Isla de Cozumel*»; *Relación, Apéndices*, p. 106.

6. Díaz del Castillo, Bernal, *ob. cit.*, cap. XXVI, p. 42; Cortés, Hernán, *Primera Relación*, p. 8.

7. Díaz del Castillo, Bernal, ob.cit, cap. XXVII, p. 43.

8. Cortés, Hernán, *Cartas*, p. 10.

9. Tapia, Andrés de, *ob. cit.* p. 556.

10. GI.- CDIAO, t. XXVII, pp. 301-345, Interrogatorio general.- Martínez, *Documentos*, t. II, p. 231.

11. Cortés, *Primera Relación*, p. 10.

12. Tapia, Andrés de, *ob. cit.*, pp. 556-557.- Bernal, *ob. cit.*, cap. XXIX, pp. 46-47.- Gómara, *Historia*, segunda parte, pp. 29-31.

13. Las Casas, fray Bartolomé de, *Historia*, t. III, lib. III, cap. CXVII, p. 231.

14. López de Gómara, Francisco, *ob. cit.*, segunda parte, p. 31.- Cortés dice en el interrogatorio general: «*Gerónimo de Aguilar, el uno, y el otro, un Mora-*

les, *el cual no había querido venir, porque ternía ya horadadas las orejas, y estaba pintado como indio, e casado con una india, e ternía hijos con ella*»; AGI., - CDIAO, t. XXVII, pp. 301-445.- Martínez, documentos, t. II, p. 232.- Cabe recordar que en los primeros meses Jerónimo de Aguilar permanecía constantemente junto a Cortés en su labor de intérprete; Oviedo lo llama únicamente Gonzalo, sin proporcionar apellido. En la playa de Akumal, Quintana Roo existe una estatua dedicada a Gonzalo Guerrero, quien pasa por ser el padre del mestizaje en México.

15. Tapia, Andrés de, *ob. cit.*, p. 555.- Gómara, *ob. cit.*, segunda parte, p. 34.

16. Tapia, Andrés de, *Relación*, p. 558.- Gómara, *ob. cit.*, segunda parte, p. 35.

17. Tapia, Andrés de, *ob. cit.*, p. 557; Gómara, *Historia*, segunda parte, p. 37.- Bernal, *ob. cit.*, cap. XXX, p. 49; Cortés: «*agora se llama puerto de Términos; y en una isleta questaba dentro de la dicha bahía, halló el navío que se había perdido, e toda la gente muy buena; e se mantenían de conejos e venados que mataban en la dicha isleta, questaba despoblada, con una perra que en la dicha isleta hallaron, que se había quedado, de los navíos del dicho Francisco Hernández de Córdoba, primero descubridor*»; AGI.-CDIAO, t. XXVII, pp. 301-445.- Martínez, *documentos*, t. II, p. 232.

18. Díaz del Castillo, Bernal, *ob. cit.*, cap. XXX, p. 49.- Gómara confunde a Pontochan- Champotón con Tabasco, *ob. cit.*, segunda parte, p. 41.

19. Fernández de Oviedo, Francisco, *Historia*, t. III, cap. VII, 227-228; Las Casas, *Historia*, fray Bartolomé de, t. III, lib. III, cap. LVII, pp. 26-28 (*Este requerimiento ordenó el venerable doctor Palacios Rubios, bien mi amigo, según él mismo (si no me he olvidado) me dijo, el cual, como arriba he alguna vez tocado, fuera desto, favorecía y se compadecía mucho de las angustias y daños de los indios*).

20. Díaz del Castillo, Bernal, *ob. cit.*, cap. XXXI, p. 52.

21. Fernández de Oviedo, Gonzalo, *ob. cit.*, t. III, cap. VII, p. 230.

22. Cortés, Hernán, *Primera Relación*, p. 13.

23. Díaz del Castillo, Bernal, *ob. cit.*, cap. XXXV, p. 58.

5. El retorno de Quetzalcóatl

1. Díaz del Castillo, Bernal, cap. XIII, p. 24.

2. *Historia General de las Cosas de Nueva España*, escrita por Fr. Bernardino de Sahagún, franciscano, y fundada en la documentación en lengua mexicana recogida por los mismos naturales, La dispuso para la prensa en esta nueva edición, con numeración, anotaciones y apéndices, Ángel María Garibay K, t. I, Editorial Porrúa, S.A., Av. República Argentina 15, México, D.F., 1969, t. IV, p. 36.

3. Sahagún, fray Bernardino de, *ob. cit.*, t. IV, pp. 27-29.- La omisión de las piezas más sobresalientes ya hace ver con suspicacia la veracidad de esa relación, elaborada evidentemente muchos años después.

4. Díaz del Castillo, Bernal, cap. XXXVIII, p. 65.

5. Díaz del Castillo, Bernal, cap. XLII, pp. 71-73.

6. AGI, Patronato Real, est. 2, caj. 5, leg. 1/9.- Paso y Troncoso, *Epistolario*, t. I, p. 46.

7. Díaz del Castillo, Bernal, *ob. cit.*, cap. XLIII, p. 74.

8. Díaz del Castillo, Bernal, *ob. cit.*, cap. XLV, p. 77.

9. Torquemada, fray Juan de, *Monarquía*, t. I, p. 280.

10. Díaz del Castillo, Bernal, *loc. cit.*, cap. XLVIII, p. 81.

11. Díaz del Castillo, Bernal, cap. L, p. 85.

12. Díaz del Castillo, Bernal, *Historia*, cap. XLVIII, p. 82.

13. Servantes de Salazar, Francisco, *Crónica*, t. I, cap. XI, p. 222.

14. AGI, Justicia, legs. 220-225, leg. 223; Martínez, *Documentos*, t. I, pp. 84-85.

15. AGI., Justicia, legs. 220-225, leg. 223.- Martínez, *Documentos*, t. I, p. 83.

16. Díaz del Castillo, Bernal, *ob. cit.*, cap. LIII, p. 91.

17. *Cartas de relación*, p. 7.

18. *Cartas de relación*, p. 15.

19. Díaz del Castillo, Bernal, *Historia*, cap. LVII, p. 97; *Cartas de relación*, p. 18.

20. Aguilar, Francisco de, *Relación breve de la conquista de la Nueva España*, Universidad Nacional Autónoma de México, Instituto de Investigaciones Históricas, México, 1977, p. 69.

21. Aguilar, Francisco de, *idem*, p. 69.

22. En realidad, el primero en haber dicho que Cortés quemó las naves fue Francisco Cervantes de Salazar; *«quemando luego los navíos en testimonio de su mucho valor, para quitar toda ocasión de arrepentimiento»*. Esa aseveración se encuentra contenida en una epístola laudatoria escrita en Alcalá de Henares en 1546, al dedicará este las glosas y traducciones que había hecho de obras de Hernán Pérez de Oliva, Luis Mejía y Juan Luis Vives; sin embargo, cuando escriba su *Crónica de la Nueva España*, señalará correctamente que los navíos fueron *dados de través*, o sea, arrojados sobre la playa.- *Obras que Francisco Cervantes de Salazar ha hecho, glosado y traducido...*, Impresa en Alcalá de Henares, en casa de Juan de Brocar, a XXV de mayo del año M.D. 1546.- Martínez, *Documentos*, t. IV, p. 349.

23. Juan Suárez de Peralta retomará la versión del fuego, misma que hará fortuna en la cultura universal, .- *«porque soplaba un airecito que los ayudó a quemar muy presto»*, p. 42.- Baltasar Dorantes de Carranza escribió: *«barrenar y quemar los navíos para perder la esperanza de la vuelta, o morir o vencer»*, *Sumaria Relación de las cosas de la Nueva España.- Con noticia individual de los descendientes legítimos de los conquistadores y primeros pobladores españoles por Baltasar Dorantes de Carranza, la publica por primera vez el Museo Nacional de México, paleografiada del original por el Sr. D. José María de Ágreda y Sánchez, México, imprenta del Museo Nacional, 1902*, p. 14.

24. Díaz del Castillo, Bernal, *ob. cit.*, cap. LV, pp. 93-94.

25. Díaz del Castillo, Bernal, *ob. cit.*, cap. LIII, p. 90; Cervantes de Salazar, Francisco, *Crónica*, t. I, cap. XVIII, p. 233.

26. Díaz del Castillo, Bernal, *ob. cit.*, cap. CCVI, nota en pie p. 575.

6. Prendimiento de los calpixques

1. Díaz del Castillo, Bernal, ob. cit., cap. XLIX, pp. 83-84.

2. Díaz del Castillo, Bernal, *Historia*, cap. LI, p. 87.

3. Cortés, Hernán, *Cartas y documentos*, introducción de Mario Hernández Sánchez-Barba, profesor de la Universidad de Madrid, Editorial Porrúa, S.A., México, 1963, *Escritura convenida entre Hernando Cortés y el regimiento de la Villa Rica en la Vera-Cruz, sobre defensa de sus habitantes y derechos que había de recaudar*, pp. 331-341.

4. Hernández Sánchez-Barba, Mario, *Cartas*, pp. 331-336.

5. Cervantes de Salazar, Francisco, *Crónica*, t. I, cap. XXIV, p. 241.- Torquemada, *Monarquía*, t. I, cap. XXVI, p. 411.

6. Cortés, Hernán, *Segunda Relación*, p. 26.

7. López de Gómara, Francisco, *Historia*, segunda parte, p. 87; Díaz del Castillo, Bernal, *ob. cit.*, cap. LVIII, p. 99.

8. Torquemada, fray Juan de, *Monarquía*, t. I, cap. XXVI, p. 411.

9. Torquemada, fray Juan de, *ob. cit.* t. I. p. 411.

10. Torquemada, fray Juan de, *ob. cit.*, t. I, p. XV.

11. Cervantes de Salazar, Francisco, *Crónica*, t. I, cap. XXV, p. 242.

12. Cortés, Hernán, *Segunda Relación*, p. 28.- Tapia, Andrés de, *Relación*, p. 567.- Carta al rey de Ruy González, publicada por Paso y Troncoso, *Epistolario*, t. VII, p. 33 (*¿pero es que hay alguien que no sea vasallo de Motecuhzoma?*).

13. Díaz del Castillo, Bernal, *ob. cit.* cap. LXI, p. 104.

14. *Historia de Nueva España, escrita por su esclarecido conquistador Hernán Cortés, aumentada con otros documentos y notas por el ilustrísimo señor Don Antonio Lorenzana, Arzobispo de México*, Imprenta del Superior Gobierno, del Br.D.Joseph Antonio de Hogal en la calle de Tiburcio, México, 1770, p. 5.

15. Cortés, Hernán, *Segunda Relación*, p. 29; Bernal, *ob. cit.*, cap. LXII, pp. 106-107.

16. Torquemada, fray Juan de, *ob. cit.*, t. I, cap. XXIX, p. 419.

17. Aguilar, Francisco de, *Relación breve*, pp. 70-71.

18. Díaz del Castillo, Bernal, *ob. cit.*, cap. XLII, p. 107.

19. Díaz del Castillo, Bernal, *ob. cit.*, cap. LXIII, p. 109.

20. «*jamás vimos flaqueza en ella, sino muy mayor esfuerzo que de mujer*», Bernal, *ob. cit.*, cap. LXVI, p. 115; «*Y aquí dixo Teutl, uno de los nobles de Cempoala a Marina que veía la muerte delante de los ojos, y que no era posible que ninguno escapase vivo. Respondióle Marina que no tuviese miedo, porque el Dios de los cristianos, que es muy poderoso, y los quería mucho, los sacaría de peligro*», Torquemada, *ob. cit.*, t. I, cap. XXX, p. 421; Cervantes de Salazar, *ob. cit.*, cap. t. I, cap. XXIV, p. 255.

21. Cervantes de Salazar, Francisco, *Crónica*, t. I, pp. 256-257.

22. Tapia, Andrés de, *Relación*, p. 569; López de Gómara, Francisco, *Historia*, t. II, p. 100; Díaz del Castillo, Bernal, *ob. cit.*, cap. LXX, 121-122; Cervantes de Salazar, Francisco, *ob. cit.*, t. I., p. 261; Torquemada, fray Juan de, t. I, cap. XXXII, p. 424.

23. Torquemada, fray Juan de, *Monarquía*, t. I, cap. XXXI, p. 423.

24. Tapia, Andrés de, *ob. cit.*, p. 568.

25. Cortés, Hernán, *Segunda Relación*, p. 31; Díaz del Castillo, Bernal, *ob. cit.*, cap. LXX, p. 122; Cervantes de Salazar, Francisco, *ob. cit.*, t. I, cap. XXXIX, p. 263; Torquemada, fray Juan de, *Monarquía*, t. I, cap. XXXIII, p. 426.

26. Cortés, Hernán, *Segunda Relación*, p. 32; Tapia, Andrés de, *Relación*, p. 571; López de Gómara, Francisco, *Historia*, t. II, p. 106; Díaz del Castillo, Bernal, *ob. cit.*, cap. LXIX, pp. 118- 119.- «que había sido Pedro Carbonero que los había metido donde nunca podrían salir»; Cervantes de Salazar, *Crónica*, cap. XLII, t. I, p. 269.

27. Díaz del Castillo, Bernal, ob.cit, cap. LXIX, p. 119.

28. Cortés, Hernán, *Segunda Relación*, p. 30.

29. Cortés, Hernán, *Segunda Relación*, p. 32; Díaz del Castillo, Bernal, ob.cit, cap. LXVIII, p. 117; Cervantes de Salazar, Francisco, *ob. cit.*, t. I, cap. XLI, pp. 266-267.

30. Díaz del Castillo, Bernal, ob.cit, cap. LXIX, p. 120; Cervantes de Salazar, Francisco, *Crónica*, t. I, cap. XLI, p. 268.

31. Díaz del Castillo, Bernal, *ob. cit.*, cap. LXIX, p. 118.

32. Cortés, Hernán, *Segunda Relación*, p. 32.

33. Díaz del Castillo, Bernal, *ob. cit.*, cap. LXXII, p. 125.

34. Cortés, Hernán, *Segunda Relación*, p. 34.

35. «*Otro día siguiente, a hora de las diez, vino a mí Sicutencal, el capitán general de esta provincia, con hasta cincuenta personas principales de ella, y me rogó de su parte y de la de Magiscasin, que es la más principal persona de toda la provincia, y de otros muchos señores de ella, que yo les quisiese admitir al real servicio de vuestra alteza y a mi amistad, y les perdonase los yerros pasados*»; Cortés, *Segunda Relación*, pp. 32-33.

36. Cervantes de Salazar, Francisco, *Crónica*, t. I, cap. XXXV, p. 257.

37. Díaz del Castillo, Bernal, *ob. cit.*, cap. LXVII, p. 116 y cap. LXIX, p. 121.

38. Díaz del Castillo, Bernal, *idem*, cap. CCXII, p. 594.

7. *Alianza con Tlaxcala*

1. Bernal fija la entrada el 23 de septiembre, *Historia*, cap. LXXV, p. 131; Gómara, ob.cit, t. II, p. 111, señala en cambio que la entrada en Tlaxcala fue el dieciocho de septiembre; Cervantes de Salazar, *Crónica*, XLVIII, pp. 277-278 y Torquemada lo repiten, *Monarquía*, t. I., cap. XXXVII, p. 434. Nos atenemos a la fecha proporcionada por Bernal que concuerda con la cronología de Cortés.

2. «*teocacatzacti, los dioses sucios*», Torquemada, *ob. cit.*, t. I, cap. XXVIII, p. 418; «*divinos sucios*», Sahagún, *ob. cit.*, t. IV, cap. VIII, p. 94.

3. Díaz del Castillo, Bernal, *ob. cit.*, cap. LXXVI, p. 132.

4. Tapia, Andrés de, *Relación*, p. 572.

5. «*Fueron padrinos de los cuatro señores, D. Fernando Cortés, Pedro de Alvarado, Andrés Tapia, Gonzalo de Sandoval y Cristóbal de Olid. Tomó por nombre Xicoténcatl llamarse Vicente y después se llamó D.Vicente, Maxixcatzin se llamó Lorenzo, Zitlalpopocatzin y Tlehuexolotzin*'*: Diego Muñoz Camargo, Historia de Tlaxca-

la, publicada y anotada por Alfredo Chavero, edición facsimile, 1966, editada por Edmundo Aviña Levy, México, Oficina.Tip. de la Secretaría de Fomento, 1892, pp. 204-205. En nota de pie de página, el señor Chavero observa que falta el fin del párrafo, y propone acertadamente: «lo supliremos diciendo que Citlalpopocatzin se llamó Bartolomé y Tlehuexololotzin se llamó Gonzalo.- Bernal sitúa el bautizo de Xicoténcatl el viejo en fecha posterior, después de muerto Maxixcatzin, y en lugar de llamarlo Vicente, dice que se le impuso el nombre de don Lorenzo de Vargas, y habría sido bautizado por fray Bartolomé de Olmedo; *Historia*, cap. CXXXVI, p. 283.

6. Muñoz Camargo, Diego, *ob. cit.*, p. 205.

7. Díaz del Castillo, Bernal, *Historia*, cap. LXXVIII, p. 135.

8. Cervantes de Salazar, Francisco, ob.cit, t. I, cap. XLIX, p. 278.

9. «*Entendiendo el deseo del dicho Marqués, yo me ofrecí de ir, el cual lo agradeció mucho y aceptó mi ofrecimiento. Después se ofreció también para ir Don Pedro de Alvarado, y acordó el Marqués que fuésemos ambos y diónos instrucción de lo que habíamos de hacer, y presentes y cosas de Castilla, para que diésemos a Montezuma. Y aunque ambos teníamos caballos, nos mandó los dejásemos y que fuésemos a pie, porque si nos matasen, no se perdiesen, que se estima un caballero a caballo más de trescientos peones*»; Vázquez de Tapia, *Relación*, pp. 34-38.

10. Cortés, Hernán, *Segunda Relación*, p. 35.

11. Cervantes de Salazar, Francisco, *Crónica*, t. I, cap. LII, p. 282.

12. Cortés, Hernán, *Segunda Relación*, p. 34.

13. «*a la lengua que yo tengo, que es una india de esta tierra, que hube en Potonchán, que es el río grande que ya en la Primera relación a vuestra majestad hice memoria, le dijo otra natural de esta ciudad cómo muy cerquita de allí estaban mucha gente de Mutezuma junta, y que los de la ciudad tenían fuera sus mujeres e hijos y toda su ropa, y que habían de dar sobre nosotros para nos matar a todos, y si ella se quería salvar que se fuese con ella, que ella la guarecería*», Cortés, Hernán, *Segunda Relación*, p. 36.- «*Y una india vieja, mujer de un cacique, como sabía el concierto y trama que tenían ordenado, vino secretamente a doña Marina, nuestra lengua; como la vio moza y de buen parecer y rica, le dijo y aconsejó que se fuese con ella [a] su casa si quería escapar la vida, porque ciertamente aquella noche y otro día nos habían de matar a todos, porque ya estaba así mandado y concertado por el gran Montezuma*»; Bernal, *ob. cit.*, cap. LXXXIII, p. 146.- «*Y como el Marqués vio todas esas cosas, temió de alguna traición y mandó que toda la gente estuviese muy apercibida, y andando con gran aviso inquiriendo, supo que allí cerca de Cholula, estaba una guarnición de gente de México y, ratificado de ello, determinó, que antes que nos tomasen durmiento, de dar en los unos y en los otros, y ansí, lo hice, [sic] aunque no con poco peligro* nuestro»; Vázquez de Tapia, Bernardino, *Relación*, pp. 37-38.

14. Tapia, Andrés de, *Relación*, p. 576; López de Gómara, *Historia*, t. II, p. 121.

15. Cortés, Hernán, *Segunda Relación*, p. 36.

16. Cortés, Hernán, *Segunda Relación*, p. 37.- «*A esta Cholula tenían por gran santuario como otra Roma, en la que había muchos templos del demonio; dijéronme que había más de trescientos y tantos. Yo la vi entera y muy torreada y llena de templos del demonio, pero no los conté*»; Motolinia, tratado I, cap. VIII, p. 49, en Colección de Documentos para la Historia de México, publicada por Joaquín García Icaz-

balceta, primera edición facsimilar, Tomo Primero, Editorial Porrúa, S.A., Av. República Argentina 15, México, 1971.

17. Cortés, Hernán, *Segunda Relación*, p. 37.

18. Cortés, Hernán, *Segunda Relación*, p. 34.

19. López de Gómara, *ob. cit.*, segunda parte, p. 119.

20. *«comenzó a nevar y se cuajó de nieve la tierra»*, Bernal, *ob. cit.*, cap. LXXXVI, p. 155; *«subí al puerto por entre las dos sierras»* ; Cortés, *Segunda Relación*, p. 39.

21. En Amecameca el cacique local dio muchas quejas de Motecuhzoma; López de Gómara, ob.cit, t. II, p. 128; Cervantes de Salazar, *ob. cit.*, t. I, cap. XLI, p. 298.- Cortés omite mencionar el hecho.

22. Cortés, Hernán, *Segunda Relación*, p. 40.

8. Tenochtitlan

1. Cervantes de Salazar, Francisco, *Crónica*, t. I, cap. LXIII, p. 301.

2. Torquemada, fray Juan de, *Monarquía*, t. I, cap. XXLVI, p. 450.

3. Cortés, Hernán, *Segunda Relación*, p. 42 (*jeme*, distancia entre el pulgar y el índice extendidos).

4. Cortés, Hernán, *Segunda Relación*, p. 43.

5. Díaz del Castillo, Bernal, *ob. cit.*, cap. XC, p. 165.

6. Cortés, Hernán, *Segunda Relación*, p. 51.

7. *El Conquistador anónimo:«arriba de sesenta mil ánimas»*; Icazbalceta, *Documentos*, t. I, p. 391; Texcoco estaba más poblado, *«porque el señorío de Texcoco no era menos que el de México, antes mayor en el número de casas»*, Torquemada, *ob. cit.*, t. I, cap. LXXXII, p. 527.

8. Cortés, Hernán, *Segunda Relación*, p. 53.

9. Torquemada, fray Juan de, Monarquía, t. I, p. 461.

10. Cortés, Hernán, *Segunda Relación*, p. 52.

11. Tapia, Andrés de, *Relación*, p. 583; Gómara, *ob. cit.*, segunda parte, p. 158.

12. Cortés, Hernán, *Segunda Relación* , p. 53.

13. Aguilar, Francisco de, *Relación breve*, p. 82.

14. Díaz del Castillo, Bernal, *ob. cit.*, cap. XC, p. 165.

15. Díaz del Castillo, Bernal, *ob. cit.*, cap. XCII, p. 171.

16. Díaz del Castillo, Bernal, *ob. cit.* cap. XCII, p. 171.

17. Díaz del Castillo, Bernal, *ob. cit.*, cap. XCII, p. 172.

18. Díaz del Castillo, Bernal, *ob. cit.*, cap. XCII, p. 173.

19. Díaz del Castillo, Bernal, *idem*, cap. XCII, pp. 171-175.

20. Díaz del Castillo, Bernal, *idem*, cap. XCIII, p. 178.

21. Tapia, Andrés de, *Relación*, pp. 579-580.- *Historia de las Indias de Nueva España e Islas de la Tierra Firme*, escrita por Fray Diego Durán, dominico, en el siglo XVI, edición paleográfica del manuscrito autógrafo de Madrid, con introducciones, notas y vocabularios de palabras indígenas y arcaicas, la prepara y da a luz, Ángel Ma. Garibay, tomo II, Editorial Porrúa, S.A., México, D.F., t. II, cap. LXXIV, p. 543.

22. Díaz del Castillo, Bernal, *ob. cit.*, cap. XCIII, pp. 178-179.
23. Díaz del Castillo, Bernal, *ob. cit.*, cap. XCIV, p. 181.
24. Cortés, Hernán, *Segunda Relación*, p. 44.- Díaz del Castillo, Bernal, *idem*, cap. XCIV, pp. 180-181.
25. Díaz del Castillo, Bernal, *ob. cit.*, cap. XCV, p. 182.
26. Díaz del Castillo, Bernal, *ob. cit.*, cap. XCV, p. 183.
27. Tapia, Andrés de, *Relación*, pp. 579-580.
28. Aguilar, Francisco de, *ob. cit.*, p. 82.
29. Cervantes de Salazar, Francisco, *Crónica*, t. I, cap. XXXI, p. 357.
30. Cortés, Hernán, *Segunda Relación*, p. 44.
31. Aguilar, Francisco de, *ob. cit.* p. 83.
32. Cortés, Hernán, *Segunda Relación*, p. 26.
33. Fernández de Oviedo, Gonzalo, *Historia*, t. IV, cap. II, p. 11.

9. Ejecución de Cuauhpopoca

1. Cervantes de Salazar, Francisco, t. I, cap. XXVII, pp. 346-347.
2. Tapia, Andrés de, *Relación*, p. 584.
3. Cortés, Hernán, *Segunda Relación*, p. 45; Tapia, Andrés de, *Relación*, p. 584; Díaz del Castilo, Bernal, *ob. cit.*, cap. XCV, pp. 184-185, menciona únicamente a Cuauhpopoca; López de Gómara, *ob. cit.*, segunda parte, p. 161, repite el dato de Cortés, tomado de la *relación* que tenía a la vista; Bernal, *ob. cit.*, cap. XCV, pp. 184-185; este autor limita a cuatro los muertos: «Y digamos los nombres de aquellos capitanes de Montezuma que se quemaron por justicia. El principal se decía Quetzalpopoca, y los otros se decían el uno Coate y el otro Quiavit; el otro no me acuerdo el nombre».
4. Motolinia, *Tratado* III, cap. VII, p. 180 (*porque Moteuczoma quiere decir, hombre triste, y sañudo, y grave, y modesto, que se hace temer y acatar*); Alonso de Zorita, *Historia de la Nueva España*, facsímil de la edición de Madrid, 1909, Biblioteca Mexicana de la Fundación Miguel Alemán, A.C., Ciudad de México, 1999, p. 112 (*que quiere dezir hombre que está enojado o grave*).
5. Díaz del Castillo, Bernal, cap. XCI, p. 166.
6. Sahagún, fray Bernardino de, ob.cit, t. IV, cap. I, p. 24.
7. Díaz del Castillo, Bernal, *idem*, cap. XCI, p. 166.
8. Aguilar, Francisco de, *Relación breve*, p. 81.
9. Durán, fray Diego, *Historia de las Indias*, t. II, p. 407.
10. Cortés, Hernán, *Segunda Relación*, p. 53.
11. Díaz del Castillo, Bernal, *ob. cit.*, cap. CCIX, p. 581; López de Gómara, Francisco, *Historia*, segunda parte, p. 436.
12. Díaz del Castillo, Bernal, *ob. cit.*, cap. XCVI, p. 186.
13. Díaz del Castillo, Bernal, *ob. cit.*, cap. XCVII, p. 188.
14. Cervantes de Salazar, Francisco, *Crónica*, t. I, cap. XXVIII, p. 350.
15. Díaz del Castillo, Bernal, *ob. cit.*, cap. C. p. 197.
16. Díaz del Castillo, Bernal, *idem.*, cap. XCVIII, p. 191.
17. Díaz del Castillo, Bernal, *ob. cit.*, cap. CVII, p. 208.
18. Tapia, Andrés de, *Relación*, pp. 584-586.

19. Cortés, Hernán, *Segunda Relación*, p. 53.

20. Díaz del Castillo, Bernal, cap. XCII, p. 174.

21. Díaz del Castillo, Bernal, *ob. cit.*, cap. XCII, p. 176.

22. Sahagún, fray Bernardino de, *ob. cit.*, t. III, cap. X, p. 44.

23. Sahagún, fray Bernardino de, *ob. cit.*, t. I, cap. XIX, p. 69 y t. III, p. 43.- Durán, fray Diego, ob.cit, t. I, p. 64.

24. Biblioteca Porrúa, Hernando Alvarado Tezozomoc, *Crónica mexicana*, anotada por Manuel Orozco y Berra, *Códice Ramírez*, manuscrito del siglo XVI, segunda edición, Editorial Porrúa, S.A., México, D.F., p. 118.

25. Sahagún, fray Bernardino de, *ob. cit.*, t. I, cap. II, pp. 110-111.

26. Motolinia, *Historia de los indios de la Nueva España*, tratado I, cap. VI, p. 40.

27. Durán, fray Diego, *ob. cit.*, t. I, cap. III, p. 33.

28. Durán, fray Diego, *ob. cit.*, t. I, cap. XIII, p. 130.

29. Las Casas, fray Bartolomé de, *Los indios de México y Nueva España*, Antología, edición, prólogo, apéndices y notas de Edmundo O'Gorman, de la Academia de la Historia, con la colaboración de Jorge Alberto Manrique, Editorial Porrúa, S.A., «Sepan cuantos...», No.57, México, 1971, cap. XXX, p. 101.

30. Sahagún, fray Bernardino de, *ob. cit.*, t. I, cap. XXI, p. 146.

31. Sahagún, fray Bernardino de, *ob. cit.*, t. I, apéndice II, p. 241.

32. Sahagún, fray Bernardino de, *idem*, t. I, cap. XXI, p. 143.

33. Sahagún, fray Bernardino de, *ibídem*, t. I, p. 13.

34. Sahagún, fray Bernardino de, *ibídem*, t. I, cap. XX, p. 139.

35. Alvarado Tezozomoc, Hernando, *Crónica*, p. 95.

36. «*los pellejos de los desollados se vestían muchos mancebos, a los cuales llamaban tototecti*», Sahagún, ob.cit, t. I., cap. XXI, p. 143.- «*Tlacaxipehualiztli*, que quiere decir *desollamiento de personas*,' Tezozomoc, *ob. cit.*, p. 120; «*Acabados de desollar, la carne daban a cuyo el indio había sido, y los cueros vestíanlos otros tantos indios allí luego*», Durán, *Historia*, t. I, cap. IX, p. 97.

37. Sahagún, fray Bernardino de, *ob. cit.*, t. I, cap. XXI, p. 146.

38. Sahagún, fray Bernardino de, *ob. cit.*, t. I, cap. XXIX, p. 188.- «*tomándolos los ministros de aquel templo, uno a uno, dos de las manos y dos de los pies, y dando cuatro enviones en el aire con él, al cuarto envión daban con él en aquella brasa y, antes que acabase de morir, sacábanle de presto y poníanle así, medio asado, encima de una piedra y cortábanle el pecho*», Durán, fray Diego, *ob. cit.*, t. I, cap. XIII, p. 128.

10. La casa real texcocana

1. Zorita, Alonso de, *Breve y sumaria relación de los señores y señoríos de la Nueva España*, prólogo y notas Joaquín Ramírez Cabañas, Universidad Nacional Autónoma de México, 1993, pp. 49-50.

2. Díaz del Castillo, Bernal, *ob. cit.*, cap. CI, p. 196.

3. Cortés se expresa de manera confusa al referirse al parentesco de Cuicuitzcatzin, y es así que al referir que ha echado grillos a Cacama, continúa diciendo «*Y tomado el parecer de Mutezuma, puse en nombre de vuestra Alteza, en*

aquel señorío, a un hijo suyo que se decía Cucuzcacin, al cual hice que todas las comunidades y señores de la dicha provincia y señorío le obedeciesen por señor»; eso lo decía en la *Segunda Relación*, pp. 48-49. Por la imprecisión en el lenguaje queda la duda acerca de si se trataría de un hijo de Cacama o de Motecuhzoma; pero más adelante aclara el parentesco cuando dice: «... *los dos hermanos del dicho Cacamacin, que por ventura se pudieron escapar; y el uno de estos dos hermanos se decía Ipacsuchil, y en otra manera Cucuscacin, al cual de antes, yo, en nombre de vuestra Majestad y con parecer de Mutezuma había hecho señor de esta ciudad de Tesuico y provincia de Aculuacan...»*; *Tercera Relación*, p. 95.

4. Díaz del Castillo, Bernal, *ob. cit.*, cap. C, pp. 194-195.

5. Zorita, Alonso de, *Relación de la Nueva España*, II, Cien de México, Consejo Nacional para la Cultura y las Artes, edición, versión paleográfica, estudio preliminar e índice onomástico Ethelia Ruiz Medrano y José Mariano Leyva, introducción y bibliografía Wiebke Ahrndt, tercera parte, México, 1999, t. II, p. 550.

6. Cortés, Hernán, *Segunda Relación*, p. 51.

7. Díaz del Castillo, Bernal, cap. XCIX, pp. 191-192.

8. Díaz del Castillo, Bernal, *Historia*, cap. CIII, p. 200.

9. Díaz del Castillo, Bernal, *ob. cit.*, cap. CIII, pp. 201-202.

10. Díaz del Castillo, Bernal, *idem*, cap. CI, pp. 200-201.

11. Cortés, Hernán, *Segunda Relación*, p. 45.

12. Díaz del Castillo, Bernal, *ob. cit.*, cap. XCI, p. 167.

13. Díaz del Castillo, Bernal, *idem*, cap. XCI, p. 166.- Aguilar, Francisco de, *Relación breve*, p. 81.

14. Cortés, Hernán. *Segunda Relación*, p. 56.

15. Díaz del Castillo, Bernal, *ob. cit.*, cap. XCVII, p. 189.

16. Díaz del Castillo, Bernal, *ob. cit.*, cap. XCVII, p. 189.

17. Díaz del Castillo, Bernal, ob.cit, cap. CVI, p. 207.

11. Narváez

1. Díaz del Castillo, Bernal, *ob. cit.*, cap. CVIII, p. 209.

2. López de Gómara, Francisco, *Historia*, segunda parte, pp. 177-179.

3. Díaz del Castillo, Bernal, *ob. cit.*, cap. CVIII, p. 210.

4. Cortés, Hernán, *Segunda Relación*, p. 56.

5. Tapia, Andrés de, *Relación*, p. 586.

6. Aguilar, Francisco de, *ob. cit.*, p. 83.

7. Cortés, Hernán, *Segunda Relación*, p. 57.

8. Tapia, Andrés de, *ob. cit.*, pp. 586-587.

9. Cortés, Hernán, *Segunda Relación*, p. 57.

10. AGI.- Copia enviada por W.H.Prescott a García Icazbalceta.- GI, CDHM, t. I, pp. 399-403.- Martínez, *Documentos*, t. I, p. 101.

11. Informe Lucas Vázquez de Ayllón, en *Cartas y relaciones de Hernán Cortés*, colegidas e ilustradas por don Pascual de Gayangos, París, Imprenta Central de los ferrocarriles, 1866, pp. 39-49. La cita se encuentra en página 41.

12. Cervantes de Salazar, Francisco, *Crónica*, t. II, cap. XC, p. 27; Vázquez de Ayllón, Lucas, Gayangos, p. 42.

13. Vázquez de Ayllón, Lucas, *ob. cit.*, p. 43.- Díaz del Castillo, Bernal, cap. XC, p. 212.

14. Vázquez de Ayllón, Lucas, *ob. cit.*, p. 44.

15. AGI.- CDIAO, t. XXVII, pp. 5-59.- Martínez, *Documentos*, t. II, pp. 104-105.

16. Fernández de Oviedo, Gonzalo, *Historia General*, t. IV, cap. XII, p. 54.

17. Díaz del Castillo, Bernal, *ob. cit.*, caps.CVII, p. 226 y cap. CCV, p. 566.

18. Díaz del Castillo, Bernal, *idem*, cap. CXIV, p. 220.

19. Díaz del Castillo, Bernal, *ob. cit.*, cap. CXI, p. 215.

20. Fernández de Oviedo, Gonzalo, *Historia*, t. IV, cap. XLVIII, p. 235.

21. Cortés, Hernán, *Segunda Relación*, p. 56.

22. Díaz del Castillo, Bernal, *ob. cit.*, cap. CXV, p. 222.

23. Díaz del Castillo, Bernal, *idem*, cap. CXV, pp. 223-224.

24. Díaz del Castillo, Bernal, *ob. cit.*, cap. CXVI, p. 224 y cap. CXIX, p. 229.

25. Díaz del Castillo, Bernal, *ob. cit.*, cap. CXXII, p. 237.

26. Tapia, Andrés de, *Relación*, p. 589.

27. Díaz del Castillo, Bernal, *ob. cit.*, cap. CXXII, p. 237.- Cervantes de Salazar, Francisco, *Crónica*, t. II, cap. LXXXIII, p. 18.

28. «el marqués tuvo aviso de cortar é hacer cortar los látigos de las cinchas de los caballos, que como pensaban desde á poco salir al campo, todos tenían ensillados sus caballos é comiendo; é algunos que acudien á enfrenarlos, como estaban los látigos cortados, en cabalgando luego caien». Tapia, Andrés de, ob.cit, p. 590.

29. Tapia, Andrés de, *Relación*, p. 591.

30. Cervantes de Salazar, Francisco, *Crónica*, t. II, cap. LXXXV, p. 21.- Zorita, Alonso de, *Relación*, t. II, p. 573.

31. Díaz del Castillo, Bernal, *ob. cit.*, cap. CXXII, p. 240.- Cervantes de Salazar, Francisco, *Crónica*, t. II, cap. LXXXXV, p. 21.

32. Cervantes de Salazar, Francisco, *Crónica*, t. II, cap. LXXXVII, p. 24.- Díaz del Castillo, Bernal, ob.cit, cap. CXXIII, p. 241, da las cifras siguientes: «Murió el alférez de Narváez, que se decía fulano de Fuentes, que era un hidalgo de Sevilla; murió otro capitán de Narváez que se decía Rojas, natural de Castilla la Vieja, murieron otros dos de Narváez; Murió uno de los tres soldados que se le habían pasado que habían sido de los nuestros, que llamábamos Alonso García el Carretero; y heridos de los de Narváez hubo muchos. Y también murieron de los nuestros otros cuatro y hubo más heridos»; Cortés, *Segunda Relación*, p. 62, cifra en dos los muertos, «que un tiro mató».

33. Díaz del Castillo, Bernal, cap. CXXIII, p. 240; Cervantes de Salazar, Francisco, *ob. cit.*, t. II, cap. LXXXVII, p. 24.

34. Díaz del Castillo, Bernal, ob. cit., cap. CXXIV, 243.

35. Díaz del Castillo, Bernal, *idem*, cap. CXXIII, pp. 241-242; Cervantes de Salazar, Francisco, *Crónica*, t. II, cap. LXXXIX, p. 26.

36. Vázquez de Ayllón, Lucas, *ob. cit.*, p. 42.

37. Díaz del Castillo, Bernal, *ob. cit.*, cap. CXXIV, p. 243.

38. Aguilar, Francisco de, *Relación*, pp. 88-89; López de Gómara, *Historia*, t. II, p. 205; Díaz del Castillo, Bernal, ob.cit, cap. CXXVIII, p. 255.

39. Cortés, Hernán, *Segunda Relación*, p. 63.

40. Cervantes de Salazar, Francisco, *Crónica*, t. II, Caps. XCIV-XCVII, pp. 30-33.

41. Cortés, Hernán, *Segunda Relación*, p. 63.

42. Cervantes de Salazar, Francisco, *Crónica*, t. II, cap. IC, p. 34.

43. Cervantes de Salazar, Francisco, *idem.*, t. II, cap. C, p. 35.

12. Matanza del Templo Mayor

1. *"Al quinto mes llamaban Tóxcatl. El primer día de este mes hacían gran fiesta a honra del dios llamado Titlacáuan, y por otro nombre Tezcatlipoca»*, Sahagún, *ob. cit.*, t. I, cap. V, p. 114.- *«Celebrábase la solemnidad de este ídolo a diez y nueve de mayo, según nuestros meses»*, Durán, *Historia*; t. I, cap. IV, p. 39; Alvarado Tezozomoc, Hernando, *Crónica mexicana*, cap. II, pp. 104-105.- Torquemada, fray Juan de, *Monarquía*, t. I, lib. IV, p. 489, en cambio, afirma que era en honor de Huitzilopochtli.

2. Vázquez de Tapia , Bernardino, *Relación*, pp. 41 y 109.

3. Cortés, Hernán., *Segunda Relación*, p. 63.

4. Vázquez de Tapia, Bernardino, *ob. cit*, pp. 65 y 111.

5. Díaz del Castillo, Bernal, *ob. cit.*, cap. CXXVI, p. 247 (tachado en el original).

6. Aguilar, Francisco de, *Relación*, p. 87.

7. Cortés, Hernán, *Segunda Relación*, p. 66; Díaz del Castillo, Bernal, *ob. cit.*, cap. CXXVI, p. 251; Fernández de Oviedo, Gonzalo, *Historia*, t. IV, cap. XIV, p. 70; Cervantes de Salazar, Francisco, *Crónica*, t. II, cap. CVIIII, pp. 41-42.

8. Torquemada, fray Juan de, *Monarquía*, t. I, cap. LXIX, p. 495.

9. Cervantes de Salazar, Francisco, *ob. cit.*, t. II, cap. CX, p. 44.

10. Díaz del Castillo, Bernal, *ob. cit.*, cap. CXXV, nota en p. 246.

11. Aguilar, Francisco de, *Relación*, p. 88.

12. Cervantes de Salazar, Francisco, *Crónica*, t. II, cap. CIX, p. 43.

13. Cervantes de Salazar, Francisco, *Crónica*, t. II, cap. CLXV, p. 208.

14. Díaz del Castillo, Bernal, *ob. cit.*, cap. CLI, p. 338.

15. Aguilar, Francisco de, *Relación*, p. 87.

16. Aguilar, Francisco de, *idem*, p. 89.

17. Vázquez de Tapia, Bernardino, *Relación*, p. 43.

18. Sahagún, fray Bernardino de, *Historia General*, t. IV, cap. XXIII, p. 123.

19. Díaz del Castillo, Bernal, *ob. cit.*, cap. CXXVI, p. 250.

20. Cortés, Hernán, *Segunda Relación*, p. 67.

21. GN, Hospital de Jesús.- AGI, Patronato, leg. 180.- G.R.G.- Conway, *La Noche Triste, Documentos*...Paleografía de Agustín Millares Carlo, distribuído por Antigua Librería Robredo, de José Porrúa e Hijos, México, 1945, doc. I, pp. 3-35 (Selección de documentos).- Martínez, *Documentos*, t. I, p. 126.

22. Aguilar, Francisco de, *Relación*, p. 89.

23. Cortés, Hernán, *Segunda Relación*, p. 68; Vázquez de Tapia, Bernardino, *probanza*, reproducida por Martínez, *Documentos*, t. I, p. 121.

24. Tapia, Andrés de, AGI, Justicia, leg. 223, 2,ff, 309v.-434v, fragmentos. Paleografía Miguel González Zamora.- Martínez, *Documentos*, t. II, p. 354.

25. Fernández de Oviedo, Gonzalo, *Historia General*, t. IV, cap. XLVII, p. 229.

13. La Noche Triste

1. Aguilar, Francisco de, *ob. cit.*, pp. 90-91.

2. Torquemada, fray Juan de, *Monarquía*, t. I, cap. LXXI, p. 502-503 (la primera acequia donde colocaron el puente se denominaba *Tecpantzinco*; la segunda, donde ocurrió el desastre, *Toltecaacaloco (porque en ésta había tres* [cortes] *no más, y en la de Iztapalapan siete*).

3. Aguilar, Francisco de, *Relación*, p. 90.

4. Sahagún, fray Bernardino de, ob.cit, t. IV, p. 125.- Torquemada, fray Juan de, *ob. cit.*, t. I, p. 502.

5. Cortés, Hernán, *Segunda Relación*, p. 68.

6. Torquemada, fray Juan de, *Monarquía*, t. I, p. 504.

7. López de Gómara, Francisco, *Conquista*, t. II, p. 206, dice de Alvarado: «*Llegó al último puente y saltó al otro lado sobre la lanza. De este salto quedaron los indios espantados y aun españoles, pues era grandísimo, y otros no pudieron hacerlo, aunque lo probaron, y se ahogaron.* Bernal, cap. CXXVIII, p. 257, lo refuta: «*y todo lo que en aquel caso dice Gómara es burla porque ya que quisiera saltar y sustentarse en la lanza, estaba el agua muy honda y no podía llegar al suelo con ella; y además de esto, la puente y abertura muy ancha y alta, que no la podría salvar por muy más suelto que era...*». Oviedo escuchó *viva voce* referir el episodio a Alvarado, *Historia*, t. IV, cap. XLVII, p. 230.

8. La estimación acerca del número de los que retrocedieron, haciéndose fuertes en el recinto del Templo Mayor, fluctúa mucho; Francisco de Aguilar dice que *serían hasta cuarenta*; *Relación*, p. 91; Cervantes de Salazar dice «*llegaron al tercer ojo que era el postrero; pero del segundo se volvieron a la ciudad más de cien españoles; subiéronse al cu, pensando de hacerse fuertes y defenderse, no considerando que habían de perescer de hambre*»; *Crónica*, t. II, cap. CXXI, p. 57.- Torquemada dice: «*y ciento que se bolvieron a la torre del Templo, adonde se hicieron fuertes tres días*»; *Monarquía*, t. I, p. 503.- No deja de llamar la atención que al término de la guerra no se practicasen diligencias para tratar de esclarecer quiénes fueron aquellos que retrocedieron haciendose fuertes en el recinto del templo mayor, así como las circunstancias en que ocurrieron las muertes de Juan Velázquez de León y otros destacados capitanes.

9. AGI.- CDIAO, t. XXVII, pp. 481-569 y t. XXVIII, pp. 5-16 (selección).- Martínez, *Documentos*, t. II, p. 307.

10. Cervantes de Salazar, Francisco, *Crónica*, cap. CXXIII, p. 58, dice: «*preguntó si estaba allí Martín López; dixéronle que sí, holgóse mucho, porque era el que había de hacer los bergantines para volver sobre México*».

11. Torquemada, fray Juan de, *Monarquía*, t. I, cap. LXXII, p. 503, señala:

«*preguntó por Martín López, halló que estaba allí, y holgó de ello; y también de que no se hubiesen perdido Gerónimo de Aguilar ni Marina*».

12. declaraciones de Andrés de Tapia, en AGI, Justicia, leg. 223, 2, ff. 309 v, fragmentos.- Martínez, *documentos*, t. II, p. 355.

13. Cortés, Hernán, *Segunda Relación*, p. 69.

14. Díaz del Castillo, Bernal, *ob. cit.*, cap. CXXVIII, p. 258.

15. Sahagún, fray Bernardino de, t. IV, cap. XXI, p. 49.

16. «*En el año 3-casa* [mataron] *a sus príncipes el cihuacóatl Tzihuacpopocatzin y a Cicpatzin Tecuecuenotzin. Mataron también a los hijos de Motecuhzoma Axayaca y Xoxopehualoc*»; *Anónimo de* Tlatelolco, lo recoge Sahagún, *ob. cit.*, t. IV, pp. 172-173.- Torquemada, *Monarquía*, t. I, cap. LXXIII, pp. 509-510.

17. Vázquez de Tapia, Bernardino, *Relación*, p. 44.- Ruy González, en carta al Emperador, dice: «*en Otumba nos hallamos trescientos y cuarenta peones y veinte y siete de caballo, y todos los más* heridos »; Paso y Troncoso, *Epistolario*, t. VII, p. 34.

18. Díaz del Castillo, Bernal, *ob. cit.*, cap. CXXVIII, p. 260; López de Gómara, Francisco, ob.cit, t. II, p. 207, dice que murieron «*cuatrocientos cincuenta españoles, cuatro mil indios amigos, cuarenta y seis caballos, y creo que todos los prisioneros*».

19.- Cervantes de Salazar, Francisco, *Crónica*, t. II, cap. CXXVIII, p. 62; Bernal, en cambio, sitúa el episodio de la lanzada como ocurrido cuando se dirigían a Quiahuiztlán (cap. XLVI, p. 78), lo cual no hace sentido, pues en esa ocasión se trataba de una marcha tranquila, y sin enemigo a la vista, por lo cual aparece como más verosímil la versión de Cervantes de Salazar.

20.- Cervantes de Salazar, Francisco, *idem*, t. II, cap. CXXVIII, p. 62.

21. Aguilar, Francisco de, *Relación*, p. 93.

22. Cortés, Hernán, *Segunda Relación*, p. 70.

23. AGI, Justicia, leg. 223,ff,309v, fragmentos.- Paleografió Miguel González Zamora.- Martínez, *Documentos*, t. II, p. 356.

24. Díaz del Castillo, Bernal, *ob. cit.*, cap. CXXVIII, p. 260.- Torquemada, *ob. cit.*, t. I, cap. LXXIII, p. 509.

25. «*que fue el 10 de julio del año 20*»; Gómara, t. II, p. 207; influído por éste, Bernal repite la misma fecha para la huída de México, y señala que la batalla de Otumba ocurrió el 14 de julio (cap. CXXVIII, p. 260), lo cual es inexacto, puesto que Cortés expresa de manera inequívoca que para el ocho de ese mes ya se encontraban en términos de Tlaxcala, *Segunda Relación*, p. 70.

26. Torquemada, fray Juan de, *ob. cit*, t. I, cap. LXXIII, p. 509.

27. Díaz del Castillo, Bernal, *ob. cit*, cap. CXXIX, p. 264.

28. Cervantes de Salazar, Francisco, *ob. cit.*, t. II, cap. II, p. 74; Torquemada lo llama Juan Pérez, *Monarquía*, t. I, cap. LXXV, p. 512.

29. Cortés, Hernán, *Segunda Relación*, p. 71.

30. Interrogatorio general.-AGI.- CDIAO, t. XXVII, pp. 301-445.- Martínez, *Documentos*, t. II, p. 251; Torquemada, *ob. cit.*, t. I, cap. LXXV, p. 512 (*pasmósele a Cortés la cabeza de la herida, dióle gran calentura, estuvo muy peligroso, pero quiso Dios que con la buena cura que le hizo sanó*).

31. Cortés, Hernán, *Segunda Relación*, p. 72 , «*quedé manco de dos dedos de la mano izquierda*».- Fernández de Oviedo, Historia, t. IV, cap. XV, p. 72.

32. Cortés, Hernán, *Segunda Relación*, p. 72.

33. Díaz del Castillo, Bernal, *ob. cit.*, cap. CXXIX, p. 265.

34. López de Gómara, Francisco, *ob. cit.*, segunda parte, p. 212; Bernal, *ob. cit.*, cap. CXXIX, pp. 263-264; Cervantes de Salazar, *Crónica*, t. II, cap. VIII, pp. 80-81; Torquemada, *Monarquía*, t. I, cap. LXXVI, pp. 513-514.

14. Siete contra México

1. Díaz del Castillo, Bernal, *ob. cit.*, cap. CXXIX, p. 263.

2. Cervantes de Salazar, Francisco, *ob. cit.*, t. II, cap. XIV, p. 87.

3. Díaz del Castillo,Bernal, *ob. cit.*, cap. CXXX, p. 269.

4. *Probanza hecha a pedimento de Juan Ochoa de Lejalde, en nombre de Hernán Cortés.-* AGN, Hospital de Jesús.- G.R.G., Conway, *La Noche Triste, Documentos,* Segura de la Frontera, en Nueva España, año de MDXX, que se publican íntegramente por primera vez con un prólogo y notas por ..., paleografía de Agustín Millares Carlo, distribuido por Antigua Librería Robredo de José Porrúa e Hijos, México, 1943, doc. I, pp. 3-35 (selección).- Martínez, *Documentos,* t. I, p. 118.

5. Declaración de fray Bartolomé de Olmedo, Martínez, *Documentos,* t. I, p. 126.

6. AGN, Hospital de Jesús, Conway, *La Noche Triste,*....doc. II, pp. 39-82 (selección).- Martínez, *Documentos,* t. I, p. 136.

7. Fernández de Oviedo, Gonzalo, *Historia,* t. IV, cap. XII, p. 52.

8. Fernández de Oviedo, Gonzalo, *idem.,* t. IV, cap. XLVII, pp. 223-224.

9. Fernández de Oviedo, Gonzalo, *idem.,* t. IV, cap. XII, p. 59.

10. Díaz del Castillo, Bernal, *ob. cit.*, cap. CXXXII, p. 271.

11. Carta del ejército en AGI., Residencia de Hernán Cortés, leg. 4, ff.12-22v.- Copia enviada por W.H.Prescott a J.García Icazbalceta, GI, CDHM, t. I, pp. 427-436.- Martínez, *Documentos,* t, I, pp. 156-163.

12. Cortés, Hernán, *Segunda Relación*, p. 25.

13. Cortés, Hernán, *Segunda Relación*, p. 78.

14. Díaz del Castillo, Bernal, *ob. cit.*, cap. CXXXVI, p. 284.

15. Cortés, Hernán, *Segunda Relación*, pp. 74-75.

16. Cervantes de Salazar, *Crónica*, t. II, cap. XIX, p. 91; Torquemada, fray Juan de, *Monarquía*, t. I, cap. LXXVII, p. 518.

17. Cortés, Hernán, *Segunda Relación*, p. 75.

18. Cortés, Hernán, *Segunda relacion,* 77; Torquemada, fray Juan de, ob-.cit, t. I, cap. LXXVII, p. 519.

19. Cervantes de Salazar, Francisco, *Crónica*, t. II, cap. XVII-XIX, pp. 98-99; Torquemada, *Monarquía*, t. I, cap. LXXVIII, pp. 517-518.

20. Cortés, Hernán, *Segunda Relación*, p. 72.

21. Vázquez de Tapia, Bernardino, *Relación*, p. 46.

22. Muñoz Camargo, Diego, *Historia,* pp. 204-205.

23. Díaz del Castillo, Bernal, ob.cit, cap. CXXXVI, pp. 281-284.

24. Secretaría de Educación Pública, *Cedulario heráldico de conquistadores de Nueva España,* publicaciones del Museo Nacional, México, 1933, p. 35.- Se

trata de frey Francisco Manos Albas, un prior de la orden de los caballeros de San Juan, de quien el obispo Zumárraga se expresa en los peores términos, calificándolo de tahur, disoluto e individuo de la peor ralea; y es así como refiere que, en ocasión de encontrarse en capilla Cristóbal de Angulo, para evitar que Manos Albas pudiese confesarlo, «*mandé a Juan Díaz, clérigo anciano y honrado, que lo oyese en penitencia y le encaminase a salvación al dicho Cristóbal de Angulo con el cual estuvo en la cárcel el dicho confesor, oyéndole de confesión largamente, e no lo desamparó hasta la hora que expiró, que aún a la horca estuvo con él*». Colección de Escritores Mexicanos, Joaquín García Icazbalceta, *Don Fray Juan de Zumárraga, Primer Obispo y Arzobispo de México,* edición de Rafael Aguayo Spencer y Antonio Castro Leal, Editorial Porrúa, S.A., México 1988, t. III, pp. 20-21. Esta viene a ser la última actuación conocida del padre Juan Díaz.

25. Díaz del Castillo, Bernal, *ob. cit.,* cap. CXXXVI, p. 282.

26. Cervantes de Salazar, Francisco, *Crónica,* t. II, cap. CXCVIII, p. 238.

27. Cervantes de Salazar, Francisco, *Crónica,* t. II, cap. XLII, p. 112; Bernal, en ob.cit, cap. LI, p. 86, señala el percance de Mora como ocurrido antes de que Cortés promulgase las ordenanzas, cuando iban camino de Cempoala. La versión de Cervantes de Salazar hace más sentido.

28. Cervantes de Salazar, Francisco, *Crónica,* t. II, cap. XL, p. 110.

29. Cortés, Hernán, *Tercera Relación,* p. 90.

15. Comienza el asedio

1. Torquemada, fray Juan de, *Monarquía,* t. I, cap. LXXXII, p. 527.

2. Cortés, Hernán, *Tercera Relación,* p. 93.

3. Cortés, Hernán, *Tercera Relación,* p. 94.

4. Díaz del Castillo, Bernal, *ob. cit.,* cap. CXXXIX, p. 291.

5. Cortés, Hernán, *Tercera Relación,* p. 96; Díaz del Castillo, Bernal, *ob. cit.,* cap. CXXXIX, p. 294.

6. Cortés, Hernán, *Tercera Relación,* p. 95.- Torquemada, fray Juan de, *Monarquía,* t. I, cap. LXXXII, p. 527.

7. Cortés, Hernán, *Tercera Relación,* p. 97.

8. Cervantes de Salazar, Francisco, *Crónica,* t. II, cap. LXIII, p. 130.

9. Cortés, Hernán, *Tercera Relación,* p. 98.- Díaz del Castillo, Bernal, *ob. cit.,* cap. CXL, p. 296.- Cervantes de Salazar, Francisco, *Crónica,* t. II, cap. LXVI, p. 131.

10. Cortés, Hernán, *Tercera Relación,* p. 99.- Díaz del Castillo, Bernal, *ob. cit.,* cap. CXL, p. 297.

11. Cortés, Hernán, *Tercera Relación,* p. 100.

12. Cortés, Hernán, *Tercera Relación,* p. 100.

13. Díaz del Castillo, Bernal, *ob. cit.,* cap. CXLI, p. 302.- Cervantes de Salazar, Francisco, *Crónica,* t. II, cap. LXXX.

14. Cortés, Hernán, *Tercera Relación,* p. 103; Díaz del Castillo, Bernal, *ob. cit.,* cap. CXLI, p. 302.

15. Díaz del Castillo, Bernal, *ob. cit.,* cap. CXL, p. 298.

16. Díaz del Castillo, Bernal, *ob. cit.*, cap. CXLII, p. 305.

17. Díaz del Castillo, Bernal, *ob. cit.*, cap. CXLII, p. 307.

18. Cortés, Hernán, *Tercera Relación*, p. 102; Gómara, *Historia*, segunda parte, p. 237; Bernal, *ob. cit.*, cap. CXLII, pp. 307-308.

19. Díaz del Castillo, Bernal, *ob. cit.*, cap. CXLII, p. 308.

20. Díaz del Castillo, Bernal, *ob. cit.*, cap. CXXXIII, pp. 274-275.

21. Díaz del Castillo, Bernal, *ob. cit.*, cap. CXLIII, p. 310.

22. Díaz del Castillo, Bernal, *ob. cit.*, cap. CXLIV, p. 314.

23. Cortés, Hernán, *Tercera Relación*, p. 104.

24. Díaz del Castillo, Bernal, *ob. cit.*, cap. CXLIV, p. 315.

25. Cortés, Hernán, *Tercera Relación*, p. 105.

26. Díaz del Castillo, Bernal, *ob. cit.*, cap. CXLV, p. 318.

27. Cortés, Hernán, *Tercera Relación*, p. 106.- Díaz del Castillo, Bernal, *ob. cit.*, cap. CXLV, pp. 319; aquí el autor se equivoca, pues la intervención de Cristóbal de Olea (que le costará la vida), en socorro de Cortés ocurrirá en ocasión distinta, como más adelante se verá.- Cervantes de Salazar, Francisco, *Crónica*, t. II, cap. XCIV, p. 154, apunta: «*Otro día buscó Cortés al Indio, que le socorrió, y muerto, ni vivo, no pareció.*- Torquemada, *Monarquía*, cap. LXXXVIII, t. I, p. 537; «*Y Cortés, por la devoción que tenía a San Pedro, juzgó que él le avía aiudado*».

28. Cortés, Hernán, *Tercera Relación*, p. 105.- Díaz del Castillo, Bernal, *Historia*, cap. CXLV, pp. 317-318.

29. Cortés, Hernán, *Tercera Relación*, pp. 106-107.

30. Díaz del Castillo, Bernal, *ob. cit.*, cap. CXLV, p. 321.

31. Cortés, Hernán, *Tercera Relación*, p. 107.

32. Cortés, Hernán, *Tercera Relación*, p. 108.

33. Díaz del Castillo, Bernal, *ob. cit.*, cap. CXLV, p. 324.

16. La conspiración de Villafaña

1. «*y este concierto estuvo encubierto dos días después que llegamos a Tezcuco*»; Bernal, *ob. cit.*, cap. CXLVI, p. 325.- Cervantes de Salazar, *Crónica*, t. II, cap. L, pp. 118-119; este autor da a entender que la conjura habría sido descubierta al tercer día de haber llegado a Texcoco. Fulano de Rojas habría sido quien la puso al descubierto. Villafaña murió sin delatar a ninguno, «*maravillados todos los que sabían la trama del secreto que había tenido y del esfuerzo con que había negado por salvar a los que él mismo había metido en la danza*».

2. Cortés, Hernán, *Tercera Relación*, p. 143.

3. Los relatos de Cervantes de Salazar y Zorita se complementan: como eran tantos los involucrados, Cortés optó por disimular; «*y así dicen que muchos de los que con Narváez vinieron, amigos y servidores de Diego Velázquez, tomando de secreto por cabeza la conjuración al tesorero Alderete, criado que había sido de Don Fulano de Fonseca, Obispo de Burgos, el cual favorescía a Diego Velázquez, por industria de un Villafaña, y según dicen, ayudándole Garci Holguín*»; Cervantes de Salazar, *Crónica*, t. II, cap. CVI, pp. 163-164.- «*muchos se conjuraron contra Cortés y el tesorero era el principal porque dijo que Su Majestad y los de su Consejo le ha-*

bían mandado que si pudiese sin alboroto matase a Cortés», Zorita, Alonso de, *Relación de la Nueva España,* t. II, p. 592.

4. Zorita, Alonso de, *Relación,* t. II, p. 593 El complot lo descubrió un hermano de Juan de Rojas, aquel que resultó muerto en Cempoala. Taborda fue otro de los implicados, y aunque fue sometido a tormento, no delató a nadie. Cortés lo desterró.

5. Cervantes de Salazar, Francisco, *Crónica,* t. II, cap. CVI, p. 163.

6. Fernández de Oviedo, *Historia,* t. II, cap. XIX, p. 150.

7. AGI.- CDIAO, t. XXVII, pp. 301-445.- Martínez, *Documentos,* t. II, p. 230.

8. López de Gómara, Francisco, *ob. cit.,* t. II, p. 229.

9. Díaz del Castillo, Bernal, *ob. cit.,* cap. CXLVI, pp. 325-326.

10. Cortés, Hernán, *Tercera Relación,* p. 143.

11. Cortés, Hernán , *Tercera Relación,* p. 109.

12. Cervantes de Salazar, Francisco, *Crónica,* t. II, cap. CV, p. 163.

13. Cortés, Hernán, *Tercera Relación,* p. 89.

14. Cortés, Hernán, *Tercera Relación,* p. 109.

17. Todos contra Tenochtitlan

1. Cortés, Hernán, *Tercera Relación,* p. 110.

2. Cortés Hernán, *Tercera Relación,* p. 110.- Díaz del Castillo, Bernal, *ob. cit,* cap. CL, pp. 331-332. Visto que se observan discrepancias entre las cifras dadas por Cortés y Bernal, nos atenemos a las del primero.

3. Cortés, Hernán, *Tercera Relación,* pp. 108-109.

4. Díaz del Castillo, Bernal, *ob. cit.,* cap. CXLIX, pp. 330-331.

5. Cervantes de Salazar, Francisco, *ob.cit,* t. II, cap. CI, pp. 160-161.

6. Cervantes de Salazar, Francisco, *Crónica,* t. II, cap. CXXII, pp. 174-175.

7. Díaz del Castillo, Bernal, *ob. cit.,* cap. CL, pp. 332-333.

8. Cervantes de Salazar, Francisco, *Crónica,* t. II, cap. CXXII, p. 175.

9. Díaz del Castillo, Bernal, *ob. cit.,* cap. LXXIII, p. 126.

10. Cortés, Hernán, *Tercera Relación,* pp. 110-111.- Díaz del Castillo, Bernal, *Historia,* cap. CL, p. 333.

11. Díaz del Castillo, Bernal, *ob. cit.,* cap. CL., pp. 333-335.

12. Cortés, Hernán, *Tercera Relación,* p. 112.

13. Díaz del Castillo, Bernal, *Historia,* cap. CL, p. 334.

14. Díaz del Castillo, Bernal, *ob. cit.,* cap. CLIV, p. 360.

15. Cortés, Hernán, *Tercera Relación,* p. 118.

16. Cortés, Hernán, *Tercera Relación,* pp. 116-117.- Cervantes de Salazar, Francisco, *Crónica,* t. II, cap. CXXXVI, p. 183.

17. Alva Ixtlilxóchitl, Fernando de, *Obras históricas,* incluyen el texto completo de las llamadas *Relaciones e historia de la nación chichimeca* en una nueva versión establecida con el cotejo de los manuscritos más antiguos que se conocen.- tomo I.- Edición, estudio introductorio y un apéndice documental por Edmundo O'Gorman.- Universidad Nacional Autónoma de México, Instituto de Investigaciones Históricas, México, 1975.- pp. 456-457.

18. Díaz del Castillo, Bernal, *ob. cit.,* cap. CLI, p. 337 y p. 345.

19. Díaz del Castillo, Bernal, cap. CLI, p. 337.

20. Sahagún, fray Bernardino de, *Historia general*, t. IV, pp. 62-63; Torquemada, fray Juan de, *Monarquía*, t. I, cap. XCIII, p. 551.

21. Cervantes de Salazar, Francisco, *ob. cit.*, t. II, cap. CXXXII, p. 180.

22. Sahagún, *ob. cit. (Anónimo de Tlatelolco)*, t. IV, p. 172.

23. Aguilar, Francisco de, *Relación breve*, p. 96.

24. Sahagún, *ob. cit. (Anónimo de Tlatelolco)*, t. IV, p. 175.

25. Sahagún, fray Bernardino de, *ob. cit.*, t. IV, pp. 144-145; Torquemada, *Monarquía*, t. I, cap. XCIII, pp. 551-552.

26. Cervantes de Salazar, *ob. cit.*, t. II, cap. CXCVII, p. 237.

27. Vázquez de Tapia, Bernardino, *Relación*, apéndice II, pp. 113-114.

28. Díaz del Castillo, Bernal, *ob. cit.*, cap. CLI, p. 342.

29. Cortés, Hernán, *Tercera Relación*, p. 121.

30. Archivo Mexicano, *Documentos para la Historia de México*, t. I, México, tipografía de Vicente García Torres, 1852, paleografiado del original por el lic. Ignacio García López Rayón, p. 58.

31. Torquemada, fray Juan de, *Monarquía*, t. I, cap. p. 547.

32. Cortés, Hernán, *Tercera Relación*, p. 122.

33. Cortés, Hernán, *Tercera Relación*, pp. 123-124.- Díaz del Castillo, Bernal, *ob. cit.*, cap. CLII, pp. 347-348.

34. Cortés no menciona a Cristóbal de Olea por nombre, limitándose a decir: '*por un mancebo de su compañía, el cual, después de Dios, me dio la vida; y por dármela como valiente hombre, perdió allí la suya*», (*Tercera Relación*, p. 123).

35. Bernal dice que al conocer la magnitud del desastre a Cortés le brotaron las lágrimas, *ob. cit.*, cap. CLII, p. 350. A continuación agrega que, terminada la guerra, a través de tres capitanes supieron que a Cristóbal de Guzmán lo mantuvieron vivo doce o trece días antes de sacrificarlo, y que a él y a otros cinco ballesteros que tenían en su poder, los obligaban a armar las ballestas y enseñarles como se disparaban, ob.cit, cap. CLIII, pp. 357-358; Cortés, en cambio, al lamentar la muerte de Guzmán, apunta que a éste lo mataron ante sus propios ojos, cuando intentaba entregarle un caballo para que se pusiese a salvo. El caballo murió igualmente; *Tercera Relación*, p. 124.- Al informar al Emperador de este suceso, dice: «*y a él y al caballo antes que a mí llegase mataron los enemigos; la muerte del cual puso a todo el real en tanta tristeza, que hasta hoy está reciente el dolor de los que lo conocían*».

36. Cervantes de Salazar, Francisco, crónica t. II, cap. CLXXIV, p. 216.

37. Cortés, Hernán, *Tercera Relación*, p. 124.- Díaz del Castillo, Bernal, *ob. cit.*, cap. CLII, pp. 348-349.

38. Sahagún, fray Bernardino de, *ob. cit.*, t. IV, cap. XXXV, p. 149.

39. Sahagún, fray Bernardino de, *ob. cit.*, t. IV, pp. 158-159.

40. Díaz del Castillo, Bernal, *ob. cit.*, cap. CLIII, p. 356.

41. Díaz del Castillo, Bernal, *ob. cit.*, cap. CLIII, p. 355; aparte de Ixtlixóchitl, «*quedaron con él otros sus parientes y amigos hasta cuarenta, y en el real de Sandoval quedó otro cacique de Guaxocingo con obra de cincuenta hombres, y en nuestro real quedaron dos hijos de don Lorenzo de Vargas y el esforzado de Chichimecatecle con obra de ochenta tlaxcaltecas, sus parientes y vasallos*». A Xicoténcatl *el Viejo*, Bernal lo llama indistintamente Xicotenga o Don Lorenzo de Vargas, *ob. cit.*, cap. CL, p. 332.

42. Díaz del Castillo, Bernal, *ob. cit.*, cap. CLI, pp. 345-346.

43. Díaz del Castillo, Bernal, *Historia*, cap. CLII, p. 351.

44. Díaz del Castillo, Bernal, *ob. cit.*, cap. CLIII, p. 356.

45. Díaz del Castillo, Bernal, *ob. cit.*, cap. CLIII, p. 358.

46. Cortés, Hernán , *Tercera Relación*, pp. 125-126.- Cervantes de Salazar, Francisco, *ob. cit.*, t. II, cap. CLXII, p. 205.

47. Cortés, Hernán, *Tercera Relación*, p. 127.

48. Cervantes de Salazar, Francisco, *ob. cit.*, t. II, cap. CLXXVI, p. 218; Juan Núñez de Mercado fundó en 1528 la ciudad de Antequera, que luego mudaría el nombre a Oaxaca.

49. Cervantes de Salazar, Francisco, *idem*, cap. CLXXVII, p. 219.

18. Demolición total

1. Cortés, Hernán, *Tercera Relación*, p. 128.

2. Cortés, Hernán, *Tercera Relación*, p. 129.

3. Cortés, Hernán, *Tercera Relación*, p. 131; Díaz del Castillo, Bernal, *ob. cit.*, cap. CLV, p. 364.

4. Cortés, Hernán, *Tercera Relación*, p. 132.- Díaz del Castillo, Bernal, *ob. cit.*, cap. CLV, p. 366.

5. Sahagún, fray Bernardino de, ob.cit, t. IV, p. 180 (*Relato de la conquista por un autor anónimo de Tlatelolco, redactado en 1528*).

6. Sahagún, fray Bernardino de, *Historia General*, t. IV, cap. XXXIX, p. 160.

7. Cortés, Hernán, *Tercera Relación*, p. 135.

8. Cortés, Hernán, *Tercera Relación*, p. 133.

9. Cortés, Hernán, *Tercera Relación*, p. 134.- Díaz del Castillo, Bernal, *ob. cit.*, cap. CLV, p. 365.

10. Cortés, Hernán, *Tercera Relación*, pp. 134-135.

11. Cortés, Hernán, *Tercera Relación*, p. 135.

12. Cortés, Hernán, *Tercera Relación*, p. 136.

13. Bernal, *ob. cit.*, cap. CLVI, pp. 368-369; este cronista menciona la disputa entre Sandoval y García Holguín sobre el honor de la captura de Cuauhtémoc, mientras Cortés la pasa en silencio.

14. Cortés, Hernán, *Tercera Relación*, p. 136.

15. Díaz del Castillo, Bernal, *ob. cit.*, cap. CLVI, p. 368.

16. Díaz del Castillo, Bernal, *ob. cit.*, cap. CLVI, p. 369.

17. «*y se dio pregón y se hizo bando para que los cercados fuesen libres y saliesen de aquel rincón*», Torquemada, fray Juan de, *Monarquía*, t. I, lib. IV, cap. CI, p. 571.- «*El Marqués con pregón público lo mandó: que so pena de la vida, que todos pusiesen en libertad a todos cuantos mexicanos tuviesen en su poder, así hombres como mujeres*». Durán, fray Diego, *Historia*, t. II, p. 569.

18. Sahagún, fray Bernardino de, *ob. cit.*, t,IV, p. 162.

19. Díaz del Castillo, Bernal, ibid, cap. CLVI, p. 372.

20. Díaz del Castillo, Bernal, *ob. cit.*, cap. CLVI, p. 369.

19. El banquete de la victoria

1. Díaz del Castillo, Bernal, *Historia*, cap. CLVI, p. 371, lo tachó en el original.

2. Cervantes de Salazar, Francisco, *Crónica*, t. II, cap. CLXVI, pp. 208-209.

3. Cervantes de Salazar, Francisco, *idem*, t. II, cap. CLXIX, pp. 211-212.

4. Díaz del Castillo, Bernal, *ob. cit.*, cap. CXXVIII, p. 258.- Torquemada, fray Juan de, *Monarquía*, t. I, cap. LXXII, p. 504.- Muñoz Camargo, Diego, *Historia de Tlaxcala*, p. 227.

5. Díaz del Castillo, Bernal, *ob. cit.*, cap. VIII, p. 16.

6. Cortés, Hernán, *Tercera Relación*, p. 136.

7. Cortés, Hernán, *Cuarta relación*, p. 165.

8. Sahagún, fray Bernardino de, *Historia General*, t. IV, p. 184.

9. Díaz del Castillo, Bernal, *ob. cit.*, cap. CLVI, p. 369.

10. Cortés, Hernán, *Tercera Relación*, p. 130.- Aguilar, Francisco de, *Relación*, p. 97.

11. Zorita, Alonso de, *Relación de la Nueva España*, t. II, p. 588.- Este autor toma el dato de la desaparecida crónica de Juan Cano, que circulaba manuscrita.

12. Fernández de Oviedo, Gonzalo, *Historia*, t. IV, cap. LIV, p. 260.

13. Torquemada, fray Juan de, *Monarquía*, t. I, cap. LXXX, p. 524.

14. López de Gómara, *Historia*, segunda parte, pp. 412-413.- «*A los sacerdotes de México y de toda la tierra los llamaron nuestros españoles papas, y fue que, preguntados por qué llevaban así los cabellos, respondían papa, que es cabello*».

15. Torquemada, fray Juan de, *Monarquía*, t. I, cap. LXXX, p. 524.

16. Fernández de Oviedo, Gonzalo, *Historia*, t. IV, cap. LIV, p. 260.

17. Sahagún, fray Bernardino de, *ob. cit. (Anónimo de Tlatelolco)*, t. IV, p. 179.

18. Díaz del Castillo, Bernal, *Historia verdadera*, cap. CLVII, p. 374.

19. Díaz del Castillo, Bernal, *idem*, cap.,CLXVIII, p. 437.

20. Anglería, Pedro Mártir de, *Décadas*, t. II, p. 679.

21. Torquemada, fray Juan de, *Monarquía*, t. I, cap. CIV, p. 576.

22. Anglería, Pedro Mártir de, *ob. cit.*, t. II, p. 670.

23. Díaz del Castillo, Bernal, *ob. cit.*, cap. CLVII, p. 376.

24. Cortés, Hernán, *Tercera Relación*, p. 136.

25. Díaz del Castillo, Bernal, *ob. cit.*, cap. CLVII, p. 375.

26. Díaz del Castillo, Bernal, *ob. cit.*, cap. CLVII, p. 374.

27. Díaz del Castillo, Bernal, *ob. cit.*, cap. CLXVIII, p. 437.

28. AGI.- CDIAO, t. XXVII, pp. 199-300.- Martínez, *Documentos*, t. II, p. 168.

29. AGI.- CDIAO, t. XXVIII, pp. 27-115.- Martínez, *Documentos*, t. II, p. 329.

30. AGI, Justicia, leg. 224, I, ff. 660 v-722. Fragmentos. Paleografió Miguel González Zamora.- Martínez, *Documentos*, t. II, pp. 381-382.

31. Zorita, Alonso de, *Relación de la Nueva España*, t. II, p. 602. Llama la atención que este autor, normalmente tan escrupuloso en citar sus fuentes, en este caso concreto omita decir dónde obtuvo la información.

32. Cortés, Hernán, *Tercera Relación*, p. 144.- Nota aparece después de la firma de Cortés.

33. Sahagún, fray Bernardino de, *ob. cit. (Anónimo)*, t. IV, p. 183.

34. López de Gómara, Francisco, *Historia general*, t. II, p. 275; Torquemada repite la versión de Gómara, *Monarquía*, t. I, cap. CIII, p. 574.

35. H. Prescott, William, *Historia de la Conquista de México*, resumen integral realizado por Florentino M. Torner, Cía., General de Ediciones, S.A., México, 1970, p. p. 255-256.

20. Expansión y nuevas conquistas

1. Díaz del Castillo, Bernal, *Historia verdadera*, cap. CLXIV, p. 410.
2. Cortés, Hernán, *Tercera Relación*, p. 137.
3. Cervantes de Salazar, Francisco, *Crónica*, t. II, cap. XI, p. 253.
4. Cortés, Hernán, *Tercera Relación*, p. 138.
5. Díaz del Castillo, Bernal, *Historia*, cap. CLX, p. 390.
6. Díaz del Castillo, Bernal, *idem*, cap. CLVII, p. 378.
7. Díaz del Castillo, Bernal, *ob. cit.*, cap. CLVIII, p. 379.
8. Cortés, Hernán, *Tercera Relación*, p. 140.
9. En *Tercera Relación*, p. 141, Cortés menciona que Diego Colón había asumido las funciones de gobierno, por lo que implícitamente se infiere que los jerónimos ya habrían abandonado la isla.- Las Casas viene a corroborar el dato, cuando dice que a su retorno a España, los frailes no consiguieron ser escuchados por el Emperador, quien se disponía a viajar para ser coronado en Aquisgrán. No lo lograron, ni en Barcelona, de donde salió el 20 de enero de 1520, «*ni en Burgos, donde celebró, día de Sancto Matías, su nascimiento, ni en Tordesillas, donde fue a ver a la reina, su madre, y ellos pensaron que allí los oiría pudieron jamás hablalle; acordaron, visto esto, de se ir cada uno a su monasterio y no pasar adelante*»; *Historia*, t. III, lib. III, cap. CLV, p. 359; por tanto, lo probable es que hayan salido de Santo Domingo hacia finales de 1519.
10. Cortés, Hernán, *Tercera Relación*, p. 141.
11. Las actuaciones de los procuradores de México y demás poblaciones para no admitir como gobernador a Cristóbal de Tapia, aparecen publicadas por Joaquín García Icazbalceta, en *Colección documentos*, t. I, pp. 452-463. En p. 458 se lee: «*Y demás desto, ni se fallará que los dichos padres jerónimos dieron ni despacharon ningún poder ni facultad para poblar; ni tampoco el dicho Diego Velázquez dio poder alguno al dicho capitán para poblar, ni conquistar, ni permanecer en dichas partes, ni el dicho Diego Velázquez tal poder tenía ni podía tener*». En esa misma página ya se alude a Hernández de Córdoba como difunto.
12. Cortés, Hernán, *Tercera Relación*, p. 142.
13. Díaz del Castillo, Bernal, *ob. cit.*, cap. CLVIII, p. 381.
14. Cortés, Hernán, *carta al Emperador de 15 mayo* 1522, incluída como antecedente *Tercera Relación*, p. 83.
15. Cortés, Hernán, *Tercera Relación*, p. 144; volverá sobre este tema en carta reservada, GI, CDHM, t. I, pp. 470-483.- Martínez, t. I, p. 287.
16. Preocupación porque los esclavos fueran *jurídicamente válidos,* aparece en el encargo dado a Alonso de Grado, quien debería cerciorarse de que así fuere: *Actas de Cabildo* de la ciudad de México, 28 junio 1526.- Martínez, *Documentos*, t. I, p. 384.

17. Cortés, Hernán, *Tercera Relación*, p. 143.

18. Díaz del Castillo, Bernal, *ob. cit.*, cap. CLIII, pp. 355-356 y cap. CL-VII, p. 372.- En Alva Ixtilxóchitl, *ob. cit*, p. 457, se dice que a la muerte de Fernando Tecocoltzin «*los aculhuas alzaron por su señor a Ahuaxpiczactzin, que después se llamó don Carlos, uno de los infantes hijos naturales del rey Nezahualpiltzintli, el cual gobernó muy pocos días, porque luego a pedimento de Cortés y los demás hicieron señor a Itlilxúchitl por ser tan valeroso y uno de los hijos legítimos*». Una serie de errores que se advierten a continuación, hacen que el relato de Bernal aparezca como más digno de crédito.

19. Díaz del Castillo, Bernal, ob.cit, cap. CLIX, pp. 385-386.

20. Díaz del Castillo, Bernal, *ob. cit.*, cap. CLIX, p. 387.

21. Hernández Sánchez-Barba, Mario, *Cartas y documentos,* pp. 487-488.- Martínez, *Documentos*, t. I, p. 480.

22. Díaz del Castillo, Bernal, *ob. cit.*, cap. CLIX, 388.

23. Cortés, Hernán, la nota aparece añadida al pie de la *Segunda Relación*, p. 79.

24. Cortés, Hernán, *Cuarta relación*, p. 150.

25. Díaz del Castillo, Bernal, *ob.cit*, cap. CLX, p. 395.

26. Díaz del Castillo, Bernal, *ob. cit.*, cap. CLX, p. 394.

27. Suárez de Peralta, Juan, *ob. cit.*, p. 76.

28. Díaz del Castilo, Bernal, *ob. cit.*, cap. CLX, p. 394.

29. AGI, Justicia, leg. 224, p. I, f. 789 v. y f. 457 v.- Hugh Thomas, *Conquest, Montezuma, Cortés, and the fall of Old Mexico*, Simon & Schuster, Nueva York, 1993, p. 581.- Juan Garrido fue quien primero plantó trigo en México, y siendo de raza negra, él a su vez, tuvo esclavos africanos.

21. Interviene Martín Cortés

1. Díaz del Castillo, Bernal, *ob. cit.*, cap. LVI, pp. 95-96.

2. Díaz del Castillo, Bernal, *ob. cit.*, cap. LVI, pp. 96-97.

3. Las Casas, fray Bartolomé de, *Historia*, t. III, lib. III, cap. CXXIII, p. 255.

4. *Cartas relación*, preámbulo, p. 4.

5. AGI, Patronato Real,est. 2, caj.5, leg. 1/9.- Paso y Troncoso, *Epistolario*, t. I, p. 45.

6. AGI, Indiferente general, est. 145, cat. I, leg. 15.- Cuevas, *Cartas y otros documentos...*, doc. I, pp. 1-5.- Martínez, *Documentos*, t. I, pp. 102-104.

7. AGI, Papeles de Justicia de Indias, Autos entre partes vistos en el Consejo de Indias, Audiencia de México, est. 51, caj.6, leg. 6/23.- Cuevas, *Cartas y otros documentos...*, doc, XLI, pp. 245-248.- Martínez, *Documentos*, t. IV, pp. 285-295.

8. Mártir de Anglería, Pedro, *Décadas*, t. I, p. 429.

9. Dürer, Albrecht, *Tagebuch der Reise in die Niederlande, Anno 1520*; Ulrich Peters, *Albrecht Dürer in seinen Briefen und Tagebüchern,* Frankfurt del Meno, 1925, pp. 24-25.- William Martin Conway, ed. and translation, *Literary Remains of Albrecht Dürer,* Cambridge University Press, Cambridge, 1889, p. 101.- Miguel

León Portilla, *Los antiguos mexicanos a través de sus crónicas y cantares*, Fondo de Cultura Económica, México, 1961, p. 155.- Otra opinión acerca del tesoro es la ofrecida por Oviedo, quien en su *Historia*, t. IV, cap. I, p. 10, dice: «*...en especial dos ruedas grandes, una de oro e otra de plata, a manera de planchas, e labradas de medio relieve; e la de oro tenían en reverencia del sol, e la de plata en memoria de la luna. Pesaba, la de oro, cuatro mill y ochocientos pesos, e la de plata, cuarenta e ocho e cincuenta marcos; cada una tenía nueve palmos y medio de anchura, e treinta de circunferencia. Las cuales yo vi en Sevilla en la casa de la Contractación de las Indias*».

10. Cortés, Hernán, *Cuarta relación*, p. 151.

11. Díaz del Castillo, Bernal, *ob. cit.*, cap. CLVIII, p. 382.

12. Cortés, Hernán, *Cuarta relación*, p. 151.

13. «*y hallamos las caras propias de los españoles desolladas en sus adoratorios, digo los cueros de ellas, curados en tal manera que muchos de ellos se conocieron*»; Cortés , *Cuarta relación*, p. 153; Bernal, *ob. cit.*, cap. CLVIII, p. 383: «*y adobadas como cuero de guantes*».

14. Díaz del Castillo, Bernal, *Historia*, cap. CLIX, p. 385.

15. Díaz-Plaja, Fernando, *Otra historia de España*, Plaza & Janés, S.A, Editores, Barcelona, 1976, pp. 274-275.

16. Cortés, Hernán, *Cuarta relación*, pp. 164-165; el último Ciguacóatl, aquel con quien Cortés parlamentaba para que rindiese la ciudad fue Tlacotzin; Sahagún, t. IV, p. 160.

17. Torquemada, fray Juan de, *ob. cit.*, t. I, cap. CII, p. 572.

18. Sahagún, fray Bernardino de, *ob. cit.*, t. IV, p. 183; la crónica dice: «*Pero Coyohuehuetzin y Tepantemoctzin murieron en Cuauhtitlan*»; por la forma en que está redactada, da la impresión de que los decesos serían por causas naturales. No aparece mención alguna que hable de que se tomaran represalias contra jefes militares por actos cometidos en acción de guerra; aunque eso sí, se castigó con las penas más severas a quienes quebrantaron el juramento de vasallaje.

19. «*como estaba muy malo de un brazo que se había quebrado*», Cortés, *cuarta relación*, p. 155; «*aunque estaba manco de un brazo de una caída de caballo*», Bernal, *Historia*, cap. CLXII, p. 405.

20. Cortés, Hernán, *Cuarta relación*, p. 155.

21. Cortés, Hernán, *Cuarta relación*, p. 159.

22. Díaz del Castillo, Bernal, *ob. cit.*, cap. CLXII, p. 403.

23. Fernández de Oviedo, Gonzalo, *ob. cit.*, t. IV, p. 285.

24. Cortés, Hernán, *Cuarta relación*, p. 161.

25. Díaz del Castillo, Bernal, *ob. cit.*, cap. CLXII, p. 404.- Cortés, Hernán, *Cuarta relación*, p. 161.

26. Cortés, Hernán, *Cuarta relación*, p. 161.

27. Cortés, Hernán, *Cuarta relación*, p. 160.

28. Fernández de Oviedo, Gonzalo, *Historia*, t. IV, cap. XXXVI, p. 179.

29. López de Gómara, Francisco, *ob. cit.*, t. II, p. 290.

30. Díaz del Castillo, Bernal, *ob. cit.*, cap. CLXII, p. 404.

31. Anglería, Pedro Mártir de, *Décadas*, t. II, p. 679.

32. Anglería, Pedro Mártir de, *Décadas*, t. II, p. 668.

33. Fernández de Oviedo, Gonzalo, *Historia*, t. II, cap. I, p. 185.

34. Cortés, Hernán, *Cuarta relación*, p. 162.

35. Cortés, Hernán, *Cuarta relación*, p. 162.

36. Archivo de Simancas.- AGN, Archivo del Hospital de Jesús, leg. 446, exp. ff. 619-622.- Alamán, *Disertaciones*, Apéndice primero.- *Cedulario cortesiano*, doc.3, pp. 38-42.- Martínez, *Documentos*, t. I, pp. 254-256.- En cédula expedida el quince de octubre de 1522 en la villa de Vallejo, firmada por de los Cobos, se continúa dando a Puerto Carrero el tratamiento de procurador; véase *Cedulario cortesiano*, compilación de Beatriz Arteaga Garza y Guadalupe Pérez San Vicente, Editorial Jus, México, 1949, pp. 50-51.

37. El desmentido del licenciado Francisco Núñez aparece en el *Memorial sobre pleitos y negocios*, en AGI, Papeles de Justicia de Indias, Autos entre partes vistos en el Consejo de Indias, Audiencia de México, est. 51,caj.6, leg. 6/23.- Cuevas, *Cartas y otros documentos...*, Apéndices, doc. II, pp. 257-272.- Martínez, *Documentos*, t. IV, p. 288.

38. *Cedulario*, doc. 7, p. 52.

39. Díaz del Castillo, Bernal, ob.cit, cap. CLXX, p. 448.

40. Anglería, Pedro Mártir de, *Décadas*, t. II, p. 685.

41. Hernández Sánchez-Barba, Mario, *Cartas y documentos*, p. 352.

42. Los hijos naturales de Fernando el Católico fueron: Don Alfonso de Aragón, nacido en 1469 (el mismo año en que casó con Isabel la Católica), siendo su madre doña Aldonza Roig, vizcondesa de Evol; Doña Juana, habida de una señora de la villa de Tárrega, y dos, llamadas María, hija la una de una señora vizcaína, y otra de una señora portuguesa. Estas dos últimas fueron monjas y prioras del convento de Agustinas de Santa Llave de Madrigal.- Véase César Silió Cortés, *Isabel la Católica, fundadora de España*.-Grandes biografías, cuarta edición, Espasa Calpe, S.A., Madrid, 1967, p. 410.

43. Díaz del Castillo, Bernal, ob.cit, cap. CLXXII, pp. 452-453.

44. Anglería, Pedro Mártir de, *Décadas*, t. II, p. 720.

45. Anglería, Pedro Mártir de, *idem*, t. II, p. 721.

46. Torre Villar, Ernesto de la, *Fray Pedro de Gante*, Maestro civilizador de América, Seminario de Cultura Mexicana, México, 1973, p. 98.

47. *«Los Memoriales de Motolinia'*; Biblioteca Porrúa, *Colección de documentos para la Historia de México*, publicada por Joaquín García Icazbalceta, primera edición facsimilar, Editorial Porrúa, S.A., México, D.F., 1971.- Cervantes de Salazar, *Crónica*, t. I, cap. XIII, p. 168.

48. AGI.- CDIAO, t. XXXVII, pp. 301-445.- Martínez, *Documentos*, t. II, p. 270.

49. Archivo de Alcalá de Henares.- *Cedulario cortesiano*, doc. 11, pp. 69-70.- Martínez, *Documentos*, t. I, p. 276.

50. GI, CDHM, t. I, pp. 470-483.- Martínez, *Documentos*, t. I, pp. 285-295, la cita aparece en p. 288.

51. López de Gómara, Francisco, ob.cit, t. II, p. 305; este autor incurre en un error al afirmar que Cortés dispuso de una cédula otorgada por el Emperador, autorizándolo a dar indios en encomienda.- El padre Durán ofrece una relación de las causas por las que un individuo podía ser reducido a la esclavitud, así como la formas en que podía recobrar la libertad; ob.cit, t. I, cap. XX, pp. 182-186.

52. Ordenanzas para los encomenderos; AGN, Archivo del Hospital de Jesús, partida 4ª. Del leg. 19 de 2°. Inventario; cuaderno 5, ff. 15-18.- Alamán, *Disertaciones,* Apéndice primero, Documentos raros o inéditos relativos a la Historia de México.- Martínez, *Documentos*, t. I, pp. 324-327.

53. Motolinia, t. I, *Tratado* I, cap. I, p. 17; de la Torre Villar, *ob. cit.*, IV, Apéndice documental, p. 91.

22. La rebelión de Olid

1. Anglería, Pedro Mártir de, *Décadas*, t. II, p. 686.
2. Anglería, Pedro Mártir de, *idem*, t. II, p. 720.
3. Aguilar, Francisco de, *Relación*, p. 99.
4. Cortés, Hernán, *Quinta relación*, p. 185.
5. GI, CDHM, t,I, pp. 470-483.- Martínez, *Documentos*, t. I, p. 292 (Cortés, *carta reservada*, 15 octubre 1524).
6. López de Gómara, *Historia*, t. II, p. 308; Díaz del Castillo, Bernal, *ob. cit.*, cap. CLXX, p. 447.
7. Fernández de Oviedo, Gonzalo, *Historia General*, t. IV, cap. XLI, p. 191.
8. Díaz del Castillo, Bernal, *ob. cit.*, cap. CLXVIII, p. 439.
9. Cortés, Hernán, *Cuarta relación*, p. 166.
10. Cortés, Hernán, *Cuarta relación*, p. 171.
11. Cortés, Hernán, *Cuarta relación*, p. 167.
12. Díaz del Castillo, Bernal, *Historia verdadera*, cap. CLXXIV, pp. 458-459; López de Gómara, Francisco, *ob. cit.*, t. II, pp. 313-314.
13. Díaz del Castillo, Bernal, *idem*, cap. CLXXIV, p. 458.
14. La carta fechada el 15 de octubre de 1524 aparece incluida en *Cartas de relación*, pp. 175-182.
15. Díaz del Castillo, Bernal, *ob. cit.*, cap. CLXXIV, p. 459.
16. López de Gómara, Francisco, *ob. cit.*, t. II, p. 321.
17. Díaz del Castillo, Bernal, *ob. cit.*, cap. XXXVII, p. 62; y cap. CLXXIV, p. 460.
18. Díaz del Castillo, Bernal, ob.cit, cap. CLXXIV, p. 460.
19. Cortés, Hernán, *Quinta relación*, p. 186.
20. Díaz del Castillo, Bernal, *ob. cit.*, cap. XXXVII, p. 62.
21. López de Gómara, Francisco, *ob. cit.*, t. II, p. 55.
22. Cervantes de Salazar, *Crónica*, t. I, cap. XXXVI, pp. 203-204.
23. Díaz del Castillo, Bernal, *ob. cit.*, cap. CLXXV, p. 462.
24. Cortés, Hernán, *Quinta relación*, p. 187.
25. Cortés, Hernán, *Quinta relación*, p. 199.
26. Díaz del Castillo, Bernal, *idem*, cap. CCIV, p. 559.
27. Cortés, Hernán, *Quinta relación*, p. 191.
28. Díaz del Castillo, Bernal, *ob. cit.*, cap. CLXXV, p. 464.
29. Cortés, *Quinta relación*, p. 195.
30. Díaz del Castillo, Bernal, *ob. cit.*, cap. CLXXVI, p. 467.
31. Cortés, Hernán, *Quinta relación*, p. 198.- Bernal, *ob. cit.* cap. CLXXVII, p. 469 dice: «*Y quien lo descubrió a Cortés fueron dos grandes caciques mexicanos que*

se decían Tapia y Juan Velázquez. Este Juan Velázquez fue capitán general de Guatemuz cuando nos dieron guerra en México»; como se sabe, el último *ciguacóatl* fue Tlacotzin.- Torquemada, *ob. cit.*, t. I, lib. IV, cap. CIV, p. 575, lo llama *«un indio llamado Mexicatzincatl».*

32. Díaz del Castillo, Bernal, *ob. cit.*, cap. CLXXVII, p. 470.

33. Torquemada, fray Juan de, *ob. cit.*, t. I, cap. CIV, pp. 575-576.

34. Alva Ixtlilxóchitl, Fernando de, *ob.cit*, p. 503.

35. Díaz del Castillo, Bernal, *ob. cit.*, cap. CLXXVII, p. 470.

36. López de Gómara, Francisco, ob.cit, t. II, p. 329.

37. Díaz del Castillo, Bernal, *ob. cit.*, cap. CLXXVII, p. 470.

38. Cortés, Hernán, *Quinta relación*, p. 200; Díaz del Castillo, Bernal, *ob. cit.*, cap. CLXXVIII, p. 471.

39. Bernal, ob.cit, cap. CLXXVIII, p. 471.

40. Bernal, *ob. cit.*, cap. CLXXVIII, p. 473.

41. Cortés, *Quinta relación*, p. 207.

42. Cortés, *Quinta relación*, p. 209.

43. Cortés, *Quinta relación*, p. 210.

44. Díaz del Castillo, Bernal, *ob. cit.*, cap. CCV, p. 560.

45. Felipa de Araujo otorga poder; A.Millares Carlo y J.I.Mantecón, *Indice y extractos de los Protocolos del Archivo de Notarías de México*, D.F., I (1524-1528), El Colegio de México, Publicaciones del Centro de Estudios Históricos, 1945, pp. 40-41.

46. AGI, Patronato Real, est. 2, caj. 2, leg. 1/1; Paso y Troncoso, *Epistolario*, t. I, p. 143.

47. Cortés, Hernán, *Quinta relación*, p. 213.

48. López de Gómara, Francisco, *Historia General*, t. II, p. 330.

49. Díaz del Castillo, Bernal, *ob. cit.*, cap. CLXXXI, pp. 482-483.

50. Cortés, Hernán, *Quinta relación*, p. 215.

51. Cortés, Hernán, *Quinta relación*, p. 216.

52. Cortés, Hernán, *Quinta relación*, p. 224.

53. Cortés, Hernán, *Quinta relación*, pp. 222-223.

54. Mendieta, fray Gerónimo de, *Historia Eclesiástica Indiana*, obra escrita a fines del siglo XVI, segunda edición facsimilar, y primera con la reproducción de los dibujos originales del códice, Editorial Porrúa, México, 1971, p. 607.

55. Díaz del Castillo, Bernal, *ob. cit.*, cap. CLXXXIV, p. 489.

56. Díaz del Castillo, Bernal, *ob. cit.*, cap. CLXXXV, p. 490.

57. Díaz del Castillo, Bernal, *ob. cit.*, cap. CLXXXV, p. 491.- Ordaz recibido como alcalde mayor, *Actas de Cabildo*, sesión del 2 de noviembre de 1525.

58. Díaz del Castillo, Bernal, *ob. cit.*, cap. CLXXXV, p. 493.

59. Díaz del Castillo, Bernal, *ob. cit.*, cap. CLXVIII, p. 440.

60. Díaz del Castillo, Bernal, *ob. cit.*, cap. CLXXXV, p. 492.

23. Juan Flechilla

1. Cortés, Hernán, *Quinta relación*, pp. 224-225.

2. Díaz del Castillo, Bernal, cap. , CLXXXVIII, p. 498.

3. *Actas del Cabildo*, sesión del 29 de enero de 1526.

4. Díaz del Castillo, Bernal, *ob. cit.*,cap., CLXXXVIII, p. 499.

5. Díaz del Castillo, Bernal, *idem*, cap. CLXXXVI, p. 495.

6. Díaz del Castillo, Bernal, *ob. cit.* cap. CLXXXVII, p. 496.

7. Cortés, Hernán, *Quinta relación*, p. 228.

8. AGN, Archivo del Hospital de Jesús, leg. 271, exp. 11, ff. 1-32.- Alamán, *Disertaciones*, Apéndice primero.- Martínez, *Documentos*, t. I, pp. 347-351.

9. Cortés, Hernán, *Quinta relación*, p. 229.

10. Díaz del Castillo, Bernal, *ob. cit.*, cap. LXXIV, p. 129.

11. Cortés, Hernán, *Quinta relación*, p. 203.

12. *Sumario de la Residencia*, t. I, pp. 159-167.- Martínez, *Documentos*, t. II, p. 53.

13. AGI.- CDIAO, t. XXVII, pp. 199-300.- Martínez, *Documentos*, t. II, p. 167.

14. Durán, fray Diego, *ob. cit.*, t. I, cap. XXI, p. 292.

15. Zorita, Alonso de, *Historia de la Nueva España*, p. 185.

16. *Códice florentino*, manuscrito 218-20 de la Colección Palatina del la *Biblioteca Medicea Laurenziana*, edición facsimilar realizada por el Gobierno de México, Florencia, 1979, lib. Duodécimo, cap. 18, f.235v.- La *Historia* de fray Bernardino de Sahagún se encuentra contenida en el *Códice florentino*, y las citas que a ella se hacen en este libro van referidas a la edición Porrúa, y si en este caso se hace una excepción, ello es debido a que entre ambos textos existen algunas variantes en la traducción al texto castellano, dándose la circunstancia de que la mención a que se hace referencia se encuentra únicamente en el manuscrito original. No se hacen más referencias al *Códice florentino*, debido a que se trata e una edición muy costosa de tiro limitado y que no se encuentra a la venta.

17. Cortés, Hernán, *Quinta relación*, p. 229.

18. Díaz del Castillo, Bernal, *ob. cit.*, cap. CXC, pp. 503-504.- Gómara, *ob. cit.*, t. II, pp. 349-350.

19. Cortés, Hernán, *Quinta relación*, p. 230.

20. Fernández de Oviedo, Gonzalo, *Historia General*, t. IV, cap. XLV, p. 214.

21. AGI, escribanía de Cámara 178.- Colección J.B.Muñoz, copia.- Prescott, *Historia de la conquista de México*, Apéndice, doc. XII (sólo la concesión a doña Isabel).- Josefina Muriel, Apéndices a «*Reflexiones sobre Hernán Cortés*», *Revista de Indias, Estudios cortesianos*, Madrid, enero-junio 1948, año IX, núms. 31-32, pp. 241-245.- Martínez, *Documentos*, t. I, p. 382.

22. AGI, escribanía de Cámara 178.- Colección J.B.Muñoz, copia.- Prescott, *Historia de la conquista de México*... Martínez, *Documentos*, t. I, pp. 380-381.

23. *Actas de Cabildo* de la Ciudad de México, 28 de junio de 1526.

24. AGI, escribanía de Cámara 178, Col. Muñoz... Martínez, *Documentos*, t. I, pp. 381-382.

25. Aguilar, Francisco de, *Relación*, p. 83.

26. Cortés, Hernán, *Segunda Relación*, p. 45.- Resulta interesante escuchar la opinión de Andrés de Tapia: «*que este testigo cree a lo que le pareció que el dicho*

Montezuma estaba de su voluntad en el dicho aposento donde estaba porque algunas veces oyó este testigo que decía al dicho marqués que se quería ir a holgar fuera de los aposentos y al campo o casas de principales o donde el dicho Montezuma decía, y el dicho don Hernando Cortés lo había por bien, inviando con él cinco o seis españoles, y veía que se tornaba al dicho aposento y por esto cree este testigo lo que dicho tiene»; AGI, Justicia, leg. 223, 2, ff, 309v- 434v, fragmentos, Paleografió Miguel González Zamora.- Martínez, *Documentos*, t. II, p. 350.

27. Sahagún, fray Bernardino de, *ob. cit.*, t. I, lib. I, cap. I, p. 43.- En este texto se da el nombre de *Camaxtli* al ídolo máximo de Tlaxcala.

28. Zorita, Alonso de, *Relación de la Nueva España*, t. II, p. 550.

29. Tapia, Andrés de, AGI, Justicia, leg. 223, 2ff, 309v-434, paleografió Miguel González Zamora, reproducido por Martínez, *Documentos*, t. II, pp. 351-352.

30. AGI.- CDIAO, t. XXVII, pp. 301-445.- Martínez, *Documentos*, t. II, p. 241.

31. Díaz del Castillo, Bernal, ob.cit, cap. CVIII, p. 210.

32. Archivo Mexicano, Documentos para la Historia de México, t. II, *Continuación del Sumario de la Residencia tomada a D. Fernando Cortés, gobernador y capitán general de la Nueva España y a otros gobernadores y oficiales de la misma.*- paleografiado del original por el lic. Ignacio López Rayón.- Tipografía de Vicente García Torres, México, 1852, pp. 244-245.

33. Fernández de Oviedo, Gonazalo, *Historia*, t. IV, pp. 260-261.

34. Suárez de Peralta, Juan, *ob. cit.*, p. 41.

35. Alvarado Tezozomoc, Fernando, *Crónica Mexicayotl*, traducción directa del náhuatl por Adrián León, Universidad Nacional Autónoma de México, Instituto de Investigaciones Históricas, México, 1949, p. 156.

36. Dorantes de Carranza, Baltasar, *Sumaria relación*, p. 100.

37. Díaz del Castillo, Bernal, *ob. cit.*, cap. CCIV, p. 556.

38. López de Gómara, Francisco, *Historia*, t. II, pp. 352.

39. AGI.- CDIAO, t. XXVII, pp. 446-461.- Martínez, *Documentos*, t. II, p. 293.

40. Díaz del Castillo, Bernal, *ob. cit.*, cap. CXCII, p. 508-510.

41. AGI.- CDIAO, t. XXVI, pp. 223-226.- Martínez, *Documentos*, t. II, p. 14.

42. López de Gómara, Francisco, *ob. cit.*, t. II, p. 353.

43. Fernández de Oviedo, Gonzalo, t. IV, cap. XLIX, p. 241; Díaz del Castillo, Bernal, ob.cit, cap. CXCII, p. 510.

44. Cortés, Hernán, *carta al Emperador* (11 septiembre 1526), *Cartas de relación*, p. 242.

45. *Actas del Cabildo*, sesión del 16 de julio de 1526.

46. Fernández de Oviedo, Gonzalo, *Historia General*, t. IV, cap. XLIV, p. 213.

47. López de Gómara, Francisco, *ob. cit.*, t. II, p. 351.

48. AGI, Papeles de Justicia de Indias, Autos entre partes vistos en el Consejo de Indias, Audiencia de México, est. 51. caj.6, leg. 6/23.- Cuevas, *Cartas y otros documentos...*, Apéndices, doc. II, pp. 257-272.- Martínez, t. IV, p. 286.

49. AGN, Archivo del Hospital de Jesús, leg. 123, exp. 22.- *Cedulario cortesiano*, doc.19, pp. 91-92.

50. Interrogatorio general, AGI.- CDIAO, t. XXVII, pp. 301-445.- Martínez, *Documentos*, t. II, p. 275.

51. Díaz del Castillo, Bernal, *ob. cit.*, cap. CXCII, p. 510.

52. CDIHE, t. I, pp. 27ss.- Gayangos, *Cartas y relaciones*, doc. XV, pp. 493-496.- Hernández Sánchez-Barba, *Cartas y documentos*, pp. 472-474.

53. AGI, Papeles de Justicia de Indias, Autos entre partes vistos en el Consejo de Indias, Audiencia de México, est. 51,caj.6, leg. 6/23.- Cuevas, *Cartas y otros documentos...*, Apéndices, doc. II, pp. 257-272.- Martínez, *Documentos*, t. IV, pp. 286-287.

54. Díaz del Castillo, Bernal, *ob. cit.*, cap. CXCIV, p. 517.

55. Díaz del Castillo, Bernal, ob.cit, cap. CXCIV, p. 516.

56. AGI.- Copia enviada por W.H.Prescott a J.García Icazbalceta.- GI, CDHM, t. I, pp. 524-537.- Gayangos, Cartas y relaciones, doc. X, pp. 351-367.- Martínez, Documentos, t. I, pp. 398-399.

57. López Rayón, Ignacio, *Sumario de la Residencia tomada a D. Fernando Cortés, Gobernador y Capitán General de la Nueva España y a otros Gobernadores y oficiales de la misma»*, t,I, pp. 321-322.- El nombre de Rodríguez de Villafuerte sale a relucir en varias ocasiones como una de las cabezas visibles del grupo que rehusaba entregar la tierra al monarca; entre los más significados figurarían Andrés de Tapia, Jorge de Alvarado, Rodrigo Rangel y otros.

58. Díaz del Castillo, Bernal, *ob. cit.*, cap. CCVII, p. 577.

59. Aguilar, Francisco de, Relación breve, p. 84.

60. Cortés, Hernán, *Quinta relación*, p. 231.

61. Carta de Diego de Ocaña, en G. Icazbalceta, *Colección de documentos»*, t. I, p. 529.

62. AGI, Papeles de Justicia de Indias, Residencias, Audiencia de México, estante 47, cajón 6, leg. 1/31.- Cuevas, *Cartas y otros documentos...*, doc. III, pp. 15-20.- Martínez, t. I, p. 390.

63. Biblioteca Histórica Mexicana de Obras Inéditas, segunda parte, *Epistolario de la Nueva España*, 1505-1518, recopilado por Francisco del Paso y Troncoso, tomo I, 1505-1529, Antigua Librería Robredo, de José Porrúa e Hijos, México, 1939, pp. 36-37.

64. Paso y Troncoso, Francisco del, *Epistolario*, t. I, pp. 97-98.

65. AGI.- CDIAO, t. XXVII, pp. 446-461.- Martínez, *Documentos*, t. II, p. 300.

66. Guzmán, Nuño de, *Memoria*, p. 40.

67. AGI, Archivo del Hospital de Jesús, leg. 265.- AGN, *Documentos inéditos*, pp. 1-2.- Martínez, *Documentos*, t. I, pp. 476-477.

68. Díaz del Castillo, Bernal, *ob. cit.*, cap. CXCIV, p. 516.

69. López Rayón, Ignacio, *Sumario de la Residencia*, pp. 307-308.

70. Fernández de Oviedo, Gonzalo, *Historia*, t. IV, cap. XLIX, p. 242; sin precisar donde se encontraban Cortés y Sandoval, ese autor destaca la gravedad del suceso que marca el rompimiento definitivo de parte de Estrada, señalando que «se pensó que aquel día se dieran de lanzadas todos los españoles».- Díaz del Castillo, Bernal, ob.cit, en cap. CXCIV, p. 519 escribe, en cambio, que tanto Cortés como Sandoval se encontraban en Cuernavaca, y que al enterarse rápidamente se trasladaron a México, pero llegaron tarde.

Ya le había sido amputada la mano a Cortejo.- Torquemada, fray Juan de, *Monarquía*, t. I, cap. V, p. 599; este autor sigue a los anteriores.

71. Díaz del Castillo, Bernal, *ob. cit.*, cap. CXCIV, p. 518.

72. Paso y Troncoso, Francisco del, *Epistolario*, t. I, p. 93.

73. Díaz del Castillo, Bernal, *ob. cit.*, cap. CXCV, p. 520.

24. La Especiería

1. Título de capitán general de la armada y gobernador de las Molucas; Archivo de Indias, leg. 13, de *autos de fiscales.- Colección de los viages y descubrimientos que hicieron los españoles desde fines del siglo XV*, coordinada e ilustrada por Don Martín Fernández de Navarrete, prólogo de J.Natalicio González, Expediciones al Maluco.- Viages de Loaisa y de Saavedra., Editorial Guarania, Buenos Aires, tomo V. pp. 190-193.

2. Archivo de Simancas.- AGN, Archivo del Hospital de Jesús, leg. 438, exp. I.- Fernández. de Navarrete, Martín, *ob. cit.* t. V. pp. 404-405.- Martínez, *Documentos*, t. I, 373-376.

3. Fernández de Navarrete, Martín, *Viages*, t. V, pp. 190-193.

4. Fernández de Navarrete, Martín, *ob. cit.*, t. V, pp. 204-205.

5. Fernández de Navarrete, Martín, *ob. cit.*, t. V, pp. 164-168.

6. Cortés, Hernán, *Cartas de relación*, (carta de 11 septiembre 1526), p. 244.

7. Cortés, Hernán, *Quinta relación* (3 de septiembre de 1526), p. 235.

8. AGI, leg. 6° del Patronato Real.- Fernández de Navarrete, Martín, *ob. cit.*, t. V, pp. 424-425.- Martínez, *Documentos*, t. I, pp. p. 461-462.

9. AGI, leg. 6 del Patronato Real.- Fernández de Navarrete, Martín, *ob. cit.*, t. V, pp. 426-427.- Martínez, *Documentos*, t. I, pp. 463-464.

10. AGI, leg. 6 del Patronato Real. Fernández de Navarrete, Martín, *ob. cit.*, t. V, p. 415, Martínez, *Documentos*, t. I, p. 445.

11. Díaz del Castillo, Bernal, *ob. cit.*, cap. CC, p. 540.

12. Fernández de Oviedo, Gonzalo, *ob. cit.*, t. II, cap. VI, p. 244.

13. AGI., leg. 6 Patronato Real.- Fernández. de Navarrete, Martín, *Viajes y descubrimientos, ed.* BAE, doc. XXX, t. III, pp. 253-261.- Martínez, *Documentos*, t. I, p. 448.

14. López de Gómara, Francisco, *Historia*, t. II, p. 359.

15. López de Gómara, Francisco, *idem.*, t. II, p. 360.

16. Díaz del Castillo, Bernal, *ob. cit.*, cap. CXCV, p. 522.

17. Puga, *ídem*, 18v-29.- *Cedulario cortesiano*, doc.24, pp. 103-105.

18. Puga, *ídem*, AHJ, leg. 300, exp. 107 y AHJ, leg. 293, exp. 135. AGNM.- *Cedulario cortesiano*, p. 106.

19. *Cedulario cortesiano*, pp. 107-108.

20. *el dicho marqués vino a esta corte por el mes de mayo de 1528*; Memorial del licenciado Fco. Núñez acerca de los pleitos y negocios de Cortés: AGI, Papeles de Justicia de Indias, Audiencia de México, est. 51, caj.6, leg. 6/23.- Cuevas, *Cartas y otros documentos, Apéndices,* doc. II, pp. 257-272.- Martínez, *Documentos*, t. IV, pp. 285-295 (la cita figura en p. 287).

21. Díaz del Castillo, Bernal, *ob. cit.*, cap. CXCV, pp. 522-523 .- A.Milla-

res Carlo y J.I, Mantecón, *Indice y extractos de los protocolos del Archivo de Notarías de México, D.F.*, I, (1524- 1528), El Colegio de México, 1945, p. 236.

22. Díaz del Castillo, Bernal, ibid, cap. CCVI, pp. 573-574.

23. Díaz del Castillo, Bernal, *idem.*, cap. CXCV, p. 524.

24. López de Gómara, Francisco, *ob. cit.*, t. II, p. 361.

25.-Enrique Otte, «Nueve cartas de Diego de Ordás», *Historia mexicana*, El Colegio de México, julio-septiembre de 1964, 53, vol.XIV, núm.1, pp. 105 y 112.

26. Díaz del Castillo, Bernal, *ob. cit.*, cap. CXCV, p. 525.- Gómara, *ob. cit.*, t. II, p. 360.

27. Díaz del Castillo, Bernal, ob. cit., cap. CXCV, p. 525.

28. López de Gómara, Francisco, *ob. cit.*, t. II, pp. 361-362.

29. Díaz del Castillo, Bernal, *ob. cit.*, cap. CXCVI, p. 529.

30. Vázquez de Tapia, Bernardino, *Relación*, p. 47.

31. Vázquez de Tapia, Bernardino, *idem*, pp. 37-38.

32. Vázquez de Tapia, Bernardino, *Relación*, p. 33.

33. Archivo Mexicano, Documentos para la Historia de México, t. I, México, tipografía de Vicente García Torres, 1852, paleografiado del original por el Lic. Ignacio López Rayón, pp. 49-50.- Vázquez de Tapia, *Relación*, pp. 72-73.

34. Vázquez de Tapia, Bernardiono, *Relación*, p. 41.

35. En *Cartas relación*, carta cabildo, p. 13.

36. Tapia, Andrés de, *Relación*, p. 560.- Fernández de Oviedo hace aparecer al Apóstol en los combates en torno al templo mayor, *ob. cit.*, t. IV, XLVII, p. 228.

37. Vázquez de Tapia, Bernardino, *Relación*, p. 29.

38. Díaz del Castillo, Bernal, *ob. cit.*, cap. XXXIV, 56.

39. López Rayón, Ignacio, *Sumario de la Residencia*, t. II, pp. 351-355.- Martínez, *Documentos*, t. II, pp. 81-83.

40. López Rayón , Ignacio, *Sumario de la Residencia*, t. II, pp. 360-362.- Martínez, *Documentos*, t. II, pp. 84-86.

41. López Rayón, Ignacio, *Sumario de la Residencia*, t. II, pp. 366-370.-Martínez, *idem*, t. II, pp. 90-92.

42. López Rayón, Ignacio, *Sumario de la Residencia*, t. II, pp. 370-374.- Martínez, *íbid*, t. II, pp. 94-96.

43. López Rayón, Ignacio, *Sumario de la Residencia*, t. II, pp. 250-251.- Martínez, *Documentos*, t. II, p. 75.

44. López Rayón, Ignacio, *Sumario*, t. II, pp. 362-366.- Martínez, *Documentos*, t. II, pp. 87-89.

45. López Rayón, Ignacio, *Sumario*, t. I, pp. 159-167.- Martínez, *Documentos*, t. II, p. 54.

46. AGI.- CDIAO, t. XXVII, pp. 481-569 y t. XXVIII, pp. 5-16 (selección).- Martínez, *Documentos*, t. II, p. 317.

47. AGI, Justicia, leg. 224, I, ff.189-235, fragmentos. Paleografiados por Miguel González Zamora.- Martínez, *Documentos*, t. II, p. 367.

48. AGI, Justicia, leg. 224, I, ff.660v- 722. Fragmentos. Paleografió Miguel González Zamora.- Martínez, *Documentos*, t. II, p. 382.

49. Publicaciones del Archivo General de la Nación, XVII, *Documentos inéditos relativos a Hernán Cortés y su familia*, Talleres Gráficos de la Nación, México, 1935, pp. 47-58.

50. Díaz del Castillo, Bernal, *ob. cit.*, cap. CXCVI, p. 531.

51. Suárez de Peralta, Juan, *ob. cit.*, p. 76.

52. AGI.- CDIAO, t. XXVII, pp. 446-461.- Martínez, *Documentos*, t. II, p. 299.

53. Carta de Zumárraga a Carlos V, agosto 1529, Simancas, 21 de noviembre de 1781. Tiene la original nueve planas; está harto maltratada.- Muñoz.- *Transcribed from the copy in the Collection of Muñoz, tomo 78, in the Royal Academy of History, and carefully corrected for my friend Sr. D. José Fernando Ramírez of México.*- Buckingham Smith, Aungust 18, 1858, Madrid; la reproduce Icazbalceta, *Don fray Juan de Zumárraga*, t. II, pp. 215-216.

25. El Marqués del Valle

1. El asedio y el *sacco* de Roma que vino a continuación duraron del seis de mayo al cinco de junio de 1527.- El Emperador embarcó en Barcelona el 28 de julio de 1529 con el propósito de dirigirse a Italia para entrevistarse con el Papa, desembarcando en Génova el 12 de Agosto 1529. La coronación seria al año siguiente en Bolonia; como ya había recibido en Aquisgrán (23 octubre 1520), la *primera corona,* es decir, la de «rey de romanos», le fue impuesta con mucha pompa la segunda, o sea, «la de hierro», misma que ciñeron los reyes lombardos (aunque no es de hierro, sino de oro) el 22 de febrero de 1530 en la iglesia de San Petronio; y dos días después, el 24, coincidiendo con su cumpleaños, en el mismo templo y con inusitado esplendor, la tercera, como Emperador de Occidente y sucesor de Carlomangno.

2. AGI.-CDIAO, t. XII, p. 379.- *Cedulario cortesiano,* doc.30, pp. 123-124.- Martínez, *Documentos*, t. III, p. 37.

3. AGN, Archivo del Hospital de Jesús, leg. 438, exp. 1, reproducido por Martínez, *Documentos*, t. III, p. 38.

4.AGN, Vínculos, vol. 227 exp. 3, ff. 16v-29.- Puga, *Cedulario,* ff. 66r-67r.- *Cedulario cortesiano,* doc. 32, pp. 125-132.- Martínez, *Documentos*, t. III, pp. 49-52.

5. Cédulas Carlos V: merced de tierras poseía en la ciudad de México, y que se averigüe lo relativo al dinero que le fue retenido.- Martínez, *Documentos*, t. III, pp. 59-61 y p. 62.

6. Herrera, Antonio de, *Historia general de los hechos de los Castellanos en las Islas y Tierra Firme de el Mar Océano.*- prólogo de J, Natalicio González, t. V, Editorial Guarania, Distribuidor exclusivo: librería El Ateneo, Buenos Aires, 1945, t. V, p. 316.

7. Herrera, Antonio de, *idem,* t,V, pp. 298-299.

8. Bula del papa Clemente VII legitimando a tres de los hijos naturales de Cortés.- AGN, Archivo del Hospital de Jesús, leg. 1.- Alamán, *Disertaciones,* Apéndice segundo.- *Cedulario cortesiano,* n.61, pp. 333-336; Martínez, *Documentos*, t. III, pp. 40-42.- Bula concediendo el Patronato, Martínez, *Documentos*, t. III, pp. 43-46.

9. AGI.- Puga, *Cedulario*, ff 36v-37r.- CDIAO, t. XXII, pp. 285-295.- Martínez, *Documentos*, t. III, pp. 78-85.

10. AGN, Archivo del Hospital de Jesús, leg. 123, exp. I.- CDIAO, t. XII, pp. 510-514.- *Cedulario cortesiano*, pp. 168-172; CDIAO, t. XII, pp. 510-514.- *Cedulario*, pp. 188-189.- Martínez, *Documentos*, t. III, pp. 90-92.

11. AGI, Patronato Real, est. 2, caj. 2, leg. 1/1, la publica Paso y Troncoso, *Epistolario*, t. 1, pp. 136-152.

12. Paso y Troncoso, *Epistolario*, t. I, p. 148.

13. Paso y Troncoso, *Epistolario*, t. I, p. 138.

14. Paso y Troncoso, *Epistolario*, t. I, p. 140.

15. García Icazbalceta, Joaquín, *Don Fray Juan de Zumárraga*, t. II, p. 199.

16. Testamento: Archivo del Protocolo de Sevilla.- Codicilo: AGN (copia notarial).- *Testamento de Hernán Cortés*, descubierto por el P. Mariano Cuevas, S. J., México, 1925.- *Testamento de Hernán Cortés*, 1ª. edición facsimilar del original del Archivo del Protocolo de Sevilla, por el P. Mariano Cuevas, S.J., México, 1930.- Los últimos codicilos de Hernán Cortés, *Boletín* del AGN, México, 1931, t. II, núm.I, pp. 50-70.- Martínez, *Documentos*, t. IV, la cita sobre la sepultura de Martín Cortés se encuentra en la p. 318.

17. Archivo de Simancas, copia en la Colección de J.B.Muñoz.- Gayangos, *Cartas y relaciones*, doc. XXVII, pp. 539-558.- GI,CDHM, t. II, pp. 41-61.- Martínez, *Documentos*,t. IV, p. 70.- (vendió campos heredados de sus padres).

18. AGN, Archivo del Hospital de Jesús, leg. 123, exp. I.- AGN, *Documentos inéditos*, p. 9.- *Cedulario cortesiano*, doc.31, pp. 124-125.- Martínez, *Documentos*, t. III, p. 39.

26. El retorno a México

1. Kingsborough, *Mexican Antiquities*, t. VIII, pp. 409ss.- Gayangos, *Cartas y relaciones*, doc. XVII, pp. 499-506.- Martínez, *Documentos*, t. III, p. 147.

2. AGN, Archivo del Hospital de Jesús, leg. 123, exp. I.- AGN, *Documentos inéditos*, pp. 15-17.- *Cedulario cortesiano*, doc. 47, pp. 190-192.- Martínez, *Documentos*, t. III, pp. 113-114 y t. III, p. 115.

3. Martínez, *Documentos*, t. III, p. 114.

4. Paso y Troncoso, Francisco del, *Epistolario*, t. II, pp. 1-2.

5. Cortés, Hernán, Carta de 10 octubre 1530, incluída en *Cartas de relación*, pp. 253-254.

6. «*y que no se me acabe de morir de hambre la gente que me queda*»; Cortés, Carta al Emperador (10 octubre 1530), en *Cartas de relación*, p. 253.- «nos moríamos de hambre»; Kingsborough, Mexican antiquities, t. VIII, pp. 409ss. - Gayangos, *Cartas y relaciones*, doc. XVII,pp. 499-506.- Hernández Sánchez-Barba, *Cartas y documentos*, pp. 489-495.- reproducido por Martínez, *Documentos*, t. III, p. 149.

7. Archivo de Simancas, copia en la Colección de J.B.Muñoz.- Gayangos, *Cartas y relaciones*, doc. XXVII, pp. 539-558.- GI, CDHM, t. II, pp. 41-61.- Martinez, *Documentos*, t. IV, p. 71.

8. Archivo del Protocolo de Sevilla.- Codicilo: AGN (copia notarial).- *Testamento de Hernán Cortés*, 1ª. Ed. facsímil del original del Archivo del Protocolo de Sevilla, por el P. Mariano Cuevas, S.J., México, 1925.- *Postrera voluntad y testamento de Hernando Cortés, Marqués del Valle*, Introducción y notas de G.R. Conway, Editorial Pedro Robredo, México, 1940.- Martínez, *Documentos*, t. IV, pp. 316-317.

9. Cortés, Hernán, *Cartas de relación* (carta 10 octubre 1530), p. 254.

10. Cortés, Hernán, *Cartas de relación*, p. 254.

11. Kingsborough, *Mexican Antiquities*, t. VIII, pp. 409ss.- Gayangos, *Cartas y relaciones*, doc. XVII, pp. 499-506.- Hernández Sánchez-Barba, Mario, *Cartas y documentos*, pp. 489-495.- Martínez, *Documentos*, t. III, pp. 152-153.

12. AGI, Patronato Real 16, núm. 2, ramo 24.- CDIAO, t. XIII, pp. 434-436.- Martínez, *Documentos*, t. III, pp. 140-141.

13. Zorita, Alonso de, *Historia de la Nueva España*, facsímil de la edición de Madrid, 1909, Biblioteca Mexicana de la Fundación Miguel Alemán, A.C., Ciudad de México, 1999, pp. 176-179.

14. Díaz del Castillo, Bernal, *ob. cit.*, cap. CXCIX, p. 538.

15. López de Gómara, Francisco, *ob. cit.*, t. II, pp. 364-365.

16. AGN, Archivo del Hospital de Jesús, leg. 265, exp. 9, AGN, *Documentos inéditos*, p. 5.- Martínez, *Documentos*, t. III, p. 158.

17. AGI, Patronato, leg. 16, núm.16, núm.2, ramo 37.- CDIAO, t. XIV, pp. 142-147.- Martínez, Documentos, t. IV, p. 13.

18. Cuevas, *Cartas y otros documentos*, doc. VI, pp. 37-38.- Martínez, *Documentos*, t. I, p. 480 (carta a su padre 23 nov. 1527).- y Cuevas, *Cartas*, doc. V, pp. 27-35.- Martínez, *Documentos*, t. I, pp. 416-422 y Cuevas, *Cartas y otros documentos*, doc. VI, pp. 37-38.- Martínez, *Documentos*, t. I. p. 480.

19. López de Gómara, Francisco, *ob. cit.*, t. II, p. 361.

20. Certificado de supervivencia a doña Juana de Zúñiga; Publicaciones del Archivo General de la Nación, XXVII, Documentos inéditos relativos a Hernán Cortés y su familia, Talleres Gráficos de la Nación, 1935, p. 395.

21. Cortés, Hernán, *Cuarta relación*, p. 172.

22. AGI, Patronato, est. 1.- CDIAO, t. XIV, pp. 329-347.- Martínez, *Documentos*, t. III, p. 269.

23. Cuevas, *Cartas*, doc. VI.- Martínez, *Documentos*, t. I, p. 421.

24. AGN, Archivo del Hospital de Jesús, leg. 293, exp. 142, t. 5.- *Cedulario cortesiano*, doc.59, pp. 211-212.- Martínez, *Documentos*, t. III, p. 264.

25. AGI, Patronato, est. 1.- CDIAO, t. XIV, pp. 329-347.- Martínez, *Documentos*, t. III, pp. 266-267.

26. Puga, Vasco de, *Cedulario*, ff. 41v-42r.- *Cedulario cortesiano*, doc. 62, pp. 217-218.- Martínez, *Documentos*, t. III, pp. 282-283.

27. Puga, Vasco de, *Cedulario*, ff. 41v –42r.- *Cedulari o cortesiano*, doc. 62, pp. 217-218.- Martínez, *Documentos*, t. III, pp. 282-283.

28. Carta de Cortés a Carlos V (20 abril 1532); *Cartas*, p. 259.

29. Carta de Fuenleal de 10 de julio de 1532; la reproduce García Icazbalceta, *Don Fray Juan de Zumárraga*, t. I, nota p. 99.

30. CDIHE, t. IV, pp. 175-177.- Pascual de Gayangos, *Cartas y relaciones*, doc. XX, pp. 511-514.- Hernández Sánchez-Barba, *Cartas y documentos*, pp. 496-499.- Martínez, *documentos*, t. III, p. 297.

31. CDIHE, t. IV, 175-177.- Pascual de Gayangos, *Cartas y relaciones*, doc. XX, pp. 511-514.- Hernández Sánchez-Barba, *Cartas y documentos*, pp. 496-499.- Martínez, *Documentos*, t. III, pp. 298-299.

32. Cortés, Hernán, *carta 20 abril 1532*, incluída en *Relaciones*, pp. 259-260.

33. Díaz del Castillo, Bernal, ob.cit, cap. CC., p. 540.

34. Fernández de Navarrete, Martín, *Viajes*, t. V, p. 372.

35. Fernández de Navarrete, Martín, *Viajes*, t. V, p. p. 433-444 «*Después que este Sebastián de Puerta fue preso en esta isla que digo, de allí dende a un año fue su amo a Zebú en canoas a contratar, é llevólo consigo, y allí supo de los naturales de Zebú, cómo habían vendido los de aquella isla á los de la China todos los españoles que allí fueron presos de la armada de Magallanes, que fueron hasta ocho, y que hacía cinco años que los habían vendido á trueco de unos bacanes de metal*».

36. CDIHE, t. IV, pp. 167-175.- La Iberia, *Escritos sueltos*, doc. XXVI, pp. 196-204.- Hernández Sánchez-Barba, *Cartas y documentos*, p. 388.

37. Bitácora del *Santiago* en Fernández de Navarrete, Martín, *Colección de los Viages y Descubrimientos*, t. V, pp. 164-168.

38. López de Gómara, Francisco, *ob. cit.*, t. II, pp. 366-367.

39. Díaz del Castillo, Bernal, *Historia*, cap. CC, pp. 540-541.

40. AGI.- CDIAO, t. XII, pp. 541-544.- Gayangos, *Cartas y relaciones*, doc. XXI, pp. 521-524.- Hernández Sánchez-Barba, *Cartas y documentos*, pp. 506-508.- Martínez, *Documentos*, t. IV, p. 15.

41. AGI.- CDIAO, t. XII, pp. 541-544.- Gayangos, *Cartas y relaciones*, doc. XXI, pp. 521-524.- Hernández Sánchez-Barba, *Cartas y documentos*, pp. 506-508.- Martínez, *Documentos*, t. IV, p. 16.

42. Guzmán, Nuño de, *Memoria*, Apéndice IV, *Segunda relación anónima*, p. 166-167.

27. *DonHernando* el Navegante

1. AGI.- CDIAO, t. XII, pp. 541-544.- Gayangos, Pascual de, *Cartas y relaciones*, doc. XXI, pp. 521-524.- Sánchez-Barba, *Cartas y documentos*, pp. 506-508.- Martínez, *Documentos*, t. IV, pp. 15-17.

2. AGN, Archivo del Hospital de Jesús, leg. 123, exp. 1.- AGN, *Documentos inéditos*, p. 26.- *Cedulario cortesiano*, doc.69, pp. 241-242.- Martínez, *Documentos*, t. IV, p. 27.

3. AGI.,- Cuevas, *Cartas y otros documentos, doc.* XXII, pp. 107-122.- Martínez, *Documentos*, t. IV, pp. 34-36.

4. AGI, Cuevas, *Cartas y otros documentos*, doc. XXII, pp. 107-122.- Martínez, *Documentos*, t. IV, p. 40.

5. Díaz del Castillo, Bernal, *ob. cit.*, cap. CC, p. 541.

6. AGI, Patronato.- CDIAO, t. XIV, pp. 128-142.- Martínez, *Documentos*, t. IV, pp. 51-59.

7. AGI, Patronato, est. I, caj.I,.- CDIAO, t. XII, pp. 439-448.- Martínez, *Documentos*, t. IV, p. 86-90.

8. Gayangos, Pascual de, *Cartas y relaciones*, doc. XXV, pp. 531-534.- Hernández Sánchez-Barba, *Cartas y documentos*, pp. 524-527.- Martínez, *Documentos*, t. IV, pp. 132-133.

9. AGN, Archivo del Hospital de Jesús, leg. 123, exp. 28.- *Cedulario cortesiano*, doc.83, pp. 281-298.- Martínez, *Documentos*, t. IV, p. 227.

10. AGI, leg. 2º. de Cortés, núm. 2, ramo 40.- CDIAO, t. XII, pp. 417-429.- CDHM, t. II, pp. 31-40.- Martínez, *idem*, t. IV, pp. 97-103.

11. Biblioteca José Porrúa Estrada de Historia Mexicana, dirigida por Jorge Gurría Lacroix, 4, primera serie, La Conquista, IV, *Memoria de los servicios que había hecho Nuño de Guzmán, desde que fue nombrado Gobernador de Pánuco en 1525*, estudio y notas por Manuel Carrera Stampa, José Porrúa e Hijos Sucs., México, MCMLV, pp. 79-80.

12. Gayangos, Pascual de, *Cartas y relaciones*, doc. XXV, pp. 531-534.- Hernández Sánchez-Barba, *Cartas y documentos*, pp. 524-527.- Martínez, *Documentos*, t. I, pp. 134-135.

13. Díaz del Castillo, Bernal, *ob. cit.*, cap. CC, p. 544.

14. Guzmán, Nuño de, *Memoria*, pp. 82-83.

15. Gayangos, Pascual de, *Cartas y relaciones*, doc. XXVIII, pp. 559-560.- Hernández Sánchez-Barba, *Cartas y documentos*, pp. 528-529.- Martínez, *Documentos*, t. IV, pp. 162-163.

16. AGI, Patronato, 16, lo reproduce Miguel León-Portilla, *Hernán Cortés y la Mar del Sur*, Ediciones Cultura Hispánica, Instituto de Cooperación Iberoamericana, Madrid, 1985, pp. 105-106.- Martínez, *Documentos*, t. IV, pp. 146-147.

17. López de Gómara, Francisco, *ob. cit.*, t. II, p. 369.

18. Díaz del Castillo, Bernal, *ob. cit.*, cap. CC, p. 543.

19. López de Gómara, Francisco, *ob. cit.*, t. II, p. 372.

20. López de Gómara, Francisco, *ob. cit.*, t. II, pp. 370-371.

21. *Biblioteca de Autores Españoles, desde la formación del lenguaje hasta nuestros días (continuación), tomo CCLXXIII, Los virreyes españoles en América durante el gobierno de la casa de Austria, México, I, Edición de Lewis Hanke con la colaboración de Celso Rodríguez, Ediciones Atlas, Madrid, 1976, p. 99.*

28. El virrey Mendoza

1. *Los virreyes españoles en América*, t. I, p. 22.

2. *Los virreyes españoles*, t. I, p. 37.

3. Gayangos, *Cartas y relaciones*, doc. XXVIII, pp. 559-560.- Hernández Sánchez-Barba, *Cartas y documentos*. pp. 528-529.

4. AGI.- CDIHE, t. IV, pp. 193-201.- CDIAO, t. III, pp. 535-543.- Polavieja, *Copias de documentos*, pp. 438-443.- Sánchez-Barba, *Cartas y documentos*, pp. 530-535.- Martínez, *Documentos*, t. IV, pp. 183-188.

5. Núñez Cabeza de Vaca, Álvar, *Naufragios*, edición, introducción y notas de Trinidad Barrera, el *Libro de Bolsillo, Alianza Editorial*, Madrid, 1985, p. 167.

6. Guzmán, Nuño de, *Memoria*, p. 86.

7. Guzmán, Nuño de, *Memoria*, p. 41.

8. Guzmán, Nuño de, *Memoria*, pp. 47-48.

9. Kingsborough, *Mexican Antiquities*, t. VIII, pp. 409ss.- Gayangos, *Cartas y relaciones*, doc. XVII, pp. 499-506.- Hernández Sánchez-Barba, *Cartas y documentos*, pp. 489-495.- Martínez, *Documentos*, t. III, p. 151.

10. Guzmán, Nuño de, *Memoria*, p. 65.

11. Guzmán, Nuño de, *Memoria, apéndice I*, p. 100.

12. «*porque de la demanda que de las Amazonas había tenido, ya se le había deshecho, é quiso seguir la de las Siete Cibdades*», Nuño, *Memoria*, Apéndice III, p. 157; «*La demanda que llevábamos cuando salimos a descobrir este río era las Siete Cibdades*»; Nuño, *Memoria*, Apéndice IV, p. 173.

13. Guzmán, Nuño de, *Memoria*, Apéndice I, p. 122.

14. Guzmán, Nuño de, *Memoria*, p. 55.

15. AGN, Archivo del Hospital de Jesús, leg. 68, exp. 331.- Woodrow Borah, «Hernán Cortés y sus intereses marítimos en el Pacífico, el Perú y la Baja California», *Estudios de Historia Novohispana*, Universidad Nacional Autónoma de México. México, 1971, vol.IV, p. 19.- Martínez, *Documentos*, t. IV, p. 182.

16. AGI., Hernández Sánchez-Barba, Mario, *Cartas y documentos*, p. 533.

17. CDIHE, t. IV, pp. 201-206.- La Iberia, *Escritos sueltos*, doc. XXXVII, pp. 290-295.- Hernández Sánchez-Barba, *Cartas y documentos*, pp. 403-406.- Martínez, *Documentos*, t. IV, la cita se encuentra en p. 198.

18. CDIHE, t. IV, pp. 201-206.- La Iberia, *Escritos sueltos*, doc. XXXVII, pp. 290-295.- Hernández Sánchez-Barba, *Cartas y documentos*, pp. 403-406.- Martínez, *Documentos*, t. IV, p. 199.

19. Díaz del Castillo, Bernal, *ob. cit.*, cap. CCI, pp. 544-548.

29. Enemigos

1. CDIHE, t. IV, pp. 206-209.- La Iberia, *Escritos sueltos*, doc. XXXVIII, pp. 296-298.-Hernández Sánchez-Barba, Mario, *Cartas y documentos*, p. 390.- Martínez, *Documentos*, t. IV, p. 201.

2. CDIHE, t. IV, pp. 206-209.- La Iberia, *Escritos sueltos*, doc. XXXVIII, pp. 296-298.- Sánchez –Barba, *Cartas y documentos*, pp. 389-391.- Martínez, *Documentos*, t. IV, p. 202.

3. *Memorial sobre servicios*; La Iberia, *Escritos sueltos*, L.X, pp. 309-324; reproducido por Martínez, *Documentos*, t. IV, p. 239.

4. Fernández de Oviedo, Gonzalo, *ob. cit.*, t. IV, cap. I, p. 351.

5. AGN, Archivo del Hospital de Jesús, gal.4, leg. 202, exp. 1, paleografió Celia Medina Mondragón, publicado por Martínez, *Documentos*, t. IV, p. 205.

6. Díaz del Castillo, Bernal, *ob. cit.*, cap. CCI, p. 549.

7. *Memorial de Hernán Cortés*; CDIHE, t. IV, pp. 209-207.- La Iberia, *Escritos sueltos*, doc. XXXIX, pp. 299-308.- Herrnández Sánchez-Barba, *Cartas y documentos*, pp. 406-411.

8. Herrera, Antonio de, *Historia General*, t. VIII, pp. 183-184.

9. Fernández de Oviedo, Francisco, *ob. cit.*, t. IV, cap. I. pp. 350-351.

10. CDIHE, t. IV, pp. 209-217.- La Iberia, *Escritos sueltos*, doc. XXXIX, pp. 299-308.- Sánchez-Barba, *Cartas y documentos*, pp. 406-411.- Martínez, *Documentos*, IV, 210-215.

11. AGN, Archivo del Hospital de Jesús, leg. 123, exp. 31.- *Cedulario cortesiano*, doc.78, pp. 267-274.- Martínez, *Documentos*, t. IV, p. 218.

12. AGN, Archivo del Hospital de Jesús, leg. 123, exp. 33.- *Cedulario cortesiano*, doc.70, pp. 275-278.- Martínez, *Documentos*, t. IV, p. 221.

13. AGI.- Cuevas, *Cartas y otros documentos*, doc. XXII, pp. 107-122.- Martínez, *Documentos*, t. IV, p. 34.

14. AGI, leg. 2º. de Cortés, núm. 2, ramo 40.- CDIAO, t. XII, pp. 417-429.- GI, CDHM, t. II, pp. 31-40.- Martínez, *Documentos*, t. IV, la cita está en p. 100.

15. G.R.G., Conway, *Colection of transcripts, California, Voayage of Juan de Ulloa en 1539, Juan Castellón contra el marqués del Valle 1541-1542*, México, 1939, mss. LXII, pp. 11-13.- *Cedulario cortesiano*, doc.82, pp. 279-281.- Martínez, *Documentos*, t. IV, pp. 223-224.

16. AGI, leg. 6 del Patronato Real.- Fernández de Navarrete, *Viajes y descubrimientos*, ed. BAE, doc, XXX, t. III, pp. 253-261.- Martínez, *Documentos*, t. I, p. 448.

17. CDIHE, t. IV, pp. 201-206.- La Iberia, *Escritos sueltos*, doc. XXXVII, pp. 290-295.- Hernández Sánchez- Barba, *Cartas y documentos*, pp. 403-406.- Martínez, *Documentos*, t. IV, p. 197.

18. Fernández de Oviedo, Gonzalo, *Historia*, t. IV, cap. XLI, p. 189.

19. Fernández de Oviedo, Gonzalo, *Historia*, t. IV, cap. LIII, p. 256.

20. AGI, Papeles de Justicia de Indias, Autos entre partes vistos en el Consejo de Indias, Audiencia de México, est. 51, caj.6, leg. 6/23.- Cuevas, *Cartas y otros documentos...*, Apéndices, doc. II, pp. 257-272.- Martínez, *Documentos*, t. IV, p. 294.

21. *Relación hecha por Pedro de Alvarado a Hernando Cortés, en que se refieren las guerras y batallas para pacificar las provincias del antiguo reino de Goathemala*, Biblioteca José Porrúa Estrada de Historia Mexicana, dirigida por Jorge Gurría Lacroix, 3, primera serie, La Conquista, III, José Porrúa e Hijos, Sucs., México, MCMLIV, p. 52.

22. Díaz del Castillo, Bernal, cap. CCI, p. 550 y cap. CCIII, pp. 552-552.

23. López de Gómara, Francisco, *Historia*, t. I, p. 364.

24. Alvarado, Pedro de, *Relación*, p. 56.

25. Herrera, Antonio de, *Historia General*, Década VII, t. VIII, p. 183.

26. Alvarado, Pedro de, *Relación*, Apéndice II, p. 62.

27. Alvarado, Pedro de, *Relación*, Apéndice II, p. 93.

28. Alvarado, Pedro de, *Relación*, Apéndice IV, p. 95.

29. «*que puede aver diez y seys años poco mas o menos questando el dicho Pedro de Alvarado en la Isla Española en la Ciudad de Sto. Domingo vibiendo con el Almirante*[sic] *traya un sayo con una cruz colorada de la encomienda de la corte y caballería del señor Santiago la qual traya escondida por dentro del sayo hasta que se la vieron y lo dixeron al dicho Almirante y el le preguntó que por que traya aquella cruz y el dicho Pedro de Albarado le dixo quera comendador de aquella horden y que la traya ansi cu-*

bierta porque se avia pasado a estas partes y estava donde no lo conocían ni savian quien era y el dicho Almirante se lo reprehendio diziendo que pues hera caballero de la horden de Santiago que no lo encubriese y desde allí el dicho Pedro de Albarado traxo la dicha cruz de encomienda publicamente en todas sus ropas y se llamaba y fyrmaba el comendador Pedro de Albarado y era por ello honrrado y ansi traxo el dicho avito y cruz llamandose comendador como dicho es y firmandolo en la Isla Española y en Cuba y en esta nueva España muchos días...»; Vázquez de Tapia, *Relación de méritos*, pp. 105-106.

La versión de Remesal va en el sentido siguiente: Alvarado habría recibido las ropas que le obsequió el tío, desprendiendo de ellas la encomienda, pero la huella de ésta quedaría marcada.- Fray Antonio de Remesal, O. P., *Historia general de las Indias Occidentales y particular de la Gobernación de Chiapa y Guatemala*, estudio preliminar del P. Carmelo Sáenz de Santa María, S. J., tomo I, Editorial Porrúa, S.A., Av. República Argentina 15, México, 1988, pp. 23-24.

30. Anglería, Pedro Mártir de, *Décadas*, t. I, p. 415.

31. Remesal, fray Antonio de, *Historia*, t. I, p. 9 (la pierna encigida fue la izquierda).

32. *«Dejó por ellas a Cecilia Vázquez, honradísima mujer*; Gómara, *Historia*, 1ª. parte, p. 362; *«por el sentimiento que don Fernando Cortés mostró que don Pedro de Alvarado le faltase la palabra que le dio de casarse con su prima, por casarse con doña Beatriz de la Cueva»*; Remesal, *ob. cit.*, t. I, p. 56 (aunque aquí el autor equivoca el orden en que se sucedieron los matrimonios con las hermanas, pues el primero fue con doña Francisca).

33. *Carta* del señor Zumárraga al Emperador; doc. 4, t. II, pp. 201-202, *Declaration faite à la Havanne*, apud Ternaux, t. XVI, p. 100.- J.G.Icazbalceta, *Don fray Juan de Zumárraga*, t. II, p. 202.

34. Garcilaso de la Vega, *el Inca*, *Historia General del Perú,(Segunda parte de los Comentarios Reales de los Incas)*, Edición al cuidado de Ángel Rosenblat del Instituto de Filología de la Universidad de Buenos Aires, Elogio del autor y examen de la segunda parte de los Comentarios Reales por José de la Riva Agüero, tomo I, Emecé editores, S.A., Buenos Aires, pp. 111-112.

35. Garcilaso de la Vega, *el Inca*, *Historia*, t. I, p. 150.

36. Fernández de Oviedo, Gonzalo, *Historia*, t. IV, cap. XLVII, p. 230.

37. *Los virreyes españoles*, t. I, p. 208.

30. Argel

1. La Iberia, *Escritos sueltos*, doc. LX, pp. 309-324.- Martínez, *Documentos*, t. IV, p. 240.

2. Fernández de Oviedo, Gonzalo, *ob. cit.*, t. IV, cap. LVI, p. 265.

3. López de Gómara, Francisco, *Historia*, t. II, p. 443.

4. Ya en su día, la Academia de la Historia observó que en *Crónica de los Barbarrojas*, que es el libro que trata con mayor extensión acerca del sitio de Argel, Gómara omitiera mencionar que él se halló presente, lo cual se atribuyó a que se había reservado para tratar de ello en *Batallas de Mar de nuestros tiempos*, «obra cuyo paradero ignoramos completamente»; al propio tiempo,

la Academia observó que en la edición de la *Historia de Indias,* realizada en Zaragoza en 1554 por Agustín Millán fue suprimido ese «*é yo que me hallé allí me maravillé*», frase que se venía aduciendo como prueba de que viajaba acompañado a Hernán Cortés, a cuyo servicio supuestamente se encontraría; si bien ambas circunstancias fueron advertidas, de ello no se sacaron conclusiones. (Memorial Histórico Español, año 1853. Vol. VI, pp. 331-439.) Pero algo que escapó a la atención de la Academia es que *Crónica de los Barbarrojas y Batallas de mar de nuestros tiempos* son un mismo libro, según se desprende de lo que escribe Torquemada, quien en *Monarquía,* t. I, cap. XXV, p. 410, indica: «*y de Omich Barba-Roxa, el del brazo cortado, dice Francisco López de Gómara, en lo que escribe de las Batallas de la Mar...*». En la edición de Agustín Millán el capítulo en que aparecía la frase en cuestión fue reescrito en forma completamente distinta, desapareciendo el «*é yo que me hallé allí...*»; sabemos que fue el propio Gómara quien retiró la frase, puesto que en la carátula de la obra se lee: «*La Historia General de la Indias y Nuevo Mundo, con más la conquista del Perú y de México: «agora nuevamente añadida y enmendada por el mismo autor», con una tabla muy cumplida de los capítulos, y muchas figuras que en otras impresiones lleva. Se vende en Zaragoza en casa de Miguel de Zapila mercader de libros. / fue impresa la presente obra en la muy inisigne ciudad de Zaragoza en casa de Pedro Bernuz; acabóse de imprimir a doze días del mes de octubre, año de mil y quinientos y cincuenta y quatro.* Ese «agora nuevamente añadida y enmendada por el mismo autor» despeja toda duda. No acompañaba a Cortés. Cabe destacar que esta edición se realizó ignorando la prohibición que pesaba sobre el libro en Castilla, lo cual no debe sorprender, puesto que Aragón se guiaba por sus propias normas. La unidad española estaba lejos de ser una realidad en aquellos momentos.

5. La Iberia, *Escritos sueltos,* doc. LX, pp. 309-324.- Martínez, *Documentos,* t. IV, p. 234-242.

6. AGI, Real Patronato, Nueva España, Descubrimientos, descripciones y poblaciones, est. 1, caj.1, leg. 2/6.- GI, CDHM, t. II, pp. 62-71.- Cuevas, *Cartas y documentos,* doc. XXXIII, pp. 201-213.- Martínez, *Documentos,* t. IV, p. 249.

7. *Los virreyes españoles,* t. I, pp. 100-101.

8. *Los virreyes españoles en América,* t. I, p. 81.

9. *Los virreyes españoles, ob. cit.,* t. I, p. 93.

10. *Los virreyes, idem.* p. 89.

11. *Los virreyes, idem.* p. 70.

12. AGI, Real Patronato, Nueva España, Descubrimientos, descripciones y poblaciones, est. 1, leg. 2/16.- GI, CDHM, t. II, pp. 62-71.- Cuevas, *Cartas y otros documentos,* doc. XXXIII, pp. 201-213.- Martínez, *Documentos,* t. IV, pp. 252-253.

13. *Los virreyes, ob. cit.,* t. I, p. 80.

14. *Los virreyes españoles,* t. I, p. 63.

15. AGI, 48-1/23.- Pérez Bustamante, *Don Antonio de Mendoza,* 1928, doc. XIV, pp. 175-181.- Martínez, *Documentos,* t. IV, p. 259.

16. AGI, Papeles de Justicia de Indias, Autos entre partes vistos en el Consejo de Indias, Audiencia de México, est. 51, caj.6, leg. 5/22.- Cuevas, *Cartas*

y otros documentos..., doc. XXXV, pp. 221-222.- Martínez, *Documentos*, t. IV, p. 246.

17. AGI, Papeles de Justicia de Indias, Autos entre partes presentados y no vistos en el Consejo de Indias,, Audiencia de México, est. 47, caj.4, leg. 9/4.- Cuevas, *Cartas y otros documentos...*, doc. XXXVII, pp. 227-228.- Martínez, *Documentos*, t. IV, p. 247.

18. Losada, Ángel, *Juan Ginés de Sepúlveda a través de su «Epistolario» y nuevos documentos.*- reimpresión.- Consejo Superior de Investigaciones Científicas.- Instituto de Derecho Internacional «Francisco de Vitoria», Madrid, 1973, p. 237.

19. Losada, Ángel, *idem*, p. 249.

20. Losada, Ángel, *idem*, p. 244.

21. Ginés de Sepúlveda, Juan, *Hechos de los españoles en el Nuevo Mundo*, «De rebus hispanorum gestis de novum orbem mexicumque», Edición y estudio de Demetrio Ramos y Lucio Mijares con la colaboración de Losada, Ángel, *Juan Ginés de Sepúlveda a través de su «Epistolario» y nuevos documentos.*- reimpresión.- Consejo Superior de Investigaciones Científicas.- Instituto de Derecho Internacional «Francisco de Vitoria», Madrid, 1973, p. 237 Jonás Castro Toledo, Seminario Americanista de la Universidad de Valladolid, 1976, p. 195.

22. Cuevas, *Cartas y otros documentos*, doc. XXXIV, pp. 215-220.- Hernández Sánchez-Barba, *Cartas y documentos*, pp. 535-538.- Martínez, *Documentos*, t. IV, p. 244.

23. AGI.- Vargas Ponce, Colección en el Archivo de la Academia de la Historia de Madrid.- Prescott, *Historia de la conquista,* Apéndices, parte II, doc. XV.- Gayangos, *Cartas y relaciones*, doc. XXVII, pp. 567-572.- Martínez, *Documentos*, t. IV, pp. 267-270.

24. AGI, Papeles de Justicia, Residencias, Audiencia de México, est. 47, caj.6.1/31.- Cuevas, *Cartas y otros documentos...*, doc. XI, pp. 235-243.- Martínez, *Documentos*, t. II, pp. 388-393.

25. *Lista de las cédulas, provisiones y cartas ejecutorias obtenidas por Hernán Cortés de 1523 a 1543, con la intervención del licenciado Núñez*; AGI, Papeles de Justicia de Indias, Autos entre partes vistos en el Consejo de Indias, Audiencia de México, est.,51, caj.6, leg. 6/23.- Cuevas, *Cartas y otros documentos...*, Apéndices, doc. III, pp. 273-287.- Martínez, *Documentos IV,* pp. 296-306.

26. AGI, Papeles de Justicia de Indias, Autos entre partes vistos en el Consejo de Indias, Audiencia de México, est. 51, caj. 6 , leg. 6/23.- Cuevas, *Cartas y otros documentos...*, doc. XLI, pp. 245-248.- Martínez, *Documentos IV*, pp. 307-309.

27. Díaz del Castillo, Bernal, *Historia,* cap. CCIV, p. 559.

28. Losada, Ángel, ob.cit, p. 238.

29. *Diálogos de la preparación de la muerte*, dictados por el Ilustrísimo Reverendísimo Señor Don Pedro de Navarra Obispo de Comênge y del Consejo supremo del Cristianísimo Rey de Francia. Dirigidos al muy magnífico señor Francisco de Eraso primer secretario y del Consejo secreto del Rey Católico de España. Tolosa. En casa de Jacobo Colomeno, Impresor del Universidad, 1565, pp. 42-43.

30. Paso y Troncoso, Francisco, *Epistolario*, t. II, 1530-1532, pp. 196-197.
31. Motolinia, *Carta al Emperador, ob. cit.*, t. I, p. 274.

31. ¿Hombre de dos mundos?

1. Godoy; Diego de, Biblioteca de Autores Españoles, t. XXII, Historiadores primitivos de Indias, I, Ediciones Atlas, Madrid, 1946, pp. 466-470.
2. Díaz del Castillo, Bernal, *ob. cit.*, cap. CLXVIII, p. 440.
3. Díaz del Castillo, Bernal, *ob. cit.*, cap. CCVI, p. 574.
4. Biblioteca Histórica Mexicana de Obras Inéditas, segunda parte, *Epistolario de Nueva España*, 1508-1518, recopilado por Francisco del Paso y Troncoso, t. VII, Antigua Librería Robredo, de José Porrúa e Hijos, México, 1940, p. 184.
5. Fernández de Oviedo, Gonzalo, *ob. cit.*, t. II, cap. II, p. 399.
6. Fernández de Oviedo, Gonzalo, *ob. cit.*, t. II, cap. II, p. 389.
7. Cervantes de Salazar, Francisco, *Crónica*, t. II, cap. VI, p. 248.
8. Fernández de Oviedo, Gonzalo, *Historia general*, t. III, cap. I, p. 398.
9. Fernández de Oviedo, Gonzalo, *Historia*, t. III, cap. III, p. 401.
10. Fernández de Oviedo, Gonzalo, *Historia*, t. III, cap. III, pp. 404-405.
11. Fernández de Oviedo, Gonzalo, *Historia*, t. III, cap. VIII, p. 423.
12. Fernández de Oviedo, Gonzalo, *idem.*, t. III, cap. X, p. 392.
13. Paso y Troncoso, Francisco del, *Epistolario*, t. VII, pp. 201-203.
14. Núñez Cabeza de Vaca, Álvar, *Naufragios*, p. 113.- Zorita, Alonso de, *Relación de la Nueva España*, Consejo Nacional para la Cultura y las Artes, Cien de México: 1999, t. II, p. 575.
15. *Actas del Cabildo*, sesión del 30 de octubre de 1526 (autorización a Benito de Begel para establecer una escuela de danza).
16. López de Gómara, Francisco, *Historia*, t. II, p. 443.- *«acordó de salirse de Sevilla por quitarse de muchas personas que le visitaban y le importunaban en negocios»*; Díaz del Castillo, Bernal, *ob. cit.*, cap. CCIV, p. 555.
17. Fernández de Oviedo, Gonzalo, *ob. cit.*, t. IV, p. 265.
18. Testamento: Archivo del Protocolo de Sevilla.- Codicilo: AGN (copia notarial).- *Testamento de Hernán Cortés*, descubierto y anotado por el P. Mariano Cuevas, S.J. , México, 1925.- «Los últimos codicilos de Hernán Cortés», *Boletín del AGN*, México, 1930.- «Los últimos codicilos de Hernán Cortés», *Boletín del AGN*, México, 1931, t. II, pp. 50-70.- *Postrera voluntad y testamento de Hernando Cortés, marqués del Valle*, Introducción y notas de G.R.G. Conway, Editorial Pedro Robredo, México, 1940.- Martínez, *Documentos*, t. IV, p. 315.
19. Díaz del Castillo, Bernal, *ob. cit.*, cap. CCIV, p. 556.
20. Testamento, *idem*, Martínez *Documentos*, t. IV, pp. 326-327.
21. AGI.- Vargas Ponce, Colección en el Archivo de la Academia de la Historia de Madrid.- Prescott, *Historia de la conquista*, Apéndices, parte II, doc. XV.- Gayangos, *Cartas y relaciones*, doc. XXVII, pp. 567-572.- Martínez, *Documentos*, t. IV, p. 270.
22. Hernández Sánchez-Barba, Mario, *Cartas y documentos*, pp. 562-565.- Martínez, t. IV, p. 326.

23. Testamento, *idem*, Martínez, *Documentos*, t. IV, p. 325.

24. Testamento, *idem*, Martínez, *Documentos*, t. IV, p. 328.

25. Testamento, *idem*, Martínez, *Documentos*, t. IV, p. 358.

26. Testamento, *idem*, Martínez, *Documentos*, t. IV, p. 323.

27. López de Gómara, Francisco, *ob. cit.*, t. II, p. 443.

28. «La renta total de que disponen en 1525 grandes y señores con título asciende a 1,100,000 ducados; y a decir de los venecianos, el duque de Medina Sidonia goza de una renta anual de 50,000 ducados. En 1558 los ingresos del duque han subido a 80,000; en 1581, veintidós duques, cuarenta y siete condes y treinta y seis marqueses disponen de 3 millones de ducados, y el duque de Medina Sidonia, de 150,000». Fernand Braudel, *El Mediterráneo y el mundo mediterráneo en la época de Felipe II*, t. II, Fondo de Cultura Económica, México, Madrid, Buenos Aires, 1976, p. 83.

29. Fernández de Oviedo, Gonzalo, *Historia*, t. IV, cap. LVI, pp. 265-266.

30. Testamento, *idem*, Martínez, *Documentos*, t. IV, p. 332.

31. Fernández de Oviedo, Gonzalo, *Historia*, t. IV, cap. LVI, pp. 265-266.

32. Publicaciones del Archivo General de la Nación, XVII, Documentos inéditos relativos a Hernán Cortés y su familia, Talleres Gráficos de la Nación, 1935, pp. 225-299. El inventario correspondiente a la casa en Cuernavaca y esclavos en la misma, se encuentra en pp. 229-263.

33. Archivo General de la Nación, XXVII, *Documentos inéditos*, p. p. 121-132.

34. AGN, XVII, Documentos inéditos relativos Hernán Cortés, p. 131.

35. AGN, *Documentos inéditos*, pp. 116-118.

36. «Y la otra su hija que estaba contrahecha de un lado oí decir que la metieron monja en Sevilla o en Sanlúcar»; Bernal, *ob. cit.*, cap. CCIV, p. 559.- Publicaciones del Archivo General de la Nación, VII, *La vida colonial*, México, 1923, pp. 9-25.- Juicio reproducido en parte en la edición de Conway del *Testamento* de Cortés, n. 11, pp. 72-77.- La marquesa daba un trato humillante a Catalina, y con la complicidad del albacea testamentario de Cortés, el licenciado Juan Altamirano, forzó a la muchacha a firmar documentos por los que le cedía sus propiedades cercanas a Cuernavaca, y también contra su voluntad, y con la complicidad del duque de Medina Sidonia, fue internada en el monasterio dominico de la Madre de Dios, en Sanlúcar de Barrameda, donde debe haber pasado el resto de su triste vida. Consta que estaba allí en 1565. (G.R.G.C.M.) Martínez, *Documentos*, t. IV, nota en p. 325.

32. Galería de cronistas

1. La bibliografía de Pedro Mártir de Anglería, preparada por Joseph H. Sinclair la reproduce Edmundo O'Gorman como apéndice III, en *Décadas*, *ob. cit.*, t. I, pp. 45-71.

2. Mártir de Anglería, Pedro, *Décadas*, t. II, p. 611.

3. Mártir de Anglería, Pedro, *Décadas*, t. II, p. 554.

4. Mártir de Anglería, Pedro, *idem*, t. II, p. 615.

5. Mártir de Anglería, Pedro, *idem*, t. II, p. 670.

6. Mártir de Anglería, Pedro, *idem*, t. II, p. 713.

7. Mártir de Anglería, Pedro, *ob. cit.*, t. II, p. 728.

8. Mártir de Anglería, Pedro, *ob. cit.*, t. I, p. 281.

9. Mártir de Anglería, Pedro, *ob. cit.*, t. I, p. 384 y pp. 389-390.- Fernández de Oviedo, Gonzalo, *Historia*, lib. XIV, proemio, t. IV, cap. I, p. 8. «*Demás desto digo que yo tengo cédulas reales para que los gobernadores me envíen relación de lo que tocare a la historia en sus gobernaciones, para estas historias. Y escribí al marqués del Valle, don Hernando Cortés, para que me enviase la suya, conforme a lo que subcesivamente mandaba, e remitióme a unas cartas misivas que le escribió a Su Majestad, de lo subcedido en aquella conquista, e no curó de más; e de ésas, e de lo que me informaron, de todo haré memoria en este libro XXXIII*».

10. Fernández de Oviedo, Gonzalo, *Historia*, t. I, vid. nota de Juan Pérez de Tudela al pie de p. XXVI.

11. Las Casas, fray Bartolomé de, *Historia*, t. III, lib. III, cap. CXXXIX, p. 311.

12. Fernández de Oviedo, Gonzalo, *Historia*, t. II, cap. X, p. 41.

13. Paso y Troncoso, Francisco del, *Epistolario*, t. VI, p. 11.

14. AGI, Papeles de Simancas, Est.59, caj.4, leg. 3,- Paso y Troncoso, *Epistolario*, t. X, pp. 156-159.

15. El reconocido historiador, D.Pedro Aguado Bleye, aunque sin citar fuente, escribe que Gómara realizó un viaje a Flandes en 1558, perdiéndose allí su huella; *Manual de Historia de España*, t. II, *Reyes Católicos- Casa de Austria*, (1474-1700), edición revisada por Cayetano Alcázar Molina, duodécima edición, Espasa- Calpe, S.A., Madrid, 1981, p. 363.

16. Garcilaso de la Vega, *el Inca, ob. cit.*, t. I, p. 131.

17. *Annals of the Emperor Charles V by Francisco López de Gómara, Spanish text and English translation, edited with an introduction and notes by Roger Bigelow Merriman*, Oxford, 1912, p. 256.

18. López de Gómara, Francisco, *Historia*, t. I, p. 83.

19. López de Gómara, Francisco, *Historia de las Indias*, t. I, p. 326.

20. Las Casas, fray Bartolomé de, *Historia*, t. III, lib. III, cap. CIII, p. 183.

21 Menéndez Pidal, Ramón, *El Padre Las Casas, su doble personalidad*, Espasa-Calpe, Madrid, 1963, pp. 204-213.

22. Motolinia, *Carta*, en Icazbalceta, *Colección de documentos*, t. I, pp. 258-260.

23. García Icazbalceta, Joaquín, *Documentos*, t. I, p. 261.

24. México 1539.- *Proceso criminal del Santo Oficio de la Inquisición y del Fiscal en su nombre contra Don Carlos, indio principal de Tezcuco.*- Secretario: Miguel López (57 fojas del original y 46 de la copia simple; Archivo General de la Nación.- Siglo XVI.- Inquisición procesos por proposiciones heréticas –2 – Primera Parte, Presentación de Luis González Obregón, México.- Estados Unidos Mexicanos, Secretaría de Relaciones Exteriores, publicaciones de la Comisión Reorganizadora del Archivo General y Público de la Nación., I, *Proceso inquisitorial del cacique de Tetzcoco*, México, Eusebio Gómez de la Puente, editor, 2ª. De Nuevo México, 32, 1910.

25. Díaz del Castillo, Bernal, *ob. cit.*, cap. XVIII, p. 30.

26. Díaz del Castillo, Bernal, ob.cit, agregado en el borrador a cap. CCXII, p. 590.

27. Díaz del Castillo, Bernal, *idem*, cap. CLXVI, p. 429.

28. Díaz del Castillo, Bernal, ibídem, Apéndice, pp. 635-636.

29. Díaz del Castillo, Bernal, ibid, cap. LXXX, p. 140 (tachado en el original).

30. Díaz del Castillo, Bernal, ob.cit, cap. CCIV, p. 556.

31. «*Vista y no hay que responder*»; *Historia verdadera*, ed. *Sepan cuantos...*; apéndice, pp. 644-645.

32. Aguilar, Francisco de, *Relación breve*, p. 63.

33. Carreño, Alberto María, *Efemérides de la Real y Pontificia Universidad de México*, según sus claustros, t. I, Publicaciones de la Coordinación de Humanidades y del Instituto de Historia, Universidad Nacional Autónoma de México, 1963, p. 11.

34. Cervantes de Salazar, Francisco, *Crónica*, t. II, cap. C, p. 35.

35. Zorita, Alonso de, *Relación de la Nueva España*, t. I, p. 112.

36. Zorita, Alonso de, *Relación de la Nueva España*, t. I, p. 413.

37. Sahagún, fray Bernardino de, *ob. cit.*, t. I, p. 16 (sus informantes fueron: Antonio Valeriano, *el principal y más sabio*, vecino de Azcapotzalco; Alonso Vegerano, *poco menos que este*, vecino de Cuauhtitlan; Martín Jacobita, del Barrio de Santa Ana y Rector de Santa Cruz; Pedro de San Buenaventura, también de Cuauhtitlan; los escribanos fueron: Diego de Grado, tlatelolca; Bonifacio Maximiliano, también de este lugar, y Mateo Severino de Utlac, en Xochimilco).

38. Durán, fray Diego, *ob. cit.*, t. II, cap. LLXXVI, 556.

39. Durán, fray Diego, *ob. cit.*, t. II, pp. 553.

40. Torquemada, fray Juan de, *Monarquía*, t. I, cap. IV, p. 351.

41. Torquemada, fray Juan de, *idem*, cap. XXVI, p. 411: «*Comenzaron a caminar con buen orden de Guerra, y aunque dice Herrera, que llegó aquel día a Xalapa, no puede ser, porque ai de un Pueblo a otro quince leguas, y un Campo formado, y de Gente de a Pie, y con Vagage, no camina tanto en un Día, harto harían en quedarse a medio Camino, que aun a Caballo es mui malo de pasar, en tiempo de Aguas, que es cuando ellos pasaron [...] como yo lo he visto, y aun a costa de una mui grande caída, que allí dí, este Año de mil seiscientos y diez, que escribo esto, por el mismo mes de Agosto*».

42. Acosta, Joseph de, *Historia natural y moral de las Indias*, edición preparada por Edmundo O'Gorman, Fondo de Cultura Económica, Segunda edición revisada, México, 1962, pp. 369-370.

43. Alvarado Tezozomoc, Fernando, *ob. cit.*, pp. 144-145.

44. Alva Ixtlixóchitl, Frenando, *ob. cit.*, p. 454.

45. Torquemada, fray Juan de, *Monarquía*, t. I., lib. IV, cap. LXX, p. 498.